御定武藝圖譜通志

正祖 命
李德懋·朴齊家 撰
朴清正 註解

武藝圖譜通志註解

추천의 말씀

내가 우리 전통무예의 총서라 할 《무예도보통지》의 소중함을 깨우치게 된 것은 해범 김광석 선생 덕분이었다.

6,70년대 전국을 민속답사로 쏘다닐 적에 《무예도보통지》를 들고 우리 무예를 익힌 무예인을 수소문했으나 찾지 못하다가 85년 봄 우연한 기회에 해범 선생을 만나 그가 바로 십팔기의 유일한 전승자이며, 십팔기가 곧 《무예도보통지》의 실체임을 확인했었다. 그 자리에서 나는 내켜하지 않는 해범 선생을 부추겨 십팔기의 실기를 공개할 것과, 그것을 책으로 펴낼 것을 강권하다시피 하였다. 그리하여 그와 함께 우리나라 최초로 십팔기의 실기를 설명한 《무예도보통지실기해제》를 정리하면서 해범의 크고도 깊은 품격을 알게 되었다.

이후 해범 선생은 제자들과 주변 학자들의 성화에 못 이겨 다시 일생 동안 닦아온 무예 이론과 실기를 모두 쏟아부어 십팔기를 각론으로 해제한 《권법요결》《본국검-조선검법교정》《조선창봉교정》 등을 출간하여 우리 전통무예의 지름길을 열어주었다. 때를 같이하여 그의 제자들로 구성된 '전통무예십팔기보존회'의 열성적인 공연 활동 덕분에 십팔기가 이제는 많은 사람들에게 알려져 바야흐로 전통무예 붐이 일어나고 있다. 2006년 봄에는 해범의 제자인 동문선 신성대 사장이 《무덕-무의 문화, 무의 정신》이란 저서를 통해 이 방면에 관심 있는 이들에게 무예의 새로운 지평을 펼쳐주었는데, 이번에 다시 아끼는 제자 박청정 군이 《무예도보통지》주해본을 완성하니 놀랍고 고마운 마음 금할 길이 없다. 조선 왕조의 무예 십팔기 교본인 《무예도보통지》는 1984년 국문학자 김위현 선생에 의해 한 차례 번역된 적이 있었다. 하지만 주석이 없는 단순 번역인데다 역자가 실제 십팔기를 익혔던 분이 아니어서, 여러 면에서 흡족하지 못한 점이 많아 못내 아쉬웠으나, 이번 박청정 군의 주해본은 방대한 주석과 해설을 덧붙여 이 방면의 전공자들에게 더할 나위 없이 훌륭한 지침서가 되기에 모자람이 없어 보인다. 이는 분명 그가 해범 선생 문하에서 20여 년간 착실하게 무예 이론과 십팔기를 닦아왔기 때문에 가능했을 것이다. 이로써 우리나라 유일의 전통무예이자 정통무예인 '국기 십팔기'의 이론과 실기에 대한 학문적 토대가 완벽하게 구축되었으니 비로소 이 민족의 체통이 바로섰다 할 수 있겠다. 바야흐로 전통무예십팔기를 국내외에 널리 펼칠 큰 집이 세워진 것을 믿어 의심치 않는다.

  십팔기는 원래 조선 왕조가 임진왜란과 병자호란을 겪으면서 체계화시킨 18가지 병장무예를 일컫는 것으로 사도세자가 완성하고, 정조대왕이 그 교본으로 《무예도보통지》를 만들었다. 다시 말해 나라에서 만든 나라의 무예로서 진정한 의미에서 우리의 국기(國技)이다. 따라서 현재 해범 선생과 그의 제자들이 이를 지키고 보급하고자 고군분투하는 일련의 작업들은 원칙적으로 국가가 해야 마땅한 일들이다. 인류 역사상 국가가 만들고 국가가 이름지은 고대종합병장무예로는 조선의 '십팔기(十八技)'가 유일하다. 이처럼 귀중한 세계적인 문화유산을 보호하는 일에 이제부터라도 학계와 해당 국가기관이 발벗고 나서야 할 것이다.

  그 연원이 불분명한 온갖 전통무예들이 우후죽순처럼 생겨나고 있는 작금의 우리 무예계이지만, 한국 무예의 종가로서 한치의 흔들림도 없이 굳건하게 십팔기를 지켜나가고 있는 해범 문중이 있어 민족 정기를 바로 세우는 데 커다란 받침목이 되고 있다. 모름지기 이들의 연구 노력이 우리의 무예계뿐만 아니라 체육계와 민속·예능계는 물론 더 나아가 역사·철학계에까지 두루 파급되어, 우리 문화를 보다 다양화하고 살찌울 것을 확신하며 반가운 마음으로 몇 글자를 적어보낸다.

2006년 12월 沈雨晟 씀

차 례

추천의 말씀 5
일러두기 9

어제무예도보통지서(御製武藝圖譜通志序) 13
무예도보통지 총목(武藝圖譜通志總目) 17

무예도보통지 범례(武藝圖譜通志凡例) 19
  병기총서(兵技總敍)【增】 25
  척소보(戚少保)와 모총병(茅總兵)의 사실(事實)【增】 49
  기예질의(技藝質疑)【原】 51
  인용 서목 65

장창(長槍) 73
죽장창(竹長槍) 101
기창(旗槍) 111
당파(鏜鈀) 127
기창(騎槍) 141
낭선(狼筅) 153

쌍수도(雙手刀) 169
예도(銳刀) 183
왜검(倭劍) 211

제독검(提督劍) 273
본국검(本國劍) 289

쌍검(雙劍) 305

마상쌍검(馬上雙劍) 319

월도(月刀) 329

마상월도(馬上月刀) 349

협도(挾刀) 361

등패(藤牌) 379

권법(拳法) 399

곤봉(棍棒) 429

편곤(鞭棍) 457

마상편곤(馬上鞭棍) 471

격구(擊毬) 483

마상재(馬上才) 501

보예관복도설(步藝冠服圖說) 515

마예관복도설(馬藝冠服圖說) 517

격구관복도설(擊毬冠服圖說) 518

마상재관복도설(馬上才冠服圖說) 519

고이표(考異表) 521

주석 및 해설 527

참고 문헌 707

역자 후기 715

일러두기

1. 이 책은 1972년 학문각(學文閣)에서 발행한 『무예도보통지』(全)의 영인본으로 번역하였으며, 번역은 원의(原意)에 충실하기 위하여 직역(直譯)하였다.
2. 기법의 보(譜)는 모두 언해보(諺解譜)에 따라 그대로 옮겼고, 6기(六技)에 대한 설법은 『무예제보』의 언해를 참고하여 선인들의 아름다운 언어 표현을 살리려고 노력하였다.
3. 주석(註釋)은 간단한 것은 ( )에서 간해(簡解)하고, 각주(脚註)는 역자의 주관적 사고를 가미하여 주석(註釋)에 해설(解說)을 더하였다.
4. 이해를 돕기 위하여 ( ) 안에 한자와 연도수를 넣었으며 시(詩)·가결(歌訣)·부(賦)는 원문을 병기(倂記)하였다.
5. 부호는 다음과 같이 사용하였다.
  ○: 대두(擡頭)와 공격(空格)을 표시하고 《병기총서》에서 단락을 표시할 때 사용하였다.
  『 』: 서명(書名)을 표시하였다.
  《 》: 책 내용 중의 편명(篇名)이나 편명에 해당하는 항목을 표시하였다.
  〈 〉: 편명 내의 작은 단락을 표시하였다.
  " ": 본문이 인용문일 때 사용하였다.
  ' ': 각주에서의 인용문과 강조할 때 사용하였다.
  ( ): 본문의 주(註)에 사용하였다.
  [ ]: 구문의 이해를 돕기 위하여 원문의 한자를 쓰거나 원문의 글자나 단어에 각주(脚註)가 필요할 때와 각주(脚註)에서 해석한 원 단어를 나타내 줄 때 사용하였다.
  { }: 곤보에서 본문과 언해본의 문장이 서로 출입할 때와 보충의 글이 필요할 때 사용하였다.
6. 해설에서 사용한 '민족' 또는 '겨레'란 단어의 개념은 역사의 변천 과정에서 각 개인과 공동체가 영위하는 삶의 터전과, 주권을 수호하며 공동체 의식을 고양하는 민족 개념의 순기능의 의도로 사용하였다.

御定武藝圖譜通志

어제무예도보통지서(御製武藝圖譜通志序)[1]

○우리나라 군사 조련(軍士操練)의 제도는 삼군(三軍)[2]은 교외(郊外)에서 조련하고 위사(衛士)[3]는 금원(禁苑)[4]에서 조련하였는데, 그 금원에서의 군사 조련은 ○세조(世祖) 때[光廟朝][5]부터 성행하였으나 궁시(弓矢)[6] 하나의 기예(技藝)에 그쳤을 뿐 창검(槍劍)과 같은 여러 기예는 대개 들어보지 못하였다. ○선조(宣祖)께서 이미 왜구(倭寇)를 평정(平征)하시고 척계광(戚繼光)의 『기효신서(紀效新書)』[7]를 구득(購得)하여 보신 후에 훈국랑(訓局郎)[8] 한교(韓嶠)를 임진왜란에 참전한 명나라 장사들에게 파견하여 두루 질정(質正)하여서 곤봉(棍棒) 등 6기(六技)를 궁구하게 해득하여 도보(圖譜)[9]를 만들게 하였고 ○효종(孝宗) 때에는 전대(前代)의 공적(功績)을 밝게 이어받아 내열(內閱)을 자주 행하였다. 어떠한 수법(手法)과 기예(技藝)가 더욱 크게 나아져서 격자지법(擊刺之法)이 천명(闡明)되어지자 단련(團練: 조련으로 團勇을 편성하여 武裝함)의 범위가 조금 넓어졌다. 그러나 6기(六技)일 뿐으로 그 종목(種目)이 더하여진 것은 아니었다. ○영조(英祖) 기사년(己巳年: 영조 25년, 1749)에 왕세자[小朝]께서 서무(庶務)를 섭정(攝政)하실 때[10] 죽장창(竹長槍) 등 12기(十二技)를 더하여 도보(圖譜)[11]를 만들어서 6기와 함께 통관(通貫)하여 강습(講習)한 일이 있었다. ○현륭원(顯隆園)[12]의 뜻[志]으로서 18기(十八技)의 명칭이 여기에서 시작되었다.[13] 짐은 무의식(武儀式)과 전형(典刑)[14]을 이어가도록 힘쓰고 또 기예(騎藝) 등(等) 6기(六技)[15]를 다시 더하여 24기(二十四技)로 하였으며, 이미 명(命)을 받고 고거(考据: 根據로써 考證함)하여 효습(曉習: 밝게 익힘)한 사람이 여러 사람[16]이나 된다. 원속(原續)의 도보를 모아서 합하여[裒合] 의(義)·예(例)·전(箋)[17]을 바로잡아서 묶고[櫽括] 그 원류(源

流)를 해석(解釋)하여 제도(制度)에서 품평(品評)하여 정(定)하고[評騭], 명물(名物)로 하여금 예술의 묘용(妙用)으로서 한 권의 책을 펴내서 관령(管領)[18]으로서 그 책 이름을 『무예도보통지(武藝圖譜通志)』라 하였다. 대개 격자지법(擊刺之法)이 더욱더 증보(增補)되고 더욱더 상세(詳細)해졌을 뿐만 아니라 금원에서 군사를 조련하는 진전(眞詮: 참된 설명서)이 이때에 이르러서 나왔다. 오위(五衛)[19]의 진(陣)을 행하는 『병장도설(兵將圖說)』[20]과 더불어 교외에서 군사를 조련하는 지남자(指南者)[21]로, 서로 씨와 날[經緯]의 좋은 짝이 되어 모두 전(傳)하니 강성(强盛)하다 하지 않겠는가? 비록 그러하나 짐이 일찍이 먼저 행진(行陣)을 말하고 뒤에 기예를 말한 것은 병가(兵家)에서 흔히 하는 말이나 병가의 오교(五敎)[22]에서 기예 조련(技藝操練)을 두번째로 하고 진법 조련(陣法操練)을 세번째로 하니 어째서인가? 대저 일월성신(日月星辰)의 운행(運行)을 밝히고 형덕(形德)의 기이하고 이상한[奇賅] 운수(運數)를 살펴서 그치기를 담장과 같이 하고 움직이기를 바람과 비처럼 하는 것은 이 진법(陣法)의 좋은 점이다.[23] 그러나 그 안으로 부딪치고 밖으로 공격하는 도구(道具)는 부득불 수(手)·족(足)·기계(器械)로써 바탕을 삼아서 진을 펴는데 무적(無敵)인 것은 오로지 격자(擊刺)의 편첩(便捷)에 달려 있으니 군사(軍事)를 논(論)하는 순서가 어찌 오로지 그러하지 않겠는가? 진실로 횟수를 거듭하여 이 책의 법식을 시행(施行)하여서 중앙을 지키는 위사(衛士)와 재목이 되는 무관(武官)이 날로 용호지도(龍虎之韜)[24]를 익히고 활시위를 길게 당기고 쇠뇌를 메기는[引關蹶張][25] 것은 모두 국가를 저버리지 아니하는 비휴(貔貅)처럼 빠른 용사[26]를 얻을 수 있기 때문이다. 계속하여 찬술[繼述]하고 작성(作成)[27]하는 본뜻은 곧 만억 년이 지나도록 가르침을 닦고 깨우침을 밝히는[修敎明諭] 진실이 변함없이 역시 곧 이에 있음이니 힘쓰노라.

짐이 즉위(卽位)한 지[卽阼][28] 14년 경술년(庚戌年) 초여름[孟夏][29]

규장지보(奎章之寶)[30]

무예도보통지 총목(武藝圖譜通志總目)

권수(卷首)
    범례(凡例)
    병기총서(兵技總敍)
    척모사실(戚茅事實)
    기예질의(技藝質疑)
    인용서목(引用書目)

권지일(卷之一)
    장창(長槍)
    죽장창(竹長槍)
    기창(旗槍)
    당파(鎲鈀)
    기창(騎槍)
    낭선(狼筅)

권지이(卷之二)
    쌍수도(雙手刀)
    예도(銳刀)
    왜검(倭劍) 교전(交戰)을 붙였음

권지삼(卷之三)
    제독검(提督劍)

본국검(本國劍)

　　쌍검(雙劍)

　　마상쌍검(馬上雙劍)

　　월도(月刀)

　　마상월도(馬上月刀)

　　협도(挾刀)

　　등패(藤牌) 요도표창(腰刀鏢槍)을 붙였음

권지사(卷之四)

　　권법(拳法)

　　곤봉(棍棒)

　　편곤(鞭棍)

　　마상편곤(馬上鞭棍)

　　격구(擊毬)

　　마상재(馬上才)

　　관복도설(冠服圖說)

　　고이표(考異表)

무예도보통지범례(武藝圖譜通志凡例)[31]

1. 한교(韓嶠)의 『무예제보(武藝諸譜)』는 6기(六技)[32]를 한 권으로 한 것인데, 여기에 전후로 모두 24기(二十四技)로 증보(增譜)하여 『무예도보통지』라는 이름을 ○하사(下賜)하였다. 지금은 이미 여러 가지 기예[衆技]가 수집(蒐輯)되고 많은 서적[羣書]을 널리 인용[博引]하여 문득 한 계통[一統]이 이룩되었으니, 그 명례(名例)[33]에서 만약 바르게 고치지 아니하면 본말(本末)이 혼돈(混沌)되기 쉽고 주객(主客)[34]을 판변(判辨)하지 못하게 된다. 그러므로 『대전통편(大典通編)』의 예(例)[35]를 본받아 그 옛것과 새것의 표식(標識)을 원증(原增)으로 하는 데 따랐다. 그것이 항목(項目)이면 작은 글자[小字]로써 아래에 쓰고, 그것이 문장(文章)이면 큰 글자[大字]로써 위에다 표식(標識)하였다. 이미 위에다 표기(標記)하였으면 비록 다시 시작되는 단서(端緒)라도 중복되게 표기[疊標]하지 않았다. 위의 문장[上文]과 서로 통하여 살펴본[互蒙: 서로 영향을 받음] 연후에야 통지(通志)라고 명명(命名)한 의의(義意)가 비로소 명석(明晳)하게 된다. 만약 변증(辨証)할 것이 있으면 작은 것은 구간(句間)에 두 줄[雙書]로 안 운운(案云云)[36]이라 쓰고 큰 것은 다른 행간(行間)에 한 글자 낮추어서 안 운운이라 썼다. 대개 원증(原增)의 글자와 안(案)의 글자에 모두 백문(白文)[37]에 광곽(匡郭)[38]을 입혀서 큰 강목[宏綱]과 자세한 조목[細目]을 모두 품고(稟告)하였는데 ○임금께서 헤아려 품재(品裁)하시었다.[睿裁]

1. ○열성조(列聖朝)께서 군문(軍門)[39]을 건치(建置)하시고 병서(兵書)를 편찬(編纂)하며 내원(內苑)에서 시열(試閱)[40]한 것을 널리 고증[博攷]하여 전사본기(前史本紀)의 연경월위(年經月緯)[41]를 본받아 일어난 순서에 따라 차례대로 배열하여 병기총서(兵技總敍)라고 명명(命名)하여 별도의

권수(卷首)로 삼았다. 다만 고금의 기록한 바가 상세함과 간략함[詳略]이 같지 않기 때문에 연대가 없는 것은 단지 아무 ○조[某 ○朝]라 쓰고 월(月)이 없는 것은 일단 빼버렸다. 내원에서의 시열(試閱) 가운데 해마다 거듭 행하는 것은 세이위례(歲以爲例: 해마다 법식으로 삼았다)라고 하고, 고르지 못하여 차이가 나서[參差] 한결같이 보이지 않는 것은 후역여지(後亦如之: 이후에도 역시 이와 같이 하였다)라고 하였으며 ○어원(御苑)과 어당(御堂)에서 행하여진 것과 같은 것은 혹 기록되기도 하고 혹 기록되지 않기도 하였으나 대개 「시예일기(試藝日記)」[42]에 따랐다.

1. 병기(兵技: 군사들을 조련시키는 기예)는 자(刺: 槍劍으로 찌름)·감(砍: 刀로 쪼갬·찍음)·격(擊: 拳棍으로 내려침)의 삼법(三法)에서 벗어나지 않는다.[43] 그러므로 창(槍: 장창)·도(刀: 쌍수도)·권(拳: 권법)의 삼기(三技)를 책머리[首]로 삼아 각각 종류를 따르게[類從] 하니 교전(交戰)은 왜검(倭劍)에서 나왔기 때문에 왜검에 붙였고 마재(馬才: 마상재)는 격구(擊毬)에 가까우므로 그 아래에 배차(排次)하였고 기보(騎步: 기병과 보병)의 관복도설(冠服圖說)을 또 그 다음에 차례하였고 각 영(各營)의 기예전수(技藝傳授)가 각각 다르므로 고이표(考異表: 차이를 고증하는 표)를 만들어 끝에 붙였다.

1. 여러 책의 기계도식(器械圖式)을 열람(閱覽)하고 참조(參照)[參閱]하여서 만약 제도(製度)한 양식(樣式)[製樣]이 있어 금식(今式: 당시 조선의 법식)보다 우수한 것은 가히 그 법을 취하여서 먼저 화식(華式)을 그리고[圖] 그 다음에 금식을 그렸고 또 왜식(倭式)이 있으면 금식에 다음하였는데, 양식(樣式)을 대조(對照)[照式]하여 개조(改造)할 수 있도록 구비(具備)한 것이다.

1. 원서(原書: 『무예제보』)의 기계도해(器械圖解)는 모두 척서(戚書: 『기효신서』)로부터 발췌하여 나온 것[截出]인데, 그림의 곁[圖旁]에 종횡(縱橫)으로 가늘게 쓴[細書] 것은 이 책의 편집에서 간혹 늘려서 대서(大書: 크게 씀)하였기 때문이다. 문장의 절(節)을 간략(簡略)히[節略] 하고 주합(湊合:

모으고 합침)하는 사이에 간혹 한두 글자가 거꾸로 끼워져 있는[倒插] 것을 다시 정정(訂定)한 것은, 그 말은 간단하게 하고 뜻은 완전함[語簡意完]을 취하려고 한 것이다.

1. 척씨(戚氏)의 『기효신서(紀效新書)』와 모씨(茅氏)의 『무비지(武備志)』는 모두 이 편집의 표문(表文)의 준거(準據)[表準][44]가 되었다. 다른 책과 비교하여 가볍게 인용[泛引]한 것이 아니기 때문에 다른 책은 어떤 책[某書]에 이르기를 운운(云云)하였고 척모(戚茅)의 책에 이르러서는 척계광왈 운운(戚繼光曰 云云), 모원의왈 운운(茅元儀曰 云云)이라고 특별히 표기[特記]하였다. 가라사대 왈(曰)이 아닌 것은 낮추어서 관습으로 내려오는 풍습으로 숭상하는 뜻만을 나타내었다. 또 척모(戚茅)의 간략한 전기(傳記: 生涯에 관한 기록)[小傳]를 지어 권수(卷首)에 실어서 사람들로 하여금 그 사실을 알게 하였다.

1. 한교(韓嶠)의 사실(事實)과 훈국(訓局)의 연기(緣起)를 가려 모아[採摭] 안설일편(案說一篇)[45]으로 합성(合成)하여 기예질의(技藝質疑)의 아래에 실어서 전인(前人)들의 창시지공(剏始之功)[46]이 오래도록 더욱 빛나게 [彌彰] 하였다.

1. 이 책은 장영(將領)이나 졸오(卒伍), 모든 사람들로 하여금 밝게 통달[曉暢]하고자 하였기 때문에 혹 괴벽한 글자[僻字]나 오묘한 문장[奧文]이 있으면 발음과 뜻[音義]을 따로 해석[另註]하였다. 인물(人物)·여지(輿地: 地名)·기용(器用: 日用의 기구)·동식(動植: 동물과 식물)의 무리와 같은 것은 줄여서 간략[約略]한 주해(註解)를 하였고 평상(平常)의 것은 많은 해석[釋]을 소비하지 않았고, 드물고 괴벽한[稀僻] 것은 억지 주석(註釋)[強疏]을 사용할 필요가 없었으며 번잡하고 어지러운[繁蕪] 것은 제외하고 청초하고 간단한[淸簡] 것을 취하는 데 힘썼다.

1. 창(槍)의 제도(制度)는 마땅히 창 자루의 재료(材料)[桿材]를 살피었고 검(劍)의 제도는 마땅히 철의 품질[鐵品]을 살폈기 때문에 고금의 각 나라의 간목(桿木) 및 쇠를 단련(煅煉)하는 법[煉鐵之法]을 창검의 아래에 나

란히 차례하여 자료(資料)로써 선택하여 쓰도록 하였다.

1. 원서(原書: 『무예제보』)에는 등패(藤牌)만 있고 지금의 제도에는 표창(鏢槍)이 없다. 대개 도표(刀鏢: 腰刀와 鏢槍)와 패(牌)는 서로 따른[相隨] 연후에야 가히 공격(攻擊)할 수 있고 가히 방어(防禦)할 수 있으니 지금은 등패의 아래에 도표(刀鏢)를 붙인다.

1. 비록 지금 사람들이 배우고 익히는[肄習][47] 바가 아니라 할지라도 검세(劍勢) 및 곤법(棍法), 권법(拳法)과 같이 격자(擊刺)에 가히 자료가 될 만한 것은 제보(諸譜)를 널리 고증[博攷]하여 각각 그 아래에 차례하였다.[48]

1. 구도(舊圖: 『무예제보』)에는 혹 좌우실세(左右失勢: 좌우의 세가 잘못 놓임)와 장단위식(長短違式: 장단이 법식에 어긋남)한 것이 있었는데 지금은 단락에 따라[逐段] 삼사구명(審查究明)[審究]하여 인물은 그 옷무늬[衣紋]와 향배(向背: 앞과 뒤)를 분별(分別)하고 형명(形名)은 그 원첨(圓尖)과 수칠(銹漆)을 판별[辨][49]하도록 하였다.

1. 보군(步軍)의 관복(冠服)은 구도(舊圖)는 척도(戚圖: 『기효신서』의 그림)에 의하였고, 머리에 쓴 두건[帕首]은 급하게 장식[急裝]하여서 그 색상과 양식[色樣]을 이해하지 못하므로 지금은 모두 바르게 개량[釐改]하였다.

1. 구서(舊書: 『무예제보』)에 각 기예(技藝)의 그림을 그린 바 보군은 한 장(張)을 한 면(面)으로 하여 어떤 곳은 두 사람이나 세 사람 혹은 네 사람을 그려서 사람 수가 동일하지 않아 구명(究明)하여 살피는 데[究審] 혼란스러웠다.[眩] 지금은 한 장을 양면(兩面)으로 하여 각각 상하(上下) 두 칸[兩格]으로 하여 위 칸은 각 기예의 세(勢)를 쓰고 아래 칸은 사람을 그리되 두 사람을 넘지 않았다. 마상(馬上)의 여러 기예는 구서(舊書)[50]에 의하여 한 면에 단지 한 사람만 그렸다.

1. 도(圖)는 아래에 있고 보(譜)는 위에 있으니 보에 대한 설명[譜說]은 부득불 그림을 분합(分合: 나누고 합침)하는 데 따랐다. 보군은 비록 한 면에 병립(並立: 두 사람을 나란히 세움)시켰지만 별도의 하나의 세[一勢]가 되는 것은 반드시 그 보(譜)에다 권(圈: 동그라미를 그림)을 쳐서 그 두번째 사

람[第二人]과 구별하였다. 왜검(倭劍)의 천유류(千柳流)와 유피류(柳彼流), 예도(銳刀)의 거정(擧鼎)과 점검(點劍)의 유(類)와 같은 것이 이것이다. 그 첫째 줄[初行]에서 위의 문장과 서로 연결[相連]되지 않는 것은 동그라미를 그리지 않았다. 마군(馬軍)은 위의 문장과 연결되어 총결(總結)하는 말이 있는데 문장이 대개 분속(分屬)되어 오로지 아래 단락에만 속하여져 있는 것과 같은 것이 있는데 그러한 것은 월도(月刀: 마상월도)에서 왼편을 돌아보고 한 번 휘두르고[左顧一揮]의 아래에 있는 오른편을 돌아보고 한 번 휘두르기를 세 번 하고[右顧一揮者三次]라는 유(類)가 이것이다. 이것은 곧 마땅히 위의 문장과 연결해서 보아야 한다.

1. 구보(舊譜: 『무예제보』)에는 산도(散圖: 한세 한세 흩어 놓은 그림)는 있으나 합도(合圖)[51]는 없다. 지금은 『무비지(武備志)』의 제세총보(諸勢總譜)의 예(例)[52]를 본받아 보(譜)를 만들고 『무비지(武備志)』에서는 권(圈)을 쳐서 세명(勢名)을 쓴[書勢名] 것을 다 그림[圖]으로서 대신하였고, 또 여도(輿圖)의 백리척법(百里尺法)에 의거하여 기반영격(棋盤影格)을 계승하여[承] 균보법(均步法)으로써 하였다.[53]

1. 구서(舊書: 『무예제보』)의 총보(總譜)[54]에는 물러서면 글씨를 순행(順行)으로 쓰고[順書] 나아가면 역행(逆行)으로 쓴[逆書] 것이 자못 패엽(貝葉)[55]의 뒤섞여 쓴 글씨보다 심한 면이 있었다. 지금은 그 세명(勢名)에 모두 권(圈)을 치고 묵선(墨線)으로 꿰었으며 그 세(勢)의 위치[地勢]에 따라서 그 시작과 마침[起終]을 적었으므로 종횡(縱橫)과 환전(環轉)[56]으로 하여금 길을 따라서 선을 찾으면[逐路尋線] 명료하게 알 수 있게 하였다.

1. 원서(原書)의 언해(諺解)는 도(圖)와 보(譜)의 사이에 섞어 두어서[錯置] 되풀어서 살펴보기[繙閱]가 쉽지 않았다. 지금은 언해를 떼어내어[剔出] 별도로 한 권의 책으로 엮어서 붙였다. 편람(便覽: 簡便하게 볼 수 있는 小冊子)으로서 가히 분리할 수도 있고 또한 단행본(單行本: 단벌책)으로도 충분하다. 또 그 말투[語頭]가 고금(古今)의 차이가 있고 서울과 시골[都鄙]이 서로 섞여 있기 때문에 일일이 고쳤으며 기계제도(器械制度) 및 신

찬 해설(新撰解說)은 일단 번역(飜譯)하지 않고[57] 요약(要約)하여 채택하였다.

1. 예도(銳刀)는 이미 모씨세법(茅氏勢法)[58]으로써 도보를 만들었는데 지금의 연습지보(連習之譜)[59]와는 먼 차이가 있기 때문에 부득불 지금의 보(譜)로써 별도로 총보(總譜)를 만들었다. 또 모설해(茅說解)를 별도로 만들어 이미 익힌 자로 하여금 배운 바를 폐(廢)하지 않게 하고 아직 익히지 아니한 사람은 근본(根本)되는 바가 있음을 알게 하였다.

1. 곤봉(棍棒)의 갑을지세(甲乙之勢)[60]는 서로 같은 유(類)가 가장 많으므로 그 문장을 삭제하고 다만 모세(某勢)에서 모세까지 위와 같음 운운[同上 云云]하였고 언해(諺解)는 쉽고 밝게[易曉] 알고자 하였기 때문에 나란히 본문(本文)에 따라 중복하여 적었다.

병기총서(兵技總敍)[61] 【增】

병기(兵器)에는 기예(技藝)가 있고 기예에는 무보(武譜)[62]가 있다. 군영(軍營)을 설치[設營]하여 그 기예를 이습(肄習)하고 병서(兵書)를 편찬(編撰)[編書]하여 그 무보(武譜)를 전수(傳授)하니 그 유래(由來)는 오래되었다.[63] 우리 조정(朝廷)의 간열(簡閱: 간책(簡册)·문서·도서를 검열함)하는 제도(制度)와 기재(紀載: 사건의 근본 줄거리가 되는 紀綱을 기록하여 실음)하는 전적(典籍)은 국사(國史)[64]에서 장악[掌]하고 있어 삼가 연혁(沿革: 변천의 내력)은 나타나 있지만 유독(惟獨)[獨] 내원(內苑)의 장소에서 강습(講習)한 것은 오히려 빠져 버렸다.[尙闕] 전문 서적[專書]에는 대개 병(兵: 병법, 陣法) 등일 뿐이다. 밖으로는 상세(詳細)한 것 같으나 안으로는 소략(疎略)하니 어찌 ○역대 임금들께서 일정(日程)을 나누어서 보전(補塡)하는 데[繕之] 뜻을 둔 까닭이라 하겠는가! 이제 내원소(內苑所)에서 무예의 여러 기예를 익히고[肄] 무릇 군영을 설치하고 병서를 편찬한 고실(故實)[65]을 총서편(總敍編)에 자료로 하여금 바르게 하여 원류(源流)의 고거(考據: 證據를 考證함)[66]를 이른다.

태조(太祖) 원년(元年: 1392)에 개국공신(開國功臣)을 정(定)[67]하고 차례로[次第] 연한지가(燕閒之暇: 몸과 마음을 한가하고 편안하게 쉬는 휴가)를 주어서 내정(內庭)에서 격구(擊毬)를 치도록 하였다.
○2년(1393)에 의흥삼군부(義興三軍府)[68]를 설치하였다.
〔태종(太宗) 9년(1409)에 고쳐서 삼군진무소(三軍鎭撫所)[69]라 하고 ○세종(世宗) 28년(1446)에 다시 의흥부(義興府)라 칭하였다.〕

정종(定宗) 2년(1400) 4월에 사병(私兵)을 혁파(革罷)[罷][70)]하여 삼군부(三軍府)에 예속시켰다.

태종조(太宗朝)에 하륜(河崙)[71)]에게 명(命)하여 『진설(陳說)』[72)]을 찬술(撰述)[撰][73)]하였다.

세종(世宗) 원년(1419)에 취각령(吹角令)을 정하였다.

〔영(令)을 내릴 때 각(角)[74)]을 일통(一通)[75)] 불면[吹] 병조(兵曹)는 각(角)으로써 응답하고 궐내(闕內)는 당직(當直)이 총제(摠制)하며 상호군(上護軍), 대호군(大護軍)[76)] 이하 각위(各衛)와 각영(各領)은 방패(防牌) 등 병갑(兵甲)을 갖추어서 각문을 굳게 지키고 병조의 당상관(堂上官)[77)]은 선자기(宣字旗)를 받아서 궁전의 문[殿門]에 세우고[立] 삼군도진무(三軍都鎭撫)는 각각 그 기를 정(定)한 장소에 세운다.〕

○15년(1433)에 하경복(河敬復)[78)] 등에게 명하여 『진설(陳說)』을 찬술하였다.

문종조(文宗朝)에 여러 신하[諸臣]들에게 명하여 『동국병감(東國兵鑑)』[79)]을 찬술하였다.

○원년(1450)에 오위(五衛)를 설치하였다.

〔어떤 사람[或]은 오위는 ○세종조(世宗朝)에 창립(刱立)되어 ○세조조(世祖朝)에 와서 오위도총부(五衛都摠府)로 개칭하였다고도 한다.〕

수양대군(首陽大君)〔세조가 잠저(潛邸)[80)]에 있을 때의 호칭〕에게 명하여 오위의 진법(陳法)을 총재(摠裁)하게 하고 『장감박의편(將鑑博議編)』[81)]을 고정(考定: 考證하여 定함)하게 하였으며 『기정도보(奇正圖譜)』[82)]를 찬술하게 하였다.

〔세조 3년(1457)에 또 속편(續編)을 찬술하였다.〕

단종(端宗) 2년(1454) 4월에 『역대병요(歷代兵要)』[83]을 이룩하였다.

〔처음에는 ○세종조(世宗朝)에 정인지(鄭麟趾)[84] 등에게 명하여 역대의 공전사적(攻戰事蹟: 전투공과를 세운 사건의 행적)을 수집하게 하였고 ○세조가 잠저(潛邸)에 있을 때 그 일을 총재하였는데 이 책이 만들어지자 무과과거(武科科擧)에 『병요(兵要)』를 아울러 시험하도록 명하였다.〕

세조조(世祖朝)에 『병장도설(兵將圖說)』의 「유장편(諭將篇)」[85]을 찬술하였다.

○원년(1455) 정월에 내원(內苑)에 납시어〔御〕 내금위(內禁衛)[86]와 겸사복(兼司僕)[87]에게 사후(射帿)[88]를 시험하시고 승지(承旨)[89] 이휘(李徽)[90]에게 전교(傳敎)〔敎〕[91]하여 말씀하시기를 "짐은 구중(九重) 궁궐에 심거(深居)하여 다만 환시(宦寺: 宦官·內侍)들과 살고 있으니〔居〕 이목(耳目)이 가려져 있음이라! 지금부터 종친(宗親)[92] 한 사람 및 겸사복, 병조관(兵曹官)은 윤번(輪番: 교대로 돌아가며 번을 듦)으로 직숙(直宿)[93]케 하라"고 하시었다.

○2년(1456) 3월에 처음으로 매일 소형명(小形名)[94]으로 진(陳)을 펴는 앞에서 상참(常參)[95]하는 격식(格式)을 만들 것을 명하셨다.

〔작은 교룡기(蛟龍旗),[96] 초요기(招搖旗),[97] 둑(纛)[98] 각각 1개, 영기(令旗)[99] 5개, 대각(大角), 소각(小角) 각각 1개〕

○3년(1457) 대종(大鐘)을 주조(鑄造)하여 사정전(思政殿)[100] 앞에 설치하고 숙위(宿衛)하는 사람들에게 경보(警報)를 알리게 하였다.

〔대내(大內)[101]에서 대종을 여러 번 치면 입직(入直: 宿直·當直)하는 제위(諸衛)는 모여서〔聚會〕 각각 그 방위(方位)를 지키는데〔占〕 오위(五衛)는 광화문(光化門)[102] 앞에 서고 백관(百官)은 갑주(甲冑)[103]를 입고 융기(戎器: 兵仗器)를 갖추어서〔備〕 조방(朝房)[104]에 모이고〔會〕 시신(侍臣: 시중을 드는 측근의 신하)들은 건춘문(建春門)과 영추문(迎秋門)[105] 밖에 모인다. 북을 여러 번 칠 때도 이와 같다.〕

○4년(1458) 9월에 내원에 납시어 여러 장수[諸將]들에게 소형명(小形名)으로써 진법(陳法)을 익히도록[習] 하고 봉례랑(奉禮郞)[106] 허종(許琮)[107]과 호군(護軍) 오간(吳幹) 등에게 『무경(武經)』을 강해(講解)[講]하도록 명하셨다.

10월에 『병정(兵政)』[108]을 이룩하였다.

〔대신(大臣),[109] 훈신(勳臣: 功勳을 세운 신하) 및 병조훈련관(兵曹訓鍊官)[110]으로 진법(陳法)을 진술(陳述)하게 하여 책을 만들었는데 친히 재량(裁量)하여 정(定)[裁定]하시었다.〕

11월에는 내원에서 습진(習陳)[111]하는 데 납시었다.

〔영천부원군(鈴川府院君)[112] 윤사로(尹師路)[113]를 좌상대장(左廂大將)으로 삼고 호군(護軍) 양성지(梁誠之)[114]를 우상대장(右廂大將)[115]으로 삼았다.〕

○6년(1460) 10월에 몸소[御] 『병경(兵鏡)』을 찬수(纂修)[纂][116]하시었다.

〔입직(入直)하는 위(衛)의 부장(部將)[117]들을 부르시어 『병경(兵鏡)』을 강론(講論)[講]하셨는데 부장(部將) 복승리(卜承利)가 대답을 잘하므로[善對] 상호군(上護軍)으로 승격시켜 임명[陞授]하시었다.〕

신숙주(申叔舟)[118] 등에게 명하여 『병가삼설(兵家三說)』을 주해(註解)[註]하도록 하고 내원(內苑)에 납시어 여러 장수 및 파적위(破敵衛)[119]에게 명하여 소형명(小形名)으로써 진법(陳法)을 익히도록 하시었다.

○8년(1462) 10월에 병서(兵書)를 3등급[三等]으로 정(定)하도록 명하셨다.

〔『병요(兵要)』『무경칠서(武經七書)』[120] 『병장도설(兵將圖說)』을 1등급으로 하고 『진법(陳法)』『병정(兵政)』을 2등급으로 하고 『강무사목(講武事目)』[121]을 3등급으로 하여서 진(鎭)[122]의 부장(部將), 선전관(宣傳官)[123]의 병법에 정통(精通)한 사람에게 나누어 주었다.〕

신숙주 등에게 명하여 『무경칠서(武經七書)』를 주해(註解)하도록 하셨다.

○9년(1463) 7월에 경회루(慶會樓)¹²⁴⁾에 납시어 삼갑전법(三甲戰法)¹²⁵⁾을 행하였다.

〔여러 장수[諸將] 및 내금위(內禁衛), 장용대(壯勇隊)¹²⁶⁾를 불러서[召] 삼대(三隊)로 나누고 일대(一隊)를 각각 9명으로 하여 영(令)을 내리는 북소리를 듣고 나아가서 주창(朱槍)으로써 서로 밀어 젖혔는데[相推] 승자(勝者)에게 벼슬을 주었다.[給仕] 갑(甲)은 을(乙)을 쫓고 을(乙)은 병(丙)을 쫓고 병(丙)은 갑(甲)을 쫓아서 오직 등에 표점(表點)[點背]을 취하려 하였다.]

○10년(1464) 4월 몸소『병법대지(兵法大旨)』를 편찬(編纂)하시었다.

○12년(1466) 정월 화위당(華韡堂)에 납시어 귀성군(龜城君) 준(浚)¹²⁷⁾에게 명하여 진법(陳法)을 이습(肄習)하도록 하시었다.

〔겸사복(兼司僕)을 일상(一廂)으로 삼아 우전(羽箭)과 죽창(竹槍)을 사용하여 말을 타고 달려 쫓아[馳逐] 치고 찔러[擊刺] 승부(勝負)를 결정하였다. 또 진(陳)을 편[列陳] 형세가 궁성(宮城)을 두루 에워쌌다.]

예종(睿宗) 원년(1469) 7월에『국조무정보감(國朝武定寶鑑)』¹²⁸⁾을 이룩하였다.

성종(成宗) 10년(1479) 정월에 승지(承旨) 성현(成俔)¹²⁹⁾이 어원(御苑)에서 활쏘는 것을 관람하시는 날[觀射日] 대간(臺諫)¹³⁰⁾을 입참(入參)하게 하여 훈신(勳臣)과 척신(戚臣)[勳戚]들 중에서 방종하게 술을 마시고 의례(儀禮)를 잃는[縱酒失儀] 자를 규찰(糾察: 糾明하여 監察함)할 것을 청(請)하니 전교(傳敎)하여 말씀하시길[敎曰] "임금과 신하의 사이에는 오로지 엄경(嚴敬: 임금은 嚴正하고 신하는 敬畏함)만이 주장되고 정지(情志)는 통하지 아니하며 ○조종(祖宗)으로부터 내려오는 습관이 된 전례(前例)[古例]이므로 고칠 필요가 없다"고 하시었다.

중종(中宗) 16년(1521) 정월에 직제학(直提學)¹³¹⁾ 서후(徐厚)¹³²⁾에게 병기

(兵器)를 감독(監督)하여 제조(製造)[監製]할 것을 명하시니 이로 인하여 군기시(軍器寺)[133)를 넓게 짓는[廣造] 일을 착수[下]하였다.

명종(明宗) 16년(1561) 9월에 서총대(瑞蔥臺)에서 곡연(曲宴)을 행하시고[134) 문신(文臣)은 시(詩)를 짓고[製詩] 무신(武臣)은 과녁에 활을 쏘라고[射鵠] 명하셨다. 여러 신하들에게 국화꽃을 꽂아[揷菊] 주고 등불을 하사[賜燭]하여 귀가(歸家)하게 하시었다.

선조(宣祖) 27년(1594) 2월에 훈련도감(訓鍊都監)[135)을 설치하여 처음으로 절강병(浙江兵)의 기예(技藝)[136)를 가르쳤다.

인조(仁祖) 원년(1623) 3월에 호위청(扈衛廳)[137)을 설치하였다.
　○2년(1624)에 총융청(摠戎廳)[138)과 어영청(御營廳)[139)을 설치하였다.
　　〔후에 어영청을 총융청에 예속[屬]시켰으나 6년(1628)에 다시 설치하였다.〕
　○4년(1626)에 수어청(守禦廳)[140)을 설치하였다.
　○8년(1630)에 무예청(武藝廳)[141)을 설치하였다.
　○15년(1637) 10월에 국출신청(局出身廳)[142)을 설치하였다.
　　〔혹은 무용청(武勇廳)이라고도 칭한다.〕
　○17년(1639) 4월에 춘당대(春塘臺)[143)에 납시어 내금위(內禁衛)의 포(砲)[144)을 시험하시고 전교(傳敎)하여 말씀하시기를 "이곳은 무예를 시험[試藝]하기에 편리한 곳이니 지금 이후부터는 봄에는 2,3월에 가을에는 8,9월에 사포(射砲: 활쏘기와 포쏘기)를 시험하는 것을 항구(恒久)적인 법식(法式)[恒式]으로 정하라"고 하시었다.

효종(孝宗) 원년(1650) 정월에 내원(內苑)에 납시어 삼청무사(三廳武士)[145)와 국출신(局出身)의 사예(射藝: 활쏘기 기예)를 시험하시었다.

○3년(1652) 8월에 관무재(觀武才)[146]을 행하시고 마상재(馬上才)를 시험하시었다.

〔무신(武臣) 이완(李浣)[147] 등 및 나이가 적은[年少] 문신(文臣), 나이가 많은[年老] 무신(武臣)들에게 말을 타고 달리라고[馳突] 명하시어 동지(同知)[148] 엄황(嚴榥),[149] 주경순(朱景順) 등이 나이가 여든에 가까우면서도[近] 능히 말을 타고 달리어 자급(資級)을 더해[加資][150] 주거나 혹은 말을 하사[賜馬]하기도 하셨다.〕

9월에 금군(禁軍)을 더 늘여서 설치[增設]하였다.

〔이에 앞서 금군의 군사[禁旅]는 290명이었으나 이때에 이르러 더 늘여서[增] 1000명이 되었고 좌우별장(左右別將)을 두고[置] 본병(本兵: 兵曹判書)에 예속[隸]시키고 용대장(龍大將), 호대장(虎大將)이라 칭하였다. ○현종(顯宗) 병오년(丙午年: 현종 7년, 1666)에 700명으로 줄이고[減] 1명의 별장(別將)을 두었다. ○영종(英宗: 영조) 갑술년(甲戌年: 영조 30년, 1754)에는 별도로 용호영(龍虎營)[151]이라 하고 병조판서[兵判]로 하여금 총제(摠制)하게 하고 여전히 아장(亞將)[152]으로 하였다.〕

금군별장(禁軍別將)[153]을 소견(召見: 아랫사람을 불러서 만나봄)하시어 창덕궁(昌德宮)[154] 후원(後苑)에 시장(試場)[155]을 만들어[作] 조련(操鍊)하도록 하고 도시(都試)[156]를 없애고 삭사(朔射)[157]로 대신하고 녹봉(祿俸)[158]을 주는 계획을 세우라고 명하셨다.

10월에 내원(內苑)에 납시어 처음으로 금군군사(禁軍軍士)[禁旅]들의 중일시예(中日試藝)[159]를 행하셨다. 해마다 법식(法式)으로 삼았다.

〔위사(衛士)의 번숙(番宿: 번갈아 들며 宿衛함)을 3일로 분한(分限)하는데 중일(中日)은 번(番)을 드는 제2일을 말한다. 삼청(三廳)의 무신(武臣)도 역시 이와 같다.〕

○4년(1653)에 처음으로 무예청(武藝廳)의 시재(試才)의 제도(制度)를 정하였다.

○5년(1654) 10월에 춘당대(春塘臺)에 납시어 무예(武藝)를 관람[觀]

하셨다.

○6년(1655) 9월에 내원(內苑)에 납시어 선전관(宣傳官)과 금군(禁軍)의 치사(馳射: 말을 타고 달리며 활쏘기)를 시험하셨다. 이후에도 역시 이와 같이 하였다.

○7년(1656) 별군직(別軍職)[160]을 설치하고 이로 인하여 시예(試藝)를 행하셨다. 해마다 법식으로 삼았다.

〔이에 앞서 장사군관(壯士軍官) 8인[161]은 심양(瀋陽)의 잠저(潛邸)[瀋邸]에서 어가(御駕)를 배종(陪從)[陪駕]하였는데 이때에 이르러 특별히 그 노고(勞苦)를 생각하시어 별군직(別軍職)을 설치하고 가까이 지밀(至密)한 곳에 있도록 하셨다.〕

후원(後苑)의 잠단(蠶壇)에 납시어 장사(壯士) 장인(張遴) 등을 부르시어[召] 술을 하사하시고 주연(酒宴)이 한창일 때[酒酣] 강궁(强弓)을 당기는[挽] 시예(試藝)를 행하셨다.

○8년(1657) 4월에 망춘정(望春亭)[162]에 납시어 종신(宗臣)[163]들에게 사구(射毬)[164]를 하도록 명하셨다.

〔인평대군(麟坪大君)[165]이 세 번 적중(的中)하여 표피(豹皮)를 하사하셨다.〕

○9년(1658) 잠단(蠶壇)에 납시어 입직(入直)하는 장사(壯士)들을 시열(試閱: 무예를 시험하여 查閱함)하셨다.

〔입직 장사들의 시열(試閱)은 여기에서 처음 보인다.〕

현종(顯宗) 2년(1661) 8월에 내원에 납시어 별군직(別軍職), 선전관(宣傳官), 금군(禁軍) 군사(軍士)[禁旅]들의 시예(試藝)를 명하셨다. 이후에도 역시 이와 같이 하였다.

처음으로 금군(禁軍) 등의 입추(立蒭)[166]의 격식(格式)을 정하고 이어서 또[尋又] 별군직, 선전관의 춘추시사(春秋試射) 및 별군직의 삭사(朔射)의 제도(制度)를 정하였다.

9월에는 무장(武將) 이하 무사(武士) 및 마병(馬兵)들의 기사(騎射)[167]를 합시(合試: 합동 시예)하셨다.

3년(1662) 10월에 춘당대(春塘臺)에 납시어 각 군영(軍營)의 무재(武才: 무예의 재주)를 시열(試閱)하셨다. 이후에도 역시 이와 같이 하였다.

문재(文宰: 종2품 이상 文官의 宰相)와 종재(宗宰: 宗親의 大臣)들에게 사후(射帿)를 명하셨다.

〔종재(宗宰)가 시예에 참여[參試]한 것은 이것이 처음이다.〕

○5년(1664) 2월에 잠단(蠶壇)에 납시어 입직(入直)하는 무사(武士)들을 시험하셨다.

7월에 내원(內苑)에 납시어 별시위(別侍衛)[168]들의 사예(射藝)를 시험하셨다.

○6년(1665) 5월에 수원(水原)으로 거둥(擧動)[幸]하려 하실 때에 어영대장(御營大將) 유혁연(柳赫然),[169] 아장(亞將) 유정(兪梃)에게 군용(軍容)[170]을 검열(檢閱)[閱]하도록 명하셨다.

〔유혁연(柳赫然)에게 어승마(御乘馬: 임금이 타는 말)를 하사하고 유정(兪梃)에게는 어갑주(御甲冑: 임금의 갑옷과 투구)를 하사하셨다.〕

○7년(1666) 3월에 무예청(武藝廳)에 명하여 대총(大銃)을 시험하였다.

〔대체로 각 도(道)와 각 영(營)에서 새로 만든[新造] 총을 진상할 때마다 이를 시험하였다.〕

○8년(1667) 4월에 내원에 납시어 장사(壯士)들의 교전(較戰)을 시험하여 별군직(別軍職)에 충원(充員)하였는데 이로 인하여 신(新)·구(舊) 별군직의 사예(射藝)를 합시(合試)하시었다.

〔신·구(新舊)의 시사(試射)는 이것이 처음이다.〕

8월에 처음으로 서총대(瑞蔥臺)에서 시예(試藝)를 행하셨다.

○10년(1669)에 정초청(精抄廳)[171]을 설치하였다.

〔숙종(肅宗) 4년(1678)에 금위영(禁衛營)으로 고쳐서 설치[改置]하고 본

병(本兵: 兵曹判書)에 예속[172]시켰다. 영조(英祖) 30년(1754)에 별도로 대장(大將)[173]을 두었다.]

숙종(肅宗) 2년(1676) 5월에 내원에 납시어 별군직(別軍職)을 시열(試閱)하셨다. 이후에도 역시 이와 같이 하였다.

○3년(1677) 3월에 춘당대(春塘臺)에 납시어 각 군영(軍營)의 관무재(觀武才)를 행하셨다.

○4년(1678) 무예청(武藝廳)의 기예(技藝)를 시험하시고 해마다[每歲] 봄과 가을에 이와 같이 따라하도록 하였다.

○5년(1679) 4월에 후원(後苑)에 납시어 내승(內乘)[174]과 선전관(宣傳官)의 사기(射技: 활쏘기 기예)를 시험하시고 이어서 금군(禁軍)과 별초무사(別抄武士)들의 별시(別試)[175]를 보이셨다. 이후에도 역시 이와 같이 하였다.

○6년(1680) 2월에 각 군영(軍營)의 장관(將官)[176]들에게 삭사(朔射)를 시험하셨다.

〔장관(將官)의 삭사(朔射)는 이것이 처음이다.〕

○7년(1681) 9월에 춘당대에 납시어 도총부(都摠府)[177]와 무겸(武兼)의 부장(部將),[178] 수문장(守門將),[179] 양국(兩局: 훈련도감과 어영청의 두 군문)의 장관(將官) 및 총융사(摠戎使) 신여철(申汝哲)[180]의 기사(騎射)를 시험하시었다.

○11년(1685) 9월에 입직(入直)하는 무사(武士)와 포교(捕校: 捕盜部將), 훈국(訓局)의 장관(將官)들에게 명하여 천자(天字)의 강궁(强弓)[181]을 당기라[彎]고 하셨다.

○13년(1687) 5월에 후원(後苑)에 납시어 종친(宗親)과 의빈(儀賓)[182]들에게 사후(射帿)를 명하셨다.

8월에는 훈국(訓局), 금위영(禁衛營), 어영청(御營廳), 총융청(摠戎廳) 장사(將士)들의 합열(合閱: 합동 사열)을 명하셨다.

○14년(1688) 정월(正月)에 춘당대(春塘臺)에 납시어 병자년(丙子年: 인조 14년(1636), 丙子胡亂)에 남한산성(南漢山城)[183]으로 호종(扈從: 임금의 車駕를 모시고 호위하며 따라감)한 무사(武士)들을 불러 포기(砲技)를 시험하셨다. 이후에도 역시 이와 같이 하였다.

○15년(1689) 9월에 후원(後苑)에 납시어 태복사(太僕司)[184]의 말[太僕馬]을 조습(調習)하도록 명하셨다.

〔내원(內苑)에서 조마(調馬: 말을 길들임)한 것은 이것이 처음이다.〕

○16년(1690) 2월에 춘당대에 납시어 각 청(廳)의 무사(武士)들을 시열(試閱)하셨다. 이후에도 역시 이와 같이 하였다.

11월에 내원에 납시어 훈국(訓局)의 왜검수(倭劍手)[185]들의 기예(技藝)를 시험하셨다.

○19년(1693) 3월에 관풍각(觀豊閣)[186]에 납시어 내금위(內禁衛)의 목전(木箭)[187]을 시험하셨다.

○20년(1694) 9월에 장사(壯士)들을 시선(試選: 시취로 선발함)하여 별군직(別軍職)으로 충원[充]하였다.

○25년(1699) 8월에 춘당대에 납시어 삼영(三營: 훈련도감·어영청·금위영의 세 군영)의 군병(軍兵) 및 호위군관(扈衛軍官)들에게 각 기예(技藝)의 별시를 보이셨다.

○32년(1706) 9월에 서북(西北)의 별부료군관(別付料軍官)[188]들의 사예(射藝)를 시험하셨다.

〔별부료들의 시사(試射)는 이것이 처음이다.〕

○40년(1714) 7월에 와내(臥內: 內殿의 寢室)에 납시어 위사(衛士)와 장사들(將士)을 부르시어[召] 술을 내리시고[饋酒] 위로(慰勞)하고 효유(曉諭)[慰諭]하시었다.

〔주상(主上: 신하가 임금을 일컫는 말)께서 정섭(靜攝)[189]중에 계시어 오랫동안 시열(試閱)을 못하시다가 이때에 이르러 위사와 장사들을 초견(招見: 招請)하시어 술을 내려 위유(慰諭)하시니 감격하여 눈물을 흘리지 않는 사

람이 없었다.〕

○41년(1715) 9월에 와내(臥內)에 납시어 무예청(武藝廳)의 각저(角觝)[190]를 시험하시고 대조전(大造殿)[191]에 납시어 별군직(別軍職)들에게 작은 과녁의 기추(騎芻)[小的騎芻][192]로 별시(別試)를 보이셨다.

〔주상(主上)께서 이때에 정섭(靜攝)중에 계셨다.〕

경종(景宗) 2년(1722) 정월에 영화당(暎花堂)[193]에 납시어 별군직(別軍職), 내승(內乘), 선전관(宣傳官), 금군(禁軍), 무예청(武藝廳)의 군사들을 부르시어 시험하셨다. 이후에도 역시 이와 같이 하였다.

8월에 어영청(御營廳)의 별초무사(別抄武士)들에게 별시(別試)를 보이셨다.

○3년(1723) 7월에 장사(壯士)들을 별선(別選: 특별히 선발함)하셨다.

9월에 춘당대에 납시어 관무재(觀武才)를 행하셨다.

영조(英祖) 2년(1726) 정월(正月)에 영화당에 납시어 각 청(廳)의 무사들에게 별시를 보이셨다. 해마다 법식으로 삼았다.

○3년(1727) 정월에 영화당에 납시어 별군직, 무예청 군사들을 시열(試閱)하시고 해마다[每歲] 봄과 가을에 이와 같이 따라하도록 하였다.

서총대(瑞蔥臺)의 시사(試射)도 역시 이와 같이 하였다.

윤(閏) 3월에 서북무사(西北武士)들에게 별시를 보이셨다.

○4년(1728) 6월에 경성각(慶成閣)에 납시어 각 군영의 무사들을 시험하셨다. 이후에도 역시 이와 같이 하였다.

○8년(1732) 5월에 중정문(中正門)에 납시어 북관인(北關人)들을 시험하여 별군직(別軍職)으로 충원하였다.

○10년(1734)에 내원에 납시어 각 군영의 무재(武才)를 관람하시고 이어서 8장사(八壯士) 후손(後孫)들을 시험하셨다. 이후에도 역시 이와 같이 하였다.

○12년(1736) 5월에 춘당대에 납시어 각 군영별[各營別]로 시사(試射)를 행하셨다. 이후에도 역시 이와 같이 하였다.

○16년(1740) 4월에 영화당에 납시어 무신년(戊申年: 영조 4년, 1728) 병란(兵亂) 때 출전(出戰)[194]한 군병(軍兵)들에게 별시를 보이셨다. 이후에도 역시 이와 같이 하였다.

○19년(1743) 8월에 마병(馬兵: 훈련도감에 소속된 기병)과 별효위(別驍衛)[195]의 격자지법(擊刺之法)을 시험하셨다.

○22년(1746) 2월에 영화당에 납시어 국출신(局出身) 및 제주인(濟州人)[196]들을 합시(合試)하셨다.

○25년(1749)에 『속병장도설(續兵將圖說)』[197]을 찬수(纂修)하도록 명하셨다.

○26년(1750) 정월에 내원에 납시어 입직(入直)하는 위사(衛士)들을 시열(試閱)하셨다.

○29년(1753) 2월에 영화당에 납시어 친경(親耕)[198]에 호가(扈駕: 어가를 호종함)한 각 청(廳) 무사(武士)들의 기예(技藝)를 별시(別試)하셨다.

○30년(1754)에 몸소 『장필람훈영차록(將必覽訓營箚錄)』을 찬수(纂修)하셨다.

정월에는 내원에 납시어 협연(挾輦)하는 장사(將士)[199]들에게 별시를 보이시고, 이어서 또 한인아병(漢人牙兵)[200]들에게 별시(別試)를 보이셨다.

○35년(1759)에 소조(小朝)께서 서무(庶務)를 대리청정(代理聽政)[代聽]하실 때 『무예신보(武藝新譜)』를 찬수(纂修)하도록 명하시어 죽장창(竹長槍), 기창(旗槍), 예도(銳刀), 왜검(倭劍), 교전(交戰), 월도(月刀), 협도(挾刀), 쌍검(雙劍), 제독검(提督劍), 본국검(本國劍), 권법(拳法), 편곤(鞭棍)의 십이기(十二技)를 증입(增入)하여 원보(原譜: 『武藝諸譜』)의 육기(六技)와 아울러서 십팔기(十八技)로 정(定)하셨다.

본조(本朝) 무예십팔반(武藝十八般)의 명칭(名稱)[名][201]이 여기에서 시작되었다.

○36년(1760) 7월에 춘당대에 납시어 공신후손(功臣後孫)들에게 별시를 보이셨다. 이후에도 역시 이와 같이 하였다.

○40년(1764) 7월에 융무당(隆武堂)202)에 납시어 기로소(耆老所)203)의 문무신하(文武臣下)들에게 시사(試射)를 행하셨다.

○42년(1766) 6월에 융무당(隆武堂)에 납시어 의빈(儀賓), 종신(宗臣)들에게 시사(試射)를 행하셨다.

○44년(1768) 4월에 건명문(建明門)에 납시어 수어청(守禦廳), 총융청(摠戎廳) 양영(兩營)의 장관(將官)들에게 별시를 보이셨다.

7월에 내원에 납시어 오영(五營)의 대장(大將) 및 군교(軍校)들에게 별시를 보이셨다. 이후에도 역시 이와 같이 하였다.

○45년(1769) 2월에 내원에 납시어 몸소 사후(射帿)를 하시어 화살 다섯[五矢]을 모두 적중(的中)시켰다. 이어서 국구(國舅: 임금의 장인, 즉 왕비의 친정아버지), 의빈(儀賓), 종신(宗臣), 육조(六曹)의 당랑(堂郎),204) 경조(京兆)의 윤(尹: 漢城府 判尹),205) 장신(將臣),206) 승지(承旨), 사관(史官)207)들에게 사후(射帿)를 시험하시었다.

[적중한[得中] 사람에게 자급(資級)을 더해 주거나[加資] 혹은 구마(廐馬: 마구간의 말)를 하사하시고 적중하지 못한 장신(將臣), 의빈(儀賓)들에게는 용두봉미(龍頭鳳尾)를 자진하여 내도록 하셨다.]

이어서 또[尋又] 무신당하관(武臣堂下官) 가운데 나이가 많은[年老] 자들에게 별시를 보이셨다.

[나이가 일흔 이상이면서 적중한[得中] 자에게는 자급을 더해 주고 이로 인하여 순장(巡將)208)이 면제[除]되었다.]

○46년(1770) 7월에 내원에 납시어 종친문무관(宗親文武官)에서 의관(醫官)209)에 이르기까지 모두[並] 사후(射帿)를 하라고 명하셨다.

9월에는 내원에 납시어 어가(御駕)를 호종(扈從)[扈駕]하는 장신(將臣)과 장교(將校)들에게 별시(別試)를 보이셨다.

○47년(1771) 9월에 융무당(隆武堂)에 납시어 70세 이상의 노인들에게 사예(射藝)의 별시(別試)를 보이셨다.

○49년(1773) 윤(閏) 3월에 내원에 납시어 팔도(八道)[210]에서 무과과거(武科科擧)에 응시한 사람[武擧人]으로 방문(榜文)[榜][211]에 누락(漏落)된 자들에게 별시(別試)를 보이셨다.

○50년(1774) 정월(正月)에 내원에 납시어 종신(宗臣), 훈신(勳臣)들에게 사후(射帿)의 별시를 보이셨다.

〔학성군(鶴城君) 유(楡)는 나이가 83세이면서도 과녁에 적중(的中)[得中]함으로 급마(給馬)[212]하고 나머지는 자급(資級)을 더해 주거나[加資] 혹은 직부(直赴)의 전지(傳旨)[213]를 내리고 상을 나누어 주되 차이가 있게[頒賞有差] 하였다.〕

4월에도 내원에 납시어 평양(平壤), 의주(義州)의 별무사(別武士)[214]들에게 별시를 보이셨다.

7월에도 내원에 납시어 충신(忠臣)의 후손(後孫)들에게 별시를 보이셨다.

○51년(1775) 2월에 융무당(隆武堂)에 납시어 무신년(戊申年: 영조 4년, 1728) 공신(功臣)의 자손(子孫)들에게 별시를 보이시고 가을에 다시 시험하시었다.

【案】본 조선(朝鮮)[本朝: 國朝]의 병제(兵制: 軍事制度)는 ○세조(世祖) 때에 비로소 갖추어져서 ○효종(孝宗) 때에 점점 융성(隆盛)[浸盛]하여졌으며 우리 ○성상(聖上: 정조를 가리킴)에 이르러서는[逮] 큰 강목(綱目)과 자세한 조목(條目)[宏綱細目]이 모두 갖추어지지 않은 것이 없습니다. 대체로 교외(郊外)에 거둥하시어[郊幸] 행하는 대열(大閱)[215] 이외에도 무신(武臣)의 각사(角射: 활쏘기를 겨룸)와 위사(衛士)들의 교예(較藝: 기예를 겨룸)를 해마다 일정(一定)한 시기(時期)[歲有恒期]를 정해 두고 달마다 규칙적인 일정(日程)[月有常程]을 두어 시행하였습니다. 여러 가지 정무(政

務)를 보살피는 여가[萬幾²¹⁶)之餘]에도 무예(武藝)를 시험(試驗)하시고 권면(勸勉)하시었습니다. ○대성인(大聖人: 聖君인 임금)께서는 몸소 한가하고 안일[暇逸]하지 아니하며 자손에게 끼칠 모책(謀策)과 원대한 웅략(雄略)을 경영[貽謀經遠 ²¹⁷)之略]하였으니 문물이 성대(盛大)하였다고 말할 수 있습니다.

○금상(今上: 正祖) 13년 기유년(己酉年: 1789) 가을에 ○주상(主上)께서 신(臣) 이덕무(李德懋), 신(臣) 박제가(朴齊家), 신(臣) 백동수(白東脩) 등을 부르시어 교유(敎諭)[諭]²¹⁸)하여 말씀하시기를 "『무예제보(武藝諸譜)』에 실려 있는 곤봉(棍棒), 등패(籐牌), 낭선(狼筅), 장창(長槍), 당파(鐺鈀), 쌍수도(雙手刀)의 육기(六技)는 척씨(戚氏)의 신서(新書)에서 나온 것인데 ○선조(宣祖) 때에 훈국랑(訓局郞) 한교(韓嶠)에게 명하여 동정장사(東征將士: 東邦에 遠征온 장수와 군사)들에게 두루 질정(質正)하여 보(譜)를 찬술(撰述)[撰譜]하여 간행(刊行)한 것이다. ○선왕(先王: 영조) 기사년(己巳年: 영조 25년, 1749)부터 ○소조(小朝)²¹⁹)께서 서정(庶政)을 대리청정(代理聽政)하고 계셨는데 기묘년(己卯年: 영조 35년, 1759)에 죽장창(竹長槍), 기창(旗槍), 예도(銳刀), 왜검(倭劍), 교전(交戰), 월도(月刀), 협도(挾刀), 쌍검(雙劍), 제독검(提督劍), 본국검(本國劍), 권법(拳法), 편곤(鞭棍)의 십이기(十二技)를 더 편입(編入)하여서 도해(圖解)를 찬수(纂修)하여 신보(新譜)²²⁰)를 만들어 말을 자세하게[語詳] 하도록 명(命)하시었다. ○현륭원(顯隆園)의 의지(意志)를 짐[予]이 즉위한 원년(元年)[初元]에 오로지[聿] ○선대(先代)의 유지(遺志)[先志]를 추소(追溯)[追]하여 처음에는 앞서 십팔기(十八技)를 아울러서 이습(肄習)하도록 명(命)하였고 시취(試取)²²¹)에 또 기창(騎槍), 마상월도(馬上月刀), 마상쌍검(馬上雙劍), 마상편곤(馬上鞭棍)의 사기(四技)를 더하도록 명하였다.²²²) 지금은 또 격구(擊毬)와 마상재(馬上才)를 그 아래에 붙이는 것이 어떠하겠는가! ○역대 임금들[列朝]께서 병서(兵書)를 편찬(編纂)하고 군영(軍營)을 건치(建置)하는 데 맺고 지음[締造]이 공고(鞏固: 견고함)하여 계획에 유책(遺策: 失策)이 없었다. 그

러나 기장(器仗)의 법식(法式)[223]과 격자(擊刺)의 기법(技法)은 생각하건대[顧] 자세히 전하여지지 않았다. 기조(騎曹: 兵曹)의 훈국(訓局)과 어영(御營)의 여러 군문(軍門)에서 간혹 익혀[或習] 왔으나 세(勢)가 다르거나 같은 것[異同]이 있는 것은 잘못됨을 잇고 그릇됨을 물려받아[踵訛襲謬] 자세하지 않았기[非細] 때문이다. 오늘날에 이르러 무사태평(無事泰平)한[無事之日] 때에 유용(有用)한 서적을 편성(編成)하는 것은 곧 적(敵)에 대한 의분(義奮)[敵愾]으로 외적(外賊)의 침략으로부터 모멸(侮蔑)을 막는[禦侮] 데 가히 실효(實效)를 기약할 수 있을 것이다. 이에 무예신·구보(武藝新·舊譜) 24종목[目]을 모두 사여(賜與)[盡畀]하여 경들[爾等]이 자세히 살피고 마름질하여 엮은[看詳編摩] 것에 『무예도보통지(武藝圖譜通志)』라는 이름을 내리노라. 경들은 그 자료를 널리 수집(蒐輯)하고 넓게 고증(考證)[博蒐廣考]하여 주석(註釋)과 해설(解說)[疏解]을 만들고 범례(凡例)를 발기(發起)하여 그 체재(體裁)를 바로잡으며[224] 무릇 그 득실(得失)을 또다시 논단(論斷: 논평하여 판단함)하여 그 단락(段落)으로 하여금 다시 바로잡을 것이 없게[毋] 할 것이며 혹은 뒤섞이어 어지러운[混淆] 것들을 경들이 책임지고 떠맡아서[兜攬] 전배(前輩)들의 아름다운 뜻[美意]을 더욱 현양(顯揚)하여 후세 사람들이 책망하여 비난하는 말[譏議]을 남기지 않도록[毋貽] 하라"고 하시었습니다.

장용영(壯勇營)에 서국(書局: 서적의 출판과 문교의 진흥을 위하여 설치하던 官營 출판국)을 열라는 명으로 인하여[因命] 내부(內府)[225]의 병가(兵家)[226] 서적 이십(二十)여 부(餘部)를 내어 와서 자료로써 고검(考撿: 상고하여 검토함)하니 역시 명물(名物: 뛰어난 서적과 같은 물건)과 사문(事文: 뛰어난 문장)이 있어 가히 백가(百家)의 것을 널리 인용[旁引]할 수 있었습니다. 신(臣) 이덕무(李德懋)[227]에게는 열고관(閱古觀)의 비서(秘書)[228]를 펴보고 조사하게[繙閱] 하고 신(臣) 박제가(朴齊家)[229]에게는 찬집(撰輯)하는 여가에 전본(鐫本)[230]을 바로잡아 고쳐 쓰게[繕寫] 하고 신(臣) 백동수(白東脩)[231]에게는 군영(軍營)의 병교(兵校)[營校]들 가운데 병기(兵技)를 아는 자[知兵者]

들과 기예를 시연(試演)해 보며 살피어서[察試] 감독하여 정비[董飭]하도록 하였습니다. 판목을 새기기 시작하여 3개월이 걸려서야 공정(工程)을 마치니 책이 무릇 다섯 권이 되었습니다.

신들이 가만히 엎디어 삼가 생각하오니[竊伏惟念] 옛날에 서생(書生: 유학을 수업하는 선비)으로서 병(兵)을 담론(談論)[談兵]한 사람은 두목(杜牧),[232] 진량(陳亮),[233] 당순지(唐順之)[234]와 같은 부류의 사람들입니다. 이들은 모두 경학(經學)[235]에 능통(能通)하고 시무(時務: 당시대에 해야 할 시급한 업무)를 잘 알며[識] 입으로는 병서를 뇌이고[口陳] 손으로는 진도(陳圖)와 기법(技法)을 그리며[手畵] 뇌락강개(磊落慷慨: 기상이 활달하고 성품이 너그러우며 신선하며 지기(志氣)가 장대(壯大)하고 정의로움)하여 그들의 책을 읽으면[讀其書] 늠름한 기상이 생겨 오히려 생기(生氣)가 돌게 됩니다.

우리 조선에 이르러서 한교(韓嶠)와 같은 이는 백의(白衣)의 낭(郎)이 되어 세상 사람들이 국사(國士)[236]로 추앙[推]하였으며 그가 무예(武藝)를 개창(開刱)한 공훈(功勳)은 논할 것도 없으니 곧 그가 낙천근(駱千斤)과 유대도(劉大刀)[237] 사이를 교제(交際)하면서[周旋] 무예를 정립한 것은 이미 기위(奇偉)한 세계관을 충분히 발휘한 것이며 지사(志士)의 기개(氣槪)가 장성한 것이었습니다.

신(臣)들은 변변치 못하여[碌碌] 학문에 있어서는 방략(方略)을 통하지 못하였고 재능도 적절히 쓸 만한 것이 못 됩니다. 옛사람들과 비교하면 그들의 만 분의 일도 감당하기에 능력이 없는 처지입니다. 그런데 우리 ○성상(聖上)께서는 사려가 깊으시고 받아들임이 빠르시어[思深聽鼓] 탄식을 발하시고 넓적다리를 어루만지시는 안타까운 마음으로 유원(幽遠)한 것을 찾아내고 은미(隱微)한 것을 밝히는 데[探幽闡微] 한교의 병서에 정성을 다하시어[惓惓] 신(臣)들로 하여금 윤색(潤色)을 발휘(發揮)하도록 하여 영구(永久)히 유포(流布)할 것이라 하시고 편찬(編撰)의 마음질을 할 즈음[編摩之際]에 문득 신들을 신칙(申飭)하여 혹시라도 그 아름다운 것은 빠지고[略其美] 그 훌륭한 것이 가려지는[掩其善] 일이 없도록[毋] 하라고 하시었으니 크도다! 그 말씀이시여!

　신들은 매번 ○성상(聖上)의 유칙(諭勅)[聖諭]을 받들어 미상불(未嘗不) 찬송(讚誦)[238]하여서 감정이 격앙(激昂)되니 한교가 만일 이를 알고 있다면 어찌 황천의 지하[泉下]에서나마 고무(鼓舞)하지 않겠습니까? 신들은 삼가 반고(班固)[239]가 편차한 병가류(兵家流)의 권모(權謀), 형세(形勢), 음양(陰陽)을 고증(考證)하는 이외에도 별도로 군사의 기교(技巧)[兵技巧][240]를 서술하였으니 기교(技巧)란 대개 수족(手足)을 숙련되게 반복하고[習] 기계(器械)를 편리(便利: 빠르고 날카로움)하게 다루며[便] 기관(機關)을 확충하여서[積] 그것으로써 공격(攻擊)과 수비(守備)의 승리를 세우는 것입니다. 신라(新羅)의 『무오병법(武烏兵法)』[241]과 고려(高麗)의 『김해병서(金海兵書)』[242]는 뛰어난 것이지만 전하지 아니하니 지금은 상고할 수 없습니다. 그리고 중국의 역대 기계(器械)에 대한 책도 역시 간혹 있지만[或] 전하여지지 않고 제조(制造)하는 것에 대하여 말한 것으로는 『고공기(考工記)』[243]보다 상세한 것이 없지만 말의 뜻이 너무나 오묘하고 깊으며 『육도(六韜)』에 《병용편(兵用篇)》[244]이 있으나 소략[略]하여서 온전하게 갖추어져 있지 않습니다. 다만 송(宋)나라 때의 증공량(曾公亮)이 지은 『무경총요(武經總要)』의 《병기도식(兵器圖式)》[245]이 가장 정밀(精密)하고 해박(該博)[精該]한 것으로 알려져 있으며 왕(王)씨의 『도회(圖會)』[246]와 척(戚)씨의 『신서(新書)』, 모(茅)씨의 『무비지(武備志)』 및 『도서집성(圖書集成)』의 《융정지전(戎政之典)》[247]은 모두 이 책에서 계승하였고[宗] 한교(韓嶠)의 서적(書籍)은 이미 척씨(戚氏)에게서 나와 원류(源流)와 파생(派生)[源派]이 명백하고 도식(圖式)이 있고 보설(譜說)이 있어 살펴서 실행하기에 손바닥을 가리키는 것과 같으니 역시 가히 유용한 학문이라 말할 수 있습니다.

　어떤 사람은 말하기를 "병(兵)이라는 것은 지모(智謀: 지략과 모책)일 뿐이다. 진(陳)도 오히려 말단(末端)일 뿐인데 하물며 기계(器械)에 있었으랴! 말해 무엇 하겠는가?" 하며 그래서 말하길 "장막 안[帷帳之中][248]에서 운주(運籌)[249]하여서 천리의 밖에서 승부를 결정[決勝]하니[250] 저들이 이리저리 돌고[回旋] 뛰어오르고[踊躍] 큰 소리로 고함치고 부르짖으며[嘑號] 용맹을 과시[示勇]하는 것은 결국 한 사람을 대적할 뿐이니 어찌 승패에서의 계산[勝敗之數]이 기계에 있다고 하겠는가?"라고 합니다. 이것은 크게 보아서 그렇지 않다[有大不然]는 것은 갓난아이가 칼을 쥐고 있어도 맹분(孟賁)과 하육(夏育)[賁育][251] 같은 용사가 피하여 숨는 것은 그 기계를 두려워하기 때문입니다. 잔약(孱弱)한 자가 한 번 치는 것이 용사가 백 번 치는 것보다 나을 때가 있는 것은 그 세(勢)를 얻었기 때문입니다. 그러므로 지모(智謀)는 있으나 진법(陳法)이 없는 것과 진법은 있으나 기계(器械)가 없는 것과 기계는 있으나 세(勢)가 없는 것은 모두 옳지 못한 군사 전략의 방책(方策)[兵方]이 될 것입니다. 그 두 진(陳)이 서로 접전(接戰)[相接]하여 상대의 칼을 필사적으로 꺾으려고 하는데 아군(我軍)의 예봉(銳鋒)이 이미 꺾여[已折]졌거나 적군의 갑옷을 뚫지 못하고 아군의 화살이 이미 굽어[已鉤] 버리는 이러한 절박한 때를 당하게 되면 비록 현여(玄女)로 하여금 악기(握機)[252]를 부리게 하고 풍후(風后)에게 군사의 지휘권[司命][253]을 맡긴다 해도 마치 지조(鷙鳥: 肉食하는 사나운 새, 즉 猛禽)의 칼깃이 잘리고 맹수(猛獸)의 발톱이 잘린 것과 같아서 장차 그 지모(智謀)를 쓸 수 있는 바가 없게 됩니다. 그래서[而] 이 도보(圖譜)를 만드는 것은 오늘날의 급선무(急先務)가 됩니다.

이 책에서는 이미 ○역대 조정에서 찬술한 병서(兵書)를 책머리[卷首]에 갖추어 실었고 ○당저(當宁)[254]에서 몸소 찬수(纂修)[御纂]하신 병서는 『병학통(兵學通)』[255] 『예진총방(隸陳總方)』[256]과 같은 것인데, 이미 간행하여 외부에 반포(頒布)된 것이고 내부(內府)에 등본(謄本: 원본의 내용을 그대로 베낀 책)되어 있는 것만도 수십여 종에 이릅니다. 신들이 순서에 따라[循次] 편록(編錄)하였은즉 ○주상께서는 스스로 공적을 빛내고 자랑[夸耀]하는 일에 가깝다 하시며 윤허하지 않으시니 지극하도다. 우리 ○성상(聖上)의 남을 돕고 자기를 낮추는 겸양(謙讓)의 덕(德)입니다.

헤아려 생각하건대 일찍이 『병학통(兵學通)』을 논술하시어 군영진법(軍

營陳法)[營陳]²⁵⁷⁾의 강령(綱領: 근본이 되는 규범과 기본 방침)이 되게 하시고 『무예통지(武藝通志)』는 기격(技擊)의 추뉴(樞紐: 문의 지도리와 끈의 매듭, 즉 가장 긴요한 근본)로 삼으셨으니 무릇 통(通)하였다는 것은 밝다는 것이며 해박하다는 것입니다. 체용(體用)²⁵⁸⁾이 서로 따르고 본말(本末: 근본과 말단)이 서로 벼리가 되어야 하는데 군사를 담론(談論)하는 병가(兵家)가 이 이통(二通: 『병학통』과 『무예도보통지』)을 버리고서야 또한 어찌하겠습니까? 의학(醫學)에 비유하자면 운기(運氣)²⁵⁹⁾를 경험으로 추측하여[推驗] 경맥(經脈)²⁶⁰⁾을 진찰(診察)하는 것은 곧 진법(陳法)이요, 초목 금석(草木金石)은 기계(器械)이며 팽포제연(烹麃劑研)²⁶¹⁾은 격자(擊刺)입니다. 만약 "운기(運氣)를 추험(推驗)하여 경맥(經脈)을 진찰(診察)[運氣經脈]하는 그 큰 것을 알면 될 뿐이지 어찌 저 구구(區區)한 약료(藥料)의 좌사(佐使)²⁶²⁾를 사용하겠는가?"라고 말한다면 용렬한 의사[庸師]²⁶³⁾로서 그칠 뿐입니다.

대개 우리나라 사람들이 책을 읽는[讀書] 자는 공허(空虛)한 것을 따라 두루 섭렵하지만[徇-而] 명물(名物)에는 소략(疏略)하며 기계(器械: 병기)를 만드는[制器] 자는 견문(見聞)에만 빠져서 도수(度數)에는 어두우니 백예(百藝: 여러 가지 재능·재주·예능)가 이지러져 거칠며[窳荒] 오래된 옛것을 본받으려[師古昔] 하지 않습니다. 비록 충직(忠直)하고 지혜(智慧)로우며 굳센 힘을 가진 신하가 있어도 빈손으로 말을 타고 이리저리 돌아다니며 애를 써도[徒手馳騖] 실제 일에 있어서 무슨 도움이 되겠습니까?

이제 우리 ○성상(聖上)께서는 화광(和光)하는 태평성대(太平聖代)의 운수를 위무(慰撫)하시며[撫熙運而] 다스리는 치세(治世)에 이르러서 문(文)으로는 ○규장각(奎章閣)²⁶⁴⁾을 설치하시고 무(武)로는 장용영(壯勇營)²⁶⁵⁾을 설치하시니 신명(神明: 신령한 명덕, 즉 온전한 인간 정신)과 예악(禮樂)²⁶⁶⁾이 환하게 빛나고[煥然] 외관(外觀)을 바꾸어 옹색하고 굳어진[膠固] 습속(習俗)을 타파(打破)하고²⁶⁷⁾ 느즈러짐과 당김[弛張]을 이치에 맞도록 적절히 하였습니다. 하나의 기예(技藝)라도 정교(精巧)히[一藝之工] 하며 하나의 사물(事物)에도 정미(精微)하게[一事之微] 하는 데 이르기까지 씻고 갈며[濯磨] 다시 담금질하고 가다듬어서[淬勵] 궁극적인 핵심(核心)을 모으는 데[綜核]²⁶⁸⁾ 힘쓰지 않은 것이 없었으니 명실(名實)공히 곧 『통지(通志)』라는 서책은 특별히 제작(制作)한 것 가운데 하나일 뿐입니다.

　비록 그러하나 백공(百工: 여러 분야의 工匠)의 일은 대체로 모두 성인(聖人)²⁶⁹⁾에게서 나오기 때문에 삼대(三代: 夏·殷·周)의 기계(器械)는 오래된 것일수록 더욱더 교묘(巧妙)합니다. 옛날의 명장(名將)들은 모두 교묘한 생각[巧思]을 가지고 있었습니다. 사적(史籍)에 일컫기를 "제갈량(諸葛亮)²⁷⁰⁾의 통수개(筒袖鎧)²⁷¹⁾는 오석뇌(五石弩)를 쏘아도 뚫고 들어가지 못하였다" 하였고, 도목(都穆)²⁷²⁾이 한(漢)나라 창(槍)의 정교하고 치밀함[精緻]²⁷³⁾을 평하기를 "옛사람들은 하나의 기계를 만들어도 일찍이 구차(苟且)하지 않았구나!" 하며 탄복(歎服)하였습니다.

　지금 우리나라는 방역(方域)이 수천리(數千里)요, 산과 바다의 이로운 점에 의거(依據)하고 있어서 땅이 부족한 것은 아닙니다. 왜인(倭人)들이 진주(晉州)의 철(鐵)을 구입(購入)하여서 보도(寶刀)를 연성(煉成)하였고 가서(哥舒)의 2년생 나무²⁷⁴⁾를 북사(北使)²⁷⁵⁾가 얻어가서 진귀(珍貴)한 것으로 삼았으니 병기의 재료(材料)로도 달리 구할 것이 없습니다.

　낙상지(駱尙志)가 말하기를 "한 사람이 열 사람을 가르치고 열 사람이 백 사람을 가르치면 몇 년 내에 가히 정예군졸(精銳軍卒) 몇 만 명을 얻을 수 있을 것인즉 백성들은 지난날과 다름없이 평화롭게 지낼 수가 있습니다"라고 하였습니다.

　진실로 백공(百工: 여러 방면의 匠人)을 감독(董)하여 그 병기(兵器)를 만들고 양사(良師: 밝은 스승)를 모집하여 그 무예(武藝)를 익힘으로써 무릇 장수(將帥)의 지위[登壇]에 있는 사람들이나 조서(詔書)를 받들어 성문 밖을 지키는 병수사(兵首使)의 반열[制閫之列]에 있는 사람들이나 창을 들고 몽둥이를 쥐고 있는 무리[荷戈執殳之流]의 사람들이 모두 능히 도(圖)를 살피고 보(譜)를 생각하여[按圖考譜] 그 기술을 통달하고[通其術] 그 쓰임을 궁구하면[究其用] 곧 가히 싸우지 아니하는 곳에서 전승(全勝)을 도

모할 수 있고[276] 무궁(無窮)한 것에 큰 공훈[鴻烈]을 드리울 수 있으며 나라에서는 정간(楨幹)[277]의 인재(人材)가 수급(需給)되고 집안에서는 간성(干城)[278]의 노래가 울려 퍼질 것입니다.

　무릇 사자가 공을 희롱하며 가지고 놀 때는 뛰다가 천천히 걷고[跳踉] 자빠져 눕고 엎드리고[偃仆] 하기를 하루 종일 쉬지 않는데, 그 사자가 코끼리를 덮치고 토끼를 잡을 때에 이르러서도 모두 전력(專力)을 사용하는 것은 공을 밀어 왔던 바대로 하기 때문입니다. 왜인(倭人)들이 한가할 때에 앞에다 고침(藁枕: 짚으로 둘러싸고 동여맨 말뚝)을 세워 놓고 손에 목도(木刀)를 쥐고 틈이 날 때마다 말뚝을 치면서 그 세(勢)를 익히니 기예(技藝)가 어찌 신묘(神妙)함을 얻지 못하겠습니까?

　대저 병(兵)이란 부득이(不得已)한 것입니다. 그러나 성인(聖人)이 병(兵)을 쓰면 포악(暴惡)한 것을 막고 난세(亂世)를 그치게[禁暴止亂] 하는 의의(義意)[279]가 있은즉 처음부터 병을 두지 않을 수 없는 것[未始不與]과 후생(厚生)에 이용(利用)[280]하는 것은 서로 표리(表裏: 원뜻은 옷의 겉감과 안감인데 용도의 안과 밖을 가리킴)가 됩니다. 그러므로 봄에 사냥[春蒐]하고 가을에 사냥[秋獮]하는 것[281]은 그 말[馬]를 간열(簡閱: 수효를 조사 검열함)하기 위한 것이며 향음(鄕飮)의 예(禮)라는 것[282]은 그 활쏘기를 익히기 위한 것입니다. 투호(投壺)[283]와 축국(蹴踘)[284]의 놀이[戱]에 이르기까지 조그마한 의미[微意]가 그 사이에 존재하지 않은 것이 없으니 이 서적을 만드는 것도 또한 어찌 특별히 병가(兵家)의 한 가지 일[一事]만을 위한 것으로 그치겠습니까? 미루어 보면 한없이 넓습니다. 대개 농포(農圃: 농지 정리와 전답 개간), 방직(紡織: 베 짜는 일), 궁실(宮室: 궁궐 내의 건축 사업), 주거(舟車: 배와 수레), 교량(橋梁: 다리), 성보(城堡: 적에 대비하여 산성과 보루·요새를 축성하는 일), 축목(畜牧: 목축업), 도야(陶冶: 질그릇을 굽는 일과 대장간의 일), 관복(冠服: 의류), 반우(盤盂: 소반과 밥그릇)는 백성들의 생활에 날마다 쓰는 도구입니다. 일[事]은 반(半)만 하여도 이루진 공(功)은 배(倍)가 되는 것은 장수를 천거하여[擧將] 그 어리석음을 일깨우며[牖其迷] 그 습속(習俗)을 인도(引導)[導其俗]하기 때문입니다. 주관(周官)²⁸⁵⁾의 유칙(遺則: 남겨진 제도의 규정과 법도규범)을 이어가고[紹] 화하(華夏: 중원을 달리 일컫는 말)의 옛 제도에 따라서[襲]²⁸⁶⁾ 조정(朝廷)에서는 실용성(實用性)이 있는 정책을 강론하고 여서(黎庶: 일반 백성들)들은 실용성이 있는 생업은 지키며 문원(文苑)에서는 실용성이 있는 서적을 찬술하고 군사들은 실용성이 있는 기예를 익히며 상고(商賈: 물건을 사고 파는 장사하는 사람)들은 실용성이 있는 물화(物貨)를 유통시키며 장인(匠人)들이 실용성이 있는 기물(器物)을 만들면 나라를 지키는 데[衛國] 무슨 염려가 있으며 백성을 보호[保民]하는 데 무슨 근심이 있겠습니까?²⁸⁷⁾ 신(臣)들은 몸소 우문정치(右文政治)²⁸⁸⁾을 만나 외람되이 찬차(纂次: 순차대로 찬집함)의 소임을 받들었으니 바라건대 바로 문자(文字)의 영예(榮譽)에 이름을 의탁(依託)할 따름입니다. 만세(萬世)토록 태평스러운 세상[昇平]이 영원히 우리 ○성상(聖上)²⁸⁹⁾의 병과(兵戈)를 그치도록 하는 화육(化育)[止戈之化]²⁹⁰⁾에 힘입게 될 것입니다.

통훈대부(通訓大夫)²⁹¹⁾ 행와서별제(行瓦署別提) ○규장각전검서관(奎章閣前檢書官)²⁹²⁾

신(臣) 이덕무(李德懋)

어모장군(禦侮將軍)²⁹³⁾ 행용양위부사과(行龍驤衛副司果) ○규장각검서관(奎章閣檢書官) 신(臣) 박제가(朴齊家)는 임금의 명령을 받들어[奉敎] 삼가 찬술하였나이다.

척소보(戚少保)와 모총병(茅總兵)의 사실(事實) 【增】

척계광(戚繼光)의 자(字)는 원경(元敬)이요 등주(登州) 사람이다. 등주위(登州衛) 천호(千戶)의 세직(世職)을 승습(承襲)받았으며 기이한 기운을 가졌었고 경사(經史)에 능통하였다. 가정(嘉靖: 世宗의 연호, 1522~1566)년간에 참장(參將)으로 출전하여 태주(台州)에서 왜적을 대파하고 부총병(副總兵)으로서 출전하여 평해위(平海衛)에서 왜적을 대파하였다. 융경(隆慶: 명나라 穆宗의 연호, 1567~1572)초에는 도독동지(都督同知)로서 소환되어 융정(戎政: 軍政, 연병사무)의 일을 다스리다가 계진(薊鎭)의 총병(總兵)이 되어 출임(出任)하였고 좌도독(左都督)으로 승진하였다가 소보(少保)로 가자(加資)되었다. 진(鎭)에 있던 16년 동안 북방 이민족의 추장[虜酋]들이 감히 준동하지 못하였다. 당도자(當道者: 정권을 잡은 당국자)들이 서둘러 임지를 광동(廣東)으로 바꾸었다. 척계광(戚繼光)이 절강(浙江)과 민중(閩中: 지금의 복건성) 지방에 있을 때에 전공(戰功)이 특히 왕성하였다. 그의 평생[生平]의 방략(方略: 병략의 방책)은 몸소 서북 지방의 평정을 보는 것이었는데, 십(十)의 그 삼(三)도 뜻을 펴지 못하고 근심하고 답답해[悒悒] 하다가 끝내 품은 뜻을 이루지 못하고 광동에 부임하였다가 병으로 사직하고 물러나 죽으니 나라에서 무의(武毅)라는 시호(諡號)[294]를 내렸다. 저서로는 『지지당집(止止堂集)』[295] 『우우고(愚愚藁)』[296] 『기효신서(紀效新書)』『연병실기(練兵實紀)』[297]가 있다. 병부상서(兵部尙書) 형개(邢玠)[298]가 말하기를 "세상에서 척장군을 칭송하는 사람들이 그의 공(功)을 남방에서는 크게 추숭(推崇)하지만 그의 공이 북방에 있음은 알지 못한다. 오늘날 보면 신서(新書) 18편(篇)은 모두 남방인 민중(閩中)에서 시행한 것이며 실기(實紀) 9권(卷)은 모두 북방인 계주(薊州)에서 시행한 것이다"라고 하였다.

　모원의(茅元儀)의 자(字)는 지생(止生)이요 귀안(歸安) 사람이다. 유명한 병비부사(兵備副使) 곤(坤)의 손자이다. 동자 시절에 가속(家粟: 집에 쌓아 두었던 곡식) 수만 석을 풀어서[散] 굶주린 백성들을 구휼(救恤)[賑]하였다. 고문사(古文辭)를 수업(修業)하여 동남 지방 명사(名士)들의 으뜸이 되었다. 숭정(崇禎: 명나라 毅宗의 연호, 1628~1644)초에 한림원(翰林院)의 대조(待詔)[299]로 천수(薦授: 천거되어 제수받음)되었다가 이어서 병부상서(兵部尚書) 손승종(孫承宗)의 군무(軍務)에 참여[參][300]하였으며 다시 부총병(副總兵)을 제수받고 각화도(覺華島)를 지키며 두루 병(兵)을 말하고 국경 수비[戍: 수자리, 즉 변방을 지키는 일]에 대하여 논하기도 하였다. 할아버지[大父] 곤(坤)이 왜노(倭奴)들을 분하게 여기는 마음이 가득하여 병가(兵家)의 학문(學問)을 깊이 연구[究極]하여 물리치려고 병서를 남몰래 많이 모아 두고[秘蓄] 있었다. 모원의(茅元儀)는 어려서부터 강개(慷慨)[301]한 의기(義氣)를 사사로이 학습[私習]받고 시사(時事: 당시에 일어난 일)로 할아버지를 찾아 방문[探訪]하면 기이한 재료[奇材]를 내어주고 토론하였다. 마침내 『무비지(武備志)』 240권(卷)[302]이 찬집(撰輯)되니 채록(採錄)한 서적[採書]이 2000여 부나 되었다. 책이 완성되었을 때 ○신종(神宗)께서 을람(乙覽)[303]하시고 해박(該博)하다고 칭찬하시니 곧 그 당호(堂號)의 이름을 해박이라 하였다. 시(詩)를 잘 지었으며[工詩] 담원춘(譚元春)과 좋은 벗이 되었으며 『서엄(西崦)』 또는 『현제집(峴諸集)』이 있다.

기예질의(技藝質疑)【原】

신(臣) 한교(韓嶠)가 허유격(許遊擊)에게 질문하기를
"기예(技藝)의 묘(妙)를 들어볼 수 있겠습니까?" 하니
대답하기를
"이 기예(技藝)는 지극히 조략(粗略: 대략적인 것)[至粗]하지만 이치(理致)는 지극히 정심(精深)한 데 이르러 있습니다. 그 수법(手法), 족법(足法), 신법(身法)의 묘(妙)는 장영(將領)이 된 자[爲將者]들은 반드시 친히 몸으로[親身] 배워야만 곧 그 묘를 알게[知其妙] 되며 반드시 일적월루(日積月累)하여 시간이 쌓여야 곧 그 정심함을 얻게[得其精] 됩니다. 일시(一時) 말로 하는 것은 무익(無益)합니다. 비밀로 하려는 것이 아닙니다. 실로 담론(談論)으로 입증(立證)[立談]하기에는 말하기가 어렵고도 어렵습니다"
라고 하였다.

또 질문하기를
"정미(精微)한 묘(妙)를 갑자기 듣기[遽聞]에는 마땅히 어려운 것이니 다만 지극히 조략[至粗]한 것을 대하(臺下)께 여쭙고자 합니다" 하니
대답하기를
"조략(粗略)한 것은 첫째는 담(膽: 膽量, 담기), 둘째는 역(力: 力量, 힘), 셋째는 정(精: 精巧, 정밀함), 넷째는 쾌(快: 快速, 빠름)[304]에 불과할 뿐입니다"라고 하였다.

또 묻기를
"척자(戚子)의 저서(척계광의『기효신서』)에 그림을 게재[揭圖]하여서 장창에는 24세가 있는데 방적(防賊)과 살적(殺賊)이 아닌 것이 없으나 스스로는 용사(容使: 도(圖)의 모습에서 보이는 사용법)를 펼쳐[已]낼 수 없는 세(勢)

입니다. 이 자세는 하나라도 빠져서는 안 될 것 같습니다만 오늘날 교사(敎師)들이 전한 바를 가만히 살펴보면 단지 12세뿐이고 절반이나 빠져버렸으니 어찌되었습니까?" 하였더니

대답하기를

"24세는 한 세가 변화한 것일 뿐입니다. 변화를 미루어 나간다면 가히 백 가지 세에도 이를 수 있으니 어찌 24세에만 그치겠습니까? 요약한다면 앞으로 나아가고 뒤로 물러서고 굳세고 부드러운[進退剛柔] 것이 한 세로 다 하고[盡之] 연이어지니 12세도 역시 많다고 할 것입니다"라고 하였다.

또 묻기를

"주역(周易)의 64괘(卦)도 역시 한 괘가 변화한 것입니다. 성인(聖人)이 64괘로 정(定)한 것은 한 괘라도 감(減)하면 변화의 묘를 얻지 못하기 때문입니다. 척자가 역대로 전해 내려온 창세(槍勢)를 모아서[就] 그 번거롭고 쓸모없는[煩蓐] 것을 깎아내고[刪] 24세로 한 것에 그 뜻이 있다면 어찌 용이(容易)하게 버리고 취할 수 있겠습니까? 그래서 소생(小生: 자신을 낮추어 겸양하는 말)이 일찍이 교사가 전한 바 12세 이외에 또 그 나머지 12세로서 별보(別譜)를 만들어서 연습(連習: 연결하여 연습함)해 본 연후에 척자가 정한 창세를 비로소 완비(完備)하게 되었고 빠진 것[欠缺]이 없게 되었습니다. 교사가 전한 바 12세도 역시 많다는 명(命: 말씀)은 들었습니다만 다만 척자가 그림을 그린[作圖] 것이 꼭 24세에 이르러 있으므로 연결하여 익혀도[連習]³⁰⁵⁾ 아마 무방(無妨: 장애가 없음)하지 않겠습니까? 망령된 생각인지는 알 수 없으나 너무 지리(支離: 흩어져 분산된 마음)한 것이 아닙니까?"라고 하였더니

대답하기를

"지리(支離)한 것이 아닙니다. 도(道)는 본래 일체(一體)이나 흩어 놓으면 만 가지로 다르게[萬殊] 됩니다. 바둑의 세와 같아서 그 수가 많고 많은데 정통(精通)한 백 가지 세를 얻어야 가히 국수(國手)라 칭할 수 있습

니다"라고 하였다.

또 묻기를

"소위 대문(大門)·소문(小門)[306]은 좌우(左右)입니까? 전후(前後)입니까?"라고 하였더니

대답하기를

"대문은 앞(前)이고 소문은 뒤(後)입니다. 앞이 곧 왼쪽(左)이고 뒤가 곧 오른쪽(右)입니다"라고 하였다.

또 묻기를

"소위 음양수(陰陽手)란 무엇을 말합니까?"라고 하였더니

대답하기를

"무릇 기계(器械)를 손을 아래로 향하여 잡는 것을 음(陰)이라고 하고 위로 향하여 잡는 것을 양(陽)이라고 합니다. 양은 제기(提起: 들어 올려 일으킴)하는 것이며, 음은 타거(打去: 쳐서 제거함)하고 살거(殺去)하는 것입니다. 모든 자연이 이와 같습니다"라고 하였다.

다른 날 더 말씀해 주시길 청[請益]하였더니 대답하기를

"날로 도야(都爺)는 서쪽으로 돌아가는[西旋][307] 것으로 인하여 근심(愁心)으로 번민(煩憫)[愁憫]하여 무료(無聊: 즐거움이 없음)하고 조선의 안위(安危)는 어떻게 될지, 우리 군사들은 어느 날 귀환시킬지[班師]를 알지 못하니 먹는 것이 목구멍으로 내려가지 않으며 오직 목침만 어루만지며 긴 탄식만 할 뿐인데 병기(兵技: 군사들을 조련시키는 기예)에 대하여 질문을 받고 마음속에 없이[無心] 대답하게 됩니다. 대저 초(楚)나라의 기격(技擊)[308]과 제(齊)나라의 절제(節制)[309]라도 인재(人才)가 있으면 흥(興)할 수 있으나 인재가 없으면 망(亡)하게 되는 것입니다.[310] 오늘날 기예에 익숙한 사람은 홀연히 떠나가 버리고 새로운 인재는 나오지 않았으니 누구의 주장(主張)이 옳고 누구의 유강(維綱: 무예 운용의 원리와 강령의 법도)이 옳다고 하겠습니까! 비록 학(學)이라 하나 일부(一夫)를 대적할 학이라면 장차 어찌 쓰겠습니까![311] 다만 기왕 왔으니 한 번 함께 연구할 수는 있습니다. 내

가 호관(號官)의 일을 맡고 있다가 다시 천총(千摠)³¹²⁾에 나아가 무사(武事: 武職에 관한 일) 한 가지를 익혔습니다"라고 하였다.

또 더 말씀해 주시길 청하였더니 대답하기를

"이 기예(技藝)는 반드시 신법(身法),³¹³⁾ 요법(腰法),³¹⁴⁾ 수법(手法),³¹⁵⁾ 족법(足法)³¹⁶⁾을 익혀야 하는데 다만 그 명칭만 아는 것으로는 사용하는 데에 무익(無益: 도움이 되지 않음)합니다"라고 하였다. 소생은 여기에서 공이(公移)³¹⁷⁾의 초고(草稿)로서 문서(文書)를 만들었다. 아직도 3일간 음식을 들지 아니하고 돌아가기만 간절히 바라니[乞歸] 이는 곧 강무(講武: 武事를 講習함)가 마음속에 없음이다.

『주해중편(籌海重編)』³¹⁸⁾에 이르기를 「일찍이 병영(兵營) 가운데[兵中]에서 교예(較藝: 무예를 비교함)하는데 낭선(狼筅)을 보니 손은 모두 꽃을 희롱[弄花]하듯 하고 보(步: 걸음)는 진법(進法)이 없었다. 그래서 창선(槍筅)의 교사(敎師)³¹⁹⁾를 불러서 묻기를

"선(筅)과 창(槍)이 대적[敵]하면 누가 이기겠습니까? 창(槍)은 선(筅)을 이기고자 하며 선은 창을 이기고자 합니다" 하니

대답하기를

"아닙니다. 창(槍)이 어찌 선(筅)을 이길 수 있겠습니까? 선(筅)이 정교(精巧)하지 못한 데 연유할 뿐입니다. 때문에 당파(钂鈀)의 용법(用法)[鈀法]인 대당(大當), 소당(小當), 대압(大壓), 소압(小壓)³²⁰⁾을 취하여 수법(守法: 수비하는 법)으로 삼고 있으며 또 『검경(劍經)』³²¹⁾에 이른바 '일성(一聲)이 울리(響)는 곳이 바로 천금(千金: 매우 소중한 가치가 있는 때)이니 상대는 제방(隄防: 방어 수단)을 잃고 나는 곧 승세(勝勢)를 탄다(一聲響處直千金彼失堤防我便贏)'³²²⁾는 것을 취하여 진법(進法)으로 삼고 있습니다"라고 하였다.

선(筅)교사와 창(槍)교사에게 기계(器械)를 주어서 교예(較藝)하게 하였는데 열 번 겨루어서 열 번 이기니 노병(老兵)이 있어 무릎을 꿇어 앉아[跪]³²³⁾ 말하기를 "처주(處州)³²⁴⁾의 선(筅)은 원래 이와 같은 것인데 후세 사

람들이 그 전수(傳授)를 잃었을 뿐입니다"라고 하였다.

객(客)이 말하기를

"그렇다면 통영(通營: 모든 군영)에서는 어찌하여 선(筅)을 구비하여 사용하지 않습니까?" 하니

대답하기를

"선(筅)으로 어찌 충분하다고 믿겠습니까? 선(筅)은 마땅히 등패(籐牌)로써 이길 수 있습니다. 대개 패법(牌法)은 세(勢)가 험(險)하고 절(節)은 짧아(短)[勢險節短]³²⁵⁾ 오로지 대어 붙이고 밀고[一挨] 들어가면 선(筅)은 췌물(贅物: 쓸모없는 물건)이 되어 버립니다. 이것은 첩(捷: 행동이 빠름)으로써 둔(鈍: 행동이 느림)을 이기는 것입니다[以捷勝鈍]"라고 하였다.

객이 말하기를

"그렇다면 통영(通營)에서는 어찌하여 패(牌)를 구비하여 사용하지 않습니까?" 하니

대답하기를

"패(牌)만으로 어찌 충분하다고 믿겠습니까? 패(牌)는 유가곤(兪家棍)으로써 이길 수 있습니다. 유가곤(兪家棍)에 착력(着力: 힘을 실음)하여 음양(陰陽)을 바꾸어 쓰면서 오로지 치면 패(牌)는 스스로 전부(顚仆: 전복되어 엎어짐)되어 버립니다. 이것은 실(實)로써 허(虛)를 치는 것입니다[以實擊虛]"³²⁶⁾라고 하였다.

객이 말하기를

"그렇다면 통영(通營)에서는 어찌하여 곤(棍)을 구비하여 사용하지 않습니까?" 하니

대답하기를

"어찌 충분하다고 믿겠습니까? 마땅히 양가창(楊家槍)으로써 이길 수 있습니다. 대개 곤(棍)은 짧고 창(槍)은 길어 긴 것으로써 짧은 것을 치면[以長擊短] 반드시 승리하는 바가 됩니다"라고 하였다.

객이 말하기를

"그렇다면 통영(通營)에서는 어찌하여 창(槍)을 구비하여 사용하지 않습니까?" 하니

대답하기를

"창(槍)은 선(筅: 狼筅)으로도 이길 수 있고 당(鎲: 鎲鈀)으로도 이길 수 있습니다. 그러므로 오병(五兵)[327]의 이점(利)은 긴 것으로써 짧은 것을 호위(護衛)[長以衛短]하고 짧은 것으로써 긴 것을 구제(救濟)[短以救長]하는 것입니다. 무너뜨리지 못하는 방패[盾]와 무너뜨리지 못할 것이 없는 창[矛]은 모두 빠트려서는 안 되는 것입니다. 이로 미루어서 진(陣)을 제정(制定)[制陣]하는 방략(方略)은 화기(火器: 총이나 대포 등의 화약병기)에 병기(兵器)가 바탕[藉]이 되어 주면 두려울 것이 없고[無恐] 병기(兵器)에 화기(火器)가 바탕[藉]이 되어 주면 승리를 취[取勝]하게 됩니다. 형격세금(形格勢禁: 형세가 막히고 제약되어 구속되어 있음)의 상태가 되게 하여서 돌아보아서 믿을 수 있는 바가 없게 하는 것은 회음후(淮陰侯)[328]가 쓴 배수진법(背水陣法)과 같은 것인데 이것은 한두 명장(名將)이 은밀하게 사용하는 바이며 다른 사람에게는 말하지 않으며 다른 사람들은 마땅히 스스로 깨닫는 것입니다"라고 하였다.

신(臣)이 가만히 엎드려 유념[竊伏惟念]하오니 패(牌), 선(筅), 창(槍), 파(鈀), 곤(棍), 검(劍) 및 조총(鳥銃),[329] 궁시(弓矢)의 기예는 비록 원근(遠近: 원기와 근기)의 차이는 있지만 그 소이(所以: 연고, 목적)가 살적(殺賊)하는 것으로는 같은 것입니다. 근기(近技)는 먼 곳에는 시행할 수 없고 원기(遠技)는 가까운 곳에는 사용할 수 없는데 이것은 모두 이세(理勢: 자연으로 생긴 이치상의 형세)의 처소(處所)가 반드시 그러한 것입니다. 원기(遠技)와 근기(近技)는 어느 하나라도 빠져서는 안 되는 것이니 이 또한 교연(較然: 확실하여 분명한 모양)한 것이 아니겠습니까? "병(兵: 兵器)은 섞어서 배치하지 않으면 불리하다(兵不襍則不利)"고 한 『사마법(司馬法)』[330]이 어찌 우리를 기만하겠습니까? 그러나 궁시가 있으면 습

사(習射: 활쏘기를 익힘)의 법(法)이 있고 조총이 있으면 습방(習放: 조총을 쏘는 법을 익힘)의 법(法)이 있으니 패(牌), 선(筅), 창(槍), 파(鈀), 곤(棍), 검(劍)에 이르러서도 역시 모두 습용(習用: 익혀서 사용함)의 법(法)이 있지 아니한 것이 없는데 익힘에 그 법(法: 標準敎授法)으로써 하지 아니하고는 그 기예에 능선(能善: 능통하게 잘함)한 사람은 천하에 없으니 이것은 이치(理致)입니다. 그러므로 항우(項羽)가 검을 배우고[學劍] 양씨(楊氏: 이전(李全)의 아내 양묘진)가 이화창(梨花槍)을 익히는 데 20년을 보냈으니 그 기예에 능선(能善)하고자 하면서 그 법(法)으로 말미암지 않으면 뒤로 물러서면서 앞으로 나아가길 바라는 것과 무엇이 다르겠습니까?

생각해 보면 우리 ○나라[國家]는 바다 밖에 치우쳐져 있는 곳으로 예로부터 전(傳)하는 것은 다만 궁시일기(弓矢一技)가 있고 검창(劍槍)에 이르러서는 다만 그 기계(器械)는 있으나 돌보아 습용(習用)하는 법(法)이 없고 마상일창(馬上一槍: 騎槍)을 비록 시장(試場: 무과 시험장)에서 사용되었으나 그 법(法)이 또한 자세하게 갖추어져 있지 않았기 때문에 검(劍)과 창(槍)이 기기(棄器: 버려진 병기)가 된 지 오래되었습니다. 그러므로 왜적(倭賊)과 대진(對陣)하여 왜병(倭兵)이 오로지 죽음을 무릅쓰고 돌진해 오면 우리 군사들은 비록 창을 쥐고 검을 차고 있는 자가 있지만 검은 칼집에서 뽑을 겨를이 없고 창은 교봉(交鋒: 교전하여 서로 맞붙어 싸움)해 보지도 못하고 속수무책[束手]으로 모두 적의 흉악한 칼날에 피를 흘리고 쓰러졌으니 이것은 모두 검창의 습법(習法: 익히는 방법)을 전하지 않은 연고에서 연유합니다. 세상에 이 법을 비방하고 가볍게 보는[訾薄] 자들은 궁포(弓砲)는 반드시 그 사방(射放: 활과 포를 쏘는 법)을 익혀야 하는 것으로 여기고 있지만 검(劍)과 창(槍) 같은 것에 이르러서는 임진(臨陣: 전쟁터에 나섬)하여 스스로 치고 찌르게[擊刺] 되는 것이지 무슨 이습(肄習)을 기대한 이후에 능하여 지겠는가![331)라고 하는데 이것은 바로 그러하지 않은 것이 있으니 우리나라 사람들은 밥을 먹는 데[喫

飯] 숟가락을 사용[用匙]하지만 중국 사람들은 이에 대젓가락을 쓰고[箸試] 있는데 중국 사람들에게 숟가락을 쓰게 하고 우리나라 사람들에게 젓가락을 쓰게 하면 각각 생소(生疎: 친숙하지 못하여 서툶)함에서 오는 환(患: 어려움)이 없지 않으니 그 이유는 익히는 것과 익히지 않은 연고입니다. 시저(匙箸: 숟가락과 젓가락)를 사용하는 것도 오히려 그러하거늘 하물며 검창(劍槍)에 있어서랴 말해 무엇 하겠습니까? 대저 궁시(弓矢)는 비록 우리나라의 장기(長技)가 되지만 어찌[惡] 그 하나만 익히고 여러 기예를 폐지(廢止)[廢]할 수 있으리까? 지금 ○천조(天朝: 명나라 조정) 장사(將士)들이 우리나라에 유주(留駐: 군대가 머물러 주둔함)함으로 인해서 비로소 조총 및 패(牌), 선(筅), 창(槍), 파(鈀)의 습용지법(習用之法)을 보게 되었고, 또 『기효신서(紀效新書)』를 얻어서 그림을 살펴서 증정(證正: 바르게 증명함)한 연후에 총수(銃手: 조총을 다루는 기술)와 격타지법(擊打之法) 및 무예제세(武藝諸勢)의 살적지법(殺賊之法) 모두를 추구(推究)하여 획득할 수 있었습니다. 갑오년(甲午年: 1594) 봄에 주상께서 훈련도감(訓鍊都監)에서 살수제보(殺手諸譜)를 번역(飜譯)하라고 특별히 ○명(命)을 내리셨는데 신(臣)은 그때에 마침 낭료(郞僚: 낭속의 벼슬, 즉 郎官)로 있으면서 제조(提調)[332]의 지휘를 받들어 이 일을 전관(專管: 특정한 일만을 맡음)하였으나 다만 재식(材識: 재능과 식견)이 혼열(昏劣: 우매하여 어둡고 용렬함)함으로 말미암아서 그 단서(端緖)를 찾아내는 데 능(能)하지 못하였습니다. 이에 무예를 진작(振作)시켜 신속히 요사스러운 기운[妖氛: 즉 外賊들]을 쓸어내려는 ○주상의 뜻[盛意]을 이 세상[斯世]에서 신속히 효험을 볼 수 없으니 신의 죄가 큽니다. 일찍이 『기효신서』를 보고 파법하문(鈀法下文)[333]에 이르는 것과 같은 것을 익혔는데[習] 지금 만들어진 파보(鈀譜)에다 다른 보(譜)의 것을 더하게 되면[入他][334] 절묘(絶妙)하게 됩니다. 이것으로 미루어 보면 기타의 제보(諸譜)도 역시 반드시 그 보(譜)가 있을 것이나 지금은 발견할 수가 없습니다. 『신서(新書)』 가운데에 실려 있는 것은 단지 제세(諸勢)의 그림[圖]일 뿐이며 각세(各勢)를 찬명(贊明: 칭송·논평을 밝힘)하는 글에 그쳤을 뿐입니다. 제세(諸勢)를 연습(連習)하는 보(譜)에 이르러서는 고거(考据: 근거로써 고증)할 수 없어서 부득이 살수(殺手)를 초솔(抄率: 선발하여 인솔함)하여 가서 ○천조(天朝) 장사(將士)들에게 한두 번에 그치지 않고 두루 질정(質正)하였으나 바람처럼 돌고 번개처럼 구르며[風回電轉] 신속히 나아가고 빠르게 물러서는[進銳退速] 사이에서 모세(某勢)·모법(某法)을 모착(摸捉: 탐색하여 포착함)하는 데 어려움이 있었습니다. 항차(況且) 명나라 장사들이 그 제세(諸勢)를 역시 많이 익혔다고 하나 어찌 따라다니면서 살피지 아니하고 물어서 고증(考證)[考問]이 되겠나이까? 그러한즉 장창(長槍)에는 24세가 있으나 교사(教師)가 전한 것은 단지 12세만 있을 뿐이니 모자라는 것이 오히려 절반[一半]이어서 을미년(乙未年: 1595)에 살수보(殺手譜)를 번역할 때에 신(臣)이 그 모자라는 12세로써 별보(別譜)를 만들어 그 아래에 붙이어서 사졸(士卒)들로 하여금 연습(連習)시켜 보았습니다. 많은 의문[羣疑]은 가득 찼지만 오히려 귀의(歸依)하여 의존할[歸] 곳은 하나도 없었습니다. 이로써 살수(殺手)의 여러 기예가 마침내 그 보(譜)는 없어져 버리고 배우는 사람이 헛되이 그들의 안목[目]만을 믿는 까닭에 정법(正法)은 날로 폐(廢)하여지고 화법(花法: 변화된 기법)이 일어나게 되었던 것이었습니다. 지난 여름 신이 또 제조(提調)의 지휘를 받아 창세(槍勢)의 큰 단락[大段]에서 의문되는 부분[疑處] 및 음양수(陰陽手), 대문(大門), 소문(小門)을 허국위(許國威) 유격에게서 취정(就正: 바르게 함)한 연후에 다시 찬차(撰次: 순서대로 찬집함)하여 번역(飜譯)하였고 그 답문(答問: 대답과 질문)한 것을 역시 모두 상세히 기록[詳錄]하였습니다. 또 『주해중편(籌海重編)』의 각 기예의 대착지법(對戳之法: 다섯 가지 병기의 기량을 비교하여 상대적으로 상극되는 법)을 권말(卷末: 책의 끝, 여기에서 권(卷)은 『무예제보』이고 「무예교전법」임)에 붙였습니다. 외람되이[冒昧] 진헌(進獻)하오며 엎드려 원(願)하옵건데 한 번 ○살펴보아[賜覽觀] 주십시오. 지금으로부터 계속하여 그 기예를 시험

[試藝]하는 바는 오로지 이 보(譜)에 의(依)한다면 비록 간혹 적중(的中)하지 않더라도 또한 반드시 크게 어긋나지는 않을 것입니다. 화정(花正: 변화된 법과 實法인 正法)을 이로 말미암아서 분별[辨]할 수 있으니 거의 허투(虛套)[335]에 기만되는 바는 되지 않을 것입니다. 신(臣)은 소임(所任)을 감당할 수 없어[無任] 황공(惶恐)하고 몹시 두려울[戰慄] 뿐입니다.

만력(萬曆: 명나라 神宗의 연호, 1573~1620) 26년(1598) 10월 일

어모장군행용양위사정(禦侮將軍行龍驤衛司正)[336] 신(臣) 한교(韓嶠) 삼가 적었습니다.

【案】한교(韓嶠)의 자(字)는 사앙(士昻)이고 호(號)[337]는 동담(東潭)이며 상당부원군(上黨府院君) 명회(明澮)[338]의 5세손 직장(直長) 수운(秀雲)의 아들이다. 일찍이 문성공(文成公) 이이(李珥)[339]와 문간공(文簡公) 성혼(成渾)[340]에게서 종학(從學: 학문에 종사함)하였고 학문을 논[論學]한 왕복된 서신(書信)이 있으며 천문(天文: 천문학), 지지(地誌: 지방별 지리학), 점서 (占筮: 점치는 것), 병략(兵略: 군사 전략)에 꿰뚫어 통달하지 않은 것이 없었다. 만력 계사년(癸巳年: 1593)에 제독(提督) 이여송(李如松)이 평양(平壤)에서 왜노(倭奴)들을 대파하니 ○선조 임금께서 제독영(提督營)에 거둥[幸]하시어 전후(前後) 전쟁의 승패의 다름[341]을 물으시니 여송이 대답하기를 "앞서 온 북장(北將: 祖承訓)은 항상 방호(防胡: 북방의 여진족을 방비함)하는 전법을 익혔기 때문에 전쟁에 불리하였으나 지금 제가 와서 사용한 병법은 곧 왜적을 방어한 척장군(戚將軍)의 『기효신서』에 의하였기 때문에 전승(全勝)할 수 있었습니다"라고 하였다. ○임금께서 척서(戚書)를 보자고 하였으나 여송(如松)이 비밀이라고 내어 놓지 않았다. ○임금께서 역관(譯官: 통역을 맡아 보던 司譯院의 관리)에게 몰래 영[密令]을 내려 여송의 휘하(麾下)에서 구득(購得: 상금을 걸어 매수하여 취득함)하시었다. ○임금께서 상신(相臣) 유성룡(柳成龍)[342]에게 보이시고 유시(諭示)하여 말씀하시기를 "이 책은 깨닫기가 어려우니[難曉] 경(卿)이 그것의 본받을 만한 법[效法]

으로 하여금 강해(講解: 해석하여 강론함)하도록 하시오"라고 하시었다. 성룡(成龍)이 종사관(從事官) 이시발(李時發)³⁴³⁾ 등과 더불어 토론(討論)하고 거듭 한교(韓嶠)를 역천(力薦: 힘써 추천함)하였고 한교는 유생(儒生)으로서 낭관(郎官)이 되어 오로지 질문을 담당[掌]하였다. 이에 앞서 참장(參將: 部將 다음의 계급) 낙상지(駱尙志)가 성룡에게 명나라 군사가 돌아가기 전의 기회를 틈타[乘] 군사를 조련(鍊兵)하는 법을 학습하도록 권장(勸奬)하니 성룡이 말을 달려 ○행재소(行在所)³⁴⁴⁾에 서계(書啓: 임금에게 아뢰는 上奏文)[啓]³⁴⁵⁾를 올리고 군사 70여 명을 초모(招募)하고 낙상지는 장하(帳下)에 10명을 발병(撥兵: 일부 군사를 뽑아 파견함)하여 교사로 삼도록 하여 밤낮으로 창(槍), 검(劍), 낭선(狼筅)을 이미 연습(鍊習)하고 있었다. 그리고 성룡이 논사(論事)를 입고³⁴⁶⁾ 고향으로 돌아가 쉬게[旋寢] 되었는데 성룡이 장차 남환(南還)하려 할 때 ○임금에게 아뢰어 말하기를 "신(臣)은 비록 조정에서 물러가지만[去國] 오직 한교만은 끝까지 쓰셔야 합니다"라고 하였다. 갑오년(甲午年: 1594)에 훈련도감(訓鍊都監)을 설치하고 상신(相臣) 윤두수(尹斗壽)³⁴⁷⁾에게 그 일을 관장[領]하도록 하고 한교로 하여금 살수제보(殺手諸譜)를 번역하게 하였다. 어찌하여 성룡을 잊고 대신 윤두수를 도제조(都提調)³⁴⁸⁾로 삼고 조경(趙儆)을 대장(大將)³⁴⁹⁾으로 삼고 이덕형(李德馨)을 유사당상(有司堂上)³⁵⁰⁾으로 삼고 신경진(辛慶晉),³⁵¹⁾ 이홍주(李弘胄)³⁵²⁾를 낭속(郎屬: 郎官)으로 삼았을까? 백성을 모집하여 군병(軍兵)으로 삼았는데 모병 시험에서 큰 돌 하나를 능히 들 수 있고 1장(丈)이 되는 담장을 능히 뛰어넘을 수 있는 사람을 입선(入選)시켰다. 10일[旬日] 만에 수천 명을 얻어서 척씨(戚氏)의 사(射: 궁병), 포(砲: 총포병), 감(砍: 창검병)의 삼수기법(三手技法)을 가르치고 파총초관(把摠哨官)³⁵³⁾을 설치하여 부(部)로 나누어 수개월 연습(演習)하여서 살수기법을 이루어서[成] 여러 도(道)에 교사(敎師)를 파견하여 기법(技法)을 훈습(訓習)시켰다. 을미년(乙未年: 1595)에 교련(敎鍊: 군사 훈련)을 청하여 유격장군 호대수(胡大受)³⁵⁴⁾가 나와서 삼수군(三手軍)을 가르쳤다. 무술년(戊戌年: 1598)에 한교가 또

유격장군 허국위(許國威)에게 창법(槍法)을 질문하여 다시 살수제보를 번역하였다. 허국위의 호(號)는 원진(元眞)이요 진강(晉江) 사람으로 무진사(武進士: 무과에 급제함)에 합격한 사람이다. ○흠차통영복영유격장군(欽差統領福營遊擊將軍)으로서 보병 1160명을 거느리고 무술년(戊戌年: 1598)에 우리나라에 나왔다가 기해년(己亥年: 1599)에 돌아갔다. 문사(文詞: 문장과 시문)를 잘하였으며 기개(氣槪)와 의리(義理)[氣義]가 있었다. 경리(經理) 양호(楊鎬)와 서로 친했는데 양호가 참소(讒訴)를 입었을 때[355] 국위(國威)가 여러 장관(將官)들을 거느리고[率] 본국에 상소문을 올려 죄가 없는 사실을 들어서 구원[申救]하였다.

한교는 처음에 창의(倡義)하여 왜적을 토벌[討倭]하다가 연이어[尋] 훈국(訓局)에 들어갔다. 또 벽도원수(辟都元帥) 참모관(參謀官)으로 군부(軍府)에 출입한 것이 거의 10년이 되었다. 그 공로로 장악첨정(掌樂僉正),[356] 고성군수(高城郡守), 죽산부사(竹山府使), 의흥현감(義興縣監)의 관직을 역임하였다. 계해년(癸亥年: 1623) 정사훈(靖社勳)[357] 공신에 들어서 서원군(西原君)에 봉해졌으며 호조참의(戶曹參議)에 제수되었다. 갑자년(甲子年: 1624)의 난(亂) 때 호위부장(扈衛副將)에 배관(拜官)하고 곡산부사(谷山府使)가 되어 나갔다가 그만두고 돌아와서 광진(廣津) 나룻터 위에 집을 짓고[築室] 병을 빙자하여 사직하고 두문불출하였다. 을축년(乙丑年: 1625)에 서쪽에서 변(變)이 또 일어나게 되니 진(陳)을 쳐서 예방할 수 있는 방책을 상소하였다. 정묘년(丁卯年: 1627)에 돌아가시니 나이가 72세였다. 그후 몇 달 만에 과연 노(虜)가 크게 밀려오니[358] 사람들은 비로소 그의 선견지명에 탄복하였다. 저서로는 『홍범연의(洪範衍義)』,[359] 『사칠도설(四七圖說)』,[360] 『가례보해(家禮補解)』,[361] 『소학속편(小學續編)』, 『심의고증(深衣攷證)』,[362] 『무예제보(武藝諸譜)』, 『신서절요(新書節要)』, 『조련도식(操練圖式)』[363]이 있다. 참의(參議) 안방준(安邦俊)[364]과 한교는 좋은 친구지간으로 일찍이 탄식하여 말하기를 "사앙(士昂)의 저서는 모두 전현(前賢)들이 발견하지 못한 것이다. 그러나 다른 사람들에게 밉게 보여서 배척하기를 원수와 같이 하여 그의 책들이 장차 세상에 전하여지지 않게 되었으니 매우 아깝구나"라고 하였다.

무예도보통지 인용서목(武藝圖譜通志 引用書目)[365]

『주역주소(周易注疏)』
『상서주소(尙書注疏)』
『모시주소(毛詩注疏)』
『시집전(詩集傳)』 주자(朱子)
『주례주소(周禮注疏)』
『주례상해(周禮祥解)』 왕소우(王昭禹)
『주례정의(周禮訂義)』 왕여지(王與之)
『예기주소(禮記注疏)』
『춘추좌전주소(春秋左傳注疏)』
『맹자주소(孟子注疏)』
『이아주소(爾雅注疏)』
『공자가어(孔子家語)』
『산해경(山海經)』
『용어하도(龍魚河圖)』
『설문(說文)』 허신(許愼)
『설문해자(說文解字)』 서현(徐鉉)
『방언(方言)』 양웅(揚雄)
『석명(釋名)』 유희(劉熙)
『삼창해고(三蒼解詁)』 곽박(郭璞)
『옥편(玉篇)』 고야왕(顧野王)

『당운(唐韻)』 손면(孫愐)
『광운(廣韻)』 장삼(張參)
『유편(類篇)』 사마광(司馬光)
『이아익(爾雅翼)』 나원(羅願)
『육서고(六書故)』 대동(戴侗)
『서원(書苑)』 왕세정(王世貞)
『자휘(字彙)』 매응조(梅膺祚)
『정자통(正字通)』 장자열(張自烈)
『자전(字典)』 장옥서(張玉書) 등
『한청문감(漢淸文鑑)』 이수(李洙) 등
『사기(史記)』
『사기정의(史記正義)』 장수절(張守節)
『전한서(前漢書)』
『후한서(後漢書)』
『삼국지(三國志)』
『진서(晉書)』
『송서(宋書)』
『북사(北史)』
『수서(隋書)』
『당서(唐書)』

『송사(宋史)』

『금사(金史)』

『원사(元史)』

『명사(明史)』

『위략(魏略)』 어환(魚豢)

『화양국지(華陽國志)』 상거(常璩)

『삼국사(三國史)』 김부식(金富軾)

『고려사(高麗史)』 정인지(鄭麟趾) 등

『용비어천가(龍飛御天歌)』 정인지(鄭麟趾) 등

『국조보감(國朝寶鑑)』 당저조[當宁朝] 여러 신하

『징비록(懲毖錄)』 유성룡(柳成龍)

『왜지(倭志)』 이일화(李日華)

『일본기(日本記)』 등원서사(藤原緒嗣)

『만성통보(萬姓統譜)』 능적지(凌迪知)

『열사전(烈士傳)』 유향(劉向)

『일사전(逸士傳)』 황보밀(皇甫謐)

『서경잡기(西京襍記)』 갈홍(葛洪)

『업중기(鄴中記)』 육홰(陸翽)

『명일통지(明一統志)』 이현(李賢) 등

『영파부지(寧波府志)』 장시철(張時徹)

『섬서통지(陝西通志)』 오복(伍福)

『여지승람(輿地勝覽)』 노사신(盧思愼) 등

『통전(通典)』 두우(杜佑)

『통지략(通志略)』 정초(鄭樵)

『명회전(明會典)』 신시행(申時行) 등

『예기도식(禮器圖式)』 건륭(乾隆)의 여러 신하

『오례의(五禮儀)』 성종조(成宗朝)의 여러 신하

『악학궤범(樂學軌範)』 성현(成俔) 등

『경국대전(經國大典)』 최항(崔恒) 등

『속대전(續大典)』 서종옥(徐宗玉) 등

『문헌비고(文獻備考)』 영종조(英宗朝)의 여러 신하

『장자(莊子)』

『열자(列子)』

『관자(管子)』

『회남자(淮南子)』

『춘추번로(春秋繁露)』 동중서(董仲舒)

『논형(論衡)』 왕충(王充)

『풍속통의(風俗通義)』 응소(應劭)

『역림(易林)』 초공(焦贛)

『육도(六韜)』 태공(太公)

『이위공문대(李衛公問對)』 이정(李靖)

『무경총요(武經總要)』 증공량(曾公亮) 등

『무편(武編)』 당순지(唐順之)

『기효신서(紀効新書)』 척계광(戚繼光)

『등단필구(登壇必究)』 왕명학(王鳴鶴)

『무비지(武備志)』 모원의(茅元儀)

『병략찬문(兵略纂聞)』 구여직(瞿汝稷)

『도검록(刀劍錄)』 도홍경(陶弘景)

『마삭보(馬槊譜)』 양(梁) 간문제(簡文帝)

『병장기(兵仗記)』 왕탁(王晫)

『축국보(蹴踘譜)』 왕운정(汪雲程)

『소림곤법천종(少林棍法闡宗)』 정종유(程宗猷)

『내가권법(內家拳法)』 황백가(黃百家)

『제민요술(齊民要術)』 가사협(賈思勰)

『농정전서(農政全書)』 서광계(徐光啓)

『남방초목장(南方艸木狀)』 나함(羅含)

『군방보(羣芳譜)』 왕상진(王象晉)

『명의별록(名醫別錄)』 도홍경(陶弘景)

『본초습유(本艸拾遺)』 진장기(陳藏器)

『도경본초(圖經本艸)』 소송(蘇頌)

『본초강목(本艸綱目)』 이시진(李時珍)

『별록(別錄)』 유향(劉向)

『고금주(古今注)』 최표(崔豹)

『중화고금주(中華古今注)』 마호(馬縞)

『박물지(博物志)』 장화(張華)

『광박물지(廣博物志)』 동사장(董斯張)

『구곡자록(灸轂子錄)』 왕예(王叡)

『청이록(淸異錄)』 도곡(陶穀)

『남풍잡기(南豐襍記)』 증공(曾鞏)

『몽계필담(夢溪筆談)』 심괄(沈括)

『노학암필기(老學菴筆記)』 육유(陸遊)

『상소잡기(緗素襍記)』 황조영(黃朝英)

『단연총록(丹鉛總錄)』 양신(楊愼)

『식소편(識小編)』 주빈소(周賓所)

『일지록(日知錄)』 고염무(顧炎武)

『인수옥서영(因樹屋書影)』 주량공(周亮工)

『이의실록(二儀實錄)』 유효손(劉孝孫)

『사물기원(事物紀原)』 고승(高承)

『속사시(續事始)』 풍감(馮鑑)

『사물원시(事物原始)』 조익(趙釴)

『화명초(和名抄)』 왜인소찬(倭人所纂)

『습유기(拾遺記)』 왕자년(王子季)

『영귀지(靈鬼志)』 순씨(荀氏)

『교방기(敎坊記)』 최영흠(崔令欽)

『초학기(初學記)』 서견(徐堅) 등

『옥해(玉海)』 왕응린(王應麟)

『삼재도회(三才圖會)』 왕기(王圻)

『삼재도회속집(三才圖會續集)』 왕사의(王思義)

『도서집성(圖書集成)』 장정석(蔣廷錫) 등

『천공개물(天工開物)』 송응성(宋應星)

『왜한삼재도회 (倭漢三才圖會)』 양안상순(良安尙順)

『두공부집(杜工部集)』 두보(杜甫)

『완화집(浣花集)』 위장(韋莊)

『육일거사집(六一居士集)』 구양수(毆陽脩)

『대전집(大全集)』 주자(朱子)

『우석산방고(友石山房藁)』 왕불(王紱)

『엄주사부고(弇州四部藁)』 왕세정(王世貞)

『서애집(西厓集)』 유성룡(柳成龍)

『상촌집(象邨集)』 신흠(申欽)

『문선(文選)』 양(梁) 소명태자(昭明太子)

『부휘(賦彙)』 진원룡(陳元龍)

『열조시집(列朝詩輯)』 전겸익(錢謙盆)

『명시종(明詩綜)』 주이존(朱彝尊)

『악부잡록(樂府襍錄)』 문창손(文昌孫)

『중산시화(中山詩話)』 유균(劉筠)

武藝圖譜通志 卷之一

무예도보통지(武藝圖譜通志)
일권 목록(一卷 目錄)

장창(長槍)   도식(圖式) 2 설(說) 5 전보(前譜) 도(圖) 12 전총보(前總譜) 전총도(前總圖) 후보(後譜) 도(圖) 12 후총보(後總譜) 후총도(後總圖)

죽장창(竹長槍)   도식(圖式) 1 설(說) 5 보(譜) 도(圖) 7 총보(總譜) 총도(總圖)

기창(旗槍)   도식(圖式) 1 설(說) 4 보(譜) 도(圖) 16 총보(總譜) 총도(總圖)

당파(鐺鈀)   도식(圖式) 3 설(說) 3 보(譜) 도(圖) 7 총보(總譜) 총도(總圖)

기창(騎槍)   설(說) 5 보(譜) 도(圖) 8 교전보(交戰譜) 도(圖) 2

낭선(狼筅)   도식(圖式) 1 설(說) 5 보(譜) 도(圖) 6 총보(總譜) 총도(總圖)

장창(長槍)

장창(長槍)【原】

금식(今式: 지금의 조선 방식)

화식(華式: 명나라 방식)[366]

봉(鋒: 창날 끝)   봉(鋒: 창날 끝)

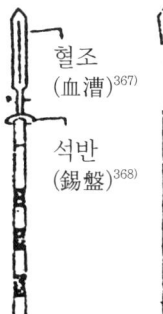

혈조(血漕)[367]

석반(錫盤)[368]

간(桿)

준(鐏)[369]

창두(槍頭)의 무게는 4량을 넘지 못한다.

이곳이 중간이 되는데 뒤로 향하여 갈수록 점점 굵어지고 앞으로 향하여 갈수록 점점 가늘어진다. 쉽게 더하거나 마음대로 깎아내지 못한다.

이곳은 한 손으로 움켜쥘 수 있을 만큼만 하고 손가락의 여분도 없고 창대의 여백도 없이 한다.

【原】 척계광(戚繼光)이 말하기를 "장창의 길이는 1장(丈) 5척(尺)이며 창 자루[槍桿][간(桿)의 음(音: 발음)은 한(汗)이며 뜻은 나무 막대기[木梃]이다. 간(杆)의 속자(俗字)이며 세속에서 창 자루[槍柄]로 새긴다]는 주목(稠木)이 제일 좋고 합목(合木)은 가볍고 조금 연하여서 그 다음이다. 합목도 쪼개어 벌린 것이 좋고 톱으로 벌린 것은 나뭇결이 흩어져서[紋斜] 쉽게 부러지며 찬죽(攢竹: 대나무 조각을 여러 개 모은 것)[찬(攢)은 모으는 것[聚]이다]은 허리가 연하여서 반드시 사용할 수 없다"고 하였다. 북방(北方)은 기후가 건조하여 대나무를 쓰지 못하지만 동남(東南)은 대나무와 나무를 모두 다 쓸 수 있다. 창을 만드는 장인(匠人)은 용창(用槍: 창을 사용함)의 대의(大意: 대략적인 뜻)[370]를 반드시 알아야 하는데 모름지기 그 주법(做法: 만드는 법)은 구(縠)[구(縠)의 음(音)은 구(遘)이며 뜻은 활시위를 당기는 것[張]이다. 『맹자』에 "예(羿)가 남에게 활쏘기를 가르칠 때에 반드시 활시위를 당기는 데 뜻을 두도록 하였으니"[371]라고 하였다]와 같아서 10일간 가르치면 문득 긍경(肯綮)[경(綮)의 음(音)은 경(磬)이며 긍경은 근육의 매듭이 얽힌 곳이다. 『장자』의 〈양생주〉에 "긍경의 고연(固然)한 것에 의하지 아니하고 무리하게 칼질하는 기술을 시험해 본 적이 없다[372]"고 하였다]을 깨닫게 된다. 뒷손을 잡는 데는 굵직해야 손에 꽉 차게 쥘 수 있다. 창의 뿌리(뒷손으로 쥐는 파단(把段)으로 자물쇠[鎖]가 되는 부분)에서부터 시작하여 점점 가늘어져 곧장 창머리에 이르러서 그치게 된다. 창의 허리가 굵으면 경강(硬強)하여 상대의 창을 나(拿)할 수 없고 허리가 가늘면 연(軟)하여서 힘이 없다. 가장 꺼려하는 것은 창 자루 끝[杪][초(杪)의 음(音)은 묘(杳)이며 뜻은 나무 끝[木末]이다][373]이 굵고 허리가 경직된 것이다.

【增】 지금 제도에는 창날 끝[鋒]에 혈조(血漕)[창날 가운데 도랑처럼 홈이 파인 것을 혈조라 한다. 『전한서』《무제본기》의 주(注)에 "물을 옮기는 것[水轉]을 조(漕)라고 한다"고 하였다]가 있다. 창날 아래에 작은 석반(錫盤)을 시설하고 창 자루에는 희고 검고 붉은 세 층을 서로 사이를 두고 칠해서 문양을 만들고

길이는 화식(華式)과 같으며 아래에 준(鐏)[준(鐏)은 창 손잡이[秘] 아래에 둥근 모양의 구리임]이 있다.

【案】태녕필창(太寧筆槍)[374]은 창날 아래 몇 촌의 작은 철반(鐵盤)을 대었는데 모두 칼날이 있다. 찔렀을 때 상대는 손으로 움켜잡을[捉搦] 수가 없다. 그러한즉 마땅히 철반을 갈아서 그 둘레[輪]를 날카롭게 해야 한다.

『무편(武編)』에 이르기를 "창의 제도에는 몇 가지 품질의 나무자루가 있으며 위(창머리)에는 창날[刃]이 있고 아래(파단(把段)이 되는 창의 뿌리)에는 준(鐏)이 있다. 기병(騎兵)은 쌍구창(雙鉤槍)이나 단구창(單鉤槍)[375]을 쓰고 혹은 창대 위에 고리[環]를 시설하기[376]도 한다. 보병(步兵)은 곧은 소목창(素木槍)이나 혹은 아경창(鴉頸槍)[377]을 쓴다"고 하였다.

『병장기(兵仗記)』에 이르기를 "장창(長槍)의 법(法)은 유독 양씨(楊氏)가 정통하여 이화(梨花)라고 불렸는데 변환(變幻)이 막측(莫測)하여 그 오묘한 기술을 터득한 사람이 드물었다. 지금 세상에 횡행하고 있는 것은 사가창(沙家槍), 마가창(馬家槍), 금가창(金家槍), 장비신창(張飛神槍), 오현신창(五顯神槍), 괴돌창(拐突槍)[괴(拐)의 음(音)은 구(求)와 해(蟹)의 반절(反切)[378]이다. 뜻은 장(杖: 지팡이)에 갈래진 가지가 있는 것으로 절름발이가 다리로 의지할 수 있는 것이다], 괴도창(拐刀槍), 아미창(峨嵋槍), 월창(月槍), 지설창(地舌槍)이 있다. 보병이 쓰기에 알맞은 것으로는 소목창(素木槍)인데 추창(錐槍), 아경창(鴉鶿槍), 태녕필창(太寧筆槍)과 같은 것이 곧 그 종류이다.

【案】창(槍)의 글자는 본래 목(木)으로부터 나온 것이다. 『유편(類篇)』에 "나무를 깎아[剡][염(剡)의 음(音)은 염(琰)이며 뜻은 예리(銳利)한 것이다. 『역경(易經)』의 《계사전하(繫辭傳下)》에 "나무를 깎아[剡] 화살을 만들었다"고 하였다] 도적을 상(傷)하게 하는 것을 창(槍)이라고 한다"고 하였다. 세속에서 창(鎗)이라고 쓰는 글자는 대개 잘못된 것이며 창(鎗)은 종소리[鐘聲]이고 또는 술그릇[酒器]이다. 초(楚)나라 경절(耕切)의 『이의실록(二儀實錄)』에 이르기를 "황제(黃帝)와 치우(蚩尤)천황[379]이 싸울 때 곧 창이 있었다" 하고 "제갈

량(諸葛亮)이 처음으로 나무로서 창을 만들었는데 그 길이가 1장(丈) 2척(尺)이었고 쇠로서 창머리를 만들었다"하였다. 왕명학(王鳴鶴)[380]이 이르기를 "장창(長槍)의 법(法)은 양씨(楊氏)에게서 비롯되어 이화(梨花)라 하였는데 천하가 모두 숭상하였다"고 하였다.

『송사(宋史)』의 「이전전(李全傳)」〔이전(李全)은 산동(山東)의 흉악한 도적이다〕에 "이전의 아내 양씨(楊氏)[381]가 정연덕(鄭衍德) 등에게 가르쳐 말하기를 20년 동안 이화창(梨花槍)은 천하에 적수가 없었다"고 하였는데 이것은 대개 그 격자(擊刺)에 있어서 선능(善能)하였음을 말한 것이다. 왕사의(王思義)가 말하기를 "이화창(梨花槍)이란 이화(梨花) 한 통(筒)을 장창(長槍)의 머리[首]에 매어 달아서[繫] 적을 맞아 싸울 때에 이화통을 한 번 발사하면 몇 장(丈)이나 멀리 날아가서 상대에게 그 약이 닿으면 즉사(卽死)하고 창은 여전히 적을 찌를 수 있으니 곧 제일가는 화구(火具: 화공의 도구)가 된다. 송(宋)나라 이전이 일찍이 이 창을 사용하여 산동에 웅거(雄據)하였다. 그러나 척씨(戚氏)가 논(論)한 여러 창세(槍勢)는 비록 이화(梨花)를 근본[宗]으로 하였으나 화구(火具)는 아니다"라고 하였다.

『무편(武編)』에 이르기를 "창 자루[槍桿]는 질려(蒺藜)의 나무줄기가 가장 좋고 산뽕나무[柘]의 줄기가 그 다음이며 단풍나무[楓]의 줄기가 또 그 다음이며 그 외의 나무는 쓸 수가 없다"고 하였다.

『왜한삼재도회(倭漢三才圖會)』에 이르기를 "대개 창 자루[鑓桿]〔견(鑓)은 창이다. 일본에서 만든 글자이다〕는 저나무[櫧木]가 상등품인데 비주(肥州), 천초(天艸)에서 생산되는 것이 가장 좋다. 비파나무[枇杷木]〔사마상여(司馬相如)「상림부(上林賦)」의 장읍(場揖)의 주(注)에 "비파나무는 곡수(榖樹: 떡갈나무)와 비슷하며 잎사귀는 길고 씨는 살구나무와 비슷하다"고 하였다〕가 그 다음이며 종려나무[稷欄木]가 또 그 다음이다"라고 하였다.

『병장기』에 이르기를 "당파(鎲鈀)는 주단목(椆檀木)으로서 자루를 만든다"고 하였다.

【案】척씨(戚氏)가 칭한 주목(稠木)은 곧 주밀(椆密)의 주(椆)이며 대개 빽

빽이 들어선 나무숲 속의 자연적인 동체(胴體)를 가리키는 것이며 그 아래의 합목(合木)은 나무 이름이 아니다. 그러므로 주단(椆檀)의 주(椆)가 아님을 알라.

『예기도식(禮器圖式)』에 이르기를 "호창(虎槍)의 자루는 백랍목(白蠟木: 쥐똥나무)으로 만든다"고 하였다.

【案】 질려(蒺藜)는 세속에서 칭하는 엄목(奄木)이 아닌가 한다. 즉 『본초(本艸)』에서 이른바 총목(楤木: 두릅나무)이다. 진장기(陳藏器)가 말하기를 "총목은 산골짜기에서 나고 높이가 한 장(丈) 남짓하고 위로 곧게 자라며 가지가 없고 줄기 위에 가시가 있다. 산중 사람들이 머리의 부드러운 부분을 절취(折取)하여서 먹는데 이것을 문두(吻頭)라고 한다"하였다. 〔세속에서 목두채(木頭菜: 나무 머리에서 나는 나물)라 칭한다.〕 이시진(李時珍)[382]이 말하기를 "나무 꼭대기에 잎이 나고 산중 사람들이 나물로 먹으며 이것을 작부답(鵲不踏: 까치가 앉지 못함)이라 하는데 그것은 가시가 많고 가지가 없기 때문이다"라고 하였다. 『당운(唐韻)』에 이르기를 "총(楤)나무는 첨두담(尖頭擔)이다"라고 하였는데 그 나무로 편담(扁擔)〔사물이 둥글지 않는 것을 편(扁)이라 하고 어깨에 메는 것을 담(擔)이라고 한다. 편박(扁薄: 고르지 못하고 얇음)한 나무의 양 끝에 물건을 달아매어 저울에 저울추가 있는 것 같이 하여 어깨에 메고 그 가운데에서 걸어간다〕을 만들 수 있음을 말한 것이다.

자나무[柘]는 산뽕나무인데 『주례(周禮)』의 《동관(冬官)》에 이르기를 "궁인(弓人: 궁장(弓匠), 활 만드는 사람)이 육재(六材)[383]를 분별하는데 첫째가 활의 몸체로서 자[柘]나무이다"라고 하였다. 『초목장(艸木狀)』에 이르기를 "자나무[柘]는 산의 돌 도랑 사이에서 잘 자란다"고 하였다. 『본초강목(本艸綱目)』에 이르기를 "자나무[柘]는 총생(叢生: 무더기로 밀집하여 자람)을 좋아하며 몸체는 조리 있고 곧으며 잎은 두텁고 둥글며 산초나무[椒]와 같이 뾰쪽한 열매가 있으며 그 나무로 황적색(黃赤色)을 물들이는데 이것을 자황(柘黃)이라고 한다"고 하였다. 『농정전서(農政全書)』에 이르기를 "자나무[柘]는 단단하고 굳센 껍질에 문양이 세밀하다. 윗부분에 흰 점이 많고 가지와 줄기에는 많은 가시가 있다. 잎은 뽕나무 잎에 비하여 매우 작고 얇으며 색깔은 짙은 황담색(黃淡色)이며 잎이 난 나뭇가지는 모두 세 갈래이다"라고 하였다.

　단풍나무[楓]는 세속에서 신목(神木)이라 칭하는 것이다. 소송(蘇頌)이 말하기를 "풍나무[樹]는 매우 높고 커서 백양목(白楊木)과 비슷하다. 잎은 둥글고 두 갈래가 져서 삼각형을 이루며 향내가 나고 2월에 흰 색깔의 꽃이 핀다"고 하였다. 『설문해자(說文解字)』에 이르기를 "풍나무[楓木]는 두터운 잎에 약한 가지라 바람결에 잘 흔들린다"고 하였다. 이시진(李時珍)이 말하기를 "풍나무[楓木]는 가지와 몸체줄기가 길게 쭉 솟아올라서 큰 것은 몇 아름이나 되고 그 나무는 매우 단단하며 붉은 것도 있고 흰 것도 있다. 흰 것은 세밀하고 살이 많으며[細膩] 그 열매는 공처럼 둥글고 부드러운 가시가 있다"고 하였다.

　저나무[櫧]는 『산해경(山海經)』[384]에 이르기를 "전산(前山)의 그 나무는 저나무[櫧]가 많다"고 하였는데 곽박(郭璞)의 주(注)에 "혹 저(儲)라고 쓰기도 하며 작나무[柞: 갈참나무] (작(柞)의 음(音)은 작(昨)이며 높은 것은 1장(丈) 남짓하고 잎은 작으나 섬세한 이빨이 있으며 광택이 있고 매끄러우며 질겨서 겨울을 지나도 시들지 않는다)와 비슷하다. 열매는 먹을 수 있고 겨울과 여름에 자란 것을 집 기둥으로 만들어 쓰면 잘 썩지 않는다"고 하였다. 『본초강목(本艸綱目)』에 이르기를 "저나무[櫧木]는 산골짜기 곳곳에 있다. 큰 것은 몇 아름이나 되고 높이는 2~3장(丈)이며 잎은 길고 커서 밤나무 잎과 같으나 끝이 뾰쪽하고 두텁고 견고하며 광택이 나는 톱니가 매우 예리하고 겨울을 지나도 시들지 않는다. 3~4월에 흰 꽃이 피고 넓은 이삭이 달리는데 밤꽃과 같다. 열매를 맺어 큰 것은 떡갈나무 열매(槲子: 도토리)와 같다. 바깥에 열매를 싼 작은 껍질인 포(苞)가 있는데 서리가 내린 뒤에 껍질 포가 터지면서 열매가 떨어진다. 열매는 둥글며 갈색(褐色)(화가들의 회색 같은 색이란 것은 갈색을 말한다)이 나며 뾰쪽한 끝이 있고 크기는 보리수 열매

[菩提子](보리자는 무환자(無患子)의 종류로 천태산(天台山)에서 난다)와 같다. 속의 씨는 살구의 씨[杏仁]와 같고 날로 먹으면 쓰고 떫으며[苦澁] 굽거나 볶아 먹으면 곧 단맛이 돈다. 또한 갈아서 가루로 만들 수도 있다"고 하였다. 지금 세속에서 2년목(二年木)이라 칭하는 것이 이것이다. 어떤 사람은 가서목(哥舒木)이라고도 하지만 2년목은 색깔이 희고 질기다.[靭]〔인(靭)의 음(音)은 인(刃)이며 뜻은 부드러우면서도 단단한[柔而固] 것이다.〕가서목(哥舒木)은 색깔이 붉으며 쉽게 부러진다. 그것을 가서목(哥舒木)이라고 하는 것은 중국의 가서봉(哥舒棒)〔『당서(唐書)』「가서한전(哥舒翰傳)」[385]에 이르기를 "한(翰)이 토번(吐藩)과 싸울 때에 반단창(半段槍)을 가지고 적을 맞아 싸웠다"고 하였다.【案】반단(半段)은 반절(半折)이며 바꾸어 말해도 여전히 봉(棒)이 아니겠는가?〕의 제도에서 이 나무를 사용하였기 때문에 이름한 것이 아니겠는가?

주나무[椆]는 『산해경』에 이르기를 "호수산(虎首山)에 주거(椆椐)나무가 많다"고 하였다. 『유편(類篇)』에 이르기를 "주나무[椆]는 추위도 시들지 않는다"고 하였으며 『광운(廣韻)』에 이르기를 "선고목(船篙木)이란 선고(船篙: 배를 물가에서 밀어나갈 때나 댈 적에 쓰는 상앗대)를 만들 수 있음을 말한 것이다"라고 하였다. 단목(檀木)은 속명으로 박달(朴達)이다. 진장기(陳藏器)가 말하기를 "단목[檀]은 진피(秦皮)와 비슷하며 체질하여 도낏자루로 만들면 잘 견딘다"고 하였다. 이시진(李時珍)이 말하기를 "단목[檀]은 황백(黃白)의 두 종류가 있으며 잎은 모두 괴나무[槐: 느티나무]와 같으며 껍질은 푸르고 윤택이 나며 나무의 질[肌]이 세밀하면서 살이 많아 몸체가 무겁고 견고하다. 모양은 가래나무[梓]와 느릅나무[楡], 협미(荚蒾: 가막살나무)〔잎사귀는 느릅나무(楡)와 비슷하고 열매는 둘씩 서로 마주 대하고 있음〕와 서로 비슷하다"고 하였다. 그래서 이어(俚語: 속요(俗謠)의 노랫말)에 이르기를 "박달나무를 찍으려다 자세히 살피지 않아서 가막살나무를 얻었구나! 가막살나무를 바라다가 박마(駁馬: 순종이 아닌 잡종 말)를 얻을 수 있겠구나!"라고 하였다. 박마(駁馬)는 나무에 비하면 가래나무와 느릅나무이다. 단목(檀木)은 절굿공이[杵]에 적절하고 두릅나무[樻]는 쇠망치 기구의 자루로 쓰기에 알맞다. 양안상순(良安尙順)이 말하기를 "단목[檀]이 열매를 맺으면 고련나무[楝]〔연(楝)의 음(音)은 연(鍊)이다. 『이아익(爾雅翼)』에 이르기를 "나무의 높이가 1장(丈) 남짓하고 잎은 괴나무[槐: 느티나무]와 같으나 뾰족하고 꽃이 피면 붉은색과 자주색이 나며 열매는 작은 방울과 같고 세속에서 이를 고련(苦楝)이라고 한다"고 함〕의 열매와 같고 작은 것이 떼로 모여서 맺어지고 날 것은 푸르고 익히면 엷은 적색(赤色)이 난다. 속이 터지면 붉은 열매 3~4알이 들어 있고 그 잎은 가을이 되면 붉어진다"고 하였다.

백랍목(白蠟木)은 속칭 수청목(水靑木)이라 하는데 본래의 이름은 진피(秦皮)이며 고력나무(苦櫪: 물푸레나무), 침나무(梣: 물푸레나무), 심나무(樳), 석단(石檀)이라고도 한다. 지금 사람들이 가는 줄기로 태장형(笞杖刑)의 곤장(棍杖)386)을 만들어 쓰는 것이 이것이다. 이시진이 말하기를 "여정(女貞)은 곧 세속에서 납수(蠟樹)라고 부르는 것인데 납충(蠟蟲)의 종자를 취해서 가지 위에 싸서 놓아두면 백랍(白蠟)이 만들어진다"고 하였다. 현호선생(玄扈先生)〔명나라 문연각(文淵閣)의 대학사(大學士)인 서광계(徐光啓)의 별호(別號)임〕이 말하기를 "여정(女貞)은 오하 지방(吳下: 강소성 남부와 절강성 북부 일대)에서 동청(冬靑)이라 칭하며 밀랍(蠟: 양초·크레파스·인형·환약 등을 만듦)이 생산되는 곳은 모두 납수(蠟樹)라고 칭한다"고 하였다. 그러한즉 중국에서의 여정(女貞)은 납수(蠟樹)가 되며 이 나무를 속칭 서시목(鼠矢木: 쥐똥나무)이라 하는데 그 열매가 마치 가공한 듯하기 때문이다. 그러나 우리나라에서는 백랍(白蠟)이 진피(秦皮)에 많이 있고 또 나무의 성질이 견고하고 질긴 것이 여정(女貞)보다 우수하다. 도홍경(陶弘景)387)이 말하기를 "여정과 진피는 표리(表裏)가 된다"고 하였으니 곧 백랍목(白蠟木)은 마땅히 우리나라의 진피(秦皮)로서 정해진다.

장창전보(長槍前譜)

【原】
 처음에 태산압란세(太山壓卵勢: 태산으로 새알을 누르는 자세)를 하고

 즉시 미인인침세(美人認針勢: 미인이 능숙한 솜씨로 바늘에 실을 꿰는 자세)를 하고

인하여 철번간세(鐵翻竿勢: 철창을 뒤집어 낚싯대 드리우는 자세)를 하며

창(槍)을 빼어 사이빈복세(四夷賓服勢: 덕치에 감화되어 사방에서 복종하는 자세)를 하고

문득 적수세(滴水勢: 물을 방울지게 떨어뜨리는 자세)

지남침세(指南針勢: 방향을 가리켜 주는 나침반의 침과 같은 자세)를 하고 즉시 발을 연하여 한 걸음 나아가 또 적수지남침세(滴水指南針勢)를 하고 연하여 두 걸음 나아가

문득 철우경지세(鐵牛耕地勢: 쇠로 된 소가 밭을 가는 자세)를 하며

즉시 십면매복세(十面埋伏勢: 사방·사우의 팔방과 상하의 십방에 매복한 복병의 자세)를 하여 한 번 찔러라. 적수지남침세(滴水指南針勢)로서 한 걸음 물러가고 또 적수지남침세(滴水指南針勢)로서 한 걸음 물러가 원지(原地: 처음 시작한 자리)에 서라. 적수지남침세(滴水指南針勢)로서 한 걸음 나아가 또 적수지남침세(滴水指南針勢)로서 연(連)하여 두 걸음 나아가 문득 철우경지세(鐵牛耕地勢)를 하며 십면매복세(十面埋伏勢)로서 한 번 찔러라.

또 적수지남침세(滴水指南針勢)를 하며 인하여 변난세(邊攔勢: 측면으로 막는 자세)를 하고

급히 몸을 돌리며 창(槍)을 돌이키어 한 걸음 물러가 백원타도세(白猿拖刀勢: 흰 원숭이가 거룻배를 끄는 자세)를 하고

또 한 걸음 물러가 원지(原地)에 서서 기룡세(騎龍勢: 용을 탄 자세)를 하라. 또 적수지남침세(滴水指南針勢)로서 한 걸음 나아가 문득 철우경지세(鐵牛耕地勢)가 되어 십면매복세(十面埋伏勢)로서 한 번 찌르고

 인하여 적수지남침세(滴水指南針勢)가 되어 철번간세(鐵翻竿勢)로서 창(槍)을 점(點)하고 태공조어세(太公釣魚勢: 강태공이 고기를 낚는 자세)를 하고 마쳐라.

長槍前總譜

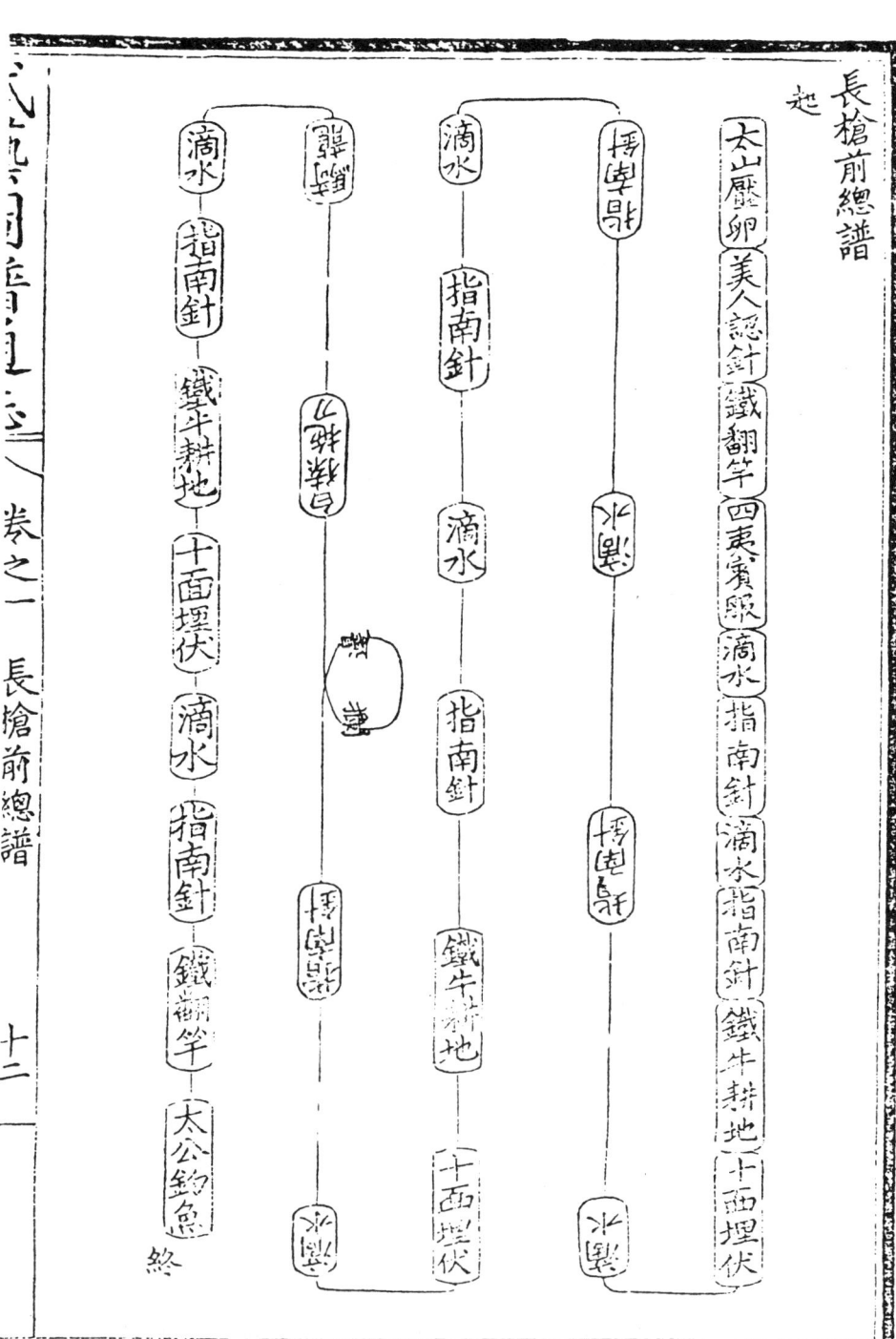

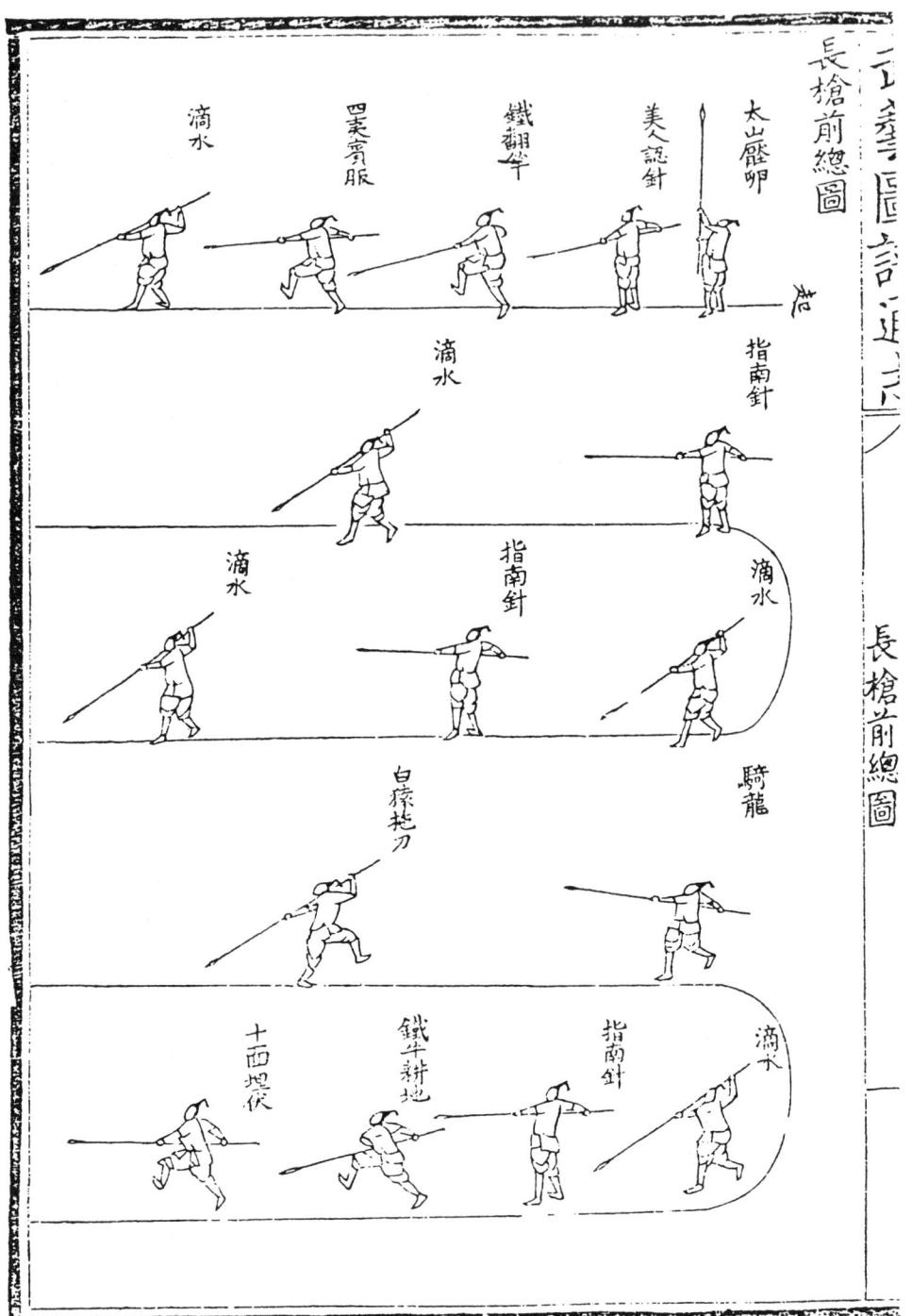

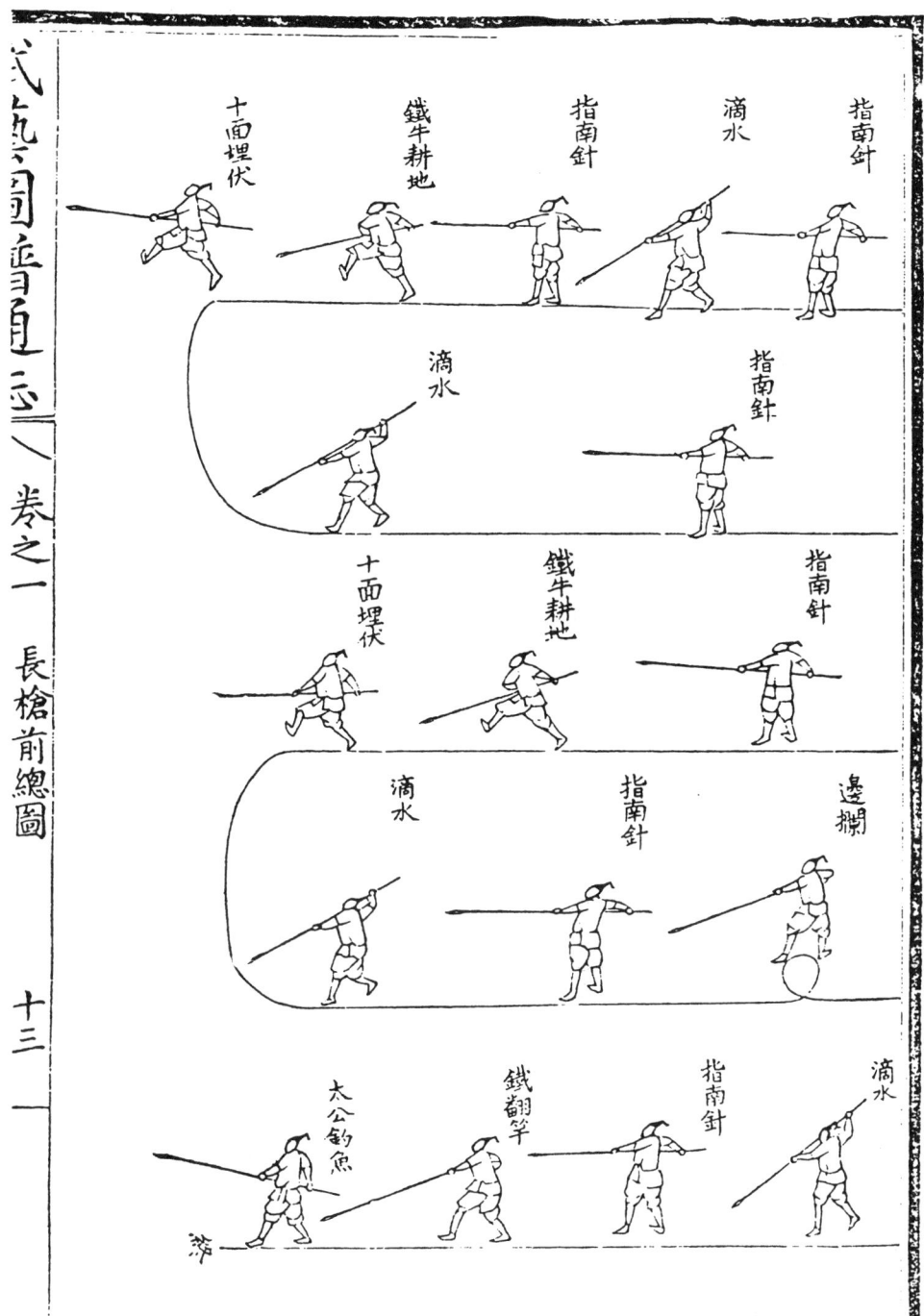

장창후보(長槍後譜)

【原】
　처음에 조천세(朝天勢: 임금에게 조배하는 자세)를 하고

　즉시 창룡파미세(蒼龍擺尾勢: 푸른 용이 꼬리를 흔들어 헤치는 자세)를 하고

한 걸음 나아가 복호세(伏虎勢: 호랑이가 엎드려 있는 자세)를 하고 또 한 걸음 나아가 복호세(伏虎勢)를 하고

또 한 걸음 나아가 퇴산색해세(堆山塞海勢: 흙무더기 산으로 바다를 메우는 자세)를 하여 한 번 찔러라.

한 걸음 물러가 포지금세(鋪地錦勢: 땅에 비단을 펴는 자세)를 하고

또 한 걸음 물러가 비파세(琵琶勢: 비파를 타는 자세)를 하라.

한 걸음 나아가 요자박요순세(鷂子撲鷦鶉勢: 매가 뱁새와 메추라기를 덮치는 자세)를 하고

또 한 걸음 나아가 영묘착서세(靈貓捉鼠勢: 신령한 고양이가 쥐를 잡는 자세)를 하고

또 한 걸음 나아가 청룡헌조세(靑龍獻爪勢: 청룡이 발톱을 받드는 자세)를 하라.

한 걸음 물러가 엄검세(罨劍勢: 창을 끼고 방어와 공격의 세를 갖춘 자세)를 하고

또 한 걸음 물러가 침홍문세(闖鴻門勢: 홍문연회에 돌입하려는 자세)를 하라.

한 걸음 나아가 야차탐해세(夜叉探海勢: 야차 귀신이 바다를 정탐하는 자세)를 하여 마쳐라.

長槍後總譜

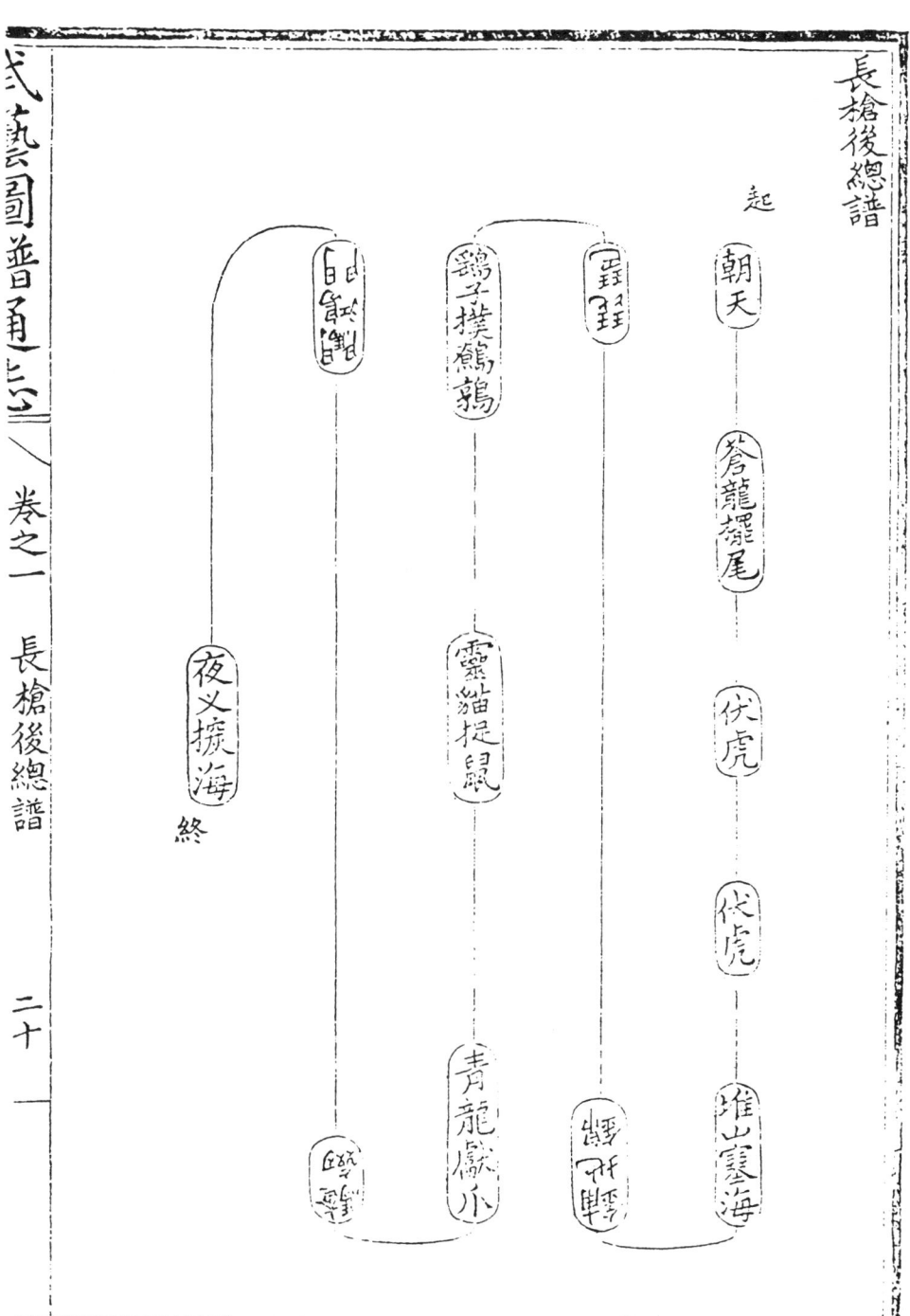

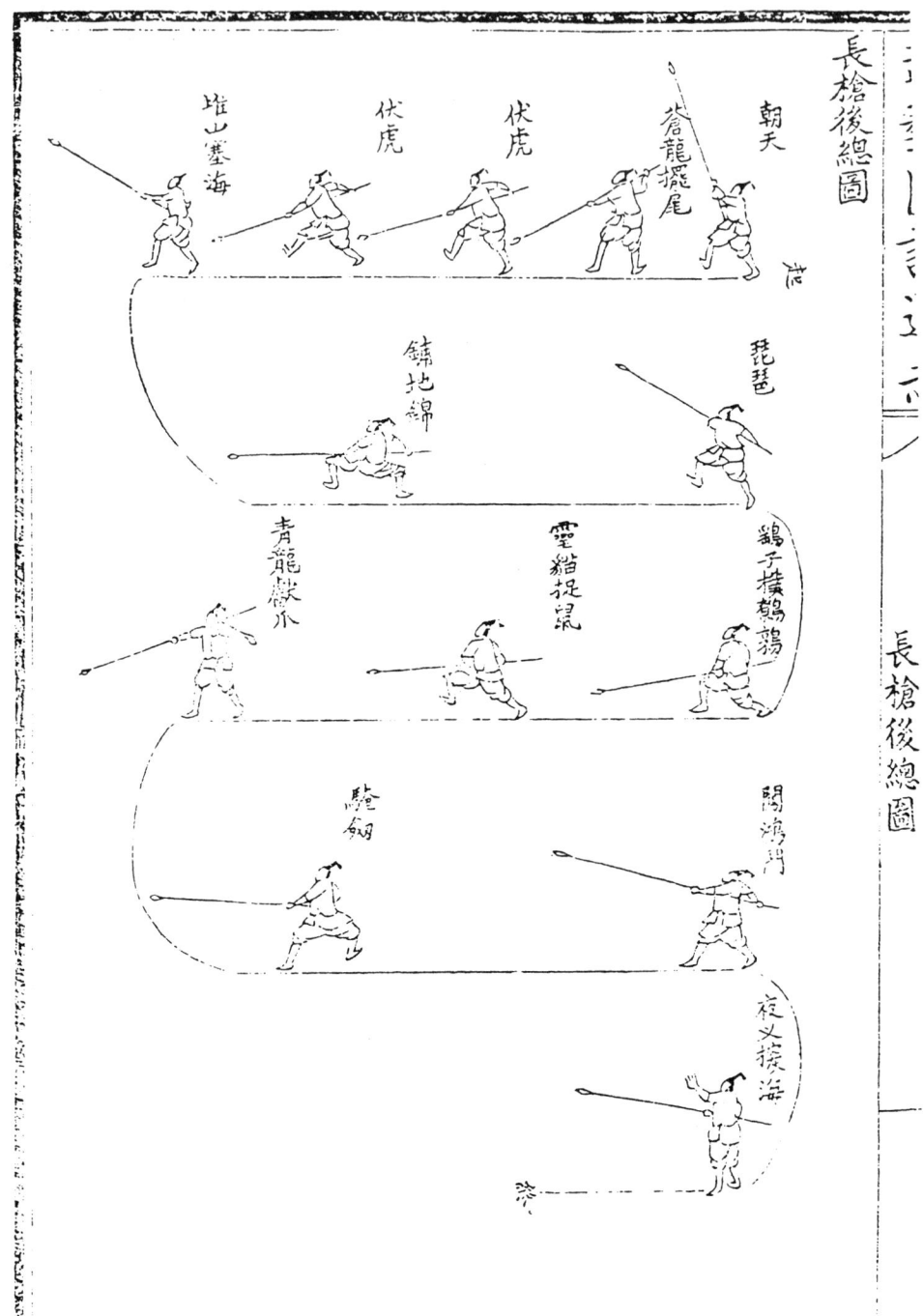

죽장창(竹長槍)

죽장창(竹長槍)【增】

【增】길이가 20척(尺)인데 머리 날이 4치(寸)이며 손잡이 부분이 5척(尺)이며 손잡이 이상은 채색(彩色)을 칠한다. 『속사시(續事始)』에 이르기를 "제갈량이 고죽창(苦竹槍)을 만들었는데〔『화양국지(華陽國志)』에 "백엽죽(百葉竹)은 한 가지에 100개의 잎사귀가 달렸는데 사람이 상(傷)하면 반드시 죽는다"라고 하였음〕【案】고죽창(苦竹槍)이 백엽죽(百葉竹)이다. 길이가 2장(丈) 5자(尺)이다"라고 하였다.

『명회전(明會典)』에 이르기를 "홍치(弘治: 명나라 孝宗의 연호, 1488~1505) 16년(1503)에 남방(南方)의 위소(衛所)[388]에 영(令)을 내려 죽장창을 모아서 나무자루[木柯]로 만들어 고쳐 쓰도록 하였다"고 하였다.

『단연록(丹鉛錄)』에 이르기를 "『주례(周禮)』의 주(注)에 수(殳)는 대나무 8쪽을 모은 것으로서〔고(觚)의 음(音)은 고(孤)이며 뜻은 모가 나 있는 것이다〕 병거(兵車: 전투용 수레)에 세운다"고 하였다. 『설문(說文)』에 "비(祕)〔비(祕)의 음(音)은 비(祕)이며 뜻은 극병(戟柄: 세 갈래진 창의 자루)이다〕는 죽찬(竹攢: 대나무 쪽을 모은 것)이다"라고 하였다. 『모시(毛詩)』의 죽비(竹柲: 대창의 자루)는 『고공기(考工記)』의 여기(廬器: 농막집의 기구)〔여기(廬器)는 『고공기』의 주(注)에 "대나무 쪽을 모은

도채(塗彩): 채색을 칠함

근수(近手): 손잡이 부분

지팡이이다"라고 하였다)가 된다. 사서(史書)의 극긍(棘矜)〔극(棘)은 융기(戎器: 병기)이며 긍(矜)은 극연(戟鏈: 세 갈래진 창과 두 갈래진 작은 창의 자루임)을 해설한 주(注)에 모두 적죽(積竹: 대나무 쪽을 모은 것)으로 해석하고 있다.『설문(說文)』의 주(注)에 이르기를 "적죽(積竹)은 대나무의 흰 부분을 깎아내고 그 푸른 부분을 취하여 합한 것인데 그 공(功)들인 것을 취하니 곧 지금의 적죽(積竹)이다"라고 하였다.

【案】지금 익히는 죽창(竹槍)의 자루는 전죽(全竹: 통대나무) 위에 얇은 칼날을 시설하여 사용하는데 가볍고 허약하여서 감당하여 사용할 수 없다.『단연록(丹鉛錄)』에서 인용한 적죽(積竹)은 비록 이것이 수긍(殳矜: 팔모창의 자루)에 속하는 것이지만 역시 장창의 자루라고 충분히 증명할 수 있다. 다만 그 선조(繕造: 엮어서 만듦)의 방법은 나타나 있지 않지만 대개 대나무를 쪼개서 여러 개를 모아 아교로서 붙이고 심줄로서 굳게 고정시키고 옻으로서〔휴(髹)의 음(音)은 휴(休)이며 뜻은 옻칠이다〕 칠을 하면 가히 그 편리(便利: 빠르고 날카로움)함을 얻을 수 있다.『명회전(明會典)』에서는 나무자루로 고치도록 하였는데 척씨(戚氏)는 또한 일찍이 탄식하기를 "창의 허리가 연약한 것은 승리를 얻을 수 있는 이기(利器: 좋은 무기)가 아니다"라고 하였다. 그러나 전죽창(全竹槍: 통대나무로 된 창)의 가볍고 허약하여 감당하여 쓸 수 없는 것보다는 오히려 낫지 않겠는가? 훈국(訓局)에 소장하고 있는 왜창(倭槍)의 자루는 가히 20척(尺)이 되는데 대개가 찬죽(攢竹: 대나무 쪽을 모아 붙인 것)이다. 임염(荏染)〔『시경(詩經)』에 임염(荏染)은 유목(柔木: 부드러운 나무)이라 하였고 주(注)에 "부드럽다는 뜻이다"라고 하였다〕하고 굳센 날이 매우 서리(犀利: 견고하고 날카로움)〔서(犀)는 병기(兵器)가 견고한 것이다〕한데 시험으로 조금만 힘을 써서 집 기둥을 찔러 보았는데 깊이 들어가서 뽑아내기가 어려웠다. 허리를 잠깐 굽혀 보았지만 바로 즉시 곧게 펴지며 튕겨지는 기세가 있었다.

죽장창보(竹長槍譜)

【原】

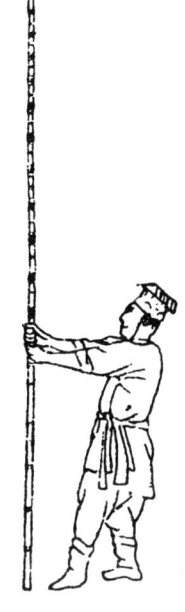

처음에 태산압란세(太山壓卵勢)를 하되 두 손으로 창(槍)을 심고 흔들어 마(磨)하며 높이 한 소리를 하고

즉시 진왕점기세(秦王點旗勢: 진왕이 기를 점검하는 자세)를 하되 한 번 들어 한 번 점(點)하기를 함께 세 번하고

인하여 금룡파미세(金龍擺尾勢: 금빛용이 꼬리를 헤치는 자세)를 하되 우수(右手)로 앞을 잡고 좌수(左手)로 뒤를 잡아 왼편으로 롱(弄)하기를 세 번 하고

단봉무풍세(丹鳳舞風勢: 붉은 봉황새가 바람결에 춤추는 자세)를 하되 오른편으로 롱(弄)하기를 세 번하고

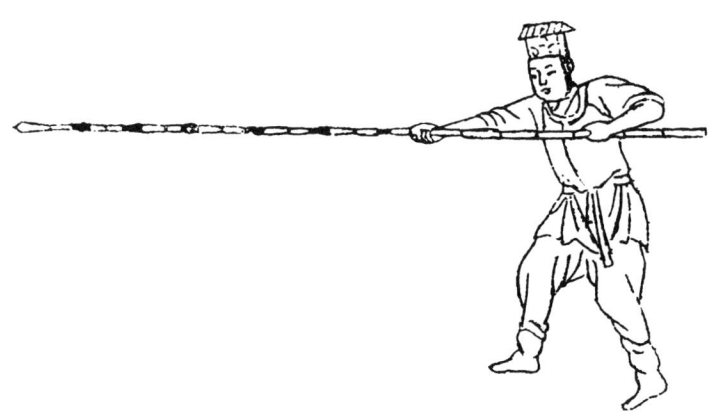

또 한신마기세(韓信磨旗勢: 대장군 한신이 깃발을 문지르는 자세)를 하되 두 손으로 창(槍) 말미를 잡아 앞으로 한 번 찌르고 좌우(左右)편으로 롱(弄)하기를 한 번하고 두 손을 높이 들어

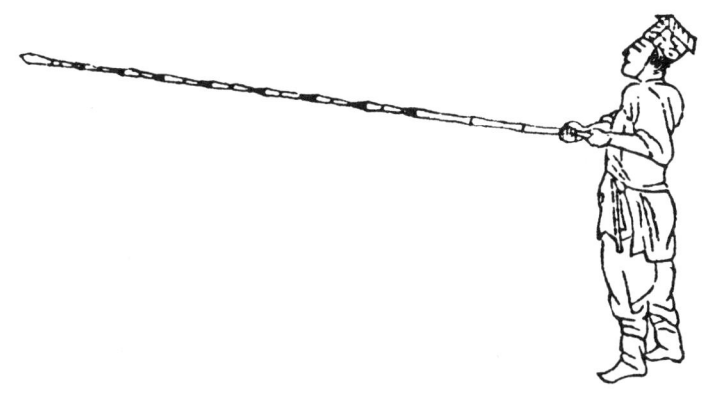

인하여 백원타도세(白猿拖刀勢)를 하되 좌수(左手)를 낮추고 우수(右手)를 높여

창(槍)을 끌어 물러와 철번간세(鐵翻竿勢)를 하되 두 손으로 창(槍) 말미를 잡아 평(平)히 들되 앞을 낮추며 뒤를 높이고 인하여 금룡파미세(金龍擺尾勢)를 하고 또 단봉무풍세(丹鳳舞風勢)를 하고 즉시 한신마기세(韓信磨旗勢)를 하고 인하여 백원타도세(白猿拖刀勢)를 하여 물러와 마쳐라.

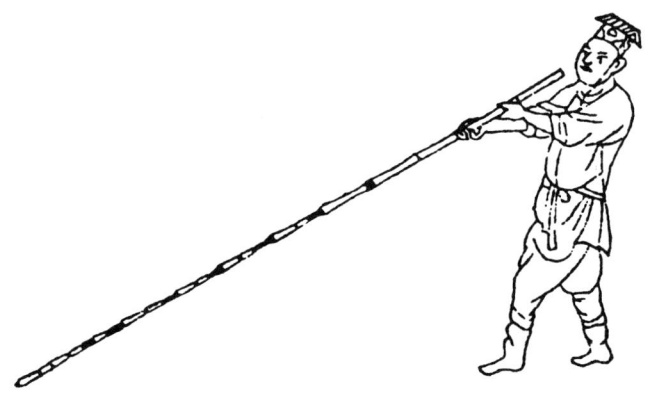

竹長鎗總譜

起 — 太山壓卵 — 秦王點旗（次三）— 金龍擺尾（左弄三次）— 丹鳳舞風（右弄三次）— 韓信磨旗 — 白猿拖刀 — 丹鳳舞風（右弄三次）— 金龍擺尾（左弄三次）— 白猿拖刀 — 韓信磨旗

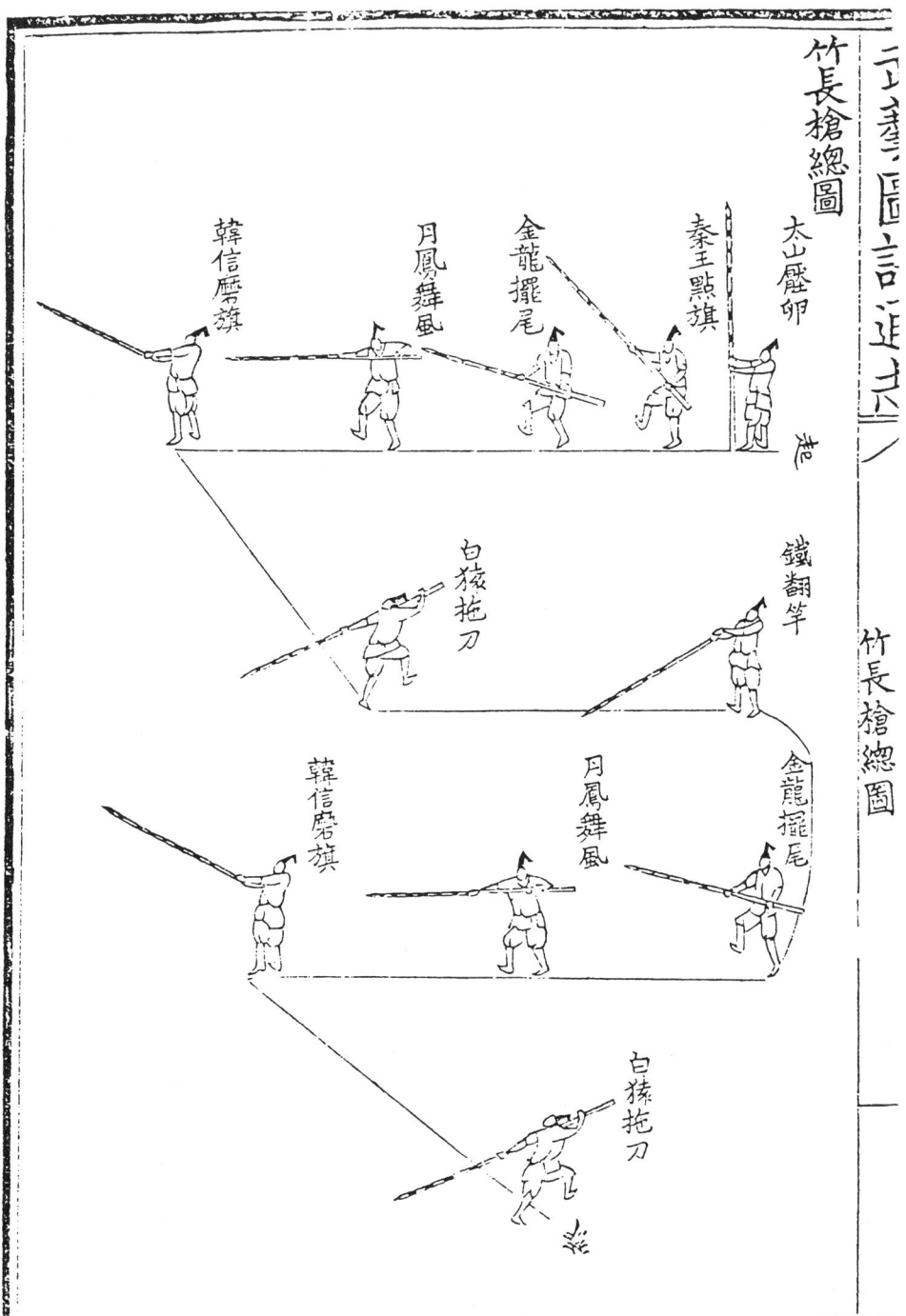

기창(旗槍)

기창(旗槍)【增】 ○속명으로 단창(短槍)이라 한다.

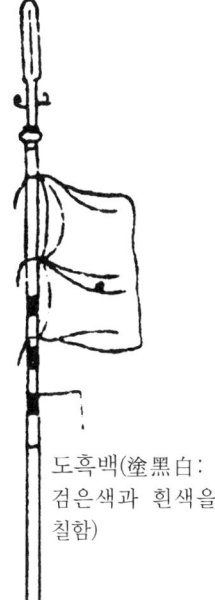

도흑백(塗黑白: 검은색과 흰색을 칠함)

【增】 창날의 길이는 9치(寸)이며 자루의 길이는 9척(尺)으로 주칠(朱漆)[389]을 하고 석반(錫盤) 이하부터는 검은색과 흰색을 칠한다. 대략 다섯째 마디 즈음에 작은 깃발을 대는데 누른색이나 혹은 붉은색으로 한다.

『엄주사부고(弇州四部藁)』에 이르기를 ○"문황(文皇)〔대명의 성조(成祖)[390] 임금임〕의 어창(御槍: 임금이 사용하는 창)은 오문루(午門樓)[391]의 부좌(踊座)〔임금이 앉는 긴 걸상이다〕 오른쪽에 두었는데 창에는 옻칠을 하였고 대나무를 모아 붙여 자루로 삼았으며 검은 깃발[黑旌][392]이 있으며 호대(號帶: 호표(號標)를 나타내는 띠)의 가운데에는 열성(列星)의 무리들을 수놓았다. 창 자루에 칼날의 흔적이 되는 것이 세 군데가 있고 깃발에 화살에 뚫어진 곳이 다섯 군데가 된다"고 하였다. 기록에서 칭하는 것을 살펴보면 ○"문황은 큰 적을 만날 때마다 번번이 효기(驍騎: 날 샌 기병)를 통솔하여 중견(中堅)〔『후한서(後漢書)』에 "광무제가 그 중견(中堅)을 돌파하였다" 하였고, 그 주(注)에 "중군(中軍)의 장(將)에는 지존(至尊)이 거(居)하여서 굳센 정예부대로써 몸소 돕는 연고로 중견(中堅)이라 한다"고 하였다〕으로 돌파하여 적 후방을 둘러싸고 나와 깃발을 들어서 펄럭이니 군사들이 다투어 분투하여 적은 번번이 크게 무너졌다"고 하였다.

『고려사(高麗史)』의 《여복지(輿服志)》에 이르기를 "법가(法駕)의 의장(儀仗)[393]은 소기창대(小旗槍隊)의 장교 2인, 연등(燃燈)〔고려 때에 팔관회(八關會), 연등회(燃燈會)가 있었다〕, 노부(鹵簿)〔노부는 의장(儀仗)이다. 진한(秦漢) 때부터 그 명칭이 처음 있었다〕, 은간(銀斡)〔작은 대나무이다〕, 소기창(小旗槍) 20개를 쓴다"고 하였다.

【案】○문황(文皇)이 거느린 것은 마삭(馬槊)[394]의 유(類)이다. 『여지(麗志)』에 실려 있는 것은 노부(鹵簿)의 기물(器物)이다. 그러나 그것이 깃발을 단 창이었기 때문에 고실(故實: 옛날의 의식과 예법에 관한 사례)이 그러하였다는 것으로 인용한 것이다. 무릇 군오(軍伍: 군대)를 만들어 각 지휘관이 받들어 잡은 병기로 인하여 호위하고 방어하는 세법[捍禦之勢]을 익히게 되는 것인즉 대저 깃대[旗竿]에 창날을 설치하는 것은 그 격자의 기술을 전하려 함이니 오히려 현명하지 않은가?[395] 김 메는 호미와 곰방메[鉏櫌]〔우(櫌)는 『회남자(淮南子)』 주(注)에 "흙덩이 쳐서 부수는 몽치이다"라고 하였다〕도 병기가 된다. 지금은 별도로 하나의 창으로 갖추어서 그 세법을 익힌다.

기창보(旗槍譜)

【原】

 처음에 용약재연세(龍躍在淵勢: 용이 연못에서 솟구치는 자세)를 하되 좌수(左手)로 창(槍)을 잡고 우수(右手)로 오른편을 끼고 바로 섰다가 오른 주먹으로 앞을 치고

 즉시 거극세(擧戟勢: 창을 받드는 자세)를 하되 우수(右手)와 좌각(左脚)을 높이 들어

인하여 야차탐해세(夜叉探海勢)를 하되 창(槍)을 왼편 옆에 끼고 오른 주먹으로써 앞을 한 번 치고

인하여 중평세(中平勢: 허리 높이로 나란하여 찌르는 자세)를 하되 좌수좌각(左手左脚)으로 한 번 찌르고 또 중평세(中平勢)를 하여 한 번 찌르고

인하여 진왕마기세(秦王磨旗勢)를 하되 좌수좌각(左手左脚)으로 밖으로부터 안으로 한 번 마(磨)하고 또 한 번 마(磨)하고

즉시 한신점기세(韓信點旗勢)를 하되 좌수좌각(左手左脚)으로 안으로부터 밖으로 한 번 점(點)하고 즉시 중평세(中平勢)로써 한 번 찌르고

좌우수(左右手)를 바꾸어 잡아 복호세(伏虎勢)를 하되 좌수(左手)를 높이고 우수(右手)를 낮추어 좌수(左手)와 우각(右脚)으로 한 번 찌르고 또 복호세(伏虎勢)를 하여 한 번 찌르고

좌우수(左右手)를 바꾸어 잡아 퇴산색해세(堆山塞海勢)를 하되 좌수좌각(左手左脚)으로 높이 한 번 찔러라.

인하여 창(槍)을 들고 왼편으로 돌며 바꾸어 잡아 은교출해세(銀蛟出海勢: 은빛 나는 교룡이 바다에서 나오는 자세)를 하되 우수우각(右手右脚)으로 창(槍)을 롱(弄)하고 뒤를 향하여 바로 들어와

인하여 중평세(中平勢)를 하여 한 번 찌르고

또 복호세(伏虎勢)를 하되 좌우수(左右手)를 바꾸어 잡아 우수(右手)를 높이고 좌수(左手)를 낮추어 우수(右手)와 좌각(左脚)으로 한 번 찌르고 또 복호세(伏虎勢)를 하여 한 번 찔러라.

즉시 왼편으로 한 번 돌아 바꾸어 잡아 우수우각(右手右脚)으로 오른편을 향(向)하여 한 번 찌르고

즉시 오른편으로 한 번 돌아 바꾸어 잡아 좌수좌각(左手左脚)으로 왼편을 향(向)하여 한 번 찌르고

즉시 왼편으로 한 번 돌아 바꾸어 잡아 우수우각(右手右脚)으로 뒤를 향(向)하여 한 번 찌르고

즉시 오른편으로 한 번 돌아 바꾸어 잡아 앞을 향(向)하여 한 발 나아가며 한 걸음 뛰어 좌수좌각(左手左脚)으로 한 번 찌르고

즉시 야차탐해세(夜叉探海勢)를 하여 마쳐라.

旗槍總譜

起 — 龍躍在淵 — 舉戟 — 夜叉探海中平 — 秦王磨旗 — 韓信點旗換勢君伏虎 — 君伏虎換 — 推山塞海

朝天勢 — 拖陣一步中 — 鐵牛耕地 — 跳起朝天勢

執旗廻前 — 名刺左廻 — 名刺右廻 — 一刺 — 夜叉探海 — 終

右伏虎　韓信點旗　秦王磨旗

堆山塞海

右伏虎

銀蛟出海

夜叉探海　前一刺

旗槍總圖

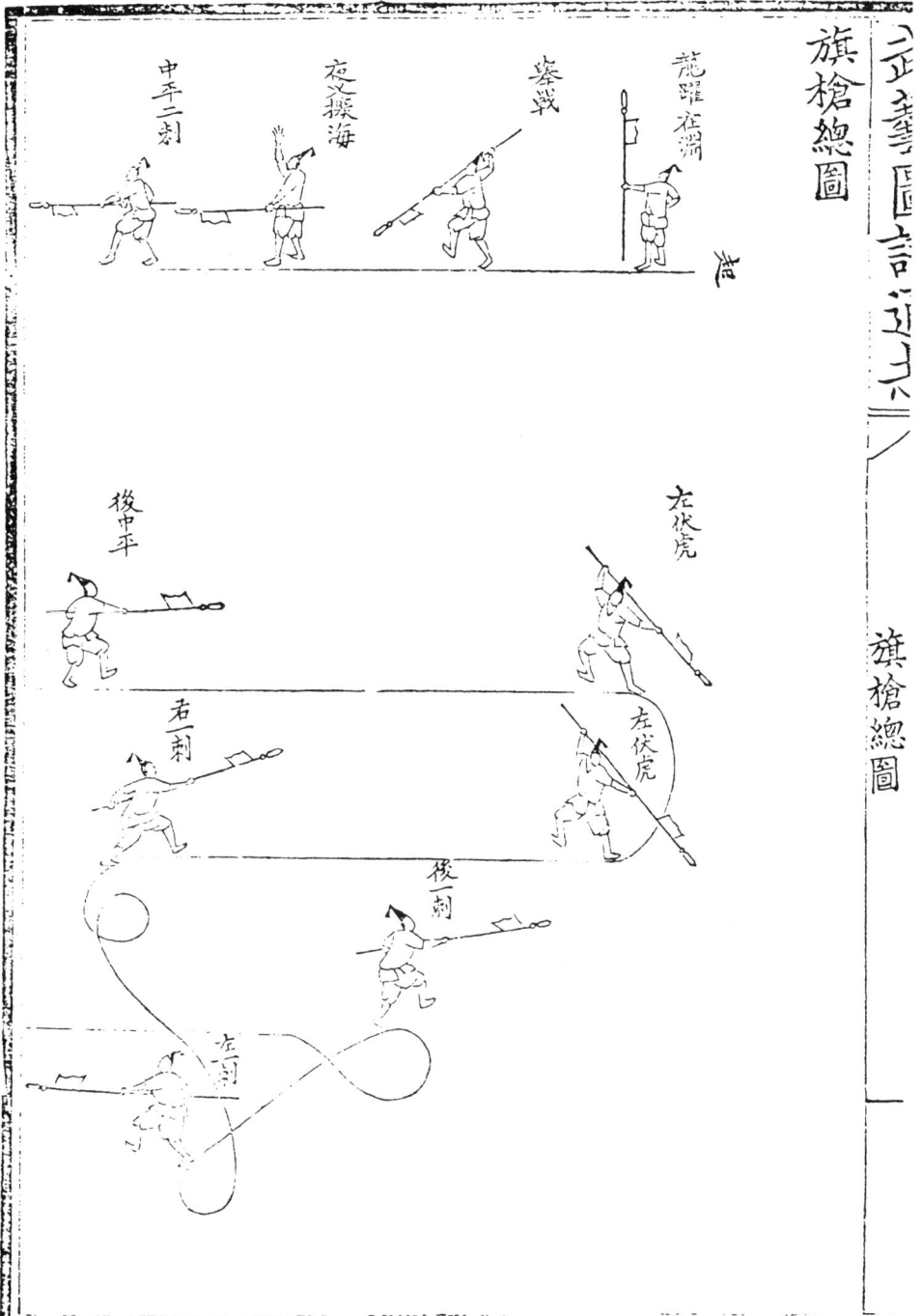

당파(鎲鈀)

당파(钂鈀) 【原】

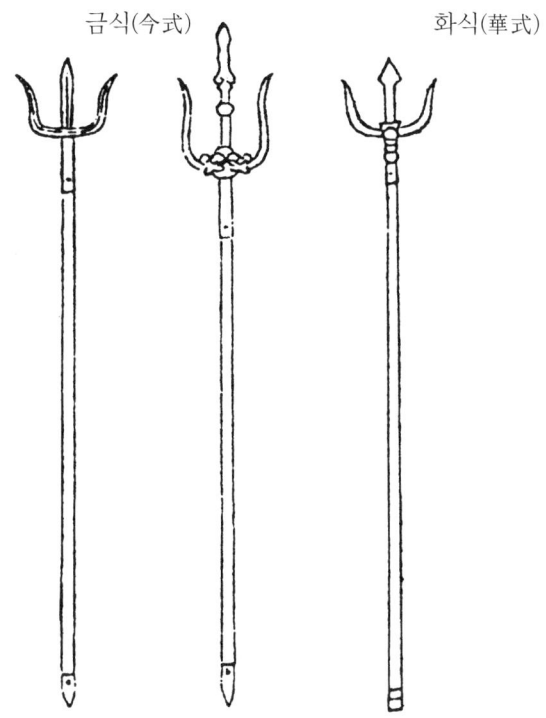

금식(今式)　　　화식(華式)

【原】 척계광(戚繼光)이 말하기를 "길이는 7척(尺) 6치(寸)며 무게는 5근(斤)이다. 자루 끝이 파의 어귀[鈀口: 파에 자루를 끼우는 입구]에 맞게 하고 밑둥 몸의 패[根粗][396]는 1치(寸)이며 끝에 이를수록 점점 가늘어진다. 정날[正鋒: 가운데 창날]이 빗긴 가지[橫股: 옆으로 나누어진 곁가지 창날]와 합하여서 한 자루가 되는 것이니 만약에 중봉(中鋒: 가운데 창날, 정봉)과 횡고

(橫股)가 가지런하면 깊이 찌를 수 없기 때문에 중봉이 반드시 2치(寸) 높여야 하고,[397] 또 두 곁가지를 평평하게 하면 화전(火箭: 불화살)을 얹어 날리는 받침대[398]로서도 쓸 수 있다"고 하였다.

【案】제1도는 척서(戚書: 『기효신서』) 및 『무비지(武備志)』『도서집성(圖書集成)』이 모두 이와 같다. 제2도는 훈영(訓營)에서 화제(華制: 명나라 제도)를 구입(購入: 돈으로 사서 입수)한 것으로부터 본떠서 낸 것인데 그 삼봉(三鋒: 세 개의 창날)이 합쳐지는 밑둥 몸 부분[根處]에 주석으로 써 두 용수(龍首: 곁가지 창날)를 합하여 만든 것이다. 좌우의 밑둥 몸이 모두 딱 벌린 입 가운데[呀口中: 세 개의 창날이 합쳐지는 부분]에서부터 나왔으므로 견고하고 예리하기가 보통과 다르다. 지금 제도는 박약(薄弱)하여 왕왕 따로 양지(兩支: 양쪽의 곁가지 창날)를 만들어 그 가운데를 뚫어 정봉(正鋒)에 꿰어서 탈리(脫離: 분리)할 수도 있고 합성(合成: 조립)할 수도 있다. 새로이 만드는 것은 곧 마땅히 제2도로서 법식을 삼아야 한다.

【增】『병장기(兵仗記)』에 이르기를 "파(鈀)의 제도에는 두 가지가 있는데 철파(鐵鈀)와 목파(木鈀)이다. 철파의 머리는 곧은 날[直刃]과 옆으로 난 이빨[橫齒]이 모두 철(鐵)이며 목파는 철로 된 날[鐵刃]에다 나무로 된 횡고(橫股) 위에 철로 된 이빨[鐵齒]의 철피(鐵皮)로 싸는 시설을 하고 못을 박았다. 그 파(鈀)를 사용하는 무가(武家)는 다섯이 있는데 웅우출진파(雄牛出陳鈀), 산문칠매복파(山門七埋伏鈀), 번왕도각파(番王倒角鈀), 직행호파(直行虎鈀), 초란근진파(稍攔跟進鈀)이다"라고 하였다.

모원의(茅元儀)가 말하기를 "당파(钂鈀)가 곧 차(叉)〔차(叉)는 서로 교차하는 것을 가리킨다〕이다. 마차(馬叉)와 당파(钂鈀)는 대동소이하다"라고 하였다.

【案】『고공기(考工記)』에 "과(戈)의 자루[戈柲]는 6척(尺) 6치(寸)이며 극(戟)은 상(常: 16척)이다"라고 하였다. 정강성(鄭康成)[399]〔한(漢)나라 정현(鄭

玄)의 자(字)이다. 고밀(高密) 사람이며 일찍이 마융(馬融)에게서 학습하였음)이 말하기를 "비(柲)는 자루(柄)이다. 8척(尺)을 심(尋)이라 하고 심(尋)의 배(倍)를 상(常)이라 한다"고 하였다. 『주례정의(周禮訂義)』에 "과(戈)와 극(戟)은 모두 찌르는 병기이다. 과(戈)는 두 개의 날이 있고 극(戟)은 세 개의 날이 있다"고 하였다. 또 야씨(冶氏)〔『주례(周禮)』의 《동관(冬官)》에 "쇠를 가공하는 공인(工人)을 야씨(冶氏)라고 한다"고 하였다)에 "과(戈)의 넓이는 2치(寸)로 하고 내(內)는 그것의 배(倍)로 하고 호(胡)는 그것의 3배로 하고 원(援)400)은 그것의 4배로 한다"고 하였다. 내(內)는 호(胡)의 아래로 자루와 접하는 곳으로 철통의 홈에 나무자루가 들어가는 곳을 말하며 호(胡)는 가장자리로 나온 것이며 원(援)은 자루(柲)에서부터 위의 끝머리에 곧장 이르기까지 찌르는 날을 말한다. "극(戟)의 넓이는 1치(寸) 반(半)으로 하고 내(內)는 그것의 3배로 하고 호(胡)는 그것의 4배로 하고 원(援)은 그것의 5배로 한다"고 하였다. 원(援)의 길이는 7치(寸) 반(半)이 되며 내(內)와 함께한 길이가 모두 1척(尺) 2치(寸)이다. 그러한즉 과(戈)의 길이는 날과 합하여 마땅히 7척(尺) 3치(寸) 남짓하게 되며 당파(鐺鈀)의 길이는 7척(尺) 6치(寸)이니, 곧 과(戈)의 자루로서 극(戟)의 창날을 쓰는 것이 되는 것이다.

당파보(鎲鈀譜)

【原】
처음에 조천세(朝天勢)를 하고

즉시 중평세(中平勢)를 하여 한 번 찌르고 한 걸음 나아가

진보세(進步勢: 전진 보법의 자세)를 하여 중평세(中平勢)로써 한 번 찌르고 또 한 걸음 나아가 진보세(進步勢)되어 중평세(中平勢)로써 한 번 찌르고 또 한 걸음 나아가 중평세(中平勢)로써 한 번 찌르고

인하여 복호세(伏虎勢)를 하고

한 발 나아가 기룡세(騎龍勢)를 하고 한 발 나아가 중평세(中平勢)를 하여 한 번 찔러라. 한 걸음 물러가 복호세(伏虎勢)되어 중평세(中平勢)로써 한 번 찌르고 또 한 걸음 물러가 복호세(伏虎勢)되어 중평세(中平勢)로써 한 번 찌르고 또 한 걸음 물러가 복호세(伏虎勢)되어 중평세(中平勢)로써 한 번 찌르고 인하여 복호세(伏虎勢)되어 한 발 나아가 기룡세(騎龍勢)되고

발을 연(連)하여 한 걸음 나아가 나창세(拏槍勢: 상대의 창을 걸어 채는 자세)를 하고

한 발 나아가 가창세(架槍勢: 상대의 창을 걷어 올리는 자세)를 하고 한 발 나아가 기룡세(騎龍勢)되고 발을 연(連)하여 한 걸음 나아가 나창세(拏槍勢)되고 한 발 나아가 가창세(架槍勢)되고 인하여 복호세(伏虎勢)되고 한 걸음 나아가 중평세(中平勢)로써 한 번 찔러라. 한 걸음 물러가 복호세(伏虎勢)되어 한 번 찌르고 또 한 걸음 물러가 복호세(伏虎勢)되어 한 번 찌르고 또 한 걸음 물러가 복호세(伏虎勢)되어 한 번 찌르고 인하여 복호세(伏虎勢)를 하라. 오른편으로 향(向)하여 한 걸음 옮겨 나아가 기룡세(騎龍勢)로써 마쳐라.

鋭鈀總譜

起 朝天（平中）— 進步（平中）— 進步（平中）— 進步（平中）— 伏虎 — 騎龍

架槍 — 拿槍 — 騎龍 — 架槍 — 拿槍 — 騎龍 終

卷之一　鋭鈀總圖　四十六

進步中平一刺
伏虎
駐龍
中平一刺

伏虎中平一刺
伏虎

駐龍
拿槍
架槍
伏虎中平

伏虎中平一刺

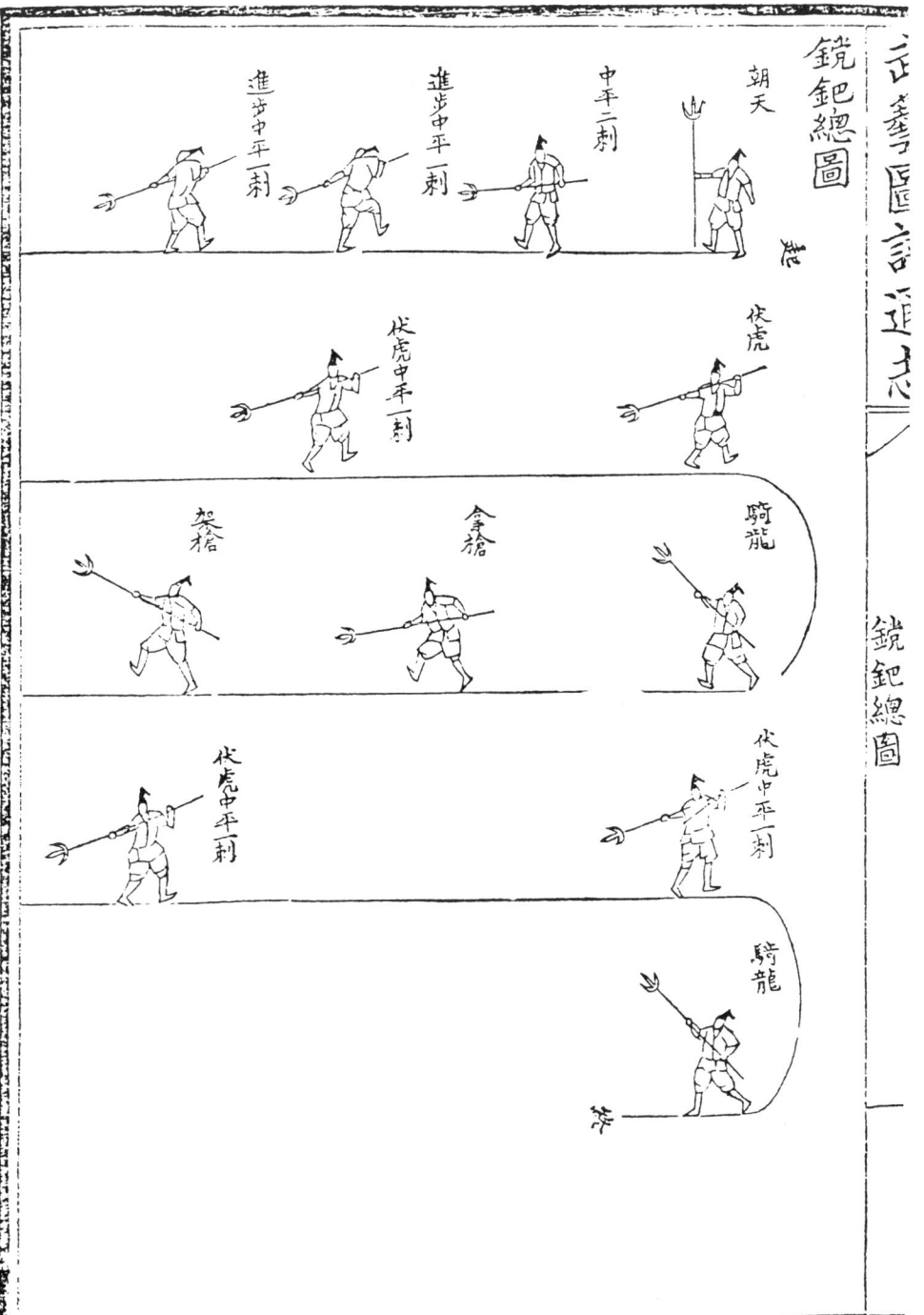

기창(騎槍)

기창(騎槍) 【增】

【增】지금 제도의 자루길이는 15척(尺)으로 보장창(步長槍: 보병이 쓰는 장창)과 같다.

『오례의(五禮儀)』[401]에 이르기를 "창(槍)은 삭(矟)이다. 지금 제도의 자루 나무의 길이는 10척(尺)인데 검은색이나 혹은 붉은색의 옻칠을 하여 쓴다. 창날의 길이는 1척(尺) 5치(寸)인데 끝에는 예리한 양날이 있고 아래에는 둥글고 날카로운 모철(冒鐵)[402]이 있다"고 하였다.

『문헌비고(文獻備考)』에 이르기를 ○"숙종(肅宗) 32년(1706)에 ○어명(御命)을 내려 삼갑사(三甲射)를 혁파(革罷)하고 기창교전(騎槍交戰)의 법(法)으로 대신하도록 하시었다"고 하였다.

【案】관무재(觀武才) 및 중순시(中旬試)에 기창(騎槍)으로 두 사람이 교전(交戰)하여 삼합(三合)을 겨루었다.

『경국대전(經國大典)』에 이르기를 "말을 타고 나간 뒤 두 손으로 창을 잡고 높이 들었다가 왼쪽 겨드랑이에 끼고 즉시 돌려 오른쪽 겨드랑이에 끼고 제1추인(芻人: 표추(標芻)가 되는 허수아비 인형)을 찌른다. 가운데 정면의 것은 왼쪽 겨드랑이에 끼는 것을 사용하여 제2추인에 이르러서 찌른다. 또 오른쪽 겨드랑이에 끼고 제3추인에 이르러서 찌른다. 찌르기를 마치면 몸을 뒤집어서[翻身] 왼쪽을 돌아보고 창으로 뒤를 가리킨다. 오른쪽 역시 이와 같이 한다. 창을 끌고 말을 달려 말을 타고 나갔던 곳으로 되돌아온다. 세 개의 추인(芻人)의 서로 떨어진 거리는 각각 25보(步)이며 창의 길이는 15척(尺) 5치(寸)이다"라고 하였다.

【案】『경국대전』에 실려 있는 즉 무과시취(武科試取)의 제도와 지금의 『예보(藝譜)』에 실려 있는 기창(騎槍)[403]은 차이가 있으나 역시 격자(擊刺)

의 세를 갖추었기 때문에 지금 모두 기록한다. 그러나 그 무게가 30근(斤)으로 이를 사용하는 무사(武士)는 매우 드물다고 하겠다.

【案】『무비지(武備志)』에 이르기를 "창은 옛날의 모(矛)이다"라 하였다.

『석명(釋名)』에 이르기를 "모(矛)의 길이가 1장(丈) 8척(尺) 되는 것을 삭(矟)〔삭(矟)의 음(音)은 삭(朔)임〕이라 하는데 마상(馬上)에서 소지한다"고 하였다.

『무편(武編)』에 이르기를 "위지경덕(尉遲敬德)〔경덕(敬德)은 위지공(尉遲恭)의 자(字)이다. 당(唐)나라 선양(鄯陽) 사람이며 악국공(鄂國公)임〕이 삭(矟)을 잘 피하고 또 적의 삭(矟)을 빼앗아 되돌려서 찌르는 데에도 능숙하였다. 제왕원길(齊王元吉)〔당(唐)나라 고조(高祖)의 아들이다〕도 역시 마삭(馬矟)을 잘하였는데 경덕의 소문을 듣고 가볍게 여겨서 친히 몸소 시험하고자 하였다. 삭인(矟刃: 삭의 날)을 제거하고 창대로써 서로 찌르기를 명하였다. 경덕(敬德)이 원길(元吉)에게 날을 제거하지 말 것을 청하고 경덕(敬德)의 삭(矟)은 삼가 대적하여 날을 없애 버렸으나 원길(元吉)은 적중할 수 없었다. 태종(太宗)이 묻기를 '삭을 탈취하는 것[奪矟]과 삭을 피하는 것[避矟] 중에 어느 것이 어렵고 어느 것이 쉬운가?' 하니 대답하여 가로되 '삭을 탈취하는 것이 어렵습니다'라고 하였다. 이에 경덕(敬德)에게 원길(元吉)의 삭(矟)을 탈취하여 보라고 영(令)을 내리니 경덕(敬德)이 잠깐 사이에 원길(元吉)의 삭(矟)을 세 번이나 탈취하였다"라고 하였다.

『설문(說文)』에 이르기를 "삭(槊)은 모(矛)이다. 또한 삭(矟)으로도 쓴다"고 하였다.

『마삭보(馬槊譜)』에 이르기를 "마삭(馬槊)을 쓰게 된 것은 비록 오래된 법은 아니지만 근대에 서로 전수되어서 조금은 이미 기예를 이루었다"404)고 하였다.

애오라지 남은 겨를에 다시 이 법(法)을 찬술(撰述)하며 역대의 제설(諸說)을 고찰하여 보니 모(矛), 삭(矟), 삭(槊)이 모두 창의 유(類)였다.

기창보(騎槍譜)

【原】
처음에 말이 나갈 때 우수(右手)로 고삐를 잡고 왼편 옆에 창(槍)을 끼고 신월상천세(新月上天勢: 초승달이 하늘로 떠오르는 모습의 자세)를 하고

우수(右手)로 앞을 잡고 좌수(左手)로 뒤를 잡아 이마에 지나게 높이 들어

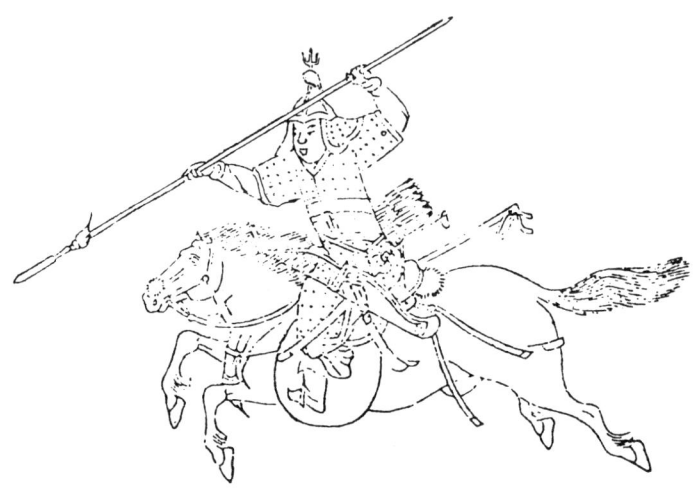

좌우수(左右手)를 바꾸어 잡아 좌전일자세(左前一刺勢: 왼쪽 앞을 한 번 찌르는 자세)를 하고

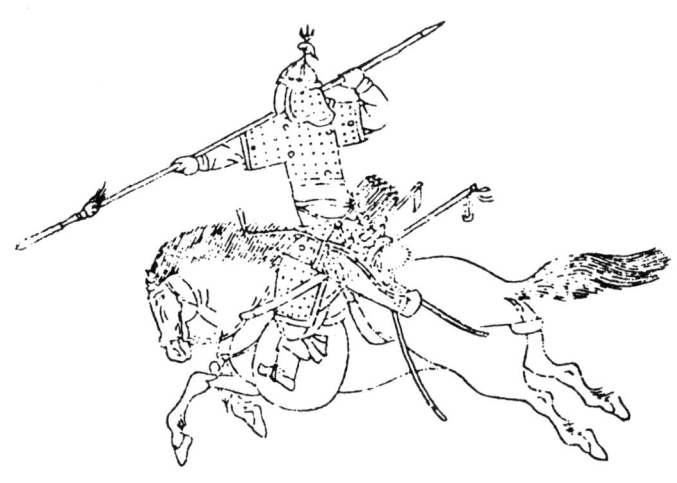

좌우수(左右手)를 바꾸어 잡아 우전일자세(右前一刺勢: 오른쪽 앞을 한 번 찌르는 자세)를 하고

좌우수(左右手)를 바꾸어 잡아 좌후일자세(左後一刺勢: 왼쪽 뒤를 한 번 찌르는 자세)를 하고 좌우수(左右手)를 바꾸어 잡아 우전일자세(右前一刺勢)를 하고 좌우수(左右手)를 바꾸어 잡아 좌전일자세(左前一刺勢)를 하고

좌우수(左右手)를 바꾸어 잡아 우후일자세(右後一刺勢: 오른쪽 뒤를 한 번 찌르는 자세)를 하고 좌우수(左右手)를 바꾸어 잡아 좌전일자세(左前一刺勢)를 하고 좌우수(左右手)를 바꾸어 잡아 우전일자세(右前一刺勢)를 하고

인하여 롱창세(弄槍勢: 창을 어르는 자세)를 하여 오른편 안으로 한 번 휘두르고

왼편 안으로 한 번 휘둘러 이와 같이 하기를 정수(定數) 없이 하라.

기창교전보(騎槍交戰譜)

【增】
두 사람이 말을 같이 세우고 갑(甲)이 먼저 말을 놓아 150보(百五十步) 즈음에 이르러 말을 돌이키면 을(乙)이 말을 놓아 서로 만나 창(槍)을 들어 한 번 부딪치고 각각 오른편으로 쫓아 스쳐지나 오른편을 돌아보며 바꾸어 원지(原地)에 이르러 다시 말을 놓아 서로 만나 이와 같이 하기를 세 번하고 갑(甲)이 을(乙)을 쫓아 서로 싸우다가 이기지 못하는 사람이 잡힘을 입거나 혹(或)은 매며 혹(或)은 끼어서 말을 달려 원지(原地)로 돌아가라.

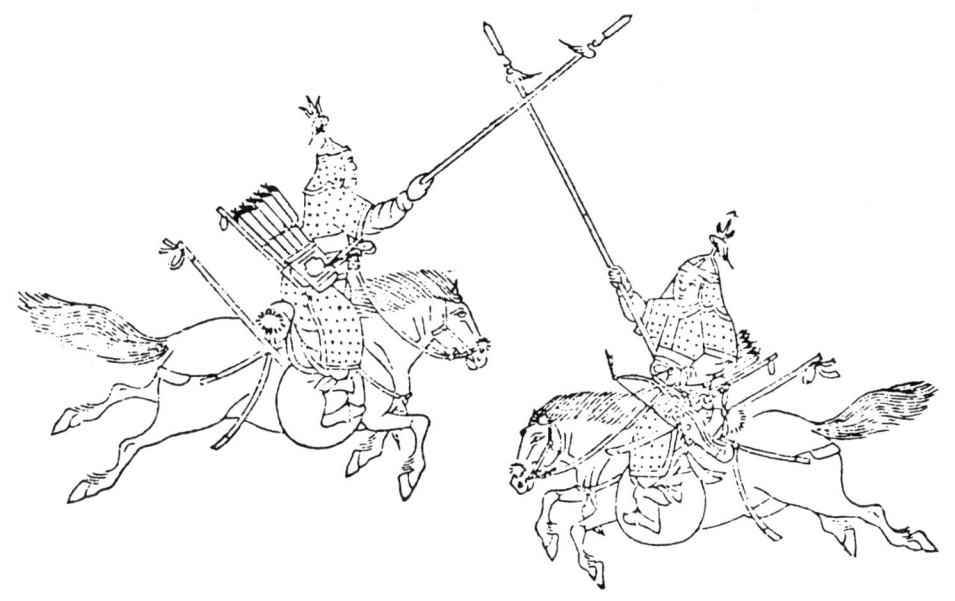

낭선(狼筅)

낭선(狼筅) 【原】

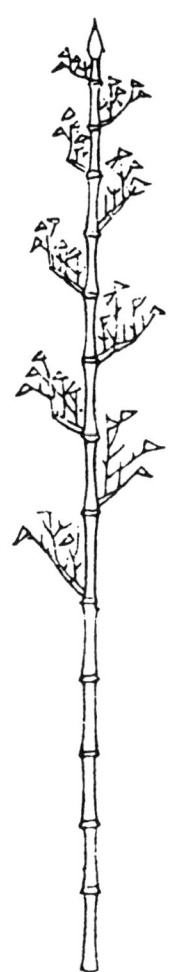

【原】 척계광(戚繼光)이 말하기를 "길이가 1장(丈) 5척(尺)이며 무게는 7근(斤)이다. 대나무와 철 두 종류가 있으며 붙은 가지[附枝]가 반드시 9층으로 할 것이며 10층, 11층으로 하면 더욱 묘(妙)하다. 선(筅)의 창날 무게는 반근(半斤)인데 그 이상으로도 역시 할 수 있다. 붙은 가지는 손잡이 가까운[近手] 2층을 제외하고 나머지에는 거꾸로 된 갈고리[倒鉤]를 사용하여 그 끝에 씌운다. 밑둥의 뒤[根後]에는 모름지기 크고 무겁게 하여야 하고[要粗重] 손으로 가운데를 잡아 모름지기 앞뒤의 균형이 서로 맞게[相稱] 하되 차라리 뒤를 무겁게 할지라도 앞을 무겁게 하지 마라"고 하였다.

【案】 지금 제도의 도채(塗彩: 채색(彩色)을 칠하는 것)는 죽장창과 같다.

【增】 『병장기(兵仗記)』에 이르기를 "선(筅)을 만드는 대나무는 마땅히 마디가 조밀(稠密)하고 가지가 견고(堅固)하여 가지 끝에 날카로운 날을 붙이고 힘이 센 사람을 선발하여 선(筅)을 주어서 병기를 사용하는 데 힘써야 하고 여러 개 포개어서 만든 것은 병기가 되지 않는다"고 하였다.

모원의(茅元儀)가 말하기를 "낭선(狼筅)은 옛날에

는 없었던 것이다. 척소보(戚少保)가 왜군과 논[水田]⁴⁰⁵⁾ 가운데에서 싸울 때에 그 진용(陳容)이 사방으로 흩어져서 질려(蒺藜)〔질려는 가시가 있는 풀이다. 무릇 군영(軍營)의 진(陳)에서는 철질려(鐵蒺藜)⁴⁰⁶⁾를 땅에 늘어놓는다〕와 거마목(拒馬木)⁴⁰⁷⁾을 시설할 수 없기 때문에 대나뭇가지의 그 날카로운 날을 사용하게 된 것이다. 마음대로 진입해 오지 못하여서 지금 장리(將吏: 무장의 벼슬)들이 오랑캐를 막는 창대로 쓰고자 한다. 사막(沙漠)에 이르면 마른가지[枯枝]이니 호마(胡馬)⁴⁰⁸⁾들의 질주(疾走)하여 달리는 말을 떨어뜨리고자 하나 어찌 소용이 되겠는가"라고 하였다. 『등단필구(登壇必究)』에 이르기를 "선(筅)을 만드는 법(法)은 모죽(毛竹)〔모죽은 마디마디 줄기가 남〕의 긴 것을 많이 사용하고 왕대[篁]라는 것을 많이 쓰는데 끝을 예리하게 하여 철을 씌우면 작은 창과 같다. 양쪽 갈래에 긴 가시를 많이 남겨 두고 그 가시의 매 쌍마다 불을 사용하여 다려서 하나는 곧게 하고 하나는 갈고리지게 한다. 그렇게 한 후에 숙성(熟成)한 오동나무 기름[桐油]〔임동(荏桐)은 이른 봄에 엷은 홍색의 꽃이 피는데 모양이 고자화(鼓子花: 선화(旋花), 메꽃)와 같고 통(筒: 원통)으로 된 열매를 맺고 열매는 기름을 만들 수 있다〕에 적시고 날카로운 창날에 독약(毒藥)을 바르면 침범하기 어렵다"고 하였다.

【案】《죽부지(竹附枝)》에 이르기를 "선(筅)의 연고는 교(攪)〔교(攪)의 음(音)은 교(姣)이며 뜻은 손을 움직이는 것이다〕이며 차(茶)가 끓는 사이에 멈추게 되므로 다선(茶筅)이라고 한다. 척씨(戚氏)가 창안한 병기(兵器)의 이름이다"라고 하였다.

낭선보(狼筅譜)

【原】
처음에 중평세(中平勢)를 하고

즉시 한 발을 들어 갑하세(閘下勢: 문빗장을 내리는 자세)를 하고

인하여 가상세(架上勢: 시렁으로 올리는 자세)를 하여 한 번 찌르고 또 한 번 찌르고 즉시 한 걸음 나아가 갑하세(閘下勢)되어 가상세(架上勢)로써 한 번 찌르고 또 한 걸음 나아가 갑하세(閘下勢)되어 가상세(架上勢)로써 한 번 찌르고 또 한 걸음 나아가 갑하세(閘下勢)되어 가상세(架上勢)로써 한 번 찌르고 또 한 번 찔러라.

한 걸음 물러가 요보퇴세(拗步退勢: 요보(拗步)[409]로 물러서는 자세)를 하고 갑하세(閘下勢)되어 가상세(架上勢)로써 한 번 찌르고 또 요보퇴세(拗步退勢)로써 한 걸음 물러가 갑하세(閘下勢)되어 가상세(架上勢)로써 한 번 찔러라.

인하여 오른편으로 향(向)하여 한 걸음 옮겨 구개세(鉤開勢: 갈고리로 저치는 자세)를 하고 왼편으로 향(向)하여 한 걸음 옮겨 갑하세(閘下勢)되어 가상세(架上勢)로써 한 번 찌르고 돌아 오른편으로 향(向)하여 한 걸음 옮겨 구개세(鉤開勢)되고 왼편으로 향(向)하여 한 걸음 옮겨 갑하세(閘下勢)되어 가상세(架上勢)로써 한 번 찌르고 또 한 번 찔러라. 또 요보퇴세(拗步退勢)로써 한 걸음 물러가 갑하세(閘下勢)되어 가상세(架上勢)로써 한 번 찌르고 또 요보퇴세(拗步退勢)로써 한 걸음 물러가 갑하세(閘下勢)되어 가상세(架上勢)로써 한 번 찔러라.

한 발 구르고 한 걸음 나아가 기룡세(騎龍勢)를 하고 마쳐라.

狼筅總譜

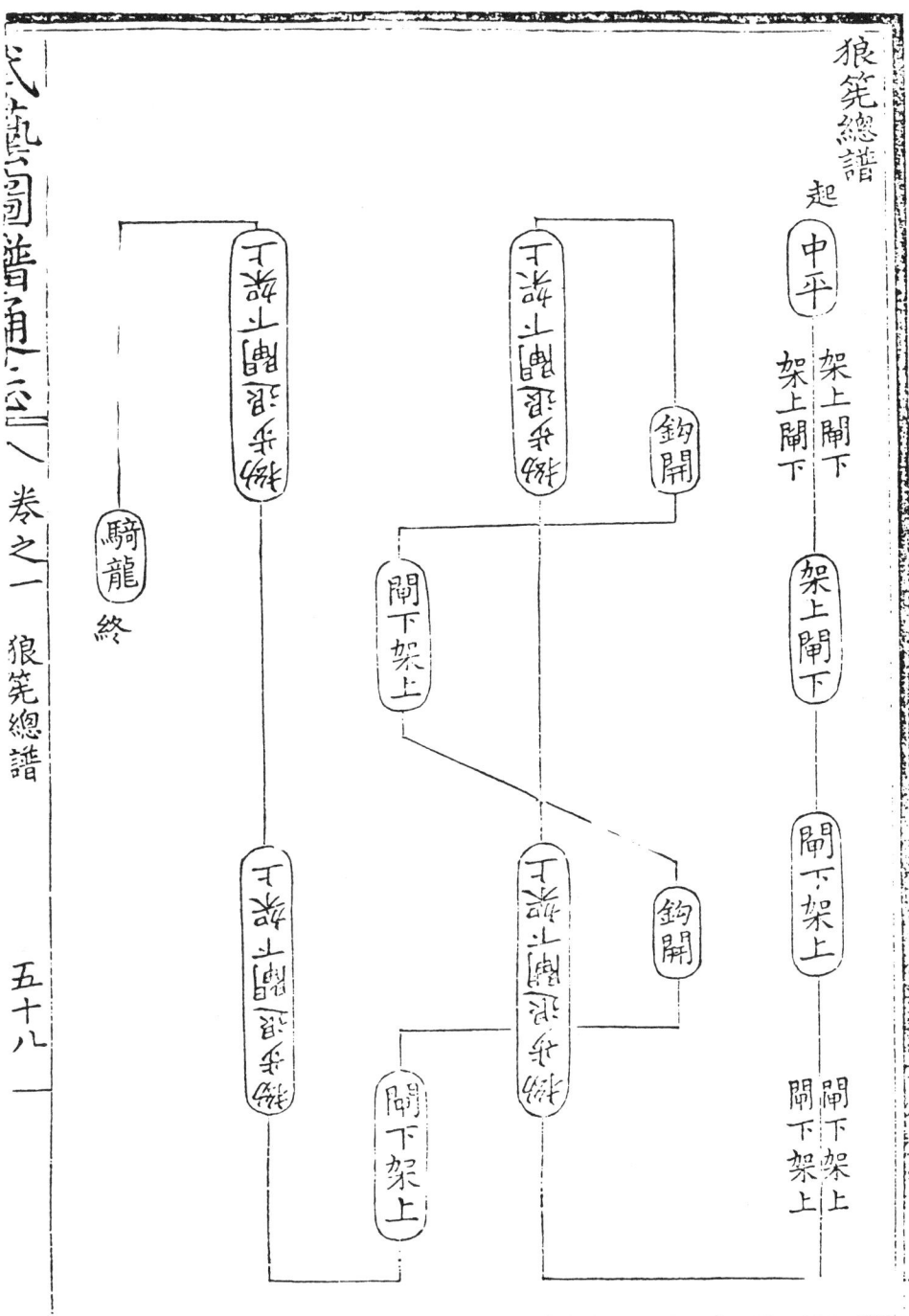

五十八

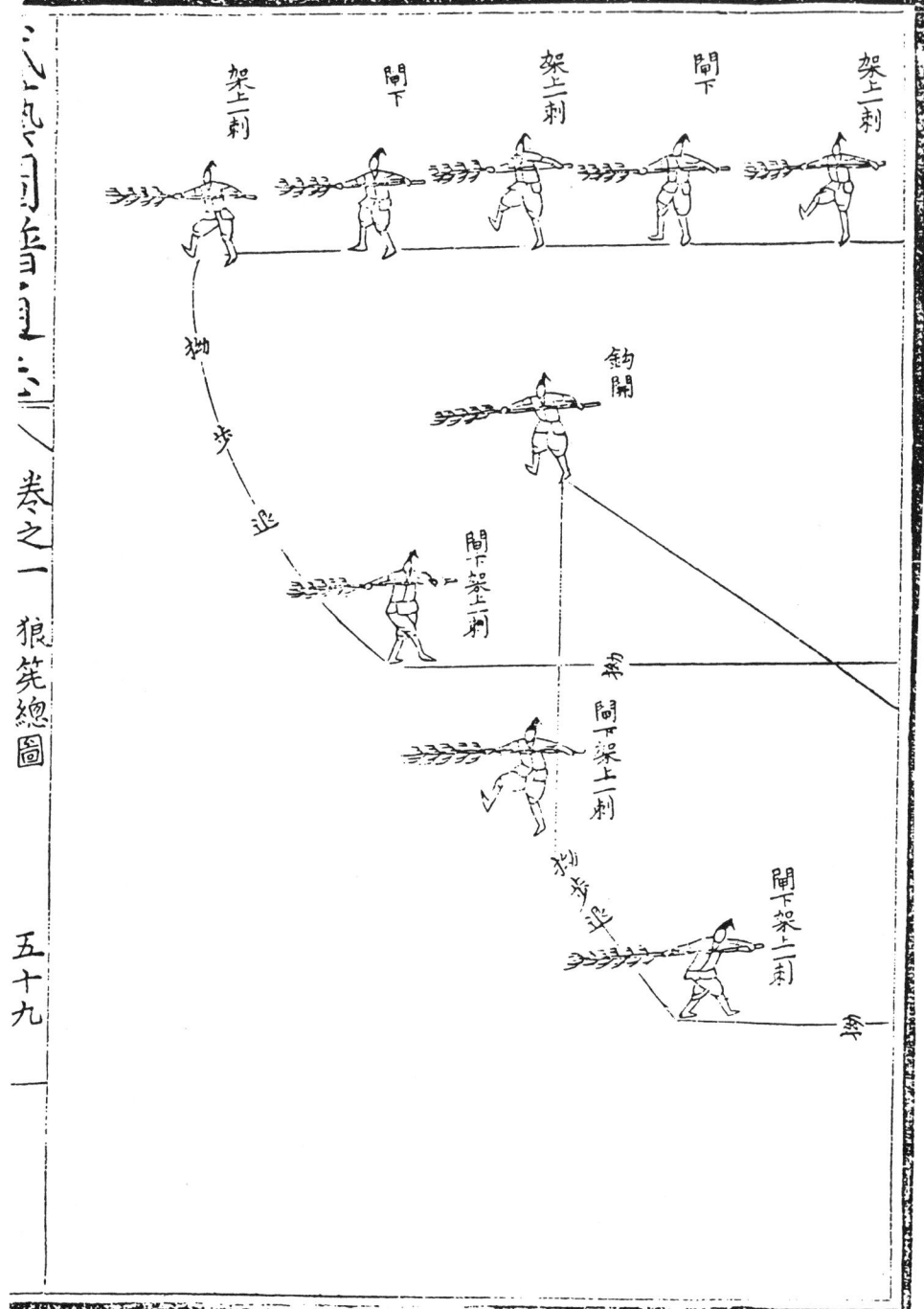

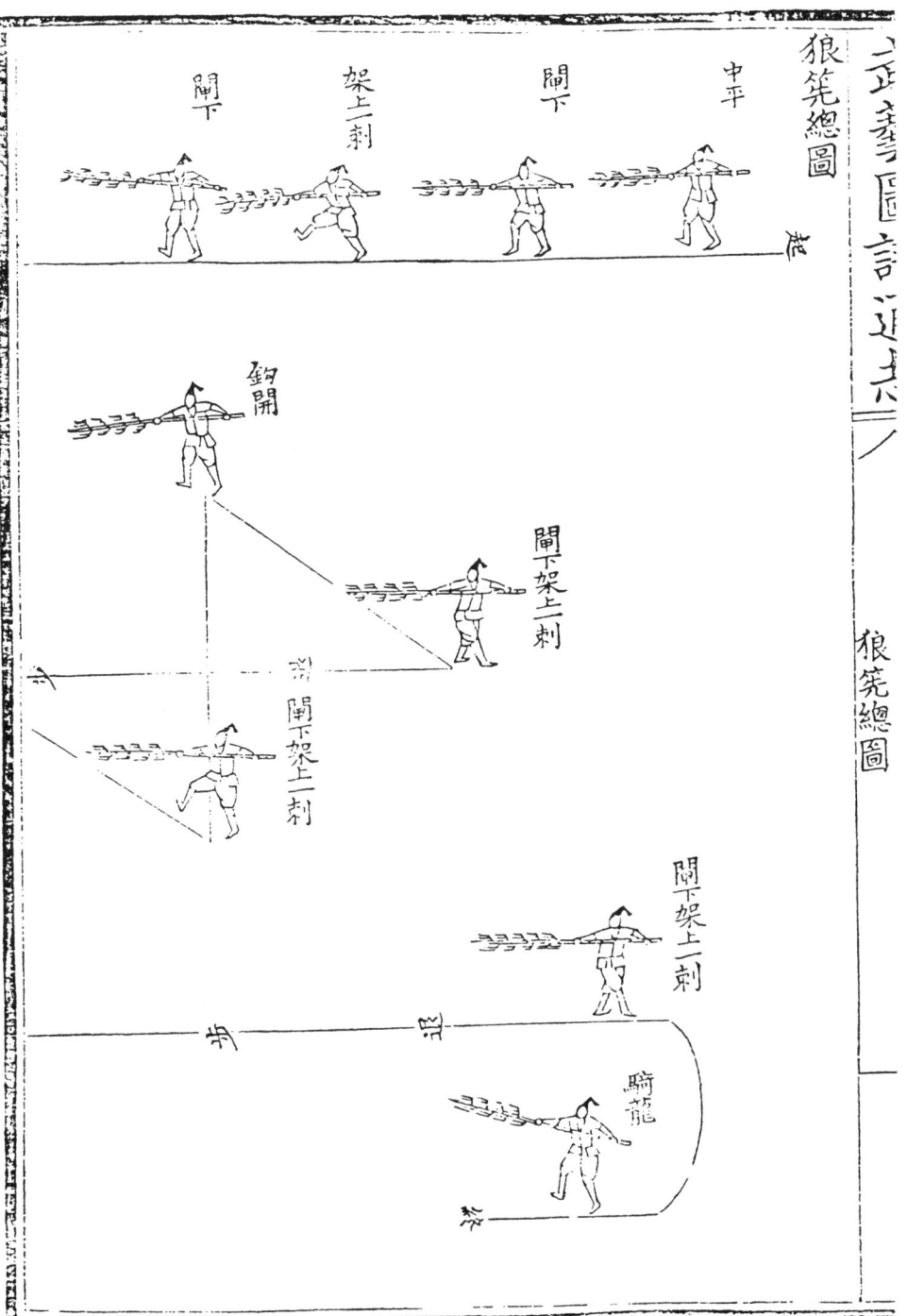

武藝圖譜通志 卷之二

무예도보통지(武藝圖譜通志)
이권 목록(二卷 目錄)

쌍수도(雙手刀)   도식(圖式) 1 설(說) 2 보(譜) 도(圖) 15 총보(總譜) 총도(總圖)

예도(銳刀)   도식(圖式) 3 설(說) 11 보(譜) 도(圖) 24 증보(增譜) 4 도(圖) 4 총보(總譜) 총도(總圖)

왜검(倭劍)   교전부(交戰附) ○도식(圖式) 3 설(說) 5 보(譜) 4 도(圖) 111 총보(總譜) 4 총도(總圖) 4 교전보(交戰譜) 도(圖) 50 총보(總譜) 총도(總圖)

쌍수도(雙手刀)

쌍수도(雙手刀) 【原】 ○본명은 장도(長刀)이며 세속에서 용검(用劍), 평검(平劍)⁴¹⁰⁾이라 칭한다.

【原】 척계광(戚繼光)이 말하기를 "칼날의 길이가 5척(尺)이며 뒷부분에 구리를 써서 날을 싸기[銅護刃]를 한 척(尺)으로 하고,⁴¹¹⁾ 자루의 길이는 한 척(尺) 5치(寸)이니 전체 길이가 6척(尺) 5치(寸)이며 무게는 2근(斤) 8냥(兩)이다. 이 칼은 왜구가 중국을 침범하면서부터 비로소 있었으니⁴¹²⁾ 저들이 이것으로서 춤을 추며 뛰면[跳舞] 빛이 번쩍번쩍하고 앞으로 다가오면 우리 병사(兵士)는 이미 탈기(奪氣: 기세를 빼앗김)하여 버린다. 왜구가 한 번 뛰면 일 장(丈)이 넘고 이와 만나는 우리 병사[遭之者]는 몸이 양단(兩斷)되어 버리니 그 연고는 병기가 날카롭고 쌍수를 사용하여 힘이 무겁게 들어가기 때문이다. 지금도 만일 저들만이 사용하면[獨用] 막을 수 없으니 오직 조총수(鳥銃手) 〔총(銃)은 충(充)과 중(仲)의 반절임〕가 겸용(兼用)하면서 적이 멀리 있으면 총(銃)을 발사하고 적이 가까이 있으면 도(刀)를 사용한다"고 하였다.

화식(華式)

동호인(銅護刃: 날을 보호하는 구리)

【案】 본명(本名)은 장도(長刀)인데 지금은 쌍수도(雙手刀)라 부른다. 쌍수(雙手)를 사용한다는 문장(文章)이 있기 때문이다. 지금은

이 제도를 사용하지 않고 단지 요도(腰刀)로써 대신 이습(肄習)하고 다만 그 명칭만이 있을 뿐이다. 모원의(茅元儀)가 말하기를 "장도(長刀)는 왜노(倭奴)들의 제도이며 보전(步戰)에 매우 유리하며 옛날에는 갖추지 않았던 것이었다"라고 하였다. 그러나 『중화고금주(中華古今注)』에 이르기를 "한(漢)나라에서 세전(世傳)되었는데 고제(高帝)가 백사(白蛇)를 참(斬)한[413] 검(劍)의 길이가 7척(尺)이었다"라고 하였다. 『한서(漢書)』에 "광천혜왕월(廣川惠王越)[한(漢)나라 경제(景帝)의 아들이다] 손거(孫去)가 7척(尺) 5치(寸)의 검을 만들었다"고 하였다. 『후한서(後漢書)』의 〈풍이전(馮異傳)〉에 "임금의 수레가 하남(河南)에 이르러 송별할 때 7척(尺)의 옥구검(玉具劍)[옥(玉)으로서 병봉(琫琫: 칼집과 칼집의 장식)의 부속을 만든 것임]을 하사하였다"고 하였다. 『도검록(刀劍錄)』에 "주(周)나라 소왕(昭王)이 5개의 검(劍)을 주조하여 진악(鎭嶽)이라 새겨 각각 오악(五嶽)[414]에 넣어두었는데 길이가 5척(尺)이었다"고 하였고 "석계룡(石季龍)[오호(五 胡)[415]인 후조(後趙)의 석호(石虎)의 자(字)가 계룡(季龍)임]이 한 자루의 도(刀)를 주조하였는데 길이가 5척(尺)이었다"고 하였고, "모용수(慕容垂)[오호(五胡)의 후연(後燕)이다]가 두 자루의 도(刀)를 주조하였는데 길이가 7척(尺)이었으며 하나는 수컷이고 하나는 암컷이었다"고 하였으니 장도의 내력(來歷) 역시 오래되었다.

쌍수도보(雙手刀譜)

【原】
 칼을 지고 바로 서서 좌수(左手)로서 칼자루를 잡아 즉시 견적출검세(見賊出劒勢: 도적을 보고 칼을 뽑는 자세)를 하고 한 걸음 나아가 칼로서 머리 위로 쫓아 한 번 휘둘러 지검대적세(持劒對賊勢: 칼을 잡고 도적과 마주하는 자세)를 하고

한 발 나아가 향좌방적세(向左防賊勢: 왼쪽을 향해 도적을 방어하는 자세)를 하고 또 한 발 나아가 향우방적세(向右防賊勢: 오른쪽을 향해 도적을 방어하는 자세)를 하고

몸을 돌려서 한 걸음 뛰어나아가 향상방적세(向上防賊勢: 위를 향해 도적을 방어하는 자세)를 하고 몸을 돌리어 한 발 나아가 향전격적세(向前擊賊勢: 앞을 향해 도적을 치는 자세)를 하여 한 번 치고 또 한 걸음 나아가 향전격적세(向前擊賊勢)로서 왼편을 향(向)하여 한 번 치고 또 한 걸음 나아가 향전격적세(向前擊賊勢)로서 오른편을 향(向)하여 한 번 쳐라.

몸을 돌려서 초퇴방적세(初退防賊勢: 처음 물러서면서 도적을 방어하는 자세)를 하여 물러가 원지(原地)에 이르러라. 몸을 돌리어 한 걸음 나아가 진전살적세(進前殺賊勢: 앞으로 나아가며 도적을 치는 자세)를 하여 한 번 치고

인하여 몸을 돌리어 지검진좌세(持劍進坐勢: 칼을 쥐고 나아가 앉는 자세)를 하고 즉시 식검사적세(拭劍伺賊勢: 칼로 씻어 베며 도적을 살피는 자세)를 하고

도로 한 걸음 물러가 섬검퇴좌세(閃劍退坐勢: 칼을 번득이며 물러가 앉는 자세)를 하고 일어서서 다시 한 발 나아가 진전살적세(進前殺賊勢)로서 한 번 치고 또 한 발 나아가 향상방적세(向上防賊勢)를 하고 즉시 한 발 나아가 진전살적세(進前殺賊勢)를 하여 한번 치고 인하여 휘검향적세(揮劍向賊勢: 칼을 휘둘러 도적을 향하는 자세)를 하여 연(連)하여 세 걸음 나아가고 다시 한 발 나아가 진전살적세(進前殺賊勢)로서 한 번 치고 또 한 발 나아가 향상방적세(向上防賊勢)를 하고 한 발 나아가 진전살적세(進前殺賊勢)로서 한 번 치고 또 한 걸음 나아가 한 번 찔러라.〔一刺〕[416]

몸을 돌리어 칼로서 세 번 휘저어 물러가 재퇴방적세(再退防賊勢: 두 번째 물러서면서 도적을 방어하는 자세)를 하여 물러가 원지(原地)에 이르러라. 몸을 돌려서〔回身〕 한 발 나아가 향상방적세(向上防賊勢)를 하고 또 한 발 나아가 향전격적세(向前擊賊勢)를 하여 한 번 치고 몸을 돌리어〔轉身〕[417] 지검진좌세(持劍進坐勢)를 하여 식검사적세(拭劍伺賊勢: 칼로 씻어 베며 도적을 살피는 자세)를 하고 몸을 돌려서 한 발 나아가며 좌수(左手)로서 칼을 휘둘러 앞을 향(向)하여 우수(右手)로서 다시 잡아 향좌방적세(向左防賊勢)되고 한 발 나아가 향우방적세(向右防賊勢)를 하고 몸을 돌리어 한 걸음 나아가 향상방적세(向上防賊勢)되고 몸을 돌려서

한 걸음 나아가 향전격적세(向前擊賊勢)를 하여 한 번 치고 또 한 걸음 나아가 향전격적세(向前擊賊勢)로서 왼편을 향(向)하여 한 번 치고 또 한 걸음 나아가 향전격적세(向前擊賊勢)로서 오른편을 향(向)하여 한 번 쳐라. 몸을 돌리어 삼퇴방적세(三退防賊勢: 세번째 물러서면서 도적을 방어하는 자세)를 하여 물러가 원지(原地)에 이르러라. 몸을 돌려서 한 발 나아가 향전격적세(向前擊賊勢)로서 한 번 치고 또 한 걸음 나아가 한 번 치고 몸을 돌리어 지검진좌세(持劍進坐勢)를 하여 식검사적세(拭劍伺賊勢)를 하고 몸을 돌려서 장검고용세(藏劍賈勇勢: 용맹을 떨치고 검을 감추고 의연(依然)한 자세)를 하고 마쳐라.

雙手刀總譜

起

見賊出劒 — 持劒對賊 — 向左防賊 — 向右防賊 — 向上防賊 — 向前擊賊 — 向左擊 — 向右擊

進前殺賊 — 進坐 — 拭劒伺賊 — 閃劒退坐 — 進前殺賊 — 向上防賊 — 進前殺賊 — 揮劒向賊 — 進前殺賊 — 向上防賊 — 進前殺賊一刺

向上防賊 — 向前擊賊 — 進坐 — 拭劒伺賊 — 向左防賊 — 向右防賊 — 向上防賊 — 向前擊賊 — 向左擊君一擊

向前擊賊 — 向前擊賊 — 進坐 — 拭劒伺賊 — 藏劒賈勇

終

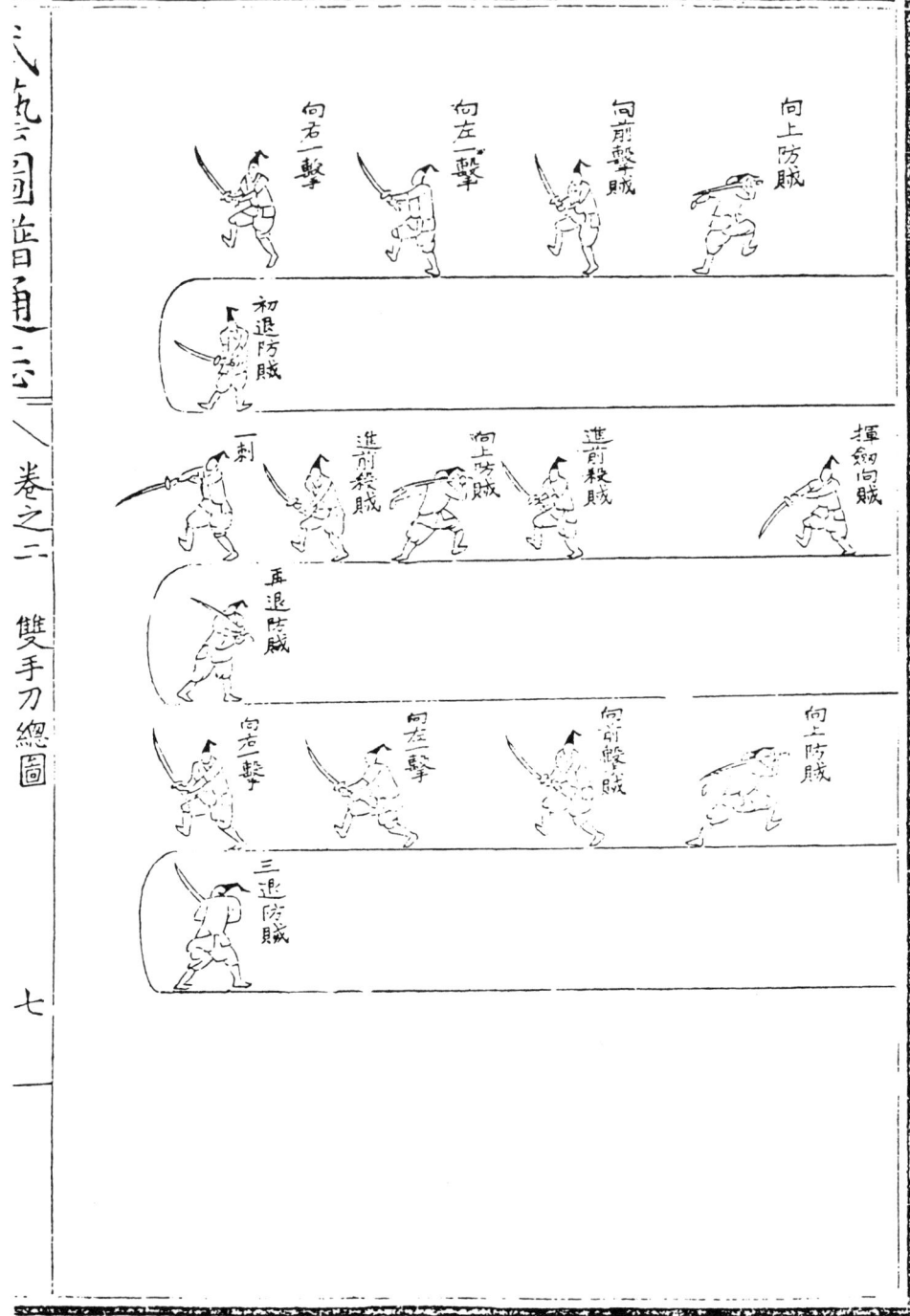

雙手刀總圖

見賊出劍
持劍對賊
向左防賊
向右防賊

進坐
拔劍伺賊
閃劍進坐
進前殺賊
向上防賊
進前殺賊

向前殺賊
進坐
拔劍伺賊
向左防賊
向右防賊
空劍

向前殺賊
進坐
拔劍伺賊
藏劍賈勇

예도(銳刀)

예도(銳刀)【增】 ○본명(本名)은 단도(短刀)이다.

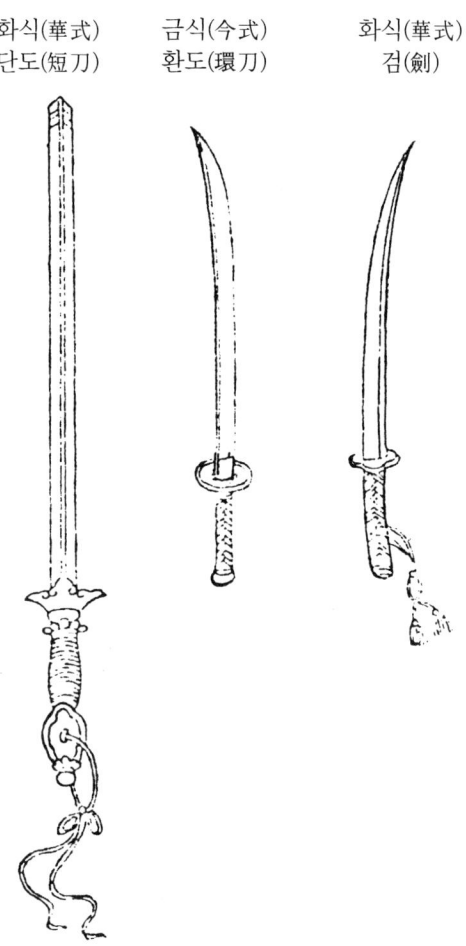

화식(華式) 금식(今式) 화식(華式)
단도(短刀) 환도(環刀) 검(劍)

【原】지금 제도의 환도(環刀)의 날 길이는 3척(尺) 3치(寸)이고 자루 길이는 한 척(尺)이며 전체 무게는 한 근(斤) 8냥(兩)이다.

【案】『무비지(武備志)』의 단도(短刀)는 비록 굽어지고 휘어져 있지만 이러한 유(類)가 우리나라의 환도(環刀)이므로 양날의 검(劍)과 함께 나란히 그림(圖)에 실었다.

모원의(茅元儀)가 말하기를 "옛날의 검(劍)은 전투에서 사용할 수 있었다. 그러므로 당(唐)나라 태종(太宗)⁴¹⁸⁾ 때에는 검사(劍士)가 1천 명이나 있었다. 지금은 그 법(法: 검법)이 전하지 아니하고 단간잔편(斷簡殘編)⁴¹⁹⁾ 가운데에 결가(訣歌)가 있으나 그 설명이 자세하지 못하다. 근래에 호사자(好事者)⁴²⁰⁾가 있어서 조선(朝鮮)에서 그 세법(勢法)⁴²¹⁾이 구비(俱備: 온전히 갖추어진 것, 완비)된 것을 얻었다. 진실로 중국(中國)에서 잃어버린 것을 알고자 하여서 사예(四裔: 중원을 중심으로 한 사방의 변경지대)에서 구(求)한 것이 서방(西方)의 등운(等韻)[서역(西域)⁴²²⁾의 중[僧], 신공(神珙)이 음운(音韻)에 통달하여 등절보(等切譜)를 찬술함]과 일본(日本)의 상서(尙書)[구양수(歐陽脩)⁴²³⁾의 일본도가(日本刀歌)에,

"徐福行時書未焚	서복(徐福)⁴²⁴⁾이 떠날 때는 책을 아직 분서(焚書)하지 않아서
逸書百篇今尙存	일서(逸書)⁴²⁵⁾ 백 편이 지금까지도 남아 있네.
令嚴不許傳中國	금령(禁令)이 엄하여 중국에 전하는 것을 허락지 않아
擧世無人識古文	온 세상 사람들이 고문(古文)⁴²⁶⁾이 있는 줄 아는 사람이 없네"라고 하였다.

말하자면 서경(書經)의 고본(古本)을 서복이 가지고 가서 아직도 여전히 일본에 남아 있다는 것인데 아마도 탁언(托言)⁴²⁷⁾이다] 뿐만은 아닌 것이다. 왼쪽에 검결가(劍訣歌)⁴²⁸⁾를 갖추어 싣는다.

電摯昆吾晃太陽(전설곤오황태양): 번개를 일으키는 곤오검법, 태양처럼 빛나며⁴²⁹⁾

[곤오는 『열자(列子)』⁴³⁰⁾에 "서해상(西海上)에 곤오석(昆吾石)이 많은데

제련하여 철을 뽑아내어 검을 만들면 옥을 진흙처럼 자른다"고 하였다.]

〔황(晃)의 음(音)은 호(胡)와 광(廣)의 반절이며 뜻은 밝은 것[明]이다]

一陞一降把身藏(일승일강파신장): 한 번 오르고 한 번 내리며 검(劒)을 쥔 손이 몸을 감춘다.

〔원주(原注)에 "좌우(左右)로 사방(四方)으로 돌아보며 네 번 칼질한다"고 하였다.]

搖頭進步風雷響(요두진보풍뢰향): 머리를 좌우로 움직이며 진보하여 바람과 뇌성[風雷]이 울리고

滾手連環上下防(곤수연환상하방): 손을 물레방아처럼 연환으로 돌려 상하로 막는다.

〔곤(滾)의 음(音)은 곤(衮)이며 뜻은 물이 흐르는 모습이다]

〔원주(原注)에 "우족을 벌리어 한 번 칼질하고 좌족이 나아가며 한 번 칼질하고 또 좌우로 각각 한 번 칼질하여 칼을 거둔다"고 하였다.]

左進靑龍雙探爪(좌진청룡쌍탐조): 좌로 들어가 청룡이 쌍으로 발톱을 들어 할퀴듯 하고

〔원주(原注)에 "두 걸음 축퇴(縮退: 뒤로 물러섬)하여 검을 펼쳐 우수로 십자요검(十字撩劍)을 사용하여 두 번 칼질하고 자검(刺劍)으로 한 번 칼질한다"고 하였다.]

右行單鳳獨朝陽(우행단봉독조양): 우로 들어가 한 마리 봉황이 홀로 태양을 향한다.

〔원주(原注)에 "좌우수일자(左右手一刺)를 사용하여 두 걸음 뛰어나아가며 좌우수(左右手)에 각각 한 번씩 뛰며 좌우수(左右手)에 각각 한 번씩 덮친다. 우수의 일문(一門)으로 전보(轉步: 보법을 전환함)하여 검을 펼쳐 세(勢)를 짓는다"고 하였다.]

撒花蓋頂遮前後(살화개정차전후): 꽃을 머리 위에 덮어 뿌려 전후를 차단하고

〔원주(原注)에 "우로 곤화(滾花: 滾殺舞花)로 여섯 번 칼질하고 발을 벌린

다"고 하였다.〕

馬步之中用此方(마보지중용차방): 마보 가운데에서 이 검법을 사용한다.

蝴蜨雙飛射太陽(호접쌍비사태양): 들나비가 쌍으로 날며 태양을 쏘아대듯 하고

〔원주(原注)에 "우족이 진보하며 우수가 오고 가며 두 번 칼질하고 좌족이 진보하며 좌수로 한 번 찌르고 한 번 번쩍인다"고 하였다.〕

梨花舞袖把身藏(이화무유파신장): 배꽃이 소매에서 춤추며 검을 쥔 손이 몸을 감춘다.

〔원주(原注)에 "두 걸음 물러서며 위에서부터 아래로 휘둘러 네 번 칼질한다"고 하였다.〕

鳳凰浪翅乾坤少(봉황랑시건곤소): 봉황이 물결에 날개깃을 씻으니 건곤이 좁은 듯하고

〔원주(原注)에 "우족이 나아가 전신(轉身)하며 양손을 벌려서 그대로 손을 뒤집어 좌수로 한 번 칼질하고 우수로 오고 가며 두 번 칼질하고 좌수로 또 한 번 칼질하고 검을 펼치고 우족이 나아간다"고 하였다.〕

掠膝連肩劈兩犳(약슬연견벽양방): 무릎을 약살하는데 어깨까지 이어져 두 갈래로 쪼갠다.

進步滿空飛白雪(진보만공비백설): 걸음이 나아가니 하늘 가득히 백설이 날리고

〔원주(原注)에 "아래에서부터 위로 휘둘러 네 번 칼질하는데 먼저 우수로 한다"고 하였다.〕

回身野馬去思鄕(회신야마거사향): 몸을 돌린 야생마 고향을 그리워하여 가네.

〔원주에(原注) "우수로 눈썹을 문질러 한 번 칼질하고 우수로 다리를 문질러 한 번 칼질하고 눈썹을 문질러 한 번 칼질하고 좌수로 허리를 문질러 한 번 칼질하고 한 번 찌르고 우검일수(右劍一手)로 칼을 거둔다"고 하였다.〕

조선세법(朝鮮勢法)[431]은 처음에 안법(眼法), 격법(擊法), 세법(洗法), 자법(刺法)을 익힌다. 격법(擊法)에 다섯 가지가 있으니 표두격(豹頭擊), 과좌격(跨左擊), 과우격(跨右擊), 익좌격(翼左擊), 익우격(翼右擊)이다. 자법(刺法)에도 다섯 가지가 있으니 역린자(逆鱗刺), 탄복자(坦腹刺), 쌍명자(雙明刺), 좌협자(左夾刺), 우협자(右夾刺)이다. 격법(格法)에는 세 가지가 있으니 거정격(擧鼎格), 선풍격(旋風格), 어거격(御車格)이다. 세법(洗法)에도 세 가지가 있으니 봉두세(鳳頭洗), 호혈세(虎穴洗), 등교세(騰蛟洗)이다"라고 하였다.

또 말하기를 "옛날의 말에 병(兵)이라는 것은 반드시 검(劍)을 말한다. 이제 와서는 진(陳)을 치는 데 쓰지 않으니 실전되었다. 내가 널리 해외에 탐문하여 그 식(式)을 얻었으니 다시는 잊어서는 안 되겠다"고 하였다.[432] 검을 장식하는 데는 은(銀), 유(鍮: 자연구리·놋쇠), 석(石),[433] 동(銅)을 소재로 한 품질이 있다. 근래 변신(邊臣: 변경을 지키는 군신)들이 등마루가 두텁고 검신(劍身)이 짧은 검을 제조하여 주기를 바라니 군영에서 자못 그 쓰임이 편리하기 때문이다.

【增】『청이록(淸異錄)』에 이르기를 "당나라의 검은 작고 짧게 갖추어서 늘 겨드랑이 아래에 차고 있었던 것을 요품(腰品)이라고 한다"고 하였다.

【案】환도(環刀)는 바로 중국의 요도(腰刀)이다. 구보(舊譜)에 실려 있는 쌍수도(雙手刀), 예도(銳刀), 왜검(倭劍), 쌍검(雙劍), 제독검(提督劍), 본국검(本國劍), 마상쌍검(馬上雙劍)[434]은 명색(名色: 명목상의 이름)은 비록 같지 않으나 모두 요도를 사용한다. 두 날[兩刃]이 있는 것을 검(劍)이라 하고 한 날[單刃]만 있는 것을 도(刀)라고 한다. 후세에 와서 도(刀)와 검(劍)이 서로 혼용되었다. 그러나 고세(古世: 고대)에는 검(劍)을 숭상하였고 후세(後世)에는 도(刀)를 숭상하였는데 기계(器械)의 이둔(利鈍: 날카로움과 무딤)에 차이가 있는 것에 관계된 것이 아니라 대개 습속(習俗: 습관이

된 풍속)이 같지 않기 때문이다.

『사물기원(事物紀原)』에 이르기를 "수인씨(燧人氏)가 도(刀)를 만들었는데 이것이 도(刀)의 시원이다"라고 하였다. 『관자(管子)』에 이르기를 "치우(蚩尤) 임금이 검(劍)을 만들었는데 이것이 검(劍)의 시원이다"라고 하였으며 『석명(釋名)』에 이르기를 "검(劍)은 검(撿: 細察·檢察하여 校正·團束하는 것)이다"라고 하였다. 방검(防撿: 防備·團束)하는 까닭에 늘 양면에 각각 칼날이 있어야 되는 것은 아니며 등마루 가운데를 높게 하였는데 이것이 검(劍)의 제도이다. 중국은 검술(劍術)뿐만이 아니라 아울러 그 기물(器物)과 함께 전하여지지 않고 드물게 남아 있다. 가만히 생각하면 모원의(茅元儀)가 검술(劍術)이 전하여지지 않음을 깊이 탄식하고 스스로 그 보(譜)를 찬술하였다는 것은 의심스럽다. 또 그 도(圖)를 전함에 한편으로 조선(朝鮮)에서 그 결(訣)을 얻었다 하고 또 다른 한편으론 해외(海外)에서 그 식(式)을 얻었다고 말하니 탁의(托意: 마음에 있는 뜻을 다른 데 비기어 붙여서 나타냄)의 묘망(渺茫: 아득하여 막연함)함이 헤아릴 수 없는 지경이다. 그 설명이 신비하여서 사람들로 하여금 믿게 만드니 그 취지가 희미(稀微: 대수롭지 않음)하게 되어 버렸다. 대체로 보아서 검(劍)은 옛날의 제도이나 지금도 사용할 수 있다. 요도(腰刀)는 오늘날에 숭상하는 바이고 그 쓰임이 매우 넓기 때문에 그 명물(名物) 및 단야(鍛冶)의 법(法: 쇠를 불리고 두드려 造煉하는 방법)〔단(鍛)의 음(音)은 단(段)이고 뜻은 쇠를 두드리는 것이다. 단(煅)으로 써도 통함〕을 아울러 기록하여 둔다.

『주례정의(周禮訂義)』에 이르기를 "무릇 검(劍)의 제도에는 봉(鋒: 刀劍芒·칼끝), 악(鍔: 劍刃鋒·칼날 끝), 척(脊: 背呂·칼등), 심(鐔: 劍鼻珥·칼코등이)〔심(鐔)의 음(音)은 심(尋)임〕, 협(鋏: 劍把·칼자루)이 있는데 봉(鋒)이라는 것은 예리하기 때문이요, 악(鍔)이라는 것은 날카롭기 때문이며, 척(脊)이라는 것은 몸통이 되기 때문이며, 심(鐔)이라는 것은 뿌리가 되기 때문이며, 협(鋏)이라는 것은 심(鐔)에 붙어 있는 것이다"라고 하였다.

『방언(方言)』에 이르기를 "도(刀)의 말단[刀末]을 봉(鋒)이라 하고 그 뿌리[本]를 환(環)이라 하며 그 집[室]을 삭(削)〔삭(削)의 음(音)은 소(笑)이고 뜻은 칼집(鞘)이다〕이라 하고 칼집 입구[室口]의 장식을 봉(琫)이라 하며 아래 끝의 장식을 병(琕)〔병(琕)은 보(補)와 정(頂)의 반절임〕이라고 한다"고 하였다.

　모원의(茅元儀)가 말하기를 "철(鐵)은 많이 단련(鍛鍊)하여야 하며〔연(鍊)은 동철(銅鐵: 구리와 쇠)을 달구고 불려서 성숙시키는 것이다. 연(煉)으로 써도 통함〕 도(刀)는 순강(純鋼: 순수한 강철)을 사용하여 만든다"〔강(鋼)은 철(鐵)을 단련(鍛鍊)한 것이다〕고 하였다. 칼등에서부터 시작하여 평산(平剷)을 사용하여〔산(剷)은 뜻이 잔(剗)과 같은데 깎아내는 것이다〕 칼날에 이르기까지 평평하게 깎아낸다. 칼날의 끝[刃芒]을 평평하게 갈아서 어깨(튀어 나온 곳)가 없으면 곧 날카로운 것이며 묘(妙)는 더욱이 끝[尖]에 있다. 요즈음 장인(匠人)들이 칼날을 처리하는 일을 할 때 두터운 것을 두드리기만 하고 평평하게 가는 것은 즐겨하지 않는다. 곁 줄칼[側銼]를 사용하여〔좌(銼)는 좌(挫)와 같음〕 가로로 날끝이 나오면 그만두게 된다. 양쪽의 아래에 어깨가 있으면 찍어도 깊이 들어가지 않는다. 칼날의 끝[刃芒]은 한 번 닳아 모지라지면 완철(頑鐵: 頑固하여 무딘 쇠)이 되어 버린다. 도(刀)는 손과 같이 가벼워야 한다.[435]

　【案】이것은 비록 등패(籐牌)에서 사용하는 바 요도(腰刀)의 제도이지만 자못 연마(鍊磨)하는 법(法)이 구비되어 있으므로 기록하였다.

　『몽계필담(夢溪筆談)』에 이르기를 "세상에서 단철(煅鐵)하여 강(鋼: 강철)이라고 하는 것은 숙철(熟鐵)[436]을 사용하여 굴절하여 감은 것인데 열을 가하지 않은 생철(生鐵)〔세속에서 수철(水鐵)이라 칭함〕을 그 중간에 넣고 진흙으로 봉(封)하여 열을 가하고 그것들을 두드려서 서로간에 잘 섞이도록 한 것이다. 이것을 단강(團鋼)이라 하고 또는 관강(灌鋼)이라 하는데 이것은 위강(僞鋼: 가짜 강철)일 뿐이다. 내가 출사(出使: 사군(使君: 주장관)으로 나감)하였을 때 자주(磁州)〔송나라 수도 동로(東路) 창덕부(彰德府)가 관할하는 고을임〕에 있는 단방(煅坊)〔연철(煉鐵)하는 장소: 대장간·제철소〕을 참관하여 진강(眞鋼)을 비로소 알게 되었다. 대개 철(鐵)에는 강(鋼: 굳센 소질)이라는 것이 있는데 국수[麪] 가운데 힘줄[筋]이 있는 것과 같은 것이었다. 열을 가하고 백여 번 두들기고 불에 넣는데 한 번 열을 가하고 한 차례 두들기면 가벼워지게 된다. 여러 번 열을 가하고 두들겨도 근량(斤兩: 무게)이 줄어들지 않게 되는데 바로 순강(純鋼: 순수한 강철)인 것이다"라고 하였다.

『본초강목(本草綱目)』에 이르기를 "강철(鋼鐵)은 세 가지 종류가 있는데 생철(生鐵), 협철(挾鐵), 숙철(熟鐵)이 있으며 연성(鍊成)한 것으로는 정철(精鐵)이 있고 백 번 단련하여야 강(鋼)이라는 것이 나온다. 서남해(西南海)에 있는 산중(山中)에서 모양이 자석영(紫石英)〔돌이 옥(玉)과 비슷한 것인데 그 색깔이 엷은 자줏빛이 나며 다섯 모서리가 있고 양쪽 머리가 화살촉과 같다〕과 같은 것이 생성되는데 대개 도(刀), 검(劍), 부(斧: 도끼), 착(鑿: 끌)의 모든 날은 모두 이 강철(鋼鐵)이다. 철(鐵) 속에는 굳세어서 두드릴 수 없는 것이 있는데 철핵(鐵核)이라고 하며 향유(香油)〔임유(荏油)이다〕를 발라서 불에 태우면 즉시 흩어져 버린다"고 하였다. 또 이르기를 "땅 깊이 도랑을 넓게 파서 물을 흐르게 하거나 물을 끌어들여 밭에 대어 머물러 있는 곳에는 형상이 기름과 같거나 또는 진흙과 같은 것이 많이 있게 된다. 색깔은 황금색과 같고 비린내가 매우 극심한데 겨울철에 거두어들여서 유철(柔鐵)을 벌겋게 달구어서 두세 차례 집어넣으면 굳세기[剛]가 옥(玉)도 자를 수 있다"고 하였다.

『무편(武編)』에 이르기를 "달자(達子)〔또는 달자(獹子)라고도 하는데 곧 달단(韃靼)이며 거란(契丹)의 서북쪽 민족으로 사타(沙陀)에서 나온 별종(別種)이다. 지금은 몽고(蒙古)를 달자(達子)라고 한다〕들이 연철(鍊鐵: 쇠를 단련함)하는 데 말똥의 불을 사용한다. 철(鐵)에는 생철(生鐵)과 숙철(熟鐵)이 있다. 생철(生鐵)을 불에 녹여서 고주(鼓鑄: 풀무로 주조하는 것)로서 변화되게 하여서 냄비나 솥을 만든다. 숙철(熟鐵)은 쇠똥의 찌꺼기가 많아서 불에 넣으면 두사(豆査)〔두부(豆腐)찌꺼기이다〕와 같이 되어 흘러내리지 않는다. 야공(冶工: 대장장이)이 죽갑(竹夾)〔협(夾)의 음(音)은 갑(甲)이며 좌우를 지탱하는 것이다〕으로 끼고 나와 나무망치〔추(搥)는 방망이로 치는 것이다〕로 쳐서 덩어리지게 한다. 어떤 사람은 대나무 칼로서 술항아리를 만들려고 가운데 그림을 그리거나 가르기도 한다. 도(刀)와 총(銃)을 만드는 데 사용하는 철 이름이 셋 있는데 첫째는 방철(方鐵), 둘째는 파철(把鐵), 셋째는 조철(條鐵)이다. 정제(精製)된 것과 조잡(粗雜)한 것이 있어 사용하나 원래는 한 종류에서 나왔다. 철공(鐵工: 대장장이)은 담금질[焠][쉬(焠)의 음(音)은 쉬(倅)이며 불에 달군 칼날을 물에 넣어 견고하게 만드는 것이다. 쉬(淬)로 써도 통함]을 진흙탕물로서 하는데 불에 최고로 달아올라 익었을 때 넣으면 쇠똥이 나오고 쇠망치로서 치면 쇠찌꺼기가 쏟아져 나와서 순정(純淨)한 철이 모아지게 된다. 처음 단련[鍊]한 것은 색깔이 희고 소리가 둔탁하지만 오래 단련하면 색깔이 푸르고 소리가 청아하다. 숙강(熟鋼)은 출처(出處: 출산지)가 없다. 혹자는 생철(生鐵)과 숙철(熟鐵)을 병합하여 주조하는데 최고로 뜨거워지기를 기다렸다가 생철(生鐵)이 흘러내리려 하면 생철(生鐵)을 숙철(熟鐵) 위에 비벼서[찰(擦)의 음(音)은 찰(察)이며 급하게 비비는 것이다] 넣기도 한다. 이 강(鋼)은 두 가지 철을 합한 것이며 두 가지 경로의 주련(鑄鍊)의 기법을 복합하여서 하나로 한 것이 된다. 모래흙의 쇠똥찌꺼기가 적기 때문에 대개 단련(鍛鍊)하는 공정(工程)의 작업이 쉽다. 제일 먼저 모철(毛鐵: 생철)을 차례로 덩어리를 아래 항아리에 넣고 화후(火候: 불의 세기와 정도)가 약간 붉어졌을 때 집게로 꺼내서 볏짚을 태운 재를 사용하여 철신(鐵身)에 둘둘 말아서[拌][반(拌)은 전(纏)이다] 바로 넣어 큰 불이 일어나도록 부채질을 하여 벌겋게 달아올라 철화(鐵花: 쇠의 분말이 불꽃처럼 튀는 것)가 날아오르며 뿜어져 나올 때 집게로 집어내어 쇠망치로 두들겨 판자(板子)를 만든다. 나아가서 강찬(鋼鏨)[찬(鏨)은 소착(小鑿: 조각용의 작은 끌)이다]으로 그 판자 위에 종횡으로 깊은 문양을 새기는데 그 문양의 노선은 간격의 분수(分數: 구분하는 수치)를 갖추고 있다. 이와 같이 하기를 세 번하는데 첫번째에는 한 번 불려서 한 번 담그고 두번째는 두 번 불려서 한 번 담그고 세번째는 네 번 불려서 한 번 담근다. 그것을 물에 넣고 재에 묻히고[蘸灰][잠(蘸)의 음(音)은 잠(蹔)이며 뜻은 물건을 물에 넣는 것임] 문양을 새기는 것은 모두 앞의 방법과 같다. 그 빛깔은 은(銀)보다 낫고 그 소리는 청아하여서 울림이 있다"고 하였다.

『왜한삼재도회(倭漢三才圖會)』에 이르기를 "도가니[堝]〔과(堝)의 음(音)은 과(戈)이며 감과(甘堝)는 금은(金銀)을 팽련(烹煉)하는 곳임〕배 부분에 작은 구멍을 뚫으면 철이 구멍에서 흘러나오는데 키[箕]⁴³⁷ 모양과 같고 가운데 흙을 바른 별도의 철기(鐵器: 쇠로 만든 용기)로 받는다. 『본초』에서 이른바 생철(生鐵)이며 왜인들이 말하는 선(銑)이 이것이다. 7일간 멈추지 않고 녹이면 선(銑)이 흘러가고 둔철(鈍鐵)이 밑바닥에 채워져서 큰 덩어리가 된다. 다시 세 번 녹여서 두드리면〔박(拍)은 쇠를 불려서 두드리는 것이다〕숙철(熟鐵)이 된다. 11일간 녹이면 빛깔이 밝고 견고해지니 이를 강철(剛鐵)이라고 한다. 다시 세 번 녹여서 두드려 검인(劍刃: 칼날)을 만들기 때문에 칼날은 쇠에서 나온 강(鋼)이라고 말한다. 강(鋼)은 파주(播州)와 천초(千艸)에서 나는 것이 우수하고 운주(雲州)와 인하(印賀) 및 백주(伯州), 작주(作州)의 것이 그 다음이며 석주(石州), 출우(出羽)의 것이 역시 그 다음이다. 대개 단련(鍛鍊)에는 등급이 있으니 도검(刀劍)을 만들려면 15도(度)로 하고 소도(小刀)는 5도(度)⁴³⁸로 녹이고 두들겨서 만든다. 도수가 지나치면 성질이 여리거나 무디어[柔鈍]진다.

예도보(銳刀譜)[439]

【原】[440]
○거정세(擧鼎勢)는 곧 솥을 드는 격(格)이다. 법(法)이 능(能)히 솥을 드는 격(格)으로 위로 살(殺)하고 좌각(左脚)과 우수(右手)로 평대세(平擡勢)로 앞을 향(向)하여 베어치고 가운데로 살(殺)하여 퇴보군란세(退步裙襴勢)를 한다. 법(法)을 보라.

○점검세(點劍勢)는 곧 칼을 점(點)하여 찌름이다. 법(法)이 능(能)히 한편으로 번득이고 빠르게 나아가 훑어 살(殺)하고 우각우수(右脚右手)로 발초심사세(撥艸尋蛇勢)로 앞을 향(向)하여 베어 걸어 어거격(御車格)을 한다. 법(法)을 보라.

○좌익세(左翼勢)는 곧 왼편 날개로 치는 것이다. 법(法)이 능(能)히 위로 돋우고 아래로 눌러 바로 손아귀를 살(殺)하고 우각우수(右脚右手)로 직부송서세(直符送書勢)로 앞을 향(向)하여 베어 걸어 역린자(逆鱗刺)를 한다. 법(法)을 보라.

○표두세(豹頭勢)는 곧 표범의 머리로 치는 것이다. 법(法)이 능(能)히 벽력같이 쳐 위로 살(殺)하고 좌각좌수(左脚左手)로 태산압정세(泰山壓頂勢)로 앞을 향(向)하여 베어 걸어 돋우어 찌른다. 법(法)을 보라.

○탄복세(坦腹勢)는 곧 배를 헤치고 찌름이다. 법(法)이 능(能)히 다 질러(들이받아) 찌르고 가운데로 살(殺)하고 나아가기를 무너지는 산같이 하여 우각우수(右脚右手)로 창룡출수세(蒼龍出水勢)로 앞을 향(向)하여 걸음을 나아가 허리를 친다. 법(法)을 보라.

○과우세(跨右勢)는 곧 오른편을 걸타고 치는 것이다. 법(法)이 능(能)히 돋우어 갈겨 아래로 살(殺)하고 좌각(左脚)과 우수(右手)로 작의세(綽衣勢)로 앞을 향(向)하여 걸음을 나아가 가로친다. 법(法)을 보라.

○요략세(撩掠勢)는 곧 돋우어 훑는 격(格)이다. 법(法)이 능(能)히 막고 받아 아래로 살(殺)하여 왼편을 가리우며 오른편을 호위하고 좌각좌수(左脚左手)로 장교분수세(長蛟分水勢)로 앞을 향(向)하여 베어 걸어 비비어 친다. 법(法)을 보라.

○어거세(御車勢)는 곧 수레를 어거하는 격(格)이다. 법(法)이 능(能)히 (멍에를) 메워 어거하여 가운데로 살(殺)하고 두 손을 깎아 살(殺)하고 좌각(左脚)과 우수(右手)로 충봉세(衝鋒勢)로 앞을 향(向)하고 물러 걸어 봉두세(鳳頭洗)를 한다. 법(法)을 보라.

○전기세(展旗勢)는 곧 기(旗)를 펴듯 하여 치는 것이다. 법(法)이 능(能)히 갈겨 마(磨)하여 위로 살(殺)하고 좌각좌수(左脚左手)로 탁탑세(托塔勢)로 앞을 향(向)하여 베어 걸어 칼을 점(點)한다. 법(法)을 보라.

○간수세(看守勢)는 곧 보고 지키어 치는 것이다. 법(法)이 능(能)히 보며 지키어 모든 병기가 치고 찌르거든 지키어 정(定)하고 모든 병기가 나아가기 어렵거든 기틀을 보아 형세를 따라 굴러 살(殺)하고 좌각(左脚)과 우수(右手)로 호준세(虎蹲勢)로 앞을 향(向)하여 걸음을 나아가 허리를 친다. 법(法)을 보라.

○은망세(銀蟒勢)는 곧 은구렁이 격(格)이다. 법(法)이 능(能)히 네 편으로 돌아보아 몸을 두르고 또 능(能)히 사면(四面)으로 노략하여 살(殺)하여 앞을 향(向)한즉 좌수좌각(左手左脚)이요 뒤를 향(向)한즉 우수우각(右手右脚)이요 움직인즉 좌우선풍(左右旋風)하여 번개 치듯 살(殺)한다. 법(法)을 보라.

○찬격세(鑽擊勢)는 곧 비비어 치는 것이다. 법(法)이 능(能)히 비비는 격(格)으로 훑어 살(殺)하고 거위 형용과 오리걸음으로 달려들며 찔러 좌각좌수(左脚左手)로 백원출동세(白猿出洞勢)로 앞을 향(向)하여 베어 걸어 허리를 친다. 법(法)을 보라.

○요격세(腰擊勢)는 곧 허리를 치는 것이다. 법(法)이 능(能)히 비껴 찔러 가운데로 살(殺)하여 몸과 걸음과 손과 칼이 빠르기가 급한 우레같이 하니 이 한 번 치는 것은 칼 가운데 으뜸 치는 것이다. 우각우수(右脚右手)로 참사세(斬蛇勢)로 앞을 향(向)하여 걸음을 나아가 역린(逆鱗)한다. 법(法)을 보라.

○전시세(展翅勢)는 곧 날개를 펴 치는 것이다. 법(法)이 능(能)히 꼬는 격(格)으로 위로 살(殺)하고 돋우며 훑어 아래로 살(殺)하고 우각우수(右

예도보(銳刀譜) 199

脚右手)로 편섬세(偏閃勢)로 앞을 향(向)하여 베어 걸어 거정격(擧鼎格)을 한다. 법(法)을 보라.

○우익세(右翼勢)는 곧 오른편 날개로 치는 것이다. 법(法)이 능(能)히 갈겨 양익(兩翼)을 살(殺)하고 좌각(左脚)과 우수(右手)로 안자세(雁字勢)로 앞을 향(向)하여 베어 걸어 허리를 친다. 법(法)을 보라.
○게격세(揭擊勢)는 곧 들어 치는 것이다. 법(法)이 능(能)히 갈기는 격(格)으로 위를 살(殺)하고 걸음걸음 투(套)로 나아가 좌각좌수(左脚左手)로 호좌세(虎坐勢)로 앞을 향(向)하여 물러걸어 찔러 씻는다. 법(法)을 보라.

○좌협세(左夾勢)는 곧 왼편으로 껴서 찌르는 것이다. 법(法)이 능(能)히 다 질러(들이받아) 찌르고 가운데로 살(殺)하고 우각우수(右脚右手)로 수두세(獸頭勢)로 앞을 향(向)하여 걸음을 나아가 허리를 친다. 법(法)을 보라.
과좌세(跨左勢)는 곧 왼편을 걸타고 치는 것이다. 법(法)이 능(能)히 쓸어 노략하여 아래로 살(殺)하고 우각우수(右脚右手)로 제수세(提水勢)로 앞을 향(向)하여 걸음을 나아가 쌍(雙)으로 갈긴다. 법(法)을 보라.

○흔격세(掀擊勢)는 곧 흔들어 치는 것이다. 법(法)이 능(能)히 흔들어 돋우어 위로 살(殺)하고 훑어 걸어 비비어 살(殺)하여 좌각(左脚)과 우수(右手)로 조천세(朝天勢)로 앞을 향(向)하고 물러걸어 탄복자(坦腹刺)를 한다. 법(法)을 보라.

○역린세(逆鱗勢)는 곧 비늘을 거슬러 찌르는 것이다. 법(法)이 능(能)히 바로 목구멍과 목을 찔러 우각우수(右脚右手)로 탐해세(探海勢)로 앞을 향(向)하여 베어 걸어 좌익세(左翼勢)를 한다. 법(法)을 보라.

○염시세(斂翅勢)는 곧 날개를 거두고 치는 것이다. 법(法)이 능(能)히 거짓 쫓기이고 꾀어 속여 좌우수각(左右手脚)으로 발사세(拔蛇勢)로 거꾸로 물러가고 걸음을 나아가 허리를 친다. 법(法)을 보라.

○우협세(右夾勢)는 곧 오른편으로 껴서 치르는 것이다. 법(法)이 능(能)히 꼬아 찔러 가운데로 살(殺)하여 좌각(左脚)과 우수(右手)로 분충세(奔衝勢)로 앞을 향(向)하고 서서 걸어 거정격(擧鼎格)을 한다. 법(法)을 보라.

○봉두세(鳳頭勢)는 곧 봉(鳳)의 머리로 씻는 것이다. 법(法)이 능(能)히 씻어 찔러 갈겨 살(殺)하고 우각우수(右脚右手)로 백사롱풍세(白蛇弄

風勢)로 앞을 향(向)하고 베어 걸어 들어 친다. 법(法)을 보라.

○횡충세(橫衝勢)는 곧 가로찔러 치는 것이다. 법(法)이 능(能)히 빨리 달아나 숨어 번득이고 굴러 살(殺)하여 진퇴(進退)하고 양수양각(兩手兩脚)으로 형세를 따라 찔러 나아가 베어 걸어 돋우어 요략한다. 법(法)을 보라.

【增】

○태아도타세(太阿倒拖勢)는 처음에 투(套) 가운데 들어가 먼저 좌수(左手)로써 칼허리를 굳게 잡고 다음으로 우수(右手)를 들어 하늘을 향(向)하여 높이 들고 한 번 부르고 또 우수(右手)로써 가볍게 오른편 무릎을 치고 우족(右足)으로써 좌족(左足)을 비껴 치고 인하여 거정세(擧鼎勢)로 든다.

○여선참사세(呂仙斬蛇勢)는 좌수(左手)로써 허리를 괴고 우수(右手)로 가로로 칼허리를 잡아 공중을 향(向)하여 높이 한 길 남짓이 던져 날

등이 돌아 굴러 떨어지거든 조금 한 걸음 나아가 손으로써 받는데 이와 같이 하기를 세 번 한다.

○양각조천세(羊角弔天勢)는 투(套) 가운데로부터 조금 물러나 꿇어앉아 우수(右手)로써 칼자루를 잡아 가로로 칼등을 좌수제일지(左手第一指)에 메우고 우수(右手)로 긴긴(緊緊)히 칼머리를 튕기면 손가락을 둘러 돌아 굴러 다음 손가락에 이르러 무명소지(無名小指) 사이에 와서 그치니 바라보면 모습이 은(銀)독과 같다.

○금강보운세(金剛步雲勢)는 세 번 몸을 돌리어 좌우(左右)로 고면(顧眄)하고 높이 칼날을 들어 머리 위로 둘러 휘척(揮斥)한다.

예도총보(銳刀總譜)

　【增】 처음에 태아도타세(太阿倒拖勢)를 하되 좌수(左手)로 칼허리를 잡고 우수(右手)를 높이 들고 나아가 우수(右手)의 칼을 바꾸어 잡고 우족(右足)을 들어 견적출검세(見賊出劍勢)를 하고 우각(右脚)으로 앞을 한 번 쳐 봉두세(鳳頭勢)를 하고 오른편으로 한 번 돌아 향우방적(向右防賊)하고 인하여 좌우방신(左右防身)하고 우수우각(右手右脚)으로 한 번 찔러 백사롱풍세(白蛇弄風勢)를 하고 왼편으로 한 번 돌아 향좌방적(向左防賊)하고 인하여 좌우방신(左右防身)하고 우수(右手)와 좌각(左脚)으로 한 번 찔러 백사롱풍세(白蛇弄風勢)를 하고 오른편으로 한 번 돌아 좌족(左足)을 들고 안으로 스쳐 우수우각(右手右脚)으로 한 번 쳐 좌협세(左挾勢)를 하고 한 번 뛰어나아가 좌우방신(左右防身)하고 우수(右手)와 좌각(左脚)으로 한 번 찔러 수두세(獸頭勢)를 하고 칼을 휘두르며 오른편으로 한 번 돌아 은망세(銀蟒勢)를 하여 세 번 돌아 물러들어와 좌수(左手)로 칼허리를 잡아 태아도타세(太阿倒拖勢)를 하고 우수(右手)로 칼허리를 바꾸어 잡아 공중을 향(向)하여 높이 한 길 남짓 던지고 그 내려옴을 따라 손으로서 받아 여선참사세(呂仙斬蛇勢)를 하되 이와 같이 세 번 하고 좌수(左手)로 허리를 끼고 우수우각(右手右脚)으로 앞을 향(向)하여 한 번 치고 즉시 왼편으로 돌아 우수우각(右手右脚)으로 한 번 쳐 역린세(逆鱗勢)를 하고 인하여 좌우방신(左右防身)하고 뒤로 한 번 찔러 수두세(獸頭勢)를 하고 즉시 몸을 돌려서 앞을 향(向)하여 오른편 아래 칼을 감추어 요략세(撩掠勢)를 하고 한 걸음 뛰어 앞을 향(向)하여 나아가 앉으며 날로써 위를 향(向)하여 긴히 턱 아래로부터 흔격세(掀擊勢)를 하고 즉시 일어나 좌족(左足)을 나아가며 좌방신(左防身)하고 우족(右足)을 나아가며 우방신(右防身)

하고 좌족(左足)을 나아가며 금강보운세(金剛步雲勢)를 하고 즉시 왼편으로 한 번 돌아 물러들어가 앞을 향(向)하여 왼편 위에 칼을 감추어 우익세(右翼勢)를 하고 왼편으로 돌아 병풍세(屛風勢)를 하고 머리 위로 칼을 둘러서 표두세(豹頭勢)를 하여 세 번 돌아 연(連)하여 나아가 즉시 왼편으로 돌아 우족(右足)을 들고 안으로 스쳐 날을 드리워 씻어 둘러서 전시세(展翅勢)를 하고 인하여 좌우방신(左右防身)하고 우수우각(右手右脚)으로 앞을 향(向)하여 한 번 찔러 수두세(獸頭勢)를 하고 왼편으로 한 번 돌아 은망세(銀蟒勢)를 하여 세 번 돌아 물러들어와 인하여 꿇어 앉아 양각조천세(羊角弔天勢)를 하되 칼등으로서 좌수제일지(左手第一指) 사이에 메우고 우수(右手)로써 급히 칼자루를 치면 굴러서 작은 손가락 사이에 이르거든 즉시 우수(右手)로써 칼자루를 잡고 일어나 좌수(左手)로 왼편을 끼고 우수우각(右手右脚)으로 앞을 한 번 치고 즉시 오른편으로 돌아 우수우각(右手右脚)으로 뒤를 향(向)하여 한 번 쳐 역린세(逆鱗勢)를 하고 인하여 좌우방신(左右防身)하고 우수(右手)와 좌각(左脚)으로 뒤를 한 번 찔러 탄복세(坦腹勢)를 하고 왼편으로 몸을 돌리어 오른편 아래 칼을 감추어 요략세(撩掠勢)를 하고 머리 위에 칼을 휘두르며 오른편으로 몸을 돌리어 표두세(豹頭勢)를 하고 즉시 왼편으로 쫓아 오른편 발뒤축을 향(向)하여 한 번 찔러 좌익세(左翼勢)를 하고 인하여 머리 위로 칼을 휘두르며 왼편으로 몸을 돌려 목을 씻어 찬격세(鑽擊勢)를 하고 왼편으로 돌아 우족(右足)을 들고 안으로 스쳐 날을 드리워 씻어 둘러 전시세(展翅勢)를 하고 한 걸음 뛰어 우수우각(右手右脚)으로 앞을 한 번 쳐 역린세(逆鱗勢)를 하고 인하여 좌우방신(左右防身)하고 우수우각(右手右脚)으로 앞을 한 번 치고 앞을 한 번 찔러 수두세(獸頭勢)를 하여 마쳐라.

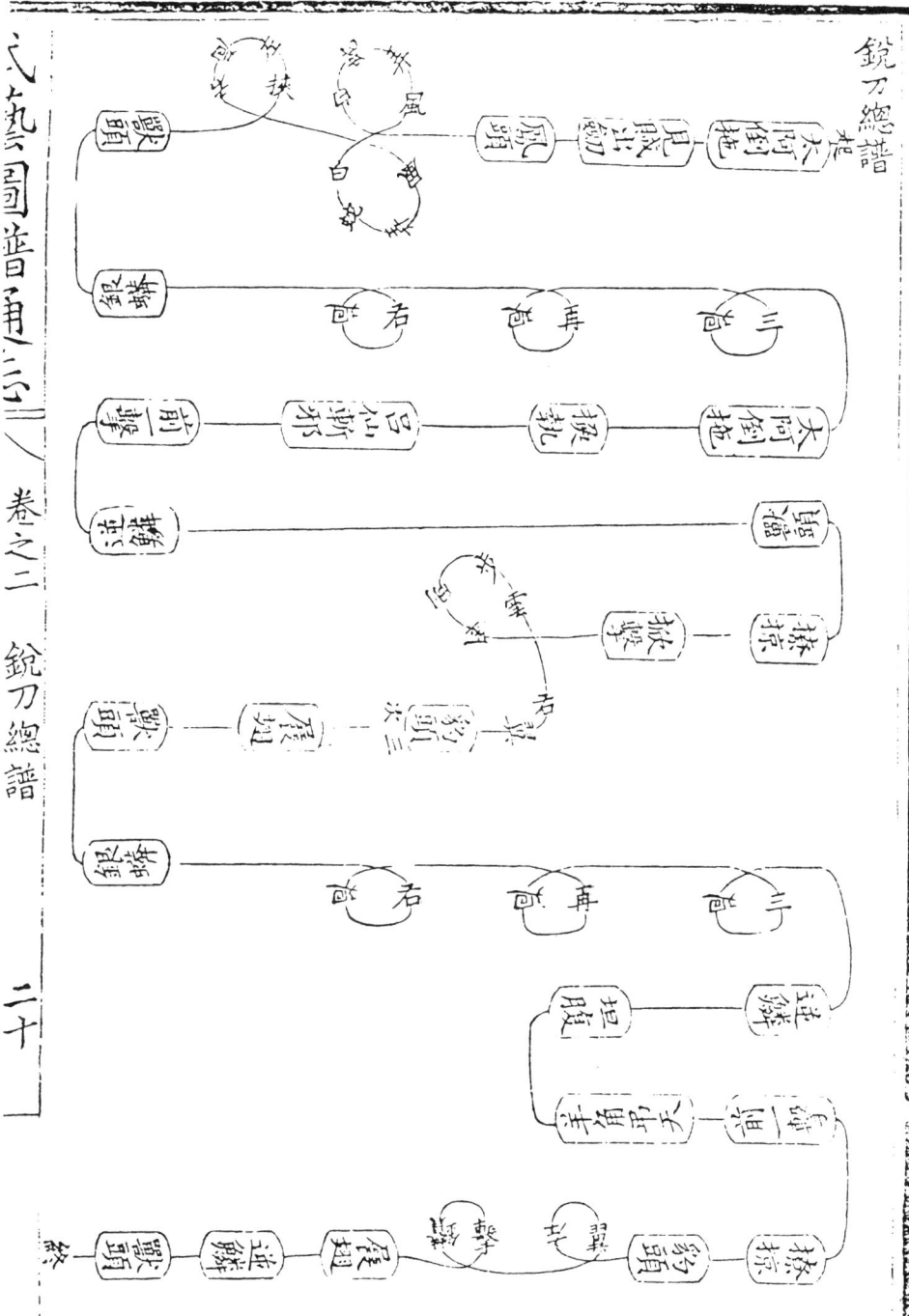

卷之二 銳刀總圖

銳刀總圖

太阿倒拖 掠頭
見賊出劍
銀蟒
銀蟒
挺執
太阿倒拖
裂頭
撩掠
拱擊
金雞步云
右翼
銀蟒
前擊
羊角中天
逆鱗
坦腹
豹頭
撩掠
左翼

왜검(倭劍)

왜검(倭劍) 【增】 ○교전(交戰)을 붙였음.

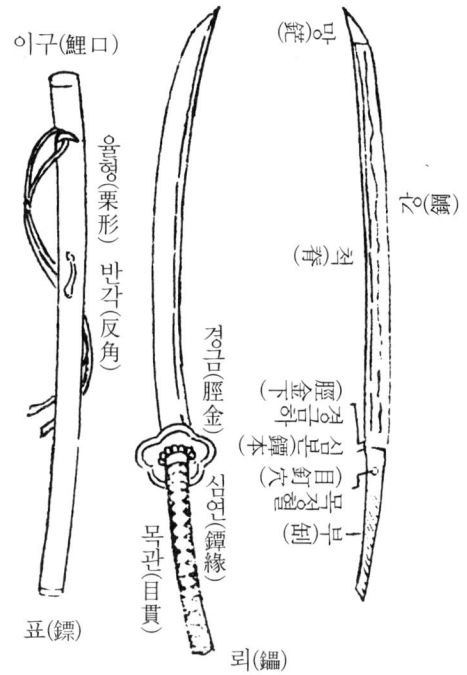

왜식(倭式)　초(鞘: 칼집)⁴⁴³　도(刀: 칼)⁴⁴²　인(刃: 칼날)⁴⁴¹

이구(鯉口)

율형(栗形) 반각(反角)

경금(脛金) 심연(鐔緣) 목관(目貫)

표(鏢)

뢰(鐺)

【增】 모원의(茅元儀)가 말하기를 "일본도(日本刀)는 대소(大小)와 장단(長短)이 한결같지 않다. 사람마다 한 자루의 장도(長刀)를 가지고 있는데 이를 패도(佩刀)라고 한다. 그 도(刀) 위에 또 한 자루의 소도(小刀)를 끼워서 편리하게 섞어 쓴다. 또 하나의 자도(刺刀)가 있는데 길이가 한

척(尺)인 것을 해수도(解手刀)라 하고 길이가 한 척(尺) 남짓한 것을 급발(急拔)이라고 하는데 역시 자도(刺刀)의 유(類)이다. 이 세 가지를 곧 몸에 지니고 다니면서 필요에 따라 쓰는 것이다. 도(刀)가 지극히 강리(剛利: 강경하고 날카로움)하여 중국이 미치지 못한다. 도(刀)의 대소(大小)를 막론하고 반드시 자루 위에 한 면에는 이름을 새기고 다른 한 면에는 자호(字號)⁴⁴⁴⁾를 각기(刻記: 새겨서 표기함)하여 고금(古今)의 현부(賢否: 현명하거나 그렇지 못함)를 판단하였다. 창검(槍劍) 역시 그러하다. 일본의 상고도(上庫刀)⁴⁴⁵⁾는 산성군(山城君)〔관백(關白)이다〕⁴⁴⁶⁾의 전성시대에 각 섬의 명장(名匠)들을 모두 모아서 창고 안에 봉쇄(封鎖: 가두어 잠금)하여 두고 세월을 한정하지 않고 그 공교(工巧: 만드는 솜씨·기교)를 다하여 만들도록 하였는데 이것을 상고도(上庫刀)라 한다. 그 가운데에서도 '영구(寧久)'라고 부르는 것이 더욱 좋은 것이다"라고 하였다.

【案】삼대(三代)⁴⁴⁷⁾의 시대에 종(鐘), 정(鼎: 솥), 과(戈: 두 갈래진 창), 극(戟: 세 갈래진 창)의 작고 큰 기용(器用: 사용하는 기물)의 모든 도구에 관지(款識)⁴⁴⁸⁾를 하였기〔사기(史記)⁴⁴⁹⁾ 효무기(孝武紀)⁴⁵⁰⁾에 "솥에 문양은 새겨져 있는데 관지(款識)가 없다"고 하였고 주(注)에 "관(款)은 각(刻)이다. 지(識)는 기(記)이다"⁴⁵¹⁾라고 하였다. 양신(楊愼)⁴⁵²⁾이 말하기를 "문(文: 文樣 또는 文字)이 철(凸: 도도록하게 나온 것)한 것을 관(款)이라 하는데 양(陽)을 본뜬 것이며 요(凹: 오목하게 들어간 것)한 것을 지(識)라 하는데 음(陰)을 본뜬 것이다"라고 하였다〕 때문에 『예기(禮記)』⁴⁵³⁾《월령(月令)》⁴⁵⁴⁾에 이르기를 "물건에는 만든 사람의 이름을 새긴다"⁴⁵⁵⁾〔늑(勒)은 새기는 것[刻]이다〕고 하였는데 중국의 공장(工匠: 工人·匠人)들은 지금도 준수(遵守)한다. 왜인들이 제조(製造)하는 데에도 역시 그러하지 않은 것이 없다. 우리나라는 어수선하여 양유(良窳: 우량한 것과 흠결이 있는 것)〔유(窳)의 발음은 용(勇)과 주(主)의 반절이며 뜻은 좋지 않은 것[惡]이며 견실하지 못한 것[弱]이다〕를 지기(誌記: 기록하여 새긴 표식)한 것이 없어서 판단할 수 없고 그 권징(勸懲: 권장하거나 징계함)을 시행하는 곳도 없다. 육공(六工)〔토공·금

공·석공·목공·수공·초공)⁴⁵⁶⁾을 관장한다는 것은 대개 삼가하여 바르게[亟正] 되도록 돕는 것인데 그것의 연대(年代), 성명(姓名), 척촌(尺寸), 근량(斤兩)을 기록하여서 그 공정(工程: 제조 규정)을 살피고 그 법식(法式)을 판별하는 것이다. 일본 후조우원(後鳥羽院)⁴⁵⁷⁾[왜의 위황(僞皇: 가짜 일왕)의 호(號)이다] 때 제국(諸國)의 양공(良工)들을 불러서 단야(鍛冶: 쇠를 불려 단련하는 대장간)를 개설하였다. 모두 영검(靈劍)이라 칭하며 종근(宗近), 국뢰(國賴), 길광(吉光), 국우(國友), 국길(國吉), 국강(國綱), 국종(國宗), 정종(正宗), 정종(貞宗), 정수(定秀), 행평(行平), 근충(近忠), 연방(延房), 겸정(兼定), 국행(國行)⁴⁵⁸⁾이라는 것이 있는데 이 명칭이 새겨져 있는 것은 모두 명검(名劍)이다. 모씨(茅氏)가 논(論)한 바로 인하여서 아울러 기록하니 이것을 박고(博考)의 자료로 삼으면 되겠다.

『왜지(倭志)』에 이르기를 "왜적(倭賊)은 용감하고 우직(愚直)해서 생사(生死)를 그다지 중시하지 않는다. 매번 싸울 때마다 오로지 발가숭이 몸[赤體]으로 삼척도(三尺刀)를 들고 춤추며 앞으로 다가오니 능히 막을 자가 없다"고 하였다.

『왜한삼재도회(倭漢三才圖會)』에 이르기를 "검술(劍術)은 원의경(源義經)[호(號)는 우약(牛若)이며 상모주(相模州) 사람이다. 그의 아버지 의조(義朝)가 평청성(平淸盛)과 싸워서 전사(戰死)했는데 의경(義經)이 뒤에 병법(兵法)을 배워서 그 원수를 갚았음]이 중흥조(中興祖)가 된다. 어릴 때 평치(平治)[왜의 위황(僞皇) 토어문(土御門)⁴⁵⁹⁾의 연호임]의 난(亂)⁴⁶⁰⁾을 피하여 승정곡(僧正谷)에 이르러 이인(異人)을 만나 검술(劍術)을 익혔는데 세상에서 신도류(神道流)라고 칭한다. 일향(日向)의 영주인 애주이향(愛州移香)이 일찍이 제호권현(鵜戸權現)⁴⁶¹⁾[일본 사람들은 타묘(妥廟: 종묘(宗廟)를 편안하게 함)의 신(神)을 권현(權現)이라 함]에 참배하며 수업(修業)의 정통(精通)[業精]을 빌었더니 꿈에 원숭이 형상의 신(神)이 나타나서 오묘한 비결[奧秘]를 가르쳐 주어서 세상에 명성을 나타내었는데 이름하여 음류(陰流)⁴⁶²⁾라고 한다"고 하였다. 모씨(茅氏)의 『무비지』에 음류(陰流)의 원비(猿飛), 원회(猿回) 등의 수법(手法) 및 그림[圖]이 실려 있으니 가히 그 명성이 멀리 이국(異國)에까지 울렸음을 볼 수 있다. "그의 제자 상천무장(上泉武藏), 수신강손(守信綱損)이 그 법(法)을 더욱 발전시켜서 신음류(新陰流)라 불리며 세상에 성행하였다. 후일의 호전죽내(戶田竹內), 두군단석(頭軍丹石), 산과박전(山科朴田), 유생소야(柳生小野), 경중(鏡中)의 제가(諸家)가 모두 이 두 유파(流派)에 뿌리를 두고 있으며 다시 새로운 의미[新意]를 더하여 스스로 일파(一派)를 만든 사람도 많다"고 하였다. 또 이르기를 "파(欛)는 도검(刀劍)의 자루이다. 도단(刀耑)은 망봉(鋩鋒: 칼날·서슬의 끝)이라 한다"고 하였다.

『고공기(考工記)』에 이르기를 "검경(劍莖: 칼 줄기)은 사람이 쥐는 곳인 칼코등이[鐔: 호수(護手)] 그 이상이다.[463] 지금은 상어 껍질[鮫]〔교(鮫)는 사어(沙魚: 상어)이다. 양안상순(良安尙順)이 말하기를 "갈고리를 급히 던지면 화를 내며 배를 부풀리는 검은 상어를 얻을 수 있다. 대나무 빗자루로 여러 번 쓰다듬으면 흰 진주를 형성한다. 등에 큰 입자로 된 것이 있는데 칼자루[欛]를 장식하면 매우 좋다. 알알이 입자가 크고 작게 겸하여 갖추어져 있는 것이 값이 비싸다"라고 하였다〕을 많이 써서 파목(欛木: 칼자루에 붙인 나무)에다 둘둘 말아서 전구(纏緱: 얽어서 감음)〔구(緱)는 음(音)이 구(鉤)임〕한다"고 하였다. 구(緱)는 『자휘(字彙)』에 이르기를 "도검(刀劍)의 머리를 전사(纏絲: 실로 얽는 것)[464]하는 것이다"라고 하였다. 심(鐔)은 검비(劍鼻: 칼코)이다.

『사기(史記)』의 주(注)에 이르기를 "검 입구[劍口] 곁으로 가로튀어나온 것에는 금(金), 은(銀), 동(銅), 철(鐵), 진유(眞鍮: 놋쇠)를 사용하는데 이 중에서 철(鐵)로서 만든 것이 좋고 오래된 것일수록 더욱 좋다. 그 오래된 것은 매끄러운 검은색에 엷은 붉은색을 띠고 있는데 모두 망치로 두들겨서 만든 것이다. 비천(卑賤)한 것은 주물(鑄物)로 만든 것이다. 뇌(鐳)〔뇌(鐳)의 음(音)은 뇌(雷)임〕는 칼머리[劍首]를 장식한 것이다. 목관(目貫)은 칼머리 양면에 금(金)이나 철(鐵)로서 형색의 모양[色象]을 만들어 장식한 것이다"라고 하였다.

『광박물지(廣博物志)』에 이르기를 "용(龍)이 아홉 마리 새끼를 낳았는데 애자(睚眦)〔용(龍)이 아홉 마리 새끼를 낳았는데 각각 명자(名字: 이름)가 있었다.⁴⁶⁵⁾ 애자는 아홉 마리 새끼 가운데 하나이다〕는 죽이는 것을 좋아하여 도두(刀頭: 칼머리)의 짐승이 되었다"고 하였는데 아마 목관(目貫)이 곧 애자(睚眦)의 표의(表儀: 儀容을 표현함)일 것이다. 절우(切羽)는 심(鐔: 칼코등이·護手막이)의 표리(表裏: 안과 밖)에 얇은 금[薄金]을 장식한 것으로 각각 두 개인데 대절우(大切羽), 소절우(小切羽)라고 한다. 경금(脛金)은 칼코등이[鐔] 즈음에 도부(刀膚: 칼 곁)를 둘러감아 심(鐔)으로 하여금 흔들리지 않게 하는 것이며, 또 다리 정강이[脚脛]에 배치하는 것과 같으므로 이렇게 이름한 것이다. 하경(下脛)과 상경(上脛)의 두 겹으로 되어 있다. 초(鞘)는 도실(刀室: 칼집)이다. 후박(厚朴)나무⁴⁶⁶⁾〔『본초강목』에 이르기를 "높이는 3~4장(丈)이며 지름은 1~2척(尺)인데 잎사귀는 곡엽(槲葉: 떡갈나무 잎)과 같고 사계절 시들지 않고 붉은 꽃이 피고 푸른 열매를 맺으며 껍질의 표면[皮極]은 비늘이 주름진 것 같고 두껍다"고 하였다. 【案】 우리나라 남쪽의 해도(海島) 중에 혹 후박이 있다〕를 사용하여 만든다. 가볍고 부드러워서 칼[刀]로 하여금 녹[鏽]이 슬지 않게 한다. 〔수(鏽)의 음(音)은 수(秀)이며 철에서 생겨나는 옷[鐵生衣]이다.〕 검은 옻칠이나 붉은 옻칠을 한다. 습(摺: 접어서 만든 것), 박(剝: 껍질을 벗겨서 만든 것), 고(敲: 두드려서 만든 것)한 초교(鞘鮫: 칼집을 만드는 상어껍질)에도 여러 가지 품질이 있고 그 교(鮫)에도 하교(河鮫: 하천에서 나는 민물상어), 매화교(梅花鮫: 꽃상어), 남교(藍鮫: 남색상어), 호표(虎彪: 호랑이 반점 문양이 있는 상어), 국악교(菊萼鮫: 국화꽃 받침 문양이 있는 상어) 등 여러 가지 품종이 있다. 표(鏢)는 칼집 끝의 구리이다. 지금은 금(金), 은(銀), 동(銅), 철(鐵) 및 뿔[角]을 많이 쓴다"고 하였다.

【案】 군교(軍校)⁴⁶⁷⁾ 김체건(金體乾)⁴⁶⁸⁾은 잘 달리며[蹻]〔교(蹻)의 음(音)은 교(喬)이며 뜻은 선주(善走: 잘 달림)이다〕 민첩(敏捷)하여 무예(武藝)를 잘하였다. ○숙묘조(肅廟朝) 때 일찍이 사신을 따라 일본에 들어가 검보(劍譜)를 얻고 그 술(術)을 배워서 왔다. ○임금께서 불러서 시험하였는데 체건(體乾)

이 검(劍)을 떨치며[拂劍: 검을 능숙하게 다룸] 회선(回旋)하고 발뒤꿈치를 들고[揭踵]〔게(揭)는 드는 것[擧]이다〕 엄지손가락으로 서서[豎拇] 걸었다. 왜보(倭譜)는 대개 네 종류가 있는데 토유류(土由流), 운광류(運光流), 천류류(千柳流), 유피류(柳彼流)라 한다.⁴⁶⁹⁾ 유(流)라는 것은 의경(義經)의 파(派)를 신도류(神道流)라 칭하고 신강(信綱)의 파(派)를 신음류(新陰流)라 칭하는 것과 같은 것이다. 체건(體乾)이 그 술(術)을 전하였는데 지금은 단지 운광류(運光流)만 행하여지고 중간에 그 전수를 잃어버렸다. 체건(體乾)이 또한 그 법(法)을 발전시키는[演] 사이에 신의(新意: 새로운 의미)를 내어서 교전(交戰)의 세(勢)를 만들어 교전보(交戰譜)라 칭하였고⁴⁷⁰⁾ 구보(舊譜)⁴⁷¹⁾와는 따로 하나의 보(譜)가 되므로 지금은 왜검보(倭劍譜)에 붙였는데 그 근본[本]이 왜보(倭譜)에서 나왔기 때문이다. 또 교전보(交戰譜)에 그려진 칼은 모두 양날이었으나 지금은 개정(改正)하여서 외날[單刃]인 요도(腰刀)로 하였다. 두 사람이 교전(交戰)의 세(勢)를 익힐 때 찔리고 베이는 것[刺剬]〔단(剬)의 음(音)은 단(團)이며 뜻은 잘리는[截] 것이다〕을 염려해서이다. 가죽으로 몇 자되는 나무를 감아 싸서 요도(腰刀)를 대신하는데 속칭 목검(木劒)이라 한다. 오늘날 왜검보(倭劍譜)를 익히는 칼은 역시 요도(腰刀)이다. 대개 도식(刀式)에서 서리(犀利: 견고하고 날카로움)는 왜인(倭人)들이 가장 우수하기 때문에 그 도식(刀式)을 그림에 갖추어 실었다.

왜검보(倭劍譜)

【原】
토유류(土由流)

칼을 감추어 오른편에 끼고 바로 섰다가 우수우각(右手右脚)으로 왼편을 한 번 치고

인하여 좌족(左足)을 들며 칼을 감추어 오른편에 끼고

우수(右手)와 좌각(左脚)으로 왼편을 한 번 치고 나아가 앉으며 칼을 우각(右脚)에 감추었다가

우수우각(右手右脚)으로 칼을 이고 앞을 한 번 치고

우각(右脚)을 들며 왼편에 감추고 우수우각(右手右脚)으로 오른편을 밀치고

우수(右手)와 좌각(左脚)으로 앞을 한 번 쳐라. 칼을 감추고 바로 섰다가

우수우각(右手右脚)으로 왼편으로 한 번 치고 나아가 앉으며 칼을 우각(右脚)에 감추고

우수우각(右手右脚)으로 오른편을 한 번 밀치고 우수(右手)와 좌각(左脚)으로 왼편에 감추고

또 우수우각(右手右脚)으로 오른편을 한 번 밀치고 또 우수(右手)와 좌각(左脚)으로 오른편에 감추고

우수우각(右手右脚)으로 왼편을 한 번 치고 우수(右手)와 좌각(左脚)으로 앞을 한 번 쳐라.

칼을 감추고 바로 섰다가 우수우각(右手右脚)으로 펼치어 뛰어 한 번 치고

줄이어 뛰어 한 번 치고 다시 펼치어 뛰어 한 번 치고

우수우각(右手右脚)으로 칼을 이고 우수(右手)와 좌각(左脚)으로 앞을 한 번 치고

우수우각(右手右脚)으로 두 번 쪼고

우수우각(右手右脚)으로 칼을 이고 우수(右手)와 좌각(左脚)으로 앞을 한 번 쳐라.

운광류(運光流)

처음에 천리세(千利勢)를 하되 칼을 감추고 바로 섰다가 우수우각(右手右脚)으로 과호세(跨虎勢)를 하되

두 손으로 앞을 한 번 치고 우수(右手)와 좌각(左脚)으로 앞을 한 번 치고 우수우각(右手右脚)으로 앞을 한 번 치고

우수우각(右手右脚)으로 앞으로 한 번 뛰어 앞을 한 번 치고 즉시 속행세(速行勢)를 하고

또 과호세(跨虎勢)를 하되 두 손으로 앞을 한 번 치고 우수(右手)와 좌각(左脚)으로 앞을 한 번 치고

우수우각(右手右脚)으로 앞을 한 번 치고 우수우각(右手右脚)으로 앞으로 한 번 뛰어 앞을 한 번 치고

우수우각(右手右脚)으로 즉시 산시우세(山時雨勢)를 하되 또 과호세(跨虎勢)를 하여 두 손으로 앞을 한 번 치고

우수(右手)와 좌각(左脚)으로 앞을 한 번 치고 우수우각(右手右脚)으로 앞을 한 번 치고

우수우각(右手右脚)으로 앞으로 한 번 뛰어 앞을 한 번 치고 우수우각(右手右脚)으로 즉시 수구심세(水鳩心勢)를 하되

또 과호세(跨虎勢)를 하여 두 손으로 앞을 한 번 치고 우수(右手)와 좌각(左脚)으로 앞을 한 번 치고

우수우각(右手右脚)으로 앞을 한 번 치고 우수우각(右手右脚)으로 앞으로 한 번 뛰어 앞을 한 번 치고

즉시 유사세(柳絲勢)를 하고 또 과호세(跨虎勢)를 하되 두 손으로 앞을 한 번 치고

우수(右手)와 좌각(左脚)으로 앞을 한 번 치고 우수우각(右手右脚)으로 앞을 한 번 치고

우수우각(右手右脚)으로 앞으로 한 번 뛰어 앞을 한 번 쳐라.

천류류(千柳流)

칼을 감추고 바로 섰다가

우수우가(右手右脚)으로 왼편을 한 번 치고 초도수세(初度手勢)를 하고 나아가 앉으며 칼을 우각(右脚)에 감추고

우수우각(右手右脚)으로 오른편을 한 번 밀치고 우수(右手)와 좌각(左脚)으로 앞을 한 번 치고

우수우각(右手右脚)으로 칼을 이고 한 번 뛰며 두 번 롱(弄)하여

우수우각(右手右脚)으로 앞으로 한 번 치고 좌수좌각(左手左脚)으로 날을 잡아

왼편 밖으로 스쳐 좌수좌각(左手左脚)으로 한 걸음 뛰어 칼을 누르고 일자(一字)로 나아가 앉고

우수우각(右手右脚)으로 칼을 이며 나아가 앉고 우수(右手)와 좌각(左脚)으로 앞을 한 번 치고

우수우각(右手右脚)으로 나아가 앉고 우수(右手)와 좌각(左脚)으로 앞을 한 번 쳐라.

칼을 감추고 바로 섰다가 좌수좌각(左手左脚)으로 칼을 이고 나아가 앉으며 뒤를 돌아보고

우수우각(右手右脚)으로 앞을 한 번 치고 또 좌수좌각(左手左脚)으로 칼을 이고 나아가 앉으며 뒤를 돌아보고

우수우각(右手右脚)으로 앞을 한 번 치고 우수(右手)와 좌각(左脚)으로 오른편 아래 감추고

우수우각(右手右脚)으로 칼을 이고 우수(右手)와 좌각(左脚)으로 앞을 한 번 치고

우수우각(右手右脚)으로 칼을 이며 좌수(左手)로 오른편 손목을 잡고 우수(右手)와 좌각(左脚)으로 앞을 한 번 치고

칼을 감추고 바로 서서 좌수(左手)로 뒤를 향(向)하고

우수우각(右手右脚)으로 두 번 쪼고 우수우각(右手右脚)으로 오른편 아래 감추고

우수우각(右手右脚)으로 칼을 이고 우수(右手)와 좌각(左脚)으로 앞을 한 번 쳐라.

칼을 감추고 바로 섰다가 우수우각(右手右脚)으로 왼편으로 한 걸음 뛰어나가 앉으며 치고

우수우각(右手右脚)으로 칼을 이고 우수(右手)와 좌각(左脚)으로 앞을 한 번 치고

우수우각(右手右脚)으로 오른편에 감추고 우수우각(右手右脚)으로 유성(流星)으로 나가 왼편을 한 번 치고

우수(右手)와 좌각(左脚)으로 앞을 한 번 쳐라.

유피류(柳彼流)

칼을 드리우고 바로 섰다가

우수우각(右手右脚)으로 앞을 한 번 찌르고 좌족(左足)을 내디뎌 들어가며 왼편으로 칼을 드리우고

좌족(左足)을 물러서며 오른편으로 칼을 드리우고 우족(右足)을 물러서며 왼편으로 칼을 드리우고

오른편 아래 감추고 우수우각(右手右脚)으로 칼을 이고

우수(右手)와 좌각(左脚)으로 앞을 한 번 치고 우수우각(右手右脚)으로 오른편에 감추고

우수우각(右手右脚)으로 앞을 한 번 찌르고 좌족(左足)을 내디뎌 들어가며 오른편으로 감추고

우수우각(右手右脚)으로 앞을 한 번 찌르고 좌족(左足)을 내디뎌 들어 가며 왼편으로 칼을 드리우고

좌족(左足)을 물러서며 오른편으로 칼을 드리우고 우족(右足)을 물러 서며 왼편으로 칼을 드리우고

오른편 아래 감추고 우수우각(右手右脚)으로 칼을 이고

우수(右手)와 좌각(左脚)으로 앞을 한 번 쳐서 마쳐라.

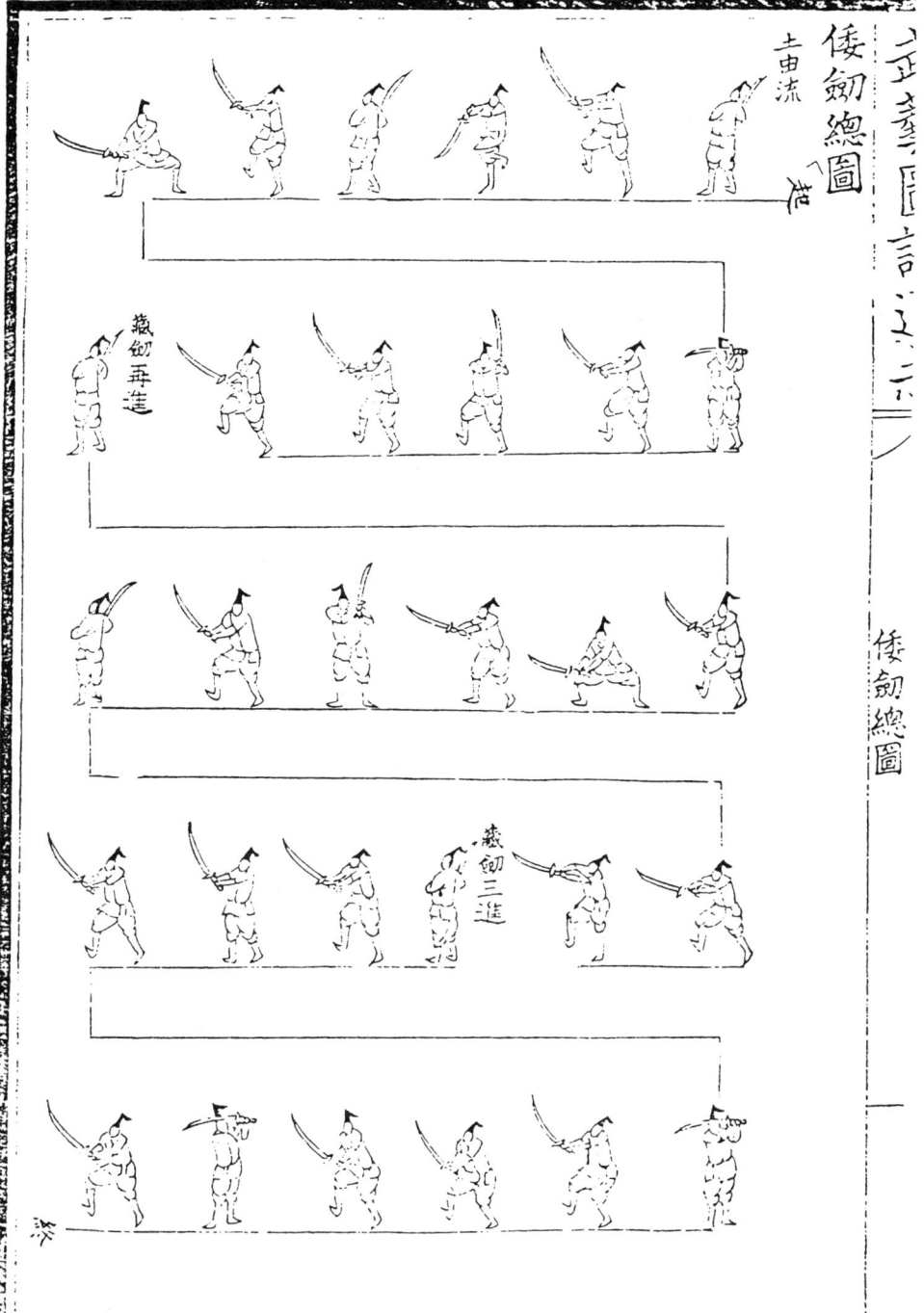

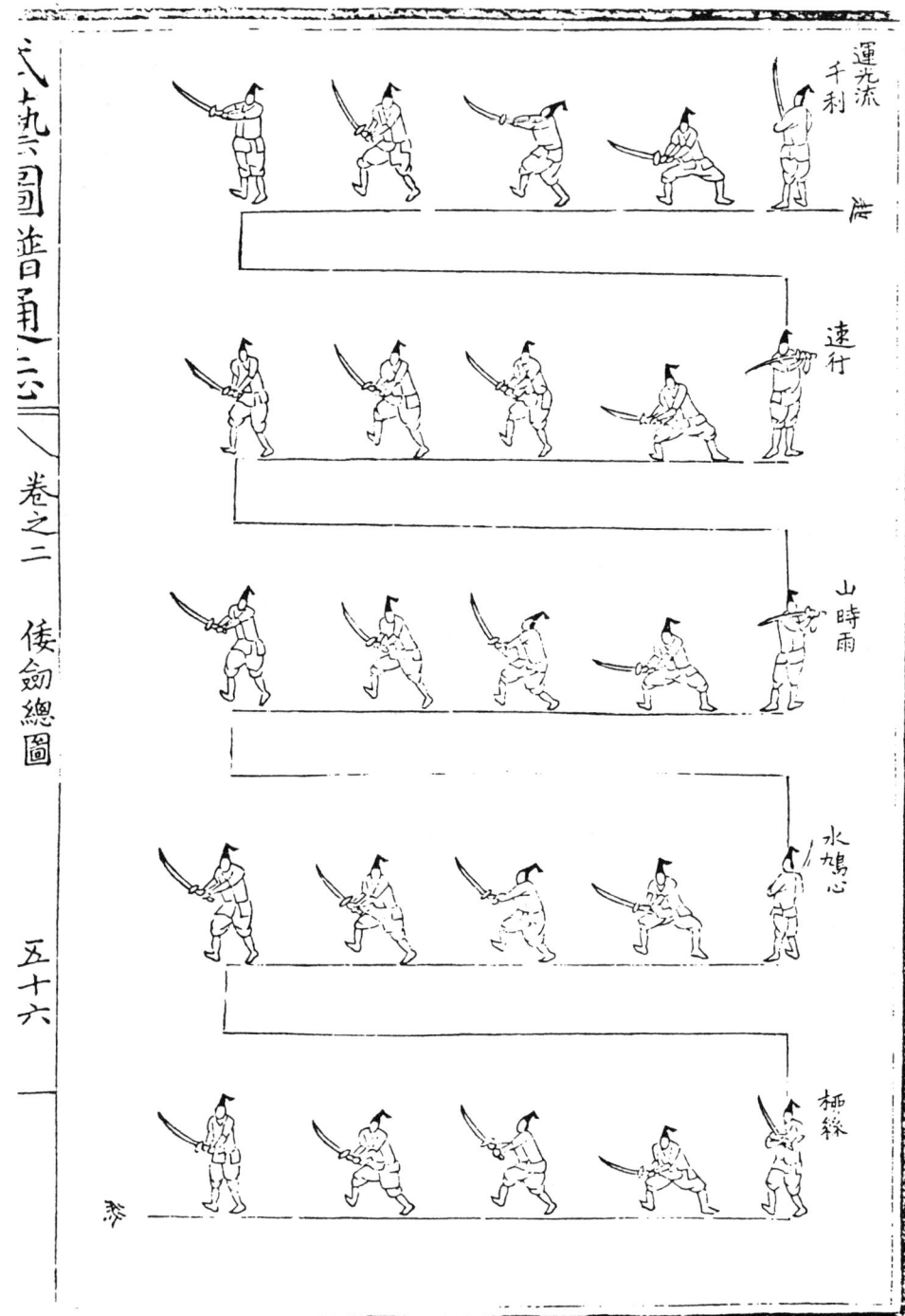

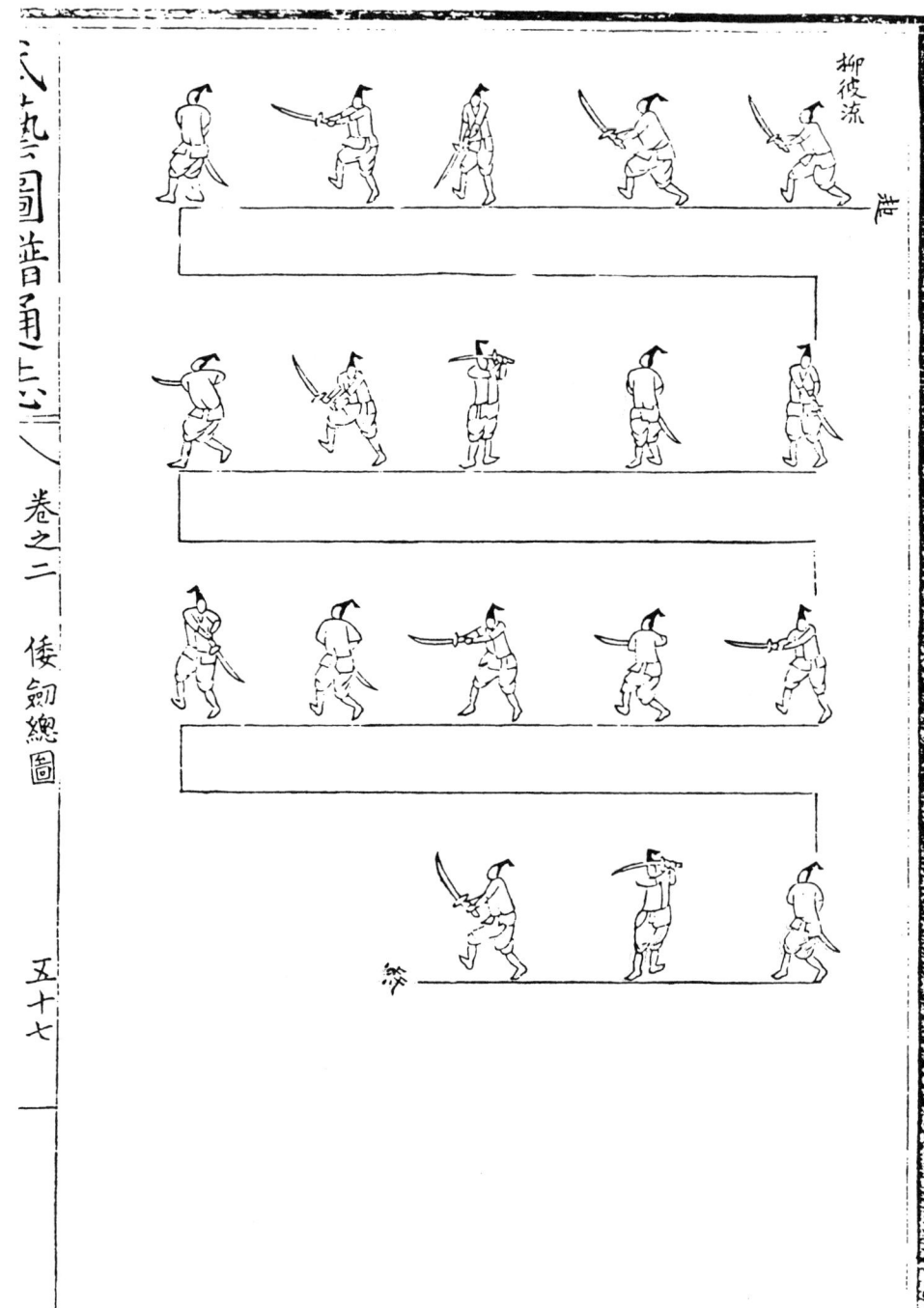

교전보(交戰譜)

【原】
두 사람이 우수(右手)로 칼을 지고 좌수(左手)로 왼편을 끼었다가

갑(甲)이 처음으로 견적출검세(見賊出劍勢)를 하되 우수우각(右手右脚)으로 앞을 한 번 치고 칼을 들고 뛰어나가 또 한 번 치고 몸을 돌려서 뒤를 향(向)하거든 을(乙)이 또 견적출검세(見賊出劍勢)를 하되 칼을 들고 뛰어나가 칼날을 서로 한 번 맞추고

몸을 돌려서 바꾸어 서서 오른편에 칼을 감추고

갑(甲)이 나아 들어가 한 번 갈겨 치고 한 번 들어 치고 또 한 번 갈겨 치거든 을(乙)이 물러가며 한 번 누르고 한 번 맞추고 또 한 번 누르고 갑(甲)이 또 나아들어가 한 번 갈겨 치고 한 번 들어 치고 또 한 번 갈겨 치거든 을(乙)이 물러가며 한 번 누르고 한 번 맞추고 또 한 번 누르고

갑(甲)과 을(乙)이 각각 왼편에 칼을 감추었다가 날로써 안으로 한 번 치고 밖으로 한 번 치고 몸을 돌려서 바꾸어 서며

칼을 드리워 한 번 치고 오른편 아래로 감추고 갑(甲)이 나아들어가 칼을 이며 높이 들어 한 번 치거든

을(乙)이 한 번 누르고 한 번 맞추고 또 왼편에 감추었다가 안으로 한 번 치고 밖으로 한 번 치고 몸을 돌려서 바꾸어 서며

칼을 드리워 한 번 치고 왼편에 감추어라.

을(乙)이 나아 들어가 한 번 갈겨 치고 한 번 들어 치고 또 한 번 갈겨 치거든 갑(甲)이 물러가며 한 번 누르고 한 번 맞추고 또 한 번 누르고 을(乙)이 또 나아들어가 한 번 갈겨 치고 한 번 들어 치고 또 한 번 갈겨 치거든 갑(甲)이 물러가며 한 번 누르고 한 번 맞추고 또 한 번 누르고

갑을(甲乙)이 각각 왼편에 감추었다가 날로써 안으로 한 번 치고 밖으로 한 번 치고 몸을 돌려서 바꾸어 서며 칼을 드리워 한 번 치고 오른편 아래에 감추고

을(乙)이 나아들어가 칼을 이며 높이 들어 한 번 치거든 갑(甲)이 한 번 누르고 한 번 맞추고

인하여 왼편에 감추었다가 날로써 안으로 한 번 치고 밖으로 한 번 치고 몸을 돌려서 바꾸어 서며 칼을 드리워 한 번 치고 오른편 아래 감추어라.

을(乙)이 칼을 들어 한 번 치고 또 한 번 치거든 갑(甲)이 나아들어가 칼을 이며 왼편으로 칼을 드리워 치고 오른편으로 칼을 드리워 치고 또 왼편으로 칼을 드리워 치거든 을(乙)이 물러가며 왼편으로 칼을 드리워 막고 오른편으로 칼을 드리워 막고 또 왼편으로 칼을 드리워 막고

갑을(甲乙)이 날을 들어 높이 치고 왼편으로 칼을 드리워 한 번 치고 오른편 아래 감추고

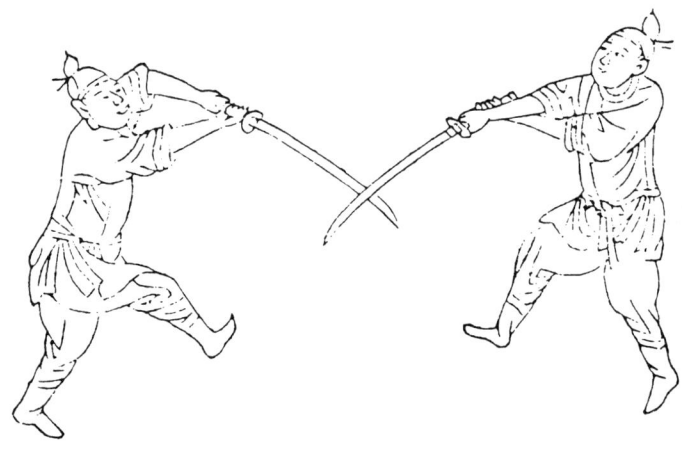

갑(甲)이 칼을 들어 한 번 치고 또 한 번 치거든 을(乙)이 나아들어가 칼을 이며 왼편으로 칼을 드리워 치고 오른편으로 칼을 드리워 치고 또 왼편으로 칼을 드리워 치거든 갑(甲)이 물러가며 왼편으로 칼을 드리워 막고 오른편으로 칼을 드리워 막고 또 왼편으로 칼을 드리워 막고

갑을(甲乙)이 날을 들어 높이 치고 왼편으로 칼을 드리워 한 번 치고 오른편 아래 감추어라.

을(乙)이 한 번 뛰며 한 번 찌르고 한 번 치거든 갑(甲)이 아래로 갈겨 치고

앞으로 나아가 칼을 이며 왼편으로 칼을 드리워 치고 오른편으로 칼을 드리워 치고 또 왼편으로 칼을 드리워 치거든

을(乙)이 물러가며 왼편으로 칼을 드리워 막고 오른편으로 칼을 드리워 막고 또 왼편으로 칼을 드리워 막고

갑을(甲乙)이 날을 들어 높이 치고 왼편으로 칼을 드리워 한 번 치고 오른편 아래 감추고

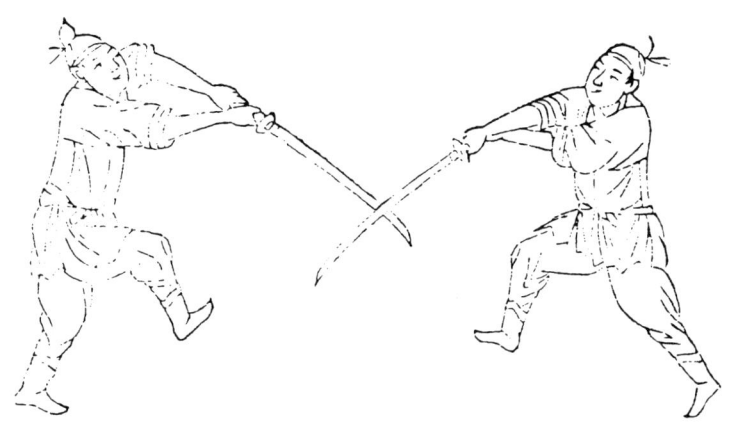

갑(甲)이 한 번 뛰며 한 번 찌르고 한 번 치거든 을(乙)이 아래로 갈겨 치고

앞으로 나아가 칼을 이며 왼편으로 칼을 드리워 치고 오른편으로 칼을 드리워 치고 또 왼편으로 칼을 드리워 치거든

갑(甲)이 물러가며 왼편으로 칼을 드리워 막고 오른편으로 칼을 드리워 막고 또 왼편으로 칼을 드리워 막고

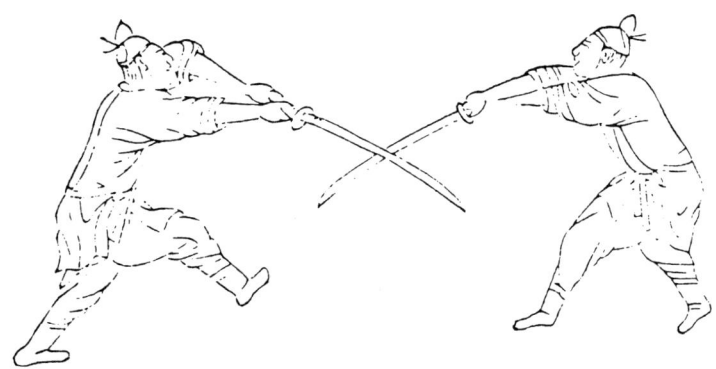

갑을(甲乙)이 날을 들어 높이 치고 왼편으로 칼을 드리워 한 번 치고 오른편에 칼을 감추고

칼을 던지고 씨름하여 마쳐라.

交戰總圖

起 開門

一 交劍

二 相藏

三 進 四

五 換立

六 戴擊

七 換立

八 相藏

九 退 進

十 換立

十一 戴擊

十二 換立

十三 進 再叩

十四 進 退

十五 揮刀

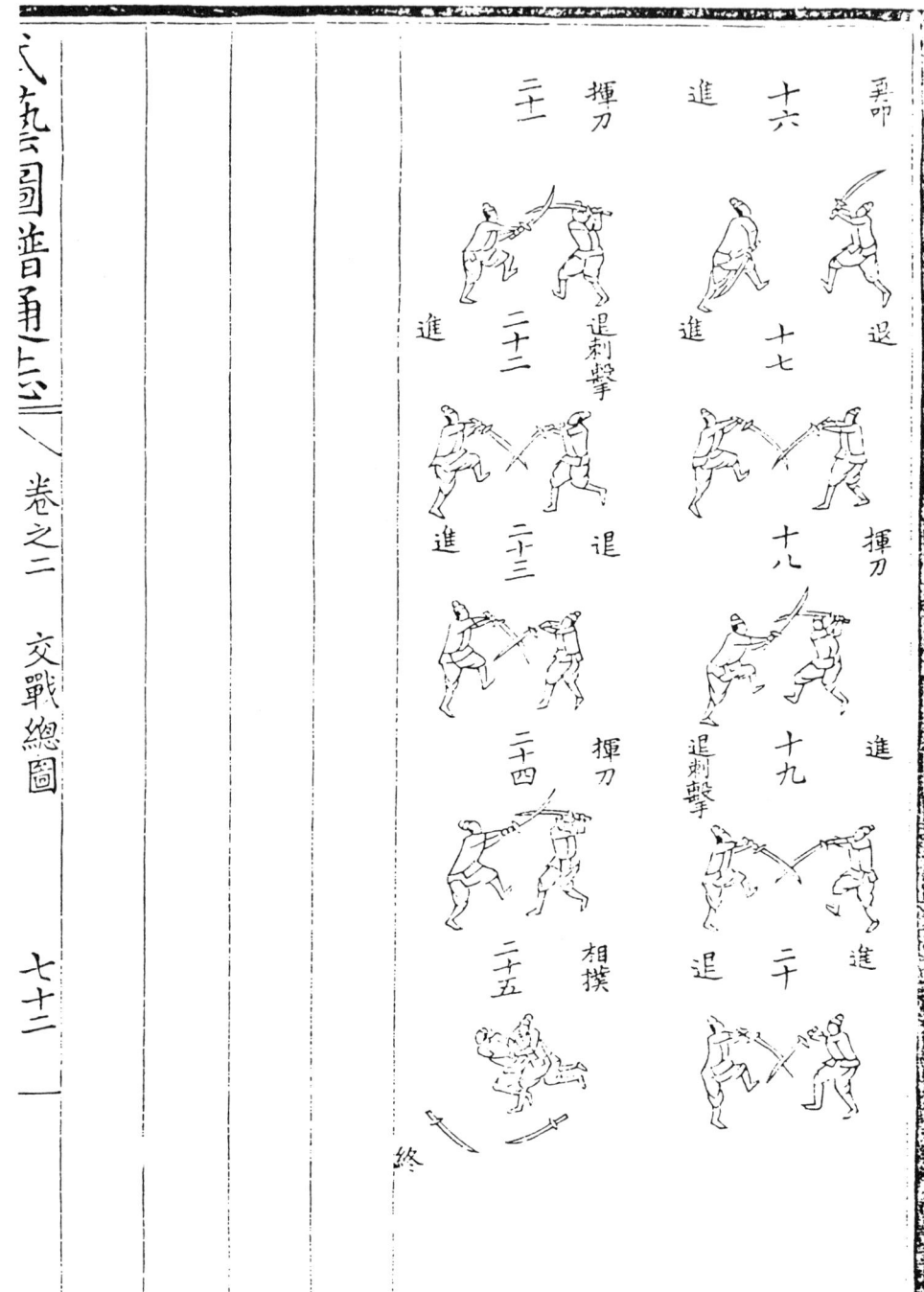

武藝圖譜通志 卷之三

무예도보통지(武藝圖譜通志)
삼권 목록(三卷 目錄)

제독검(提督劍)　　도식(圖式) 1 설(說) 2 보(譜) 도(圖) 14 총보(總譜) 총도(總圖)

본국검(本國劍)　　설(說) 2 보(譜) 도(圖) 24 총보(總譜) 총도(總圖)

쌍검(雙劍)　　설(說) 7 보(譜) 도(圖) 13 총보(總譜) 총도(總圖)

마상쌍검(馬上雙劍)　　설(說) 4 보(譜) 도(圖) 10

월도(月刀)　　도식(圖式) 2 설(說) 4 보(譜) 도(圖) 18 총보(總譜) 총도(總圖)

마상월도(馬上月刀)　　설(說) 5 보(譜) 도(圖) 10

협도(挾刀)　　도식(圖式) 3 설(說) 3 보(譜) 도(圖) 18 총보(總譜) 총도(總圖)

등패(藤牌)　　도식(圖式) 2 부요도도(附腰刀圖) 1 표창도(鏢槍圖) 1 설(說) 7 보(譜) 도(圖) 8 총보(總譜) 총도(總圖)

제독검(提督劍)

제독검(提督劍)【增】

【增】예도(銳刀)와 같으니 곧 요도(腰刀)이다.

【案】제독검(提督劍) 14세(勢)는 이여송(李如松)〔자(字)는 자무(子茂)이며 철영위(鐵嶺衛) 사람으로 영원백(寧遠佰) 성량(成樑)의 아들이다. 벼슬은 태자태보(太子太保)를 지냈고 시호(諡號)는 충렬(忠烈)이다. 그의 5세조 영(英)은 본래 조선 초산(楚山) 사람이었는데 명나라에 내부(內附: 귀순)하였음〕의 법(法)이라고 대대로 전해온다. ○신종조(神宗朝)[472] 때 제독(提督)으로서 동방의 일로 온 사람은 이여송(李如松), 유정(劉綎)〔자(字)는 성오(省吾)이며 남창(南昌) 사람으로 도독(都督) 현(顯)의 아들이다. 벼슬은 총병(總兵)을 지냄〕, 마귀(麻貴)〔대동우위(大同右衛) 사람으로 벼슬은 우도독(右都督)을 지냄〕, 동일원(董一元)〔선부전위(宣府前衛) 사람으로 벼슬은 태자태보(太子太保)를 지냄〕, 이승훈(李承勛)〔자(字)는 석용(錫庸)이며 처주위(處州衛) 사람이다. 벼슬은 총독(總督)을 지냄〕, 진린(陳璘)〔자(字)는 조작(朝爵)이며 옹원(翁源) 사람이다. 벼슬은 도독(都督)을 지냄〕의 여러 사람들인데 유정(劉綎)은 대도(大刀)로써 천하에 이름이 났다.『징비록(懲毖錄)』[473]에 이르기를 "계사년(癸巳年) 여름에 병(病)으로 한성(漢城: 서울) 묵사동(墨寺洞)에 누워 있었는데 명나라 장수 낙상지(駱尙志)〔여요(餘姚) 사람인데 좌참장(左參將)으로 우리나라에 나왔으며 능히 천근(千斤)을 들 수 있어 낙천근(駱千斤)이라 불렸음〕가 누워 있는 나를 찾아와 문병하였다. 이로 인

하여 말하기를 "조선은 미약하고 적(賊)은 아직도 경내(境內)에 머물러 있습니다. 명나라 군사가 돌아가지 않고 있는 기회를 틈타 병법(兵法)을 익히고 조련하면 가히 나라를 수호할 수 있을 것입니다"라고 하였다. 나는 즉시 장계(狀啓)를 급히 올려서 금군(禁軍)[474] 한사립(韓士立)으로 하여금 70여 명을 초모(招募)하게 하여서 낙공(駱公)에게 가서 교련(敎鍊)을 청하였다. 낙공은 장하(帳下: 휘하 군영)에서 장육삼(張六三) 등 10인을 뽑아내어 교사(敎師)로 삼아 창(槍), 검(劍), 낭선(狼筅) 등을 연습(鍊習)시켰다"고 하였다.

기예(技藝)로 말하자면 낙상지가 이여송 제독의 표하(票下)이므로 제독검의 명칭이 여기에서 나오지 않았겠는가?

중군(中軍)[475] 이원(李源)[이여송의 5세손(世孫)임]이 말하기를 "제독이 동방에 있을 때에 통진(通津) 금씨(琴氏)의 딸을 취하여 시희(侍姬)로 삼아서 몸에 지니고 있던 검(劍)을 증표로 주면서 떠날 때 말하기를 '아들을 낳으면 천근(天根)이라 부르는 것이 좋겠다'고 하였는데 과연 천근을 낳았고 천근의 후손이 거제(巨濟)에 많이 살고 있다"고 하였다.

○영종(英宗: 영조) 병인년(丙寅年: 1746)에 통제사(統制使)[476] 이언상(李彦祥)이 천근(天根)의 현손(玄孫)[477] 무춘(茂春)에게서 그 검을 받아서 그 사실을 심(鐔: 칼코등이)에 새기고 칼자루[欛]와 칼집[鞘]을 장식하였고 지금은 그 검(劍)을 제독가(提督家)에 다시 돌려주었다.

칼날의 길이[刃長]가 3척(尺) 4치(寸)였고 칼코등이[鐔]는 9치(寸)였는데 두 개의 구멍이 있었다. 칼날의 넓이[刃廣]가 1치(寸) 5푼(分)이었고 상살(上殺)이 2푼(分), 칼등의 두께[脊厚]가 3푼(分) 5리(釐)[478]였고 말살(末殺)이 1푼(分) 5리(釐)였다. 칼날의 평면[刃面]에 '장(張)'의 글자가 원 안에 표기되어 있는데 해서(楷書)에 양문(陽文)[479]이다. 위에는 종흔(縱釁: 세로로 난 틈)[흔(釁)은 허(許)와 근(覲)의 반절이며 뜻은 옥에 난 틈[瑕隙]이다]이 있는데 완연(蜿蜒)[초씨(焦氏) 『역림(易林)』에 사행(蛇行: 뱀이 꿈틀거리며 기어가는 모습)을 완연(蜿蜒)이라 함]으로 약간 터져 있다. 지금도 녹슬거나 껄끄럽지 않다.

이 검법이 비록 격자(擊刺)의 법(法)과는 다르나 그것을 제독검(提督劍)이라 하는 것을 좋아하는 까닭에 취하여서 그림을 그리고 아울러 그 사유(事由)를 기록하였다.

제독검보(提督劍譜)

【原】
　처음에 대적출검세(對賊出劍勢: 도적과 마주하여 칼을 뽑는 자세)를 하되 우수(右手)로 칼을 지고 좌수(左手)로 왼편을 끼고 바로 섰다가 우수우각(右手右脚)으로 앞을 한 번 치고 즉시 진전살적세(進前殺賊勢)를 하되 우수우각(右手右脚)으로 한 번 치고

　인하여 향우격적세(向右擊賊勢: 오른쪽을 향하여 도적을 치는 자세)를 하되 우수우각(右手右脚)으로 오른편으로 돌아 한 번 치고 또 향좌격적세(向左擊賊勢: 왼쪽을 향하여 도적을 치는 자세)를 하되 좌수좌각(左手左脚)으로 왼편으로 돌아 한 번 치고 한 걸음 나아가 한 발 뛰어 향우격적세(向右擊賊勢)를 하고 또 향좌격적세(向左擊賊勢)를 하고

인하여 휘검향적세(揮劍向賊勢)를 하되 오른편으로 돌아 우족(右足)을 들고 안으로 스쳐 진전살적세(進前殺賊勢)를 하되 우수우각(右手右脚)으로 한 번 치고

인하여 초퇴방적세(初退防賊勢)를 하되 왼편으로 세 번 돌아와 물러나서 원지(原地)에 이르러 우수우각(右手右脚)으로 왼편으로 돌아 한 번 치고 향후격적세(向後擊賊勢: 뒤로 향하여 도적을 치는 자세)를 하되

오른편으로 몸을 돌려서 앞을 향(向)하여 우수(右手)와 좌각(左脚)으로 향우방적세(向右防賊勢)를 하고 좌수(左手)와 우각(右脚)으로 향좌방적세(向左防賊勢)를 하고 또 향우방적세(向右防賊勢)를 하고 또 향좌방적세(向左防賊勢)를 하고 인하여 진전살적세(進前殺賊勢)를 하되 우수우각(右手右脚)으로 한 걸음 나아가 앞을 한 번 치고

즉시 용약일자세(勇躍一刺勢 : 용맹으로 도약하여 한 번 찌르는 자세)를 하되 우수우각(右手右脚)으로 앞을 향(向)하여 바로 찌르고 인하여 향좌격적세(向左擊賊勢)를 하되 우수(右手)와 좌각(左脚)으로 한 걸음 뛰어 한 번 치고 인하여 휘검향적세(揮劍向賊勢)를 하되 오른편으로 돌아 우족(右足)을 들고 안으로 스쳐 인하여 진전살적세(進前殺賊勢)를 하되 우수우각(右手右脚)으로 한 번 치고 또 재퇴방적세(再退防賊勢)를 하되 뒤를 향(向)하여 오른편으로 세 번 돌아와

물러나서 원지(原地)에 이르러 즉시 진전살적세(進前殺賊勢)를 하되 우수우각(右手右脚)으로 한 번 치고 한걸음 나아가 또 한 번 치고 즉시 식검사적세(拭劍伺賊勢)를 하되 오른편 칼로 왼편 팔에 씻고 인하여 허리 왼편에 씻고 즉시 장검고용세(藏劍賈勇勢)를 하되 좌수(左手)로 칼을 지고 오른 주먹과 우각(右脚)으로써 앞을 한 번 쳐서 마쳐라.

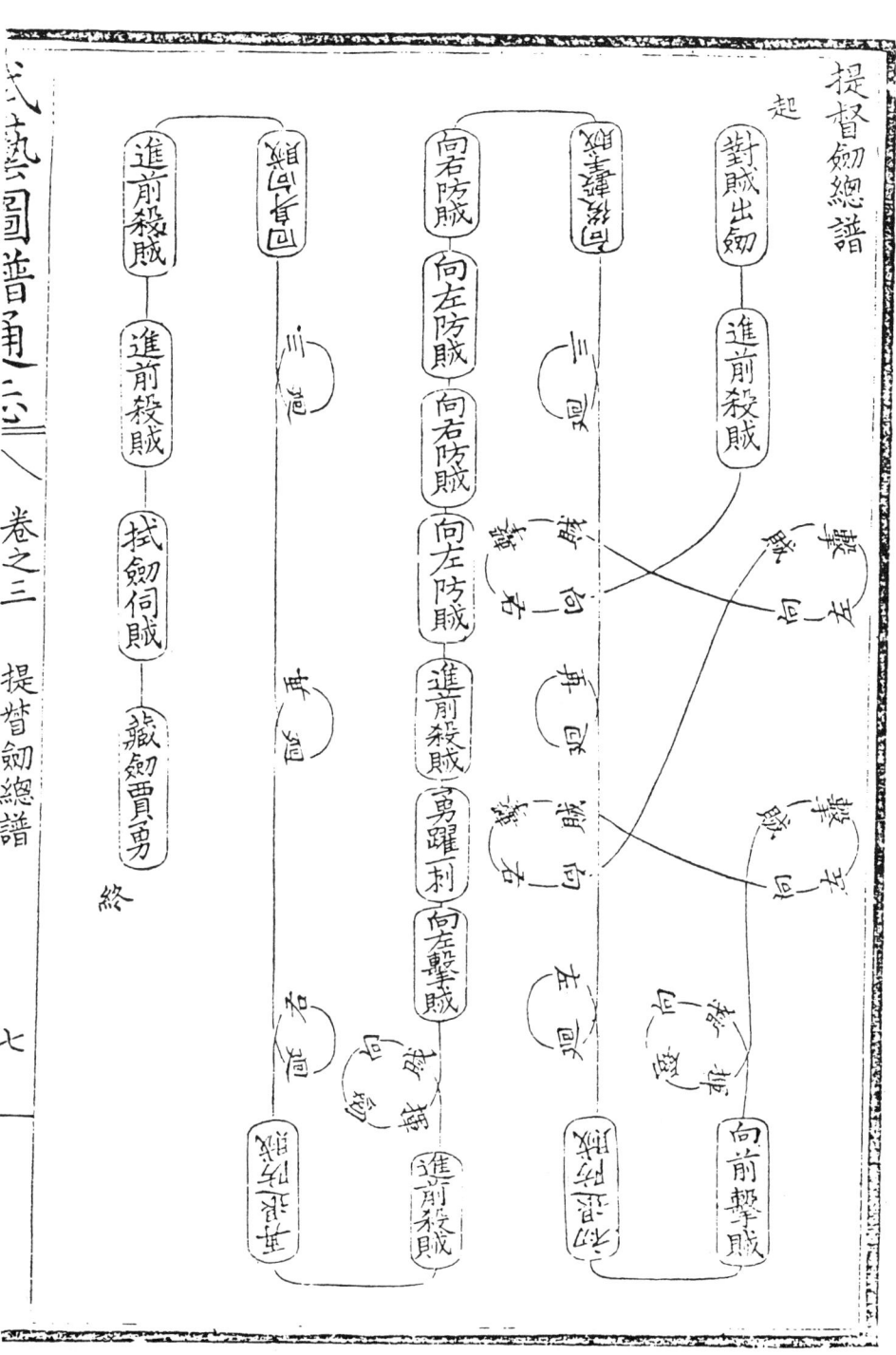

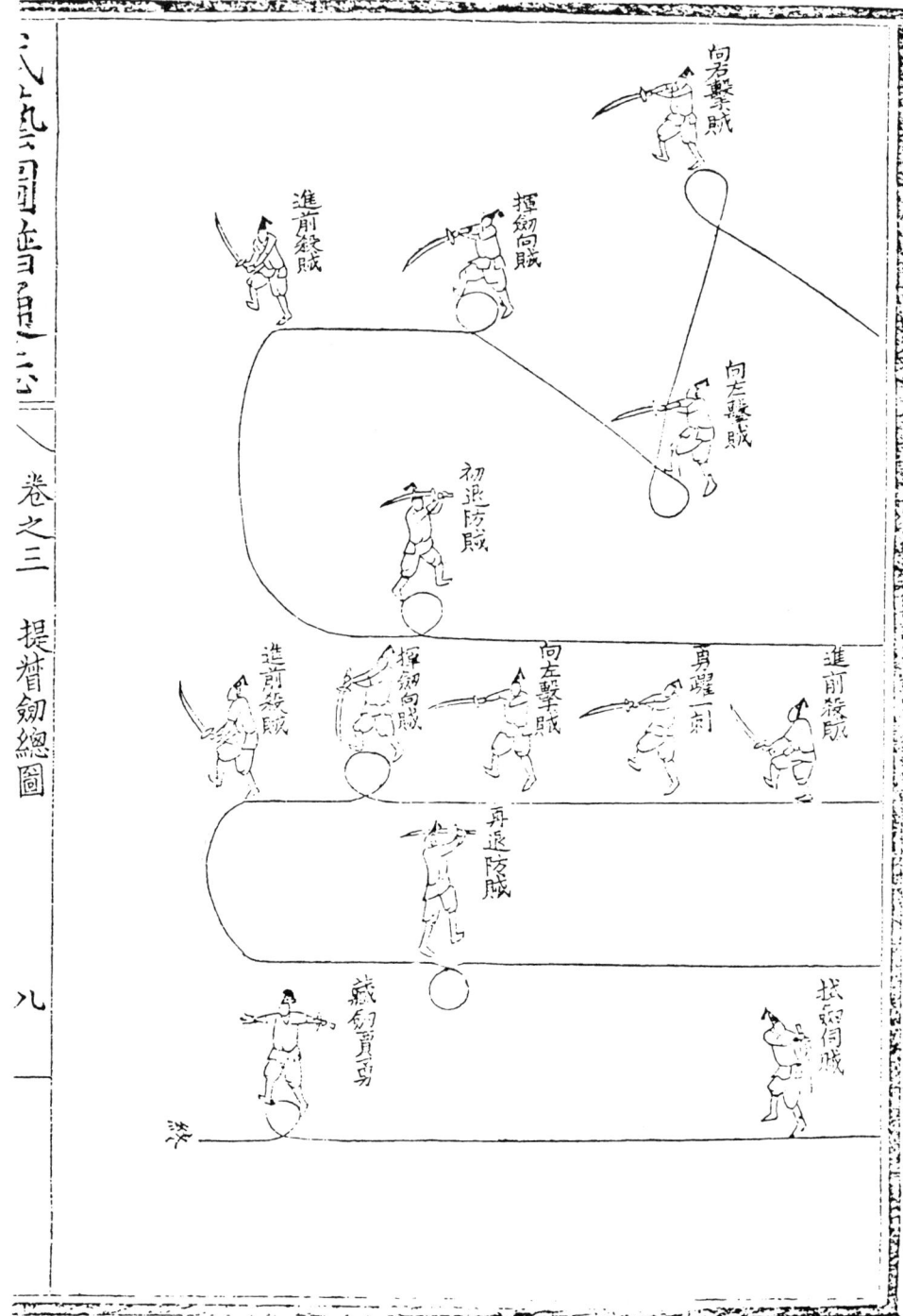

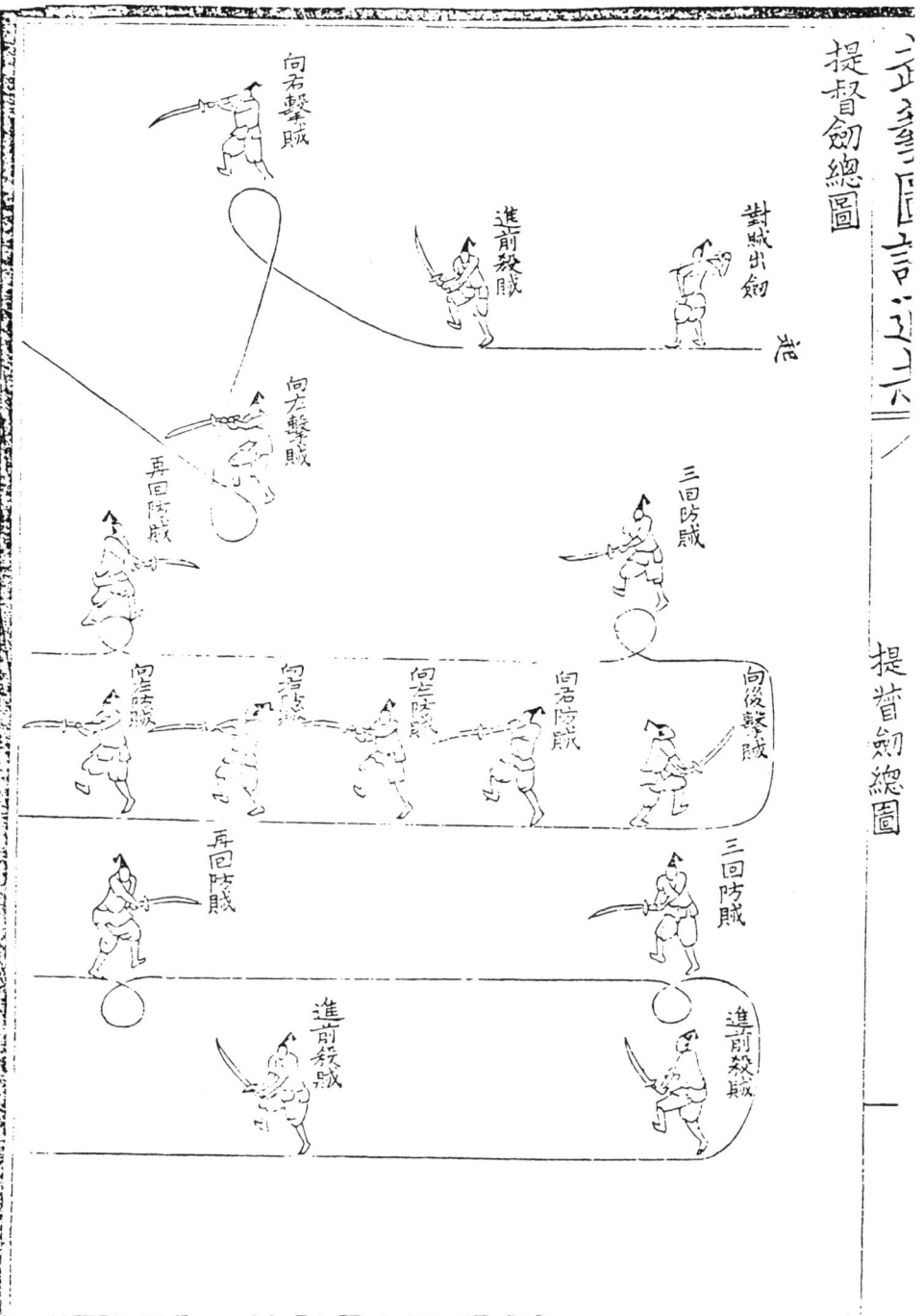

본국검(本國劍)

본국검(本國劍)[480] 【增】 ○ 속칭(俗稱) 신검(新劍)[481]이다.

【增】 예도(銳刀)와 같으니 곧 요도(腰刀)이다.

『여지승람(輿地勝覽)』에 이르기를 "황창랑(黃倡郞)은 신라(新羅) 사람이다. 속언(俗言)에 전(傳)[諺傳]하기를 나이 7세(歲)에 백제(百濟)에 들어가서 저자[市] 가운데에서 칼춤을 추었는데 구경하는 사람이 담장처럼 에워 쌌다. 백제왕이 이를 듣고 불러서 당상(堂上)에 올라와서 칼춤을 추도록 명하고 관람하였는데 창랑이 이 기회를 틈타서 왕을 찔렀다. 백제국의 사람들이 창랑을 죽이니 신라인들은 그를 애통하게 여겨서 그의 얼굴 모양을 본떠 가면(假面)을 만들어 쓰고 칼춤 추는 형상을 하였는데 지금도 이 칼춤이 전한다"고 하였다.

【案】 황창(黃倡)은 한편으로 황창(黃昌)이라고도 한다. 곧 신라에서 설치하였던 화랑(花郞)[482][신라의 군신(君臣)들은 사람의 됨됨이를 알아볼 수 없음을 근심하여 잘생긴 모습의 남자를 뽑아 장식(粧飾)시켜서 화랑(花郞)이라 이름하였다. 낭도(郞徒)의 무리가 구름처럼 모여들었다. 이로 인하여 사람됨이 간사하고 정직함[邪正]을 알아보고 가려서 썼다]이다.

술랑(述郞), 영랑(永郞)[속언(俗言)으로 전하기를 신라의 술랑(述郞), 남랑(南郞), 영랑(永郞), 안상(安詳)[483]이 통천(通川)의 총석(叢石)에서 유람(遊覽)하며 관상(觀賞)[遊賞]하였다고 하였다]의 유(流)와 같기 때문에 황창랑(黃倡郞)이라고 하는 것이다. 화랑의 낭도무리[徒衆]는 일찍이 수천(數千) 명이 되었는데 서로 더불어 충성(忠誠)과 신의(信義)[忠信]를 갈고 닦는 데 힘썼다.[勉礪] 또 신라는 왜국(倭國)과 이웃하고 있었으니 그 칼춤 추는 기물(器物)에는 반드시 서로 전수(傳授)한 검술이 있을 것이나 고증(考證)할 수는 없다. 지금은

황창랑(黃倡郞)으로 인하여 본국검(本國劍)의 연기(緣起)로 삼는다.[484]

　모원의(茅元儀) 같은 이로 말하면 검보(劍譜)를 조선(朝鮮)에서 얻었다고 하였다. 대개 서역(西域)의 등운(等韻)에 비유하였음은 곧 이것은 조선(朝鮮)이 스스로 본국(本國)의 보(譜)[485]를 창안하였다는 것이다.[486] 또 일본(日本)의 상서(尙書)에 비유하였음은 곧 이것은 조선(朝鮮)이 중국의 보(譜)를 전(傳)한 것이 된다는 것이다.[487] 그 창안(刱案)과 그 전수(傳授)는 물론하고 지금과 모씨(茅氏)의 세대(世代)와의 거리가 일백 수십 년이 되니 상호간에 주고받은 자[授受者]가 누구이며 그 개략(槪略)을 어떻게 보아야 할까 하는 것이 적지 않다. 본국(本國)의 사람들은 어찌하여 스스로 전수(傳授)하고 스스로 이습(肄習)[自傳自習]하지 아니하고 꼭 모씨의 『무비지』를 기다려서 전습(傳習)하는지를 또한 알지 못하겠다.[488] 앞에서 이미 그것은[其] 모씨의 가탁(假托)이 됨을 말하였고 지금은 또 본국검(本國劍)의 이름 아래 논증(論證)을 펼쳤다.[489]

본국검보(本國劍譜)

【原】

처음에 지검대적세(持劍對賊勢)를 하되 두 손으로 칼자루를 잡아 왼편 어깨에 의지하고 바로 섰다가 오른편으로 한 번 돌아 우족(右足)을 들고 안으로 스쳐

인하여 진전격적세(進前擊賊勢: 앞으로 나아가며 도적을 치는 자세)를 하되 우수우각(右手右脚)으로 앞을 한 번 치고 또 금계독립세(金鷄獨立勢: 황금 닭이 한 발로 서는 자세)를 하되 왼편으로 돌아 칼을 들고 좌각(左脚)을 들어 뒤를 돌아보고

왼편으로 한 번 돌아 후일격세(後一擊勢: 뒤로 한 번 치는 자세)를 하되 우수우각(右手右脚)으로 한 번 쳐라. 또 금계독립세(金鷄獨立勢)를 하되 왼편으로 돌아 칼을 들며 좌각(左脚)을 들어 앞을 돌아보고 왼편으로 한 번 돌아 진전격적세(進前擊賊勢)를 하되 우수우각(右手右脚)으로 한 번 치고 즉시 좌우(左右)로 감아 좌수좌각(左手左脚)으로 한 번 찌르고[490]

인하여 맹호은림세(猛虎隱林勢: 맹호가 수풀에 숨은 자세)를 하되 오른편으로 두 번 돌고 왼편으로 돌아 안자세(雁字勢: 기러기가 날아가는 모습의 자세)를 하되 오른편을 향(向)하여 좌우(左右)로 감아 우수(右手)와 좌각(左脚)으로 한 번 찌르고

인하여 직부송서세(直符送書勢: 군사를 출병시키는 병부의 문서를 보내는 자세)를 하되 오른편으로 한 번 돌아 우수(右手)와 좌각(左脚)으로 왼편으로 한 번 찌르고 왼편으로 돌아 앞을 향(向)하여 발초심사세(撥艸尋蛇勢: 풀을 헤치며 뱀을 찾는 자세)를 하되 우수우각(右手右脚)으로 한 번 치고 한 발 나아가며 한 걸음 뛰어

표두압정세(豹頭壓頂勢: 표범의 정수리를 눌러 찌르는 자세)를 하되 좌우(左右)로 감아 우수우각(右手右脚)으로 앞을 한 번 찌르고 인하여 오른편으로 돌아 뒤로 들어와 조천세(朝天勢)를 하되 두 손으로 칼을 이마 높이 들고 오른편으로 돌아 앞으로 나아가 뒤를 향(向)하여

좌협수두세(左挾獸頭勢: 왼쪽에 꼈다가 짐승의 머리를 치거나 찌르는 자세)를 하고 인하여 향우방적세(向右防賊勢)를 하되 좌족(左足)을 들고 밖으로 스쳐 즉시 후일격세(後一擊勢)를 하되 우수우각(右手右脚)으로 한 번 치고 오른편으로 돌아 앞을 향(向)하여

전기세(展旗勢: 깃발을 펴는 자세)를 하되 우족(右足)을 들고 안으로 스쳐 인하여 진전살적세(進前殺賊勢)를 하고 우수우각(右手右脚)으로 한 번 치고 인하여 금계독립세(金鷄獨立勢)를 하되 칼을 높이 들고 좌각(左脚)을 들어 뒤를 돌아보고 인하여 들어와 왼편으로 돌아 좌요격세(左腰擊勢: 왼쪽으로 허리를 치는 자세)를 하되 좌각(左脚)을 들고 좌검(左劍)으로 왼편 목을 씻고

즉시 오른편으로 돌아 우요격세(右腰擊勢: 오른쪽으로 허리를 치는 자세)를 하되 우각(右脚)을 들고 우검(右劍)으로 오른편 목을 씻고 즉시 오른편으로 돌아 후일자세(後一刺勢: 뒤로 한 번 찌르는 자세)를 하되 우수(右手)와 좌각(左脚)으로 한 번 찌르라.

왼편으로 돌아 앞을 향(向)하여 장교분수세(長蛟噴水勢: 긴 교룡이 물을 뿜는 자세)를 하되 우수우각(右手右脚)으로 한 번 치고 인하여 백원출동세(白猿出洞勢: 흰 원숭이가 동굴에서 나오는 자세)를 하되 우수우각(右手右脚)을 들고

우찬격세(右鑽擊勢: 오른쪽으로 비비어 치는 자세)를 하되 우수우각(右手右脚)으로 오른편을 비비어 찌르고 오른편으로 돌아 용약일자세(勇躍一刺勢)를 하되 우수(右手)와 좌각(左脚)으로 한 번 찌르라. 왼편으로 돌아 뒤를 향(向)하여 후일격세(後一擊勢)를 하되 우수우각(右手右脚)으로 한 번 치고 인하여 후일격세(後一擊勢)를 하되 좌우(左右)로 감아 우수(右手)와 좌각(左脚)으로 한 번 찌르고

인하여 오른편으로 돌아 앞을 향(向)하여 향우방적세(向右防賊勢)를 하되 좌족(左足)을 들고 밖으로 스쳐 즉시 향전살적세(向前殺賊勢: 앞을 향해 도적을 치는 자세)를 하되 우수우각(右手右脚)으로 앞으로 두 번 치고 인하여 시우상전세(兕牛相戰勢: 외뿔 난 들소가 서로 싸우는 자세)를 하되 우수우각(右手右脚)으로 한 번 찔러서 마쳐라.

本國劍總譜

持劍對賊
右內掠
進前殺賊
金雞獨立
後一擊
金雞獨立
猛虎隱林
揮劍向賊
向前擊賊
雁字
向右防賊
向左防賊
鷙鳥斂翼
朝天
左腰擊
右腰擊
向右防賊
向前殺賊
金雞獨立
左挾獸頭
進前殺賊
長蛟噴水
白猿出洞
右腰擊
左腰擊
揮劍向賊
向右防賊
後一擊
向前擊賊
向前殺賊
向右防賊
指南

本國劍總圖

本國劍總圖

持劍對賊
右內掠
進前殺賊
後一擊
金雞獨立
金雞獨立
進前殺賊
直符送書
雁字
猛虎隱林
右腰隱林（揮）
鷙頭壓頂
撥艸尋蛇
朝天
左挾獸頭
後一擊
向右防賊

本國劍總圖

쌍검(雙劍)

쌍검(雙劍) 【增】

【增】 칼날의 길이가 2척(尺) 5치(寸)이고 자루 길이는 5치(寸) 5푼(分)이며 무게는 8량(兩)이다.

　【案】 지금은 쌍검을 별도로 제조하지 아니하고 요도(腰刀) 가운데 가장 짧은 것을 선택하여 사용하기 때문에 그림을 나열하지 않았다.

『예기도식(禮器圖式)』[491]에 이르기를 "녹영(綠營)[492]〔직예(直隸)[493]와 각성(各省)의 한인(漢人) 군영(軍營)을 녹기(綠旗)[494]라 한다〕의 쌍도(雙刀)는 좌우(左右)에 쌍으로 쥐는데 전체 길이[通長]가 각각 2척(尺) 한 치(寸) 한 푼(分)이며 칼날의 길이는 한 척(尺) 6치(寸)이며 넓이[濶]는 한 치(寸)이다. 칼자루 목[瑵][495]〔『방언(方言)』에서 이르기를 "교(骹)를 공(瑵)이라고 한다" 하였고 그 주(注)에는 곧 "창날 아래쪽에 있는 구멍이다"라고 하였다.〕【案】 도(刀)에는 둥근 고리[環]가 있다.[496] 쌍도(雙刀)에서 각각 반규(半規: 반원)로 만드는 것은 그 두 자루를 합쳐서 하나의 칼집에 넣으려는 것이다. 은 반원으로 만들며 두께는 2푼(分)으로 하여 합쳐서 칼집에 넣는다. 자루길이[柄長]는 4치(寸) 9푼(分)이며 목질(木質)로 하고 붉은 실을 둘둘 감고 끝에는 철편(鐵片)을 붙여 고정[鈷]시킨다. 〔첩(鈷)의 음(音)은 점(呫)이다. 『정자통(正字通)』에 이르기를 "대개 기기(器機)의 양 머리가 서로 합쳐지는[交] 곳에는 철편(鐵片)을 사용하여 고정시킨다. 혹은 각(角)이 돌아가는 곳에 철편으로 양 머리를 얽어 고정시키는데 모두 첩(鈷: 경첩 또는 철넙(鐵鈊))이라고 한다"고 하였다.〕 【案】 녹영(綠營)의 쌍도(雙刀)는 가장 짧은 도(刀)이며 쌍도를 하나의 칼집에 꽂는데 그 법은 취할 만하다.

『무편(武編)』에 이르기를 "송(宋)나라 태종(太宗)은 용사(勇士) 수백 명을 선발하여 검무(劍舞)를 가르쳤다. 모두 검(劍)을 공중에 던지고 그 몸을 도약[躍]하여 좌우로 검을 받을 수 있었다. 북융(北戎)〔거란(契丹)이다〕이

보낸 사신을 맞이하여 편전(便殿)⁴⁹⁷⁾에서 연회를 베풀었는데 이때 검사(劍士)들이 나와서 시연을 보였다. 윗도리를 벗고[袒裼] 북을 치고 함성을 질러 기세를 고조[鼓譟]시킨 가운데 칼을 휘두르면서 입장하여 도약하고 칼을 던졌다가 이어받고 하니 서릿발 같은 칼[霜刀]과 눈빛 같은 칼날[雪刃]이 공중에 가득히 날며 춤추니 거란의 사신이 이것을 보고 얼굴빛에 두려운 모습을 띠었다. 매번 성(城)을 순회(巡廻)할 때마다 무력을 과시하면서[耀武] 칼로 춤추며 앞에서 인도하니 적의 무리들이 성에 올라와서 바라보고는 간담이 서늘하여졌다"고 하였다.

『원사(元史)』「왕영전(王英傳)」에 "영(英)〔영(英)의 자(字)는 방걸(邦傑)이고 익도(益都) 사람이며 거주(莒州) 천호(千戶)를 받음〕이 쌍도(雙刀)를 잘 사용하여 호(號)를 도왕(刀王)이라 하였다"고 하였다.

『병략찬문(兵略纂聞)』에 이르기를 "유현(劉顯)〔유현(劉顯)은 남창(南昌) 사람이며 벼슬은 도독(都督)을 지냈고 유정(劉綎)⁴⁹⁸⁾의 아버지이다〕은 투구[冑]를 쓰지 않고 갑옷[介]도 입지 않고 적을 만나면 두 자루의 칼을 들고 힘차게 뛰어올라 높이 뛰어넘으며[騰躍超踊] 발 빠르게 민첩하게 움직이니[蹻捷] 마치 칼이 일어나 나는 것 같아서[若飛刀起] 칼날만 보이고 유공은 보이지 않았다"고 하였다.

【案】도검(刀劍)의 기계(器械)는 몸을 지키는[衛身] 것이며 옛사람들이 설비(設備)한 것에는 반드시 법술(法術)이 있었다. 후세에 보결(譜訣)이 남겨져 있는 것 같지만 이것은 노구천(魯勾踐)〔전국(戰國)시대 때 한단(邯鄲)⁴⁹⁹⁾ 사람으로 형가(荊軻)와 교유하였음〕이 형경(荊卿)⁵⁰⁰⁾의 검술(劍術)이 소략(疎略)함을 탄식⁵⁰¹⁾한 까닭이다. 주진(周秦) 이후로는 고증(考證)할 바가 없다. 그러나 『가어(家語)』⁵⁰²⁾에 이르기를 "자로(子路)가 융복(戎服)을 입고 칼을 뽑아서 춤을 추는 것을 공자(孔子)께 보이고 말하기를 옛날의 군자(君子)는 검(劍)⁵⁰³⁾으로서 스스로를 호위하였다고 합니다"라고 하였다.

『사기(史記)』에 이르기를 "항우(項羽)⁵⁰⁴⁾가 패공(沛公)⁵⁰⁵⁾과 회연(會宴)하고 있을 때 항장(項莊)과 항백(項伯)이 칼을 뽑아들고 칼춤을 추었다"[506)라고 하였다. 대저 검(劍)으로써 춤을 추었다는 것은 간척(干戚)[척(戚)은 척(鏚)과 같다. 부월(斧鉞: 도끼)[507)]이다. 『예기』에 "붉은빛 방패[朱干]와 옥으로 자루를 장식한 도끼[玉戚]를 잡고 면류관(冕旒冠)[508)을 쓰고 대무(大武)를 춤추며……"[509)라고 하였다]을 가지고 춤추었다는 것과 같다. 곧 격자(擊刺)의 기술을 내포하고 있고 무비(武備)를 예비한 것이다. 검(劍)으로 춤을 춘 정도에 이르게 되면 마땅히 쌍도(雙刀)를 사용하며 그것에 간(干)과 척(戚)의 긴 자루[수(梳)는 나무가 긴 것이다]로는 하지 않는다. 또 무겁기도 하다.[510) 『춘추번로(春秋繁露)』[511)에 이르기를 "검(劍)이 왼쪽에 있는 것은 청룡(青龍)[512)을 상징(象徵)하는 것이요, 도(刀)가 오른쪽에 있는 것은 백호(白虎)를 상징하는 것이다"[513)라고 하였다.

『열사전(烈士傳)』에 이르기를 "간장(干將)[514)[검(劍)을 만들었던 공인(工人)이다] 이 진(晉)나라 군주(君主)를 위하여 검을 만들었는데 검에 자웅(雌雄: 암수·음양)이 있었다"고 하였다. 이것은 쌍(雙)으로 만든 도검(刀劍)의 사용으로 인증(引證)할 수 있다고 말하겠다. 『무편(武編)』에 이르기를 "쌍도(雙刀)는

 1) 상대가 만약 한쪽으로 복호세(伏虎勢)[복호(伏虎)는 칼[刀]를 사용하는 세명(勢名)이다. 비유한 것인데 지금 이 아래는 모두 이것을 모방한다]를 사용하여 나의 머리나 다리[頭脚]을 치면[打] 좌수(左手)로서 감주(監住: 지키어 막음)하고 우수(右手)로서 그대로 말도(抹刀)[말(抹)은 문질러 베는 것[摩]이며 찍어 베는 것[砍]이다] 해 버린다.

 1) 만약 상대의 곤봉(棍棒)으로 치는 철봉세(徹棒勢)의 공격을 받으면 옆으로 비껴 피하면서[走了][515) 번신(翻身)[516)하여 그대로 말도(抹刀)해 버린다.

 1) 상대가 만약 한쪽으로 수평창세(水平槍勢)를 사용하여 나의 다리[脚]를 찔러[扎][찰(扎)은 쭉 뽑아내는[拔] 것이다] 오면 우수(右手)로서 지키어 막고[監住] 좌수(左手)로서 그대로 말도(抹刀)해 버린다.

1) 상대가 만약 한쪽으로 독구세(禿龜勢)를 사용하여 나의 다리와 얼굴[脚面]을 찍어[斫] 오면 좌수(左手)로서 지키어 막고[監住] 우수(右手)로서 호구(虎口)[호구는 무지(拇指: 엄지손가락)와 식지(食指: 둘째손가락)의 사이임]를 찍어 벤다.[斫]

1) 상대가 만약 한쪽으로 단제세(單提勢)를 사용하여 나의 옆구리[肋][517][방(肐)은 옆구리[脅]이다]를 쳐[打] 오면 좌우수(左右手)에 구애되지 않고 한 손으로 지키어 막고[監住] 다른 한손으로 그대로 말도(抹刀)해 버린다.

1) 상대가 만약 노승타장세(老僧拖杖勢)를 사용하여 나의 다리[脚]를 쓸면[掃] 좌수(左手)로서 지키어 막고[監住] 우수(右手)로서 그대로 말도(抹刀)해 버린다.

1) 만약 철봉세(徹棒勢)로 공격하면 옆으로 비껴 피하면서 바로 호구(虎口)를 깎아 벤다.[削]

1) 상대가 만약 한쪽으로 횡용창세(橫龍槍勢)를 사용하여 나를 찔러[扎] 오면 좌수(左手)로서 지키어 막고[監住] 우수(右手)로서 그대로 말도(抹刀)해 버린다.

1) 상대가 만약 한쪽으로 선인교화세(仙人敎化勢)를 사용하여 나를 찍어[戳][착(戳)의 음(音)은 착(逴)이며 뜻은 찍는[斫] 것이다] 오면 좌수(左手)로서 지키어 막고[監住] 우수(右手)로서 그대로 말도(抹刀)해 버린다.

1) 상대가 만약 한쪽으로 노관함식세(老鸛銜食勢)를 사용하여 나의 다리[脚]를 찍어[斫] 오면 도(刀)로서 십자(十字)로 걸어 막고[架住] 일도(一刀)로 바로 호구(虎口)를 찍어 벤다.[斫]

1) 상대가 만약 한쪽으로 편포세(鞭鋪勢)를 사용하여 나를 쳐[打] 오면 우수(右手)로서 지키어 막고[監住] 좌수(左手)로서 그대로 말도(抹刀)해 버린다.

1) 상대가 만약 한쪽으로 손을 들어 조천세(朝天勢)로서 나를 쳐[打] 오면 도(刀)로서 좌수(左手)는 지키어 막고[監住] 우수(右手)는 그대로 말도(抹刀)해 버린다.

1) 상대가 만약 한쪽으로 호헐세(虎歇勢)를 사용하여 나를 쳐[打] 오면 좌우수(左右手)에 구애되지 않고 한손으로 지키어 막고[監住] 그대로 말도(抹刀)해 버린다. 쌍칼을 쓰는 데에는 법칙이 있다"고 하였다.

쌍검보(雙劍譜)

【原】

처음에 지검대적세(持劍對賊勢)를 하되 오른편 칼을 오른 어깨에 지고 왼편 칼을 이마 위에 들고 바로 섰다가 즉시 견적출검세(見賊出劍勢)를 하되 우수(右手)와 좌각(左脚)으로 한 걸음 뛰어

비진격적세(飛進擊賊勢: 날듯이 나아가 도적을 치는 자세)를 하되 우수우각(右手右脚)으로 한 번 치고 인하여 초퇴방적세(初退防賊勢)를 하되 우검(右劍)을 좌액(左腋)에 끼고 오른편으로 세 번 돌아 물러와

즉시 향우방적세(向右防賊勢)를 하고 인하여 향좌방적세(向左防賊勢)를 하고 오른편으로 돌아

휘검향적세(揮劍向賊勢)를 하되 좌우(左右)로 씻어 앞으로 나아가 인

하여 향우방적세(向右防賊勢)를 하고 또 향좌방적세(向左防賊勢)를 하고 오른편으로 돌아 진전살적세(進前殺賊勢)를 하되 좌검(左劍)을 우액(右腋)에 끼고 우수우각(右手右脚)으로써 앞을 한 번 쳐라.

왼편으로 한 번 돌아 뒤를 돌아보고 즉시 오화전신세(五花纏身勢: 오방으로 화초(花招)를 펼치며 몸을 360° 감으며 회전하는 자세)를 하며 원지(原地)에

들어와 향후격적세(向後擊賊勢)를 하고

몸을 돌려서 앞을 향(向)하여 지조염익세(鷙鳥斂翼勢: 사나운 새가 날개를 거두는 자세)를 하되 우검(右劍)을 좌액(左腋)에 끼고 좌검(左劍)을 우액(右腋)에 끼고 한 번 소리하며 오른편으로 돌아 인하여 장검수광세(藏劍收光勢: 검을 감추고 빛을 거두는 자세)를 하되 좌검(左劍)을 우액(右腋)에 끼고 우검(右劍)으로 우족(右足)을 들고 안으로 스쳐 한 걸음 뛰어 좌우(左右)로 씻어 우족(右足)을 들어 좌수좌각(左手左脚)으로써 앞을 한 번 찌르고

인하여 항장기무세(項莊起舞勢: 항장이 칼춤을 시작하는 자세)를 하되 좌검(左劍)으로 오른편을 한 번 씻어 대문(大門)을 하고 마쳐라.

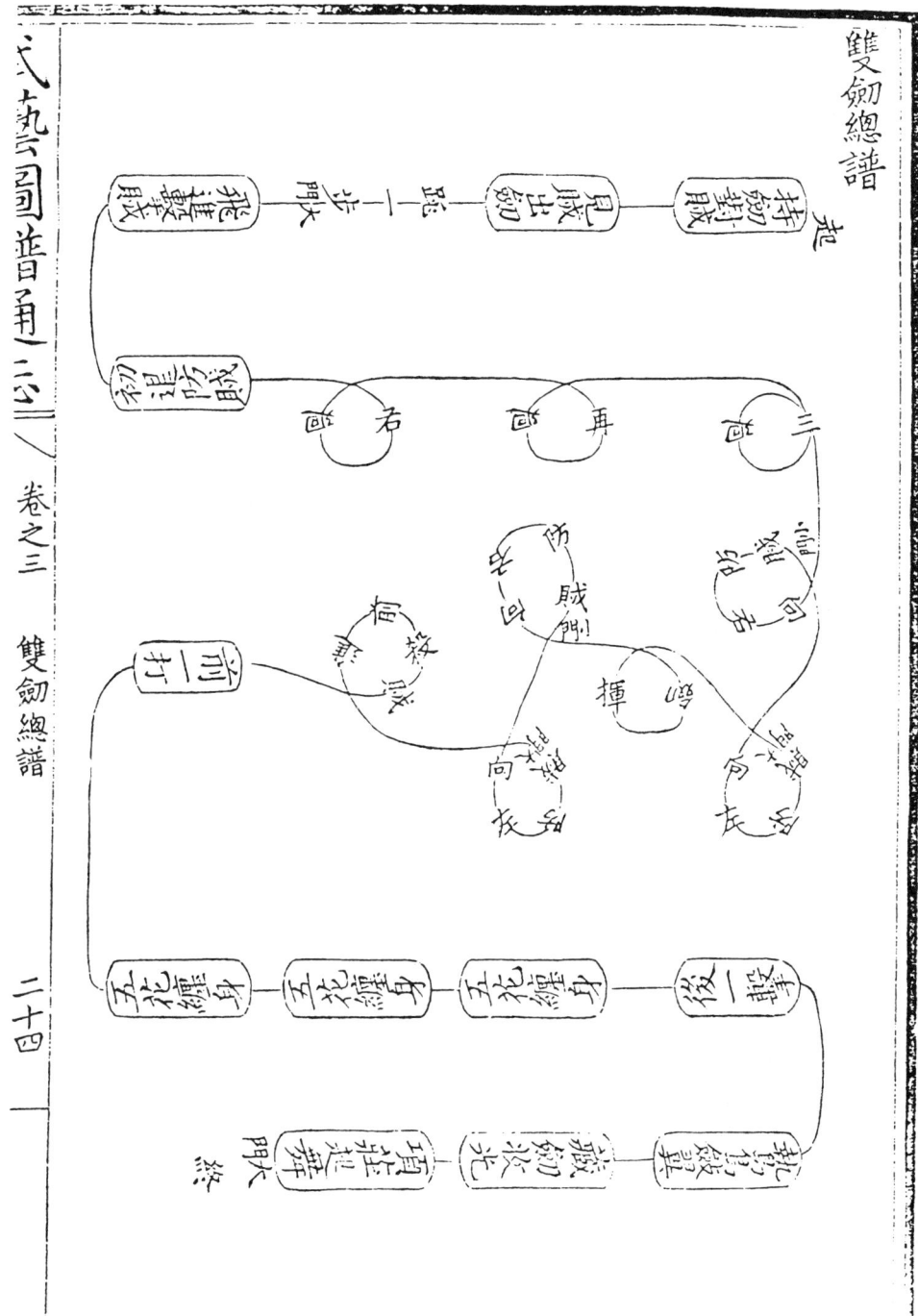

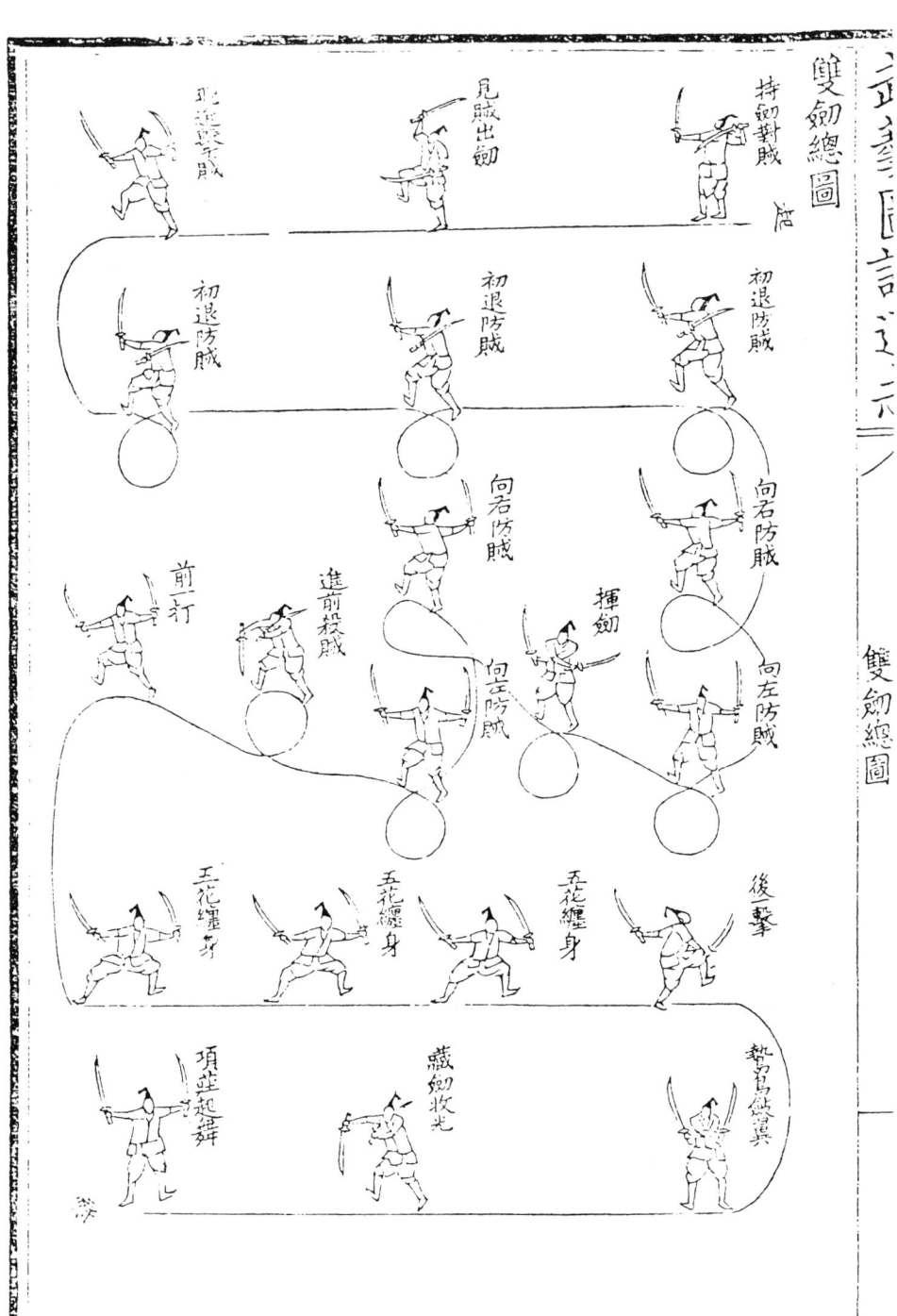

마상쌍검(馬上雙劍)

마상쌍검(馬上雙劍) 【增】

【增】 보병쌍검(步兵雙劍)과 같으니 곧 요도(腰刀)이다.

모원의(茅元儀)가 말하기를 "단도(短刀)와 수도(手刀)〔수도(手刀)는 칼날이 넓고[刃闊] 칼날 끝의 등[鋒背]이 뒤로 휘어져 있고[偃] 칼자루 끝에 작은 고리가 있어 세속에서 이른바 박도(朴刀)라고 한다]는 대략 같은데 마상(馬上)에서 실용(實用)으로 쓸 수 있다"고 하였다.

『영귀지(靈鬼志)에 이르기를 "하간왕(河間王) 옹(顒)〔진(晉)나라 종실(宗室)이다]이 이미 관중(關中)에서 패(敗)하였으나 급사(給事: 사무를 처리하는 사람)인 진안(陳安)이라는 자가 있었다. 항상 한 필의 붉은 말을 타고 양손에 두 자루의 칼[二刀]을 쥐고 있었는데 둘 다 길이가 7척(尺)이나 되었고 말을 타고 달리며[馳馬] 칼을 운용하면 향(向)하는 곳마다 전의(戰意)를 상실하고 흩어져 달아났다[披靡]"고 하였다.

【案】 우리나라의 쌍검(雙劍)은 단도(短刀)를 선택하여 사용하고 녹영(綠營)의 쌍도(雙刀)는 요도(腰刀)보다 짧다. 모씨(茅氏)는 단도(短刀)를 마상(馬上)에서 가히 쓸 수 있는 것으로 하였는데 아마도 그것을 양손으로 각각 사용하는데 길면 다루기 어렵기 때문일 것이다.

진안(陳安)이 마상(馬上)에서 능히 7자(尺)나 되는 두 자루의 칼을 운용하였다는 이것은 비록 보통 사람을 능가하는 용맹이지만 항구적(恒久的)으로 편리(便利)하게 쓸 수 있는 기술은 아닌 것이다.

마상쌍검보(馬上雙劍譜)

【原】[518]
처음에 항우도강세(項羽渡江勢: 항우가 장강을 건너는 자세)[519]를 하되 우수(右手)로 고삐를 잡고 좌수(左手)에 두 칼을 아울러 잡되 하나는 세우고 하나는 끼고 말은 내어

손책정강동세(孫策定江東勢: 손책이 강동을 영지로 정하는 자세)[520]를 하되 우수(右手)로 즉시 낀 칼을 가져 왼편을 향(向)하여 펼쳐 열고 우수(右手)는 앞으로 정(定)하고 좌수(左手)는 뒤로 정(定)하고

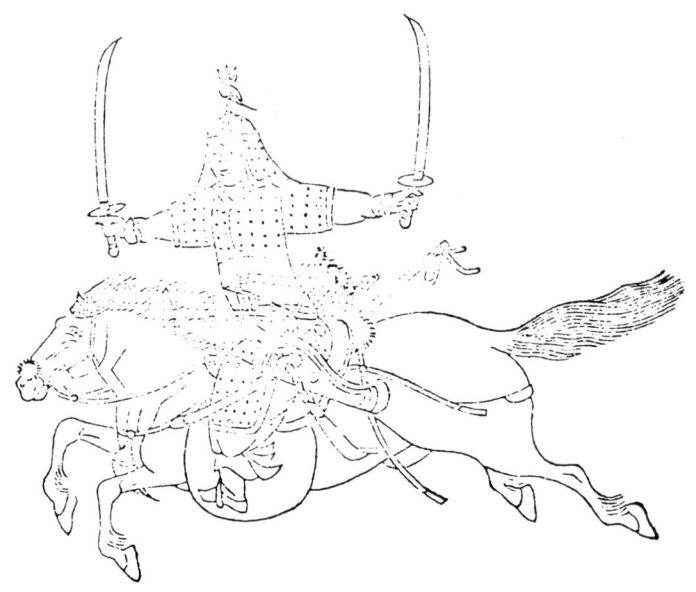

인하여 한고환패상세(漢高還霸上勢: 한고조 유방이 패상으로 돌아가는 자세)[521]를 하되 좌검(左劍)은 오른편에 꺼서 지고 우검(右劍)은 향후격적(向後擊賊)을 하고

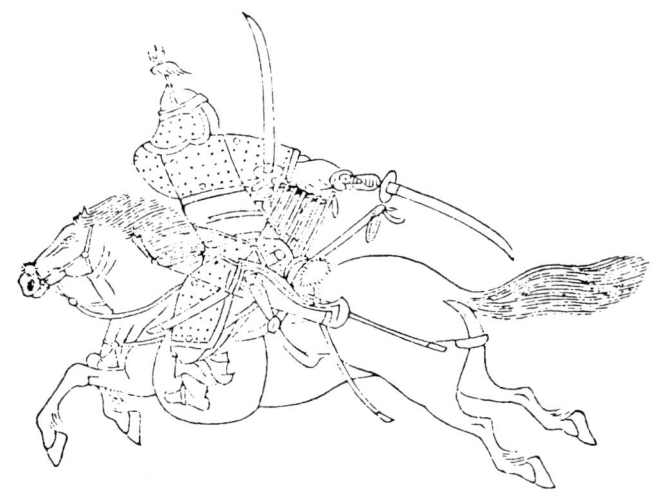

운장도패수세(雲長渡灞水勢: 관운장이 패수를 건너는 자세)[522]를 하되 우검(右劍)은 왼편에 껴서 지고 좌검(左劍)은 향후격적(向後擊賊)을 하고

비전요두세(飛電繞斗勢: 빠른 전광이 두성(斗星)을 에두르는 자세)를 하되 좌검(左劍)은 오른편으로 휘둘러서 방신(防身)하고 우검(右劍)은 왼편으로

휘둘러서 방신(防身)하고

인하여 향전일격(向前一擊)을 하라.

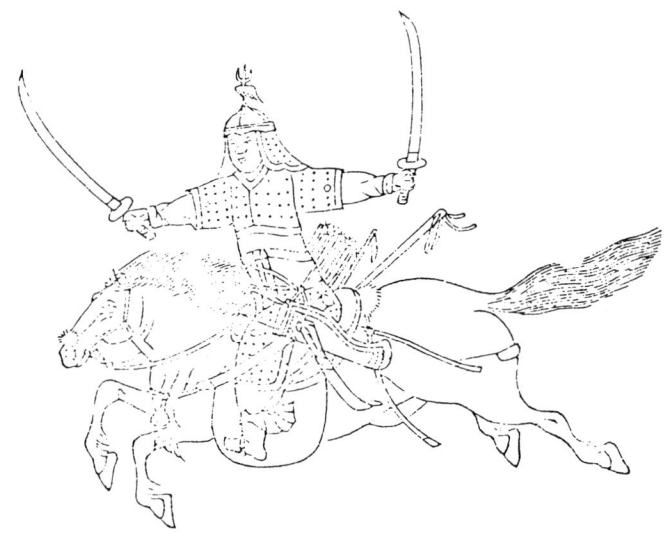

벽력휘부세(霹靂揮斧勢: 벼락처럼 도끼를 휘두르는 자세)를 하되 우검(右劍)

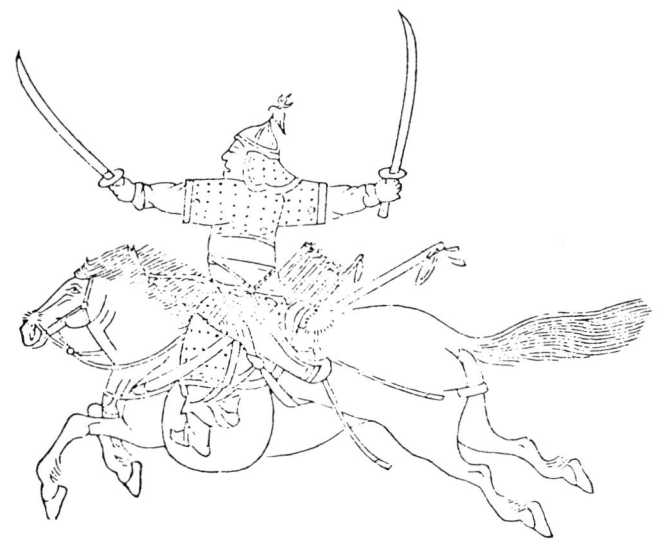

은 왼편으로 휘둘러서 방신(防身)하고 좌검(左劍)은 오른편으로 휘둘러서 방신(防身)하고

인하여 향전일격(向前一擊)을 하라.

좌고방신(左顧防身)하여 우검(右劍)을 왼편으로 휘두르고

우고방신(右顧防身)하여 좌검(左劍)을 오른편으로 휘두르기를 세 번하고 항우도강세(項羽渡江勢)로써 마치되 만일 회마(回馬)를 하면 한고환패상세(漢高還霸上勢)를 하고 또 운장도패수세(雲長渡灞水勢)를 하되 정수 없이 하여 항우도강세(項羽渡江勢)로써 마쳐라.

월도(月刀)

월도(月刀)【增】

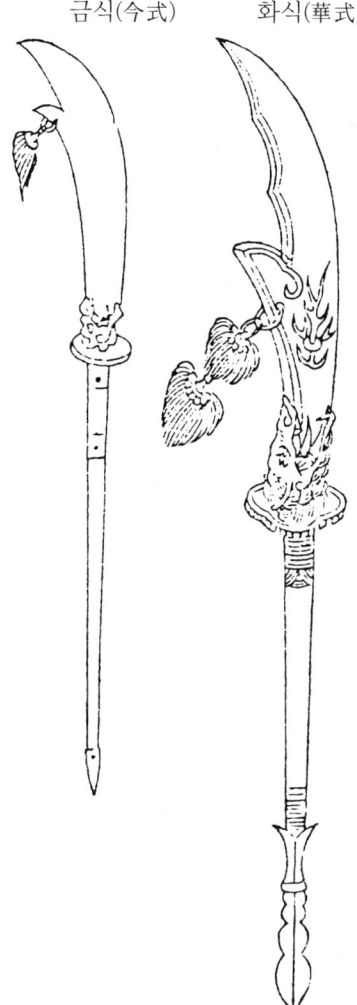

금식(수式) 화식(華式)

【增】 자루의 길이는 6척(尺) 4치(寸)이고 칼날의 길이는 2척(尺) 8치(寸)이며 전체의 무게는 3근(斤) 14량(兩)이다. 갈래진 칼날에 깃털로 꾸민 장식[毦]을 단다. 〔이(毦)의 음(音)은 이(二)이며 뜻은 깃털로 장식한 것이다. 『위략(魏略)』에 이르기를 "유비(劉備)는 성격이 깃털장식을 좋아하여 손수 친히 다발머리[髦]를 묶었다"[523]고 하였다. 소꼬리로 만든 깃털 장식을 지금도 속칭 상모(象毛)[524]라고 한다.〕 황동(黃銅)으로 장식한 자루에는 주칠(朱漆)을 하고 철준(鐵鐏: 자루 아래 예리한 물미를 붙인 것)을 단다.

『예기도식(禮器圖式)』에서 이르기를 "왕충(王充)의 『논형(論衡)』에서 언월도는 도(刀)에 해당되는 것이며 검(劍)과는 언월(偃月)로 굽어진 것으로 비교된다고 하였으며 본조(本朝)[525]에서 제정한 녹영언월도(綠營偃月刀)는 전체 길이[通]가 7척(尺)이고 칼날의 길이[刃長]는 2척(尺) 4치(寸) 5푼(分)이다. 윗부분이 두툼[豐]하고 뒤로 젖혀져[仰] 있고 등부분에 갈래진 날[歧刃]을 만들었고 용구(龍口: 용의 입)로서 머금어 있게 하고 높이는 한 치(寸) 5푼(分)이다. 구멍을 뚫어 철반(鐵盤)을 만들었는데 두께가 2푼(分)이다. 자루 길이는 4척(尺) 2치(寸) 8푼(分)이고 둘레가 5치(寸) 2푼(分)이며 목질(木質)에 붉은 옻칠[髹朱]을 하고 끝에는 철준(鐵鐏)을 대는데 길이가 4치(寸)이다"라고 하였다.

【案】『무비지(武備志)』에 그려진 언월도(偃月刀)와 『예기도식(禮器圖式)』에 그려진 것과는 서로 같으나 다만 『무비지』에 그려져 있는 것은 깃털로 꾸미는 장식을 겹[重耗]으로 하여 달았고 『예기도식』에 그려져 있는 것은 깃털로 꾸미는 장식을 빼어 버렸다.

우리나라의 월도(月刀)는 얇기[薄]가 가을 잎사귀와 같아 형식(形式)이 조열(粗劣: 정교하지 않아 수준이 낮음)하고 중국의 제도는 서슬이 갈려[稜厲] 사납고 위엄[威猛]이 있어 적의 간담을 떨어뜨릴 수 있다. 그 근량(斤兩: 무게)은 무겁게 할 필요는 없으나 보통 사람[中人]들로 하여금 감히 들지도 못하게 하였으니 중국의 제도를 본받을 만하다.

『병장기(兵仗記)』에 이르기를 "대도(大刀)를 피(鈹: 날이 있는 창(刃戈))라고 하는데 날끝[刃端]으로 결단(決斷)하여 쪼갤 수 있기[決披] 때문이다. 참마도(斬馬刀)는 일명 감도(砍刀)〔감(砍)의 음(音)은 감(坎)이며 뜻은 찍는 것[斫]이다〕라고도 하는데 길이가 7척(尺)이며 칼날의 길이가 3척(尺)이고 자루 길이가 4척(尺)이며 아랫부분에 철찬(鐵鑽: 철 송곳)을 사용하였으며 마병(馬兵: 기마병)과 보병(步兵)이 수륙전(水陸戰)을 하는 데 모두 쓸 수 있다. 도신(刀身)의 형태가 눈썹 끝처럼 뾰족한 것이 있는 것을 미첨도(眉尖刀)라 하고 봉황의 부리와 같은 것을 봉취도(鳳嘴刀)라 하고 반달과 같은 것을 언월도(偃月刀)라 하고 머리가 굽어진 것을 굴도(屈刀)라 하고 안면(顔面)에 모가 진 것을 방도(方刀)라고 한다. 또 구도(鉤刀), 수도(手刀), 거도(鋸刀), 도도(掉刀), 태평도(太平刀), 정로도(定虜刀), 조천도(朝天刀), 개천도(開天刀), 개진도(開陳刀), 획진도(劃陳刀), 편도(偏刀), 단도(單刀)가 있는데 각각 그것을 사용하는 사람에 따라서 수완대로[家數] 격타하는 것이다"라고 하였다.

　【案】『병장기』에 실려 있는 여러 가지 도(刀)는 대개 월도(月刀)의 유(類)가 많으므로 아울러 기록하였다.

　모원의(茅元儀)가 말하기를 "언월도(偃月刀)는 그것을 조습(操習: 조련(操鍊)하고 이습(肄習)함)함으로써 웅장(雄壯)함을 보이는 것이지 실제는 진중(陳中)에서 쓸 수 없다"고 하였다.

월도보(月刀譜)

【原】
 좌수(左手)에 자루를 가지고 우수(右手)로 오른 옆을 집고 칼을 세우고 바로 서서 처음에 용약재연세(龍躍在淵勢)를 하되 오른 주먹으로 앞을 한 번 치고

 즉시 신월상천세(新月上天勢)를 하여 앞으로 나아가 오른 주먹으로써 앞을 한 번 치고 한 걸음 뛰며 뒤를 돌아보고

인하여 맹호장조세(猛虎張爪勢: 맹호가 발톱을 벌리는 자세)를 하여 오른편으로 세 번 돌아와 물러나 원지(原地)에 이르러

인하여 지조렴익세(鷙鳥斂翼勢: 사나운 새가 날개를 거두는 자세)를 하여 앞을 향(向)하라.

금룡전신세(金龍纏身勢: 금빛용이 몸을 얽어 감는 자세)를 하되 칼을 들어 왼편으로 휘두르며 나가

오관참장세(五關斬將勢: 관운장이 다섯 관문을 지나며 여섯 장수를 참살하는 자세)를 하되 오른편을 향(向)하여 돌려 치고 쓸어서 왼편으로 한 번 치고 오른편을 향(向)하여 돌려 치고 쓸어서 왼편으로 한 번 치고

앞을 향(向)하여 오른편으로 한 번 돌아 우족(右足)을 들고 안으로 스쳐

향전격적세(向前擊賊勢)로써 앞을 치고

인하여 용광사우두세(龍光射牛斗勢: 용광검의 검광이 우성(牛星)과 두성(斗星)을 쏘아대는 자세)를 하여 왼편으로 세 번 끌어 돌아 물러나 원지(原地)에 이르러

창룡귀동세(蒼龍歸洞勢: 푸른 용이 동굴로 돌아가는 자세)를 하고 뒤를 향(向)하여 한 번 쳐라. 몸을 돌리어 앞을 향(向)하여

월야참선세(月夜斬蟬勢: 달밤에 매미를 베는 자세)를 하되 우수(右手)와 좌각(左脚)으로써 두 번 쪼개고

인하여 뒤를 향(向)하여 칼을 들어 상골분익세(霜鶻奮翼勢: 차가운 하늘에 송골매가 날개를 떨치는 자세)가 되어 앞으로 향(向)하여

분정주공번신세(奔霆走空翻身勢: 급히 달아나며 번개처럼 공중에서 몸을 뒤집어 치는 자세)를 하고 앞으로 나아가

개마참량세(介馬斬良勢; 갑옷과 투구를 쓴 기마병이 양장을 참살하는 자세)를 하여 우수우각(右手右脚)으로써 한 번 찌르고 즉시 진전살적세(進前殺賊勢)를 하되 우족(右足)을 들고 밖으로 스쳐 좌우(左右)편으로 감아 씻어 한 번 치고 우각(右脚)을 들어 한 걸음 물러와 인하여 용광사우두세(龍光射牛斗勢)를 하되 왼편으로 두 번 돌아 물러나 원지(原地)에 이르러라.

앞을 향(向)하여 검안슬상세(劍按膝上勢: 칼날로 베어 올리며 무릎을 드는 자세)를 하고 우수와 및 좌슬(左膝)을 들어 한 번 소리하며 한 걸음 뛰어 앞으로 나아가

장교출해세(長蛟出海勢: 긴 교룡이 바다에서 나오는 자세)를 하여 왼편으로 한 번 치고 좌수좌각(左手左脚)으로 한 번 치고 한 걸음 뛰어 뒤를 돌아보고 인하여 맹호장조세(猛虎張爪勢)를 하되 오른편으로 한 번 돌아

장검수광세(臧劍收光勢: 칼을 감추고 검광을 거두는 자세)를 하고 오른편에 칼을 끼고 왼 주먹으로 앞을 한 번 치고 인하여 향전살적세(向前殺賊勢)를 하되 앞을 한 번 치고

수검고용세(竪劍賈勇勢: 용맹을 떨치고 칼을 세워 의연(依然)한 자세)를 하고 마쳐라.

月刀總譜

新月上天

狂虎張爪

向前殺賊身 全龍擺尾身 狂虎張爪
 右一擊

 左一擊
龍光射斗 龍光射斗

向前殺賊 右揮 左揮 介馬斬良
龍光射斗 龍光射斗

猛虎張爪

卷之三 月刀總圖

四十三

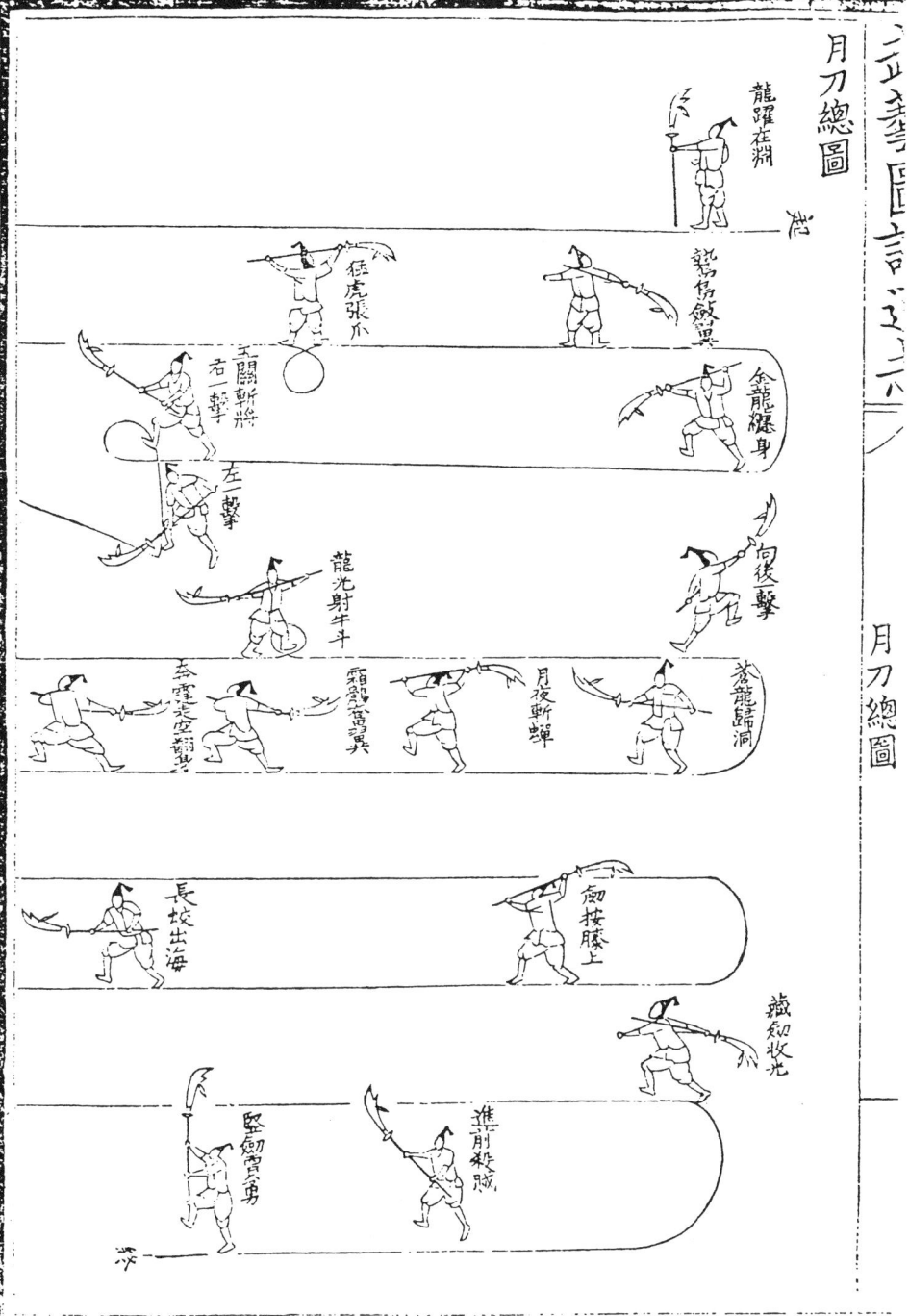

마상월도(馬上月刀)

마상월도(馬上月刀) 【增】

【增】 보병(步兵)의 월도(月刀)와 같다.

『삼재도회(三才圖會)』에 이르기를 "도(刀)를 사용하는 데[使刀]에는 왜자(倭子)들의 묘술(妙術)만한 것이 없다. 그러나 그 도법(刀法)에는 여러 가지가 있고, 기예(技藝)가 높고 능(能)하여서 파(破)하는 것을 아는 사람은 방어하는 데 어려움이 없다. 다만 관왕(關王)[526]의 언월도(偃月刀)는 도세(刀勢)가 대개 크며 그 36도법에 병장기(兵仗器)가 부딪치면 굴복하지 않는 자가 없다. 도(刀)의 종류 가운데서 이것을 제일(第一)로 삼는다. 마상(馬上)에서 쓰는 도[馬上刀]는 길어야 하는데 반드시 앞으로는 말머리[馬首]를 지나야 하고 뒤로는 말꼬리[馬尾]를 지나야 한다"고 하였다.

『도검록(刀劍錄)』에 이르기를 "관공(關公)이 선주(先主)[527]를 소중히 여기어 신명(身命)을 아끼지 않았다. 스스로 도산(都山)〔즉 면죽현(綿竹縣)에 있는 무도산(武都山)임〕의 철(鐵)을 캐어다가 두 자루의 도(刀)를 만들어 그 칼에 '만인(萬人)'이라 새겨[銘][528] 관우공(關羽公)이 늘 지니고 있다가 후에 관우공(關羽公)이 실패하여 아끼는 칼을 물 속에 던졌다"고 하였다.

【案】 이 도(刀)가 바로 세속에서 이른바 청룡언월도(靑龍偃月刀)이다. 아마도 청룡(靑龍)이라 칭하는 것은 혹 『춘추번로(春秋繁露)』에서 "검(劍)이 왼쪽에 있는 것은 청룡의 상징"이라고 한 것에서 유래한 것이 아니겠는가? 그렇지 않으면 또는 언월(偃月)의 제도에 용구(龍口)에 칼날을 물리게 하고 칼날 가운데 용주(龍珠)에 화염(火焰) 같은 기운(氣運)이 있음을 새겼는데 이것으로써 명명(命名)한 것이 아닐까?[529]

『명사(明史)』 〈유정전(劉綎傳)〉에 이르기를 "120근(斤)이나 되는 빈철도(鑌鐵刀)〔빈철은 파사국(波斯國: Persia · 이란의 옛이름)에서 나며 견고하고 예리하여 금옥(金玉)을 자를 수 있다)를 사용하여 마상(馬上)에서 윤전(輪轉: 바퀴처럼 빙빙 돌림)하면 마치 나는 것 같아서 천하에서 유대도(劉大刀)라 칭하였다"고 하였다.

【案】언월(偃月)과 미첨(眉尖)의 두 칼은 모두 칼날이 넓고 자루가 길며 그 용도는 같다. 그러므로 『무경총요(武經總要)』에서 "언월도(偃月刀)를 도(刀) 가운데에서 제일(第一)로 여겼기 때문에 풍신수길(豊臣秀吉)이 미첨도(眉尖刀)를 소중히 하여 항상 그의 좌석(座席) 오른쪽에 진열해 두었다"고 하였다.

그러나 모씨(茅氏)는 "언월도(偃月刀)는 진중(陳中)에서 쓸 수가 없다"고 평가[稱]하였고 양안상순(良安尙順)은 "미첨도(眉尖刀)는 야도(野刀)라서 사용하기 어렵다"고 논평[論]하였다. 그렇다면 아마 고금(古今)의 사용이 때에 따라서[隨時] 다르지 않았을까?

왜노(倭奴)들의 변란 때 평양(平壤)의 대첩(大捷)〔만력(萬曆) 계사년(癸巳年) 정월(正月)에 제독 이여송이 평양성을 공파함〕과 도산(島山)의 전투(戰鬪)〔도산(島山)은 울산(蔚山)에 있으며 만력(萬曆) 정유년(丁酉年)에 경리(經理) 양호(楊鎬)가 도산을 공략함〕에 관공(關公)의 혼령이 나타나서 그의 신위(神威)를 떨치어 저 요사스런 기운[妖氣]을 쓸어내었으니 명부(冥府)의 도움으로 우리 동방 나라의 조명(祚命: 제위(帝位)의 명맥)이 면면히 이어지게 되었다. 동방에 원정 온 명나라 장사(將士)들이 사당을 세우고 혼령을 편안하게 해드렸다. 〔타(妥)는 타(他)와 과(果)의 반절(反切)이며 뜻은 편안함[安]이다. 『시(詩)』《대아(大雅)》에 '편안함으로서 짝을 짓네[以妥以侑]'라고 하였다.〕 ○신종(神宗) 황제가 돈을 하사하시고 제액(題額)을 반포하였으니〔무술년(戊戌年) 유격(遊擊) 진인(陳寅)[530]과 경리(經理) 양호(楊鎬)가 경비를 보조하여 숭례문(崇禮門) 밖에 사당을 세웠다. ○선조(宣祖)께서 친히 거둥[臨幸]하시었고 여러 장수들이 출입하여 참배(參拜)하면서 말하기를 "동국(東國)을 구(求)한 것은 신(神)의 도움이다"라고 하였다. 경자년(庚子年)에 ○황제가 4천금(四千金)을 만세덕(萬世德)[531]에 부치시고 흥인문(興仁門) 밖에 사당을 건립하라고 ○명(命)하였다. 동방에 원정 온 장사들이 모두 말하기를 "평양(平壤)의 대첩(大捷)과 도산(島山)의 전투(戰鬪), 삼로(三路)에서 왜구(倭寇)를 몰아낸 전역(戰役)에서 관왕(關王)이 문득 혼령을 나타내어서 도와주었다"고 하였다. 이에 ○중원 조정에 제액(題額)을 청하니 임금이 칙령(勅令)을 내려 '현령소덕관공지묘(顯靈昭德關公之廟)'를 건립하라고 명하였다.]532) 아! 그것은 아름답고 올바른 일[위(韙)의 음(音)은 위(偉)이며 뜻은 옳음[是]이다]이도다!

 무릇 왜자(倭子)들이 칼을 사용하는 묘술(妙術)도 언월도(偃月刀)를 빠르게 휘두르는 것[揮霍] [곽(霍)은 갑작스럽고[猝] 급한 것[遽]이다] 아래에서는 달 아날 곳이 없으니 언월도를 도(刀) 가운데에서 제일(第一)이라고 말하는 것은 헛된 말이 아니다. 애석하구나! 36법이 모두 전하여지지는 않는다.

마상월도보(馬上月刀譜)

【原】

처음에 신월상천세(新月上天勢)를 하되 좌수(左手)로 왼편을 끼고 말을 내되 우수(右手)로 앞을 잡고 좌수(左手)로 뒤를 잡아 이마에 지나게 높이 들고

인하여 백호포휴세(白虎咆休勢)를 하여 오른편 겨드랑이에 칼을 감추고

즉시 추산어풍세(秋山御風勢)를 하되 오른편으로 돌아보며 한 번 휘두 르고

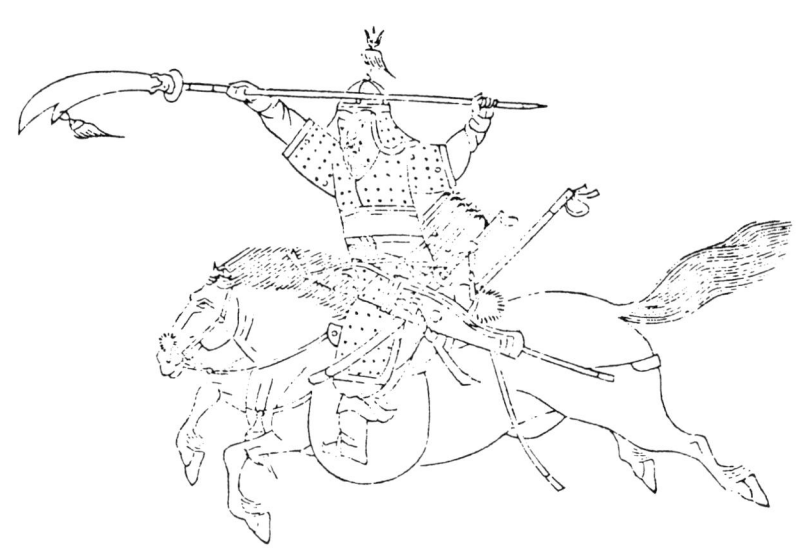

도로 청룡등약세(靑龍騰躍勢)를 하여 우수(右手) 아래에 감추고 인하여 칼을 세워 높이 들고

또 춘강소운세(春江掃雲勢)를 하되 왼편을 돌아보며 한 번 휘두르고

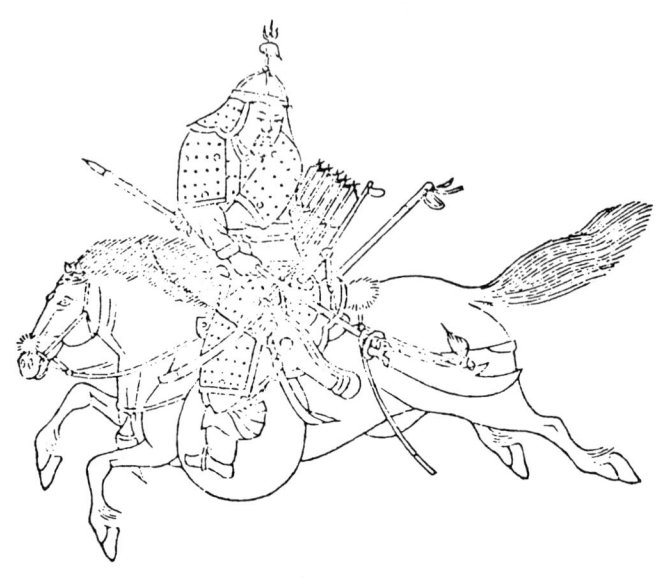

또 추산어풍세(秋山御風勢)를 하되 오른편을 돌아보며 한 번 휘두르고

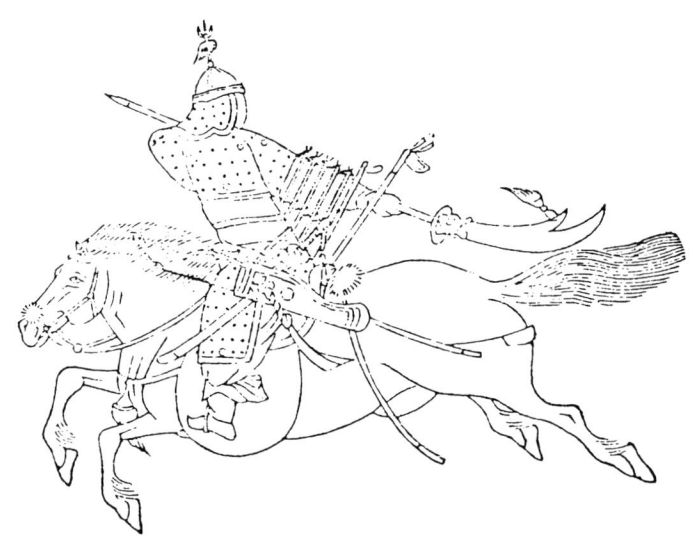

또 청룡등약세(靑龍騰躍勢)를 하여 앞을 향(向)하여 한 번 치고

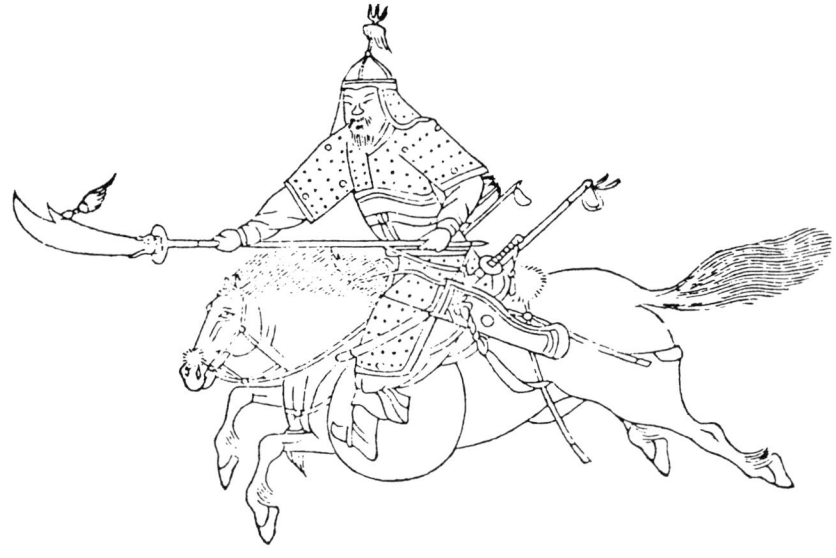

왼편을 돌아보며 한 번 휘두르고

오른편을 돌아보고 한 번 휘두르기를 세 번 하고

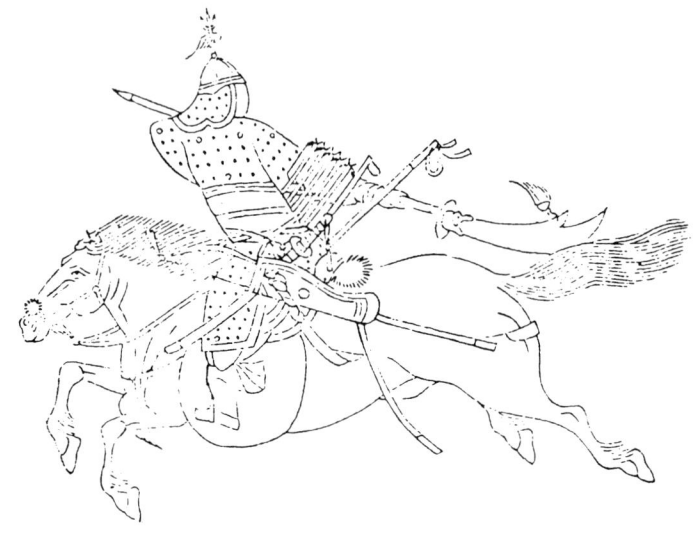

자전수광세(紫電收光勢)를 하되 우수(右手)로 오른편 겨드랑이에 칼을 감추고 마치되 만일 회마(回馬)를 하면 백호포휴세(白虎炰烋勢)로써 인하여 추산어풍세(秋山御風勢)와 춘강소운세(春江掃雲勢)를 정수 없이 하고 자전수광세(紫電收光勢)로써 마쳐라.

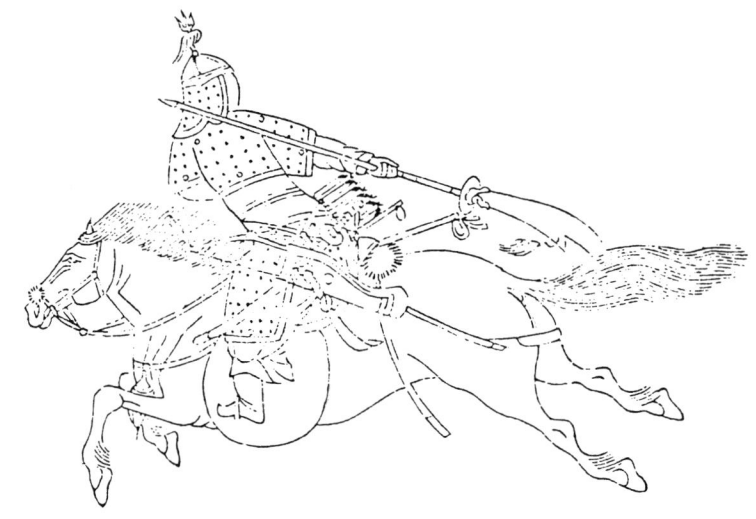

협도(挾刀)

협도(挾刀)【增】

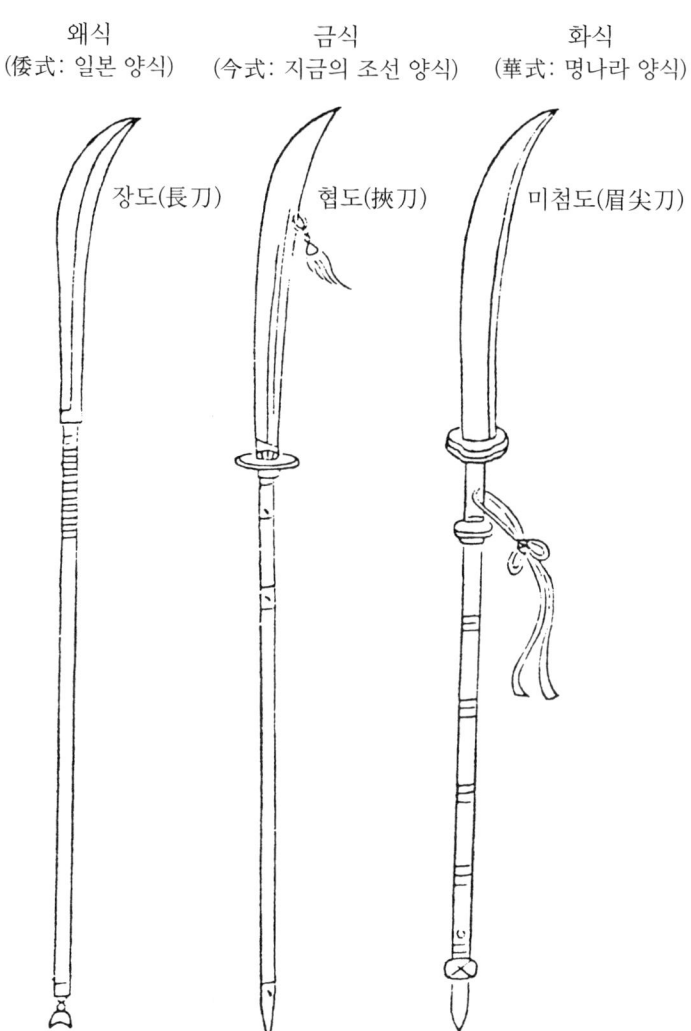

【增】 지금 제도에 자루의 길이[柄長]는 7척(尺)이고 칼날의 길이[刃長]는 3척(尺)이며 무게는 4근(斤)으로 자루에 주칠(朱漆)을 하며 칼날 등척[刃背]에 깃털로 꾸민 장식[眊]을 단다.

【案】 구보(舊譜)[533]에 그려져 있는 협도(挾刀)는 칼날 끝의 등이 비스듬히 언월처럼 휘어져 있어 『무비지(武備志)』에 그려져 있는 굴도(屈刀)와 필도(筆刀)를 지금의 협도(挾刀)와 비교하면 같지 않다. 그래서 지금 사용하는 것으로 고쳐서 그리고 아울러 『무비지』의 미첨도(眉尖刀)와 왜인들의 장도(長刀)를 그렸다. 그것들은 대동소이(大同小異)하기 때문이다.

모원의(茅元儀)가 말하기를 "일본도(日本刀)에는 몇 가지의 품명(品名)이 있는데 도(刀)가 크고 긴 자루로 된 것은 곧 파도(擺導)[파(擺)는 여는 것[開]이며 헤치는 것[撥]이다. 장도(長刀)는 진중(陳中)에서 개척(開拓: 열어서 넓힘)하여서 전진하는 데 적당하다]하는 데 사용되어 선도(先導)라고 한다. 도(刀)에다 피도(皮條)[도(條)의 음(音)은 도(韜)이며 뜻은 실을 엮은 줄[絲繩]이다]로서 칼집을 얽어 매어 어깨에 차거나[佩] 혹은 손에 잡고 바로 뒤에서 수행(隨行)하는 데 사용되어 대제(大制)라고도 한다"고 하였다. 『왜한삼재도회(倭漢三才圖會)』에 이르기를 "『무비지』에서 이른바 선도(先導)나 대제(大制)는 세속에서 야도(野刀)라고 하고 근세에 와서는 사용하지 않는다. 그 칼자루의 길이[欛長]는 3~4척(尺)으로 『삼재도회(三才圖會)』에서 이른바 미첨도(眉尖刀)와 이것은 서로 비슷하다"고 하였다. 『화명초(和名抄)』에는 "장도(長刀)가 있고 무치도(無薙刀)[『일본기(日本記)』에 이르기를 "무존(武尊)의 검(劒)을 초치(艸薙)라고 불렀다"고 하였다]가 있는데 평상국(平相國)[왜의 추장 평수길(平秀吉)[534]이다] 때에 이르러서 오로지 미첨도(眉尖刀)의 날카로움에 현혹되어 늘 좌우에 진열해 놓았다"고 하였다. 【案】 왜인들이 또한 소도(小刀)를 칭하여 협도(挾刀)라고 하는 것과 우리나라의 협도(挾刀)는 명실(名實: 사용하는 명분과 내용이 되는 실상)이 같지 않다.

협도보(挾刀譜)

【原】
 칼을 세우고 바로 서서 우수(右手)에 자루를 잡고 좌수(左手)로 왼편을 꼈다가 처음으로 용약재연세(龍躍在淵勢)를 하여 한 번 뛰어 왼 주먹으로써 앞을 치고

 즉시 중평세(中平勢)를 하되 우수우각(右手右脚)으로 한 번 찌르고 또 한 발 나아가 중평세(中平勢)로 한 번 찌르고

또 오룡파미세(烏龍擺尾勢: 검은 용이 꼬리를 흔들어 헤치는 자세)를 하되 왼편으로 말미를 휘둘러

우수우각(右手右脚)으로써 오화전신세(五花纏身勢)를 하고 즉시 중평세(中平勢)를 하여 한 번 찔러라.

즉시 용광사우두세(龍光射牛斗勢)를 하되 왼편으로 끌어 물러와 한 번 돌아 중평세(中平勢)로 한 번 찌르고

즉시 우수우각(右手右脚)으로써 우반월세(右半月勢)를 하고 또 용광사우두세(龍光射牛斗勢)를 하되 왼편으로 끌어 세 번 돌아 원지(原地)에 물러와

창룡귀동세(蒼龍歸洞勢)를 하되 우수우각(右手右脚)으로 왼편으로 돌아 뒤로 한 번 쳐라. 인하여 왼편으로 돌아 앞을 한 번 치고 중평세(中平勢)로 한 번 찌르고

즉시 단봉전시세(單鳳展翅勢: 한 마리 봉황이 날개를 펴는 자세)를 하되 왼편으로 말미를 휘두르고 오른편으로 날을 휘둘러

좌우(左右)를 바꾸어 잡아 좌수좌각(左手左脚)으로 오화전신세(五花纏身勢)를 하고 인하여 중평세(中平勢)로 한 번 찌르고, 또 단봉전시세(單鳳展翅勢)를 하되 오른편으로 말미를 휘둘러 오화전시세(五花纏翅勢)를 하고

또 중평세(中平勢)로 한 번 찔러라.

인하여 용광사우두세(龍光射牛斗勢)를 하되 오른편으로 끌어 물러와 한 번 돌아

좌수좌각(左手左脚)으로 좌반월세(左半月勢)를 하되 또 용광사우두세 (龍光射牛斗勢)를 하여 오른편으로 끌어 두 번 돌아와

즉시 은룡출해세(銀龍出海勢: 은빛용이 바다에서 나오는 자세)를 하되 좌각좌수(左脚左手)로 흔들며 한 번 찌르고 또 용광사우두세(龍光射牛斗勢)를 하되 오른편으로 한 번 돌아 원지(原地)에 이르러라.

인하여 오운조정세(烏雲罩頂勢: 검은 구름이 산정을 뒤덮는 자세)를 하되 좌수좌각(左手左脚)으로 칼을 들어 앞을 향(向)하여

좌우(左右)를 바꾸어 잡아 우수우각(右手右脚)으로 왼편으로 돌아 왼편으로 한 번 치고

좌우(左右)를 바꾸어 잡아 좌수좌각(左手左脚)으로 오른편으로 돌아 오른편으로 한 번 치고

좌우(左右)를 바꾸어 잡아 우수우각(右手右脚)으로 왼편으로 돌아 앞으로 한 번 치고

인하여 우수우각(右手右脚)으로써 수검고용세(竪劍賈勇勢)를 하여 마쳐라.

挾刀總譜

起 — 龍躍在淵 — 中平一刺 — 中平一刺 — 烏龍擺尾 — 五花纏身 — 中平一刺 — 丹鳳展翅 — 五花纏身 — 中平一刺 — 丹鳳展翅 — 中平一刺 — 上步撩雞 — 中平一刺 — 上步撩雞 — 烏雲罩頂 — 上步撩雞 — 中平一刺 — 上步撩雞 — 豎劍貫耳 — 終

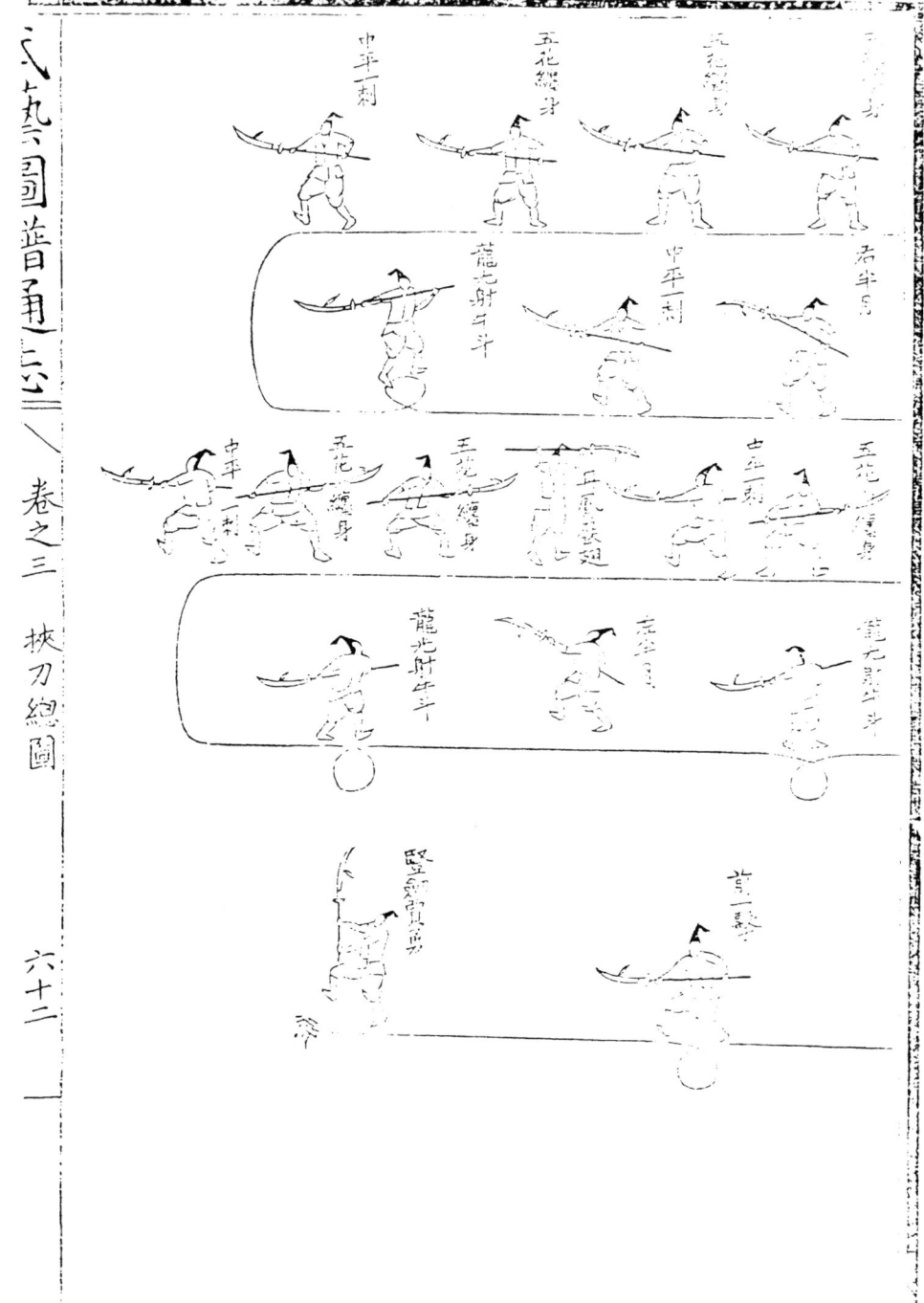

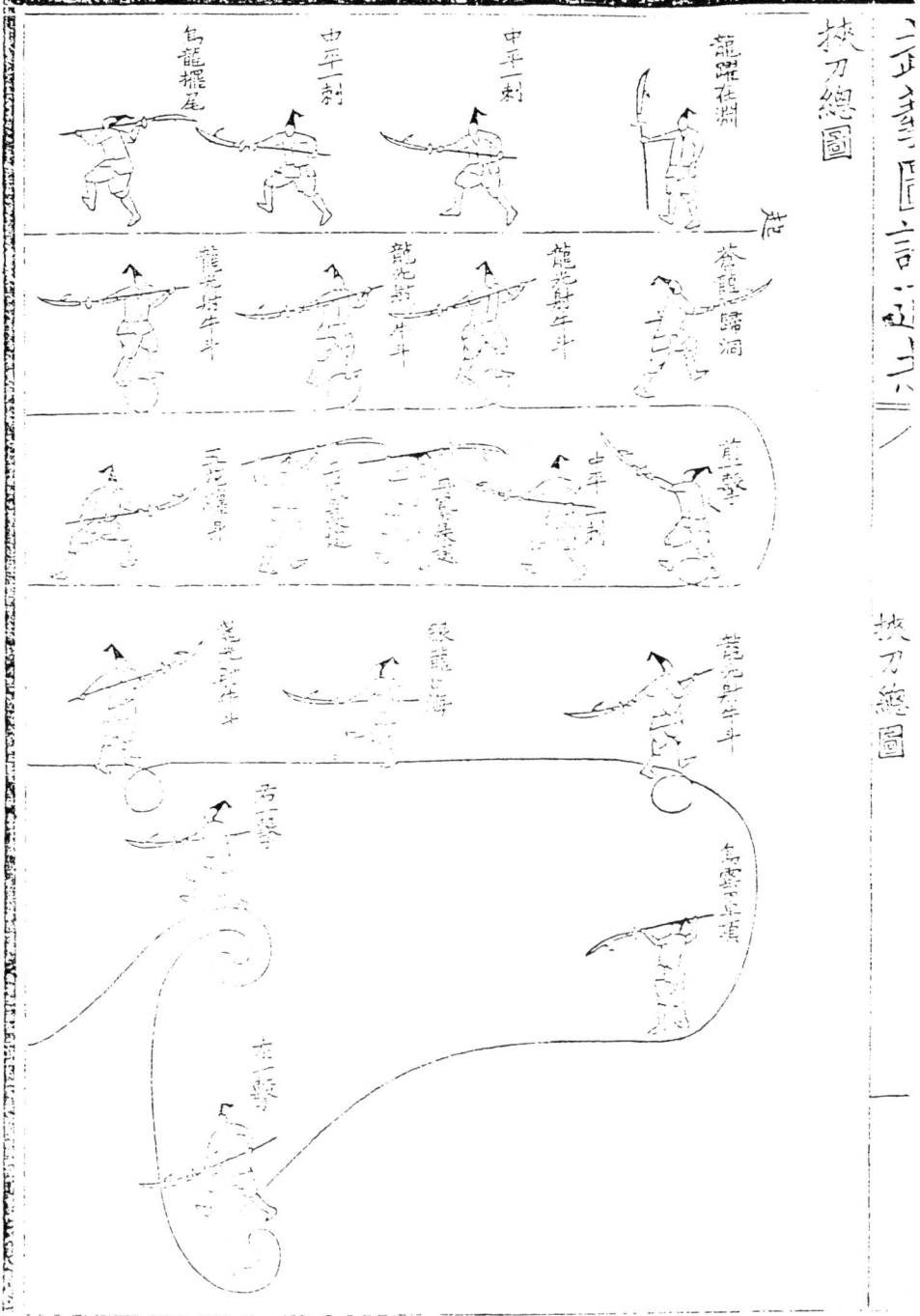

등패(藤牌)

등패(藤牌)【原】

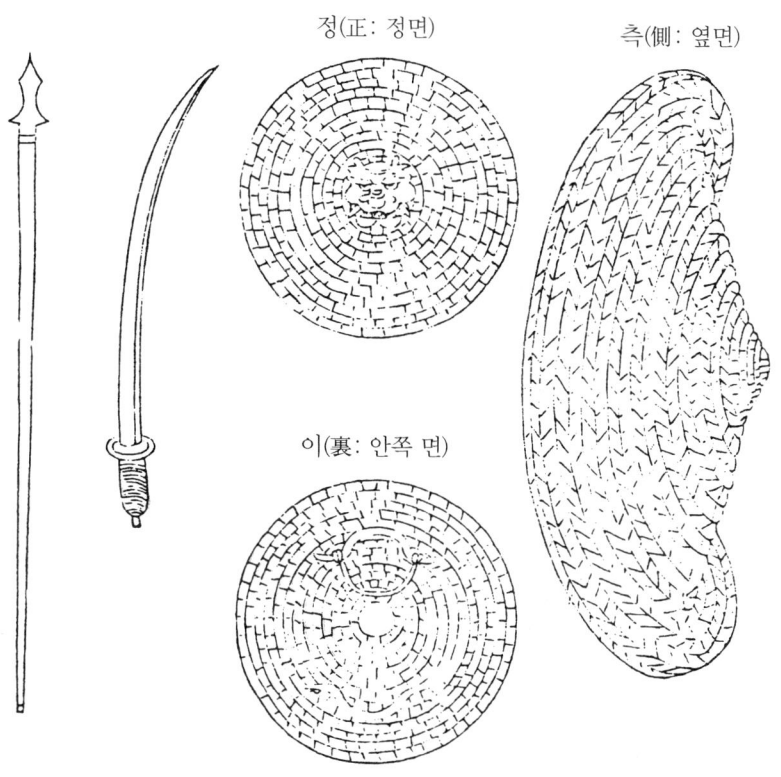

표창식	요도식	금식	화식
(鏢槍式)	(腰刀式)	(今式: 지금의 조선 양식)	(華式: 명나라 양식)

정(正: 정면)   측(側: 옆면)

이(裏: 안쪽 면)

【原】 척계광(戚繼光)이 말하기를 "오래되고 굵은 등나무〔『본초습유(本艸拾遺)』에 이르기를 "생등(省藤: 白藤)은 남방(南方)의 깊은 산속에서 나며 껍질이 붉고 큰 것은 손가락만하고 물건을 묶으면 잘 견딘다"고 하였다. 『제민요술(齊民要術)』에 이르기를 "과등(䕅藤)의 둘레가 두어 치(寸)되면 대나무보다 무겁고 대나무 껍질(篾)을 대신하여 선박(船舶)을 얽어매거나(縛船) 돗자리를 만든다"고 하였다〕의 손가락 크기와 같은 것을 사용하여 골간(骨幹: 등패의 속이라 할 수 있는 骨格·骨架)을 만들고 등나무 껍질(藤篾)〔멸(篾)의 음(音)은 멸(蔑)이며 뜻은 대나무 껍질이다〕로 얽어 이어서 중심(中心)이 두두룩하게 밖을 향하여 불거지게 하고(突) 안을 비게 하면 여러 개의 화살이 날아들어와도 손이나 팔(手腕)에는 이르지 않는다. 둘레가 처마처럼 높이 솟아나서 화살이 날아들어도 활설(滑泄: 미끄러져 새어 버림)하여 사람에게는 미치지 못한다. 안에는 등(藤)으로써 상하(上下)에 두 개의 고리를 만들어 손과 팔꿈치를 용납하여 잡게 하고(執持) 매병(每兵: 兵士마다)이 패(牌) 하나와 차는 환도(腰刀) 하나를 잡았다가 환도를 손굽이에 얹고 한손에는 표창(鏢槍)〔표(鏢)의 음(音)은 표(猋)이며 뜻은 칼끝의 날(刀鋒)이다〕을 잡아서 던지면 상대는 반드시 응(應: 대응)할 것이니 빨리 환도를 잡아서 패(牌)를 쫓아서 들어가 격살(擊殺)한다. 반드시 낭선(狼筅)의 아래에 두어야 하며 낭선이 없으면 장기(長器: 장병기)로서 제어(制御)하는 바를 삼아야 한다"고 하였다. 또 말하기를 "북방(北方)에는 등나무가 없어서 유목(柳木: 버드나무)에 가죽을 씌워서 대신한다. 호마(胡馬: 북방 여진족의 말)는 달리는 속도가 빠르고 또 회갑(盔甲)[535]이 있으므로 반드시 표창(鏢槍)을 쓸 필요는 없다"고 하였다.

【案】 지금의 제도에 등패(籐牌)는 직경(直徑: 지름)이 3척(尺) 7치(寸)로 앉아서 은신(隱身: 몸을 숨김)하기에 부족하다. 마땅히 조금 넓혀서 화식(華式)처럼 한다. 또 지금의 법식은 손으로 잡아 쥐는 곳에 뽕나무(桑木)을 휘어서 만들었는데 화식과는 다르다.

【增】모원의(茅元儀)가 말하기를 "근세에 조선인이 패(牌)로써 조총(鳥銃)을 막는 것은 본받을 만하다"고 하였다.

『병장기(兵仗記)』에 이르기를 "등패(藤牌)는 몸체가 가볍고 견고하여서 비와 습기에도 두려워할 것이 없고 보병(步兵)에게는 편리하다고 말하겠다"고 하였다.

『천공개물(天工開物)』에 이르기를 "간과(干戈)536)의 명칭은 가장 오래되었고 간(干)과 과(戈)가 서로 연결되어 얻어진 명칭인 것이다. 대개 우수(右手)에 단도(短刀)를 쥐면 좌수(左手)에는 방패[干]를 잡는다. 세속에서 방패(旁牌)라고 말하는 것이 이것이다"라고 하였다.

『구곡자록(灸穀子錄)』에 이르기를 "방배(方方排)는 팽배(彭排)라고 한다. [석명(釋名)』에 이르기를 "팽(彭)은 방(方方)이다. 방배(方方排)는 적을 막고 공격하는 데 있다"고 하였다.] 보졸(步卒)은 8척(尺)의 우륵배(牛肋排)[늑(肋)의 음(音)은 늑(勒)이며 뜻은 협골(脇骨: 옆구리 뼈)이다]를 사용하고 마군(馬軍)은 주칠배(朱漆排)를 사용한다"고 하였다.

척계광(戚繼光)이 말하기를 "요도(腰刀)의 길이는 3척(尺) 2치(寸)이고 무게는 한 근(斤) 10량(兩)이며 자루의 길이는 3치(寸)이다. 칼날은 순강(純鋼: 순수한 강철)을 쓰며 자루는 짧아야 하고 모양은 활처럼 휘어져야 대체로 이리저리 돌리는 패(牌) 아래에서 장애되는 바가 되지 않는다"고 하였다. 또 말하기를 "표창(鏢槍)의 머리는 굵직하고 길이는 5치(寸)이며 무게는 4량(兩), 머리의 지름(首徑)이 6푼(分)으로 전체의 길이가 7척(尺)이며 말미(末尾)의 지름이 2~3푼(分)이다. 주목(稠木: 창간(槍桿)을 만드는 자연 동체의 나무)과 세죽(細竹: 가는 대나무) 모두 쓸 수 있고 쇠창날[鐵鋒]은 무겁고 커야[重大] 하며 자루는 앞이 무겁고 뒤가 가벼워야 적합한 것이 된다"고 하였다.

【案】『습유기(拾遺記)』에는 "포희(庖犧)537)가 방패[干]를 만들었다"고 하였고 『사기(史記)』에는 "황제(黃帝)가 간과(干戈)를 만들었다"고 하였다.

『우서(虞書)』[538]에는 "방패와 깃[干羽]을 들고 두 섬돌 사이에서 춤을 추었다"[539]고 하였다.

『시집전(詩集傳)』〈소융(小戎)〉[540]이란 시(詩)에 "용무늬 방패를 세우고[龍盾之合]"라고 하였는데 집전(集傳)[541]에 "순(盾)은 간(干)이다"고 하였으며 "출진하는 방패깃을 그려 찬란하고[蒙伐有苑]"라고 하였는데 집전에 "몽(蒙)은 정벌(征伐)의 진중(陣中)에 있는 방패이다"라고 하였다. 정강성(鄭康成)이 말하기를 "몽(蒙)은 크다[厖]는 뜻이다"라고 하였다. 또 로(櫓)로 쓰는 『육도(六韜)』의 무익대로(武翼大櫓)[542]의 로(櫓)는 큰 방패[大盾]이다. 로(櫓)와 같다.

『좌전(左傳)』에 "적사미(狄虒彌)〔사(虒)는 식(息)과 이(移)의 반절임〕가 큰 수레의 바퀴를 만들어 세우고 갑질(甲質)을 씌워서 큰 방패[櫓]로 삼았다"고 하였다.

또 부소(扶蘇)를 말하자면 『주례(周禮)』의 《하관(夏官)》에 "방패로 울타리를 설치한다[設藩盾]"고 하였는데 주(注)[543]에 "번순(藩盾)은 지금의 부소(扶蘇)[544]와 같은 것이다"라고 하였다.

『용어하도(龍魚河圖)』에 이르기를 "순(盾)의 이름은 자장(自障: 자신을 보호하는 것)이다"라고 하였고 좌사(左思)〔좌사(左思)의 자(字)는 태충(太冲)이며 진(晉)나라 임치(臨淄) 사람으로 벼슬은 비서랑(秘書郞)을 지냄〕의 부(賦)[545]에

    "가유학슬(家有鶴膝)   집집마다 학슬(鶴膝)[546]이 있고

    호유서거(戶有犀渠)   호호마다 서거(犀渠)[547]가 있네"

라고 하였는데 주(注)에 "거(渠)는 방패[楯]이다"라고 하였다.

모원의(茅元儀)가 말하기를 "『무경총요(武經總要)』에 실려 있는 패(牌)는 두 가지가 있는데 하나는 보병용(步兵用)으로 그 법식이 길고 하나는 기병용(騎兵用)으로 그 법식이 둥글다. 근세에 남방(南方)에서는 대체로 원패(圓牌)를 쓰는데 이 원패는 등패(藤牌)를 가리켜서 말하기 때문에 그것이 적등갑(赤藤甲)이다"라고 하였다.

『도설(圖說)』에 이르기를 "적등(赤藤) 50근(斤)을 석조(石槽: 돌로 만든

물통)에 넣고 보름 동안 침수(浸水: 물에 잠기게 함)시켜 건져내어 3일간 햇볕에 말렸다가 다시 석조에 넣고 물을 더 붓는다.[添水] 이와 같이 물이 충분히 스며들도록 한 번 두루하는데 1년 동안 하여 햇볕에 바짝 말린다. 엮어서 꿰는 법식은 모두 20개로 나누어서 그 곁에는 오동나무 기름을 바르는데 기름을 칠한 그 등갑(藤甲)은 가볍고 견고하여서 능히 화살과 칼날도 막을 수 있다.[548] 또 삿갓[笠]을 만들기도 하고 적을 만나서는 투구[盔]를 만든다. 또 부드러운 등나무를 엮어서 원패(圓牌)를 만드는데 가운데가 높고 변두리가 두두룩하게 일어난 것이 이것이다"라고 하였다.

『송사(宋史)』의 〈곽자전(郭諮傳)〉〔곽자는 평극(平棘) 사람으로 벼슬은 전중승(殿中丞)을 지냄〕에 "곽자(郭諮)는 교묘한 생각이 있어 스스로 병계(兵械)를 만들었다. 임금이 조칙(詔勅)을 내려 그가 만든 각루(刻漏), 원순(圓楯), 독원노(獨轅弩), 생피갑(生皮甲)을 가져오게 하였고 임금께서 그를 칭찬하였다. 이것은 필시 곽자가 보병(步兵)의 원패(圓牌)를 창조한 것이다. 아마도 기병(騎兵)의 원패(圓牌)는 옛날에 역시 이러한 법식이 있었기 때문일 것이다"라고 하였다.

『옥해(玉海)』에 이르기를 "함평(咸平) 2년(999)에 광첩군(廣捷軍)에 오지휘(五指揮)를 설치하였는데 이에 앞서 임금께서 남방에서 표창(鏢槍)과 방패(防牌)를 병기(兵器)로 삼는다는 말을 듣고는 유사(有司)에게 표창과 방패를 제조하도록 명하였다"고 하였다.

『병장기(兵仗記)』에 이르기를 "송(宋)나라 태종(太宗)이 남방에서 표창과 방패로서 병기를 삼는다는 말을 듣고는 광덕군(廣德軍)으로 하여금 익히게 하였으니 표창을 사용한 것은 이것이 그 처음이다"라고 하였다. 대개 남방(南方)을 말하였고 또 원패(圓牌)를 말하였으니 이것은 반드시 등패(藤牌)일 것이고 그 법(法)이 이미 송나라 초기에 있었던 것이다. 『무편(武編)』에 이르기를 "북적(北狄)을 제압하려는 자는 먼저 그 말[馬]을 제압하여야 하고 동이(東夷)를 제압하려는 자는 먼저 그 배[船]을 제압하여야 하며[549] 남만(南蠻)을 제압하려는 자는 먼저 그 표패(鏢牌: 표창과 등패)

를 제압하여야 한다"고 하였으니 표패(鏢牌)는 필시 만법(蠻法)에서 나왔음을 알겠다.

등패보(籐牌譜)

【原】
처음에 기수세(起手勢)를 하고 칼로써 머리 위를 쫓아 한 번 휘두르고 즉시 약보세(躍步勢)를 하고

인하여 칼로써 패(牌)를 쫓아 한 번 휘둘러 저평세(低平勢)를 하고 일어서서 금계반두세(金鷄畔頭勢)를 하고 인하여 칼로써 패(牌)를 쫓아 한 번 휘두르고 한 걸음 나아가 저평세(低平勢)가 되고 일어서서 약보세(躍步勢)가 되고 또 칼로써 패(牌)를 쫓아 한 번 휘두르고 한 걸음 나아가 저평세(低平勢)가 되고

  일어서서 몸을 뒤집어 곤패세(滾牌勢)를 하고 칼로써 패(牌)를 쫓아 한 번 휘둘러 한 걸음 나아가 저평세(低平勢)가 되고 일어서서 선인지로세(仙人指路勢)를 하라.

뛰어 한 걸음 물러가서 매복세(埋伏勢)를 하고 또 한 걸음 물러가서 매복세(埋伏勢)가 되고 일어서서 몸을 뒤집어 곤패세(滾牌勢)가 되고 또 칼로서 패(牌)를 쫓아 한 번 휘두르고 한 걸음 물러가서 매복세(埋伏勢)가 되고 일어서서 선인지로세(仙人指路勢)가 되고 한 걸음 물러가서 매복세(埋伏勢)가 되고 일어서서 몸을 뒤집어 곤패세(滾牌勢)가 되고 또 칼로써 패(牌)를 쫓아 한 번 휘두르고 한 걸음 물러가서 매복세(埋伏勢)가 되고 일어서서 약보세(躍步勢)가 되느니라. 한 발 들고 발을 둘러 칼을 휘두르고 오른편으로 향(向)하여 한 걸음 옮겨 사행세(斜行勢)를 하고 마쳐라.

藤牌總譜

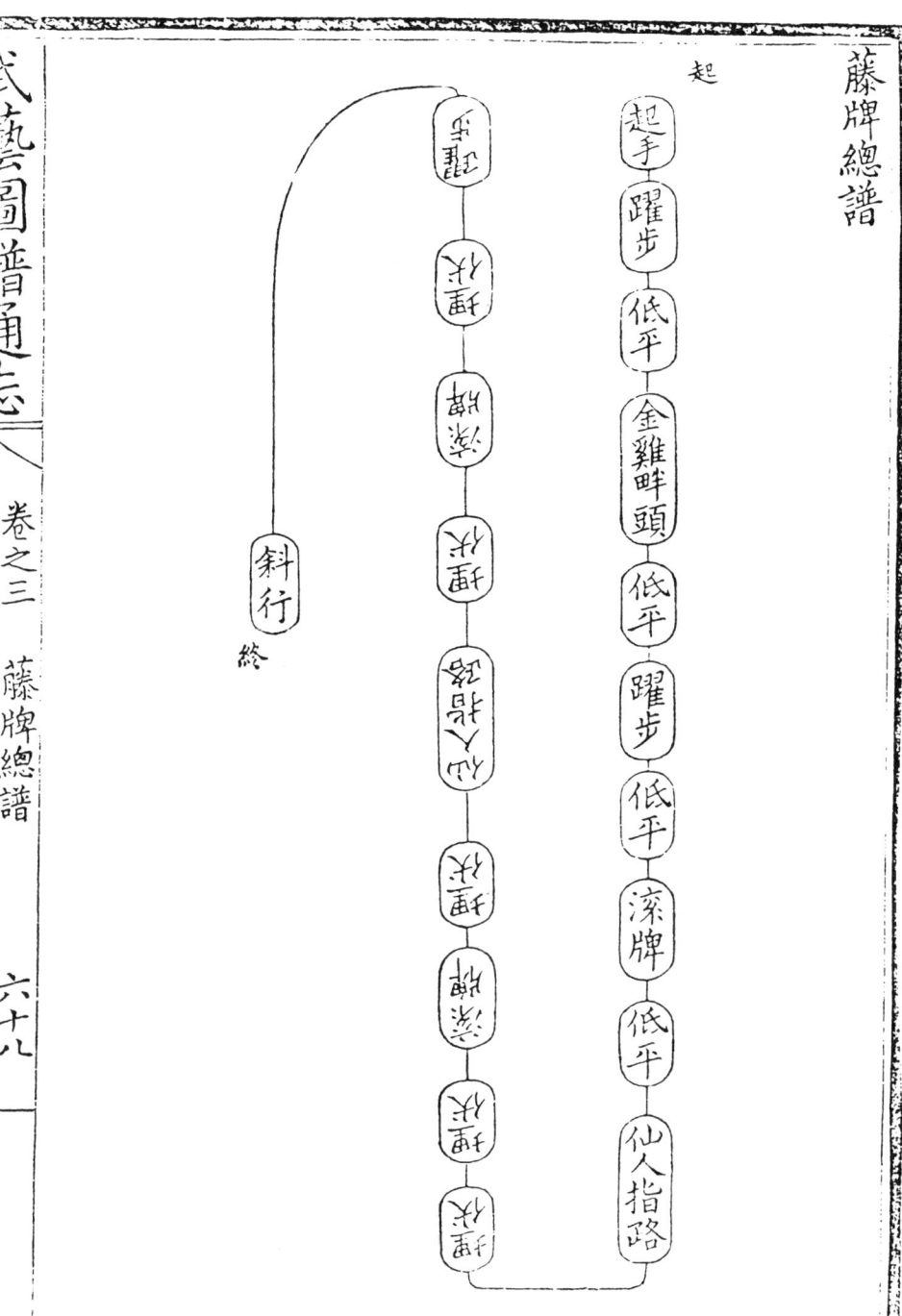

卷之三 藤牌總圖

躍步　低平　滾牌　低平　仙人指路

埋伏　埋伏　滾牌　埋伏

武藝圖譜通志 卷之四

무예도보통지(武藝圖譜通志)
사권 목록(四卷 目錄)

권법(拳法)		설(說) 6 보(譜) 도(圖) 30 증보(增譜) 20 도(圖) 20 총보(總譜) 총도(總圖)

곤봉(棍棒)		도식(圖式) 1 설(說) 5 보(譜) 도(圖) 28 총보(總譜) 총도(總圖)

편곤(鞭棍)		도식(圖式) 4 설(說) 3 보(譜) 도(圖) 20 총보(總譜) 총도(總圖)

마상편곤(馬上鞭棍)		도식(圖式) 2 설(說) 5 보(譜) 도(圖) 9

격구(擊毬)		도식(圖式) 2 설(說) 6 보(譜) 도(圖) 8 구장도(毬場圖)

마상재(馬上才)		설(說) 2 보(譜) 도(圖) 9

관복도설(冠服圖說)		설(說) 4 도(圖) 14

고이표(考異表)

권법(拳法)

권법(拳法)【增】

【增】 척계광(戚繼光)이 말하기를 "권법(拳法)⁵⁵⁰)에는 대전(大戰)에 예비하는 기예는 없는 것 같다.⁵⁵¹) 그러나 수족(手足)을 활동(活動)하고 지체(肢體)를 부지런히 하는 습관은 처음 배우는 사람이 무예에 입문하는 문(門)이 된다"고 하였다.

모원의(茅元儀)가 말하기를 "점획(點劃)을 분별하여 알고 난 이후에 팔법(八法)을 가르칠 수 있고〔『서원(書苑)』에 이르기를 "왕일소(王逸少)⁵⁵²)의 글씨는 특히 영(永)의 글자를 쓰는 데 노력을 집중하였다"고 하였다. 그 팔법(八法)의 세(勢)⁵⁵³)로서 능히 일체의 글자와 통(通)할 수 있기 때문이다. 영자(永字)는 팔획(八劃)이다〕 안장에 의거하여 지내는 것을 알고 난 이후에 말 타고 달리는 것[馳驟]을 가르칠 수 있다고 하였으니 권법도 이와 같다고 말하겠다"⁵⁵⁴)고 하였다.

『무편(武編)』에 이르기를 "권(拳)에 세(勢)⁵⁵⁵)가 있는 것은 변화(變化)되는 것이기 때문이다. 가로로 빗기고[橫邪] 옆으로 보다 마주 대하고[側面] 일어나고 서며[起立] 물러서 피하고 엎드리고[走伏] 하는 것이 모두 장호(牆戶)⁵⁵⁶)가 있어서 수비(守備)할 수도 있고 공격(攻擊)할 수도 있다. 그래서 세(勢)라고 한다. 권(拳)에는 정세(定勢)⁵⁵⁷)가 있으나 쓸 때[用]에는 정세(定勢)가 없고 그 사용에 타당[當]하게 하는 것이다. 변화[變]에는 정세(定勢)가 없으나 실제[實]에는 세(勢)를 잃지 아니한다"⁵⁵⁸)고 하였다.

【案】『시(詩)』《소아(小雅)》⁵⁵⁹)에

"무권무용(無拳無勇)　　권(拳)도 없으며 용맹(勇猛)도 없으면서
직위난계(職爲亂階)　　위계(位階)를 어지럽힘만을 일삼고 있네"⁵⁶⁰)

라고 하였는데 주(注)에 "권(拳)은 힘[力]이다"라고 하였다.

『이아(爾雅)』에 "포호(暴虎)는 맨손으로 치는 것[徒搏]이며 빙하(馮河)는 걸어서 건너는 것[徒涉]이다"561)라고 하였다.

『좌전(左傳)』에 "진(晉)나라 군주인 후작[晉侯]〔진후(晉侯)는 문공(文公) 중이(重耳)이다〕이 꿈에 초(楚)나라 군주인 자작[楚子]〔초자(楚子)는 성왕(成王) 군(頵)이다〕과 서로 치고 받았다[搏]"고 하였는데 곧 권박(拳搏)이다.

또 변(卞)이라고도 쓰는데 『한서(漢書)』의 〈애제기(哀帝紀)〉에 "의식을 행할 때[贊: 인물을 기리는 의식]에 변(卞)과 활쏘기[射]와 무희(武戲)를 관람하였다"고 하였는데 주(注)에 "수박(手搏)이 변(卞)이고 각력(角力: 힘을 겨루는 것)〔각(角)은 다투는 것[競]이다〕이 무희(武戲)가 된다"고 하였다. 〈감연수전(甘延壽傳)〉〔감연수의 자(字)는 군황(君況)이며 한(漢)나라 북지(北地) 사람으로 의성후(義成侯)에 봉해졌음〕에 "변(弁)562)을 시예(試藝)하여 기문(期門)563)〔『한서(漢書)』의 〈백관표(百官表)〉에 기문(期門)은 병장기를 잡고 전송(傳送)에 호종(扈從)하는 일을 맡았다"고 하였고 「서도부(西都賦)」의 주(注)에 "무제(武帝)가 미행(微行)을 좋아하여 말 타고 활 잘쏘는 북지(北地)의 양가(良家) 자제들과 전문(殿門)에서 회합(會合)하는 기약(期約)을 하였으므로 기문(期門)이라고 한다"고 하였다〕이 되었고 재력(材力: 角力의 材能)으로서 영예를 얻었다"고 하였고 주(注)에 "변(弁)은 수박(手搏)이다"라고 하였다.

당송(唐宋) 이래로 권용(拳勇)의 기술이 두 가지가 있는데 하나는 외가(外家)가 되고 다른 하나는 내가(內家)가 된다.564) 외가(外家)는 소림(少林)〔소림사(少林寺)는 등봉현(登封縣)의 소실산(少室山)에 있다. 『일지록(日知錄)』에 이르기를 "당(唐)나라 초기에 소림사의 승려 13명이 왕세충(王世充)을 토벌하는 데 공(功)이 있었다. 이것은 소림의 승병(僧兵)이 일어났음이다. 가정년간(嘉靖年間: 1522~1566)에는 소림사의 승려 월공(月空)이 도독(都督) 만표(萬表)의 격문(檄文)을 받고 송강(松江)에서 왜구를 방어하다가 전사하였다"고 하였다〕이 성대(盛大)하였고 내가(內家)는 장송계(張松溪)565)가 정전(正傳)이 된다. 장송계는 손 십삼로(孫 十三老)를 스승으로 배사(拜師)하였고 그 법(法)은 송(宋)나라 때의 장삼봉(張

三峯)566)에서 기원한다. 삼봉(三峯)이라는 사람은 무당(武當)〔당(唐)나라 때에는 균주(均州)에 속한 현(縣)이며 송(宋)나라 때에는 무당군(武當軍)에 속하였음〕의 단사(丹士)〔연단(煉丹)567)하는 선비 즉 도사(道士)임〕인데 혼자서[單丁] 적(賊) 100여 명을 죽여서 드디어 절기(絶技)로서 세상에 유명하였다. 장삼봉(張三峯)으로 유래된 이후에 명(明)나라 가정(嘉靖) 때에 이르러 그 법이 사명(四明)〔영파부(寧波府)에 있는 산 이름임〕에 전하여졌는데 송계(松溪)가 가장 저명하였다.

『영파부지(寧波府志)』568)에 이르기를 "소림법(少林法)569)은 사람을 치는 것을 주(主)로 하여서[主于搏人] 도약하여 펄쩍 뛰고[跳踉] 분기(奮起)하여 약진(躍進)하는 것이라 혹 방어(防禦)에 소홀하여 실세(失勢)하기 때문에 때때로 상대가 그 틈을 타는 바가 되기도 한다. 송계법(松溪法)은 적을 방어하는 것을 주(主)로 하여서[主于禦敵] 곤액(困厄)을 만나지 않으면 발(發)하지 않고 발하면 맞은 곳에서 반드시 쓰러지며[靡] 틈이 없으면서도 승세(勝勢)를 탈 수 있기 때문에 내가(內家)의 술(術)570)이 더욱 좋은 것이다. 내가의 술이 상대를 칠 때에는[搏人] 반드시 그 혈(穴)571)을 치는데 혈(穴)에는 훈혈(暈穴), 아혈(啞穴), 사혈(死穴)이 있으며 그 혈에 상응(相應)하여서 경중(輕重: 가볍게 치거나 무겁게 침)으로 치면 혹 죽기도 하고 혹은 기절하기도 하며 혹은 벙어리가 되기도 하는데 호발(毫髮: 솜털과 머리털, 곧 '조금'이란 뜻)만큼도 어긋남이 없다. 내가의 술에서 더욱이 비밀로 하는 것은 경(敬), 긴(緊), 경(徑), 근(勤), 절(切)의 오자결(五字訣)572)인데 입실제자(入室弟子)가 아니면 서로 전수하지 않는다. 아마도 이 오자결(五字訣)은 용(用)이 되는 것은 아니지만 그 용(用)을 밝게 하는 까닭에 병가(兵家)의 인(仁), 신(信), 지(智), 용(勇), 엄(嚴)573)과 같다고 말하겠다"고 하였다.

『내가권법(內家拳法)』574)에 이르기를 "외가(外家)로부터 소림(少林)에 이르면 그 기술(技術)은 정교(精巧)하다. 장삼봉(張三峯)은 이미 소림에 정통(精通)하였고 다시 소림을 따르면서 뒤집어서[翻: 더 세련되게 고쳐 만듦, 즉 改變함] 이를 내가(內家)라 이름하였다. 그 내가의 기술을 한두 가지만 터득하여도 이미 충분히 소림을 이길 수 있다. 왕정남(王征南) 선생[575]이 단사남(單思南) 선생에게 종학(從學: 從事하여 學武함)하여서 홀로 그 진전(眞全)을 얻었다. 나는[『내가권법』을 저술한 황백가(黃百家)임] 부모님이 과량(裹糧)하여 주심으로 인하여 보당(寶幢)에 가서 배우게 되었다.[576] 그 권법에는 타법(打法), 혈법(穴法), 금법(禁法) 등이 있었으나 그 요결(要訣)은 곧 연(鍊)[577]에 있었다. 연(鍊)이 이미 성숙(成熟)되면 좌우(左右)로 고면(顧眄)하여 의합(擬合: 사정을 헤아려 합치함)할 필요가 없이 손에 맡기는 대로 대응하게 되니 종횡(縱橫: 세로와 가로)과 전후(前後)로 모두 다 긍경(肯綮)[578]을 만나게 된다. 그 연법(鍊法)에는 연수(鍊手)하는 것이 35자결(字訣)이 있고 연보(鍊步)하는 것에는 18세(勢)의 보법[579]이 있으나 육로(六路)와 십단금(十段錦)[580] [대개 가결(歌訣)이 10가지 수(數)[581]로 채워진 것이므로 총칭하여 십단금(十段錦)이라 함] 가운데에 총섭(總攝: 전부 모아 거두어들임)하였는데 각각 가결(歌訣)이 있다. 그 육로권(六路拳)의 가결을 이르자면,

우신통비최위고(佑神通臂最爲高)	신령이 보우하는 통비권법 가장 고강해
두문심쇄전영호(斗門深鎖轉英豪)	두문으로 깊이 잠그면 영웅호걸도 굴러 넘어지네.
선인입기조천세(仙人立起朝天勢)	선인이 바로 서서 하늘에 조배하는 세를 일으키며
살출포월불상요(撒出抱月不相繞)	살보로 나와 포월하여 서로 얽히지 않네.
양편좌우인난급(揚鞭左右人難及)	좌우로 채찍을 후려치듯 하니 상대는 접근하기 어렵고
살추충로양시요(煞鎚衝攎兩翅搖)	살추(쇠망치로 침)하고 충로(부딪치며 챔)하여 양 날개를 흔드네. [살(煞)은 세속의 살(殺)의 글자] [로(攎)는 낚아채는 것[掠]이다.]

그 십단금(十段錦)을 이르자면,

입기좌산호세(立起坐山虎勢)	바로 서서 좌산호세를 일으키며
회신급보삼추(廻身急步三追)	몸을 돌려 급보로 세 번 쫓고
가기쌍도렴보(架起雙刀斂步)	쌍도렴보로 탑가를 일으키고
곤작진퇴삼회(滾斫進退三廻)	방아 돌듯 찍으며 세 번씩 나아가고 물러가네.
분신십자급삼추(分身十字急三追)	분신보로 십자수를 하고 급보로 세 번 쫓고
가도작귀영채(架刀斫歸營寨)	탑가한 손을 방아 돌듯 찍으며 영채로 돌아가네.
뉴권연보세여초(紐拳碾步勢如初)	연보로 뉴권(양권을 꼬아 맴)하는 세가 초세와 같고〔뉴(紐)는 매는 것[結]이다〕
곤작퇴귀원로(滾斫退歸原路)	방아 돌듯 찍으며 물러서 본래 길로 돌아가네.
입보도수전진(入步蹈隨前進)	보가 들어가 밟아가는 보에 따라 전진하고
곤작귀초비보(滾斫歸初飛步)	방아 돌듯 찍으며 비보로 처음으로 돌아가네.
금계독립긴반궁(金鷄獨立緊攀弓)	금계독립으로 활을 잡아당겨 팽팽하며
좌마사평양고(坐馬四平兩顧)	사평 좌마로 양쪽을 돌아보누나.

이다. 그 가사(歌詞)를 살펴보면 뜻이 숨겨져 있고 문자가 간략[隱略]하여 또렷하게 알기 어렵다.[難記] 이로 인하여 내가 각각에 전석(詮釋: 사리를 알기 쉽게 해설하여 설명함)〔전(詮)은 사리(事理)를 설명하여 구비하는 것이다〕을

지었다"고 하였다.

　육로(六路)를 전해(詮解)하여 이르기를 "두문(斗門)은 왼쪽 어깨[左膊][박(膊)의 음(音)은 박(粕)이며 뜻은 어깨[肩]이다]를 아래로 내리고[下垂] 주먹을 위로 찔러[衝上] 앞을 맞히고[當前] 우수(右手)가 밖을 향하여 평평히 굽혀[平屈] 두 주먹이 서로 마주 대하면[相對] 두문이 된다.

　우족과(右足踝)를 앞에 빗겨 놓고[前斜] 좌족과(左足踝)를 뒤로 기대어 붙이는 것을 연지보(連枝步)[582]라 한다. 우수(右手)가 쌍지(雙指)로서 좌권(左拳)을 따라 구(鉤)로 나아가고 다시 구(鉤)로 뻗어 나아가는 것을 난추마(亂抽麻)[583]라고 한다. 우족(右足)이 또 우수(右手)를 따라 좌족(左足)의 앞을 향해 구(鉤)로 나아가고 다시 구(鉤)로 뻗어 나아가서 소답보(小蹋步)가 되고 다시 연지(連枝)로 돌아간다.

　통비(通臂)는 장권(長拳)이다. 우수(右手)가 먼저 음권[陰]으로 장권(長拳)을 출(出)하고 좌수(左手)는 젖가슴에 잠복해 있다가[伏乳] 좌수(左手)를 우권(右拳) 아래로부터 역시 장권(長拳)을 출(出)하고 우수(右手)는 젖가슴에 잠복한다. 모두 네 번 장권(長拳)한다.[584] 족(足)은 연지(連枝)로 하였다가 장권(長拳)을 따라 가볍게 비비어[微搓] 좌우(左右)로 옮긴다.[挪[585]][나(挪)는 물건이 섞이어 비비어지는 것[揉物]이다.] 무릇 장권(長拳)은 직선(直線)으로 바로 대하여야 하고[要對直] 손등[手背]이 안쪽을 향하여야 한다.[586] 밖으로 향하는 것은 곧 병법(病法) 가운데 착권(戳拳)[587]이다.

　선인조천세(仙人朝天勢)는 좌수(左手)의 장권(長拳)을 오른쪽 귀[右耳] 뒤로 가게 해서 왼쪽 앞[左前]을 향하여 아래로 찍어 쪼개고[斫下] 젖가슴에 잠복한다. 좌족(左足)을 좌(左)로 비비어[搓] 우수(右手)를 왼쪽 귀[左耳] 뒤로 가게 해서 오른쪽 앞[右前]을 향하여 아래로 찍어 쪼개고[斫下] 구(鉤)를 일으키고 좌권(左拳)이 뒷면으로 첨가하여 들어가[閣] 손으로 비틀어 채고[拗][요(拗)는 어(於)와 교(巧)의 반절이며 뜻은 손으로 꺾는 것[手拉]이다.] 우권(右拳)이 정면으로 코앞을 맞히니[當] 조천세(朝天勢)와 같다. 우족근(右足跟)이 획(劃)을 그려 나아가 앞에 당하여[當前] 횡(橫)으로 밖을 향하여 붙이고 좌족첨(左足尖)과는 정자(丁字)의 모양과 같으니 이것이 선인보(仙人步)[588]가 된다. 무릇 보법(步法)에서 준좌(蹲矬: 좁고 작아 협소하게 앉는 것)하거나 직립(直立: 뻣뻣이 서는 것)하는 것은 모두 병법(病法)으로 금(禁)하는 바이다.

포월(抱月)은 우족(右足)이 오른쪽을 향하여 뒤로 가서 대살보(大撒步)[589]가 되고 좌족(左足)이 오른쪽으로 따라 돌아 좌마보(坐馬步)[590]가 되어 두 주먹[兩拳]이 평음(平陰)[591]으로 서로 마주 보게 하면[相對] 포월이 된다. 다시 앞에서 손을 비비어[搓] 다시 두문(斗門)으로 돌아가고 발[足]도 다시 연지(連枝)로 돌아와 그대로 네 번 장권(長拳)을 하고 좌우의 권(拳)을 거두어[斂] 팽팽히 교차시켜[緊叉] 가슴의 양면(陽面)을 지키는데 우권이 밖에 있고 좌권이 안에 있으며 양 팔꿈치[兩踭][592]〔쟁(踭)의 음(音)은 쟁(爭)이며 뜻은 발꿈치 근육[足跟筋]이다]를 겨드랑이에 낀다.

양편(揚鞭)은 발[左足]을 뒤로 향하여 비비어 돌려[搓轉] 우족(右足)이 앞에 있고 좌족(左足)이 뒤에 있게 하여 우족(右足)이 곧 추보(追步)[593]로 전진하여 우수(右手)로 양(陽)으로 발(發)하고 음(陰)으로 덮어 치는데[膊] 팔꿈치를 곧게 세웠다가[直肘] 수평으로 굽혀서[平屈] 앞에서 가로 되니[橫前] 각척(角尺: 직각자)의 모양과 같다. 좌수(左手)로 뒤를 가르고[扯後][차(扯)는 본래 차(撦)로 쓰며 뜻은 가르는 것[開]이다] 옆구리에 잠복하고 가지런히 수렴[一斂]하여 얼굴을 돌려[轉面] 좌수(左手) 역시 양(陽)으로 발(發)하고 음(陰)으로 덮어 치고 좌족(左足)이 나아가는 것은 위와 같다.

살추(煞鎚)는 좌수(左手)를 평음(平陰)으로 가로 굽히고[屈橫] 우수(右手)는 뒤를 향하여 헤치며 쳐서[挩]〔두(挩)의 음(音)은 두(兜)이며 뜻은 손으로 밀어 치는 것[批]이다〕 좌장(左掌)에 이른다. 우족(右足)은 우수(右手)를 따라 동시에 나아가[齊進] 좌족(左足) 뒤에 이른다.

충로(衝擄)는 우수(右手)가 뒤를 향하여 번신(翻身)하여 바로 내려찍고[直斫] 우족(右足)이 뒤를 향하여 따라 돌고[隨轉] 좌족(左足)을 들어 일어키어[揭起] 좌권(左拳)을 아래로 찔러[衝下] 좌슬(左膝) 위에 두고 조마보(釣馬步)[594)]가 된다. 이것은 오로지 소림(少林)의 루지알금전(摟地挖金磚)[루(摟)의 음(音)은 루(樓)이며 뜻은 끄는 것[曳]이며 끌어당기는 것[牽]이다] [알(挖)의 음(音)은 알(斡)이며 뜻은 돌아내는 것[挑]이다] 등의 법을 파(破)하는 것이다. 우수(右手)로 좌쟁(左踭)을 훑고[攄] 좌수(左手)는 바로 우수(右手)의 안에서부터 세워 일으키고[豎起] 좌족(左足)이 위로 핍보(逼步)[595)]로 전진하고 우족(右足)이 따라 나아간 후에 그대로 다시 연지(連枝)로 돌아가고 양수(兩手)는 그대로 다시 두문(斗門)으로 돌아간다.

양시요(兩翅搖)는 양수(兩手)와 양족(兩足)을 써서 요파(搖擺)하는 것인데 양족(兩足)을 우(右)로 비비어 좌마보(坐馬步)가 되고 양권(兩拳)을 평음(平陰)으로 가슴에 붙여 대고[著胸] 먼저 우수(右手)를 비스듬히 훑어 갈라서[掠開] 평직(平直)되게 하니 날개[翅]와 같고 다시 가슴에 이르도록 거두고 좌수(左手) 또한 그렇게 한다"고 하였다.

십단금(十段錦)을 전해(詮解)하여 이르기를 "좌산호세(坐山虎勢)는 두문(斗門)으로 시작하고 연지보(連枝步)는 발을 우(右)로 향하여 비비고 좌마보(坐馬步)가 되어 양권(兩拳)을 평음(平陰)으로 가슴에 붙인다.[著胸]

급보삼추(急步三追)는 우수(右手)를 살방(撒放)으로 열어 가르며[撒開] 전신(轉身)하고 좌수(左手)를 출(出)하고 우족(右足)이 앞에서 그대로 돌아 연지보(連枝步)가 되는데 이것은 염보(斂步)[596)]로 진퇴(進退)하는 것을 사용하여 삼진(三進)을 순환한다.

쌍도렴보(雙刀斂步)는 왼쪽 어깨[左膊]를 아래로 내리고[垂下] 주먹을 곧게 세워[直豎] 앞을 맞히고[當前] 우수(右手)를 밖을 향하여 평평히 굽혀[平屈] 좌수(左手)와 교차하고 안의 양족(兩足)은 염보(斂步)로 팽팽히 한다.

곤작진퇴삼회(滾斫進退三廻)는 앞의 손[前手]은 아래로 문지르고[抹下] 뒤의 손[後手]은 찍으며 나아가는데[斫進] 이와 같은 것으로 세 번 나아가고 세 번 물러선다. 무릇 작법(斫法)은 위에서는 둥글고[上圓] 가운데에서는 바로 내려가고[中直] 아래에서는 다시 둥글게[下仍圓] 되니 월부(鉞斧)의 모양과 같다.

분신십자(分身十字)는 양수(兩手)를 가슴에 붙여 댄 것[著胸]으로 인하여 좌수(左手)로서 살방(撒放)으로 열어 가르고[撒開] 좌족(左足)은 좌수(左手)를 따라 나가고[出] 우수(右手)는 장권(長拳)을 출(出)하여 삼권(三拳)을 순환한다. 우수(右手)를 가슴에 붙여 댄 것[著胸]으로 인하여 우수(右手)로서 살방(撒放)으로 열어 가르고[撒開] 좌족(左足)으로 얼굴을 돌려[轉面] 좌수(左手)는 장권(長拳)을 출(出)하여 역시 삼권(三拳)을 순환한다.

가도작귀영채(架刀斫歸營寨)는 우수(右手)를 다시 교차[叉]하고 좌수(左手)를 안으로 내려찍는 것[內斫]은 법(法)이 앞의 곤작법(滾斫法)과 같은데 다만 얼굴을 돌려[轉面] 단지 세 번 내려찍고[三斫] 우수(右手)를 사용하여 전신(轉身)한다.

뉴권연보(紐拳碾步)[597]는 주먹을 아래로 드리우고[下垂] 좌수(左手)를 약간 내밀고[略出] 우수(右手)를 아래에서 출(出)하여 위로 나아가 얼굴을 가리게[陰面] 된다. 좌족(左足)은 좌수(左手)를 따르고 우족(右足)은 우수(右手)에 드리워 비비어 옮기되[搓挪] 얼굴을 돌리지[轉面] 않고 양쪽으로 맨다.[兩紐]

곤작퇴귀원로(滾斫退歸原路)는 좌수(左手)로 번신(翻身)하여 삼작(三斫)하면서 퇴보(退步)한다.

도수전진(蹈隨前進)은 좌수(左手)를 평평하게 가슴에 붙여 대었다가[著胸] 약간 살방(撒放)으로 열어 갈라서[撒開] 평평하게 곧게 하고[平直] 우수(右手)는 주먹을 뒤집어[覆拳] 위로 헤쳐치고[拽上] 좌수(左手)의 팔 가운데[腕中]에 이르러 멈추었다가[止] 좌족(左足)은 좌수(左手)를 따라 염보(斂步)로 들어가 번신(翻身)하고 우수(右手) 역시 평평하게 가슴에 붙여 대었다가[著胸] 위와 같이 한다.

곤작귀초비보(滾斫歸初飛步)는 우수(右手)로 뒤를 찍고[斫後] 우족(右足)으로 비비어 옮긴다.

금계립긴반궁(金鷄立緊攀弓)은 우수(右手)를 다시 찍고[復斫] 우족(右

足)으로 비비며 돌아[搓轉] 좌권(左拳)을 위에서부터 아래로 꼽고[自上插下] 좌족(左足)이 조마보(釣馬步)로 반보(半步) 나아가고 우족(右足)이 따르며 다시 연지보(連枝步)로 돌아간다. 즉 육로(六路)의 권충(拳衝) 조마보(釣馬步)이다.

좌마사평양고(坐馬四平兩顧)는 곧 육로(六路)의 양시요파(兩翅搖擺)인데, 다시 두문(斗門)으로 돌아가고 좌마보(坐馬步)로 돌아서 요파(搖擺)한다.

육로(六路)와 십단금(十段錦)은 서로 같은 곳이 많다. 대략 육로는 연골(鍊骨)하여 능히 팽팽하게[能緊] 하고 십단금은 팽팽하게 한 후에 또 풀어놓아 열어[放開] 주도록 한다.

【案】중국[598]의 24창(槍)과 32권(拳)은 기틀[機: 상대의 움직임]에 따라 백가지로 변화한다. 비록 간혹 몇 가지 세(勢)는 서로 연결되는 것이 있어도 반드시 세(勢)와 세(勢)가 서로 이어받아 연락(聯絡)되는 것은 아니다. 끊어지지 않는 것은 역(易)에 서괘(序卦: 괘의 순서)가 있는 것과 같다.[599] 그러므로 모씨(茅氏)가 논(論)한 조선검세(朝鮮劍勢)도 역시 세법(洗法), 자법(刺法), 격법(擊法)으로 나누었고 이미 우리나라의 예도(銳刀)는 대개 모설(茅說)을 실었고 이에 속보(俗譜)로서 다시 익히게[復習] 된다. 즉 권법(拳法)으로서 말하자면 척보(戚譜)는 반드시 두 사람이 서로 마주 보고[兩兩相對] 있다. 예를 들면 갑(甲)이 탐마세(探馬勢)를 취하면 을(乙)은 요단편세(拗單鞭勢)를 취하고 갑(甲)이 칠성세(七星勢)를 취하면 을(乙)은 기룡세(騎龍勢)를 취하는 유(類)들이다. 모두 공수(攻守: 공격과 수비)와 자연(自然)의 세(勢)이지만 지금의 법(法)은 곧 처음에는 모세(某勢: 어떠한 권법의 세)를 취하고 다시 모세(某勢)를 취하는 것으로 하여 초두(初頭)부터 말미(末尾)에 이르기까지 한 길로 통하게 주합(湊合: 모아서 합침)하여서 만들어[湊成一通]졌으니 이미 본래의 의미[本意]를 잃어버렸다.[600] 또 하물며 갑을(甲乙)이 함께 한 세[一勢]를 취하니 마치 그 상박(相搏)[601]의 형상

을 따르는 그림자와 같게 되었다. 공수자연지세(攻守自然之勢)로서 본래의 의미를 갖고 있는 것은 안시세(雁翅勢), 구유세(丘劉勢)의 몇 가지 세(勢)에 불과할 뿐이고 마지막에는 두 사람이 상대(相對)하여 쌍둥이[孿][산(孿)의 음(音)은 수(數)와 권(眷)의 반절이며 뜻은 쌍둥이 아들[雙生子]임]처럼 지고 서로 씨름[相撲]⁶⁰²⁾하는 것인데 여기에서부터는 거의 유희에 가깝다. 다만 그것이 행하여 진지 이미 오래된 것으로 인하여 구보(舊譜)가 되었다. 식자(識者)는 마땅히 권법보(拳法譜)에 증보(增譜)된 십세(十勢)는 금본(今本)에서 잃어버린 것⁶⁰³⁾임을 스스로 알 것이다. 그러므로 그 결(訣)⁶⁰⁴⁾을 증입(增入)하여서 나란히 기록하였다.

권법보(拳法譜)

【原】
두 사람이 각각 좌우수(左右手)로써 옆을 끼고 쌍(雙)으로 섰다가 처음으로 탐마세(探馬勢)를 하되 우수(右手)로 왼편 어깨를 쳐 벗기고 즉시 요란주세(拗鸞肘勢)를 하되 좌수(左手)로 오른편 어깨를 쳐 벗기고

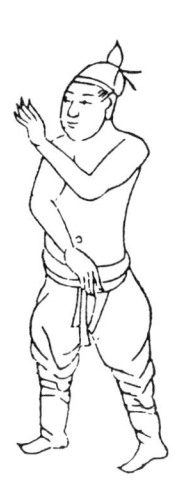 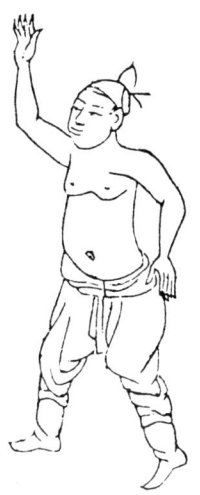

앞으로 나아가 현각허이세(懸脚虛餌勢)를 하되 우족(右足)으로 우수(右手)를 차고 좌족(左足)으로 좌수(左手)를 차고 우족(右足)으로 우수(右手)를 차고 즉시 순란주세(順鸞肘勢)를 하되 왼편으로 한 번 돌아 좌수(左手)로 우족(右足)을 한 번 치고

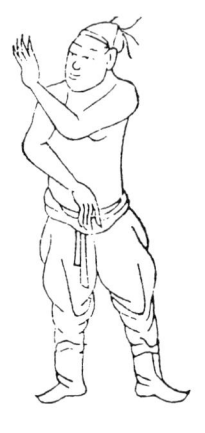 

인하여 칠성권세(七星拳勢)를 하되 좌우(左右)편으로 감아 고사평세(高四平勢)를 하되 우수(右手)와 우각(右脚)으로 앞을 한 번 찔러라.

 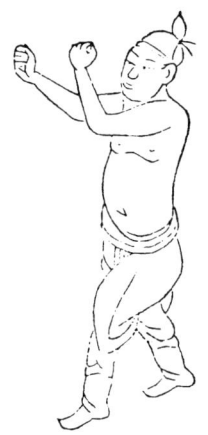

즉시 도삽세(倒揷勢)를 하되 좌우수(左右手)를 높이 들어 뒤를 돌아보며 몸을 돌려서 뒤를 향(向)하여 일삽보세(一霎步勢)를 하되 우수(右手)를 우액(右腋)에 끼고

인하여 요단편세(拗單鞭勢)를 하되 한 걸음 뛰어 좌수(左手)로 우둔(右臀)을 치고 인하여 복호세(伏虎勢)를 하되 나아가 앉으며 오른편으로 돌아 일어서며 또 현각허이세(懸脚虛餌勢)를 하고

인하여 하삽세(下插勢)를 하되 왼편으로 한 번 돌며 우수(右手)로 좌족(左足)을 한 번 치고 즉시 당두포세(當頭砲勢)를 하되 좌수(左手)로 앞을 막고 우수(右手)로 이마를 가리우며

인하여 기고세(旗鼓勢)를 하되 좌우(左右)편을 감고 또 중사평세(中四平勢)를 하되 우수(右手)와 좌각(左脚)으로 뒤를 한 번 찌르고 인하여 도삽세(倒插勢)를 하고 앞을 돌아보며

몸을 돌려서 도기룡세(倒騎龍勢)를 하되 좌우수(左右手)를 열어 벌리고 요단편세(拗單鞭勢)를 하여 앞으로 나아가 인하여 매복세(埋伏勢)를 하되 일자(一字)로 나아가 앉고 일어서며 현각허이세(懸脚虛餌勢)를 하고 인하여 하삽세(下插勢)와 당두포세(當頭砲勢)를 하고 또 기고세(旗鼓勢)와 고사평세(高四平勢)와 도삽세(倒插勢)를 하고 즉시 일삽보세(一霎步勢)와 요단편세(拗單鞭勢)를 하고

즉시 오화전신세(五花纏身勢)를 하되 우수우각(右手右脚)으로 오른편으로 돌아

두 사람이 마주 서서 안시측신세(雁翅側身勢)와 과호세(跨虎勢)를 하되 두 손을 개합(開闔)하며 좌우(左右)로 서로 찾고

갑(甲)이 현각허이세(懸脚虛餌勢)를 하되 왼편으로 차고 오른편으로 차고 몰아 쫓아 앞으로 나아가거든 을(乙)이 구유세(丘劉勢)를 하되 좌우수(左右手)로 막아 물러오고 안시측신세(雁翅側身勢)와 과호세(跨虎勢)를 하여 서로 돌아서라. 을(乙)이 즉시 현각허이세(懸脚虛餌勢)를 하여 나아가거든 갑(甲)이 또 구유세(丘劉勢)를 하여 물러오고 두 사람이 즉시 안시측신세(雁翅側身勢)와 과호세(跨虎勢)를 하여 서로 돌아서고

갑(甲)이 나아가 복호세(伏虎勢)를 하거든 을(乙)이 금나세(擒拿勢)를 하여 뛰어넘어 즉시 복호세(伏虎勢)를 하고 갑(甲)이 또 금나세(擒拿勢)를 하여 뛰어넘고

두 사람이 즉시 포가세(拋架勢)를 하되 좌우수(左右手)로 오른편 발등을 치고 또 점주세(拈肘勢)를 하고

갑(甲)이 우수(右手)로써 을(乙)의 왼편 어깨를 잡거든 을(乙)이 우수(右手)로써 갑(甲)의 오른편 겨드랑이 아래로 쫓아 갑(甲)의 목을 꼬아 지나 갑(甲)의 왼편 어깨를 잡고 각각 등 뒤로써 좌수(左手)를 걸어 당기고 갑(甲)이 을(乙)을 업고 빗겨들어 거꾸로 던지거든 을(乙)이 물레 돌듯하여 얼핏 땅에 내려서고 을(乙)이 또 갑(甲)을 업어 전법(前法)과 같이 하여 마쳐라.

【增】[605]

◎나찰의출문가자변하세(懶扎衣出門架子變下勢).

나찰의(懶扎衣)는 출문(出門)하는 가자(架子)[606]로 하세(下勢)로 변화되어 삽보(霎步)로 단편(單鞭)을 쓴다.

적(敵)과 마주 대(對)하여 만약 담(膽)[607]이 먼저 앞서지 않으면 스스로의 눈이 날카롭고[眼明] 손이 민첩[手便]하여도 쓸모없다.

◎금계독립(金鷄獨立)은 뒤집으며 일어나고[顚起] 퇴각(腿脚)을 장전(裝塡)하고 횡권(橫拳)하여 상하로 서로 겸용한다.

등판이 훑어지고[搶背] 와우세(臥牛勢: 좌우의 주(肘)를 쓰는 기법)와 짝하여 도질(倒跌)시키니[608] 이 초식(招式)을 만나면[遭著] 고통으로 울부짖음이 하늘에 닿는다.

◎정란(井欄)은 사평(四平)으로 곧게 나아가[直進] 정강이를 자르고[剪臁] 무릎을 차며[踢膝] 좌비우주(左臂右肘)로 감(砍)하고 배(排)하여 머리를 맞힌다.

곤천벽고말(滾穿劈靠抹)의 기법[609]이 한 갈쿠리[一鉤] 안에 들었으니 의

지가 쇠처럼 강한 철장군(鐵將軍)도 달아난다.

◎귀축각(鬼蹴脚)은 상대의 선착(先著: 먼저 펼치는 초식, 즉 先攻)을 훑으며[搶] 앞을 보전(補塡)하고 돌면서 쓸어[補前掃轉] 위로 홍권(紅拳)[610]을 든다.

하로(下路)로 침습(侵襲)하고[背弓][611] 상하의 연격(連擊)으로 헤치며[顚披] 들고[揭起] 천심주(穿心肘)[612]로 고법(靠法)으로 계속하여 이어지는 묘법(妙法)은 전수하기 어렵다.

◎지당세(指當勢)는 한쪽으로 하는 정자보법(丁字步法)[箇丁法]이니 상대는 진문(進門)하기 어려우나 나는 편신(偏身)이 되어 앞을 향하기 좋아라.

무릎을 차고[踢膝] 곤주(滾肘)로 비벼 내려[滾躦] 얼굴로 향하고[上面] 급(急)히 회보(回步)하여 상하로 연격(連擊)[顚]하며 단처(短處)에 홍권(紅拳)을 편다.

◎수두세(獸頭勢)[613]는 방패처럼[如牌] 강하게 밀치어 내니[挨進] 쾌각(快脚)에 의지한 상대는 나의 공략을 만나[遇我] 황망(慌忙)에 떨어진다.

낮게 경법(驚法: 虛手로 상대를 유인하는 虛招)으로 미혹하고 높은 곳에서 취법(取法: 攻取하는 實招)을 쓰니 상대는 방어하기 어렵고 팔을 굽혀서 짧게 헤치며[接短披] 홍권(紅拳)을 찔러 올린다.[紅衝上]

◎신권(神拳)⁶¹⁴)은 얼굴을 막고[當面] 창보(搶步)로 섬진(閃進)하여 아래로 삽권(揷拳)하며 심복(心腹)에서 찬권(攢拳)이 화염(火焰)처럼 솟는다.[攢心]

상대의 교타(巧打)를 만나 바로 금나(擒拿)하고[就拿] 바로 솔질(摔跌)시켜[就跌] 타수(打手)를 진행함에[擧手] 사사로운 정(情)을 남기지 않는다.

◎일조편(一條鞭)⁶¹⁵)는 횡경(橫勁)으로 헤치고 직경(直勁)으로 자르며 살보(撒步)와 전보(箭步)로 진공(進攻)하는 봉퇴(封腿)로 얼굴을 맞혀 상대를 격상(擊傷)한다.

상대의 힘이 거칠고[力粗] 담대(膽大)함을 두려워할 것 없이 나는 신통(神通)한 교타(巧打)를 즐긴다.

◎작지룡(雀地龍)은 하반(下盤)⁶¹⁶⁾의 퇴법(腿法)으로 앞으로는 좌족(左足)을 게기(揭起)하고 뒤로는 홍권(紅拳)을 진격(進擊)한다.

상대가 물러서면[他退] 나는 비록 하퇴상수(下腿上手)로 전보(顚補)하여 가지만 상대가 충격(衝擊)하여 들어와도 격주(格肘)로 받아치며[但當] 연이는 세(勢)를 와해(瓦解)시켜 버린다.[休延]

◎조양수(朝陽手)⁶¹⁷⁾는 편신(偏身)⁶¹⁸⁾으로 퇴격(腿擊)을 막는데[防腿] 자연스럽고 완벽하게[無縫] 감쳐서 닫아걸고 핍박하니[鎖逼] 영웅호걸도 퇴락(退落)한다.

진세(陳勢)를 뒤집어 상대의 일각(一脚)을 감쳐서 튕기면[彈] 훌륭한 교사(教師)도 성명(聲名)을 잃어버린다.[喪]

拳法總譜

起 — 拽馬 — 拗鸞肘 — 懸腳虛餌 — 七星拳 — 高四平

士四中 — 拜勢 — 邱劉 — 大坳 — 埋伏神拳 — 一霎步 — 鬼蹴腳 — 一條鞭 — 拗單鞭

倒插 — 倒騎龍 — 拗單鞭 — 埋伏 — 懸腳虛餌 — 下插 — 當頭砲 — 旗鼓 — 高四平

神拳 — 一霎步 — 一條鞭

兩人對立 — 跨虎 — 雁翅側身 — 相迴立 — 甲乙立 — 乙懸腳虛餌 — 雁翅側身 — 跨虎 — 相迴立 — 甲由

走馬回頭 — 拋架 — 拈肘 — 甲背負乙橫舉倒擲乙下地立 — 乙背負甲橫舉倒擲甲下地立 終

甲伏虎乙擒拿跪越
乙伏虎甲擒拿跪越

拳法總圖

拔馬　七星拳　順鸞肘　懸腳虛餌　拗鸞肘
高四平

倒插　一霎步　拗單鞭　伏虎　懸腳虛餌　下插　當頭砲　旗鼓
鷹中四平

高四平　旗鼓　當頭砲　下插　懸腳虛餌　埋伏　拗單鞭　倒騎龍　倒插

拳法總圖

倒插　一霎步　拗單鞭　懸腳虛餌　千花纏身

跨虎　雁翅側身　上劉　懸腳虛餌　跨虎　雁翅側身

上劉　懸腳虛餌　跨虎　懸腳側身

伏虎　搶拿　搶拿　伏虎　拗攀　拈肘　甲乙相須
終

곤봉(棍棒)

곤봉(棍棒)【原】

【原】척계광(戚繼光)이 말하기를 "길이는 7척(尺)이고 무게는 3근(斤) 8냥(兩)이오, 날 길이[刃長]가 두 치(寸)인데 이 가운데 날이 있으니[有中鋒] 한 면에는 등마루가 서게 하고[起脊] 한 면에는 골지게 하여[血槽] 갈아서 정교(精巧)하게 할 것이며 무게는 4량(兩)이다. 이 병기(兵器)의 법(法) 가운데에는 모두 한 번 치고 한 번 찌르게[一打一刺] 하였으니 봉(棒)에 날이 없으면 무엇으로써 찌르리오. 지금은 작은 날[小刃]을 더하였는데 다만 날이 길면 막대머리[棒頭][봉(棒)의 음(音)은 방(傍)임]에 힘이 없어서 상대의 막대를 잘 누르지 못할 것이니 다만 가히 두 치(寸)만 하고 얼굴[形]이 오리부리[鴨嘴] 같게 하여 칠 때에는 막대의 이로운 점을 이용[利棒]하고 찌를 때에는 날의 이로운 점을 이용[利刃]하여 두 가지가 서로 구제[相濟]하게 된다. 남방(南方)에서는 곤(棍)이라 하고 북방(北方)에서는 백봉(白棒)이라고 한다"고 하였다.

압취(鴨嘴): 오리부리

【增】『병장기(兵仗記)』에 이르기를 "곤봉의 제도[棒制]에는 여섯 가지가 있는데 모두 견고하고 무거운 나무[堅重木]을 취하여 만든다. 길이 4~5척(尺)에 윗부분을 철로 싼[鐵裹] 것을 가려봉(訶藜棒)이라 하고, 머리 부분에 날카로운 날[銳刃]을 시설하고 아래에는 거꾸로 된 쌍갈쿠리[倒雙鉤]로

만든 것을 구봉(鉤棒)이라 하고, 날은 없고[無刃] 철 끌개[鐵抓]〔抓의 음(音)은 조(蚤)이며 뜻은 긁는 것[搔]이다〕로서 갈고리지게 한 것을 조자봉(抓子棒)이라 하고, 윗부분에다 곧은 침[直針]을 심어 이리 어금니처럼 한 것을 낭아봉(狼牙棒)이라 하고, 뿌리 부분과 끝부분의 양쪽[本末]에 모두 큰 것으로 낭아(狼牙)처럼 한 것을 저봉(杵棒)이라 하고, 보리타작[打麥]하는 도리깨[枷]〔가(枷)는 『설문(說文)』에 "불(柫)이라 하였고 본래는 가(枷)로 쓴다"고 하였다〕와 같은 것을 철연협봉(鐵鏈夾棒)〔연(鏈)은 쇠사슬[鐵鎖]로 갈고리지어 연결하는 것[勾連]이다〕이라고 한다"고 하였다.

【案】『시(詩)』〈위풍(衛風)〉에 "님은 긴 몽둥이를 잡고[伯也執殳]"라고 하였는데 그 전(傳)[619]에 "수(殳)의 길이는 1장(丈) 2척(尺)이며 날이 없다"고 하였다. 『설문(說文)』에 "수(殳)는 몽둥이[杖]로서 사람을 수참(殊斬)〔수(殊)는 자르는 것[斷]이다〕하는 것이다"라고 하였다. 『도서집성(圖書集成)』〈기계부총론(器械部總論)〉에 이르기를 "수(殳)는 팔 모진 창[殳][620]을 줄여서 만드는데 지금 세속에서 이른바 목곤(木棍)이라고 하는 것과 같은 것이다. 그러나 옛 제도[古制]에 의하면 이 한 병기(兵器)를 갖추어서 말의 발[馬足]을 쳤으므로 역시 줄이지는 않았고 송(宋)나라 사람들은 마찰도(馬紮刀)로 사용하였다"고 하였다. 〔『송사(宋史)』의 〈악비전(岳飛傳)〉에 이르기를 "올출(兀朮)[621]이 세 사람씩 연대(聯帶)를 짓도록 하여 괴자비마계(拐子飛馬戒)라 이름하고 보졸(步卒)이 마찰도(馬紮刀)로서 위로 쳐다보지 말고 마족(馬足)만을 찍게 하였다"고 하였다.〕

『맹자(孟子)』에 "장성한 자들로 하여금 몽둥이[梃]를 만들어 들고"라고 하였는데 그 주(注)에 "정(梃)은 장(杖)이다"라고 하였다.

『전한서(前漢書)』〈제후왕표(諸侯王表)〉에 "진오(陳吳)가 그 백정(白梃)[622]을 치켜들었다"고 하였다.

『중화고금주(中華古今注)』에 이르기를 "한조(漢朝)의 집금오(執金吾)〔『한서(漢書)』〈백관공경표(百官公卿表)〉의 집금오(執金吾)인데 안사고(顏師古)의 주(注)

에 "금오(金吾)는 새이름[鳥名]으로 상서롭지 못한 것을 다스리는 법[辟]을 주관한다"[623]고 하였다]란 관명에서의 금오(金吾) 역시 봉(棒)이다. 군수(郡守), 도위(都尉)의 유(類)[624]들이 나무로써 오(吾)를 만들었다"고 하였다. 그러한즉 수(殳), 정(梃), 오(吾)라고 하는 것은 모두 봉(棒)이다. 또 방(棓)[방(棓)은 보(步)와 항(項)의 반절(半切)임]과도 같다.

태공(太公)의 『육도(六韜)』에 "네모진 머리 모양을 한 쇠몽둥이[方首鐵棓]는 무게가 12근(斤)이며 자루 길이가 5척(尺) 이상인데 다른 이름으로 천방(天棓)이라고 합니다"라고 하였다.

모원의(茅元儀)가 말하기를 "봉(棒)과 곤(棍)은 같은 것이다. 다만 봉(棒)은 수참(殊斬)하는 데 있고 지금의 곤(棍)은 곧 옛날의 간봉(桿棒)이며 백봉(白棒)이다"라고 하였다. 아마도 옛날에 철(鐵)로서 머리를 만든 것이 있었는데 척씨(戚氏)가 처음으로 날[刃]을 붙인 것으로 생각된다.

『소림곤법천종(少林棍法闡宗)』에 이르기를 "파곤 제1로보(破棍 第一路譜)는

(1) 사평답외답리(四平搭外剳裏): 사평(四平)으로 서서 밖으로 걸어 치고 안으로 찍어 친다. 〔답(搭)의 음(音)은 답(答)이며 뜻은 치는 것[擊]이며 거는 것[挂]이다.〕 〔답(剳)의 음(音)은 답(答)이며 뜻은 걸며 찍는 것[鉤]이다.〕 〔이것은 세명(勢名)을 비유한 것인데 지금 이 아래는 모두 이것을 모방한다.〕

기법을 이르면 권 밖[圈外]에서 걸어 치고[搭] 권 안[圈裏][625]에서 지킨다.[看] 내가 사평(四平)으로 서면 상대는 나의 권 밖[圈外]을 걸어 치게[搭]되고 나는 권 안[圈裏]에서 찍어 치게[剳][626] 된다.

(2) 쌍봉단폐(雙封單閉): 두 번 봉(封)하고 한 번 폐(閉)한다.[627]

상대가 나의 권 안을 찍어 치면 나는 상대의 곤(棍)을 벽개(劈開)하고 상대의 권 안이나 혹은 손이나 심장, 옆구리를 찍어 친다. 권 밖에서도 모두 같다.

(3) 봉창쇄구(封槍鎖口): 쇄구창세(鎖口槍勢)[628]로 감춰서 창을 봉한다.

상대가 나의 권 안을 찍어 치면 나는 {상대의} 곤을 나개(拏開: 끌어 비비

며 열어젖힘)하고 {좌족이 앞에 있도록} 진보(進步)하여 상대의 인후(咽喉)를 가리킨다.

(4) 대량창(大梁槍)[629]: 높이 들어 올리는 고제세(高提勢)이다.

상대는 내가 인후를 가리키는 것을 보고 나의 슬각(膝脚)을 찍어 치면 나는 {좌보가 나아가며} 상대의 곤에 고제(高提)를 사용한다.

(5) 구괘경고(勾掛硬靠)[630]: 감아 걸고 기대어 붙여 경타(硬打)한다. 〔고(靠)의 음(音)은 호(犒)이며 뜻은 서로 어기는 것[相違]이며 또는 기대어 붙이는 것[依附]이다.〕

상대는 나의 제곤(提棍)을 보고 곤을 바로 일으켜 세워[起] 나의 손을 깎으면[削] 나는 상대의 세력(勢力)에 순응하면서 감아 걸고[勾掛] 진보(進步)하여 {우족이 요보(拗步)가 되어} 권 밖으로 빗겨들어가[走] 굳게 기대어 붙여 상대의 손을 친다.

(6) 일제금(一提金)[631]: 곤을 짧게 들어 올린다.

상대는 내가 곤상(棍上)에서 손을 치는 것을 보고 상대가 아래로 나의 슬각(膝脚)을 치면 나는 곤근(棍根: 곤 밑둥)을 사용하여 상대의 앞에 있는 손[前手]을 든다.[提]

(7) 상봉창(上封槍): 들어 봉하는 창이다.

상대가 나의 제수(提手: 일제금의 수법)를 보고 상대는 곤을 일으켜 세우고[起] 나는 {좌족이} 진보(進步)하면서 {쇄구(鎖口)로} 곤초(棍梢: 곤 앞의 끝)를 사용하여 상대의 손을 친다.

(8) 구괘진왕과검(勾掛秦王跨劍): 감아 걸고 휘둘러 진왕(秦王)[632]이 대검을 차고 있듯이 한다.

상대가 나의 타수(打手)를 보고 아래로 나의 각슬(脚膝)을 치면 나는 {좌족이} 진보(進步)하면서 곤근(棍根)을 사용하여 상대의 손을 들고[提] 상대가 곤을 바로 일으켜 세우면[起] 나는 상대의 세(勢)에 순응하면서 구괘(勾掛: 감아 검)하고 {우족이} 진보(進步)하여 권 안으로 빗겨들어가[走] 상대의 심협(心脇)을 찍어 친다.[633]

(9) 전란당(前攔搪): 앞을 막아 젖히며 벌리는 곤이다. 〔당(搪)은 벌리는 것 [張]이다.〕

상대는 내가 심협(心脇)을 찍어 치는 것을 보고 아래로 나의 각슬(脚膝)을 찍어 치면 나는 {우족을 물리며} 우각(右脚)을 옮겨 곤초(棍梢)를 사용하여 상대의 손을 든다.[提][634]

(10) 호심창(護心槍): 심장을 보호하는 창이다.

상대가 나의 제수(提手)를 보고 위에서 나의 심장(心臟)을 찍어 치면 나는 {우보를} 제진(擠進: 밀면서 나아감)하여 상대의 곤을 나개(拏開)하고 {좌보가 나아가} 상대의 인후[口]를 봉쇄한다.

(11) 곤창쇄구(滾槍鎖口): 창을 굴리어 쇄구(鎖口)한다

상대는 나의 곤이 쇄구(鎖口)하는 것을 보고 상대가 나의 곤을 붕초(掤超: 높이 드는 붕곤)〔붕(掤)의 음(音)은 빙(冰)이며 뜻은 손으로 화살을 살펴 먹국[헤아림]하는 곳[覆矢]이다〕하면 나는 곤을 뽑아서[抽棍] 다시 상대의 인후(咽喉)를 찍어 친다. 파곤 제2로 보(破棍 第二路 譜)는

(1) 외곤수흑풍안시(外滾手黑風雁翅): 밖으로 굴려 두르는 수법으로 위로 돌려 권 밖의 창을 걸어 감는 안시세를 한다.

내가 사평으로 서면 상대는 나의 권 안을 걸어 치고 나의 권 밖을 찍어 친다. 나는 외곤수(外滾手)를 사용하여 상대의 곤을 구개(勾開: 걸어서 열어젖힘)하고 나는 안시(雁翅)를 사용하여 권 밖에 치우쳐 있게 된다.

(2) 경봉진보쇄구(硬封進步鎖口): 굳게 봉하고 진보하여 인후를 봉쇄한다.

상대는 나의 세(勢)가 권 밖에 치우쳐 있음을 보고 상대는 반드시 나의 권 안을 찍어 치게 되고 나는 경봉(硬封: 굳게 봉쇄함)하여 상대의 곤을 열어젖히고[開] {우로 또는 좌로} 진보(進步)하여 쇄구(鎖口)한다.

(3) 각하창제수(脚下槍提手): 다리 아래로 오는 창을 일제금(一提金)으로 든다.

상대가 나의 쇄구(鎖口)를 보고 아래로 나의 슬각(膝脚)을 찍어 치면

나는 일제(一提)를 하고 {우보(右步)를 물리며} 상대가 나의 면심(面心: 얼굴과 심장)을 찍어 치면 나는 상대의 곤을 나개(拏開)하고 {우보(右步) 가 나아가} 상대의 면심(面心)을 찍어 친다.

(4) 대량창구괘오운조정(大梁槍勾掛烏雲罩頂)[635]: 높이 드는 대량창 의 고제세로 감아 걸고 머리 위로 돌려 정수리를 덮어 친다.

〔조(罩)의 음(音)은 도(都)와 교(敎)의 반절(半切)이며 뜻은 고기를 잡는 대나무 상자 [捕魚籠]이다.〕

상대는 내가 면심(面心)을 찍어 치는 것을 보고 상대가 나의 슬각(膝 脚)을 찍어 치면 나는 일제(一提)를 하고 상대가 곤을 바로 일으켜 세 워[起] 나의 손을 깎고[削] 나는 곧 상대의 세력(勢力)에 순응하면서 {좌우로} 감아 걸고[勾掛] 진보(進步)하여 권 밖으로 빗겨 들어가[走] 상대의 두이(頭耳)를 친다.

(5) 전보군란(剪步䩞攔): 전보로 뛰어 나가 군란세(䩞攔勢)를 한다.

상대는 내가 두이(頭耳)를 치는 것을 보고 상대는 곤을 사용하여 나 의 곤을 구개(勾開)하고 나는 상대의 세력에 순응하면서 전보(剪步)로 {좌우족을 물리며} 도출(跳出)하여 군란(䩞攔)으로 선다.[636]

(6) 구과검(勾跨劍): 걸어서 열어젖히고 과검세(跨劍勢)[637]를 한다.

상대는 내가 군란(䩞攔)으로 서는 것을 보고 나의 권 밖을 찍어 치면 나는 상대의 곤을 구개(勾開)하고 {우보(右步)가 나아가} 과검(跨劍)으 로 선다.

(7) 타군란(打䩞攔): 벽타(劈打)하고 군란세(䩞攔勢)를 한다.

상대는 내가 과검(跨劍)으로 서는 것을 보고 나의 권 안을 찍어 치면 나는 상대의 곤을 벽개(劈開)하고 {우보(右步)를 물리며} 다시 군란(䩞 攔)으로 선다.

(8) 진보일제금(進步一提金): 진보하고 일제금세(一提金勢)를 한다.

상대는 내가 다시 군란(䩞攔)으로 서는 것을 보고 나의 권 밖을 찍어 치면 나는 상대의 곤을 난개(攔開: 옆으로 제쳐 막아 열어젖힘)하고 진보(進

步)하여 {오른쪽으로} 상대의 권 밖으로 들어가면 상대의 곤은 아래로 나의 다리[脚]를 쓸고[掃] 나는 {우보(右步)를 물리며} 곤근(棍根)을 사용하여 일제(一提)를 한다.

(9) 단살수(單殺手)[638]: 한손을 놓으며 빗겨 치는 수법이다.

상대는 내가 일제(一提)하는 것을 보고 상대의 곤을 구기(勾起: 걸어서 일으켜 세움)하여 나의 손을 깎으면[削] 나는 앞의 손을 주방(丟放: 놓아 버림)[주(丟)의 음(音)은 투(套)이며 뜻은 풀어 벗어 떨어지게 하는 것[卸]이다]하여 한손[單手]으로 비스듬히 {우보(右步)가 나아가} 상대의 손을 친다.

파곤 제3로 보(破棍 第三路 譜)는

(1) 태공조어(太公釣魚)[639]: 여상(呂尙) 강태공이 낚시하는 세(勢)로서 상대를 유인(誘引)한다.

내가 조어세(釣魚勢)로 서서 권 밖의 문호(門戶)를 열면 상대는 나의 권 밖을 찍어 친다.

(2) 고안출군(孤雁出羣)[640]: 외로운 기러기 무리 속으로 나아간다.

나는 상대의 곤을 갂아[勾] 나개(拏開)하고 {왼쪽으로 물러나} 빗겨들며 나아간다.[走出]

(3) 요자박요순(鷂子撲鷯鶉)[641]: 요자(鷂子: 새매)가 몸을 뒤로 젖히며 돌려 요순(鷯鶉: 뱁새와 메추라기)을 덮치는 자세이다.

상대는 내가 주출(走出)하는 것을 보고 상대가 뒤를 따라와서 나의 오른쪽 어깨와 등[肩背]을 찍어 치면 나는 섬개(閃開: 번쩍하며 빠르게 열어젖힘)하고 {좌로} 진보(進步)하여 상대의 머리와 손[頭手]을 비스듬히 내려치고[斜劈] 군란(羣攔)으로 선다.

(4) 군란일봉수(羣攔一封手): 군란(羣攔)에서 난격(攔格)으로 한쪽을 봉(封)한다.

상대는 내가 군란(羣攔)으로 서는 것을 보고 상대가 나의 권 밖을 찍어 치면 나는 상대의 곤을 난개(攔開)하고 다시 군란(羣攔)으로 선다.

(5) 이환수일제금(二換手一提金): 손을 두 번 바꾸어서 일제금(一提

金)을 한다.

　상대는 내가 다시 군란(羣攔)으로 서는 것을 보고 상대가 거듭 권 밖을 찍어 치면 나는 상대의 곤을 구개(勾開)하고 앞에 있는 우수(右手)를 바꾸어서 권 밖에서 상대의 손을 든다.[提] 상대는 곤을 일으켜 세우고[起] 나는 {우족이} 진보(進步)하여 {좌수(左手)를 바꾸어서} 곤근(棍根)을 사용하여 상대의 손을 치고 상대의 곤이 나의 슬각(膝脚)을 치면 {우보(右步)를 물리며} 나는 곤초(棍梢)를 사용하여 일제(一提)한다.

　(6) 전란당쇄구(前攔搪鎖口): 전란당(前攔搪)을 하고 쇄구(鎖口)한다.

　상대는 나의 제수(提手)를 보고 상대가 곤을 일으켜 세워[起] 나의 손을 깎으면[削] 나는 상대의 세력(勢力)에 순응하면서 감아 걸고[勾掛] {우보(右步)가 나아가} 권 안으로 빗겨 들어[走] 곤초(棍梢)로 상대의 심협(心脇)을 찍어 치고 상대가 나의 슬각(膝脚)을 치면 나는 {좌족(左足)이 나아가} 곤근(棍根)을 사용하여 상대의 손을 든다.[提] 상대가 곤을 일으켜 세워[起] 나의 면심(面心)을 찍어 치면 나는 곤근(棍根)을 사용하여 상대의 곤을 나개(拏開)하고 상대의 인후[口]를 봉쇄한다. 파곤 제4로 보(破棍 第四路 譜)는

　(1) 소량창봉창(小梁槍封槍): 낮게 들어서 봉쇄하는 창이다.

　나는 곤을 가로 일자[橫一字]로 하여 정면(正面)으로 마주 대하면 상대는 나의 면심(面心)을 찍어 치고 나는 상대의 곤을 봉개(封開: 봉쇄하고 열어젖힘)하면서 {좌족이} 나아가 좌족(左足)을 든다.[懸]

　(2) 조천창(朝天槍)[642]: 천자(天子)를 배알하는 창세를 한다.

　상대는 내가 좌족(左足)을 높이 드는 것[高懸]을 보고 상대는 나의 권 밖을 찍어 치고 나는 {우족이} 진보(進步)하면서 상대의 곤을 구개(勾開)한다.

　(3) 뇌후일와봉(腦後一窩蜂)[643]: 뇌후(腦後)의 와봉(窩蜂)을 친다.

　내가 상대의 곤을 구개(勾開)하고 권 밖으로 {좌족이} 진보(進步)하여 상대의 뇌후(腦後)를 치면 상대는 나의 곤을 구개(勾開)하고 나는 상대

의 세력(勢力)에 순응하면서 {우보(右步)가 나아가} 권 안으로 빗겨 들어[走圈內] 상대의 두이(頭耳)를 친다.

(4) 고조참사(高祖斬蛇): 한(漢)나라 고조(高祖: 劉邦)가 백사(白蛇)를 참(斬)하듯 머리를 친다.

상대는 내가 두이(頭耳)를 치는 것을 보고 상대는 나의 곤을 아래로 섬나(閃拏: 빠르게 끌어 잡음)한다.

(5) 전보군란(前步輥攔): 전보로 뛰어 나가 군란세(輥攔勢)를 한다.

내가 상대의 세력(勢力)에 순응하면서 상대의 다리[脚]를 쓸어 치고[掃打] {우족을 물리며} 전보(剪步)로 도출(跳出)하여 군란(輥攔)으로 선다.

(6) 후란당전봉수(後攔攩前封手): 뒤로 난당세(攔攩勢)를 하고 앞으로 봉쇄한다.

상대는 내가 군란(輥攔)으로 서는 것을 보고 나의 권 밖을 찍어 치면 나는 상대의 곤을 구개(勾開)하고 {우족이} 권 밖으로 진보(進步)하여 상대의 뇌후(腦後)를 치고 상대는 곤을 문득 구기(勾起: 걸어 일으켜 세움)하고 나는 {좌족을} 진보(進步)하여 상대의 앞의 손을 친다.

(7) 전보군란(剪步輥攔): 전보로 뛰어나가 군란세(輥攔勢)를 한다.

상대는 내가 손을 치는 것[打手]을 보고 상대가 나의 곤을 구개(勾開)하면 나는 상대의 세력(勢力)에 순응하면서 {좌우(左右)의 보(步)를 물리며} 전보(剪步)로 도출(跳出)하여 군란(輥攔)으로 선다.

(8) 환수타일와봉(換手打一窩封): 손을 바꾸어 오로지 뇌후(腦後)를 친다.

상대는 내가 군란(輥攔)으로 서는 것을 보고 나의 권 밖을 찍어 치면 나는 상대의 곤을 구개(勾開)하고 앞에 있는 우수(右手)를 바꾸고 {우족이} 권 밖으로 진보(進步)하면서 상대의 뇌후(腦後)를 친다.

(9) 환수타오운조정(換手打烏雲罩頂): 손을 바꾸어 머리 위로 돌려 정수리를 덮어 친다.

상대는 내가 뇌후(腦後)를 치는 것을 보고 나의 곤을 구개(勾開)하고 나는 상대의 세력(勢力)에 순응하면서 앞에 있는 좌수(左手)를 바꾸고 {좌보(左步)가 나아가고 우보(右步)가 나아가} 권 안으로 빗겨 들어[走圈內] 상대의 앞의 손을 친다.

(10) 추도불입초(抽刀不入鞘)[644]: 도출초세(刀出鞘勢)이다.

상대는 내가 앞의 손을 치는 것을 보고 상대는 바로 곤근(棍根)를 뽑아서[抽] 나의 손을 친다.

(11) 진왕대사검(秦王大卸劍)[645]: 진왕이 대검을 풀어 놓듯이 한다.

상대가 나의 앞의 손을 치면 나는 곤을 뽑아[抽棍] 섬과(閃過: 문득 지나감)하게 하고 곤근(棍根)을 사용하여 상대의 머리를 친다. 파곤 제5로 보(破棍 第五路 譜)는

(1) 사평봉창(四平封槍)[646]: 사평(四平)으로 서서 상대의 곤을 봉쇄한다.

내가 사평으로 서면 상대는 권 밖을 걸어 치고 나의 권 안을 찍어 치면 나는 상대의 곤을 나개(拏開)한다.

(2) 도타형극불류문(倒拖荊棘不留門)[647]: 곤[荊棘]을 뒤로 끌어 문호에서 머뭇거리지 않는다.

내가 상대의 곤을 나개(拏開)하고 나의 곤이 뒤에 있도록 방치[丟]하면 상대는 나의 면심(面心)을 찍어 친다.

(3) 공중운마향(空中雲磨響)[648]: 공중에서 선전(旋轉)하는 구름처럼 움직이는 활봉법(活棒法)이다.

나는 한손으로 상대의 곤을 위로 요개(撩開: 돋우어 열어젖힘)〔요(撩)는 돋우어 어르는 것[挑弄]이다〕하고 한손으로 아래로 상대의 다리를 친다.

(4) 경덕도랍편(敬德[649]倒拉鞭)[650]: 위지공(尉遲恭)이 거꾸로 납편(拉鞭)하는 것이다.

나는 상대의 다리를 쓸고[掃] 거짓으로 패한 척 속이며[佯輸詐敗] 빗겨서 나아간다.[走出]

(5) 차천불루우(遮天不漏雨)[651]: 하늘을 가려 비가 새지 않게 하듯이 한다.

내가 사패(詐敗)로 빗겨서 나아가면[走出] 상대는 뒤쫓아 와서[趕來]〔간(趕)은 뒤따라 쫓는 것[追]이다〕 나를 찍어 치면 나는 상대의 곤을 위로 돋우고[上撩] 아래로 상대의 다리를 친다.

(6) 도출초(刀出鞘)[652]: 칼을 칼집에서 뽑는 형세이다.

상대는 내가 {우보(右步)가 나아가} 출초(出鞘)로 거두는 것을 보고 상대는 좌우(左右)를 구분하지 않고 나의 면견(面肩: 얼굴과 어깨)을 찍어 치면 나는 한손으로 비스듬히 아래로 내려치고[斜劈下] 다시 출초(出鞘)로 거둔다.

(7) 풍권잔운(風捲殘雲)[653]: 바람이 남은 구름을 휘몰아 가듯이 하는 기법이다.

상대가 나의 면견(面肩)을 찍어 치면 나는 {좌족이} 진보(進步)하면서 상대의 곤을 요개(撓開: 흩뜨리며 열어젖힘)하고 상대의 손을 치고 군란(羣攔)으로 선다.

(8) 뇌후창(腦後槍): 뇌후일와봉(腦後一窩蜂)을 구개(勾開)하는 창이다.

상대가 권 밖을 찍어 치면 나는 상대의 곤을 구개(勾開)하고 {좌족이} 퇴보(退步)하면서 고안출군세(孤雁出羣勢)와 같이 한다.

(9) 진보쇄구(進步鎖口): 투보(偸步)로 진보(進步)하면서 쇄구창(鎖口槍)을 한다.

상대는 내가 퇴출(退出)하는 것을 보고 뒤를 따라서 나를 찍어 치면 나는 상대의 곤을 요개(撓開)하고 상대가 나의 다리를 찍어 치면 나는 상대의 곤을 제개(提開: 들어서 열어젖힘)하고 상대가 나의 얼굴을 찍어 치면 나는 상대의 곤을 나개(拏開)하는데 {좌보(左步)가} 투보(偸步)[654]로 나아가 일제일나(一提一拏)하여 상대의 인후[口]를 봉쇄한다. 파곤 제6로 보(破棍 第六路 譜)는

(1) 일절(一截): 첫째는 끊어 자르는 것이다.

내가 사평(四平)으로 서면 상대는 나의 권 밖을 걸어 치고 나의 권 안

을 찍어 치는데 나는 상대의 곤을 경봉(硬封: 硬打封鎖, 굳게 쳐내며 봉쇄함)하여 열어젖히고[開] 상대가 나의 권 밖을 찍어 치면 나는 또 상대의 곤을 경봉(硬封)으로 열어젖히는데[開] 이름하여 경봉(硬封)이라고 한다.

(2) 이진(二進): 둘째는 전진하는 것이다.

상대가 나의 권 안을 찍어 치면 나는 상대의 곤을 나개(拏開)한다.

(3) 삼란(三攔): 셋째는 차단하여 막는 것이다.

내가 {우족이} 진보(進步)하면서 경고(硬靠: 硬打靠住, 강하게 치며 기대어 붙임)하면 상대는 나의 권 밖을 찍어 친다.

(4) 사전(四纏): 넷째는 감아 얽는 것이다.

내가 {좌족이} 진보(進步)하면서 복호(伏虎)[655]로 상대의 손을 치면 상대는 나의 다리를 찍어 친다.

(5) 오봉(五封): 다섯째는 닫아 막는 것이다.

내가 상대의 곤을 제개(提開)하면 상대는 나의 얼굴을 찍어 치고 내가 상대의 곤을 나개(拏開)하고 상대의 면심(面心)을 찍어 치면 상대도 역시 나의 곤을 나개(拏開)하고 나의 면심(面心)을 찍어 치며 내가 상대의 곤을 나개(拏開)하고 {좌우(左右)의 보(步)를 물리며} 전보(剪步)로 도출(跳出)하여 군란(羣攔)으로 선다.

(6) 육폐(六閉): 여섯째는 신능(神能)을 폐쇄하는 것이다.

상대는 내가 군란(羣攔)으로 서는 것을 보고 나의 권 밖을 찍어 치면 나는 상대의 곤을 난개(攔開)하고 변란(邊攔)[656]으로 선다. 상대가 나의 권 안을 찍어 치면 나는 상대의 곤을 나개(拏開)하고 군란(羣攔)으로 선다. 상대는 권 밖을 찍어 치고 나는 권 안에서 얽어 감아[纏] 상대의 곤을 나개(拏開)하고 상대가 나의 다리를 찍어 치면 나는 상대의 곤을 제개(提開)하고 상대가 나의 얼굴을 찍어 치면 나는 상대의 곤을 나개(拏開)하고 {좌족이} 진보(進步)하여 상대의 인후(口)를 봉쇄하는데 이름 하여 오룡번강(五龍翻江)[657]하는 흘창(吃槍)과 환창(還槍)이라 하고 이화삼파두(梨花三擺頭)의 기법이라고 한다.

【案】 임진(壬辰)의 환란(患難) 때 삼국(三國: 朝鮮·明·倭)의 정예(精銳)가 한 시기에 다 모여져서[盡萃] 중원 나라의 장창(長槍), 우리나라의 편전(片箭), 왜국의 조총(鳥銃)이 비로소 천하에 유명해졌다. 세대로 전하여[世傳] 내려오는 장창(長槍)은 진실로 기예 중의 왕(王)이며 곤(棍) 또한 기예 중의 으뜸[魁]이 된다. 곤(棍)은 창(槍)의 반단(半段)인데 척씨(戚氏)가 처음으로 오리부리[鴨嘴]를 덧붙였으니 창(槍)과 곤(棍)은 서로 표리(表裏)가 되었고 중기(衆器: 여러 병기)를 운용하는 신수족(身手足)의 세(勢)는 곤법(棍法)의 외형(外形)에서 벗어나지 않아야 한다. 이 때문에 모씨(茅氏)는 곤(棍)을 모든 기예의 종법(宗法)으로 삼았으며 "곤(棍)은 소림(少林)을 종(宗)이라 하고 소림의 설법은 정종유(程宗猷)[658] (명(明)나라 신도(新都) 사람임)의 천종(闡宗)[659]보다 상세한 것이 없다"고 하였다.[660] 정씨(程氏)는 "언(諺)에 이르기를 사람을 치는 데 천 번을 내려치는 것[千下]이 한 번 찍어 치는 것[一劄]만 같지 못하므로 소림은 3할[三分]은 곤법(棍法)이며 7할[七分]은 창법(槍法)으로 창(槍)과 곤(棍)을 겸대(兼帶: 겸비하여 지님)하였는데 이것이 소림을 곤(棍) 가운데에서 백미(白眉: 가장 걸출(傑出)한 것)로 삼는 것이다"[661]라고 하였다. (『삼국지(三國志)』《촉지·마량전》에 "마량(馬良)의 자(字)는 계상(季常)인데 형제 다섯 명이 모두 재주와 명망[才名]이 있었다. 향리(鄉里)에서 지은 언(諺)에 이르기를 '마씨(馬氏)의 오상(五常: 다섯 아들) 가운데 백미(白眉)가 가장 훌륭해. 마량(馬良)의 눈썹 가운데는 백모(白毛)가 있어'라고 하였다.") 지금 천종(闡宗)의 6로보(六路譜)를 채록(採錄)한 것은 병(兵)을 담론(談論)하는 자들이 경고(鏡玫: 귀감·본보기)를 기다려 왔기 때문이다.

곤봉보(棍棒譜)

【原】
두 사람이 곤(棍)을 잡아 마주 서서 편신중란세(扁身中攔勢)를 하고 각각 한 발을 나아가

갑(甲)이 곤(棍)을 들어 을(乙)의 곤(棍)을 때려서 대당세(大當勢)를 하고 을(乙)이 또 곤(棍)으로써 갑(甲)의 곤(棍)을 때려서 대당세(大當勢)가 되고 갑(甲)이 또 곤(棍)으로써 을(乙)의 곤(棍)을 때려서 대당세(大當勢)가 되고 을(乙)이 또 곤(棍)으로써 갑(甲)의 곤(棍)을 때려서 대당세(大當勢)가 되고

인하여 곤(棍)으로써 갑(甲)의 곤(棍)을 갈겨 대전세(大剪勢)를 하고

즉시 곤(棍)으로써 갑(甲)의 곤(棍)을 쳐〔원주(原注)662)에 "손으로 잡는 곳이며 아래도 같다"고 하였다〕 대조세(大弔勢)를 하고 한 걸음 나아가 가슴을 당하여 한 번 찔러라.

 을(乙)이 몸을 돌리어 뒤로 향(向)하며 곤(棍)으로써 갑(甲)의 곤(棍)을 퉁겨 쳐서 적수세(滴水勢)를 하고 한 발을 물러가 몸을 돌려 한 발을 나아가 대당세(大當勢)로써 갑(甲)의 곤(棍)을 때리고 갑(甲)이 또 대당세(大當勢)로써 을(乙)의 곤(棍)을 때리고 을(乙)이 또 대당세(大當勢)로써 갑(甲)의 곤(棍)을 때리고 갑(甲)이 또 대당세(大當勢)로써 을(乙)의 곤(棍)을 때리고 문득 대전세(大剪勢)로써 을(乙)의 곤(棍)을 갈기고 대조세(大弔勢)로써 을(乙)의 곤(棍)을 치고 한 걸음 나아가 가슴을 당하여 한 번 찔러라. {갑(甲)이 몸을 돌리어 이하(以下) 한 번 찌르는 데[一刺]까지는 을법(乙法)과 같다. 을(乙)이 또 몸을 돌리어 이하(以下) 한 번 찌르는 데[一刺] 까지는 위와 같다.}663)

갑(甲)이 몸을 돌리어 뒤로 향(向)하며 적수세(滴水勢)로써 을(乙)의 곤(棍)을 퉁겨 치고 한 발 물러가 인하여 몸을 돌려 한 발 나아가 {대당세(大當勢)로써 을(乙)의 곤(棍)을 때리고 을(乙)이 또 대당세(大當勢)로써 갑(甲)의 곤(棍)을 때리고 갑(甲)이 또 대당세(大當勢)로써 을(乙)의 곤(棍)을 때리고 을(乙)이 또 대당세(大當勢)로써 갑(甲)의 곤(棍)을 때리고 문득 대전세(大剪勢)로써 갑(甲)의 곤(棍)을 갈기고 즉시 대조세(大弔勢)로써 갑(甲)의 곤(棍)을 치고 한 걸음 나아가 가슴을 당하여 한 번 찔러

라. 을(乙)이 몸을 돌리어 뒤로 향(向)하여 적수세(滴水勢)로써 갑(甲)의 곤(棍)을 퉁겨 치고 한 걸음 물러가 인하여 몸을 돌려 한 걸음 나아가 대당세(大當勢)로써 갑(甲)의 곤(棍)을 때리고 갑(甲)이 또 대당세(大當勢)로써 을(乙)의 곤(棍)을 때리고 을(乙)이 또 대당세(大當勢)로써 갑(甲)의 곤(棍)을 때리고 갑(甲)이 또 대당세(大當勢)로써 을(乙)의 곤(棍)을 때리고 문득 대전세(大剪勢)로써 을(乙)의 곤(棍)을 갈기고 즉시 대조세(大弔勢)로써 을(乙)의 곤(棍)을 치고 한 걸음 나아가 가슴을 당하여 한 번 찔러라. 갑(甲)이 몸을 돌리어 뒤로 향(向)하여 적수세(滴水勢)로써 을(乙)의 곤(棍)을 퉁겨 치고 한 걸음 물러가 인하여 몸을 돌려서 한 발 나아가}[664] 곤(棍)을 일으켜 을(乙)의 머리 위를 향(向)하여 쳐 가거든 을(乙)이 한 발 나아가 선인봉반세(仙人捧盤勢)를 하여서 당[當: 짝하여 막음]하고 또 치거든 을(乙)이 또 선인반봉세(仙人捧盤勢)로써 당하고 문득 대전세(大剪勢)로써 왼편으로 향(向)하여 갑(甲)의 곤(棍)을 갈기고 즉시 대조세(大弔勢)로써 갑(甲)의 곤(棍)을 치고 한 걸음 나아가 가슴을 당하여 한 번 찔러라. 을(乙)이 몸을 돌려서 {이하(以下) 한 번 찌르는 데[一刺]까지는 위와 같다.} {뒤로 향(向)하여 적수세(滴水勢)로써 갑(甲)의 곤(棍)을 퉁겨 치고 한 걸음 물러가 인하여 몸을 돌려 한 발 나아가 곤(棍)을 일으켜 갑(甲)의 머리 위를 향(向)하여 쳐 가거든 갑(甲)이 한 발 나아가 선인봉반세(仙人捧盤勢)로써 당하고 을(乙)이 또 치거든 갑(甲)이 또 선인반봉세(仙人捧盤勢)로써 당하고 대전세(大剪勢)로써 오른편으로 향(向)하여 을(乙)의 곤(棍)을 갈기고 즉시 대조세(大弔勢)로써 을(乙)의 곤(棍)을 치고 한 발 나아가 가슴을 당하여 한 번 찔러라.}

갑(甲)이 몸을 돌리어 뒤로 향(向)하며 적수세(滴水勢)로써 을(乙)의 곤(棍)을 퉁겨 치고 한 걸음 물러가 인하여 몸을 돌려 한 발 나아가 곤(棍)을 일으켜 앞으로 향(向)하여서 제미살세(齊眉殺勢)를 하고 인하여 곤(棍)으로써 아래로 향(向)하여 쳐 가거든

을(乙)이 문득 도두세(倒頭勢)를 하여서 당하고

인하여 한 발 나아가 하천세(下穿勢)를 하여 갑(甲)의 곤(棍)을 들치고 즉시 대조세(大弔勢)로써 갑(甲)의 곤(棍)을 치고 한 발 나아가 가슴을 당하여 한 번 찔러라. 을(乙)이 몸을 돌려서 {이하(以下) 한 번 찌르는 데[一刺]까지는 위와 같다.} {뒤로 향(向)하며 적수세(滴水勢)로써 갑(甲)의 곤(棍)을 퉁겨 치고 한 걸음 물러가 인하여 몸을 돌려 한 발 나아가 곤(棍)을 일으켜 앞을 향(向)하여 제미살세(齊眉殺勢)가 되고 인하여 곤(棍)으로써 아래로 향(向)하여 쳐가거든 갑(甲)이 문득 도두세(倒頭勢)를 하여서 당하고 인하여 한 발 나아가 하천세(下穿勢)로써 을(乙)의 곤(棍)을 들치고 즉시 대조세(大弔勢)로써 을(乙)의 곤(棍)을 치고 한 발 나아가 가슴을 당하여 한 번 찔러라.}

 두 사람이 함께 몸을 뒤집으며 곤(棍)을 휘둘러 섬요전세(閃腰剪勢)를 하고

　인하여 하접세(下接勢)를 하고 갑(甲)이 하천세(下穿勢)로써 을(乙)의 곤(棍)을 들치고 즉시 대조세(大弔勢)로써 을(乙)의 곤(棍)을 치고 한 발 나아가 가슴을 당하여 한 번 찔러라. 두 사람이 함께 몸을 뒤집으며 곤(棍)을 휘둘러 하접세(下接勢)가 되고 을(乙)이 하천세(下穿勢)로써 갑(甲)의 곤(棍)을 들치고 즉시 대조세(大弔勢)로써 갑(甲)의 곤(棍)을 치고

한 발 나아가 가슴을 당하여 한 번 찔러라. 두 사람이 함께 몸을 뒤집고 {곤(棍)을 휘둘러} 하접세(下接勢)가 되고 갑(甲)이 {하천세(下穿勢)로써} 을(乙){의 곤(棍)}을 들치고 {즉시 대조세(大弔勢)로써 을(乙)의 곤(棍)을 치고 한 발 나아가 가슴을 당하여 한 번 찔러라. 두 사람이 함께 몸을 뒤집고 곤(棍)을 휘둘러 하접세(下接勢)가 되고 을(乙)이 하천세(下穿勢)로써 갑(甲)의 곤(棍)을 들치고 즉시 대조세(大弔勢)로써 갑(甲)의 곤(棍)을 치고 한 발 나아가 가슴을 당하여 한 번 찔러라.} {이하(以下) 한 번 찌르는 데[一刺]까지는 위와 같다. 두 사람이 함께 몸을 뒤집고 하접세(下接勢)가 되어 을(乙)이 갑(甲)을 들치고 이하(以下) 한 번 찌르는 데까지는 위와 같다.}

을(乙)이 한 발 물러가 직부송서세(直符送書勢)를 하며 갑(甲)이 곤(棍)을 잡고 몸을 돌려서 앞으로 향하여 서로 막으며 물러나면 을(乙)이 따라가며 쳐 가거든 또한 따라가며 또한 쳐라. 물러 세 걸음에 이르러

갑(甲)이 문득 몸을 돌리면서 한 걸음 나아가 주마회두세(走馬回頭勢)를 하고 또 한 걸음 나아가 대전세(大剪勢)로써 을(乙)의 곤(棍)을 갈기고 즉시 대조세(大弔勢)로써 을(乙)의 곤(棍)을 치고 한 걸음 나아가 가슴을 당하여 한 번 찔러라. 갑(甲)이 한 발 물러가 편신중란세(扁身中攔勢)가 되고

두 사람이 함께 한 발 나아가 상체세(上剃勢)를 하고 마쳐라.

棍棒總譜

起　肅爭中攔―滴水―大當頭　大當頭―大當頭　大當頭―大剪―大吊―一刺
　　　　　　　滴水―大當頭　大當頭―大當頭　大當頭―大剪―大吊―一刺
　　　　　　　滴水―大當頭　大當頭―大當頭　大當頭―大剪―大吊―一刺
　　　　　　　滴水―仙人捧盤　仙人捧盤―大剪―大吊―一刺
　　　　　　　滴水―仙人捧盤　仙人捧盤―大剪―大吊―一刺
　　　　　　　滴水―齊眉殺　倒頭―下穿―大吊―一刺
　　　　　　　滴水―齊眉殺　倒頭―下穿―大吊―一刺
　　　　　　　閃腰剪―下接―下穿―大吊―一刺
　　　　　　　下接―下穿―大吊―一刺
　　　　　　　下接―下穿―大吊―一刺
　　　　　　　下接―下穿―大吊―一刺
　　　　　　　直符送書走馬回頭―大剪―大吊―一刺
　　　　　　　　　　　　　　　肅爭中攔　上刺　終

卷之四　棍棒總譜

棍棒總圖

起 扁身中攔

一 大當

二 大剪

三 大剪

四 大吊

五 滴水

仙人捧盤

六

齊眉伯殺

七

倒頭

八

九 下穿

十 閃腰剪

下接

十一

直符送書

十二

走馬回頭

十三

上剃

十四

終

편곤(鞭棍)

편곤(鞭棍) 【增】

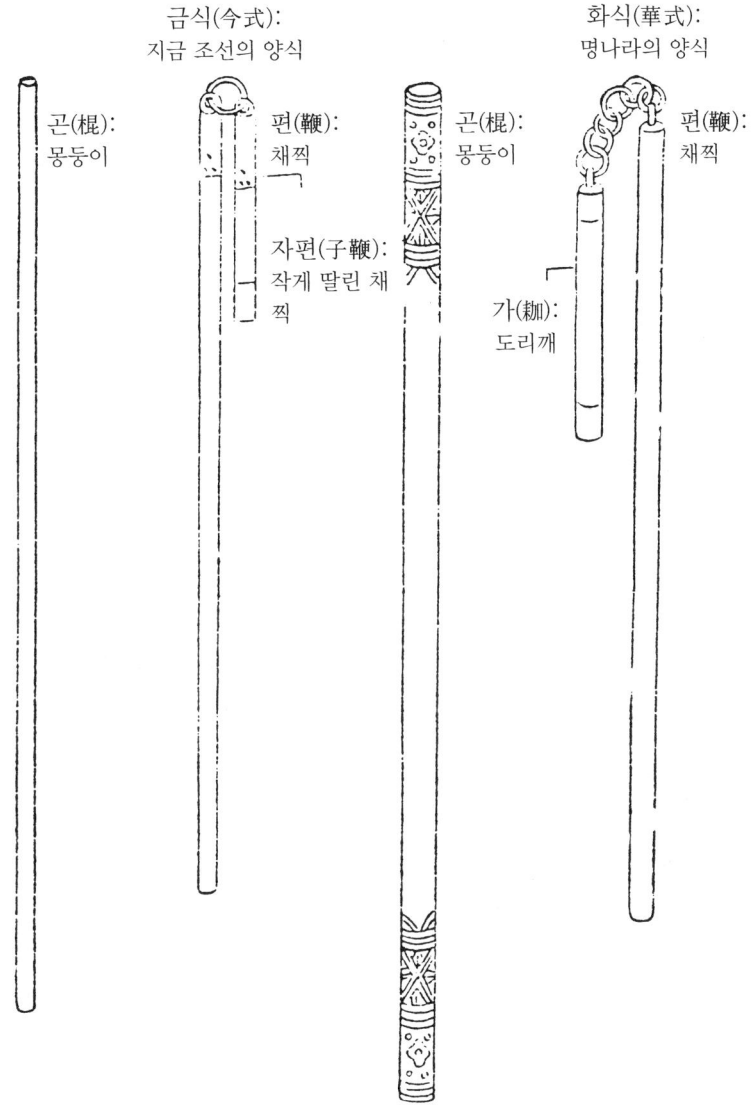

편곤(鞭棍) 【增】 459

【增】 지금 제도의 편(鞭)의 길이는 8척(尺) 9치(寸)이고 자편(子鞭)의 길이는 2자 2치 5푼이며 곤(棍)의 길이는 10자 2치 5푼인데 모두 단단한 나무에 주칠(朱漆)을 한다.

【案】 세속(世俗)에서 칭(稱)하는 철련가(鐵連枷)가 편곤(鞭棍)이 되는데 그 곤두(棍頭: 곤의 머리 부분)에 2척(尺)이 되는 나무를 대고[注] 채찍[鞭] 같은 엮은 줄[條]이 있기 때문에 이름을 편곤(鞭棍)이라고 한다. 그러나 지금 도보(圖譜)의 보편곤(步鞭棍)은 편(鞭)과 곤(棍)으로 나누어서 두 가지로 그렸다. 마상편곤(馬上鞭棍)과 같은 것은 단지 일기(一器)라서 더 무엇을 말할 것이 없다.[665] 그러나 일단 보존하고 있는 여러 서적을 널리 고증하여 그 명칭의 품의(品義)를 변증(辨證)하면 곤(棍)이 바로 봉(棒)이다. 세속에서 부르는 주장(朱杖)[666]이 『예기도식(禮器圖式)』에 실려 있는 연가(連枷)이며 『무비지(武備志)』에 실려 있는 백봉(白棒)인데 지금 사용하고 있는 편곤(鞭棍)과 비교하면 자못 견강(堅强)하고 장대(壯大)[堅壯]하므로 나란히 그림에 나열하였다.

『예기도식』에 이르기를 "『통전(通典)』의 《위공병법(衛公兵法)》〈수성편(守城篇)〉에 이르기를 '연가(連枷)[667]는 벼를 터는 도리깨 모양[枷狀]과 같은 것인데 여장(女墻: 성 위에 낮게 쌓은 담)에서 외부에서 성에 오르는 적을 치는 데 사용한다'고 하였다. 본조(本朝: 淸朝)에서 정(定)한 제도는 규정된 나무[規木]로 만들도록 하였고 좌우(左右)에 쌍(雙)으로 쥔다. 봉(棒)의 길이는 1자 5치 8푼이며 도리깨의 길이는 7치 5푼이며 전체 둘레는 모두 2치 5푼이며 모두 황유(黃油)를 바른다. 양쪽 끝에는 쇠로써 경첩[鉆]을 대고 머리 부분에는 각각 고리[鐶]를 붙여 쇠줄[鐵索]로서 서로 연결한다"고 하였다.

【案】 지금 중원의 나라에서 한군연가봉(漢軍連枷棒)이라 칭(稱)하는 것은 『옥편(玉篇)』에 이르기를 "연가(連枷)는 곡식을 터는 기구"라고 하였

고, 『육서고(六書故)』에 이르기를 "지금 사람들이 은당(銀鐺)[668]의 종류를 서로 연결하여 이은 것을 연(鏈)이라 하니 아마 연(鏈)과 연가(連枷)와 가(枷)는 그 뜻이 같다"고 하였다.

편곤보(鞭棍譜)

【原】
두 사람이 한 가지로 서서 각각 좌수(左手)로써 한 사람은 편(鞭)이오 한사람은 곤(棍)으로 처음에 용약재연세(龍躍在淵勢)를 하되 오른 주먹으로 앞을 한 번 치고

인하여 상골분익세(霜鶻奮翼勢)를 하되 갑(甲)이 우수(右手)로 편(鞭)을 들고 뛰어나가 몸을 돌려서 뒤를 향(向)하거든 을(乙)이 우수(右手)로 곤(棍)을 들고 뛰어나가

편신중란세(扁身中攔勢)를 하되 각각 편(鞭)과 곤(棍)으로써 {위로} 한 번 갈기고

즉시 한 번 뛰어 바꾸어 서며 갑(甲)이 먼저 월야참선세(月夜斬蟬勢)를 하되 우수(右手)의 편(鞭)을 들어 두 번 쪼거든 을(乙)이 창연조정세(蒼烟罩頂勢)를 하되 곤(棍)으로써 높이 들어 막아 가리우고

인하여 대당세(大當勢)를 하되 왼편 밖으로 두 번 쪼아라.

또 오른편 안으로 대당세(大當勢)를 하되 오른편 안으로 한 번 치고

또 대당세(大當勢)를 하되 편(鞭)은 오른편 밖으로 한 번 치거든 곤(棍)은 왼편 안으로 한 번 치고

또 왼편 안으로 대당세(大當勢)를 하되 왼편 안으로 한 번 치고

또 왼편 밖으로 대당세(大當勢)를 하되 왼편 밖으로 한 번 치고 갑(甲)이 오른편으로 한 번 돌아 편(鞭)으로써 하접세(下接勢)를 하여 한 번 치거든 을(乙)이 곤(棍)으로써 서로 접(接)하고 인하여 왼편 안으로 대당세

(大當勢)를 하고 또 오른편 안으로 대당세(大當勢)를 하고 또 대당세(大當勢)를 하되 편(鞭)은 오른편 밖으로 한 번 치거든 곤(棍)은 왼편 안으로 한번 치고 또 왼편 안으로 대당세(大當勢)를 하고 또 왼편 밖으로 대당세(大當勢)를 하고

갑(甲)이 오른편으로 한 번 돌아 편(鞭)으로써 하접세(下接勢)를 하여 한 번 치거든 을(乙)이 곤(棍)으로써 서로 접(接)하고 또 왼편 안으로 대당세(大當勢)를 하고 또 오른편 안으로 대당세(大當勢)를 하고 또 대당세(大當勢)를 하되 편(鞭)은 오른편 밖으로 한 번 치거든 곤(棍)은 왼편 안으로 한 번 치고 또 왼편 안으로 대당세(大當勢)를 하고 또 왼편 밖으로 대당세(大當勢)를 하고 갑(甲)이 오른편으로 한 번 돌아 편(鞭)으로써 하접세(下接勢)를 하여 한 번 치거든 을(乙)이 곤(棍)으로써 서로 접(接)하고 마쳐라.

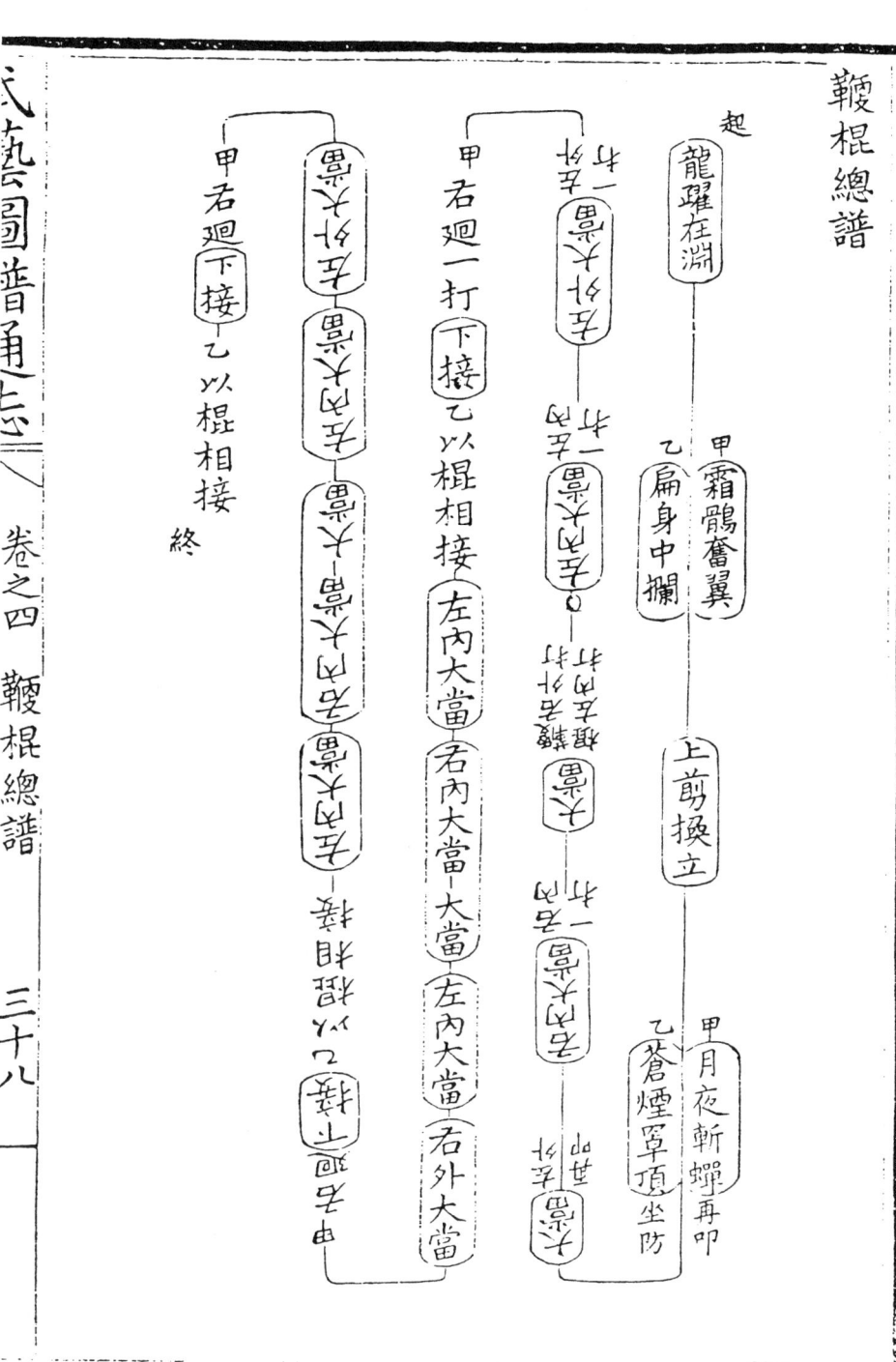

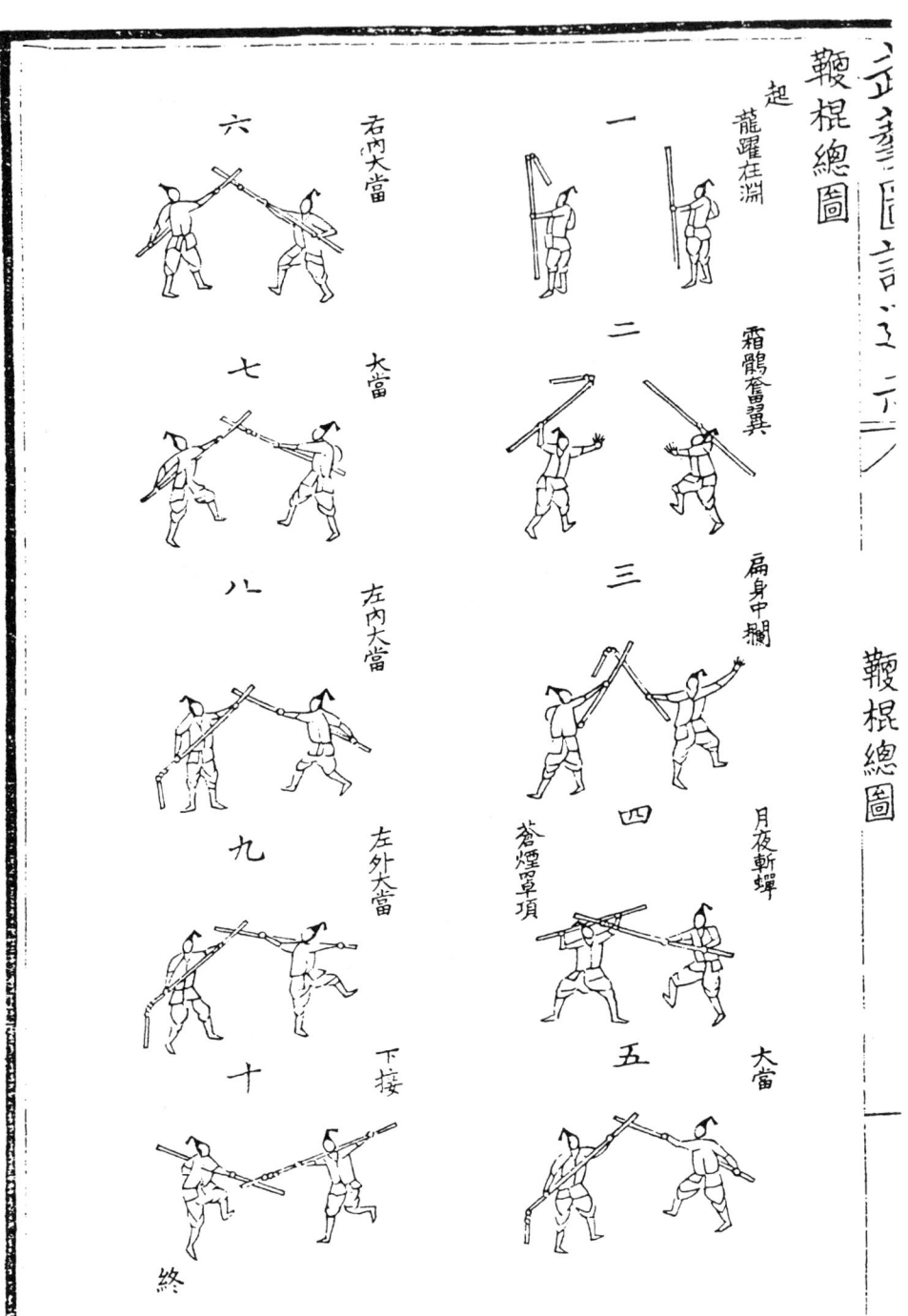

마상편곤(馬上鞭棍)

마상편곤(馬上鞭棍)【增】

금식(今式):
지금 조선의 양식

화식(華式):
명나라의 양식

자편(子鞭): 작게 딸린 채찍

가(枷): 도리깨

【增】 지금 제도의 편(鞭)의 길이는 6척(尺) 5치(寸)이고 자편(子鞭)은 한 척(尺) 6치(寸)인데 대나무를 모아 가죽으로 싸고 힘줄을 시설하고 붉은 칠[朱]을 하거나 혹은 검은 칠[漆]을 한다.

모원의(茅元儀)가 말하기를 "철련협봉(鐵鏈夾棒)은 본래 서융(西戎)에서 나왔는데 마상(馬上)에서 사용하여 한(漢)나라의 보병(步兵)과 대적하였다. 그 형상(形狀)이 농가(農家)에서 보리를 터는 도리깨[枷]와 같은데 쇠로 장식되었다. 위에서부터 아래로 내려치는 데 이롭기 때문에 한(漢)나라의 병사(兵士) 중에서 잘 쓰는 자는 융인(戎人)들보다 더 교묘하다"[669]고 하였다.

『남풍잡기(南豐襍記)』에 이르기를 "적청(狄靑)〔자(字)는 한신(漢臣)이며 송(宋)나라 서하(西河) 사람으로 벼슬은 추밀사(樞密使)를 지냄〕이 농지고(儂智高)[670]〔송(宋)나라 때 광남(廣南)의 도적(盜賊)임〕를 정벌할 때 한밤중에 곤륜관(崑崙關)〔광주(廣州)에 있음〕을 넘어서 기병(騎兵) 2천 명을 풀어 적의 후방으로 나아갔는데 표패(鏢牌: 표창과 방패)를 가진 마군(馬軍)의 돌격(突擊)을 받아 모두 주둔(駐屯)할 수 없었는데 마상에서 철련가(鐵連枷)로 공격하니 마침내 모두 전의(戰意)를 상실하고 흩어져 달아났다[披靡]"고 하였다.

『속대전(續大典)』에 이르기를 "편추(鞭芻)[671]는 말을 타고 나간 후에 우수(右手)로서 편(鞭)을 잡고 뒤를 향하여 들어 치고 또 두 손으로서 앞을 향하여 들어 치고 인하여 좌우(左右)를 향하여 각각 한 번씩 휘두르는데 매번 한 번 치고 난 후에 번번이 좌우(左右)로 한 번씩 휘두른다. 여섯 개의 추(芻)는 서로 각각 28보(步)의 거리를 두며 좌우(左右)로는 서로 마로(馬路)로부터 3보(步)의 거리를 둔다"고 하였다.

【案】편추(鞭芻)는 비록 무과시취(武科試取)의 법(法)이지만 역시 거격(擧擊: 들어 침)의 세(勢)를 갖추었기 때문에 기록하였다.

【案】지금의 마상련가봉(馬上連枷棒)을 보병의 연가봉(連枷棒)과 비교하면 연가봉이 서로 연결되는 곳이 짧은 차이가 있는데, 보병용(步兵用)은 고리[鐶]가 하나이고 마상용(馬上用)은 고리가 세 개이다. 양쪽의 봉머리[棒首] 및 도리깨[枷]의 양쪽 끝에는 철엽(鐵葉: 얇은 철판으로 된 쇳조각)으로서 경첩[鈷]을 대는데 오직 마상련가봉(馬上連枷棒)의 도리깨 하단(下端)에는 철엽(鐵葉)에다 못을 두루 박아서 쇠로 된 돌기가 뾰족뾰족하게 솟아나 있다. 〔矗의 음(音)은 촉(蜀)이며 뜻은 위로 솟아난 모양으로 높게 돌기[高起]된 것이다.〕

『예기도식(禮器圖式)』에 실려 있는 것은 여섯 개의 고리가 서로 연결되어 있고 『무비지(武備志)』에 실려 있는 것[672]은 도리깨[枷]가 네모지고[四觚] 쇠사슬[鐵鎖]로 감겨 연결되어 있는데 쇠사슬의 길이는 도리깨와 같고 도리깨의 길이는 그 봉(棒)의 3분의 2를 줄인 것이다. 지금 사용하는 것은 연결된 고리[連鐶]가 좁고 짧아서 온전한 힘을 낼 수가 없다.

일찍이 들으니 "병자년(丙子年)의 환난(患難: 1636년의 병자호란) 때 금려

(禁旅: 禁軍의 군사)가 고양대로(高陽大路)에서 적을 방어하여 일격(一擊)하였으나 패뉵(敗衄)〔육(衄)의 음(音)은 뉵(忸)이며 뜻은 꺾이는 것[挫]이다. 패배(敗北)를 육(衄)이라고 함〕되지 않음이 없었다"고 하였다. 대개 연결된 고리가 좁고 짧았을 뿐만 아니라 편곤의 손잡이가 약하였기 때문이다. 마땅히 그 제도를 바루어서[正] 그 손잡이의 둘레를 다소 크게 하고 여섯 개의 고리로 감아 연결하고 도리깨는 네모진 것을 사용하고 철엽(鐵葉)에 돌기 못을 박으면 여러 가지 장점[衆長]을 모아서 격기(擊器: 치는 병기)의 가장 우수한 것을 만들게 된다.

마상편곤보(馬上鞭棍譜)

【原】
처음에 상골분익세(霜鶻奮翼勢)를 하되 좌수(左手)로 고삐를 잡고 우수(右手)로 곤(棍)을 잡아 높이 들며 말을 내라.

청룡등약세(靑龍騰躍勢)를 하되 두 손으로 이마를 지나게 높이 들고

춘강소운세(春江掃雲勢)를 하되 왼편으로 돌아보고 한 번 휘둘러 방신(防身)하고

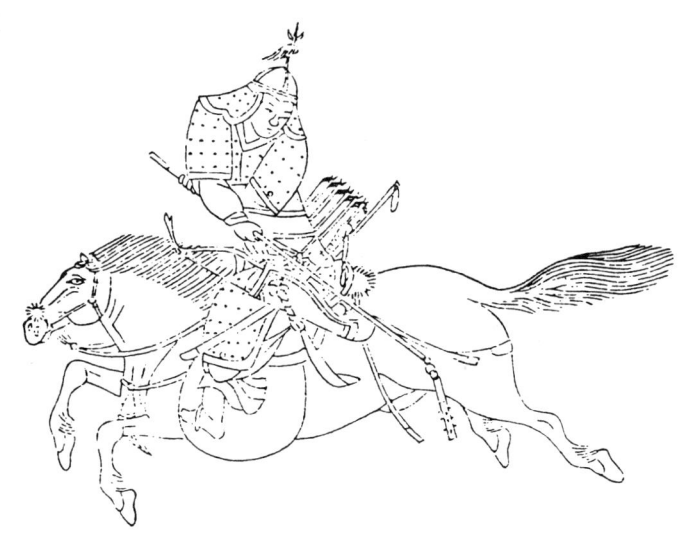

백호포휴세(白虎抱休勢)를 하되 두 손으로 이마를 지나게 높이 들고

추산어풍세(秋山御風勢)를 하되 오른편으로 돌아보고 한 번 휘둘러 방신(防身)하고

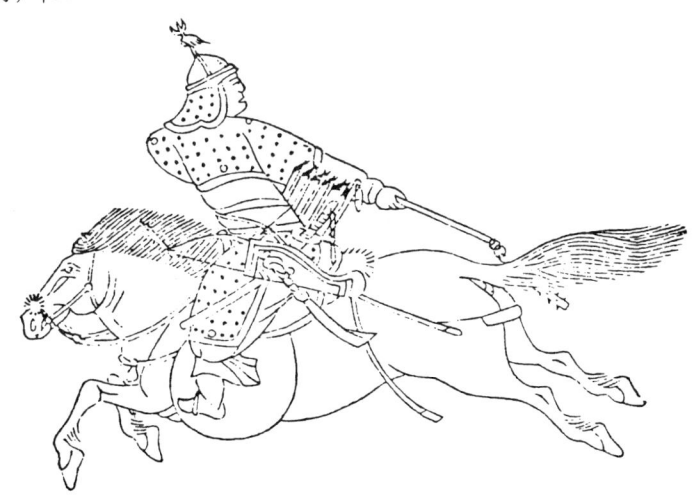

벽력휘부세(霹靂揮斧勢)를 하여 왼편으로 향(向)하여 한 번 치고

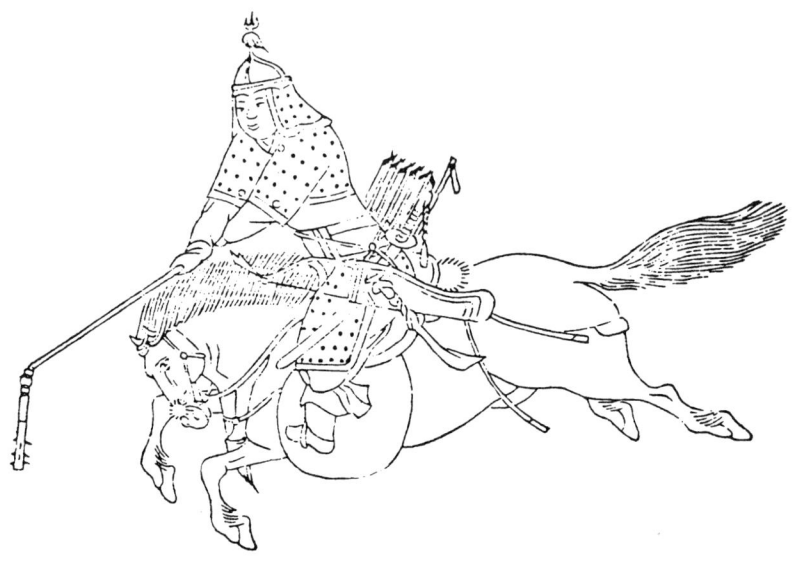

인하여 왼편으로 돌아보고 방신(防身)하고

비전요두세(飛電繞斗勢)를 하여 오른편으로 향(向)하여 한 번 치고

인하여 오른편으로 돌아보고 방신(防身)하고 마쳐라.

격구(擊毬)

격구(擊毬)【增】

주칠목환(朱漆木丸): 붉거나 검은색을 칠한 나무 알 공

모구(毛毬): 털 공

장시(杖匙): 구장(毬杖: 공채) 끝에 가로 붙어 공을 치는 부분

무족전(無鏃箭): 살촉이 없는 화살

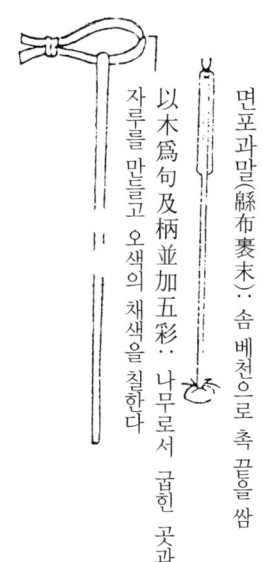

以木爲句及柄並加五彩: 나무로서 자루를 만들고 오색의 채색을 칠한다 굽힌 곳과

면포과말(緜布裹末): 솜베천으로 촉 끝을 쌈

【增】『경국대전(經國大典)』에 이르기를 "장시(杖匙: 구장(毬杖)의 시부(匙部))⁶⁷³⁾는 길이가 9치(寸)이고 넓이가 3치이며 병부(柄部)의 길이는 3척(尺) 5치이고 구(毬)의 둘레[圓圍]는 한 척(尺) 3치이다. 출마표(出馬標)는 치구표(置毬標)로부터 50보(步)의 거리가 있어야 하며 치구표(置毬標)는 구문(毬門)⁶⁷⁴⁾과 200보(步)의 거리를 두어야 하며 구문(毬門)의 너비는 서로 5보(步)의 거리를 둔다. 구문(毬門)으로 구(毬)를 쳐낸 사람은 15분(分)을 주고 옆으로 지나가게 한 사람은 10분(分)을 준다"고 하였다.

『용비어천가(龍飛御天歌)』의 주(注)에 이르기를 "고려(高麗) 때에 해마다 단오절(端午節)이면 미리 무관(武官)의 연소자(年少者)와 의관(衣冠: 신분이 높은 귀족)의 자제(子弟)를 선발하여 두었다가 아홉 방향으로 통하는 큰 길의 넓은 곳[九逵之旁]에서 격구(擊毬)를 하였는데 용봉장전(龍鳳帳殿: 용봉의 무늬를 새겨 넣은 장막 궁전)을 설치하고 장전(帳殿) 앞에서부터 좌우(左右)로 각각 200보(步) 정도 되는 길 가운데에 구문(毬門)을 세우고 길 양 옆에는 오색(五色)의 비단조각으로 부녀자들의 장막(帳幕)을 엮고 명화(名畵)와 채색의 담자리[彩毯: 아름다운 색깔의 방석][담(毯)의 음(音)은 담(炎)이며 뜻은 솜털 방석[毛席]이다]를 꾸민다. 격구를 하는 선수들은 성대한 의복[盛服: 盛裝, 훌륭한 옷차림]으로 꾸밈을 다하여 치미(侈靡: 사치(奢侈))가 궁극(窮極)에 이르러서 말 한 필의 안장 차림에 드는 비용이 바로 중인(中人) 열 집의 재산과 비등하였다. 두 대열(隊列)로 나누어서 좌우(左右)에 갈라 서 있고 기녀(妓女) 한 사람이 공을 잡고서 주악(奏樂)의 음절(音節)에 맞추어서 걸어나아가는 중에 길 가운데로 공을 던지면 좌우(左右)의 대열(隊列)이 모두 말을 달려서 공을 다투었는데 먼저 공을 적중한 사람이 수격(首擊)이 되었고 나머지는 모두 물러나 선다. 구경하는 사람이 산처럼 모였다. 공민왕(恭愍王) 때에 ○태조(太祖)께서 그 예선(預選)에 뽑혔는데 공을 치며 굴려갈 때에 말을 타고 달리는 것이 너무 빨라서 이미 수양(垂揚)을 하고 있었다. 공이 문득 돌에 부딪쳐서 거꾸로 말의 앞의 두 발 사이로 들어가 뒤의 두 발 사이로 나오니 ○태조께서 곧 앙와측신(仰臥側身: 말 위에서 몸을 옆으로 눕힘)하여 말꼬리[馬尾]를 방어하면서 치니 공은 또 말의 앞의 두 발 사이로 나오니 다시 쳐서 구문으로 내보냈으니 그때 사람들이 방미(防尾)라고 하였다. 또 한 번은 공을 치며 굴려갈 때에 역시 수양(手揚)이 되어 버렸는데 공이 교량의 기둥에 부딪쳐서 말의 왼편으로 나오니 ○태조께서는 오른쪽 말등자[鐙][675]에서 발을 빼고 몸을 뒤집으면서[翻身] 낮추어 발은 땅에 닿지 않고 쳐서 맞추고 바로 말을 탄 자세로 돌아와 다시 쳐서 구문으로 내보냈으니 그때 사람들이 횡방(橫防)이라고 하였다. 온 나라 사람들이 놀랐으며[驚駭] 전고(前古: 이전의 옛날)에는 들어보지 못한 일이었다"고 하였다.

【案】『별록(別錄)』에 이르기를 "축국(蹴踘)은 황제(黃帝)가 만든 본래 병세(兵勢)였다. 어떤 사람은 말하기를 전국(戰國)의 시대에 시작되었는데 무사(武士)를 조련하고 무재(武材)가 있음을 알아내는 것이었다"라고 하였다.

『한서(漢書)』의 〈매승전(枚乘傳)〉[매승은 한(漢)나라 회음(淮陰) 사람으로 벼슬은 홍농도위(弘農都尉)를 지냈음] 주(注)에 "축(蹴)은 발로 차는 것이다. 국(鞠)은 가죽으로서 만든 것인데 가운데에 물건을 채워서 축답(蹴蹋: 발로 차고 밟음)하여 오락의 즐거움[戲樂]으로 삼는 것이다"라고 하였다.

『사기정의(史記正義)』에 이르기를 "『축국서(蹴鞠書)』에 《역설편(域說篇)》이 있는데 곧 지금의 타구(打毬)이다"라고 하였다.

『축국보(蹴踘譜)』에 이르기를 "각 사람이 양쪽에서 차는 것을 타(打)라고 하고 두 번 끌어서 열어젖히고 크게 차는 것을 백타(白打)라고 한다"고 하였다.

『무경(武經)』에 다만 십팔반무예(十八般武藝)[676] [1. 궁(弓), 2. 노(弩), 3. 창(槍), 4. 도(刀), 5. 검(劍), 6. 모(矛), 7. 순(盾), 8. 부(斧), 9. 월(鉞), 10. 극(戟), 11. 편(鞭), 12. 간(簡), 13. 과(撾), 14. 수(殳), 15. 차(叉), 16. 파두(杷頭), 17. 면승투색(綿繩套索), 18.

백타(白打)]에 백타(白打)[677]가 있는데 위장(韋莊)의 시(詩)에 "상상(上相: 大臣 또는 宰相)들 사이에 백타전(白打錢)[678]을 나눈다"고 한 것이 이것이다.

『풍속통(風俗通)』에 이르기를 "둥근 털공[丸毛]을 국(鞠)이라고 한다"고 하였다.

『삼창해고(三蒼解詁)』에 이르기를 "국(鞠)은 털로 만든 공[毛丸]으로 차는 놀이[蹋戲]를 할 수 있다"고 하였다.

『초학기(初學記)』에 이르기를 "국(鞠)은 곧 구(毬)의 글자이고 지금의 축국(蹴踘)은 희구(戱毬: 공으로 유희하는 것)를 말하는데 옛날에는 털[毛]을 사용하여 얽어 뭉쳐서[糾結] 만들었고 지금은 가죽[皮]을 사용하는데 태보[胞][포(胞)는 아이가 태어날 때 싸고 있다. 【案】 이것은 곧 소의 방광(膀胱)을 사용하여 공의 속으로 삼은 것이다]로서 속을 삼고 숨을 불어넣어서[噓氣] 폐쇄하고서 찬다"고 하였다.

중무파(仲無頗)[당(唐)나라 때의 사람]의 〈기구부(氣毬賦)〉에 이르기를 "저쪽이 도환(跳丸: 고대 공놀이의 일종)하여서 더불어 축국(蹴鞠)을 하는데 또한 어느 발로나 찰 수 있다"고 하였다.

『몽계필담(夢溪筆談)』[679]에 이르기를 "『서경잡기(西京襍記)』에 '한(漢)나라 원제(元帝)가 축국(蹴鞠)을 노체(勞體: 몸이 수고로움)로 삼아서 서로 노체(勞體)가 되지 않은 것을 구하여서 마침내 탄기(彈棋)[『노학암필기(老學菴筆記)』에 이르기를 "옛날에 장기를 두는 판 모양은 향로(香爐)와 같은데 대개 그 가운데가 융기(隆起)되었다"고 하였다]의 놀이[680]를 하게 되었다'고 하였다. 내가 탄기(彈棋)를 관상(觀賞)하니 결코 축국(蹴鞠)의 종류가 아니고 자못 격국(擊鞠)과 서로 유사하였다"고 하였다. 대개 여기에서 말하는 격국(擊鞠)이 곧 중무파(仲無頗)가 말한 축국(蹴鞠)이며 중무파가 말한 기구(氣毬)가 곧 심씨(沈氏)가 말한 축국(蹴鞠)[681]이기 때문에 『상소잡기(緗素襍記)』에 이르기를 "지금은 축국(蹴鞠)으로서 격국(擊鞠)을 삼는다. 대개 축(蹴)과 격(擊)은 같은 것이다"라고 하였다.

심존중(沈存中)[682]은 이에 격국(擊鞠)을 격목구자(擊木毬子)[683]로 하였기 때문에 축국(蹴鞠)과 다르지 않다고 말한 것이다. 그래서 『당서(唐書)』에서는 다만 격구(擊毬)는 국(鞠)이라고 하지 않았는데 그 의의는 매우 명백하다. 대개 축국(蹴鞠)이라는 것의 유전(流傳)은 두 갈래로 분류된다. 기구(氣毬)라는 것은 발로 차는 것이며 격구(擊毬)라는 것은 말을 타고 구장(毬杖: 공을 치는 막대기, 곧 공채)으로서 치는 것이다.

『상소잡기(緗素襍記)』의 논점은 단지 축(蹴), 타(打), 격(擊), 국(鞠), 구(毬)라고 하는 것이 동일한 것이 된다는 것을 알았을 뿐이며 말을 타고 친다는 것과 발로 찬다는 것의 실상은 다르다는 것을 알지 못하였다. 심존중(沈存中)의 설명은 다만 그 일에는 다름이 있다는 것만 지적하였을 뿐이며 그 문사(文辭)의 실상이 서로 통하고 있다는 것을 알지 못하였다. 그래서 여러 설이 이와 같이 분분하였다.

『중산시화(中山詩話)』에 이르기를 "국(鞠)은 가죽으로 만들어서 털로 채워서 놀이를 하였는데 당나라 말기에 와서는 이미 한결같지 않았다. 한결같지 않다고 말한 것은 옛날에 털로 채운 공[毛丸]이 가죽공[皮丸]이나 나무공[木丸]으로 변하였고 옛날에 발로 차는 것이 말을 타고 달리며 치는 것으로 변하였음을 말한 것이다"라고 하였다.

『섬서통지(陝西通志)』에 이르기를 "축구(蹴毬)는 당(唐)나라 때에 시작되었는데 높이가 몇 장(丈)이나 되는 두 그루의 대나무를 심어 놓고 위에 실로 짠 그물[絡網]을 치고 공이 지나가게 하는 것으로 삼았다. 공을 다루는 솜씨로 번번이 좌우(左右)의 무리를 나누어 승부(勝負)를 다투었다"고 하였다. 지금의 구문(毬門)은 두 나무를 세운 받침대[跗][부(跗)는 발 등[足上]이다]가 마치 작은 비석[小碑]과 같아서 홍문(紅門)[684]이라고 한다. 이것은 틀림없이 옛날 구문(毬門)의 받침대인데 중간에 그것의 쌍환(雙桓)[짝으로 세워서[雙立] 표시로 삼는 것이 환(桓)이다] 및 횡목유소(橫木流蘇)[685][『악부잡록(樂府襍錄)』에 이르기를 "궁현(宮縣)[686]의 시렁 위에[架上] 비취색 실로 채색한 유소(流蘇)를 얽어서 수술[紋]로 만든다"고 하였다]의 부속은 없어져 버리고[撤] 단지 그 받침대[跗]만이 남아 있을 뿐이다. 대개 『축국보(蹴鞠譜)』의 구문도(毬

門圖)와 『악학궤범(樂學軌範)』의 포구문(抛毬門)[687][공[毬]으로써 포구문(抛毬門)을 바라보는 곳이 풍류안(風流眼)임]과는 똑같고 그 받침대[趺]와 홍문(紅門)은 서로 유사하다. 또 격구(擊毬)하는 사람이 비색(緋色)[비(緋)의 음(音)은 비(非)이며 뜻은 비단의 붉은색[帛赤色]임]의 첩리(貼裏)[허리 이하에 주름치마[襞積]를 갖추는 것인데 세속에서 소위 '철릭[天翼][688]이라는 것이다]를 입는다는 것은 필시 좌우(左右)의 무리 가운데 한 대열(隊列)이고 한 무리의 복식은 전하지 않을 뿐이다. 『송사(宋史)』에 "타구공봉관(打毬供奉官)이라는 벼슬이 있는데 왼쪽의 무리는 자줏빛으로 수놓고[紫繡] 오른쪽의 무리는 붉은빛으로 수놓은[緋繡] 문양의 옷을 입는다"고 하였다.

『송사(宋史)』의 《예지(禮志)》에 이르기를 "태종(太宗)이 타구의(打毬儀: 타구의 의례)를 정(定)하였는데 임금이 말을 타고 뜰에 당도하자 내시(內侍)가 금합(金盒)을 여니 주칠(朱漆)한 공을 꺼내어 궁전 앞에 던졌다"고 하였다.

『금사(金史)』의 《예지(禮志)》에 이르기를 "국장(鞠杖)의 길이는 서너 장(丈)이나 되고 그 끝은 언월(偃月: 반달)과 같고 공의 모양은 작은 것이 마치 주먹[拳]을 쥔 것과 같고 가볍고 질긴 나무로서 그 가운데를 텅 비게[枵][효(枵)의 음(音)은 효(囂)이며 뜻은 비어 있는 것[虛]이다]하고 붉은칠을 한다"고 하였다.

【案】 지금 제도의 구(毬)에는 두 가지가 있다. 하나는 나무공에 주칠(朱漆)한 것인데 곧 위에서 칭(稱)한 공의 둘레가 한 척(尺) 3치(寸)인 것이다. 또 하나는 털공인데 가죽으로서 추기(杻器)[689]처럼 얽어 싸는데 큰 것은 마치 서과(西瓜: 수박)와 같고 소위 기구(氣毬)라는 것과도 같으며 위에 하나의 고리를 덧붙여 동아줄로 연결하여[索綴] 말을 타고 끌고[曳] 가면 무촉전(無鏃箭: 살촉이 없는 화살)으로 뒤따르면서 쏜다.[射] 대개 옛날에는 축구(蹴毬)와 타구(打毬)는 있었으나 사구(射毬)와 예구(曳毬)는 없었다.

『금사(金史)』의 《예지(禮志)》에 이르기를 "사류(射柳)[690]는 격구(擊毬)의 유희인데 요(遼)나라의 풍속이다. 대개 중오일(重五日)[691]에 배천(拜天)의 예(禮)를 마치고 구장(毬場)에 버드나무를 꼽고[揷柳] 파식(帕識)〔파(帕)의 음(音)은 맥(陌)[692]이며 뜻은 『정자통(正字通)』에 "붉은 생초 비단[紅鞘]으로 이마에 둘러 쓰는데 군용(軍容)이다"라고 하였다〕〔식(識)은 작(作)과 통하며 뜻은 의지(意志)를 표기(表記)하는 것[志記]이다〕을 하였다.[693] 그 버드나무가지는 지면에서 약 서너 치(寸)까지는 그것의 껍질을 벗겨서 희게 하였고 먼저 한 사람이 말을 타고 달리며 앞에서 인도하면 뒤에서 말을 타고 달리며 살깃도 없고 살촉이 가로로 된 화살을 쏜다"고 운운(云云)하였는데 고려(高麗)의 격구(擊毬)도 역시 단오일(端午日)에 하였은즉 어찌 사류(射柳)가 변하여 사구(射毬)가 되었겠는가! 중무파(仲無頗)의 부(賦)에 이르기를 "그 승목(升木)한다는 것은 허자(許子)가 표주박[瓢]〔『일사전(逸士傳)』에 이르기를 "허유(許由)가 손으로 물을 움켜서 마시니 어떤 사람이 표주박을 하나 주었다. 물을 마시고 난 뒤 표주박을 나무 위에 걸어두었더니 바람이 불어 소리가 났다. 허유는 번거롭게 여겨서 없애 버렸다"고 하였다〕을 걸어두었던 데서 비롯되었으니 어찌 얽어매는[繳]〔격(繳)은 명주실로 만든 끈[絲繩]으로 주살[弋][694]을 매어서 새를 쏘는 것임〕것이 있어서 승목(升木)에 승강(升降: 올리고 내림, 上升下降)하는 것으로 사용하였겠는가?"[695]라고 하였다. 또 『용비어천가(龍飛御天歌)』의 주(注)에 ○"태조대왕이 평시에 크기가 배[梨]와 같은 나무공을 만들어서 사람을 시켜서 50~60보(步) 밖에서 높이 던지라 하시고 박두(樸頭)〔나무촉의 화살[木鏃箭]이다〕를 쏘아서 번번이 적중시켰다"고 하였는데 사구(射毬: 공을 쏨)라는 글이 여기에서 처음 나타난다. 그러나 이것은 또한 나무공으로 가죽공은 아닌데 그것은 선변(嬗變)〔선(嬗)은 선(禪)과 통하고 가의(賈誼)[696]의 복부(服賦)에 "형기(形氣)는 돌아가면서 계속 변화(變化)하는데 선(嬗)임"이라고 하였다〕되었기 때문이며 자세한 것은 얻을 수 없다.

　일찍이 늙은 금군(禁軍)의 군사로 격구(擊毬)를 다루는 사람에게 들으니 "평시에 목구(木毬)를 말구유통[槽]에 넣어두고 공이 있는 곳에 따라 콩을 뿌려서 말을 먹임으로써 말이 오랫동안 콩과 함께 습관이 되면 이에 몰고 나와 공을 들에 내던지면 말은 공을 보고서 달려가고 따라가면서 공을 치게 되니 억양돈좌(抑揚頓挫)[697][두보(杜甫)의 진조부(進雕賦)에 "신(臣)이 지은 글을 표문(表文: 임금에게 글을 올림)하는데 침울하고 돈좌(頓挫)하다"고 하였다]가 뜻대로 되지 않은 것이 없습니다"고 말하였다. 그 사구(射毬)의 법(法)은 중간에서 그 전수(傳授)를 잃어버렸고 지금은 가죽공[皮毬] 및 화살은 모두 군기시(軍器寺)에 남아 있다.

격구보(擊毬譜)

【增】
　처음에 말을 기(旗) 아래에 낼 때 장(杖)으로써 비스듬히 말목[馬頸]에 두어 말귀[馬耳]로 더불어 가지런히 함을 이르되 비이(比耳)라 하고

　장(杖)으로써 말가슴[馬之胸]에 댐[當]을 이르되 할흉(割胸)이라 하고

몸을 기울여 우러러 누워[側身仰臥] 장(杖)으로써 말꼬리[馬尾]에 비김을 이르되 방미(防尾)라 하고

달려서 구(毬)가 흩어진 곳[散毬處]에 이르러 장(杖) 안편[內面]으로써 비스듬히 구(毬)를 당기어[引] 하여금 높이 일어나게 함을 이르되 배지(排至)라 하고

장(杖) 바깥편[外面]으로써 구(毬)를 밀어 당기어[推引] 던짐을 이르되 지피(持彼)라 하고 또 이르되 도돌방울[挑鈴]이라 하니 인하여 비이(比耳)로써 왼편으로 돌아 또 할흉(割胸)하고 두번째 방미(防尾)하고 도로[還]

구(毬) 던진 곳에 이르러 다시 구(毬)를 당김을 이르되 구을방울[轉鈴]이라. 이같이 하기를 세 번하고 이에 달리고 쳐서 구(毬)를 행(行)하라.

세 번 돌기를 비록 마치나 지세요함(地勢凹陷: 땅의 형세가 오목하게 함몰됨)하여 가히 구(毬)를 행(行)하지 못할 곳이면 혹(或) 네 번, 혹(或) 다섯 번 돌아도 또한 해롭지[妨] 아니하니라. 구(毬)를 행(行)하는 처음에 놓아 치지 아니하고[不縱擊] 비이(比耳)로써 혹(或) 두 번하며 혹(或) 세 번하라.

비이(比耳)한 후에 손을 들어 놓아 쳐[舉手縱擊] 손이 높이 들고[手高抗] 아래로 드리워 양양(揚揚)함을 이르되 수양수(垂揚手)니 수양수(垂揚手)는 정한 수가 없으니 구문(毬門)에 나가기로써 한도를 삼으라. 구(毬)를 던진 후에 헛수양수(垂揚手)를 하고 또 방미(防尾)를 하고 또 비스듬히 구(毬)를 당기어 수양수(垂揚手)로써 홍문(紅門)을 향(向)하여 던져 바로 들어오거든 인하여 구(毬)를 쫓아[逐] 문(門)으로 나가 헛 수양수(垂揚手)로 구(毬)를 둘러[繞] 세 번 돌아 한 번 구(毬)를 당기어 도로[還] 홍문(紅門)

으로 들어와 도청(都廳) 장막(幕)을 지나면 북을 울린다. 인하여 비이(比耳)로써 달려 출마(出馬)하던 원지(原地)에 돌아와 마쳐라.

혹(或) 비이(比耳)할 때에 수양수(垂揚手)를 미처 못하여 구(毬)가 이미 문(門)에 나갔거든 곧 구문(毬門) 안에서 헛수양수(垂揚手)를 하고 또 구문(毬門) 밖에서 헛수양수(垂揚手)를 하고 혹(或) 구(毬)가 구문(毬門) 앞에 이르러 그치고저 하거든 다시 치고 달려서 구문(毬門)으로 나감이 또한 해롭지 아니하다.

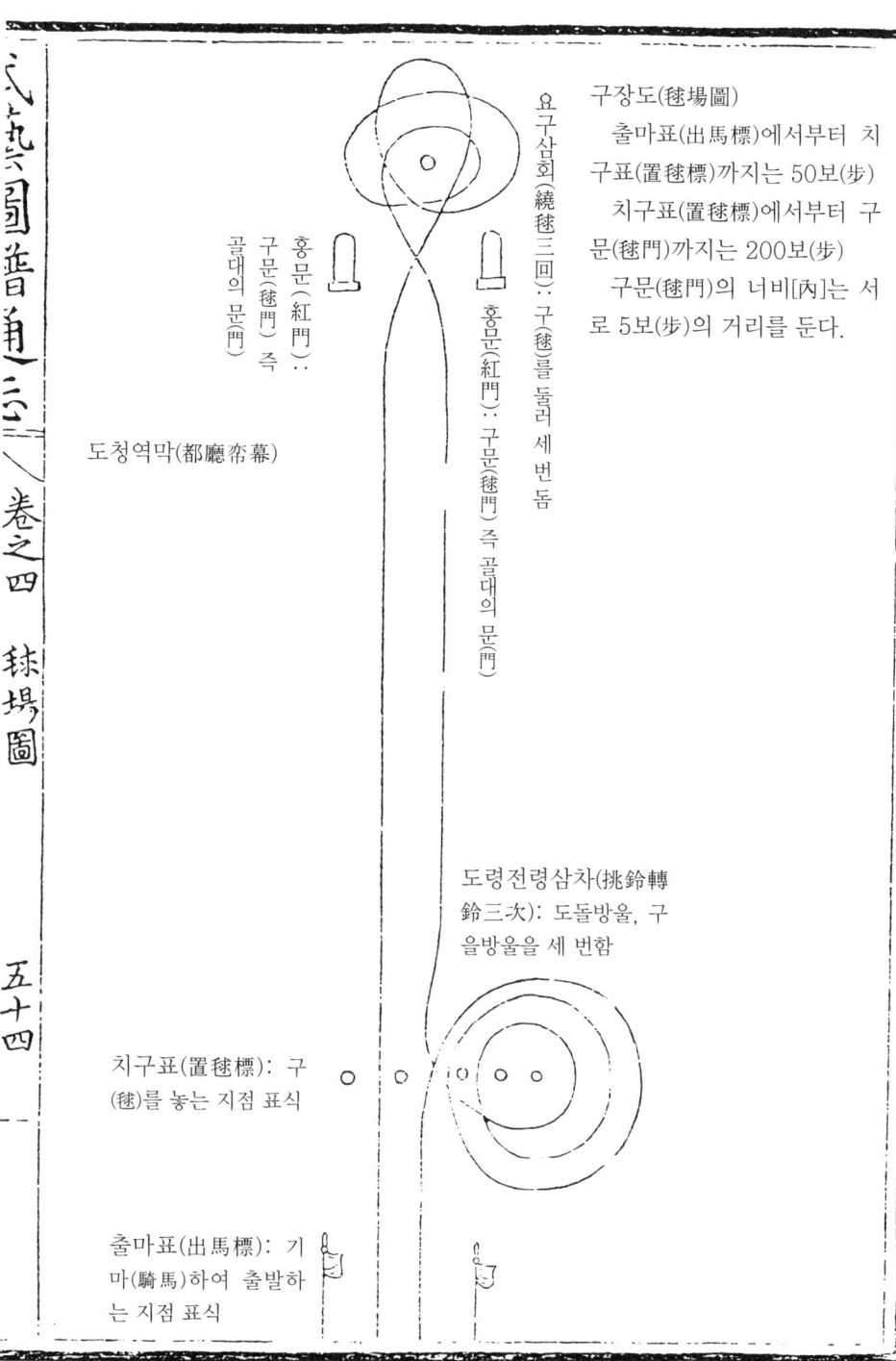

마상재(馬上才)

마상재(馬上才) 【增】

【增】

제1세(第一勢)는 말을 달리며[走馬] 말 위에 서거나[立馬上] 혹은 삼혈총(三穴銃)을 쏜다.

제2세(第二勢)는 좌우로 말을 뛰어 넘는 것[左右超馬]으로 속칭 좌우칠보(左右七步)라고 한다.

제3세(第三勢)는 말 위에 거꾸로 선다.[馬上倒立]

제4세(第四勢)는 말 위에 가로누워서[橫臥] 거짓 죽은 체[佯死]한다.

제5세(第五勢)는 좌우의 등자(鐙子) 안쪽에 몸을 감추는데[鐙裏藏身] 속칭 장니과(障泥裹)[698]라고 한다.

제6세(第六勢)는 말꼬리[馬尾]를 베개로 하여 세로로 눕는다.[縱臥]

어떤 사람은 장신(藏身: 제5세)을 좌우(左右)로 초마(超馬: 제2세)를 좌우(左右)로 나누어 8세(八勢)로 하기도 한다. 이상의 여러 가지 재기(才技)는 한 필의 말[單馬]을 사용하기도 하고 혹은 두 마리의 말[雙馬]을 사용하기도 한다.

【案】『업중기(鄴中記)』에 "석호(石虎)[699]가 미후(獼猴: 원숭이의 일종)의 형상으로 만든 배우[伎兒: 演伎하는 사람]의 옷을 입고 내달리는 말 위에서 어떤 때는 말 옆구리[脇]에 있고 혹은 말머리[馬頭]에 있기도 하고 혹은 말꼬리[馬尾]에 있기도 하여 말은 달려도 이와 같이 하였으므로 이름을 원기(猿騎)라고 하였다. 곧 마상재(馬上才)의 시초이다"라고 하였으며『식소편(識小編)』에 "금중(禁中)[700]에서 단오절(端午節)이면 용주(龍舟)와 표기(驃騎)의 놀이가 있었다"고 하였다. 표기(驃騎)라는 것은 한 사람이 말

을 타고 기치를 잡고 앞으로 나아가면 뒤에서 말을 타고 잇달아 가며 각각 말 위에서 교묘한 기술[技巧]를 부려 드러내 보이는 것이다.

대개 말 타는 것[騎乘]을 익힌다는 것은 실로 원(元)나라의 제도라고 한다. 그러한즉 명조(明朝)에서도 역시 이러한 기술(技術)이 있었으며 원(元)나라의 제도라고 하거나 단오절(端午節)에 행하였다고 하는 것은 곧 고려(高麗)의 격구(擊毬)와도 서로 부합(符合)된다.

이탁(李濯)〔명(明)나라 때의 사람임〕의 「내인마기부(內人馬伎賦)」에

 "교지금안지상(翹趾金鞍之上) 높이 발돋움질하여 금색 안장에 올라타고

〔교(翹)의 음(音)은 교(翹)이며 뜻은 기발(起發: 일으켜 발양(發揚)하는 것)이다.〕

 전거이도한(電去而都閒) 번개처럼 달려가니 용모가 아름답고 빼어나구나[都閒].

〔『한서(漢書)』〈사마상여전(司馬相如傳)〉에 "온화하고 점잖아서[雍容] 빼어나게 우아하니[閒雅] 매우 아름답다[甚都]"하였고, 주(注)에 "도(都)는 아름다운 것[美]이다"라고 하였다.〕

 위신옥등지방(委身玉鐙之旁) 옥(玉)으로 만든 등자(鐙子)의 곁에 몸을 맡기고

 풍경이궤휼즉(風驚而詭譎則) 질풍처럼 달리면서 구름과 파도처럼 변화무상한즉

 기제개가상의(其制槩可想矣) 그 제도의 대개를 상상할 수 있겠다"라고 하였다.

지금 중국에서 통칭(通稱)하는 입마기(立馬伎)의 그것에 반안반배(攀鞍反背: 말안장을 잡고 거꾸로 반전(反轉)하는 동작)라고 하고 과사(過梭: 베 짜는 베틀의 북처럼 넘나드는 동작)라고 하는 것은 초마(超馬)의 유(類)이다. 순풍기(順風旗: 순풍에 깃발 날리는 동작)라고 하는 것은 횡와(橫臥)의 유(類)이다. 방거상(紡車上: 물레가 오르듯 하는 동작)이라고 하거나 투운환(套雲環: 고리 사슬이 구름처럼 둘러싸는 동작)이라고 하는 것은 등리장신(鐙裏藏身)의 유

(類)이다.

 나무로 만든 시렁[木架]를 설치하고 한가할 때 여러 가지 세(勢)를 익히는 것을 잔가(驏架)〔잔(驏)의 음(音)은 조(鉏)와 판(版)의 반절(半切)이며 뜻은 말에 안장과 재갈[鞍勒]을 설치하지 않은 것임〕라고 이름한다. 그러나 그 기술이 사전(史傳: 역사의 기록으로 전함)에 산견(散見: 여기저기에 나타남)하는 것으로는 역시 『좌전(左傳)』에서부터 고증(攷證)할 수 있는데 "진(秦)나라 군사가 수레를 뛰어 타고[超乘]"와 "수레를 타고 간다[乘車]"는 승(乘)이다. 수레는 반드시 말[馬]로써 멍에를 메워 몰아야 하는즉 초승(超乘)은 바로 초마(超馬)의 유(類)이다. 『사기(史記)』에 "이광(李廣)이 흉노(匈奴)에 붙잡히게 되어 두 마리의 말 사이에 묶어 두었는데 이광이 거짓으로 죽은 체하였다"는 것은 곧 두 마리의 말에서 횡와(橫臥)한 것이다. 장형(張衡)〔자(字)는 평자(平子)이며 한(漢)나라 남양(南陽) 사람으로 벼슬은 상서(尙書)를 지냈음〕의 「서경부(西京賦)」에 "도로(都盧)〔이선(李善)의 주(注)에 "도로국(都盧國) 사람들은 몸이 가벼워서 매달리기[緣]를 잘하였다"고 하였다〕에는 심동(尋橦)[701]〔동(橦)은 간(竿: 장대)이다〕의 유희가 있다"고 하였고 부현(傅玄)〔자(字)는 휴혁(休奕)이며 진(晉)나라 니양(泥陽) 사람으로 벼슬은 상서(尙書)를 지냈음〕의 「서도부(西都賦)」에 "도로(都盧) 사람들은 빠른 발로 갑자기 발꿈치로 걸고서[跟掛] 거꾸로 곤두박질[倒絕]치곤 한다"고 하였다.

 『사물원시(事物原始)』에 "도로(都盧)는 곧 희기(戲伎)의 명칭이며 몸이 가벼워서 매달리기를 잘하는 것인데 근괘(跟掛: 발꿈치 걸기), 복선(腹旋: 배로 돌리기)의 명칭이 있다"고 하였는데 지금의 등리장신(鐙裏藏身)을 할 때에도 근괘(跟掛)의 세(勢)가 있다.

 『교방기(敎坊記)』에 "한(漢)나라 무제(武帝) 때 한 어린아이가 번근두(翻筋斗: 공중제비)〔주자(朱子)의 시(詩)에

　　"지마허공타근두(只麽虛空打筋斗)　　단지 저렇게 허공에서 공중제비하듯 맴돌 뿐,
　　사군고부백년신(思君辜負百年身)　　임금을 그리워하며 일생의 육신을 헛되게 하였
다"라고 하였다〕에 월등하게 뛰어나서[絕倫] 긴 장대에 매달리어 거꾸로 서

기[倒立]를 잘하였는데 이를 역행연도(逆行連倒)라고 하였으니 곧 옛날의 기행(跂行)〔기(跂)와 기(蚑)는 같다. 벌레가 기어가는 것이다. 『회남자(淮南子)』에 "기행(跂行)하는 것은 부리로 숨쉰다[喙息]"고 함〕과 별식(鱉食)[702]의 유(類)이다"라고 하였다. 진(晉)나라 함강(咸康: 335~342) 연간에 시랑(侍郎)[703] 고진(顧臻)이 말하기를 "발로서 하늘을 밟고 머리로서 땅을 밟으니 천지(天地)의 순리(順理)에 반(反)하여 이륜(彝倫: 늘 지켜야 하는 常法의 도리)의 대사를 손상하는 것이 곧 도립(倒立)이다"라고 하였다.

『당서(唐書)』에 "배민(裴旻)〔벼슬은 용화군사(龍華軍使)를 지냈음〕이 해(奚)〔『북사(北史)』에서는 본래 고막해(庫莫奚)라 칭하고 동부우문(東部宇文)의 별종(別種)이라 함〕에게 포위되었는데 말 위에 서서 칼춤[舞刀]을 추어서 사면에서 날아드는 화살을 모두 칼로서 맞받아서 절단하였다"고 하였다.

『징비록(懲毖錄)』에 "내금위(內禁衛)의 조웅(趙雄)이 용감(勇敢)하여 말 위에 서서 달리면서 적(賊)을 살육(殺戮)할 수 있었다"고 하였는데 바로 지금의 제1세(第一勢: 走馬立馬上)이다.

명(明)나라 왕불(王紱)〔자(字)는 맹단(孟端)이며 무석(無錫) 사람으로 벼슬은 중서사인(中書舍人)을 지냄〕의 '단오관기사격구시연(端午觀騎射擊毬侍醼: 단오절에 騎射와 격구를 관람하며 宴會를 시중들다)'라는 시(詩)에 가로대

"분운래왕우신속(紛紜來迋尤迅速)   어지럽게 오고가는 것이 더욱
　　　　　　　　　　　　　　　　　신속하고
마상시간장마복(馬上時看藏馬腹)   마상에 있을 때를 보면 말배에
　　　　　　　　　　　　　　　　　몸을 감추고 있어"

라고 하였는데 바로 지금의 제5세(第五勢)인 이른바 등리장신(鐙裏藏身)이며, 그 제6세(第六勢)인 종와(縱臥)는 격구(擊毬)의 방미(防尾)와 유사한 점이 있다.

대개 옛날에 치마(馳馬)로 시예(試藝)하는 것은 통틀어 희마(戲馬)라고 하였다. 그래서 『진서(晉書)』에 "환현(桓玄)〔자(字)는 경도(敬道)이며 온(溫)의 아들이다. 반역(叛逆)으로 주살(誅殺)됨〕이 은중감(殷仲堪)〔진군(陳郡)사람으로 벼슬은

광주자사(廣州刺史)를 지냈으며 환현(桓玄)에게 해(害)를 입었음]과 청사(廳事) 앞에서 삭(矟: 긴 창)으로서 희마(戱馬)하여 중감(仲堪)과 비기었다"고 하였다.

『수서(隋書)』의 〈심광전(沈光傳)〉[심광의 자(字)는 총지(總持)이며 오흥(吳興)사람으로 벼슬은 절충랑장(折衝郎將)을 지냈음]에 "심광(沈光)이 효첩(驍捷: 용맹하고 민첩함)[효(驍)의 음(音)은 요(澆)이며 뜻은 용첩(勇捷: 용맹하고 빠른 것)이다]하여 희마(戱馬)를 잘하기로 천하(天下)의 최고가 되었으니 호(號)를 육비선(肉飛仙)이라고 하였고, 또 팽성(彭城)[서주(徐州) 진(秦)나라의 팽성현(彭城縣)으로 항우(項羽)가 이곳에 도읍하였음]에는 항왕희마대(項王戱馬臺)가 있다"고 하였으니 지금의 마기(馬伎)를 비록 희마(戱馬)라고 하여도 옳다.

마상재보(馬上才譜)

【增】
처음에 말을 낼 때 손에 삼혈총(三穴銃)을 가지고 말을 달리며 말 위에 서서[走馬立馬上]

인하여 말안장[鞍橋][704]의 가지를 안고[據] 오른편으로 말을 뛰어 넘되[超馬] 배[腹]가 말안장[鞍]에 닿지 아니하고 발이 땅에 잠깐 이르나니라.

또 왼편으로 말을 뛰어 넘되[超馬] 혹(或) 세 번 혹(或) 네 번하여 정한 수가 없나니라.

즉시 도립(倒立)를 하되 정박이[頂]를 말목[馬頸]의 왼편에 심어라.[植]

급히 말을 돌려서[回馬] 몸을 뒤집어[翻身] 가로누워[橫臥] 거짓 죽은 체 [佯死]하나니라.

우등리장신(右鐙裏藏身)을 하되 손으로 모래와 흙을 움키어 쥐고 어지러이 던지며 발등을 걸고 거꾸로 끌려서 가나니라.

또 좌등리장신(左鐙裏藏身)을 하고

다시 안장을 끼고 등을 뒤집어 말꼬리[馬尾]를 베고[枕] 마쳐라.

혹(或) 쌍마(雙馬)를 쓰되 연(連)하여 얽어매어서 달리니 모든 세(勢)는 아울러 한 가지니라.

보예관복도설(步藝冠服圖說)

【增】

대개 보군(步軍)으로 장창(長槍), 죽장창(竹長槍), 기창(旗槍), 당파(鎲鈀), 낭선(狼筅), 쌍수도(雙手刀), 예도(銳刀), 제독검(提督劍), 본국검(本國劍), 쌍검(雙劍), 월도(月刀), 협도(挾刀), 등패(藤牌), 곤봉(棍棒), 편곤(鞭棍)을 익히는 사람은 전건(戰巾), 망수의(蟒繡衣)나 혹은 청(靑)·홍(紅)·황색(黃色)의 반란의(斑爛衣: 빛깔이 섞여 문채가 아름다운 옷)와 청(靑)·홍(紅)·황색(黃色)의 고[袴: 바지]와 말[襪: 버선]을 갖추어 입는다.

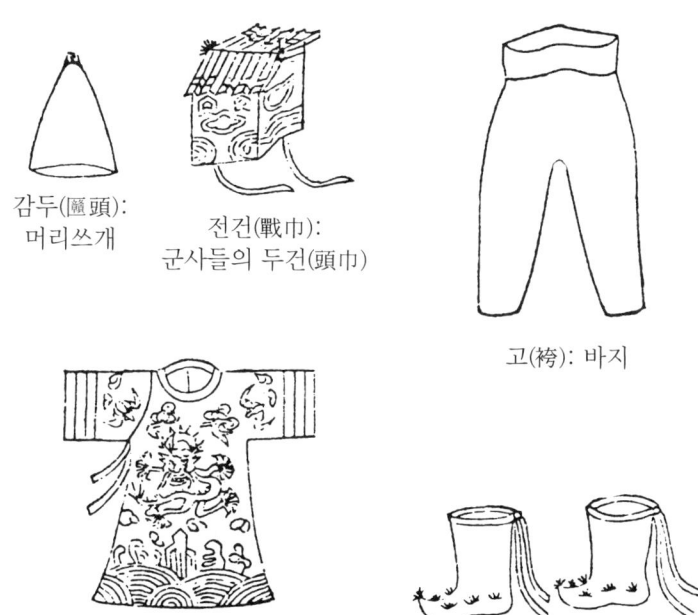

감두(㲎頭): 머리쓰개

전건(戰巾): 군사들의 두건(頭巾)

고(袴): 바지

망수의(蟒繡衣): 이무기를 수놓은 군사 훈련복

말(襪): 버선

다만 왜검(倭劍), 교전(交戰), 권법(拳法)을 익히는 사람은 감두(匼頭)〔감(匼)의 음(音)은 감(感)이며 뜻은 복두(覆頭: 머리에 쓰는 것)이다〕를 쓰고 망건(網巾)을 벗고 땋은 실로 상투 밑[髻根]을 묶는데 마치 지붕 있는 가마[屋轎]의 호로정(葫蘆頂: 조롱박 꼭지)과 같다. 바지와 버선[袴襪]을 입는 것은 같다.

마예관복도설(馬藝冠服圖說)

【增】
    대개 마군(馬軍)으로 기창(騎槍), 쌍검(雙劍), 월도(月刀), 편곤(鞭棍)을 익히는 사람은 투구와 갑옷[盔甲]을 갖추어 입는다.

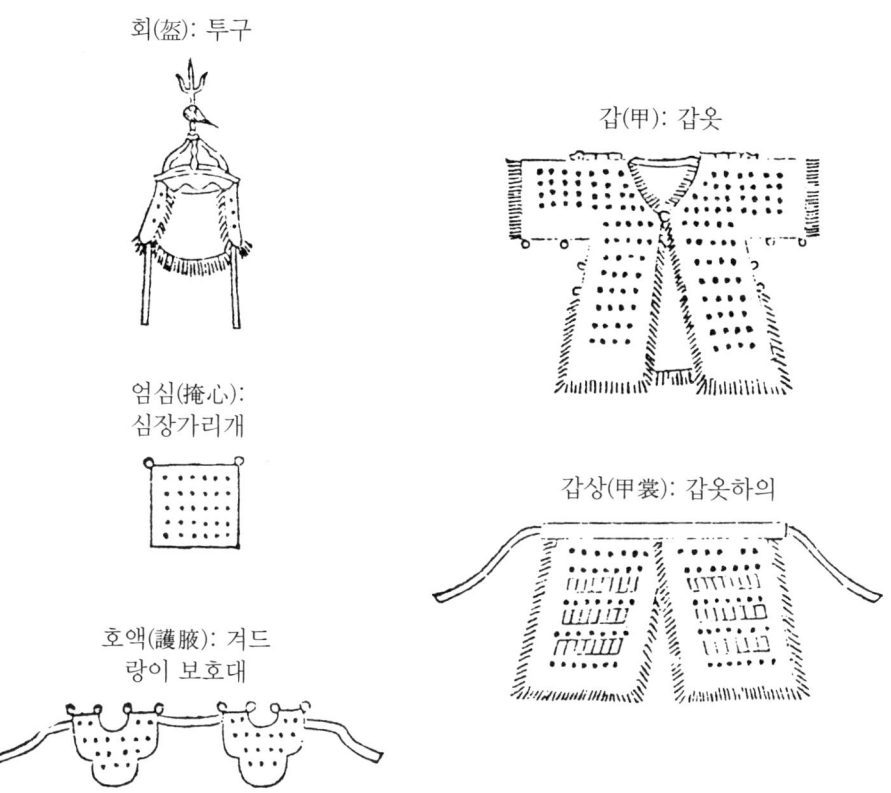

격구관복도설(擊毬冠服圖說)

【增】
　대개 격구(擊毬)를 하는 사람은 종립(鬃笠)을 갖추고 취우(翠羽: 군복 차림에서 모립(帽笠)에 꽂는 깃털)와 호수(虎鬚)[705]를 꽂으며 홍첩리(紅貼裏)를 입고 넓은 조대(組帶: 인끈으로 만든 띠)로 배[肚]를 싸서 묶고 팔에는 사구(射韝: 팔찌)를 착용한다. 〔구(韝)의 음(音)은 구(鉤)이며 뜻은 매는 것[結]이며 팔에 거듭 대는 것[臂沓]이다.〕

종립(鬃笠): 말총이나 소의
꼬리털로 만든 갓[706]

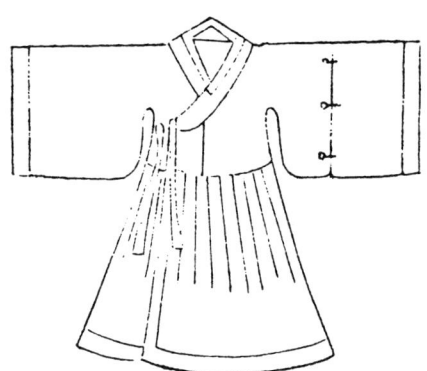

홍첩리(紅貼裏): 붉은 철릭

마상재관복도설(馬上才冠服圖說)

【增】

　대개 마상재(馬上才)는 전립(戰笠)을 착용하거나 혹은 투구[盔]를 쓰고 홍(紅)·황색(黃色)의 호의(號衣)와 홍(紅)·황색(黃色)의 고(袴: 바지)를 입고 옹혜(鞚鞵: 목이 긴 장화)는 신지 않는다. 〔혜(鞵)와 혜(鞋)는 같으며 화요(靴靿: 목이 긴 가죽신)이다.〕

 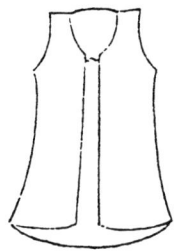

전립(戰笠): 군인이 쓰는 벙거지[707]　　호의(號衣): 군인의 소속을 표시하는 제복[708]

고이표(考異表) 【增】

당파(鎲鈀)	훈영(訓營)	금위영(禁衛營)	용호영(龍虎營)	어영청(御營廳)
	대개 퇴세(退勢: 물러나는 勢)로 하는 복호(伏虎)는 모두 우회(右廻)하도록 변하였으니 지금은 바르게 고쳤다.			
쌍수도(雙手刀)	제1세의 향좌격(向左擊), 향우격(向右擊)과 제4세의 향좌격(向左擊), 향우격(向右擊)은 지금은 모두 사용하지 않는다.			
예도(銳刀)		백사롱풍세(白蛇弄風勢)에 좌각(左脚)으로 일자(一刺)하는 것이 있음.		
왜검(倭劍)			관무재(觀武才) 때에는 토유류(土由流)에서 3세(勢)가 빠짐.	
교전(交戰)	김체건(金體乾) 첩자(帖子)의 구도(舊圖)와 금본(今本)이 서로 다르기 때문에 그 설명을 붙인다. ○개문(開門)과 교검(交劍)의 두 세			

(勢)는 없고 지금은 제3세(第三勢)를 제1세(第一勢)로 한다. 그 다음의 상접(相接: 제4세)은 같고 그 다음의 하접(下接: 交戰總圖 제5세)은 한 사람은 좌슬(左膝: 왼쪽 무릎)을 좌준(坐蹲: 걸터앉음)하고 다른 한 사람은 좌족(左足)을 우슬(右膝)에 들도록 되어 있는데 금본(今本)에서는 칼날을 뒤집어 거꾸로 맞춘다.[翻刃倒接] 그 다음[交戰總圖 제6세 戴擊]의 장검(藏劍)은 금본에서는 한 사람은 칼날을 높이 들고[高擧刃] 다른 한 사람은 앉으며 아래로 찌른다.[坐下刺] 그 다음의 상접(相接)은 금본에서는 칼날을 뒤집어 거꾸로 맞춘다.[翻刃倒接] 그 다음에 한 사람은 높이 들고[高擧] 다른 한 사람은 앉으며 찌르도록[坐刺] 되어 있는데 금본에서는 장검(藏劍)을 한다. 그 다음에 한 사람은 가로들고[橫戴: 거정격] 다른 한 사람은 세워서 맞추도록[竪接: 표두격] 되어 있는데 금본에서는 상접(相接)한다. 그 다음의 하접(下接)은 같다. 그 다음은[交戰總圖 제11세 戴擊] 장검(藏劍)인데 금본에서는 한 사람은 들고[擧] 다른 한 사람은 낮

춘다.[下] 그 다음이 상접(相接)인데 금본에서는 거꾸로 맞춘다.[倒接] 그 다음은 한 사람은 가로들고[橫戴] 다른 한 사람은 세워서 맞추도록[豎接] 되어 있는데 금본에서는 한 사람은 아래로 드리워 막고[下垂防] 다른 한 사람은 높이 들어 친다.[高擧打] 그 다음은 장검(藏劍)인데 금본에서는 칼날을 뒤집어 거꾸로 맞춘다.[翻刃倒接] 그 다음은[交戰總圖 제15세 揮刀] 상접(相接)인데 금본에서는 한 사람은 가로들고[橫戴] 다른 한 사람은 세운나.[豎] 그 다음은 힌 사람은 들고[擧] 다른 한 사람은 아래로 찌르도록[下刺] 되어 있는데 금본에서는 한 사람은 들고[擧] 다른 한 사람은 아래로 감춘다.[下藏] 그 다음은 상접(相接)인데 금본에서는 거꾸로 맞춘다.[倒接] 그 다음은[交戰總圖 제18세 揮刀] 한 사람은 감추고[藏] 다른 한 사람은 앞을 치도록[前打]되어 있는데 금본에서는 한 사람은 가로들고[橫戴] 다른 한 사람은 세운다.[豎] 그 다음은 한 사람은 들고[戴] 다른 한 사람은 세우도록[豎] 되어 있는데 금본에서는 거꾸로 맞

	춘다.[倒接] 그 다음에도 한 사람은 감추고[藏] 다른 한 사람은 앞을 치도록[前打] 되어 있는데 금본에서는 거꾸로 맞춘다.[倒接] 그 다음은 상접(相接)인데 금본에서는 하접(下接)한다. 그 다음은[交戰總圖 제21세 揮刀] 한 사람은 감추고[藏] 다른 한 사람은 아래로 찌르도록[下刺] 되어 있는데 금본에서는 한 사람은 들고[戴] 다른 한 사람은 세운다.[竪] 그 다음은 서로 찌르는 것[相刺]인데 금본에서는 거꾸로 맞춘다.[倒接] 그 다음은 한 사람은 들고[戴] 다른 한 사람은 세우도록[竪] 되어 있는데 금본에서는 든 사람[戴者]이 준좌(蹲坐)한다. 그 다음에 상박(相撲)하고서 마치는 것은 같다.			
제독검 (提督劍)		향좌격적세(向左擊賊勢)에 우회(右廻)하는 것이 있음.		
본국검 (本國劍)		마치는 세(畢勢)에서 좌우로 감아 일자(一刺)하는 것을 대개 두 번하는데 그 한 번	위와 같음. [同上]	

		은 빠짐.		
쌍검(雙劍)		휘검(揮劍)에 일격(一擊)이 있음.	위와 같음.[同上]	위와 같음.[同上] 또 항장기무세(項莊起舞勢)에 일격(一擊)이 있음.
월도(月刀)				제4세의 맹호장조세(猛虎張爪勢)는 대개 두 번한다. 또 수검고용세(豎劍賈勇勢)에는 우회(右廻)하여서 우내략(右內掠)하는 것이 있음.

주석 및 해설

주석 및 해설

1) 임금이 지은 글을 어제(御製)라고 하며 임금이 각신(閣臣)에게 명하여 찬(簒)한 것을 어정(御定)이라고 한다. 문장(文章)의 한 격식(格式)으로서 서(序)는 독자의 이해를 돕기 위하여 쓰는 권두(卷頭)의 서문(序文)이나 서언(緖言)과 같은 뜻이다. 대개 전서(全書)의 개괄적 내용인 역사적 유래(由來)와 사적(事蹟)의 요지(要旨)를 쓰서 전체의 차례(次例)를 잡아 준다. 《무예도보통지서》에서는 조선 군사제도의 정립과 변천 과정, 군사 기술로서 전승 무예서(武藝書)의 재정립 과정, 병가의 진법과 격자법과의 관계, 현륭원(顯隆園)의 유지(遺志)를 계승하여 본조(本朝)의 정형무예(定型武藝)인 십팔기(十八技)를 보존·부연·발양하여 충직한 군사를 양성하여 국방력을 강화한다는 등의 찬술 목적이 담겨 있다. 『홍재전서(弘齋全書)』 59권(卷) 〈잡저(雜著)·무예도보서술(武藝圖譜敍述) 1. 緣起〉에 따르면 이 서문(序文)은 정조 임금이 몸소 지으시고 [親撰序文] 당시 좌의정 채제공(蔡濟恭)이 필서(筆書)하였다고 되어 있다.

2) 삼군(三軍)은 조선시대에 병마(兵馬)가 주둔하는 삼군문(三軍門)을 말하며 삼군영(三軍營), 삼영문(三營門), 삼영(三營)이라고도 한다. ① 훈련도감(訓鍊都監): 선조 27년(1594, 갑오년) 2월, 임진왜란중에 군제개혁(軍制改革)의 필요성에 따라 영의정 유성룡(柳成龍)과 명의 장수 낙상지(駱尙志)의 건의에 의하여 기민구제(饑民救濟)와 정병양성(精兵養成)의 명분으로 창설(刱設)되어 절강병(浙江兵)의 기예를 조련하고 급료병(給料兵)인 삼수병(三手兵)으로 편성되었고 속오법(束伍法)으로 조직되었으며 중앙의 핵심 군영으로서 수도방비의 책임을 맡았다. ② 어영청(御營廳): 인조 때부터 하나의 부대 형태로 있던 어영청을 효종 3년(1652)에 수도방비와 북벌(北伐) 계획에 따른 군비 확충으로 기병(騎兵)과 보병(步兵)으로 정식 군영(軍營)으로 편성되었다. ③ 금위영(禁衛營): 숙종 8년(1682)에 궁성(宮城)의 금위(禁衛)와 수도방비의 목적으로 기병, 보병으로 편성되었다. 조선 후기 군영제도에서 일반적으로 4군영은 위의 3군영에서 총융청(摠戎廳: 인조 2년(1624) 이괄(李适)의 난을 계기로 경기 지역의 수비를 위해 창설됨)을, 5군영이라 할 때는 4군영에서 수어청(守禦廳: 인조 4년(1626) 남한산성의 수비를 위하여 창설됨)을 더하여 말한다. 삼군은 또한 대군(大軍)이나 전군(全軍)을 지칭하는 용어로도 쓰였는데 1군(軍)을 대략 1만 2천5백 명으로 하여 옛날에 천자국(天子國)은 6군을 보유하고 큰 제후국은 3군을, 소국은 2군 내지 1군을 보유하였다.

3) 위사(衛士)는 대궐이나 관아(官衙) 또는 군영(軍營)을 호위(護衛)·숙위(宿衛)하고 능(陵)을 시위(侍衛)하던 장교(將校)이다.

4) 금원(禁苑)은 창덕궁(昌德宮)의 후원(後苑)을 말하며 궁궐은 일반인의 출입이 금지된다는 의미에서 금원(禁苑)이라 하였고 북원(北苑)·내원(內苑)·상림원(上林苑) 등의 명칭이 쓰였고 금내(禁內)·금중(禁中)·어원(御苑)이라고도 하였다. 금내(禁內)의 경비를 맡아 대전(大殿)을 호위하는 군대를 금군(禁軍)이라 하였다. 현재 일반적으로 비원(秘苑)이라 하는 것은 고종 말기인 1900년대초에 후원을 관리하는 관청으로 비원(秘院)이 설치된 이후부터였다. 후원의 전체 면적은 9만 평(坪)정도인데 이곳에서 무예 훈련과 과거가 많이 행하여졌다.

5) 광묘조(光廟朝)의 묘조(廟朝)는 사당(祠堂)이 되어 버린 과거의 조정(朝廷)이란 뜻이며 광(光)은 광릉(光陵)이다. 세조와 그의 비(妃) 정희왕후 윤씨(正熹王后 尹氏)의 능호(陵號)가 광릉(光陵)이므로 광묘(光廟)는 곧 세조(世祖)의 묘호(廟號)이다. 광릉의 형식은 동원이강(同原異岡)으로 되어 있으며 경기도 남양주시 진접읍에 있다.

6) 궁시(弓矢)는 활과 화살이라는 뜻으로 예로부터 우리 민족은 동이(東夷)라 하여 활쏘기에 능한 민족으로 불려왔다. 동이(東夷)는 동방(東方)에서 대궁(大弓)을 다루는 민족이란 뜻이다. 활은 무예(武藝)의 단련(鍛鍊)과 수양(修養)에서 가장 근본적인 것이고 전체적인 의미를 담고 있으며 우리 겨레의 생활 속에서 함께한 기예(技藝)였다. 궁술(弓術)의 실기(實技)면에서 정지심법(正志心法), 안법(眼法), 수법(手法), 족법(足法), 신법(身法)은 곧 무예의 단련법이다. 예를 들면 무예의 다섯 가지 보법(步法) 가운데 가장 첫번째로 나오는 신(神)을 단련하여 능(能)함을 길러내고 힘(力)을 뽑아내는 세(勢)로 전궁후전식(前弓後箭式)의 궁전보(弓箭步)가 나오는데 이 보법은 활의 원리(原理)와 같다. 정조(正祖) 22년(1798)에 훈련도감의 교련관(敎鍊官)과 막료(幕僚)를 역임한 이상정(李象鼎)이 선조(宣祖) 때 간행된 『병학지남(兵學指南)』에 설명을 부연하여 편찬한 『병학지남연의(兵學指南演義)』 2권〈器械〉의 弓矢解에서 '옛 법식에 활쏘기로써 사람의 덕을 관찰하는데[古法射以觀德] 마음속으로 요령을 터득하고[得之于心] 손에 익숙하여 응하여야 한다[應之于手]'고 하였다. 우리 선조들은 사냥이나 전쟁을 하기 위하여 활쏘기를 익힌 것이 아니라 자신을 바르게 하는 정신수양과 더불어 힘을 기르는 학무(學武)의 요결로서 행하여져 왔다. 스스로 반성하는 습성이 길러지고 겸양(謙讓)과 상대의 덕을 높이는 심성이 저절로 함양되므로 활쏘기로서 어진 사람을 선발하였던 것이다. 수덕(修德)을 바탕으로 힘보다 덕을 숭상하였으므로 힘이 부족하여 정곡(正鵠)에 맞고 그냥 화살이 튕겨나가도 그것을 명중으로 하는 것이다. 명나라 이정분(李呈芬)이 지은 『사경(射經)』에 '마음을 바르게 가지고 精氣를 기르는 것을 근본으로 삼는다[正心養氣爲根本]' '武諺에 일컫기

를 무예가 일촌이 길면 일촌이 강하다 하였으니[諺稱武藝長一寸强一寸] 활쏘기가 모든 무예의 으뜸이 되는 것은 그것이 길기 때문이다[射爲諸藝之首以其長也]'라고 하였다. 『중용(中庸)』에서는 '공자께서 가라사대 활쏘기는 군자와 같은 데가 있나니[子曰 射有似乎君子] 과녁을 맞히지 못하면[失諸正鵠] 돌이켜 자기 몸에서 찾느니라[反求諸其身]'고 하였고 『맹자(孟子)』에서도 '어질다는 것은 활쏘기와 같다.[仁者如射] 활 쏘는 사람은 자기를 바르게 한 이후에 쏘아서 설령 쏜 화살이 적중하지 않더라도 자기보다 나은 사람을 원망하지 않고[射者 正己而後 發 發而不中 不怨勝己者] 그 원인을 돌이켜 자기 자신에게서 찾을 뿐이다[反求諸己 而已矣]'라고 하였다. 이와 같이 활쏘기는 단순한 기술이나 기교가 아니라 양심조기(養心調氣)하는 내면적 수양(修養)을 근본으로 삼고 어떠한 것에도 동요되지 않는 지극히 크고 굳센 반석(磐石)과 같은 정신력을 배양하는 기예이다. 곧 『맹자』에서 말하는 호연지기(浩然之氣)를 기르는 것이다. 현재의 국궁(國弓)에서는 활쏘기를 인격수양이라 하여 입선(立禪)이라고도 한다. 따라서 궁시는 고래(古來)로부터 우리 민족의 무기(武技)와 정신·사상·철학·예술·학문·놀이·풍속이 집약되어 있는 기예이며 우리 민족은 상무숭덕(尙武崇德)의 규범을 실천하는 무용(武勇)의 민족임을 나타내고 있다. 사서(史書)의 기록에 따르면 활의 역사는 대씨(大氏)의 진국(震國: 698~926, 발해) 시조인 대중상(大仲象)·대조영(大祚榮) 황제의 조상인 대정씨(大庭氏)에게서 유래되었다고 한다. 당시 풍습은 사람이 죽으면 땅에 묻지 않고 그냥 산이나 들에 두었는데 대정씨는 부모님이 돌아가시자 부모님의 시신이 짐승의 먹이가 되는 것을 차마 볼 수 없어 나뭇가지를 휘어 줄을 매고 싸릿대로 살을 먹여 시신 주위를 맴도는 짐승들을 쏘아서 쫓아버렸다. 부모님의 시신을 보호하려 한 효심(孝心)에서 비롯되었기 때문에 지금까지도 부모를 잃은 상주(喪主)를 위로한다는 말에 활에 살을 먹인 형상인 '조(弔)'의 글자를 사용하고 있다. 또한 우리 겨레가 사용한 활로써는 단궁(檀弓)·맥궁(貊弓)·각궁(角弓)의 이름이 있다. 우리나라는 일제에 의해서 국권이 침탈당한 시기와 외세가 각축을 벌였던 근대화 시기와 오늘날 정보화·세계화 시대를 거치는 동안 모든 방면에서 수천 년을 이어져 온 전통문화와 많이 단절되었다고 할 수 있는데 습사(習射)로서 심신을 수양하였던 아름다운 풍속도 그 가운데 하나이다. 지금이라도 궁장(弓匠)의 맥을 찾고 보존하며 전국의 넓은 학교 운동장, 공원, 문화재가 있는 터에 습사장(習射場)을 만들어 활쏘기를 보편화시켜 청소년들의 체력 단련과 심성 교육, 국민 보건, 레크리에이션, 레저로 활용하는 것이 민족의 진정한 정기(正氣)를 회복하는 일이 될 것이다. 이(夷)는 인(仁)과 통하는 글자이며 우리 민족의 본래 모습인 동방의 진정 어진 사람[東夷]이 되려면 훌륭한 전통의 맥은 이어져가야 할 것이다. 국가의 장래는 청소년들의 교육과 건강한 국민에게 달려 있는 것이다. 우리나라에서 활은 일상 생활에서 이루어졌기 때문에 문서 보존의 의식은 희박하였지만 현재 전하는 고전(古典)으로는 조선 정조 22년(기미년, 1798) 평양감영에서 발행한 『射法秘傳攻瑕』와 정·순조대의 실학자 서유구(徐有榘: 1764(영조 40년)~1845(헌종 11년))가 만년에 농업과 산림경제에 관한 백과전서인 『林園經濟十六志』중에 《유예지(遊藝志)》제1권에 〈사결(射訣)〉이 기록되어 있고 한글학자 이중화(李重華: 1881(고종 18년~1959))가 저술한 『朝鮮의 弓術』등이 있다. 이 첫 문장은 재래 궁시 중심의 군사 체제에서 훈련도감의 설치로 삼수기(三手技: 砲·殺·射) 중심의 군사 체제로 전환되는 과정을 말한 것이다.

7) 『기효신서(紀效新書)』는 왜구가 명나라 연해를 침범할 때 명장(明將) 척계광(戚繼光)이 절강성에서 새로운 진법인 원앙진(鴛鴦陣)을 마련하여 왜구의 격퇴에 많은 효험을 보고 이 경험을 토대로 하여 엮은 병서이다. 척계광의 자서(自序)에서 '대저 기효라고 말하는 까닭은 입으로 스스로 헛된 말을 하지 않았음을 밝힌 것이며 신서라고 말한 까닭은 그것이 법에서 나왔으나 법에 구애되지 않음을 밝힌 것이다[夫曰 紀效 所以 明非口自空言 曰 新書 所以 明其出於法 而不泥於法]'라고 하여 스스로 서명(書名)을 설명하고 있다. 이 책에서 고대무예(古代武藝)의 기법이 군사의 격자 기술로 기록되어 후대에 민간 무술(民間武術)의 발전과 무술 창안, 무술 연구에 많은 영향을 끼쳤으며 우리나라에서는 한교(韓嶠) 선생이 주해(註解)하였고 유성룡(柳成龍)이 강해(講解)하였으며 임진왜란 이후 조선의 군제 개혁에 많이 원용되었다. 오늘날 한국무예를 연구하는 사람들이 우리의 『무예도보통지』와 『기효신서』그리고 『무비지』와 자주 비교하고 있는데 삼자 모두 병서의 범주(範疇)에는 들지만 근본적인 차이가 있다. 『무예도보통지』는 책명 그대로 '무예에 관한 전문서적'이고 나머지 두 책은 '병(兵)에 관한 순수·전문적 병서'이다. 즉 두 책은 『무예도보통지』《병기총서》에서 표현하는 '병(兵: 병법·진법)에 대한 전서(專書: 전문 서적)'이며 병학(兵學)의 한 분야로서 부기(附記)의 형태로 무기(武技)를 다루고 있다. 이것은 무예(武藝)와 병법(兵法) 또는 무학(武學)과 병학(兵學)의 관계를 이해할 때 명료해질 수 있다.

8) 훈국랑(訓局郎)의 훈(訓)은 군사 훈련·조련의 뜻이며 국(局)은 기관·단체 조직의 사무 분업 단위인데 대체로 부(部)보다는 작고 처(處)보다는 큰 기관이다. 따라서 훈국(訓局)은 '훈련도감(訓鍊都監)'을 줄인 말이며 훈영(訓營)이라고도 한다. 랑(郎)은 육조(六曹)의 5·6품관으로 정랑(正郎)·좌랑(佐郎)의 낭관(郎官)을 말한다.

9) 선조 31년(1598년) 삼수병(三手兵)의 살수병(殺手兵: 창검병)을 조련하기 위하여 편찬한 『무예제보(武藝諸譜)』인데 『기효신서(紀效新書)』 가운데 살수보(殺手譜)를 중심으로 연습지보(連習之譜)를 신창(新剏)한 것으로 '한교 6기(韓嶠六技)' 또는 '살수 6기(殺手六技)'라고도 한다. 무비(武備)를 소홀히 한 근세조선이 임진왜란으

로 인하여 전승무예를 재정립・재정비하는 계기가 되었다.

10) 소조(小朝)는 '작은 조정'이니 대리청정하는 왕세자(장헌세자, 훗날 사도세자)를 말하며 대조(大朝: 영조)와 대비되는 말이다. 섭리(攝理)의 이(理)는 '다스린다'는 뜻으로 정(政)과 뜻이 같다. 따라서 섭리는 임금을 대신하여 정무를 집행하며 여러 사무(庶務)를 처리하는 것을 말한다. 영조 11년(을묘년: 1735년 1월 21일) 영빈 이씨(李氏)를 어머니로 하여 창경궁에서 태어난 왕세자의 이름[名]은 '너그럽다'는 뜻인 '선(愃)'이었고 자(字)는 충관(充寬)이며 영조의 둘째아들이다. 태어난 지 14개월 만에 왕세자로 책봉되고 10세 때에 노론 홍봉한의 딸[훗날 한중록(閑中錄 또는 恨中錄)을 지은 혜경궁 홍씨, 정조의 생모]과 가례를 올렸다. 세자는 어려서부터 매우 영특하였고 효심과 우애심이 두터워 왕재로서의 도량과 군왕의 덕을 갖추고 있었다. 15세가 되던 영조 25년(1749년 1월, 己巳年)에 영조는 군사(軍事), 용인(用人), 사형에 관련된 것을 제외하고 소조(小朝)로서 대리청정을 맡기게 된다. 왕세자는 15세에 청룡도를 휘두를 만큼 힘이 장사였으며 유년 시절부터 군사 방면에 탁월한 소질을 보여 활쏘기와 말타기에 능하였고 유가와 병가의 책을 두루 읽어 문무쌍전한 성군(聖君)의 덕(德)을 닦았다. 용모와 성향이 효종을 빼어 닮아 문(文)보다는 무(武)를 더 좋아하고 조정 내의 파벌 다툼보다 북벌(北伐)에 더 관심을 두었다. 스스로 무예에 관한 전문가로서 대리청정 기간중[영조 35년, 1759]에 무관들에게 무예를 상습(常習)시키기 위하여 『무기신식』[소위 『무예신보』라고 함]을 지어 반포하였다. 이 책은 선조 때 한교 선생의 『무예제보』[소위 '살수제보' '한교육기' '살수육기'라고도 함]에다 12기를 증보(增補)하여 조선의 정형무예를 '십팔기(十八技)'로 정리하여 정명(定名)한 책이다. 임오화변 이후 사도세자에 관한 사료를 모두 없애어서 그런지 전하고 있지는 않지만 지금 있는 『무예제보』와 『무예도보통지』를 비교하여 살피면 왜검과 왜검교전, 월도, 기창(騎槍), 마상월도, 마상쌍검, 마상편곤의 기예(騎藝)가 실려 있었음을 알 수 있는데 이것은 소조의 유비무환의 소신과 북벌에 뜻을 둔 조선의 마지막 무인군주이자 신민의 군주임을 잘 나타내고 있다. 이러한 무인적 기질과 뚜렷한 정치적 견해, 그리고 무인군주의 위엄을 갖고 있던 왕세자를 노론의 정파들이 두려워하게 되었고 노론일색의 권력 속에서 노쇠한 영조 사후의 자구책(自救策)을 마련하려 한 것이 조선왕조 최대의 비극인 임오화변(壬午禍變: 1762년 윤 5월 13일~21일)으로 이어져 무인군주로 타고난 성군을 잃게 되었다. 조선왕조는 사도세자의 아들인 정조 임금을 끝으로 왕도(王道)는 막이 내리고 세도(勢道)로 이어오다 결국 망국의 길을 걷게 되었다. 한교 선생, 최기남, 사도세자, 정조와 『무예도보통지』의 편찬자[이덕무・박제가・백동수]로 내려오는 이 인맥은 오늘날 한국무예 십팔기의 맥(脈)이며 이 분들의 무예 정신은 곧 '애민(愛民)'이란 두 글자밖에 없다. 사도세자는 14세 때 '범

주석 및 해설 533

이 깊은 산에서 울부짖으니 큰 바람이 부는구나' 라는 엄숙하고도 호방한 시를 지었는데 오늘날은 이러한 무인(武人)의 기상을 갖춘 인재가 요구되는 때라고 할 수 있겠다.

11) 영조 35년(1759)에 소조(小朝: 思悼世子)가 임수웅(林秀雄) 등에게 명하여 편수(編修)한『무예신보(武藝新譜)』이다. 여기에 기재된 기예를 '무기신식(武技新式)'이라고도 한다. 이 책에서 처음으로『무예제보(武藝諸譜)』의 6기(六技)에 12기(十二技)를 더하여 우리 무예의 골자(骨子)로서 정명(定名)하여 '십팔기(十八技)'라고 하고 응용 기예로서 마상기예 4기를 추가하여 22기(技)가 실려 있다.『무예신보』는 현재 발견되지 않았으나『무예도보통지』《병기총서(兵技總敍)》「영조조(英祖條)」에 상세히 설명되어 있고『무예제보(武藝諸譜)』와『무예도보통지』를 비교하면 그 내용의 대개는 사료(思料)할 수 있다.

12) 현륭원(顯隆園)은 정조의 생부인 사도세자(思悼世子: 莊祖)의 능호(陵號)인데 영조 38년(1762) 5월 처음에는 묘호(墓號)가 수은묘(垂恩墓)로 되었다가 정조 즉위년(1776) 3월에 장헌(莊獻)으로 추상존호(追上尊號)하고 수은묘를 천봉(遷奉)하여 영우원(永祐園: 양주 배봉산)으로 고쳤다. 다시 정조 13년(1789)에 현재의 위치인 경기도 화성군으로 천장(遷葬)하여 현륭원으로 원호(園號)를 바꾸었다. 이러한 사도세자의 복권(復權)은 정조 임금 자신의 정통성과 위엄을 확고히 하는 것이었다. 광무(光武) 3년(고종 36년, 1899) 11월 12일에 장조의 묘호(廟號)가 장종(莊宗)으로 추상되면서 현륭원은 능호인 융릉(隆陵)으로 올려졌다. 그해 12월 19일 다시 묘호를 장종에서 장조(莊祖)로 바꾸고 황제로 추존하여 장조의황제(莊祖懿皇帝)라 하였다.

13) 원문대로라면 '현륭원지(顯隆園志)에 따르면 십팔기의 명칭이 여기에서 시작되었다' 라고 해석되나『현륭원지』12권은 이덕무 선생이 정조 15년에 교감(校勘)하여 나왔으므로『무예도보통지』《서문》을 지을 때 이미 정조는 생부의 공적과 사적을 정리하는『현륭원지』를 구상하고 있었던 것으로 보인다. 현재『현륭원지』는 산실(散失)되고 없는 것으로 보고되었다.

14) 무의식(武儀式)은 무관(武官)이 숙지해야 될 절차와 규칙에 관한 군사 의식이며 전형(典刑)은 모범이 되는 법전(法典)인데 여기에서는 임진왜란을 계기로 재정립되기 시작한 조선의 무예 법전이다.

15) 기예육기(騎藝六技)가 아니라 '기예등육기(騎藝等六技)' 라 하여 등(等)의 글자가 들어간 것은 무예로서 기예(騎藝)는 4기(四技)뿐이며 격구(擊毬)와 마상재(馬上才)의 이기(二技)는 무예가 아니라 군사 훈련의 효과가 나타나는 군사오락 또는 유희(遊戱)이기 때문이다. 따라서 엄격히 말해『무예도보통지』에서의 무예 종목은 22기이며 이 22가지의 종목은 이미 소조(小朝)가 찬술한『무예신보(武藝新譜)』에서 근본기예이며 조선무예로 정명(定名)한 십팔기(十八技)에다 십팔기 가운데 장창(長

槍), 월도(月刀), 쌍검(雙劍), 편곤(鞭棍)은 마상에서도 응용할 수 있도록 해놓은 것이었다. 『무예도보통지』에서 더 완벽성을 기하여 각 기예를 운용하는 병기의 내력과 역사 등을 조사하고 군사 훈련의 효과가 있는 유희(遊戲) 두 가지를 첨가한 것이다.

16) 『맹자』의 〈양혜왕장구(梁惠王章句)〉에서 나오듯이 '二三人' '二三子'는 스승이 제자를 부르거나 임금이 신하를 부를 때 쓰는 말로 '여러분들' '자네들'이란 뜻이니 여기에서는 '여러 사람'으로 해석하였다.

17) 여기에서의 의(義)는 무과(武科)에서 치르는 '병서(兵書)의 의의(意義)'를 말하는데 나아가서 무예전범(武藝典範) 편찬의 근본적이고 전체적인 의리(義理)와 정신 그리고 무예기법의 의미(意味)와 의의(義意)를 뜻한다고 부연 해석할 수 있다. 예(例)는 모범이 되어 본받을 만한 법식(法式)의 본보기를 뜻하는데 곧 무예경전(武藝經典)이다. 전(箋)은 전문(箋文)인데 문장(文章) · 문서(文書)의 뜻이다. 여기에서는 서책(書冊)에 대한 해석을 의미하는 것으로 이해된다.

18) 관령(管領)은 권한(權限)을 가지고 주재(主宰)하고 지휘하는 직(職)을 말하는데 『무예도보통지』는 정조가 규장각(奎章閣) 검서관(檢書官)들과 장용영(壯勇營)의 장교(將校)들에 의해 편찬을 주관(主管)하도록 하였고 편찬실도 장용영 내영에 두었다.

19) 오위(五衛)는 『경국대전(經國大典)』에 규정된 조선 전기 중앙군 편제(編制)의 명칭이다. 중위(中衛)는 의흥위(義興衛), 전위(前衛)는 충좌위(忠佐衛), 후위(後衛)는 충무위(忠武衛), 좌위(左衛)는 용양위(龍驤衛), 우위(右衛)는 호분위(虎賁衛)를 두고 오위도총부(五衛都摠府)가 관장하여 다스리며 전국의 군사가 모두 이에 속하게 하였다. 처음에 조선을 개국한 태조는 고려의 병제(兵制)인 삼군도총제부(三軍都摠制府)를 계승하여 의흥삼군부(義興三軍府)를 설치하였는데 문종(文宗) 원년에 삼군(三軍)을 오위(五衛)로 재편되어 조선 전기의 군제가 마련되었다. 그러나 근 200년의 평화 시기가 계속되면서 군용(軍容)이 해이하게 되었고 임진왜란을 당하였을 때는 이미 병제(兵制)로서의 기능이 상실되어 있었다. 훈련도감 등 새로운 군영이 생겨나 조선 후기는 오군영제(五軍營制)로 대체되었다.

20) 세조(世祖)는 용무(用武)의 도(道)에 뜻을 두어 문종(文宗)을 도와 『병요(兵要)』 『진법(陳法)』 『병정(兵政)』 등을 편찬하고 즉위한 후에는 『병장설(兵將說)』을 찬술(撰述)하여서 조선 초기의 오위(五衛)의 체제를 확립하였다. 그러나 조선 중기의 경군문(京軍門)이 설립되면서 여러 군영에서는 오위제(五衛制)의 본 병서(兵書)가 있는 줄도 알지 못하고 잊혀졌다가 영조(英祖)가 우연히 발견하여 『병장도설(兵將圖說)』이라 개명(改名)하여 중간(重刊)하였다. 개명한 이유는 세조가 찬(撰)한 『병장설(兵將說)』이 있고 이 책에 형명(形名)의 도설(圖說)과 진도(陣圖)가 실려 있었기 때문이라 보인다.

21) 『병학지남연의』에 '방법을 열어 뜻을 보여주는 것을 지(指)라 하고[開方示意曰指], 한 가지를 주장하여 방향을 정함을 남(南)이라 한다[主一定向曰南]'고 하여 지남(指南)을 설명하였다. 또 주(註)에 '지남석(指南石)은 방향을 정하는 물건이므로 이것을 인용하여 병가(兵家)의 방향(方向)의 뜻을 비유한 것이다[指南石, 定方向之物, 故引之, 以喻兵家方向之意]'라고 하였다.

22) 『병학지남연의』〈3권·場操程式〉에 '삼관(三官: 징·북·깃발)을 위주(爲主)로 하여 오교(五教)를 신계(申戒)하는 것은 천하 만고의 병가(兵家)에서 바꿀 수 없는 상언(常言)이다. 태산(太山)은 옮길 수 있어도 이 조약(條約)은 어길 수 없으며 금석(金石)은 녹일 수 있어도 이 명령(命令)은 바꿀 수 없다'고 하였으며 그 두주(頭註)에 오교(五教)는 '이목수족심(耳目手足心: 귀·눈·손·발·마음)'이라고 하였다. 오교(五教)는 '① 이청금고(耳聽金鼓) 또는 청간기고(聽看旗鼓): 귀로 징과 북소리를 듣고 깃발을 살펴 움직여 많은 병사가 한 사람이 움직이듯 하는 삼관(三官)을 준수하는 것이다. ② 수숙(手熟): 손으로 격자술(擊刺術)을 숙련(熟練)시키는 기예조련(技藝操練)으로 《序》에서 말하는 연예(練藝)이다. ③ 보한(步閑): 걸음이 나아가고 멈춤을 익히는 진법조련(陣法操練)으로 《序》에서 말하는 연진(練陣)이다. ④ 만인일심(萬人一心): 만 사람이 한마음이 되는 것으로 전쟁의 승패(勝敗)와 국가의 흥망(興亡)과 치란(治亂)의 자취는 모두 한마음이 되느냐[一心] 아니면 각각 딴 마음[各心]을 가지고 있느냐는 여하에 달려 있다. ⑤ 군법유상(軍法有常): 군법을 불변의 상도(常道)로서 엄중히 적용하는 것인데 상벌(賞罰)을 분명히 하여 군사(軍師)들이 서로 권면(勸勉)하고 경계하고 두려워하여 명령을 잘 따르게 하기 위해서이다'라고 하였다.

23) 진법(陣法)은 악기(握奇)의 원리를 추명(推明)하여 기(奇)·정(正)·허(虛)·실(實)의 변화로 신축(伸縮)하고 합벽(闔闢)하는 묘(妙)의 운용이다. 군진(軍陣)은 대체로 큰 목수[大匠]의 규구(規矩: 컴퍼스와 직각자)와 승묵(繩墨: 먹줄)과 같아서 장수가 군사를 통제하여 통솔하는 방법이다. 천문(天文)의 기상과 지형(地形)의 다름에 따라 대오를 진열하기 때문에 각종의 진법(陣法)이 생겨났으며 천문과 지리를 밝게 분별하고 관찰하며 진법의 연구로 지략을 넓혀야 하는 것은 등단(登壇)한 자가 필수로 궁구(窮究)해야 되는 사항이다. 악기(握奇)의 이치라는 것도 대장(大將)이 중군(中軍)에서 권변(權變)인 기(奇)를 잡아 운용한다는 뜻이니 정황(情況)의 형편 이익에 따라 권변을 쓰는 장수의 지략(智略)에 승패가 달려 있고 시의적절한 정동(靜動)의 변화무상(變化無常)함에 용병(用兵)의 요결이 있다는 것이다. 그러나 병법의 대요(大要)도 맹자(孟子)가 말씀한 '천시(天時)는 지리(地理)만 못하고 지리는 인화(人和)만 못하다'라는 가르침에서 벗어나지 못한다.

24) 용호지도(龍虎之韜)는 무관(武官)될 사람이 익히고 닦아야 할 병법(兵法)과 전

략(戰略)의 뜻으로 용도(龍韜)와 호도(虎韜)는 모두 『육도(六韜)』의 편명(篇名)으로 용도에는 용처럼 변화무상한 병략(兵略)이 기재되어 있고 호도는 범처럼 용맹하고 위엄스럽게 싸우는 내용이 기재되어 있다.

25) 關의 글자는 '빗장'의 뜻일 때에는 음(音)이 '관'이지만 '활시위를 당긴다'로 쓰일 때에는 음(音)이 '만'이며 彎(만)의 글자와 통용(通用)된다. 궐장(蹶張)은 강경(强硬)한 노기(弩機)의 일종으로 쌍각(雙脚)으로 답개(踏開)하니 '궐장'이라고 한다. 쇠뇌[弩]라도 연노(軟弩)를 수비(手臂)로 개장(開張)하면 벽장(擘張)이라 한다. 명대의 무술저작가인 정종유(程宗猷: 1561~?)는 천계원년(天啓元年: 1621)에 『궐장심법(蹶張心法)』이란 책을 짓기도 하였다.

26) 비휴(貔貅)는 고대 전투용으로 길들여 행군(行軍)의 앞장에 내세우는 데 사용된 호랑이와 곰과 유사한 힘이 세고 사납고 용맹한 맹수의 이름인데 용맹한 무사(武士)나 군사(軍士)를 상징한다. 암컷을 비(貔), 수컷을 휴(貅)라고 한다. 3~4세기경 동진(東晉)의 학자 곽박(郭璞)은 '휴(貅)자는 호랑이 부족에 속하는 동이족(東夷族)을 말한다. 군졸들이 전쟁을 할 때 맹수의 이름을 사용하는 것은 적을 위협하고 위엄 있게 보이기 위함이다'라고 하였다. 『예기(禮記)』의 《곡례(曲禮)·상(上)》에 '앞에 군대가 있거든 호랑이 가죽을 내걸고[前有士師 則載虎皮] 앞에 맹수가 있거든 비휴를 그린 기를 내걸어 軍衆에 경계를 알린다[前有摯獸 則載貔貅]'라고 하였다. 여기에선 국가를 저버리지 아니하는 용맹하고 날래며 충직(忠直)한 무사를 뜻한다.

27) 우문지치(右文之治: 醇正한 文體에 의한 다스림)와 작성지화(作成之化: 右文으로 文章을 작성하여 교화함)는 규장각 설치의 2대 명분이며 계지술사(繼志述事: 선왕의 유지를 계승하여 정사를 폄)와 숭유중도(崇儒重道: 유학을 존중하고 도학을 존중함)는 정조 임금이 즉위초에 내건 시정지침(施政指針)이다. 이는 왕권강화의 뜻이 있다. 규장(奎章)의 규(奎)는 별자리를 총칭한 28수(二十八宿)의 하나로 문운(文運)을 주관하는 규수(奎宿)의 이름이며 순정한 문장(文章)을 통하여 문물(文物)과 문교(文教)를 일으킨다 하여 규장각이라 이름하였다. 규장각은 정조 임금이 추구한 혁신정치의 중추로써 친위 세력을 확대하는 역할을 하였다.

28) 조(阼)의 글자는 천자의 자리인 보위(寶位)를 뜻하고 상고시대에는 동방의 임금이 곧 천자(天子)였으므로 '동편섬돌[東階] 조'라고 한 것이다. 따라서 즉조(即阼)는 동방임금의 즉위(即位)를 말한다. 대한제국의 황궁인 경운궁(慶運宮)에 임진왜란으로 의주(義州)에 몽진했던 선조가 환도하여 시어소(時御所)로 사용하고 인조(仁祖) 임금이 즉위하여 이름을 얻은 '즉조당(即阼堂)'이 있다.

29) 맹하(孟夏)는 첫 여름이란 뜻으로 음력 4월을 말하며 수하(首夏)라고도 한다.

30) 황실(皇室)에서 천자(天子)인 임금이 사용하는 인장(印章)을 새보(璽寶)라고 하

며 국새(國璽)와 어보(御寶)를 합친 말이다. 국보(國寶)・어보(御寶)・어새(御璽)・보장(寶章)・옥새(玉璽) 등의 용어로도 사용하였다. 옥새(玉璽)는 옥(玉)으로 만든 국새(國璽)란 뜻이며 금(金)으로 만든 어보(御寶)와 구별하지만 통칭 옥새라고 하였다. 새보에는 용도에 따라 달리 사용하였는데 대보(大寶), 시명지보(施命之寶), 이덕보(以德寶), 유서지보(諭書之寶), 과거지보(科擧之寶), 선사지보(宣賜之寶), 규장지보(奎章之寶), 흠문지보(欽文之寶), 무술소(武術所) 등이 있었다. 이 가운데 규장지보는 처음에 정조가 어제어필(御製御筆)을 봉안(奉安)하기 위하여 창덕궁(昌德宮) 내의 금원(禁苑)에 규장각을 창설하고 어제(御製)나 어정서(御定書)로서 간행되는 것을 명식(銘識)시키는 새보였으나 정조 5년경부터 규장각의 직제(職制)와 기능(機能)이 확정되면서 내사본(內賜本)의 관리가 규장각의 소관 사항이 되어 서적(書籍)을 반사(頒賜)할 때 사용하였던 새보의 하나가 되었다. 여기에서 이 옥쇄가 사용된 것은 『무예도보통지서』는 임금의 조지(詔旨)・칙서(勅書)임을 나타내고 『무예도보통지』는 일개 장군이나 가문에서 나온 책이 아니라 국가에서 편찬한 서적임을 나타내고 있다. 규장지보는 정조 5년(1780)경부터 고종 14년(1864)까지 근 115년 동안 서적의 반사(頒賜)에 사용되었다. 모든 국가의 인장(印章)은 상서원(尙瑞院)에서 맡아 관리하였다.

31) 《범례》는 '일러두기'란 뜻으로 『무예도보통지』의 찬술연기(撰述緣起)와 편집과 편찬 체계(編撰體系) 그리고 내용의 구성 등에 관하여 전반적인 사항을 기술하였으므로 해서(該書)를 이해하는 데 중요한 지침을 제공하고 있다. 《범례》와 《병기총서》끝에 붙어 있는 부진설(附進說)이란 〈안설〉은 이덕무(李德懋) 선생의 아들인 이광규(李光揆)가 부친의 유고(遺稿)를 정리한 『청장관전서(靑莊館全書)』가운데 제24권의 《편서잡고・4(編書雜稿・四)》에서 구두점(句讀點)과 함께 실려 있어 참고하여 해석하였다.

32) 육기(六技)는 곤봉(棍棒), 등패(藤牌), 낭선(狼筅), 장창(長槍), 당파(鎲鈀), 쌍수도(雙手刀)이다. 그러나 이 명칭은 『무예도보통지』를 편집할 때 정리된 명칭이며 『무예제보』에서는 곤봉(棍棒)을 대봉(大棒)과 곤세(棍勢)로 혼용하여 쓰고 장창(長槍)은 장창(長鎗)으로, 쌍수도(雙手刀)는 장도(長刀)와 검세(劍勢)로 혼용하고 있다.

33) 명례(名例)란 훌륭한 본보기가 되는 전례(前例)의 법식(法式)인데 여기에서는 『대전통편(大典通編)』을 편찬한 방식을 말한다.

34) 본말(本末: 根本과 末端)과 주객(主客: 主人과 賓客)은 무예 전수와 군사 훈련 두 가지로 이해할 수 있는데 무예 전수로만 살핀다. 조선은 임진왜란(1592, 선조 25년)과 병자호란(1636, 인조 14년)을 겪으면서 역대 국왕들이 유비무환(有備無患)을 새로이 각성하게 되었고 매사에 주밀한 정조는 생부(生父)의 사업을 계승하여 『무예도보통지』를 편찬하고 표준무예를 정리하여 만전(萬全)을 기하려 하였다. 이 사업에

서는 예로부터 전래한 조선(朝鮮)의 전승무예와 양란(兩亂) 이후 증편된 외래(外來)의 기술을 구분하여 정리할 필요가 있었다. 본(本)과 주(主)는 무예를 이해하는 기본 정신과 고유의 기예를 뜻하고 말(末)과 객(客)은 전쟁의 계기로 수입되어 우리 기예로 융합되고 습합된 기예들을 말한다. 예를 들면 제독검(提督劍)이나 왜검(倭劍) 등 명(明)·왜(倭)의 병기도식(兵器圖式)과 제도(製度)·명칭·기술 등이다.

35) 『대전통편(大典通編)』은 정조 9년(1785)에 김치인(金致仁: 1716~1790) 등이 정조의 명(命)을 받아 『경국대전(經國大典)』(세조·예종·성종 15년(1484)에 완성)과 『대전속록(大典續錄)』(성종 23년, 1492) 『대전후속록(大典後續錄)』(중종 38년, 1543) 『수교집록(受敎輯錄)』(숙종 24년, 1698)[이상을 모아 숙종 32년(1706)에 『전록통고(典錄通考)』 12권 편찬] 『속대전(續大典)』(영조 20년, 1744)과 『속대전(續大典)』 이후의 수교 조례 등 모든 전장(典章)을 한데 모아 『경국대전』의 편찬 방법인 6권으로 통편(通編)하여 편찬한 법률서책이다. 이 법전을 편찬할 당시 집록된 서적을 서로 구별하기 위하여 『경국대전』의 조문은 원자(原字)를 쓰고 『속대전』의 조문은 속자(續字)를 쓰고 새로 증보(增補)된 조문은 증자(增字)를 음각(陰刻)하여 서로 구별하였다. 『무예도보통지』의 편찬에서도 그 예(例)를 그대로 본받아 『무예제보』와 『무예신보』의 내용은 옛것으로 원자(原字)를 쓰고 시차(新撰)에서 새로 증보된 내용은 증자(增字)와 안자(案字)를 음각하여 편집 체계를 잡은 것을 『대전통편』의 예(例)라고 한다.

36) 안(案)의 글자는 공문(公文)의 증거를 조사하는 '안사(案査)'의 의미를 가지고 있다. 인용 서목(引用書目)에 기재된 동양 삼국의 여러 서적[책의 종류로만 145권]에서 병기계(兵器械)의 기원(起源)과 유래(由來), 제도(制度)된 제양(製樣), 재원(材原) 및 제조법(製造法) 등의 역사적 사실을 발취(拔取)하여 종합적으로 분석·분별하여 증명의 증거 자료를 제시한 내용이다. 『병학지남연의』《범례》에서는 '제가(諸家)의 사적(事蹟)을 채집(采集)하여 증거를 고찰한다. [考驗察行]는 의미로 삼았다'고 하였다.

37) 백문(白文)은 여러 가지 뜻이 있는데 첫째는 구두점(句讀點) 또는 훈점(訓點)이 없는 무점본(無點本)으로 된 본래의 한문(韓文)의 문장이나 서적을 뜻하는데 이를 정문(正文)이라고도 하며 둘째는 관인이 찍히지 아니한 공문서를 뜻하고 셋째는 희게 음각(陰刻)된 백자(白字)인 문자를 뜻하는데 이를 음문(陰文)이라고 한다. 여기에서는 셋째의 의미이다.

38) 광곽(匡郭: Boder)은 고판본(古版本)의 주변 외곽(周邊外郭)이나 조판내(組版內)의 곽선(郭線)을 말한다.

39) 군문(軍門)은 병마(兵馬)가 주둔하는 군영(軍營)이며 영사(營舍), 영문(營門), 아문(牙門)이라고도 한다.

40) 내원시열(內苑試閱)은 임금이 거(居)하는 궁궐의 경내인 어원(御苑)에서 무예

를 시험(試驗)하고 군기(軍紀)의 청탁(淸濁), 근태(勤怠), 선악(善惡)을 사열(査閱)하는 행사이다.

41) 전사본기년경월위(前史本紀年經月緯)는 전대 역사의 본기(本紀)의 기재에서 연(年)을 경(經)으로 하고 월(月)을 위(緯)로 하여 연대순과 월별로 묶어 나열하는 역사 편찬 방식을 말한다. 조국(朝國: 조정과 국가)의 전장(典章)에 대하여 고금(古今)을 널리 궁구하여 근본과 실용에 입각하여 계수(計數)에 편리하도록 연대를 들어서 정미(精微)한 것을 분명하게 밝히는 것이다.『청장관전서』20권ㆍ付 雅亭遺稿 3권ㆍ紀年兒覽序.

42)「시예일기」는 무예를 시험(試驗) 또는 시취(試取)한 사실을 기록한 문서인데 현재 산실(散失)되고 없다.

43) 무예의 내용이 풍부한 만큼 무예의 분류 방식도 분류의 시각ㆍ목적ㆍ방법에 따라 다양하게 분류할 수 있는데, 즉 무예의 기술 내용, 기법의 특징, 분포 지역, 무술경기의 종류 등 다양한 기준에 따라 분류할 수 있다. 자감격(刺砍擊)이란 군사기술의 시각에서 무예기법의 특징에 따라 창류(槍類), 도검류(刀劍類), 권곤류(拳棍類)의 삼종 형식으로 분류한『무예도보통지』의 독특한 분류 방식이다. 그러나 오늘의 현실에 맞는 분류는 무예단련 형태와 기술 내용에 따라 도수무예(徒手武藝)와 병기무예(兵器武藝)로 나누고 병기기술은 다시 장단(長短)에 따라 감자(砍刺)기술을 가지고 있는 단병기(短兵器)로서의 도검(刀劍)과 자격(刺擊)기술을 가지고 있는 장병기(長兵器)로서의 창봉(槍棒)으로 분류하면 합리적이다. 따라서 장타(長打)와 단타(短打)의 기법이 배합된 도수기술인 권법과 도ㆍ검ㆍ창ㆍ봉을 오종무예(五種武藝)라고 하며 오행(五行)의 성질과도 서로 합(合)을 이루고 있다. 재래(在來) 조선 군사들의 기예는 궁시(弓矢)가 중심이 되는 사포수(射砲手)의 군사 체제였고 임진왜란의 와중에 훈련도감(訓鍊都監)를 설치하여 사포감(射砲砍: 射는 궁병, 砲는 포병, 砍은 창검의 살수기예)이란 3수기법(三手技法)을 중심으로 하는 군사 체제로 전환되었다. 이를 위해 군대의 모든 조직을 5명을 오(伍), 2오를 대(隊), 3대를 기(旗), 3기를 초(哨), 5초를 사(司), 5사를 영(營), 5영을 일대진(一大陣)으로 하는 속오법(束伍法)을 적용하여 실시하였다. 창검(槍劍)을 사용하는 군사기술로서의 격자법(擊刺法)을 살수(殺手)의 기예(技藝)라고 하였다.

44) 표준(表準)은 '문장을 표현(表現)하는 준거(準據)'로 해석하였다. 옛사람들이 글을 지을 때 만세불변의 경서(經書)도 그러하지만 특히 병서(兵書)나 무학서(武學書)는 정확한 글자, 그 글자가 아니면 쓸 수 없는 사고로서 조서(造書)하였다.[『병학지남연의』주(註)에 '兵中文字 未嘗經下一字也'] 표준(表準)을 요즘 흔히 쓰는 표준(標準)으로 인식하면 안 될 것이다.

45) 『무예도보통지』는 전통의 무예를 전하는 무학경서(武學經書)로서 모든 문장은 설법(說法)과 기법(技法) 부분으로 대별할 수 있다. 설법(說法)은 '해설(解說)하는 법문(法文)'이며 기법(技法)은 '기예(技藝)에 관한 법문(法文)'이란 뜻이다. 설법은 수권(首卷)의 제설(諸說)과 원설(原說), 증설(增說), 안설(案說)이 있으며 기법은 근본기예 십팔기(十八技)와 응용기예인 마상육기(馬上六技)에서 원기(原技)와 증기(增技)가 있다. 《예도》 원설(原說)에서의 '검결가(劍訣歌)'와 《쌍검》 안설(案說)에서의 '쌍도(雙刀)의 세(勢)'와 《권법》 안설(案說)에서의 '육로(六路)와 십단금(十段錦)' 《곤봉》 안설(案說)에서의 '파곤육로보(破棍六路譜)' 《마상재》 증설(增說)에서의 '육세(六勢)'는 설법이면서 기법에 해당하는 법문이다.

46) 창(刱)의 글자는 창(創)과 통용(通用) 또는 동일한 글자로 본래 없던 것을 만들어 내어 시초(始初)나 창조(創造)의 의미를 가지고 있다. 한교(韓嶠) 선생의 『무예제보』는 조선무예 재정립의 시초가 되며 연보(連譜)의 창조는 당시 군사기술에서 획기적인 작업이었다.

47) 이습(肄習)은 수습(修習)·학습(學習)의 뜻이다. 명종 10년(1555) 경에 안위(安瑋)·민전(閔荃)·정사룡(鄭士龍) 등에 의하여 편찬된 『경국대전주해(經國大典註解)』에 '이(肄)는 익히는 것[習]이다. 그 주선(周旋)·진퇴(進退)의 용태[容]을 습(習)하는 것이다. 습(習)은 숙련(熟練)을 거듭하여 멈추지 않는 것[熟復不已]이다'라고 하였고 『병학지남연의』에는 '습(習)이란 전수받은 바의 수업[所傳之業]을 실행[跟行]하여 숙련(熟練)되도록 반복하여 그치지 않는다는 뜻[熟復不已之意]이다'라고 하였다.

48) 오늘날 체육계에서 『무예도보통지』를 전통의 체육문화로 이해하고 심도(深度) 있게 연구가 진행되고 있는 것은 매우 고무(鼓舞)적인 일이며 바람직한 현상이다. 무예의 기능은 다양하여 과거에는 군사기술이었으나 군사적 효용성이 감소된 오늘날 국민 체위의 향상과 국민들의 심신 건강과 보건(保健)에 이바지하는 것은 천하공기(天下公器)로서 무예가 가지고 있는 본래의 기능인 사회적 공헌을 다하는 일이기 때문이다. 여기 문장에서 나타나듯이 당시 실제 전투의 실용면(實用面)에서 군사 훈련으로 이습(肄習)하지는 않았지만 검세(劍勢)·곤법(棍法)·권법(拳法)을 후세 후손을 위해서 예비하여 마련해둔 것은 『무예도보통지』의 찬술 정신 가운데 《병기총서》〈안설〉에서 표현한 이모경원(貽謀經遠)의 정신과 통(通)하고 있다. 무예의 검세(劍勢)는 사람의 성품을 도야하는 양성(養性)의 기능이 뛰어나고 권법(拳法)과 곤법(棍法)은 오늘날에도 장소와 설비에 구애됨이 없이 간편하게 체육 활동을 할 수 있는 자료로서 유효하다. 권법(拳法)은 당대 가장 선진적이며 우수한 실용의 기법인 33세[몸을 360° 전환하는 오화전신세(五花纏身勢)의 한 세가 더 있음]는 물론 내가권법·소림·무당·통비·35연수·18연보·10로 6단금 등이 집약되어 있다. 특히 고대로

부터 전해오는 32세의 권법과 24세의 조선검법은 가장 근원적인 무예개념을 함축하여 그 응용 범위가 광범위하여 오늘날 보건과 양생의 무예로 계발될 수 있는 활용성(活用性)이 가장 높다. 양생무예(養生武藝)라는 개념은 곧 『무예도보통지』에서 표현하고 있는 후생(厚生)에 이용(利用)하는 무예이다. 조선시대에는 군사 교육의 기능을 하였지만 지금은 지금의 필요에 따라 무예의 효용(效用)과 가치(價値)를 재고(再考)하여야 할 것이다. 무학 공부에 뜻을 둔 사람이 무예를 연구 계발하고 발명(發明)하려는 대의(大義)는 역사 속에서 무예가 가지는 의미를 파악하여 개인의 자아 실현과 이웃을 도우며 더 밝고 더 살기 좋은 오늘과 내일의 사회와 국가를 만들어 모든 국민 개개인이 지고(至高)한 행복을 누리자는 데 그 의의와 목적이 있다. 다시 말하면 무학(武學)의 연구와 진흥은 더 나은 우리들의 삶과 후손들의 삶을 위해서 필요한 것이라고 할 수 있을 것이다. 고대의 무학(武學)과 서양의 현대체육학은 그 학문의 접근방법론에서 현저한 차이가 있음에도 불구하고 신체 율동을 통한 인격도야라는 공통의 명제가 있고 지금은 무예를 전통체육 또는 동양체육으로 이해하고 있는 바 전통무예학 또는 전통체육학의 학제를 별도로 마련하거나 지금의 서양일변도의 체육학에 동양체육으로서 무예를 서양체육의 교과 과정과 나란히 병행시키는 것이 바람직할 것이다. 이러한 견해는 오래전부터 나현성(羅絢成) 교수께서 체육의 전통적 정신과 한국체육사의 연구를 강조하면서 주장해 온 내용이다. 전통의 한국학과 서양학을 조화시키는 학제의 재편성은 비단 무예·체육학에만 국한되는 것이 아니라 현금의 우리나라 교육의 전반에 걸쳐 재고하여야 될 문제이다. 누천년 축적된 전통의 지혜와 지식을 등한시하는 것은 조상들이 유산으로 남겨 준 소중한 교육 자료를 스스로 손실시키는 어리석은 일이며 전통과 현대를 조화시키는 교육은 뿌리가 있고 주체적으로 개화된 문화 국가로 나아가는 길이 될 것이다. 본래 동·서양의 학문은 탐구의 방법만을 달리하여 왔을 뿐 그 취지가 다르지 않다. 교육을 중요한 국가 경쟁력이라고 보는 관점에서도 전통을 중시하는 교육은 우리의 장점으로 가장 유력한 경쟁력을 배양할 수 있고 국민적 역량을 발휘하게 된다. 유사 이래로 조상의 얼과 괴리되어 번성한 나라가 없었다.

49) 형명(形名)의 형(形)은 형색(形色)으로 눈에 보이는 기치(旗幟)를 말하고 명(名)은 호령(號令)으로 귀에 들리는 금고(金鼓)를 말한다. 곧 군사들의 좌작진퇴(坐作進退: 앉고 서고 전진하고 후퇴함)를 지휘하는 군대의 신호법(信號法)인데 기치(旗幟)는 색깔로 신호하며 금고(金鼓)는 소리로 신호하는 것이다. 기치(旗幟)의 기(旗)는 기(旂)이니 '의지한다' '기약한다'는 뜻이며 치(幟)는 지(誌)이니 '기억한다'는 뜻이다. 기치(旗幟)에는 기(旗)·정(旌)·모(旄)·휘(麾)·번(旛)·당(幢) 등이 있으며 발이 있는 것을 기(旗)라 하고 발이 없는 것을 치(幟)라고 한다. 금고(金鼓)의 금(金)은 정(鉦:

징)을 말하고 고(鼓)는 쇠북으로 군음(軍音)의 강령(綱領)이다. 병서에 '쇳소리를 듣고 멈추고 북소리를 듣고 나아간다' 고 하였다. 금고(金鼓)에는 징[鉦]·쇠북[鼓鼙]·나(羅)·방울[鐸·鈴]·피리[笛] 등이 있다. 병서에 '군사들은 천신(天神)이나 어명(御命)이라도 듣고 움직이지 말며 오직 형명(形名)만을 보고 듣고 움직인다' 고 하여 징[鉦]·북[鼓]·깃발[旗]을 '세 가지의 지휘관' 이라 하여 삼관(三官)이라고 하였다. 『경국대전주해』에는 '형명(形名)은 기휘금고(旗麾金鼓) 등의 형체(形體)와 명자(名字)이다' 라고 하였다. 원첨(圓尖)은 둥글고 뾰족한 것이며 수칠(銹漆)은 붉고 검은 색상을 말한다.

50) 여기에서 구서(舊書)는 『무예제보』에는 마상기예가 없으므로 『무예신보』임을 알 수 있겠다.

51) 합도(合圖)는 여러 세의 그림[圖]과 세명(勢名)을 한군데 모아 놓은 총도(總圖)이다. 『무예제보』의 총도(總圖)는 『무비지』처럼 세명(勢名)만을 모은 것인데 『무예도보통지』에서는 총보(總譜)라고 하여 『무예제보』의 총도(總圖)를 다듬고 그림과 세명을 함께 모은 총도(總圖)를 만들었다. 이 합도(合圖)는 기존의 어느 무예서·병서에서도 시도하지 않은 새로운 방식으로 세명과 움직임까지 전체를 한눈에 볼 수 있는 예지(叡智)의 결정이라 할 수 있다.

52) 『무비지』에서도 모든 기예에 관한 총보(總譜)와 총도(總圖)가 있는 것은 아니다. 다만 『소림곤법천종』에서 옮겨온 소야차(小夜叉)·대야차(大夜叉)·음수곤(陰手棍)에 한정해서 타원형의 동그라미를 그려 그 속에 세명(勢名)을 쓴 총보(總譜)만이 있을 뿐이다. 그 하나의 예로서 『무예도보통지』의 전 기예에 대한 총보(總譜)와 총도(總圖)를 작성한 데에서도 옛 선인들의 슬기와 지혜를 볼 수 있겠다.

53) 백리척법(百里尺法)은 척도(尺度)의 기준으로 땅을 재어 지도를 그릴 때 사방(四方) 1백리를 사방 한자의 비율로 축소하여 재는 법으로 영조 때 정상기(鄭尙驥: 1678~1752)가 「동국지도」를 그리기 위해 창안한 방법이다. 기반영(棊盤影)은 종횡(縱橫)의 선(線)이 그어진 바둑판 위에 놓고 그려 간격을 고르게 하는 것이다. 균보법(均步法)은 보(步)에 따라 거리를 균등하게 나누는 법으로 보(步)는 옛날 거리의 단위이며 1보는 주척(周尺)으로 8척(尺) 또는 6척(尺) 4치(寸)의 설이 있으나 보통 6척(尺)을 1보(步)라 하고 300보를 1리(里)라 하였다. 총보(總譜)와 총도(總圖)에서 전후(前後)의 세명 표시의 간격이나 전후의 그림 간격으로 몇 걸음[步]이 나아가며 다음 세를 표연(表演)하는지를 알 수 있게 한 것이다.

54) 총보(總譜)는 각 기예의 제세(諸勢)를 모아 전모(全貌)를 한눈에 보여주는 무보(武譜)이다. 『무예제보』에는 총도(總圖)라고 되어 있는데 각 세명(勢名)을 도명(圖名)으로 표현하였으므로 각 도명(圖名)을 모아 놓았다고 총도(總圖)라고 하였으나 실

주석 및 해설 543

제는 도보(圖譜)의 집합이므로 여기에서는 총보(總譜)라고 한 것이다.

55) 패엽(貝葉)은 옛날 인도에서 불경(佛經)을 새기는 데 쓰였던 패다라수(貝多羅樹)의 나뭇잎이다. 패다라엽(貝多羅葉)에 경문(經文)을 써서 보존하였기 때문에 패엽경(貝葉經)이라 하고 패편(貝編)·패서(貝書)·범서(梵書)라고도 한다. 불경(佛經)을 바늘로 나뭇잎에 새겼기 때문에 상당히 난해하다.

56) 종횡(縱橫)과 환전(環轉)은 연보투로(連譜套路)의 수련에서 거침없이 나아가고 물러서고(進退=縱), 이리저리 가로지르며 비끼고(左右=橫), 선풍(旋風)으로 돌며 회전(回轉=環)하고, 전신(轉身=轉: 방향 전환)하는 무예 동작의 표현이다.

57) 기계제도(器械制度)는 무기(武器)의 양식·형태·구조에 관한 제도, 즉 무기제도에 관한 내용으로 원설(原說)이다. 『무예제보』는 이 자료 부분도 언해되어 있지만 『무예도보통지』에서는 자료 부분은 언해하지 않았다. 신찬 해설(新撰解說)도 역시 『무예도보통지』에서 설법(說法)에 해당하는 증설(增說)과 안설(案說) 부분이다. 즉 각 기예의 항목 맨 앞에 무기 자료[原說] 부분과 더불어 연유(緣由: 유래), 역사적 사실, 고사(古事) 등을 알기 쉽게 풀어서 개략을 설명하고 증거를 들어 해설한 증자(增字)와 안자(案字)가 음각된 문장인데 이 부분도 언해하지 않았다. 『무예도보통지』에서는 다만 기법(技法)에 대한 보(譜)만을 언해하여 별도의 일권(一卷)으로 만들었다.

58) 모씨세법(茅氏勢法)은 모원의가 집성(輯成)한 『무비지(武備志)』 86권·연교예삼(練敎藝三)의 「검편(劍篇)」에 《검결가(劍訣歌)》와 함께 기록된 《조선세법(朝鮮勢法)》을 말하는데 이 《조선세법》은 동양의 모든 검술(劍術)의 모법(母法)으로 검보(劍譜)의 문자(文字)이며 검법(劍法)의 골자(骨子)가 된다. 모원의가 고대의 병서를 모으고 무기(武技)의 보(譜)를 분류하면서 검보(劍譜)로서는 가장 완비된 것을 조선에서 얻어서 『무비지(武備志)』에 편성(編成)시킨 것이다. 물론 여기에서의 조선(朝鮮)은 단군조선(檀君朝鮮)을 말한다. 이 《조선세법》은 안법(眼法)·격법(擊法)·자법(刺法)·격법(格法)·세법(洗法)인데 지금 현재 대만이나 대륙으로부터 들어오고 있는 무당검술(武當劍術)이나 태극검(太極劍) 등에서도 격자격세(擊刺格洗)의 법은 그들의 검세(劍勢)에서 모법(母法)이 된다고 기록하고 있다.

59) 연습지보(連習之譜)는 『무비지』에 기록된 《조선세법》이 근세조선에 다시 재수입되기 전에 연결하여 군사를 조련(操鍊)하던 당시의 검보(劍譜)인데 일명 예도속보(銳刀俗譜)라고 한다. 한국무예원에서는 이 속보를 예도(銳刀)라 이름하고 『무예도보통지』에 《銳刀譜》라고 되어 있는 《조선세법》을 현실에 맞게 고쳐서 조선검법 24세(朝鮮劍法 二十四勢)라고 정명(正名)하였다. 조선검법 24세는 본(本)이 되며 예도의 연습지보, 즉 속보(俗譜)는 본(本)에서 나와 새로운 하나의 풍격(風格)을 갖추고 있어 모두 소중히 하여 기록된 것이다.

60) 갑을지세(甲乙之勢)는 두 사람이 공방(攻防)이 되어 교전 형태(交戰形態)를 취하는 자세이다.

61) 《병기총서》는 근세조선의 초기부터 『무예도보통지』의 편간(編刊)까지 역대의 군영 설치(軍營設置), 군사제도(軍事制度), 병서 간행(兵書刊行), 무예시취(武藝試取), 상무 훈련(尙武訓鍊) 등의 사실을 연대순으로 총괄하여 서술(敍述)한 것이다. 즉 태조 원년(1392)에서부터 영조 51년(1775)까지의 병기사(兵技史)이다. 끝에 붙어 있는 경과보고서에 해당하는 〈부진설(附進說)〉이라고 하는 〈안설(案說)〉은 『무예도보통지』의 편찬에 관한 연기와 유래, 정조 14년간의 치세(治世), 무비(武備)의 중요성과 전통의 용병사상(用兵思想), 병법과 무예의 체용과 표리 관계를 함축적으로 기록한 명문(名文)으로 평가되고 있다.

62) 보(譜)란 사물의 종류나 계통을 적은 표책(表册)인데 무예에 관한 무보(武譜)에는 여러 가지 종류가 있다. 세가(勢架)의 명목(名目), 즉 권가투로(拳架套路)의 동작 명칭과 용법의 순서를 적은 권보(拳譜)와 병계보(兵械譜), 무예 이론(武藝理論), 무예가의 전수 계통(傳授系統)인 세계(世系)와 연원(淵源)을 기록한 내용, 무예전문 서적과 병학서(兵學書)까지 모두 포괄하고 있다. 『무예도보통지』는 이 모두에 부합되는 전통의 '무학보(武學譜)'라고 할 수 있다.

63) 삼국시대 이전의 우리겨레 전통적 경국(經國)의 대요(大要)는 항상 무문일체(武文一體)의 인식하에서 문무를 겸수한 인재가 나라를 다스리는 것이었다. 따라서 임금에서 백관(百官)에 이르기까지 국가의 모든 지도자는 습무(習武)를 필수(必修)로 하여 상무(尙武)의 기풍이 드높았다. 그러나 태조 이성계의 역성 혁명으로 세운 근세조선에서는 초기부터 안일하게 문(文)을 숭상하는 경향이 강한 유교(儒敎: 엄격히 성리학)를 국교로 삼아 언무(偃武) 정책을 펴고 명나라의 제도와 문물을 받아들여 상무(尙武)의 풍속은 거의 폐기되었다고 볼 수 있다. 근세조선은 병서(兵書)에 '병(兵)은 백 년을 쓰지 않을지라도 하루라도 대비가 없으면 안 된다[兵可百年不用而不可一日無備也]'고 한 사실을 망각하고 무비(武備)를 소홀히 하여 무기(武器)는 기기(棄器)가 되고 최소한의 내치(內治)에 필요한 군비(軍備)만 갖추었다. 한국사학의 계발자이며 수호자였던 단재(丹齋) 신채호(申采浩: 1880(고종 17년)~1930) 선생은 이러한 지도자의 무능한 정치에 대하여 '언무수문(偃武修文)'이란 글에서 날카롭게 비판하였다. 문무(文武)는 한길로서 강직하고 씩씩한 무(武)가 있어야 문(文)이 문(文)답게 되며 안을 다스리고 밖의 외적을 막는 것도 무력(武力)으로 하니 국가의 치도(治道)에서 잠시도 폐(廢)할 수 없는데도 역대 창업의 제왕들이 백성을 속여서 군사를 쇠약하게 하고 백성을 문약(文弱)하게 만들어 품격(品格)을 타락시켜 왕업(王業)을 자손만대의 사업(私業)으로 만들어 버렸다고 하였다. 이러한 언무수문(偃武修文)

은 진정 백성을 위하는 위민 정책(爲民政策)이 아니라 자기 백성을 상대로 간사(奸詐)한 계교(計巧)의 술수(術數)를 부린 데 불과하다고 평하고 있는 것이다. 결국 임진(壬辰)과 병자(丙子)의 침습(侵襲)을 받아 수많은 백성을 질곡과 죽음으로 몰아갔으며 당시 지도자들에게 무비(武備)의 중요성을 다시 각성시켰고 당대 선진무술로서 전승무예를 새로이 재정립하는 계기가 되었던 것이다.

64) 국가의 사적(史籍)이 되는 문서의 기록과 검열·편수 등을 맡았던 춘추관(春秋館)·예문관(藝文館)·승정원(承政院) 등의 관청을 말한다.

65) 고실(故實)은 고례(古例)의 의식(儀式)과 예법(禮法)을 말하며 이 방면의 연구가(研究家)를 고실가(故實家)라고 한다.

66) 18세기 조선의 학계는 주자서(朱子書)를 중심으로 주자학의 논리를 성리학(性理學)의 이념에 정합적으로 해석하려는 의리지학(義理之學)과 고증(考證)을 중심으로 경서(經書)를 독자적으로 해석하려는 고거지학(考據之學)의 학풍이 공존하였는데 정조는 존주(尊朱)를 바탕으로 청나라에서 들어온 고증학(考證學)을 수용하는 절충론의 입장을 취하였다.

67) 태조 이성계(李成桂)는 자신을 도와 근세조선국의 건국에 공(功)을 세운 공신(功臣)을 3가지로 구분하여 표창하였는데 정도전(鄭道傳), 배극렴(裵克廉), 안익대군(安益大君) 등 16명은 순충분의좌명개국공신(純忠奮義佐命開國功臣)이라 하고 윤호(尹虎), 이민도(李敏道) 등 11명은 협찬개국공신(協贊開國功臣), 안경공(安景恭), 김곤(金梱) 등 16명은 익대개국공신(翊戴開國功臣)이라 하였다.

68) 의흥삼군부는 조선 초기의 군무(軍務)를 통할하던 관청이다. 이성계는 1391년(공양왕 3년)에 고려의 군제였던 전후좌우중(前後左右中)의 오군(五軍)을 줄여 삼군(三軍)으로 하고 스스로 도총제사(都摠制使)가 되어 군사의 전권을 장악하고 있다가 건국 이듬해인 1393년에 삼군도총제부(三軍都摠制府)를 의흥삼군부(義興三軍府)로 개편하였고 사병(私兵)으로 구성된 의흥친군위(義興親軍衛)의 좌우 2위(左右 二衛)와 고려 말기에 침체하였다가 재건한 8위(八衛)를 합한 3군 10위(三軍 十衛)를 통솔케 하고 중방(重房)을 폐하여 군정을 세웠다.

69) 태종 1년(1401)에 의흥삼군부(義興三軍府)를 승추부(承樞府)로 고치고 다시 태종 3년(1403)년에 3군(三軍)에 각각 도총제부(都摠制府)를 두어 승추부(承樞府)와 분리시키고 태종 5년(1405)에는 승추부를 병조(兵曹)에 합하였다. 삼군도총제부(三軍都摠制府)도 병조의 지휘하에 있었는데 병조의 문신들이 군사의 실무를 알지 못한다는 것과 병권(兵權)을 한곳에만 집중시키는 것은 부당하다고 하여 새로 삼군진무소(三軍鎭撫所)를 신설하게 된다. 이러한 빈번한 개변(改變)은 조선 초기 사병과 관련된 권력 다툼[두 차례에 걸친 왕자의 난]과 무관하지 않다.

70) 파(罷)는 폐기(廢棄)하는 것[廢]이며 휴지(休止)하는 것[休]이다. 개인이 병사(兵士)를 보유하는 사병(私兵)은 삼국시대에도 존재하였는데 고려 무신정권 때 제도화되었다. 고려의 대표적인 사병 조직은 도방(都房)이었는데 훈신(勳臣)들의 신변보호와 외적의 방어·역사(役事) 등에 종사하였다. 조선이 개국되어 나라의 모든 병권(兵權)이 의흥삼군부(義興三軍府)에 통합되어 원칙적으로 사병이 용납되지 않았으나 국초(國初)에 민심이 수습되지 않아 불의의 변에 대비한다는 명분이 있어 훈신들의 사병을 허락하였으나 두 차례의 왕자의 난에 이용되어 골육상잔의 폐단을 야기한다는 이유로 사병의 소유가 엄금되었다. 다른 한 면으로 보면 당시의 국방·국력은 국민들의 상무 정신과 고도의 무예기술이 큰 몫을 담당하였던 것만큼 사병혁파는 상무의 풍기를 폐기하여 무학 연구와 무예기술의 발전을 저해하였다고 볼 수도 있다. 무예를 국민들의 일상 생활에서 단련하는 숭무(崇武)의 정신은 국민들의 보건, 심신의 도야, 국가의 정기와 직결되어 있어 상고시대에서 내려오는 우리 겨레의 개국 정신이었으며 국기(國紀)였다. 상무의 유풍은 병권(兵權)이나 정치 권력과는 분리하여 다른 제도적 방법을 강구하여 유지하였어야 했다. 권력 핵심층의 권력 다툼이 국가 전체의 언무(偃武) 사상을 조장하여 결국 중원의 제후국의 나락으로 스스로 떨어지는 결과를 자초하였고 임진·병자의 전란을 당하여 백성들을 죽음의 굴로 몰아넣는 결과를 낳았다고도 볼 수 있다.

71) 하륜(河崙): 1347년(고려 충목왕 3년~1416년(태종 3년))의 자(字)는 대림(大臨)이며 호(號)는 호정(浩亭)이다. 1365년(공민왕 14년)에 문과에 급제하여 벼슬길에 올라 첨서밀직사사(簽書密直司事)에 이르러 최영(崔瑩)의 공요(攻遼) 정책을 적극 반대하다가 양주(襄州)에 귀양갔다. 조선이 건국되어 경기좌우도관찰사(京畿左右道觀察使)로 기용되어 계룡산건도역사(鷄龍山建都役事)의 부당함을 홀로 역설하여 중지하게 하였다. 1398년(태조 7년)의 왕자의 난 때 충청도도관찰사(忠淸道都觀察使)로서 군을 이끌고 난을 평정하는 공을 세워 정종이 즉위하자 정사(定社) 1등공신이 되었다. 음양(陰陽)·의술(醫術)·성경(星經)·지리(地理) 등에 정통하였고『태조실록』 15권을 찬수하였다.

72) 여기《병기총서》에 따르면 태종 때 하륜(河崙)이 찬(撰)한『진설(陳說)』과 세종 때 하경복(河敬復)이 찬한『진설』이 있고 세조의 잠저(潛邸) 시절에『진법』을 편찬하였다고 하나 모두 개정·수정되어 세조의『병장설(兵將說)』에 편입되었다고 보여지며 지금은 1603년(선조 36년)에 함경도도순찰사(咸鏡道都巡察使)로 있던 한효순(韓孝純)이 고금의 병서에서 오종진법[八陣·六花陣·鴛鴦陣·梅花陣·三才陣]의 포진(布陣)과 제가병법의 논병(論兵)을 정리한『진설』이 남아 있다.

73) 찬(撰)은 주로 고서(古書)에서 사용되었는데 신간(新刊)에서 사용하는 '저(著)'

와 성격이 비슷하지만 내포하고 있는 개념의 범위가 보다 넓다. 저작(著作)을 직접 자기가 지었거나 의견(意見)을 인용하여 체계화시킨 것 이외에도 정수(精髓)를 뽑아 엮은 편찬(編纂), 신간서의 증보(增補), 주석서(註釋書), 문자의 교정(校訂)한 교감서(校勘書), 비평(批評書) 등에까지 그 저작의 지적 내용에 대하여 책임을 지는 경우는 모두 적용된다.

74) 각(角)은 쇠뿔·황동(黃銅)·은(銀)·나무로 만든 나팔(喇叭)이라는 악기(樂器)로 군대를 호령·신호하고 궁중(宮中)에서 아악(雅樂)을 연주할 때 쓰였다. 그 크기와 모양에 따라 대각(大角)·중각(中角)·소각(小角)으로 나누었다.

75) 일통(一通)은 두 가지의 의미가 있었는데 조선시대에 인정(人定) 이후에 야행(夜行)을 금하였다가 통금(通禁)의 해제를 알리기 위해 오경삼점(五更三點)에 큰 쇠북[鐘]을 33천(三十三天)의 의미로 33번 치던 파루(罷漏)의 뜻이 있고 북치는 일을 마치고 각(角)을 불게 되는데 한 번 부는 것을 일통(一通)이라 하고 12번 취성(吹聲)하는 것을 일첩(一疊)이라 하였으니 여기에서는 취각(吹角)이므로 두번째의 뜻으로 일편(一遍)·일차(一次)라는 의미와 같다.

76) 상호군(上護軍)·대호군(大護軍)은 모두 오위(五衛)에 속하는 무관(武官)으로 각각 정3품·종3품의 군직이었다. 고려 31대 공민왕 때의 상장군(上將軍)·대장군(大將軍)을 고친 이름이며 보직이 없는 문·무관과 음관(蔭官)으로 충용(充用)되었다.

77) 동서(東西)의 문무양반(文武兩班)의 조정관직은 정3품에서 당상관(堂上官)과 당하관(堂下官)으로 나누어진다. 다시 정3품의 문무관직은 상계와 하계로 나뉘는데 문관(文官)의 상계를 통정대부(通政大夫)라 하고 하계를 통훈대부(通訓大夫)라고 하였으며 무관(武官)의 상계를 절충장군(折衝將軍)이라 하고 하계를 과의장군(果毅將軍: 세조 이후로는 禦侮將軍으로 개칭함)이라 하였는데 상계 이상의 품계를 당상관이라 하고 하계 이하의 품계를 당하관이라 하였다. 당상관은 글자 그대로 임금이 계신 건물에 오를 수 있는 고급 관료집단을 의미하고 당하관은 특별한 경우 외에는 그 건물에 오를 수 없는 중하급 관료집단을 의미한다. 당상관은 이속(吏屬)이 상관을 호칭할 때에도 사용하였다.

78) 하경복(河敬復: 1377년(고려 우왕 3년)~1438년(세종 20년))은 태종과 세종 때에 활약한 무장(武將)이다. 1402년(태종 2년)에 무과(武科)에 급제하여 상호군(上護軍)이 되고 1410년(태종 10년)에 중시무과(重試武科)에 급제한 후 첨총제(僉摠制)를 거쳐 함길도도절제사(咸吉道都節制使)가 되어 15년간 북방 수비를 하는 동안 스스로 일선경비를 담당하여 야인(野人)들을 위용으로 눌렀다.

79) 『동국병감(東國兵鑑)』은 『문헌비고』에 실려 있지만 지은이는 상고할 수 없는 겨레의 역대 전역사(戰役史)라고 할 수 있다. 한무제(漢武帝)의 고조선(古朝鮮) 침략

에서 고려말기에 이르기까지 우리나라와 한족(漢族)과의 사이에서 일어난 30여회의 전쟁기록을 시대 순으로 엮은 전술사서(戰術史書)이다. 이 책은 『진법(陣法)』과 함께 조선 국방을 위한 기본 병서(兵書)가 되었다.

80) 잠저(潛邸)는 '잠룡(潛龍)의 저택(邸宅)'인데 나라를 처음 창업(創業)한 임금이나 종실(宗室)에서 들어온 임금이 아직 즉위(卽位)하기 전에 살던 집이나 또는 그 기간을 말한다.

81) 『장감박의편』은 중원(中原)에서의 역대 유명한 무장(武將)의 사적(史蹟)을 기록한 책으로 10권 5책의 훈련도감자본(訓鍊都監字本)이 규장각 도서로 전해오고 있다. 1141년(宋 高宗 紹興 11)에 찬자(撰者) 대계(戴溪)의 서문(序文)과 1366년(元 順帝 至正 25)에 양유정(楊維禎)이 간행할 때 쓴 서문이 있고 전국시대부터 수·당·오계(五季)에 이르기까지 모두 92인의 약전(略傳)을 소개하고 있다.

82) 기(奇)는 병(兵)을 궤도(詭道)의 술(術)이라 할 때의 기병술(奇兵術)을 말하며 정(正)은 인의대의(仁義大義)의 정당한 명분(名分)을 앞세워 싸우는 정병술(正兵術)이라고 할 수 있다. 『병학지남연의』에 '기정(奇正)을 논(論)하면 머리 하나에 두 날개[一頭兩翼]에 불과하며 중군(中軍)이 마음[心]이 되고 악기(握奇)라 하니 마음이 사지를 움직이는[心運四肢] 것처럼 지휘하는데 적과 대치하는 곳[遇敵處]은 머리[頭]가 되고 정병(正兵)이 되며 좌우는 날개[翼]가 되고 기병(奇兵)이 되며 뒤는 꼬리[尾]가 되고 책응병(策應兵)이 된다'고 하였고, 또한 '기(奇)는 용(用)이며 정(正)은 체(體)이니 무릇 용병(用兵)의 도[兵道]는 정(正)을 앞세우고 기(奇)를 뒤로 한다[先正後奇]'고 하여 진법에서의 기정(奇正)을 설명하고 있다. 『기정도보』의 책 이름으로 보면 군사를 운용하는 역대의 각종 진법(陣法)을 그림을 그려 설명한 서적으로 보이나 지금은 찾을 수 없었다.

83) 『역대병요(歷代兵要)』는 세종(世宗)이 정인지 등에게 명하여 역대의 공전(攻戰) 가운데 경계와 모범이 될 사적(事蹟)을 탁록(涿鹿)의 전투에서부터 조선 태조(太祖)에 남·북의 외적을 물리친 11편의 기사에 이르기까지 연대순으로 동국(東國)의 일로서 기록한 것이다. 곧 사서(史書)에 기록된 역대의 병략(兵略)에서 뛰어난 고사(故事)를 발췌한 전쟁 통사(通史)의 성격을 띤 군담집(軍談集)이다. 전라도 관찰출척사(全羅道觀察黜陟使)로 있던 이석형(李石亨)이 도사(都事) 조매(趙枚)와 광주 목사(光州 牧使) 송휴명(宋休明) 등과 함께 편찬하였고 광주(光州)에서 간행되었는데 이때에 집현전 학자들이 교정하여 완성한 것이다.

84) 정인지(鄭麟趾: 1396(태조 5년)~1478(성종 9년))는 조선 초기의 정치가이자 학자로 자(字)는 백휴(伯睢)이며 호(號)는 학역재(學易齋), 시호는 문성(文成)이었다. 1414년(태종 14년)에 문과에 급제하여 벼슬길에 올랐다. 태종의 지우(知遇)와 세종의 총

애를 받아 집현전학사(集賢殿學士)로 성삼문(成三問)·최항(崔恒)·신숙주(申叔舟) 등과 함께 훈민정음(訓民正音)의 신제(新製)에 참여하고 정초(鄭招)와 함께 대통력(大統曆)을 개정하고「칠정산내편(七政算內篇)」을 지어 역법(曆法)을 개정하였다. 1442년에 예문관 대학학으로「사륜요집(絲綸要集)」을 편찬하고 1445년에 우참찬으로「치평요람(治平要覽)」을 찬진하였다. 1453년(단종 원년) 계유정란(癸酉靖亂) 때에 수양대군을 도와 정란공신(靖亂功臣) 1등이 되었고 세조 즉위 후에 불서(佛書)의 간행을 반대하다가 부여(夫餘)로 부처(付處)되었으나 바로 풀려났으며 1468년 남이(南怡) 장군의 옥사(獄事)를 다스리고 익대공신(翊戴功臣) 3등이 되었다. 천문(天文)·역법(曆法)·아악(雅樂)의 지식에 뛰어났으며 김종서(金宗瑞) 등과「고려사(高麗史)」를 찬수하였고 권제(權踶)·안지(安止) 등과「용비어천가(龍飛御天歌)」를 지었다.

85) 세조(世祖) 7년(1461)에 사정전(思政殿)에서 대신(大臣)·제장(諸將)들과 더불어 치도(治道)와 병사(兵事)를 논하여『어제병장설(御製兵將說)』이 이루어지고 뒤에 다시《유장편(諭將篇)》과《병법대지(兵法大旨)》를 첨가하여 신숙주(申叔舟) 등이 주석(註釋)하여 12년(1466)에『병장설(兵將說)』로 간행되었다.《유장편(諭將篇)》은 군사 교훈에 관한 내용으로〈희유제장편(戲諭諸將篇)〉〈삼하편(三何篇)〉〈수로편(修勞篇)〉으로 되어 있다. 이 병서는 영조(英祖) 25년(1749)에『병장도설』로 개명(改名)하여 복간(復刊)되었다.

86) 내금위(內禁衛)는 태종 7년(1407)에 종래의 내상직(內上直)을 개편한 군대로서 궁중의 경비와 임금을 호위(護衛)하는 금군(禁軍)의 한 부대였다. 소수정원으로 이루어졌으며 처음에는 양반 출신을 선발하였으나 세종 때부터는 시취(試取)를 통하여 무재(武才)가 뛰어난 정예병(精銳兵)으로 편성하였다.

87) 겸사복(兼司僕)은 세종 7년(1425)에 정예기병(精銳騎兵)으로 조직된 친위병(親衛兵)으로서 금군(禁軍)의 한 부대였다. 국왕의 신변 보호를 위한 시립(侍立), 배종(陪從), 의장(儀仗), 왕궁 호위(王宮護衛)를 위한 입직(入直)과 수문(守門)을 주로 하고 이 외에도 부방(赴防), 포도(捕盜), 어마(御馬)의 점검(點檢)·사육(飼育)·조습(調習), 무비(武備) 및 친병양성(親兵養成)의 임무를 맡았다.

88) 사후(射帿)는 사방 열자 가량의 포장과녁[射布]을 설치하여 활쏘기를 익히는 것으로 임금이 신하들과 더불어 사례(射禮)를 행할 때 사용되었다. '射'의 글자는 전주문자(轉注文字)로 화살을 쏜다[發矢]는 뜻일 때는 '사'로 발음하지만 쏘아 맞힌다[指物而取]는 뜻으로 쓰일 때는 '석'으로 발음한다. 이외에도 관명(官名)인 '僕射(복야)'로 쓰일 땐 '야'로 발음하고 '싫어하다[厭也]'는 뜻일 때는 '역'으로 발음한다.

89) 승지(承旨)는 어명(御命)을 전달하고 하부의 보고·청원 등을 임금에게 중매하는 왕명의 출납(出納) 기관인 승정원(承政院)의 정3품 당상관이다. 정원은 6명인데

도승지(都承旨)는 이방(吏房), 좌승지(左承旨)는 호방(戶房), 우승지(右承旨)는 예방(禮房), 좌부승지(左副承旨)는 병방(兵房), 우부승지(右副承旨)는 형방(刑房), 동부승지(同副承旨)는 공방(工房)을 맡아 보았다.

90) 이휘(李徽: ?~1456)는 조선 초기의 문신(文臣)으로 단종 3년(1455)에 세조가 선위(禪位)를 받고 논공행상을 할 때 좌익(佐翼) 3등 공신에 책록되었으나 공조참의로 박팽년(朴彭年) 등의 사육신(死六臣)과 모의하여 상왕(上王: 端宗)의 복위 운동을 하다가 오거(五車)의 참형을 받고 가산이 몰수되고 가족과 친척이 모두 참화를 받았다.

91) 교(教)는 교서(教書)·교령(教令)을 말하는데 임금의 훈유(訓諭)이다. 교령(教令)은 또한 전교(傳教)라 하고 교지(教旨)와 전지(傳旨)의 개념이 있다. 임금이 내린 명령(命令)인 하교(下教)를 모두 교지(教旨)라 하는데 그 가운데 사소한 것을 전지(傳旨)라고 한다. 왕비(王妃)의 전지(傳旨)는 내지(內旨)라고 하였다. 『경국대전주해』에 '교(教)는 위에서 베풀고[施] 아래에서 본받는 것[效]이다. 천자(天子)가 하는 것을 조(詔)라 하고 제후(諸侯)가 하는 것을 교(教)라고 한다. 조(詔)는 비치는 것[照]이다. 조(照)는 사람이 어두워서 볼 수 없는 일을 이를 보여서 환하게[昭然] 하는 것이다. 칙(勅)은 천자의 제서(制書)이다. 반포[頒]하여서 천하(天下)에 행(行)하는 것을 조(詔)라 하고 일국(一國)에 통(通)하는 것을 칙(勅)이라 한다'고 하였다.

92) 종친은 임금의 부계친족(父系親族)이다. 임금의 적자(嫡子)인 대군(大君)의 자손은 4대손까지를, 왕자군(王子君)의 자손은 3대손까지를 봉군(封君)하여 종친으로 예우하였다. 종실제군(宗室諸君)에 관한 사무는 종친부(宗親府)에서 관장하였는데 세종 15년(1433)에 제군부(諸君府)를 고친 이름이다. 종친부에서는 역대 임금의 계보(系譜)와 화상(畫像)을 봉안하고 임금과 왕비의 의복을 관리하고 왕손(王孫)의 예의 범절에 관한 교육과 봉작(封爵)의 수여 등 왕실 종족(王室 宗族)의 제파(諸派)를 통솔하였다. 고종 1년(1864)에 종부시(宗簿寺)와 합하여 그 사무를 인수하고 고종 31년(1894)에 종정부(宗正府)로 개편하였다. 종친(宗親)을 등용하기 위하여 성종 15년(1485)에 종친과(宗親科)를 두었고 종친이 벼슬자리를 가지면 종신(宗臣)이라 한다.

93) 『경국대전주해』에 '직(直)은 일간(日間)에 상직(上直: 당직)하는 것이다. 숙(宿)은 야간(夜間)에 상숙(上宿: 숙위)하는 것이다'라고 하였다.

94) 소형명(小形名)은 간소(簡小)한 형명이란 뜻이며 마아형명(㐃兒形名)이라고도 한다. 형명은 포진(布陣)에서는 군사들이 많아서 성색(聲色)이 뒤섞이고 혼잡하여 말소리가 잘 들리지 않고 색깔을 구분하기 어려워 신호포(信號砲)를 한 번 쏘아 군사들의 이목(耳目)을 집중시킨 뒤에 기치(旗幟)와 금고(金鼓)로서 명령하는 것이다.

95) 상참(常參)은 의정대신(議政大臣)을 비롯하여 중신(重臣)·시종관(侍從官)들

이 매일 편전(便殿)에서 검은옷을 입고 임금에게 정사(政事)를 보고하던 일이다.

96) 교룡기(蛟龍旗)는 용과 뱀의 모양이 섞인 상상의 동물을 새겨 넣은 큰 기인데 임금이 거둥할 때의 의장(儀仗)인 노부(鹵簿)에 둑기(纛旗) 다음에 세우며 임금이 친히 열병(閱兵)할 때 각 영(營)의 군대를 지휘하는 데 사용하였다. 기(旗)의 바탕은 황색이고 기면에 용틀임과 구름을 채색하고 가장자리에 화염(火焰)을 상징하는 붉은 헝겊을 달았고 깃대 위에는 세 개의 창날과 붉은 삭모(槊毛)를 달았다.

97) 북두칠성의 자루 끝의 일곱번째 별이름을 초요(招搖)라 하는데 이 별은 왼쪽으로 회전하여 정월에는 동방(東方)을 가리키고 가을에는 서방(西方)을 가리킨다. 이 별을 깃발에 새겨 넣은 기를 초요기(招搖旗)라고 하며 천제(天帝)를 상징하고 강군(強軍)의 위엄을 나타낸다. 행군(行軍)이나 전진(戰陣)에서 대장(大將)이 장수(將帥)들을 부르거나 지휘·호령하는 데 사용하던 신호기의 하나였다. 그 제도는 직품(職品)에 따라 색상을 달리했는데 오위시대(五衛時代)에는 푸른 바탕에 흰색으로 북두칠성과 가장자리와 화염을 그렸으나 오영시대(五營時代)에는 각 군영의 방위(方位)에 따라 바탕의 색을 달리하고 가장자리와 화염도 상생(相生)의 이치에 따라 색상을 그려넣었다.

98) 둑(纛)은 어가(御駕: 大駕)나 군대의 행렬 앞에 세웠던 우보당(羽葆幢)의 일산기(日傘旗)로 대장기(大將旗)였다. 큰 삼지창(三枝槍)에 들소의 꼬리를 달거나 극창(戟槍)에 삭모(槊毛)를 달아서 만들었다. 『병학지남연의』에 '둑[纛]의 크기는 두(斗)와 같고 검은 비단[皂繒]으로 만드는데 모양이 치우(蚩尤)의 머리와 비슷하여[蚩尤之首] 군대가 출동하면 둑에 제사 지낸다[軍發祭纛]'고 하였고 '고대의 군법(軍法)에 죄인을 백기(白旗)의 아래에 앉히고 검은 둑기(纛旗)의 위에서 죄인을 죽였으니 이는 형벌할 때에 천명(天命)을 받들어 천도(天道)를 행하여서 감히 함부로 살인(殺人)하는 망동(妄動)을 행하지 않으니 '수명행벌(受命行罰)'이 바로 둑기[纛旗]를 사용하는 본뜻이다' 라고 하였다. 『경국대전주해』에는 '둑(纛)은 이우(氂牛: 검은 소)의 꼬리[尾]로 만들며 형상(形象)은 치우(蚩尤)의 머리[頭]이다' 라고 하였다.

99) 영기(令旗)는 군중(軍中)에서 군령(軍令)을 전하는 데 쓰였던 기이며 사방 2자 가량의 푸른 비단 바탕에 붉은빛으로 '영(令)'자를 썼다. 기의 길이는 5자며 깃대의 끝에는 1자 가량의 창인(槍刃)으로 되어 있다. 창날 아래에 작고 납작한 주석방울을 끼고 비녀장을 질러 놓아 기를 흔들면 소리가 났기 때문에 '쩔렁기'라고도 하였다.

100) 사정전(思政殿)은 경복궁(景福宮)의 편전(便殿)으로 평상시 임금이 거처하면서 정무(政務)를 보살피던 곳이다. 창건 당초에는 보평청(報平廳)이라 하였으나 정도전(鄭道傳)이 임금이 모든 정사(政事)를 처결함에 생각하고 또 깊이 생각한[深思熟考] 다음에 확정해야 한다는 준엄한 촉구의 뜻을 담아 '사정(思政)'이라는 이름으로

개칭하였다고 한다. 사정전의 동서(東西)에는 보좌하는 소편전(小便殿)으로 만춘전(萬春殿)과 천추전(千秋殿)이 있는데 만춘전은 봄에, 천추전은 가을과 겨울에 사용하였다. 편전 일곽이 임진왜란 때 소실되어 고종 4년(1867)에 행랑으로 연결된 세 전각이 격리되어 중건되었고 만춘전은 한국전쟁 때 다시 파괴되어 1980년대에 복원되었다. 세종 때까지는 매일 새벽[오전 3~5시 사이]에 혼정신성(昏定晨省)의 개념으로 상참(常參)이라는 어전회의를 열었다. 그러나 세조 2년(1456)에 단종 복위를 도모하던 다섯 충신[成三問・朴彭年・李塏・河緯地・兪應孚]이 세조의 참혹한 친국(親鞫)을 받았던 곳으로 사육신(死六臣)의 충절과 비극이 서린 곳이 되었다. 세조는 이 사건을 치른 이듬해(1457) 사정전 동행각에 큰 종을 주조하여 걸고 '나라가 태평한 지 오래이지만 군사에 관한 정사가 엄하지 않을 수 있으랴! 昇平日久 軍政不可不嚴!' 하며 다짐을 하였다고 하였으나 자위(自慰)의 행동으로 보인다. 또한 중종 14년(1519)에 사림파(士林派)의 거두로 강력한 개혁 정치를 추구하던 조광조(趙光祖)가 중종의 친국을 받으며 기묘사화(己卯士禍)의 비극이 서린 곳이기도 하다.

101) 대내(大內)는 임금이 거처하는 곳으로 대전(大殿) 또는 내전(內殿)이라고도 한다.

102) 광화문(光化門)은 조선왕조의 정궁(正宮)인 경복궁(景福宮)의 정문(正門)이다. 태조 4년(1395)에 창건 당시 오문(午門)・정문(正門)으로 불렸으나 세종 8년(1426)에 집현전 학사들이 광화문이라고 명명하였다. 광명(光明)으로 교화(敎化)한다는 문호(門號)는 광피사표(光被四表) 화급만방(化及萬方)에서 따와서 국가와 왕실의 권위를 상징하였는데 역대로 우리 겨레의 건국 정신이다. 임진왜란 때 경복궁과 함께 소실되어 273년간 그 모습이 없다가 고종 2년(1865) 흥선대원군의 경복궁 중건 당시 새로 세웠으나 1926년 일제는 경복궁 근정전 앞에 조선총독부 청사를 짓고 문화말살 정책으로 광화문을 없애려는 반문화적 만행에 대한 강력한 일본인의 반대 여론으로 건춘문 북쪽으로 옮겨 놓았는데 그나마 한국전쟁 당시 폭격으로 파괴되었다. 현재의 광화문은 1968년에 복원하였다고 하나 전통의 목조 건축물이 철근 콘크리트 모조 건물로 변하였고 광화문과 정의 수호를 상징하는 해태상의 위치와 방향이 바뀌어 오히려 고유의 옛 향기와 전통의 문화가 파괴되었다는 비난을 받고 있다. 세계화시대에 우리나라의 가장 유력한 국가 경쟁력은 선조들께 물려받은 문화와 역사의 힘이라고 할 수 있다. 지구상 어느 나라도 경쟁이 되지 않는 가장 막강한 저력을 지니고 있는 유서 깊은 문화 국가라는 우리의 장점을 잘 정비하여 경제력과 국방력 그리고 국력으로 연결시키는 정치가 필요하다 하겠다.

103) 조선 후기 순조 12년(1812) 때 박종경(朴宗慶: 1765~1817)이 저술한 『융원필비(戎垣必備)』에 '무(䥈)・모(牟)・회(盔)・두(兜)[투구]・개(鎧)・개(介)・함(函)・찰

(札)[갑옷]은 모두 융의(戎衣: 군복)의 명칭인데 통틀어 갑주(甲胄)라고 한다. 대개 몸을 보호[護身]하는 도구이며 생명을 다스리는[用命] 근본으로서 봉적(鋒鏑: 칼날과 화살촉)을 맞고서도 패하지 않는 지위에 설 수 있는 것이 이것이다. 견고하지 않으면 막을 수 없다'고 하였다.

104) 조방(朝房)은 조신(朝臣: 조정의 신하)들이 조회(朝會)할 때를 기다리는 동안 머물러 쉬는 대기실로 창덕궁(昌德宮) 돈화문(敦化門) 밖에 있었다고 한다.

105) 도성(都城)이나 궁궐의 문 이름을 붙일 때는 오방(五方), 오행(五行), 오상(五常), 사계(四季), 사신도(四神圖)의 동물에서 글자를 취하여 쓰는데 방향을 기준으로 상합을 나열하면 동쪽은 목(木)·인(仁)·춘(春)·청룡(青龍)이 해당되고 서쪽은 금(金)·의(義)·추(秋)·백호(白虎)가 해당되며 남쪽은 화(火)·예(禮)·주작(朱雀)이 해당되고 북쪽은 수(水)·지(智)·동(冬)·현무(玄武)가 해당된다. 경복궁은 중앙[土·信]의 근정전(勤政殿)을 중심으로 동문(東門)은 건춘문(建春文)이며 서문(西門)은 영추문(迎秋門)이며 남문(南門)은 정문인 광화문(光化門)이며 북문(北門)은 신무문(神武門)으로 되어 있다. 건춘문은 주로 왕실의 종친이 드나들었으며 안에는 왕세자가 있던 춘궁(春宮)이 있었다고 한다. 영추문은 문무백관이 출입하던 통용문이었다. 신무문은 세종 15년(1433)에 창건되어 기우제(祈雨祭)와 임금의 신무문 밖의 활터를 이용할 때만 개방하고 음기(陰氣)를 막기 위하여 굳게 닫혀 있었다고 한다. 지금 신무문 밖에는 청와대가 자리하고 있다. 건춘문과 신무문은 고종 2년(1865)에 중건된 모습이 남아 있지만 광화문과 영추문은 콘크리트 건물로 복원되어 있다.

106) 봉례(奉禮)는 국가의 조회(朝會)나 조하(朝賀)·제사(祭祀) 등에 관한 의례(儀禮)를 받든다는 뜻으로 통례원(通禮院)이란 관청에서 맡아 보았다. 조선개국초에 합문(閤門)을 태종 때 통례문으로 개칭하였고 고종 32년(1895)에는 장례원(掌禮院)이라 하였다. 서울 중부 정선방(貞善坊)에 있었으며 그 직원은 식순(式順)과 같은 홀기(笏記)를 잘 부르는 목청이 좋은 사람을 선발하였다. 봉예랑(奉禮郎)은 통례원의 정4품 관직으로 나라의 큰 의식(儀式)이 있을 때 절차에 따라 종친과 문무백관을 안내하던 집사관(執事官)이었다.

107) 허종(許琮: 1434(세종 16년)~1494(성종 25년))은 조선 초기의 대신(大臣)으로 자(字)는 종경(宗卿)·종지(宗之)였고 호(號)는 상우당(尙友堂)이었다. 1457년(세조 3년)에 문과에 급제하여 벼슬길에 나아가 언론(言論)의 길을 열고 경연(經筵)을 통한 정치 개혁을 주장하였다. 문무겸전하여 1467년(세조 13년)에는 이시애(李施愛)의 난을 평정하여 적개공신(敵愾功臣)에 책록되었고 1469년(예종 1년)에는 전라도 장영기(張永奇)의 난을 다스리는 등 국초의 기반을 다졌다. 성품이 강직하고 도량이 넓었으며 담력이 있고 학식이 탁월하여 문관으로 무관을 겸하였다. 성종 때 청백리(淸白吏)

에 녹선(錄選)되었다.

108) 『병정』은 조선 전기 오위(五衛) 군제(軍制)의 군령계통(軍令系統)을 규정한 병서이다. 어명(御命)으로 당시 우의정 신숙주(申叔舟), 병조판서 한명회(韓明澮) 등이 찬진(撰進)하였다. 그 구체적 내용은 군병(軍兵)의 지휘・통솔・훈련과 인사행정에 관한 것으로 오위군(五衛軍)의 입직(入直), 군무(軍務)의 계달(啓達), 도성문(都城門)과 궐문(闕門)의 개폐(開閉), 대열(大閱), 부험(符驗), 용구(用具) 등에 관한 군령(軍令)의 상달하시(上達下示) 관계를 제정한 것이다. 조선 전기 중앙군의 운용에 대한 구체적인 군령계통이 왕권을 정점으로 어떻게 발휘되는가를 가장 명료하게 보여주는 자료이다. 지금 국내에 있는 『병정』은 명종 13년(1558)의 내사본(內賜本)인 을해본(乙亥本)이며 원본(原本)은 현재 일본 존경각(尊經閣) 소장으로 되어 있다.

109) 대신(大臣)은 의정부(議政府)의 영의정(領議政), 좌의정(左議政), 우의정(右議政)을 통칭하며 보통 정승(政丞)이라고 한다.

110) 훈련관(訓鍊官)은 군사의 시재(試才), 무예의 연마, 병서(兵書)의 강습을 맡은 훈련관(訓鍊觀)의 관원(官員)이다. 태조 1년(1392)에 훈련관(訓鍊觀)이라 하였다가 세조 13년(1467)에 훈련원(訓鍊院)으로 개칭하였고 조선 후기에 들어서는 훈련도감과 함께 가 군영에 무예를 보급하고 군사 교육의 실시와 병서를 편찬하는 일을 맡았다. 융희 1년(1907)에 외교권에 이어 내정권(內政權)마저 빼앗긴 한일신협약(韓日新協約: 丁未七條約)이 강제로 체결되어 대한제국의 군대가 해체될 때 없어졌다.

111) 습진(習陳)은 진(陳)치는 법을 연습(練習)하는 것으로 단체 훈련이다. 즉 습진을 통하여 개인의 기량을 제고하고 협동심・일체감・유대감을 강화하여 전투력을 향상시키는 군사 훈련 방법이다. 『경국대전주해』에 '진(陣)은 군사(軍師)의 행오(行伍)의 대열(隊列)[列]이다. 군진(軍陳)이 진(陣)이 되는 것은 진열(陳列)로서 명칭[名]이 되었기 때문이다' 라고 하였다.

112) 부원군(府院君)은 임금의 장인인 국구(國舅)와 정1품 공신(功臣)에게 주던 작호(爵號)인데 작호를 받은 사람의 본관인 지명(地名)을 앞에 붙인다. 일반적으로 딸이 궁중에 들어와 정실 왕후가 되면 왕비의 친정아버지는 부원군이 되는데 조선 초기에는 국구(國舅)는 정치에 참여하지 못하였으나 조선 중기 이후에는 정치에 참여하여 많은 폐단이 생겼다.

113) 윤사로(尹師路: 1423(세종 5년)~1463(세조 8년))는 조선 초기의 문신(文臣)으로 자(字)는 과옹(果翁)・주옹(朱翁)인데 14세 때에 세종에게 뽑히어 충의위장제사제조(忠義衛將諸司提調)를 지내며 법규(法規)를 지키고 근면(勤勉)하여 여러 사람의 존경을 받았다. 세조의 잠저 시절부터 보필하여 좌익공신(佐翼功臣)이 되었고 세조가 간경도감(刊經都監)을 두어 불경(佛經)을 국역(國譯)으로 간행하는 일을 도왔다.

114) 양성지(梁誠之: 1415(태종 15년)~1482(성종 13년))는 조선 초기의 학자인데 자(字)는 순부(純夫)이며 호(號)는 눌재(訥齋)였다. 1441년(세종 23년)에 문과(文科)에 급제하여 직제학(直提學)을 거쳐 세자좌보덕(世子左輔德)으로 있다가 사육신(死六臣)의 참변을 보고 벼슬을 버리려 하니 세조가 권유하여 계속 관부에 남아 이조·공조판서를 지내고 대사헌 등을 지냈다.『동국도경(東國圖經)』『농잠서(農蠶書)』『축목서(畜牧書)』『고려사지리지(高麗史地理志)』등을 저술하고 성종 때『세조실록(世祖實錄)』을 편찬하였다.

115) 좌상(左廂)과 우상(右廂)은 군대편제(軍隊編制)의 명칭이다.

116) 찬(纂)의 글자는 본래 적사(赤絲)를 모아서 직물(織物)을 짠다는 의미를 가지고 있는데 편집(編集)의 뜻으로 도서(圖書)의 편찬(編纂)에 사용되었다. 편(編)은 여러 저작에서 정수(精粹)를 휘편(彙編: 모아서 엮음)한 것으로 편찬(編纂)·편수(編修) 등으로 쓰며 관(官)에서 여러 사람이 찬수(纂修)한 것도 편(編)이다.

117) 위(衛)의 부장(部將)은 정원이 25명이었던 오위(五衛)의 종6품의 무관직이었는데 오위가 폐한 뒤에는 내삼청(內三廳)에 예속되었다. 포도청(捕盜廳)에서도 품계 없는 부장이 있었으며 서울의 8문과 목멱산(木覓山)의 봉수(烽燧)와 오간수(五間水)의 문을 지키는 금군(禁軍)들도 부장이라 하였다. 일반적으로는 무관의 하급 지휘관을 부장이라 하였다.

118) 신숙주(申叔舟: 1417(태종 17년)~1475(성종 6년))는 조선 초기의 학자이며 정치가로 자(字)는 범옹(泛翁)이며 호(號)는 보한재(保閑齋)·희현당(希賢堂)이었다. 1439년(세종 21년)에 문과에 급제하여 집현전(集賢殿)의 부수찬(副修撰)이 되어 장서각(藏書閣)에서 학문 연구에 몰두하자 세종은 어의(御衣)를 하사하여 칭찬하였다. 1442년(세종 24년)에 일본 통신사의 서장관(書狀官)이 되어 갔다가 돌아오는 길에 대마도에 들러서 무역 협정인 계해조약(癸亥條約)을 체결하였다. 세종의 훈민정음의 신제(新製)에 공이 컸으며 명나라 한림학사(翰林學士)였던 황찬(黃瓚)과 음운(音韻)을 논하면서 교제하였다. 세조가 즉위 전에 명나라에 사은사(謝恩使)로 갈 때 서장관이 되어 동행하여 각별한 친분을 가지게 되었고 세조가 어린 단종(端宗)을 몰아낼 때 의리를 저버리고 왕위 찬탈에 가담하였다. 가장 가까운 친구였던 성삼문(成三問)과도 멀어지게 되었고 성삼문이 단종 복위의 계획에 실패하여 국문(鞫問)을 당하는 마당에서 모욕을 받았다. 세조 즉위 후에 영의정(領議政)까지 올랐고 예종(睿宗)이 어려서 즉위하니 승정원(承政院)의 원상(院相)이 되어 서정(庶政)을 처결하고 남이(南怡) 장군을 숙청하여 보사공신(保社功臣)의 호를 받았다. 성종(成宗)이 즉위하여 다시 영의정에 임명되고『경국대전』『세조실록』『예종실록』의 편찬에 참여하고 어명으로『동국통감(東國通鑑)』과『오례의(五禮儀)』를 편찬하였다.

119) 파적위(破敵衛)는 조선 전기 오위(五衛) 가운데 전위(前衛)인 충좌위(忠佐衛)에 예속된 특별 군대로 세조 5년(1459년)에 보군(步軍) 2500명의 정원으로 조직되었다. 4월·7월·10월의 3회에 걸쳐 편전(片箭)·목전(木箭)·주(走)·역(力)을 시험하여 선발하였으며 5번(番)으로 나누어 500명이 4개월씩 입역(入役)하여 입직(入直)과 시위(侍衛)의 일을 맡아 보았다.

120) 『무경칠서(武經七書)』는 무장(武將)들이 익혀야 무학(武學)의 필수 고시과목인데 북송(北宋)의 하거비(何去非)가 고병서(古兵書) 가운데 7종 25권을 집교(輯校)하여 원풍(元豊: 북송 神宗의 연호, 1078~1085) 3년(1080)에 반행(頒行)한 군사교과서이다. 그러나 북송 이전부터 이 병서들은 전쟁의 실전과 군사학의 필독서였으며 군사인재를 양성하는 기본 교과서였는데 북송 때에 일곱 가지로 묶었을 뿐이다. 7종의 병서는 『손자(孫子)』 3권, 『오자(吳子)』 2권, 『사마법(司馬法)』 3권, 『육도(六韜)』 6권, 『삼략(三略)』 3권, 『울료자(尉繚子)』 5권, 『이위공문대(李衛公問對)』 3권을 말하는데 일명 무학칠서(武學七書), 줄여서 무경(武經) 또는 칠서(七書)라고도 한다. 이러한 책들은 그 내용의 뜻이 대부분 은미(隱微)하고 심오(深奧)한데 국가의 존망(存亡)과 백성의 생사(生死)가 용병(用兵)에 달려 있었기 때문이다. 그래서 『병가요집(兵家要集)』(숙종 4년(1678)에 김석주(金錫胄)가 편찬)에서 해설한 사무(四無)와 삼불제(三不制)는 병학(兵學)의 성격을 잘 나타내는 것이다. 즉 사무(四無)는 '위로는 하늘(天)이 없고 아래로는 땅(地)이 없으며 앞에는 적(敵)이 없고 뒤에는 군(君)이 없다' 는 것이며 삼불제(三不制)는 '위로는 하늘의 제재(制裁)를 받지 아니하고 아래로는 땅의 제재를 받지 아니하고 가운데로는 사람의 제재를 받지 않는다' 는 뜻이다.

121) 강무(講武)는 강습무사(講習武事)란 뜻으로 국왕이 친림(親臨)하여 매년 단오(端午)와 추석(秋夕)에 두 번 농한기[農隙]에 수렵과 무예로 군사를 훈련하였던 행사였다. 사목(事目)은 공사(公事)에 관하여 정해진 관청의 규정·규칙을 말하니 『강무사목(講武事目)』은 강무에 관한 규정을 정한 병서였다. 『예기(禮記)』《월령(月令)》에 '농부들을 위로하여 휴식하게 하고 천자(天子)는 이에 장수(將帥)들에게 명하여 강무(講武)하여 사어(射御)를 습(習)하고 각력(角力)하였다' 고 하였으니 강무(講武)는 고대 때부터 있어온 행사임을 알 수 있다.

122) 진(鎭)은 군사상의 요충지에 군사를 주둔시켜 유사시를 대비하는 군사 시설이다. 여기에서는 각 병영(兵營)과 수영(水營)·감영(監營) 아래에 두었던 지방대(地方隊)의 직소로서 진영(鎭營)을 말한다.

123) 선전관(宣傳官)은 군대의 형명(形名: 기치와 금고)과 계라(啓螺: 吹打), 시위(侍衛), 전명(傳命), 부신(符信: 군사를 동원하는 패)의 출납을 관장하던 정3품의 군아(軍衙)인 선전관청(宣傳官廳)에 소속된 관원이다. 20명 안팎의 소수정예로 구성되

어 무관 최고의 청요직(淸要職)으로 선망되었으며 고종 19년(1882)에 폐지될 때까지 서반(西班: 武班)의 중추 기관으로 존속하였다. 선전관청은 임금의 명령을 전달하고 호위하는 임무를 맡았기에 정전(正殿)인 인정전과 편전(便殿)인 선정전에 가장 가까이 배치되었다. 정조 · 순조 · 헌종 · 철종 · 고종에 걸쳐 기록한 일기인 『선청일기(宣廳日記)』가 전해온다.

124) 경회루(慶會樓)는 경복궁 내에 있는 누각(樓閣)으로 나라의 경사가 있을 때나 외국 사신을 위해 연회를 베풀던 사연장(賜宴場)이었다. 경복궁 창건 당시에는 소규모였는데 태종 12년(1412)에 공조판서 박자청(朴子靑)이 감독하여 확장 개축하였다. 하륜(河崙)은 경회(慶會)의 의미를 '임금과 신하가 덕(德)으로서 만난다'고 해석하였다. 1865년 정학순(丁學洵)이 쓴 '경회루삼십육궁지도(慶會樓三十六宮之圖)'에 의하면 경회루의 구조는 삼재(三才), 팔괘(八卦), 24절기(節氣) 등 주역(周易)의 원리에 따라 건축되었다고 하며 네모꼴의 큰 연못[樓池]은 물로 불을 제압하여 궁궐을 보호하고 부족한 명당수를 확보하며 땅의 습기를 다스리기 위하여 만들었다고 한다. 경회루는 성군 세종과 교서관(校書館)의 미관말직 구종직(丘從直)이라는 신하의 미화(美話)가 전하는 장소이며 소년 단종이 숙부 수양대군에게 양위를 하며 옥새(玉璽)를 넘겨 준 역사의 현장이기도 하였다. 임진왜란 이전의 경회루에는 돌기둥에 비룡(飛龍)이 새겨져 푸른 물결에 거꾸로 드리운 그림자가 장관이었다고 하였으나 지금의 경회루는 고종 2년에 중건된 소박하고 웅장한 모습으로 대한제국의 대표적인 건축물로 남아 있다.

125) 1950년 6 · 25동란 와중에 무예연구소의 곽동철(郭東喆)이 소책자로 저술한 『무예도보신지(武藝圖譜新志)』에 '삼갑전법(三甲戰法)은 여러 기사(騎士)가 목창(木槍)을 가지고 떼를 지어 종횡치축(縱橫馳逐)하면서 서로 격자법(擊刺法)을 연습(演習)하는 일종(一種)의 창술(槍術)이었다'고 하였다. 『이위공문대』의 갑사제도에 따르면 1갑(一甲)은 25인이므로 3갑(三甲)은 75인이 되지만 여기에서의 삼갑(三甲)은 9명을 일대(一隊)로 하였으니 '세 겹의 갑사(甲士)'로 이해된다.

126) 장용대(壯勇隊)는 조선 전기 오위(五衛)의 후위(後衛)인 충무위(忠武衛)에 소속되었던 군대로 각 군영(軍營)의 기패관(旗牌官) · 교련관(教鍊官)으로서 목전(木箭), 주력(走力), 유엽전(柳葉箭), 강서(講書)에 합격한 천인(賤人)과 양인(良人) 출신의 장교로 조직되었다. 세조 5년(1459)에 설치하여 장용대라 하였다가 성종 6년(1475)에 장용위(壯勇衛)로 개칭하였다. 인원은 600명으로 5차로 나누어 5개월마다 교체하였다.

127) 귀성군 준(龜城君 浚: ?～1479(성종 10년))은 세종의 넷째아들 임영대군(臨瀛大君) 구(璆)의 아들로 세조 12년(1466)에 무과에 장원급제하여 사도병마도총사(四道

兵馬都摠使)가 되어 이시애(李施愛)의 난을 평정하여 적개공신(敵愾功臣)이 되고 병조판서를 거쳐 영의정에 특진되었다. 세조의 총애를 받았고 1468년 남이(南怡)의 옥사를 다스려 익대공신(翊戴功臣) 1등이 되었으나 1470(성종 1년)에 어린 성종이 즉위하자 귀성군이 물망에 오르게 되고 이를 시기한 한계미(韓繼美)가 밀고하고 정인지(鄭麟趾) 등이 탄핵하여 경상도 영해(寧海)에 구치되어 그곳에서 사망하였다.

128)『국조무정보감』은 조선개국초부터 예종 때까지의 내외 우환의 각종 진압(鎭壓) 사건을 수록한 책인데 현존하지는 않는다. 이후 명종 3년(1548)에 성종 때부터 명종 초년에 이르기까지의『속무정보감』8권 4책이 편찬되어 광해군 때 중간되었고 지금은 조선총독부 조선사편수회에서 '조선사료총간' 제16집으로 영인한 5권 2책이 전할 뿐이다.

129) 성현(成俔: 1439(세종 21년)~1504(연산군 10년))은 조선 전기의 명신(名臣)으로 자(字)는 경숙(磬叔)이며 호(號)는 용재(慵齋)·부휴자(浮休子)·허백당(虛白堂)·국오(菊塢)였다. 1462년(세조 8년)에 문과에 급제하여 벼슬길에 들어 초기에 홍문관 정자(弘文館 正字), 대교(待敎), 사록(司錄), 경연관(經筵官), 예문관 수찬(藝文館 修撰), 승문원 교검(承文院 校檢) 외에도 여러 중요 관직을 지냈다. 특히 음률(音律)에 정통하여 장악원 제조(掌樂院 提調)를 겸하다가 예조판서(禮曹判書)가 되고 유자광(柳子光)·어세겸(魚世謙) 등과『악학궤범(樂學軌範)』을 편찬하여 음악을 집대성하였고 어명으로 고려가사 '쌍화점(雙花店)' '이상곡(履霜曲)' '북전(北殿)'을 산개(刪改)하였다. 관상감(觀象監)·사역원(司譯院)·전의감(典醫監)·혜민서(惠民署) 등의 관서(官署)의 중요성을 역설하였고 그의 저서『용재총화(慵齋叢話)』는 조선 전기의 정치·사회·제도·문화면을 살피는 데 중요한 자료가 되고 있다. 사후(死後) 수개월 만에 갑자사화(甲子士禍)가 일어나 부관참시(剖棺斬屍)되었으나 뒤에 신원(伸寃)되고 청백리(淸白吏)에 녹선(錄選)되었다.

130) 대간(臺諫)은 대신(臺臣)과 간신(諫臣)을 말하는데 사헌부(司憲府)의 관원은 대신(臺臣), 대관(臺官)이라 하고 사간원(司諫院)의 관원을 간신(諫臣), 간관(諫官)이라고 하였다. 사헌부·사간원·홍문관(弘文館)을 소위 삼사(三司)라고 하는 바 의정부(議政府)나 육조(六曹)의 행정 기관들을 견제하는 조선의 언론 기구로서 사헌부는 시정(時政)을 논하고 문무백관(文武百官)의 비행(非行)을 규찰(糾察)하고, 풍기(風紀)와 풍속(風俗)을 교정(矯正)하고 임명된 관리의 신분 경력을 조사하는 감찰 기관(監察機關)이었으며 사간원은 임금에 대한 간쟁(諫諍)과 논박(論駁)의 임무를 맡아 임금의 전제적(專制的)인 권리를 제한하였고 홍문관은 집현전(集賢殿)의 후신으로 경적(經籍)을 모아 전고(典故)를 토론하고 문한(文翰)을 다스려 임금의 고문 역할을 담당하는 기관이었다. 오늘날 언론은 제4부라 하여 민영인 데 반하여 조선시대에는

국가에서 여론을 수렴하기 위한 장치로 관료 조직 안에 설치된 국가 기관이었다.

131) 직제학(直提學)의 관직(官職)은 고려 때부터 있어온 명칭인데 조선시대에는 집현전(集賢殿)의 종3품, 홍문관(弘文館)·예문관(藝文館)의 정3품, 조선 중기 규장각(奎章閣)의 종2품 또는 정3품관이었으며 정원은 각 1명이었다.

132) 서후(徐厚)는 조선 전기의 문신(文臣)으로 자(字)는 덕재(德載)이며 생몰연대는 자세하지 않다. 연산군 4년(1498)에 별시문과(別試文科)에 병과(丙科)로 급제하여 정언(正言), 장령(掌令)을 지냈다. 1521년(중종 16년) 직제학으로 있을 때 편조전(鞭條箭)을 만들었고 1525년 아들 증(峪)이 역모 혐의로 체포되어 한때 투옥된 일이 있으나 뒤에 영흥부사(永興府使), 예조참의(禮曹參議), 충주목사(忠州牧使)를 지냈다.

133) 군기시(軍器寺)는 병기(兵器), 기치(旗幟), 융장(戎仗), 화약(火藥), 집물(什物) 등의 군수품(軍需品)을 만드는 관청으로 고려 때부터 융기도감(戎器都監), 군기조성도감(軍器造成都監), 군기감(軍器監) 등의 이름으로 불려왔는데 태조 1년(1392)에 군기감(軍器監)이라고 하다가 세조 12년(1466)에 군기시(軍器寺)라 개칭하였다. 임진왜란 후에는 군기시 안에 별조청(別造廳)을 두어 조총(鳥銃)과 화포(火砲)를 제작하였다. 고종 21년(1884)에 폐지하고 그 직무를 기기국(機器局)에 옮겼다가 광무 8년(1904)에 군기창(軍器廠)이란 이름으로 설치하였다가 융희 1년(1907)에 폐지되었다. 소속관원은 계속 변천되어 왔다.

134) 서총대(瑞蔥臺)는 성종 때 후원에 한 줄기에 아홉 가지가 난 마늘이 나와 서총(瑞蔥: 상스러운 마늘)이라 이름하고 사방을 돌로 쌓아 길렀는데 연산군 12년(1506)에 영화당(暎花堂) 앞에 석대(石臺)를 쌓아 서총대라고 하였다. 중종이 즉위하면서 허물었다고 하지만 '명종 16년(1561)에 서총대에서 연회를 베풀어 문신(文臣)들에게 율시(律詩)를 짓게 하고 무신(武臣)들에게 활쏘기를 하게 하고 좌우 군신(群臣)들에게 가을의 국화꽃을 꽂아 주며 군신(君臣)이 화락(和樂)하게 놀았다'는 기록으로 보아 임진왜란 이전까지는 서총대라는 이름을 계속 사용하여 온 것으로 보인다. 곡연(曲宴)은 곡수연(曲水宴)·곡수유상(曲水流觴)이라 하는데 궁중의 내원(內苑)에서 굽이 흐르는 물가에 술잔을 띄우고 시가(詩歌)를 읊으며 노는 작은 연회(宴會)인데 신라 때 포석정(鮑石亭)에서 하던 놀이로 유명하다.

135) 임진왜란으로 오위(五衛)의 군제가 제구실을 못하자 당시 영의정 유성룡(柳成龍)과 명장(明將) 낙상지(駱尙志)의 소청(所請)으로 신설하여 당시의 선진기예로서 삼수군(三手軍: 포수(砲手)·살수(殺手)·사수(射手))을 양성하여 국난(國難)을 극복한 군영이 되어 조선 후기의 핵심 군영의 역할을 하였다. 고종 18년(1881) 군제 개혁으로 별기군(別技軍)의 신식 군대가 설치되어 고종 19년(1882)에 폐지되었다. 『대전회통』에 따른 관원으로는 도제조(都提調: 정1품) 1명, 제조(提調: 정2품) 2명, 대

장(大將: 정2품) 1명, 중군(中軍: 정2품) 1명, 별장(別將: 정3품) 2명, 천총(千摠: 정3품) 2명, 국별장(局別將: 정3품) 3명, 파총(把摠: 종4품) 6명, 종사관(從事官: 종6품) 4명, 초관(哨官: 종9품) 34명과 지구관(知彀官) 10명, 기패관(旗牌官) 20명, 별무사(別武士) 68명, 군관(軍官) 17명, 별군관(別軍官) 10명, 권무군관(勸武軍官) 150명, 국출신(局出身) 150명이 있었다.

136) 명나라 항왜장수(抗倭將帥) 척계광(戚繼光: 1528~1587)이 명나라 연해(沿海)를 침범하는 왜구를 절강성(浙江省)에서 새로운 진법[원앙진]을 창안하고 고대의 기예를 모아 큰 효과를 보고 『기효신서』라는 병서를 엮었는데 이 군사기술을 절강병의 기예라고 한다. 임진왜란중에 훈련도감이 창설되고 이여송(李如松)의 휘하에서 척계광의 최신병법을 입수하여 당시 조선의 군사 훈련과 군제 개편에 원용(援用)하였다. 부기(附記)의 형식으로 기재된 무기(武技)는 한교(韓嶠) 선생에 의하여 연보(連譜)로서 재창조되어 『무예제보』로 정리되었다.

137) 인조조(仁祖朝)에 조선 후기의 주요 군영이 대부분 창설되고 숙종(肅宗)대에 오군문제(五軍門制)가 확립된 것은 왜란 이후 분산된 병권의 재건과 병권의 국왕 귀속이란 과제가 있었기 때문이다. 뿐만 아니라 대륙에서는 명조(明朝)가 쇠락하고 후금(後金)이 일어나는 정세에서 광해조(光海朝)와 달리 반정(反正)의 세력인 서인(西人)들이 친명배금(親明排金)의 외교노선을 천명하고 국내에서는 역쿠데타의 가능성이 내재하고 있는 가운데 이괄(李适)이 난을 일으켜 도성과 변방에 대한 방비강화가 우선시되었다. 호위청(扈衛廳)은 인조 원년(1623)에 설치된 국왕의 친위군으로 임금을 시위(侍衛)·배호(陪扈)하며 궁궐을 숙위(宿衛)하였는데 반정(反正) 때 동원되었던 사모군(私募軍)을 정규 병력화하여 호위의 강화와 예측하지 못할 변란에 대비하기 위하여 설치된 군영(軍營)이다. 심기원(沈器遠)의 모반 사건을 계기로 당상군관의 제도를 없애고 주장(主將)인 호위대장은 훈신(勳臣)이나 척신(戚臣) 또는 국구(國舅) 가운데에서 겸임하였다. 효종대에 2청(廳)에서 4청(廳)으로 증청(增廳)하여 재정비하였지만 현종대에는 군비의 축소로 3청(廳)이 존속하였다. 고종 18년(1881)에 폐지하였다가 이듬해 다시 설치하고 고종 20년(1883)에 다시 폐지하였다. 고종 28년(1891)에 부활하였다가 고종 31년(1894) 군제의 개편에 따라 다시 폐지되었다. 군정(軍政)의 잦은 변화는 망국을 예고한 것이었다.

138) 총융청(摠戎廳)은 서울 외곽을 수비하기 위하여 인조 2년(1624)에 내·외의 2영으로 나누어 설치된 군영(軍營)으로 수원(水原)·광주(廣州)·양주(楊州)·장단(長湍)·남양(南陽) 등의 진(鎭)의 군무를 맡아 보았다. 영조 23년(1747)에는 북한산성(北漢山城)을 관리하기 위하여 숙종 38년(1712)에 설치된 경리청(經理廳)을 폐지하고 그 관원들을 총융청에 합치시키고 경리청을 대신하여 북한산성의 수비도 맡

아 보았다. 주장(主將)인 총융사(摠戎使)는 종2품의 무관이었다.

139) 어영청(御營廳)은 인조반정(仁祖反正)이 있던 1623년에 개성유수(開城留守) 이귀(李貴)가 군병 260여 명을 모집하여 화포(火砲)를 교습시켜 어영군(御營軍)이라 하니 비변사(備邊司)에서 임금에게 상주하여 이귀를 어영사(御營使)로 삼았다. 인조 2년(1624)에 이괄(李适)의 난이 일어나 어영찬획사(御營贊劃使)와 찬리사(贊理使)를 두고 군대를 편제하여 이귀의 휘하에 두었고 인조가 공주(公州)에 피난하여 민간의 포수로서 정예부대를 조직하였으나 환도 후에는 총융청(摠戎廳)에 예속시켰다. 인조 6년(1628)에 다시 설치하여 이서(李曙)를 제조(提調)로 삼고 구인후(具仁垕)를 대장으로 하여 1국(局)을 두어 장사(將士)의 훈련을 맡게 하였다. 효종 3년(1652)에 이완(李浣)을 대장으로 삼아 비로소 정식 군영(軍營)으로 설치되었다. 고종 18년(1881)에 장어영(壯御營)을 신설하여 어영청을 병합시켰다가 이듬해 다시 독립시켰다. 고종 21년(1884)에 별영(別營)으로 개칭하였다가 고종 25년(1888)에는 총어청(摠禦廳)으로 다시 개칭하였고 고종 31년(1894) 갑오경장 때 폐지되었다. 관원은 시대에 따라 변동이 있었다.

140) 수어청(守禦廳)은 경기도의 남한산성(南漢山城)을 수어(守禦)의 진지로 구축하고 그 부근의 제진(諸鎭)을 방비하기 위하여 설치한 군영(軍營)이다. 주장(主將)인 수어사(守禦使)는 유수(留守)가 겸직하였는데 종2품의 관직이었다. 광주부판관(廣州府判官)이 전영장(前營將)을, 양주목사(楊州牧使)가 중영장(中營將)을, 죽산부사(竹山府使)가 후영장(後營將)을 겸직하여 현지 지방군의 조련(操鍊)을 담당하였다. 총융청과 함께 수어청은 자급자족(自給自足)의 사경제(私經濟)를 바탕으로 편성되었고 고종 31년(1894)에 폐지되었다.

141) 무예청(武藝廳)은 국왕을 호위하기 위하여 인조 8년(1630)에 30명의 인원으로 설치하여 훈련도감(訓鍊都監)의 예하에 둔 무관(武官)의 관청이었다. 원명은 무예별감(武藝別監)이며 일명 무예청이라 하였고 줄여서 무감(武監)이라 하였다. 정조 5년(1781)에는 2대(隊)로 나누어 각 궁문(宮門)을 지키게 하였고 철종 12년(1861)에는 훈국마보군(訓局馬步軍)과 별기군(別技軍) 중에서 60명을 차출하여 무예청에 포함시켰고 순조 때에는 198명의 인원이 있었다. 무예청대령무감(武藝廳待令武監)은 46명이며 무예청가대령무감(武藝廳假待令武監)은 40명으로 붉은 군복에 칼을 찼고 나머지 문무예청무감(門武藝廳武監)은 홍천익(紅天翼)과 황초립(黃草笠)을 쓰고 모자 위에 호랑이 수염을 달고 파수(把守)를 섰다.

142) 훈련도감(訓鍊都監)에 속한 최하급 장교의 무관직으로 인조 15년(1637)에 일곱 국출신을 설정하고 번갈아 위(衛)를 지키게 하였다.

143) 창덕궁(昌德宮)의 영역에 속한 후원(後苑)에 있는 영화당(暎花堂) 정면의 넓

은 뜰을 춘당대(春塘臺)라고 한다. 연산군이 서총대(瑞蔥臺)를 쌓았던 곳이다. 세조 6년(1460) 때부터는 나라에 경사가 있으면 수시로 임금이 영화당에 친림(親臨)하여 문무과(文武科)의 과시(科試)를 보이기도 하였는데 이를 춘당대시(春塘臺試) 또는 대시(臺試)라고 하였다.

144) 『병학지남연의』에 '포(砲)는 본래 포자(礮字)인데 돌을 쏘아 올리는 기구[用機運石]이다. 화약(火藥)이나 돌[石子]을 사용하여 맞으면 많이 쓰러진다. 혹은 소리가 커서 호령(號令)으로 사용하는데 방포일성[放砲一聲]을 울리면 마음을 전일(專一)하게 하여 기치(旗幟)의 색(色)과 금고(金鼓)의 소리를 간청(看聽)하여 이에 따라 신속히 행동한다. 또는 돌을 발사하여 성을 공격하는 기구[攻城具]로 사용한다'고 하였다.

145) 삼청무사(三廳武士)는 임금이 거둥할 때 호위·경비하고 궁궐을 숙위하여 왕실의 신변 보호를 맡았던 내금위(內禁衛)·겸사복(兼司僕)·우림위(羽林衛)의 무사를 통칭한 말이다. 효종 3년(1652)에 셋을 통합하여 금군청(禁軍廳)을 설치하였고 영조 30년(1754)에 용호영(龍虎營)으로 개칭하였다. 금군(禁軍)은 말을 타고 경비하였는데 금병(禁兵)·금려(禁旅)라고도 하였으며 금군청을 내삼청(內三廳)이라고도 하였다.

146) 관무재(觀武才)의 제도는 효종 3년(1652) 처음으로 금원(禁苑)에서 군사들을 군용(軍容)을 살피고 군사들의 사기를 높이기 위하여 무재(武才)를 시취(試取)한 것이 계기가 되어 현종·숙종·경종·영조·정조대를 거치며 무사(武士)에 대한 정규 시험과는 별도로 왕의 특명에 따라 시행되는 무과(武科)의 특별시험으로 정착되었다. 대부분의 관무재가 특별한 군영만을 대상으로 하였고 당시 각 군영의 무예 체계는 통일되어 있지 않았을 뿐만 아니라 동일한 무예라도 각 군영마다 부르는 명칭과 교습(敎習) 과정이 서로 달라 정조는 병조(兵曹) 및 중앙 군영 전체를 대상으로 대규모 관무재를 열도록 명하고 무예의 명칭과 교습 과정을 통일시키고 무예의 종류도 표준 무예의 체계로 십팔기(十八技), 이십사기(二十四技)로 확립시키려고 『무예도보통지』를 찬술한 것이다. 정조 9년(1785)에 정비된 『대전통편』의 《병전·시취(兵典·試取)》에는 보군(步軍)의 〈관무재초시〉 과목으로 십팔기(十八技)의 모든 기예가 그대로 규정되어 있다. 다만 기예 명칭에 있어서 쌍수도는 용검(用劍)으로 월도가 언월도(偃月刀)로 장창이 목장창(木長槍)로 편곤이 보편곤(步鞭棍)으로 곤봉이 그냥 봉(棒)으로 규정된 것으로 보아 『무예도보통지』를 편찬하면서 명칭이 재정리되었던 것으로 보인다.

147) 이완(李浣: 1602(선조 35년)~1674(현종 15년))의 자(字)는 징지(澄之)이며 시호는 정익(貞翼)이다. 사람됨이 강직하였고 독서를 좋아하였으며 병법(兵法)에 밝아 적을 다루는 데 기략(機略)이 뛰어났다. 인조 14년(1636) 병자호란 때 김자점(金子點)

휘하의 별장(別將)으로 정방산성(正方山城)에서 공을 세우고 어영대장이 되었다. 효종(孝宗)이 즉위한 후 북벌(北伐)에 뜻을 두고 이완을 훈련대장으로 임명하여 신무기를 제조하고 성지(城址)를 개수하였고 송시열(宋時烈)·송준길(宋浚吉) 등을 등용하고 군비 확충에 전력하였으나 효종의 승하로 뜻을 실현하지 못하였다.

148) 동지(同知)는 조선시대 종2품의 관직(官職)으로 돈녕부(敦寧府)에 1명, 의금부(義禁府)에 1~2명, 경연청(經筵廳)에 3명, 성균관(成均館)에 2명, 춘추관(春秋館)에 2명, 중추부(中樞府)에 8명, 삼군부(三軍府)에 약간 명을 각각 두었다. 이들의 직함(職銜)은 동지(同知)를 먼저 쓰고 소속 관청의 이름을 쓰고 끝에 사(事)를 붙여 사용하였는데, 예를 들면 동지돈녕부사(同知敦寧府事) 또는 동지훈련원사(同知訓練院事) 등이다.

149) 엄황(嚴愰: 1580(선조 13년)~1653(효종 4년))의 자(字)는 명보(明甫)이며 본관은 영월(寧越)이다. 무과(武科)에 급제하여 사복시주부(司僕寺主簿)를 거쳐 도총부도사(都摠府都事)로 비변사낭관(備邊司郎官)을 겸하고 그후 평산(平山)과 의주(義州)의 부윤(府尹)을 지내며 북쪽 변경의 방어를 튼튼히 하였다. 1648(인조 26년) 홍청도수군절도사(洪淸道水軍節度使)를 지내며 동지중추부사(同知中樞府事)로 부총관(副摠管)을 겸하였으며 1652(효종 3년)에 영흥부사(永興府使)로 나가 임지에서 졸(卒)하였다.

150) 가자(加資)는 차례를 건너뛰어 품계(品階)를 승격시키는 제도인데 승격된 품계를 뜻하기도 한다. 문과(文科)·갑과(甲科)에 장원한 사람은 초임관으로 6품관을 주는 것이 원칙이지만 전부터 품계를 가지고 있던 사람에게는 갑과장원은 4계, 그 다음가는 사람은 3계, 을과는 2계, 병과는 1계를 올려 주고 계급이 다 오른 사람은 당상관에 해당하는 직을 주었다.

151) 용호영(龍虎營)은 궁궐의 숙위(宿衛)와 호종(扈從), 왕실의 신변 보호를 맡은 금군청(禁軍廳)을 개칭한 군영으로 영내에 내금위(內禁衛)·겸사복(兼司僕)·우림위(羽林衛)의 3위를 두었다. 고종 19년(1882)에 무위영(武衛營)에 통합되었다가 다시 복귀되고 고종 31년(1894)에 통위영(統衛營)에 통합되었다.

152) 아장(亞將)은 무관 계통에서의 차관급의 통칭인데 포도대장(捕盜大將)·용호별장(龍虎別將)·도감중군(都監中軍)·금위중군(禁衛中軍)·어영중군(御營中軍)·병조참판(兵曹參判)을 총칭하는 말이다.

153) 금군별장(禁軍別將)은 금군청(禁軍廳)의 주장(主將)으로 품계는 종2품 가선대부(嘉善大夫)였으며 좌우(左右)로 용호별장(龍虎別將)의 두 명이 있었다. 줄여서 금별(禁別)이라고 하였다. 그 아래 정3품 절충장군(折衝將軍)인 7명의 금군장(禁軍將)이 있었다.

154) 창덕궁(昌德宮)은 태종이 왕권 강화의 의지로 한성의 응봉(鷹峰)자락 향교동(鄕校洞)에 이궁(離宮: 임금의 別莊)으로 조성한 궁궐이다. 태종 4년에 공사를 시작하여 이듬해인 1405년에 작은 규모로 완공하여 궁호(宮號)를 창덕궁(昌德宮)이라 이름하고 태종이 거처하면서 인정전(仁政殿)·선정전(宣政殿) 등 여러 전각을 건립하고 태종 12년(1412)에 정문인 돈화문(敦化門)이 준공되어 궁궐의 면모를 갖추었다. 임진왜란 때 정궁인 경복궁·창경궁과 함께 전소(全燒)되었으나 가장 먼저 복구공사가 이루어져 경복궁이 고종 때 중건되기까지 273년 동안 역대 임금들이 창덕궁에서 정사를 살핌으로써 조선 후기의 실질적인 정궁 역할을 하였다. 경복궁의 동쪽에 입지하여 별칭으로 동궐(東闕)이라 한다. 사육신(死六臣)의 참변, 인조반정, 임오군란(壬午軍亂), 갑신정변(甲申政變), 조선왕조 마지막 어전회의(御前會議) 등 풍운의 역사를 안고 있는 창덕궁은 경복궁·창경궁·경운궁·경희궁 등 다른 궁궐에 비하여 상대적으로 옛 전각의 보존 비율이 높으며 1997년 유네스코(UNESCO)가 정한 세계문화유산으로 등록되었다. 우리 민족의 저력은 어느 시대에서나 수준 높은 문화의 창조에 있어 왔으며 역대로 우리나라는 문화 국가(文化國家)를 지향하여 왔고 오늘날 대한민국 헌법전문과 헌법 제9조를 비롯한 제조항에서 문화 국가를 지향하고 있다. 문화 국가는 옛 선조들의 유형·무형의 문화유산을 복구·보존하며 국민들의 생활 가운데서 향유하면서 이루어질 수 있을 것이다.

155) 시장(試場)은 과거를 보이던 시험장으로 대개 2~3개소를 두었으며 응시자가 시험관과 특정한 신분적 관계가 있으면 다른 시험장에서 응시하게 하였다고 한다.

156) 도시(都試)는 무과시험(武科試驗)의 하나로 중앙에서는 병조(兵曹)와 훈련원의 당상관(堂上官)이, 지방에서는 관찰사와 병마절도사가 매년 춘추에 무사(武士)를 선발하던 시험이었다. 성적이 우수한 사람은 서면으로 보고하여 전시(殿試)에 응시할 자격을 부여하였고 기타 합격자는 각 도의 지방 별무사(別武士)로 채용하였다. 『경국대전주해』에는 '무비(武備)를 총열(摠閱)하여 시습(試習)하는 것이다'고 하였다.

157) 삭사(朔射)는 음력 매월 초하루 삭일(朔日)에 당하(堂下)의 문관(文官)과 일반 무관(武官)에게 궁술(弓術)을 시험하던 행사로 삭시사(朔試射)라고도 하였다.

158) 『경국대전주해』에 '미곡(米穀)을 녹(祿)이라 하고 포백(布帛)을 봉(俸)이라고 한다'고 하였다.

159) 중일시예(中日試藝)는 무과시험(武科試驗)의 하나로 중일(中日) 또는 중일시(中日試)라고도 하였다. 한 달을 12지지(地支)로 3분하여 인신사해(寅申巳亥)의 날은 초일(初日)이라 하고 자오묘유(子午卯酉)의 날은 중일(中日)이라 하고 진술축미(辰戌丑未)의 날은 종일(終日)이라 한다. 중일에서 오묘(午卯)는 내중일(內中日), 자유(子酉)는 외중일(外中日)이라 하였다. 따라서 자오묘유(子午卯酉)의 날에 실시하던

무과(武科)였다.

160) 별군(別軍)은 본영(本營)이나 본대(本隊) 이외에 따로 독립되어 있는 군대(軍隊)나 군사(軍士)를 뜻한다. 별군직청(別軍職廳)의 시초는 효종이 즉위하여 심양에 배종(陪從)하였던 8장사(八壯士)를 처우하기 위하여 설치한 무직(武職)의 관청인데 점점 관원이 늘며 발전하여 갔는데 임금의 시위(侍衛)와 적간(摘奸)의 일을 맡아 보았다.

161) 인조 때 병자호란(丙子胡亂)으로 소현세자(昭顯世子)와 봉림대군(鳳林大君: 후에 孝宗)이 볼모로 심양(瀋陽)에 들어갈 때[인조 14년, 1637]에 호위군(護衛軍)[捍衛]으로 호종(扈從)[從行]하였던 여덟 명의 정사(壯士)인데 박배원(朴培元), 조양(趙壤), 신진익(申晉翼), 장애성(張愛聲), 오효성(吳孝誠), 김지웅(金志雄), 박기성(朴起星), 장사민(張士敏)이다. 이들은 10년 만에 청(淸)이 북경을 함락시키고서야 귀국하여 효종 7년에 특별히 별군직청(別軍職廳)을 설치하여 후한 녹봉을 주고 깨끗한 의장으로 시위(侍衛)하게 하고 대대로 그 직을 물려받게 하였다.[『청장관전서』 제57권 《앙엽기·4(盎葉記·四)》〈팔장사〉]

162) 창덕궁의 동북쪽에 울창한 숲과 연못 그리고 소박한 민가풍과 화려하고 정교한 정자·누각이 어우러져 후원(後苑)이 형성되어 있다. 후원 일대의 아름다운 풍경을 묘사한 상림십경(上林十景)의 두번째로 '망춘정에서 듣는 꾀꼬리 지저귀는 소리[望春聞鶯]'라 하였지만 지금은 그 위치가 모호하다. 망춘(望春)은 초봄에 야생하는 개나리를 지칭하기도 한다.

163) 종신(宗臣)은 왕족으로서 벼슬자리에 있는 사람으로 종친(宗親)과 같은 개념이지만 혈연 관계가 없는 신하와 구별하는 용어이다. 종신(宗臣)은 나라에 큰 공훈(功勳)을 세운 훈신(勳臣)의 개념과도 통용하기도 한다.

164) 『무예도보통지』《격구》에서 '사구(射毬)는 모구(毛毬)에 하나의 고리에 끈을 매어서 한 사람이 말을 타고 끌고 달려가면 살촉이 없는 화살로 뒤따르면서 쏘는 기구(騎毬)'라고 하고 『용비어천가』의 주(注)에 사구(射毬)라는 글이 처음 보인다'고 하였다. 그러나 한편으로는 '고대에는 축구(蹴毬)와 타구(打毬)는 있었으나 사구(射毬)와 예구(曳毬)는 없었다'고 하면서도 그 기원을 천제(天祭)를 지내고 난 뒤에 행한 사류(射柳)에서 찾고 있다. 고려에서도 행하여져 온 경기가 분명하며 여기의 효종 8년에서도 행하여졌지만 정조 당시에는 '피구(皮毬)와 화살만이 군기시(軍器寺)에 남아 있을 뿐이다'고 하였다.

165) 인평대군(麟坪大君: 1622(광해조 14년)~1658(효종 9년))은 인조(仁祖)의 셋째 아들이며 효종(孝宗)의 아우가 된다. 휘(諱)는 요(㴭), 자(字)는 용함(用涵), 호(號)는 송계(松溪), 시호는 충경(忠敬)이다. 병자호란 후 청(淸)나라의 압박이 날로 심해지자 부왕 인조를 도와 청나라에 가서 외교로 세운 공이 컸다. 글씨와 그림이 모두 뛰

어났고 병자호란의 비분을 읊은 시조가 여러 편 전하고 있다.

166) 입추(立蒭)는 짚이나 풀로 인형[偶人]을 만들어 길 좌우에 세워두고 격자의 세(勢)에 따라 칼 또는 창으로 베고 찌르는 무예기술이다.

167) 기사(騎射)는 치사(馳射)와 같은 의미로 말을 타고 달리면서 활을 쏘는 것이다. 이를 무예시험으로 하여 다섯 개의 표적을 각 35보(步)의 간격으로 배치하였고 표적의 직경은 한 자였으며 살 한 대를 명중시키면 5점을 주었다.

168) 별시위(別侍衛)는 조선 전기의 오위(五衛) 가운데 좌위(左衛)인 용양위(龍驤衛)에 예속된 장교부대이기도 하지만 여기에서는 궁궐의 근시(近侍)와 숙위(宿衛)를 맡은 관리인 성중관(成衆官)의 하나이다. 성중관은 고려 때부터 있었던 관직인데 조선 때에도 그 명칭이 남아서 내금위(內禁衛) · 충순위(忠順衛) · 충의위(忠義衛) · 충찬위(忠贊衛) · 별시위(別侍衛) · 족친위(族親衛) 등이 속하였다.

169) 유혁연(柳赫然: 1616(광해군 8년)~1680(숙종 6년))은 조선 중기의 무장(武將)으로 자(字)는 회이(晦爾)이며 호(號)는 야당(野堂)이며 시호는 무민(武愍)이다. 어려서부터 병정놀이를 좋아하였으며 병자호란 때 아버지 효걸(孝傑)이 안주(安州)에서 전사하니 형제가 싸움터로 떠났으나 중도에서 남한산성이 함락되고 항복하였다는 소식을 듣고 집으로 돌아와 배나무를 안고 통곡하니 마을 사람들이 그 나무를 유공수(柳公樹)라 하여 전하였다. 인조 22년(1644)에 무과에 급제하여 훈련대장 · 공조판서를 지내고 숙종 6년(1680)에 일어난 경신대출척(庚申大黜陟: 서인 金錫冑 · 金益勳 등이 남인으로 영의정인 허적(許積)의 서자 허견(許堅)이 종실인 복창군(福昌君) 3형제와 역모한다고 고발하여 남인이 실각하고 서인이 득세함)의 옥사(獄事)로 영해(寧海)로 귀양가서 대정(大靜)으로 옮긴 후 사사(賜死)되었으나 뒤에 영의정으로 추증되었다.

170) 군용(軍容)은 군대의 의용(儀容)으로 곧 군대의 예절(禮節) · 풍기(風紀) · 사기(士氣)의 상태, 그리고 군의 장비(裝備)와 무장(武裝)된 상태를 가리킨다.

171) 정초청(精抄廳)은 궁궐 내의 중요 지역의 숙위를 담당하는 금군(禁軍)의 성격으로 정초군(精抄軍)을 대폭 확장하여 설치한 관청이다. 정초군(正抄軍)은 인조 14년 병자호란(1636)년간에[이시백(李時白)이 병판(兵判)이 된 인조 16년 이후에 설립되었다는 설이 있음] 도성(都城)의 숙위(宿衛)를 강화하기 위하여 총융청(摠戎廳)의 속오군(束伍軍) 중에서 정장(精壯)한 사람을 가려 뽑아 기병(騎兵)으로 조직한 군대였다. 총융청 소속의 정초군에서 발전한 정초청(精抄廳)은 숙종 8년(1682)에 서울을 수호하기 위한 금위영(禁衛營)설치의 모태가 되었다.

172) 금위영(禁衛營)은 정초군(正抄軍)과 도성숙위의 효율성을 높인다는 명분으로 남인 세력에 의하여 현종 10년(1669)에 설치된 훈련중부별대(訓鍊中部別隊)를 합쳐서 창설되었다. 기병(騎兵)을 중심으로 편성된 금위영은 처음에는 금군(禁軍)과 서

로 분담하여 입직(入直)·시위(侍衛)·순라(巡邏)의 임무를 맡았으나 점차로 훈국(訓局)·어영청(御營廳)과 더불어 수도방위(首都防衛)의 핵심 군영(軍營)으로서 그 직임을 넓혀 갔다. 왜란 이후 지금까지 중앙군(中央軍)이 창설되어 여러 군영이 중앙을 포진하고 있었으나 이때에 이르러 제군영(諸軍營)의 독립성을 일체 배제하고 본래의 군령 체제인 병조판서(兵曹判書)를 중심으로 명령 체계가 갖추어졌다. 이로써 조선 후기 오군영(五軍營)의 중앙 군제가 확립되었다고 본다.

173) 금위영의 주장(主將)을 금위대장(禁衛大將)이라 하고 줄여서 금장(禁將)이라 하였는데 처음에는 병조판서가 겸임하였다. 영조 30년(1754)에 겸직제(兼職制)를 없애고 종2품관인 무신(武臣)에게 대장(大將)을 전임시키고 비변사의 당상관을 겸하도록 하였다.

174) 내승(內乘)은 내사복시(內司僕寺)에 소속된 말단 관직이다. 내사복시(內司僕寺)는 궁중의 여마(輿馬: 수레와 말)·조마(調馬: 말을 길들임) 및 구목(廐牧: 말을 기르는 일)에 관한 일을 맡아 보던 사복시(司僕寺: 太僕司라고도 함) 내에 임금이 타는 말과 수레·마구간 등을 관리하기 위하여 대궐 안에 따로 설치한 사복시였다.

175) 별초(別抄)는 용사(勇士)들로 선발(選拔)된 특별 군대란 뜻으로 고려의 삼별초(三別抄)를 비롯하여 조선에서도 각 진영(鎭營) 소속의 별초군 부대가 있었다. 그러나 여기에서의 별초무사(別抄武士)는 국왕이 거둥할 때 어가(御駕)를 호위하고 금군(禁軍)의 질적 향상을 도모하기 위하여 금군 이외에 별초군(別抄軍)이란 이름으로 선발한 어영청(御營廳) 소속의 무사(武士)들을 말한다. 별시(別試)는 세종 1년(1419)에 나라에 경사가 있거나 병년(丙年)마다 보이던 과거로 문관(文官)의 정3품 당하관에 머물러 있는 사람을 당상관으로 승진시키기 위한 문과중시(文科重試)의 특별 시험이었다. 그러나 임시과거로서 선조 9년(1576)에 별시에서 무과 22인을 선발하였다는 기록이 있고 여기에서 별초무사들에게 별시를 보였다는 기록은 별시가 문관(文官)에 국한하지 않고 무관(武官)들에게도 적용되었음을 알 수 있다.

176) 장관(將官)의 장(將)은 병마(兵馬)를 통솔하는 장수(將帥)를 이르는데 병학(兵學)의 의미로는 병가(兵家)의 오덕(五德)[仁·信·智·勇·嚴]을 겸비한 사람 또는 재(才)가 천(千) 사람에 지나친 사람을 '장(將)'이라고 하고 지(智)가 만(萬) 사람에 뛰어난 사람을 '수(帥)'라 하고 통하여 알지 못하는 것이 없는 무불통지(無不通知)를 '대(大)'라고 하였다. 관직이 붙은 장관(將官)은 각 군영의 으뜸벼슬로 종2품의 무관직을 말하기도 하고 일반적으로 대장(大將)·부장(副將)·참장(參將)을 총칭한 말이기도 하다.

177) 도총부(都摠府)는 오위도총부(五衛都摠府)의 약칭인데 조선 전기 오위(五衛)의 군무를 관장하던 관아였다. 본서 《병기총서》〈태조조〉와 『만기요람(萬機要覽)』

《군정편(軍政編)》에 '도총부는 고려 공민왕이 설치한 삼군도총제부(三軍都摠制府)를 계승하여 태조 2년(1393)에 의흥삼군부(義興三軍府)를 두었고 태종 9년(1409)에 삼군진무소(三軍鎭撫所)라 개칭하여 병조에 예속시켰고 세종 28년(1446)에 다시 의흥부(義興府)라 칭하였다'고 하였다. 오위도총부는 임진왜란 때 오위의 기능이 상실되었고 국군(國軍)의 사무도 중종 때 비변사(備邊司)가 설치되어 담당하여 형식상·법전상의 군제로만 남아 있다가 고종 19년(1882)의 군제개혁으로 완전히 폐지되었다.

178) 무겸(武兼)은 무관겸선전관(武官兼宣傳官)의 약칭으로 무관이 선전관을 겸직(兼職)한 사람이다. 선전관은 궁내에 있어 출세의 길이 빨랐고 무겸이 6품 이상이 되면 도사(都事)나 판관(判官)으로 나갈 수 있었다.

179) 궁궐문의 수위(守衛)를 맡아 보던 수문장청(守門將廳)의 관원(官員)을 수문장(守門將)이라고 하였다. 수문장은 순번에 따라 입직(入直)하면서 각 문의 개폐(開閉)와 통행인을 검속(檢束)하였다. 임진왜란 이전에는 수문장청이란 관아가 따로 없었고 무관4품 이하를 윤번으로 임명하여 궁궐의 문을 지키게 하였으나 영조 22년(1746)에 반포된『속대전(續大典)』에서 수문장이 별도의 정직(正職)으로 규정되면서 수문장청이라는 관아가 설치되었다. 처음에는 23명이었으나 정조 때에 29명으로 하고 참상관(參上官: 종6품) 15명과 참하관(參下官: 종9품) 14명을 두었는데 중인(中人)과 서인(庶人) 중에서 선발하여 국왕이 수점(受點)한 사람을 임명하였다.

180) 신여철(申汝哲: 1634(인조 12년)~1701(숙종 27년))은 조선 중기의 무신(武臣)으로 효종 때 성균관에 입학했다가 효종이 북벌(北伐)을 위해 훈척(勳戚)의 자제들에게 무예를 닦게 하자 유생(儒生)을 이끌고 무예를 연마했다. 현종 때 무과에 급제하여 삼도수군통제사(三軍水軍統制使)와 평안도병마절도사(平安道兵馬節度使)를 지내고 병조참판(兵曹參判), 총융사(摠戎使), 공조판서(工曹判書)를 거쳐 1688년 형조판서(刑曹判書)로 훈련대장을 겸하였다. 장무공(莊武公)이란 시호가 내려졌다.

181) 천(天)·지(地)·현(玄)·황(黃)은 천자문(千字文)의 첫 구절인데 활이나 포(砲) 등의 강도(强度)와 무게와 숫자의 차등으로 순서를 매길 때 사용하였다. 또한 활의 탄력성의 정도에 따라 강궁(强弓)·중궁(中弓)·연궁(軟弓)으로 나누며 강궁이 가장 센 활이며 시위를 삼겹실로 240겹을 하고 중궁은 210겹을 하고 연궁은 180겹을 하였다.

182) 의빈(儀賓)은 공주(公主)나 옹주(翁主: 후궁이 낳은 딸)에게 장가들어 임금 또는 왕세자(王世子)의 사위로 부마(駙馬)라고 하였다. 이들에 관한 사무를 맡아 보던 관부(官府)를 조선 초기에 부마부(駙馬府)라 하였는데 세조 12년(1466)에 의빈부(儀賓府)로 개칭함으로써 왕족의 신분이 아니면서 왕족과 통혼(通婚)한 모든 부마(駙馬)를 통칭하여 품계의 구별이 없이 의빈(儀賓)이라 하였다. 그러나 성종 15년(1484)에

신분의 높고 낮음을 분별하기 어려운 폐단이 있다는 의빈 홍상(洪常)의 주청으로 위(尉)·부위(副尉)·첨위(僉尉)의 위계(位階)를 두었다. 의빈부는 고종 31년(1894)에 종정부(宗正府)에 병합되었다.

183) 남한산성(南漢山城)은 경기도 광주군(廣州郡) 중부면(中部面) 남한산(南漢山)에 있는 산성(山城)이다. 남한산은 북한산·관악산과 더불어 서울을 이중으로 둘러싸고 있는 자연 방벽(防壁)이라 할 수 있는데 선조 28년(1595)에 산성을 축조하였고 현존하는 성벽은 광해조에서 인조대 사이에 여러 번 중수축(重修築)된 것이다. 인조 4년(1626)에는 남한산성을 방비(防備)하기 위하여 수어청(守禦廳)의 군영이 설치되었다. 옛날 백제의 왕도(王都)여서 백제의 토기와 와편(瓦片)이 발견된다. 병자호란 때 인조가 피란하였던 곳이며 호란 후에 봉암외성(峰巖外城)·한봉외성(漢峰外城)·신남성(新南城)·포루(砲壘)·돈대(墩臺)·옹성(甕城)·암문(暗門) 등을 증축하고 3문4방(三門四方)에 문루(門樓)와 장대(將臺)를 축조하였다. 성벽의 둘레가 약 8km이며 성 내에는 숭열전(崇烈殿)·연무관(演武館)·침과정(枕戈亭) 등이 있으며 사적 제57호이다.

184) 태복사(太僕司)는 궁중의 여마(輿馬)·조마(調馬) 및 구목(廄牧)에 관한 일을 맡아 보던 관아(官衙)이다. 태조 원년에 고려의 사복시(司僕寺)를 계승하여 두었는데 사복(司僕)·사어(司馭) 등으로 칭하기도 하고 융희 1년(1907)에 주마과(主馬課)로 개칭되기도 하였다.

185) 『병학지남연의』에 '수(手)는 주먹[拳]이다. 병사[卒夫]들이 주먹으로 병기를 잡기[執器以拳] 때문에 총수(銃手)·궁수(弓手)라고 하는 것이다'라고 하였다.

186) 관풍각(觀豊閣)은 현재의 창경궁(昌慶宮) 춘당지(春塘池) 남쪽 부근에 있었는데 일제 강점기에 연못으로 왜곡되기 전의 춘당지 일대는 내농포(內農圃)로서 임금이 직접 농사를 시범하던 권농장(勸農場)이었다. 임진왜란 이후 20년 동안 후원이 폐허로 방치되어 있다가 광해조 연간에 창덕궁이 중건되면서 후원도 복구되기 시작하여 인조시대에 들면서 후원의 수많은 정자들이 건립되었는데 그 중에 인조 25년(1647)에 관풍각이 건립되었다. 후원의 아름다운 풍경은 상림십경영제(上林十景詠題)로 전하여 오는데 그 첫째가 '임금이 관풍각에서 논을 가는 봄 풍경[觀豊春耕]'이다.

187) 나무로 만든 화살인데 자(子)·오(午)·묘(卯)·유(酉)의 식년(式年)마다 보이던 무년식년(武科式年)에서 초시(初試)와 복시(覆試)에서 시험과목으로 사용하였고 무과별시(武科別試)와 무과중시(武科重試)에서도 사용되었다. 240보(步)의 거리를 두고 화살 3개를 쏘아 채점하였다.

188) 서북(西北)은 우리나라 평안도와 함경도 지역을 말하는데 대대로 고구려의 기상이 살아 있어 무용(武勇)을 숭상하는 기질이 강한 지역이며 여진이 침략하는 통

로여서 왜구의 침략이 빈번한 경상도 지역과 함께 군사적 요충지였다. 별부료군관(別付料軍官)은 국가의 경상비로써 급료를 지급하지 아니하고 다른 임시 비목(費目)을 붙여 별도로 급료를 지급한다고 이 명칭이 생겨났으며 서북 지역에서 선발된 군관(軍官) 중에서 임명하였다. 총융청(摠戎廳)과 용호영(龍虎營)에 있었다고 한다.

189) 정섭(靜攝)은 임금의 몸이 불편하여 조강(朝講)에 친림(親臨)하지 아니하고 복보제(服補劑)와 독서로 심신을 정양(靜養)하는 시기이다.

190) 각저(角觝)는 각저(角抵)·각저(殼觝)라고도 쓰며 고대로부터 전해져서 오늘날 민속씨름의 형태로 계승되어 있는 경기(競技)의 일종이다. 중원(中原)에서는 각저를 고구려기(高句麗伎)라 하였고 그 명칭은 각력(角力)·각희(角戱)·상박(相撲)·솔교(摔跤)·쟁교(爭交) 등 매우 다양하다. 그 기원은 양(梁)나라 임방(任昉: 460~508)의『술이기(述異記)』에 '진(秦)·한(漢)나라 사이의 말에 치우씨(蚩尤氏)의 이빈(耳鬢: 귀밑의 털)은 검극(劍戟: 검과 창)과 같고 머리는 뿔[角]과 같아 헌원(軒轅)과 싸울 때 뿔[角]로서 밀쳐서[觝] 접근할 수 없었다. 지금 기주(冀州)에 오락이 있으니 치우희(蚩尤戲)라고 한다'고 하였다. 이러한 기록과 명칭은 물론 만주 집안현(輯安縣) 통구(通溝) 지방에 있는 고구려시대 무덤의 묘실(廟室) 벽에 그려진 각저도(角觝圖)가 있어 각저총(角抵塚)이라 하는 바 각저는 우리 선조들에 의하여 발명되어 선조들의 생활 속에서 유희·오락과 체육·무용(武勇)으로 활용되어 왔음을 알 수 있다. 유희(遊戲)이면서 군사 훈련의 효과로서 무용(武勇)의 기능이 겸하여 무예서(武藝書)에까지 편입된 것으로는『무예도보통지』의 격구(擊毬)와 마상재(馬上才)가 있다. 각저(角觝)도 다분히 군사들의 전투력을 향상시키는 기능이 있어 군사 교육과 훈련에 이용되어 왔다.

191) 대조전(大造殿)은 창덕궁(昌德宮) 내전(內殿)의 으뜸 전각으로 왕비의 침전(寢殿)인 중궁전(中宮殿)이다. 경복궁의 교태전(交泰殿), 창경궁의 통명전(通明殿)과 같은 격이다. 대조(大造)는 '크게 만든다' 혹은 '위대한 창조'를 의미하는데 왕업(王業)을 계승할 성군(聖君)의 자질을 가진 왕자가 태어나길 바라는 기원이 담겨 있다. 창덕궁 창건 당초[태종 5년(1405)]에 건립된 것으로 추정되며 연산조 2년에 중수되고 임진왜란 때 소실되었다가 광해조 때 중건되고 인조반정 때 다시 소실되어 인조 25년에 복구되었다. 순조 33년(1833)에 다시 불에 타 이듬해 중건하였고 1917년에 나인갱의실(內人更衣室)에서 발화하여 또 불에 타서 1920년에 경복궁의 내전인 교태전을 헐어서 새로 지었다. 대조전의 동익각인 흥복헌(興福軒)은 조선왕조 마지막 임금 순종이 조선왕조의 마지막 어전회의[1910년 8월 22일]를 열었던 곳이며 순종이 이곳에서 '지난날의 병합 인준은 일본이 제멋대로 만들어 선포한 것이다. 나는 종사의 죄인이고 2천만 생민에 죄인이 되었으니 한 목숨 꺼지지 않는 한 이를 잊을 수 없다.

노력하고 광복하라…' 라는 유언을 남기고 대조전에서 승하하였다.[1926년 4월 25일]

192) 말을 타고 달리면서 짚으로 만든 인형에 5개의 화살을 쏘아 맞히는 것으로 기병(騎兵)의 훈련과 무과(武科)의 별시(別試)와 중시(重試)의 시험과목으로 이용되었다. 的의 글자는 적중(的中)의 적(的)으로 '과녁' 이란 뜻이다.

193) 영화당(暎花堂)은 창덕궁(昌德宮)의 후원(後苑)에 있는 건물로 처음 창건한 시기는 명확하지 않지만 임진왜란 이전부터 있었던 것으로 추정된다. 숙종 18년(1692)에 현재와 같은 정자 형태로 고쳐 지었으며 영화당 정면으로 춘당대(春塘臺)가 넓게 펼쳐져 있다. 후원 일대의 아름다운 풍경을 읊은 상림십경영제(上林十景詠題)의 아홉번째가 '영화당에서 시를 짓는 선비의 모습[暎花詩士]' 인데 영화당 앞의 뜰에서 과거[春塘臺試]를 치르는 광경으로 짐작되며 현재 '暎花堂' 편액의 글씨는 영조의 어필(御筆)인 것으로 전해온다.

194) 무신년(戊申年)의 출전(出戰)은 영조 4년(1728) 3월에 영조 즉위로 몰락한 소론(少論)과 남인(南人)이 규합하여 소현세자(昭顯世子)의 적파손(嫡派孫)인 밀풍군(密豊君) 단(坦)을 왕으로 추대하여 왕통을 바르게 한다는 명분으로 이인좌(李麟佐), 정희랑(鄭希郞)이 전국적인 규모로 일으킨 반란 사건이다. 병조판서 오명항(吳命恒)을 도원수로 한 관군에 의하여 진압되었으나 영조의 정치에 큰 영향을 끼쳤다. 영·정조시대의 탕평정책(蕩平政策)은 상고(上古) 시대에 있었던 무편무당(毋偏毋黨)을 의미하는 것인데 이는 신하들 사이의 대립을 없애고 성군(聖君)이 정국(政局)을 주도하고 이끌어 가는 체계를 말하며, '이인좌의 난' 이라고 불리는 이 사건을 계기로 탕평정책이 본격적으로 시행되어 여러 정파(政派)의 인재를 고르게 등용하여 정파 사이의 대립을 다소 해소하였다.

195) 별효위(別驍衛)는 처음 숙종 10년(1684)에 향군보병(鄕軍步兵)으로만 구성된 금위영(禁衛營)에 마병(馬軍)을 충원하기 위하여 해서별효위(海西別驍衛)라는 마병부대(馬兵部隊)로 생겨났다. 그러나 국가 재정으로 급료(給料)를 지급하지 않는 윤회번상(輪回番上)으로 있다가 영조 4년(1728)에 이인좌(李麟佐)의 난[戊申亂] 때 출정하여 공을 세운 군사들에게 임시 조치로 시재(試才)를 보여 영설화(永設化)되었다.

196) 제주도(濟州道) 출신의 하급무관(下級武官)이다. 하급무관을 채용하기 위하여 제주목사(濟州牧使)가 해마다 제주의 세 고을[濟州·旌義·大靜]에 사는 사람 중에서 임관(任官)에 적당한 사람을 추천하여 관찰사에 상신하고 관찰사는 병조(兵曹)에 보고하여 체아직(遞兒職)을 주었는데 정원은 30명이었다.

197) 『속병장도설』은 영조 18년(1742)에 세조의 『병장설』을 개명하여 간행한 『병장도설』의 체제로 중추원부사(中樞院府事) 조관빈(趙觀彬), 어영대장(御營大將) 박문수(朴文秀), 총융사(摠戎使) 구성임(具聖任), 훈련대장(訓鍊大將) 김성응(金聖應),

금위대장(禁衛大將) 김상로(金尙魯) 등 5인이 어명으로 편찬하였다. 이 병서는 『병장도설』 이후 제도의 변천에 따라 속편의 필요가 생겨 당시의 군제(軍制)인 오군영(五軍營) 체제를 중심으로 중앙군의 편성과 진법(陣法)·조련(操鍊)·중앙 각 군영의 직제(職制)와 인원에 대한 군총(軍總)을 수록한 군비서(軍備書)라고 할 수 있다.

198) 친경(親耕)은 임금이 백성들에게 농사를 장려하기 위하여 솔선수범의 의미로 몸소 적전(耤田)을 경작하여 심는 의식이다.

199) 임금이 승용하는 수레를 연(輦)이라 하고 협연(挾輦)은 연(輦)의 바로 옆에서 시위(侍衛)하는 일이며 창검(槍劍)의 살수(殺手)와 포수(砲手) 등으로 구성된 훈련도감(訓鍊都監) 소속의 협연군(挾輦軍)이 있었다. 한편 임금이 거둥할 때 연(輦)을 호위하는 부대인 호련대(扈輦隊)는 금군(禁軍)인 용호영(龍虎營) 소속이었다.

200) 한인(漢人)은 효종(孝宗) 때에 명(明)나라 사람으로 청(淸)나라를 피하여 우리나라에 귀화한 한족(漢族)을 말하며 아병(牙兵)은 대장(大將)의 휘하에 있는 군병(軍兵)을 말한다. 한강(漢江)에서 고기잡이를 하여 생선을 나라에 바치는 일을 수행하였다.

201) 내가 '십팔기(十八技)는 조선무예의 정명(定名)이다'라고 단언하는 것은 여기에서의 '명(名)'자와 바로 위의 정위(定爲)에서의 '정(定)'자를 합쳐서 한 말이다. 지금 전통무예를 연구하는 사람들 중에서 우리의 전승무예가 『무예제보』에서 육기(六技)가 정리되고 『무예신보』에서 십팔기(十八技)로 정립되어 다시 『무예도보통지』에서 이십사기(二十四技)로 발전되어 성립되었다고 이해하는 사람들이 있으나 이러한 이해는 크게 틀렸다고는 할 수 없으나 정확한 이해는 아니다. 이 문장에서 나타내는 바와 같이 본조(本朝)·무예(武藝)·정명(定名)의 용어들은 우리 무예의 정형된 틀로서 십팔기(十八技)란 이름으로 정하여 지어졌고 십팔기 중에서 창술(槍術)은 너무 긴 낭선(狼筅)을 제외하고는 말을 타고 응용할 수 있고 쌍검(雙劍)·월도(月刀)·편곤(鞭棍)도 말을 타고 응용할 수 있으므로 각각 근본기예의 바로 뒤에 붙여서 편성된 것이었다. 우리 선조들이 규정한 조선무예의 정명(定名)은 십팔기(十八技)가 바른 이름[正名]이다.

202) 융무당(隆武堂)은 조선 중기 광해조(光海朝) 9년(1617)부터 공사를 시작하여 3년 후에 완공한 경희궁(慶熙宮) 내원(內苑)의 별당(別堂)이었다. 경희궁의 창건 당시의 궁호(宮號)는 경덕궁(慶德宮: 영조 36년(1760)에 慶熙宮으로 고침)이었으며 인조(仁祖) 이후 정사(政事)와 왕실의 거처(居處)로 사용되어 290여 년 동안 존속한 이궁(離宮)이었다. 동궐(東闕)인 창덕궁(昌德宮)·창경궁(昌慶宮)에 대하여 경덕궁을 서궐(西闕) 또는 서별궁(西別宮)이라 하였는데 일제에 의해 가장 철저하게 파괴되어 궁궐로서의 위상이 상실되어 버린 궁궐이다. 경희궁 대내(大內)의 정침(正寢)은 융복

전(隆福殿)이며 융복전의 서쪽에 회상전(會祥殿)이 있었다. 그 회상전 동쪽에 융무당(隆武堂)이 있고 남쪽에 관사대(觀射臺)가 있고 북쪽에는 봉황정(鳳凰亭)이 있었는데 모두 활을 쏘며 무예를 닦는 곳이었다. 융무당의 당호(堂號)는 경복궁에도 있었는데 고종 때[1893년] 숱한 어려움 속에서도 선대의 제도를 계승하면서 새로운 궁궐의 창건을 도모했던 경복궁의 중창(重創) 때 신무문(神武門) 밖에 후원을 형성하여 융무당(隆武堂)과 융문당(隆文堂) 등을 지었는데 1929년 일제에 의하여 왜란 이후 다시 궁궐이 파괴되면서 헐리어 그 재목들은 일본인이 짓는 사찰의 자재용으로 팔려 나갔다.

203) 60세의 어른을 기(耆)라 하고 70세 어른을 노(老)라 하는데 조선 태조 3년에 고령의 국왕과 70세가 넘고 정2품 이상의 실직문관(實職文官)들을 예우(禮遇)하기 위하여 설치한 경로당(敬老堂)으로 기사(耆社)라고도 하였다. 기로소(耆老所) 내에는 어첩(御帖)을 보관하던 영수각(靈壽閣)이 있었으며 임금으로는 태조와 숙종, 영조가 등록하였고 관청의 서열로는 으뜸이었다. 무신(武臣)과 음관(蔭官)은 입참하지 못하였다. 영조는 대비(大妃)의 70세 생신을 기념하기 위하여 영조 32년(1756)에 기로과(耆老科)라는 과거제도를 만들어 기로정시(耆老庭試)를 실시하고 영조 45년(1769)에는 기로문무과(耆老文武科)를 시행하고 영조 이후에도 여러 차례 기로과를 시행하였다. 『경국대전주해』에서는 '기(耆)라는 것은 연세(年歲)가 높고[年高] 덕(德)이 두터운[德厚] 사람의 칭호[稱]이다' 라고 하였다.

204) 육조(六曹)는 육관(六官)이라고도 하며 국정(國政)을 분담한 이(吏)·병(兵)·호(戶)·예(禮)·형(刑)·공(工)의 여섯 개의 관아(官衙)인데 임금에게 직접 정무(政務)를 보고하고 이에 대한 지시를 받아서 행하였다. 『경국대전』에 따른 업무분장을 보면 이조(吏曹)는 문선(文選)·훈봉(勳封)·고과(考課)에 관한 업무를, 병조(兵曹)는 무선(武選)·군무(軍務)·의위(儀衛)·우역(郵驛)·병갑(兵甲)·기장(器仗)·문호(門戶)·관약(管鑰)에 관한 업무를, 호조(戶曹)는 호구(戶口)·공직(貢職)·전량(田糧)·식화(食貨)에 관한 업무를 맡았다. 예조(禮曹)에서는 예악(禮樂)·제사(祭祀)·연향(宴享)·조빙(朝聘)·학교(學校)·과거(科擧)의 업무를, 형조(刑曹)는 법률(法律)·사송(詞訟)·노예(奴隷)에 관한 업무를, 공조(工曹)는 산택(山澤)·공장(工匠)·영선(營繕)·도야(陶冶)에 관한 업무를 각각 맡아 보았다. 당랑(堂郞)은 당상관(堂上官)과 당하관(堂下官)인 낭관(郞官)을 말한다. 즉 동일 관아에 있어서의 상관과 부하이다.

205) 경조(京兆)는 한성부(漢城府)의 별칭(別稱)이며 윤(尹)은 판윤(判尹: 判堂이라고도 함)이며 칙임관(勅任官)으로 한성부(漢城府)의 으뜸벼슬로 정2품(正二品)이었다. 사헌부(司憲府), 형조(刑曹)와 더불어 삼법사(三法司)의 하나였던 한성부(漢城府)는 조선왕조 510년간 서울의 행정(行政)과 사법(司法)을 맡은 관아(官衙)로 지방관서이면서 중앙관서로서 육조(六曹)의 사무를 분담하여 전택(田宅), 산림(山林), 묘지

(墓地), 경범죄(輕犯罪)의 소송을 관할하였다. 본래는 한양부(漢陽府)였는데 태조 3년(1395)에 개성(開城)에서 지금의 서울로 옮겨 이듬해 한성부(漢城府)로 개칭하여 순종 융희(隆熙) 4년(1910)까지 존재하였다. 『경국대전주해』에서는 '대주(大洲)를 부(府)라 하고 윤(尹)은 다스리는 것[治]이다'라고 하였다.

206) 장신(將臣)은 도성(都城)을 지키던 각 군문(軍門)의 대장(大將)이다.

207) 사관(史官)은 국사(國史)의 초고(草稿)를 쓰는 관원(官員)으로 예문관(藝文館)의 검열(檢閱)과 승정원(承政院)의 주서(注書) 등을 가리킨다. 『경국대전주해』에서는 '인군(人君)의 언동(言動)을 기록[記]하는 관리[官]'라고 하였다.

208) 순장(巡將)은 서울 도성(都城)의 내외를 순회하면서 순찰과 경계를 맡은 순라군(巡邏軍)을 지휘하던 임시 무관직이다. 임금의 지명재가(指名裁可)를 받은 정3품 당상(堂上) 문무관을 추천하여 임무를 맡겼다. 순장은 병조에서 제정한 동(銅)[혹은 나무]으로 만든 원형(圓形)의 순패(巡牌)를 가지고 다녔는데 한 면에는 '信'자를 새겼고 다른 한 면에는 '巡牌'라고 새겨져 있었다고 한다.

209) 의술(醫術)에 종사하던 관원(官員)으로 잡과(雜科)의 하나인 의과(醫科)에 의하여 선발되었고 중인(中人)들이 응시하였다. 의과(醫科)는 초시(初試)와 복시(覆試)가 있었고 수요(需要)되는 인원이 많지 않아 식년시(式年試) 이외에 증광시(增廣試)가 있을 뿐이었다.

210) 태종 13년(1413)에 전국을 경기·충청·전라·경상·강원·황해·평안·함경도의 팔도로 나눈 지방행정 구역의 최상 단위(最上單位)이다. 각 도에는 장관으로서 관찰사(觀察使) 1명씩 배치하여 도내(道內)의 정사(政事)를 주관하게 하였다. 건양 1년(1896)에 13도로 개편되었다.

211) 방(榜)은 과거 합격자의 성명을 순서대로 공시(公示)하여 발표하는 명록패(名錄牌)인데 처음에는 나무판을 사용하였고 나중에는 종이에 써서 게시하였다. 문무과(文武科)에 급제한 사람의 성명을 게시하는 나무판을 용호방(龍虎榜)이라 하였다. 이를 열기(列記)하여 책(册)으로 묶은 것을 방목(榜目)이라 한다.

212) 공무(公務)로 출장하는 관원에게 나라에서 마패(馬牌)를 내주고 역원(驛院)에서는 마패의 규정에 따라 역마(驛馬)의 마필(馬匹)과 침식(寢食)을 제공하였는데 최고 7필까지 지급되었다.

213) 직부(直赴)의 전지(傳旨)는 일반의 과거 절차를 거치지 않고 전시(殿試)나 회시(會試)를 바로 치를 수 있게 하는 임금의 특명이다. 문과는 성균관 유생들에게 보이던 절일제(節日製)나 어명으로 임시로 치르는 응제(應製) 등에 급제하면 바로 본고사격인 전시(殿試)나 복시(覆試)에 응시할 수 있었고 무과는 임금의 특명으로 친림(親臨)하여 행하는 권무과(勸武科) 등에 합격한 사람은 바로 무과전시(武科殿試)에

응시할 자격이 있다는 계하(啓下) 전지(傳旨)의 문서(文書)를 내렸다. 선비들의 사기 진작을 위하여 제정한 직부법(直赴法)의 규정은 세종 때 폐지되었으나 어명(御命)으로 특진하고 특혜를 주는 관례는 계속되었다고 볼 수 있다.

214) 별무사(別武士)는 선조 37년(1604)경 훈련도감(訓鍊都監)에 기사(騎射)·기창격자(騎槍擊刺) 등의 기예로 별위일대(別爲一隊)의 특별무사를 편성한 것이 시초이다. 후에 금위영(禁衛營)·어영청(御營廳)의 마병(馬兵)들 중에서도 도시(都試)로 선발되어 기병(騎兵)의 핵심을 이루었다. 이들은 기사(騎射)에 뛰어나 전시에는 일선에 나가게 되어 있었다. 평안도별무사, 황해도별무사, 강원도별무사, 경상도별무사, 경기수영별무사가 있었는데 평양과 의주의 별무사는 평안도별무사들이다.

215) 대열(大閱)은 임금이 친림(親臨)하여 군사의 좌우·진퇴로 습진(習陣)하고 습전(習戰)하는 모습을 사열(査閱: 閱兵)하는 의식인데 1년에 1차 시행하였다. 대열병식(大閱兵式)·대열의(大閱儀)를 줄인 말이다.

216) 만기(萬幾)는 만기(萬機)라고도 쓰는데 만 가지 기미·기틀이란 뜻이다. 즉 임금은 국정(國政)의 최고 결정자(決定者)이며 조율자(調律者)이기 때문에 여러 가지 정무에 대한 모든 정보와 자료를 가지고 최선의 정책으로 조율(調律)·조화(調和)·결정(決定)하는 임금의 정무(政務)를 말한다.

217) 이모경원(貽謀經遠)! 이 넉 자야말로 우리나라의 역대 지도자들이 경국(經國)해 온 핵심 사상이며 외세의 끝없는 도전 속에서 겨레의 자존(自存)을 고수(固守)해 온 저력(底力)의 원천(源泉)이었으며『무예도보통지』의 찬술 정신(撰述精神)이라고 할 수 있다. 항상 후세(後世)·후손(後孫)들의 영광(榮光)을 염두(念頭)에 두고 세상을 멀리 내다보며 대하(大河)의 흐름을 읽고 미리 준비·예비하는 처세(處世)는 국가 지도자들뿐만 아니라 지혜로운 우리 선조들의 삶의 방식이었다. 불멸(不滅)·불함(不咸)의 국가란 그냥 주어진 것이 아니라 '이모경원(貽謀經遠)'을 실천해 온 선조들의 삶에서 나온 것이었다.

218)『경국대전주해(經國大典註解)』에 '유(諭)는 깨우쳐 주는 것[告]이다. 그 깨닫지 못하는 데[未悟] 미쳐서 알리어서[告之] 밝게 하여 주는 것[使曉]이다' 라 하였다. 유(諭)는 법령(法令)은 아니나 일종의 국무(國務)에 대한 규범이 되는 어명(御命)이라 성문(成文)으로 정리되어 법제화되어 갔다.

219) 소조(小朝)는 섭정(攝政)하는 왕세자(王世子)를 가리키며 여기에서는 정조(正祖)의 생부(生父)였던 장헌세자(莊獻世子)이며 임오화변(壬午禍變) 이후 사도세자(思悼世子)로 불리는 분이다.『무예신보』를 편찬하여 조선무예(朝鮮武藝)의 이름을 '십팔기(十八技)'로 정(定)하였다.

220) 여기에서의 '신보(新譜)'를『무예신보(武藝新譜)』또는『무기신식(武技新式)』

이라 하는데 우리의 역사 속에서 우리 무예의 명칭을 국가에서 최초로 '십팔기(十八技)'로 규정하여 정명(定名)한 무예이다. 소조가 무관들에게 무예를 상습(常習)시킬 목적으로 훈련도감의 임수웅(林秀雄) 등에게 명하여 편찬하였는데 지금은 유실되고 없다. 그러나 그 내용은 『무예도보통지』에 편입되었기 때문에 『무예제보』 『무예도보통지』를 서로 비교하여 살피고 『무예도보통지』의 편찬에서 신·구(新舊) 서적의 표기(標記)로 사용한 원(原), 증(增), 안(案)의 글자를 따라 검토하면 거의 알 수 있다. 왜검과 왜검교전 이외에도 십팔기의 응용기예로서 기창(騎槍), 마상월도(馬上月刀), 마상쌍검(馬上雙劍), 마상편곤(馬上鞭棍)의 네 가지 기예(騎藝)와 함께 모두 이십이기(二十二技)가 실려 있었음을 알 수 있다.

221) 시취(試取)는 재능(才能)을 시험(試驗)하여서 인재를 선발[取]하는 제도이며 여기에서는 무과(武科)이다.

222) 여기에서 우리는 정조가 즉위하자마자 생부인 소조(小朝)가 하던 무예진흥의 사업을 계승하여 소조(小朝) 이후 다시 잠몰(潛沒)된 무예진흥의 정책을 드러내어 십팔기(十八技)는 군사 조련[步軍]으로 이습(肄習)하도록 하고 기예(騎藝) 4기는 무과시취(武科試取)의 과목에 증입(增入)하도록 명(命)한 것은 오로지 선대의 유지[先志]임을 천명하고 있음을 알 수 있다. 아울러 서지(先志)로 남겨진 『무예신보』에는 22기가 실려 있음을 알 수 있고 바로 이어지는 글에서 '지금은 또[今又]'하고 나오니 정조의 『무예도보통지』의 편찬에서는 격구와 마상재도 군사 조련의 효과가 있으니 그 22기의 아래에 붙이어 더 완벽성을 기하는 것이 어떠하겠는가? 하면서 신하들에게 자신의 의견을 개진하고 있는 것이다. 더불어 『무예신보』에 말 타고 운용하는 무술인 사기(四技)까지 모두 22기가 실려 있음에도 불구하고 '이십이기'라 하지 않고 십팔기(十八技)라 한 것은 보군의 기예[步技]가 근본기예이며 마군(馬軍)의 기예[馬技]는 응용되는 기예임을 나타내는 것이다.

223) 『경국대전주해』에 '기(器)는 병기(兵器)이다. 장(仗)은 병위(兵衛)이다'고 하였고 '식(式)은 양식(樣式)·법식(法式)[樣]이다'라고 하였다.

224) 서진(西晉)의 두예(杜預: 222~284)가 지은 〈춘추좌씨전서(春秋左氏傳序)〉에 '무릇[凡]이라는 말로써 시작하여 일의 예(例)를 말한 것은 경국(經國)의 상제(常制)이며 주공(周公)의 수법(垂法)이며 사서(史書)의 구장(舊章)이었다. 중니(仲尼)는 이에 따라 바로잡아서 일경(一經)의 통체(通體)를 이룩하였다'고 하였으니 '발범기례 정기체제(發凡起例 正其體裁)'의 8글자는 『무예도보통지』의 편찬이 온전하고 완전한 무예경전을 제정(制定)하는 작업으로 이루어졌음을 나타내고 있다.

225) 내부(內府)는 궁궐 내의 관부(官府)로 여기에서는 서고(書庫)이다. 정조 즉위년(1776)에 창덕궁 금원(禁苑)의 북쪽에 어제존각(御製尊閣)을 규장각(奎章閣)으로

개칭·설치하고 남쪽 방향에 열고관(閱古觀)과 개유와(皆有窩)를 지어 중국 서적을 보관하고 서고(西庫)를 건립하여 본국 도서를 보관하였다.『청장관전서』 20권·아정유고 12·〈壯勇營 春帖〉에 '내부의 도서는 벽수(壁宿)을 연하고[內府圖書聯壁宿]' 라고 하였는데 벽성(壁星)은 동벽도서지부(東壁圖書之府)로서 도서를 주관하는 별인데 28수(宿)의 하나로 현무 칠성(玄武 七星)의 끝에 있는 별이름이다.

226) 병가(兵家)는 군사학문(軍事學問)을 연구하여 용병(用兵)의 도리(道理)에 정효(精曉: 정교하고 밝음)한 사람들을 통틀어 말한 것이다.

227) 이덕무(李德懋: 1741(영조 17년)~1793(정조 17년))는 정조(正祖)대의 문장가(文章家)이자 실학자(實學者)로 자(字)는 무관(懋官)이며 호(號)는 아정(雅亭)·형암(炯庵)·청장관(靑莊館)·영처(嬰處)·동방일사(東方一士)이다. 박람강기(博覽强記)하여 경사(經史)와 기문이서(奇文異書)에 정통하였고 문장(文章)은 신조(新調)를 제창(提唱)하여 전인(前人)들의 구어(句語)를 답습(踏襲)하지 않았으며 서화(書畵)에도 뛰어났다. 1778년(정조 2년)에 심염조(沈念祖)를 따라 연경(燕京)에 가서 그곳의 문인묵객(文人墨客)들과 교유하였고 산천(山川)·도리(道里)·택실(宅室)·누대(樓臺)·초목(草木)·충어(蟲魚)·조수(鳥獸)의 이름을 모두 기식(記識)하는 등 인정(人情)과 물태(物態)에 곡진(曲盡)하여 문명(文名)이 일세에 떨쳤다. 1776년(정조 즉위년)에 규장각(奎章閣)이 설치되자 검서관(檢書官)으로 임용되어『무예도보통지』편찬의 문헌 고증과 원고 정리의 책임을 맡았고 박제가(朴齊家)·유득공(柳得恭: 1749~1807)·서이수(徐理修: 1749~1802)와 더불어 세칭 '사검서(四檢書)'라고 칭하였다. 1791년 (정조 15년) 4월에 정조는 서얼에 대한 그의 의견을 물었을 때 출신 성분으로 인한 인재 등용의 제한은 옳지 못하다고 하며 나이의 순서에 따라 대우하는 서치(序齒)를 아뢰었다. 아정(雅亭)의 탁월한 문학적 소양과 참다운 성품을 각별히 사랑한 정조는 그의 사후에 아들 광규(光揆)를 규장각 검서관에 특채하고 내탕금(內帑金)을 내어 부친의 유고(遺稿)를 정리하게 하여 문집『청장관전서(靑莊館全書)』(71권 25책)를 간행하였다. 그의 시문(詩文)은 중원(中原)에까지 유명하여 이조원(李調元)과 반정균(潘庭筠)은 문예적 기량의 독자성을 높이 평가하였다. 이덕무 선생이 전문적으로 무예를 연마하였다는 기록은 없으나 '마상(馬上)'이란 제(題)로 지은 시(詩)가 있고『청장관전서』제16권에서 성대중(成大中)에게 쓴 글에 '아우는 어제 영숙(永叔: 백동수의 字)·재선(在先: 박제가의 字)과 함께 탕춘대(蕩春臺)에 가서「무예도보(武藝圖譜)」를 익히고[拈拈] 관현악기를 울리며[絲管轟啁]' 라는 글로 보아『무예도보통지』의 편찬 당시에는 건강과 업무의 책임으로 실기를 몸으로 표현하여 익힌 것은 사실이다. 적성현감(積城縣監)을 거쳐 1791년(정조15년)에 사옹원주부(司饔院主簿)에 올라 재중에 몰(沒)하였다.

228) 비서(秘書)・비본(秘本)이란 유래(由來)가 있으며 진기(珍奇)한 내용이 담고 있어 소중하게 비장(秘藏)해둔 서적을 말한다.

229) 박제가(朴齊家: 1750(영조 26년)~1805(순조 5년) 또는 1815(순조 15년))는 정조(正祖)대의 시인(詩人)이자 서화가(書畵家)이며 실학(實學)의 한 맥인 북학론자(北學論者)의 대표적인 학자로 자(字)는 차수(次修)・재선(在先)이며 호(號)는 초정(楚亭)・정유(貞蕤)이다. 19세 때 연암(燕巖) 박지원(朴趾源: 1737~1805)의 문하에서 실학(實學)을 닦아 문장(文章)・칠률(七律)・서화(書畵)를 잘하였다. 이덕무(李德懋)・유득공(柳得恭)・이서구(李書九: 1754~1825)와 교유하여 1776년에 합작한 시집인 「한객건연집(韓客巾衍集)」이 청나라에 소개되어 우리나라 시문(詩文)의 4대가(四大家)로 불렸다. 그의 시문(詩文)에 대하여 아정(雅亭) 이덕무(李德懋)는 '楚亭之詩, 才超而氣勁, 詞理明白, 亦能記實[淸脾錄]'이라고 하였는데 실제『무예도보통지』에 드러난 그의 반듯한 해서(楷書)체의 글씨는 검선(劍線)과 같이 기경(氣勁)・단정(端正)하고 준마가 내달리는 것처럼 명초(明超)하다. 1778년(정조 2년)에 사은사(謝恩使) 채제공(蔡濟恭)의 수행원[別賓官]으로 청나라에 다녀와서 실사구시(實事求是)의 사상을 토대로『북학의(北學議)』내・외편을 저술하였다.『북학의(北學議)』는 연경(燕京)의 풍속(風俗)과 제도(制度)를 상술하면서 청나라의 선진문물을 배우며 상공업을 중심으로 부국강병(富國强兵)하자는 것인데 제1책 내편(內篇)에서는 거선(車船)・성보(城堡)・궁실(宮室)・목축(牧畜)・궁시(弓矢) 등 39목(目)을 서술하여 실생활에서의 기구와 시설의 개선을 다루었고 제2책인 외편(外篇)에서는 농잠(農蠶)・과학(科學)・관록(官祿)・병론(兵論) 등 17목(目)을 서술하여 정치 사회제도의 모순을 지적하며 서정(庶政)의 개혁을 주장함으로써 북학 운동이 일어나게 하였다. 이듬해 정조의 특명으로 규장각 검서관(奎章閣 檢書官)이 되어 많은 서적을 편찬하였고 1790년(정조 14년)에 진하사(進賀使) 황인점(黃仁點)을 수행하여 청나라에 다녀와서 군기시정(軍器寺正)이 되었고 1794년(정조 18년)에 춘당대시무과(春塘臺試武科)에 장원(壯元)하여 오위장(五衛將)에 올랐으니 문무쌍전(文武雙全)하였다. 1799년(정조 23년)에 농정에 관한《소진본북학의(疏進本北學議)》를 지어 올리기도 하였으나 오히려 북학론자들의 문장이 당벽(唐癖)에 사로잡혀 있다는 노론(老論)의 집권층으로부터 문체반정(文體反正)이란 탄핵을 받아 정책에는 반영되지는 못하였다. 1801년(순조 1년)에 사은사를 수행하여 네번째로 청나라에 다녀와서 한성의 동남성문(東南城門)에 대왕대비의 전제(專制)를 비판하는 글이 내걸려 주모자로 지목된 사돈 윤가기(尹可基)에 연루되어 고문을 당하고 종성(鍾城)에 유배되어 1805년(순조 5년)에 풀려났으나 고문의 후유증으로 몰(沒)하였다고 전한다.

230) 전본(鐫本)은 목판(木版)에 모각(模刻)할 저본(底本)이다.

231) 백동수(白東脩: 1743(영조 19년)~1816(순조 16년))는 정조(正祖)대의 무관(武官)으로 자(字)는 영숙(永叔)이며 자호(自號)가 야뇌(野餒) · 점재(漸齋) · 인재(靭齋)였다. 본관은 수원(水原)이며 무장(武將) 집안의 후손으로 1770년(영조 46년)에 식년무과(式年武科) 초시(初試)에 이어 복시(覆試) · 전시(殿試)에 모두 급제하였으나 임관(任官)되지 못하고 있다가 정조 즉위 후 군제개혁을 위하여 설치한 장용영(壯勇營)에 46세가 되던 1788년(정조 12년)에 초관(哨官)으로 임명되었다. 이듬해 정조의 특명을 받들어 『무예도보통지』 편찬의 실기의 실연을 담당하여 조선무예 전범서(典範書)의 창출에 절대적 역할을 하였다. 숙종(肅宗)대에 훈련도감의 교련관(敎鍊官)이었던 김체건(金體乾)의 아들로서 검선(劍仙)으로 불린 김광택(金光澤)을 스승으로 모시고 검법(劍法)을 배우고 아버지 백사굉(白師宏)의 주선으로 이인상(李麟祥: 1710~1760) 등 당대에 이름난 선비들에게 가르침을 받아 병서(兵書)와 창검과 마상무예는 물론 경사(經史) · 서화(書畵)에도 두루 통섭(通涉)하여 글자 그대로 문무쌍전(文武雙全)하였다. 또한 신분적 규범과 인습에 매이지 않고 오로지 의기(意氣)로서 다양한 부류의 사람들과 교유(交遊)하였는데 특히 하층민에 대한 깊은 애정을 가져 조선무인의 전형이 되는 인물이었다고 할 수 있겠다. 『무예도보통지』의 편찬 작업을 마치고 1791년(정조 15년)에 충청도 비인현감에 제수되었고 1794년(정조 18년)에 장용영에 다시 복귀하여 내영의 좌사 후초관으로 을묘년 원행(園幸)에 정조를 호위하였다. 갑작스런 정조 임금의 서거 후에 세도가들에 의해 장용영은 축소에서 혁파의 수순을 밟게 되었고 혁파할 때의 서용의 규정에 따라 1802년(순조 2년)에 박천군수로 임명되어 3년간 재직하였다. 그러나 세도가들에 의해 정조시대 개혁인사들이 축출되고 탄압을 받던 세월이어서 그도 곧 파직되었고 탄핵을 받아 유배형을 받았다. 오늘날 『무예도보통지』를 통하여 전승무예의 온전한 실기를 볼 수 있는 것은 조선의 무예를 몸으로 계승한 무인 백동수의 절대적 역할에 있었다고 할 것이다.

232) 두목(杜牧: 803~852)은 당(唐)나라 말기의 사람으로 시인(詩人)이자 정치가였다. 자(字)는 목지(牧之)이며 호(號)는 번천(樊川)으로 25세에 진사에 급제하여 벼슬길에 올라 여러 관직을 지냈다. 고대로부터 당(唐) 현종(玄宗)까지의 제도를 8문(八門)의 규칙으로 나누어 기록한 『통전(通典)』 200권을 지은 재상 두우(杜佑)의 손자였다. 그는 성격이 호탕하고 글을 잘 지었으며 시(詩)에는 정치(情致)가 호매(豪邁)하고 시풍(詩風)은 부드럽고 아름다웠다. 당말 제일의 시인으로 평가받으며 두보(杜甫)와 구별하여 소두(小杜)라고도 불린다. 강직한 성품으로 재임 시절에 시정(時政)을 과감히 논하여 번진 세력의 사병양성을 금지하고 중앙집권의 강화를 주장하였다.

233) 진량(陳亮: 1143~1194)은 남송(南宋)의 사상가이며 문학가로 영강(永康: 절강성) 출신이었다. 자(字)는 동보(同甫)이며 호(號)는 용천(龍川) 선생이라 칭하였고 의

론(議論)과 담병(談兵)을 좋아했으며 평소 항금(抗金)을 적극 주장하였다. 이정(二程)과 장재(張載)의 사상적 영향을 받아 현실주의 정치에 관심을 가졌으며 주희(朱熹)와는 여러 차례 사상적 논쟁을 벌였는데 이를 세칭 '왕패의리지변(王覇義利之辯)'이라고 하였다. 영강학파(永康學派)의 대표적 인물로 그의 저서로는 '삼국기년(三國紀年)' '구양문수(歐陽文粹)' '용천문집(龍川文集)' 등이 있는데 호방한 풍격으로 현실 생활을 잘 반영하였다.

234) 당순지(唐順之: 1507~1560)는 명(明)나라의 정치가이며 학자로 강소성(江蘇省) 출신이며 자(字)는 응덕(應德)이며 호(號)는 형천(荊川) 선생이라 칭하였다. 군사무예와 병법에 정통하였고 산문(散文)을 잘 지었으며 천문·지리를 비롯하여 널리 학문에 통효하였다. 가정(嘉靖) 8년에 회시(會試)에 제일로 뽑혀 벼슬길에 올랐고 왜구가 강남북(江南北)을 유린하자 절강(浙江)에서 군사를 맡아 직접 바다를 건너 여러 번 왜구를 격파하였다. 그는 일찍이 군사무술에 대하여 총괄적 연구를 하였으니 척계광(戚繼光)이 『기효신서』를 지을 때 창법(槍法)을 강구(講究)하는 권관(圈串)으로 삼았다고 하였다. 그의 저서 『무편(武編)』과 『형천선생문집(荊川先生文集)』 가운데에는 고대와 당대무술의 연구, 무술과 관계 있는 시가(詩歌)에 대하여 기록되어 있으며 『명사(明史)』에 전(傳)이 있다. 두목(杜牧)·진량(陳亮)·당순지(唐順之) 이 세 사람의 공통점은 유생(儒生)으로서 무예를 연구한 것 이외에도 당시 조선의 북학론자처럼 시정(時政)의 개혁을 강렬히 주장한 사람들이다.

235) 유교(儒敎)의 정통학문(正統學問)으로 유가(儒家)의 경전인 경서(經書: 주로 13경을 가리킴)를 전문적으로 연구·해석하고 찬술하는 전통적 학문 분야이다. 고문경학(古文經學)과 금문경학(今文經學)으로 나뉘며 송대(宋代)의 이학(理學)으로 계승되었다. 학문의 탐구 방법에 있어서 한(漢)과 당(唐)의 훈고학(訓詁學)이나 청대(淸代)의 고증학(考證學)과 같은 경문 해석을 위주로 하는 학문과 성리학(性理學)과 같이 경문(經文)을 기초로 하여 자신의 철학을 전개해 나가는 학문이 있었다.

236) 백의(白衣)는 베로 지은 흰옷으로 여기에서는 벼슬이 없는 선비 또는 권한이 없는 말단의 벼슬자리를 뜻한다. 당시 훈국의 낭청은 정6품관이었다. 국사(國士)란 나라를 대표하는 선비란 뜻이며 뛰어난 업적으로 온 나라 안에서 특별히 추모하는 선비를 말한다.

237) 낙천근(駱千斤)은 왜란 당시 제독 이여송(李如松) 표하(票下)의 좌참장(左參將)인 낙상지(駱尙志)인데 여력(膂力)이 월등하여 천근의 무게를 들 수 있어 낙천근(駱千斤)으로 불렸다. 3천 명의 정예부대를 지휘하여 평양성 전투[1593년 1월 8일]에서 선봉에 서서 수복하는 데 공훈을 세웠으며 『무예도보통지』《제독검》조와 《기예질의》 아래의 〈안설일편〉에 따르면 훈련도감(訓鍊都監)의 설치와 절강의 기예를 한교

선생이 육기(六技)로 구성하여 『무예제보』를 편찬하는 데 도움을 아끼지 않았음을 알 수 있다. 유대도(劉大刀)는 제독 유정(劉綎)인데 마상에서 120근(斤)의 빈철도(鑌鐵刀)를 휘둘러 유대도란 별명을 얻었다고 《제독검》과 《마상월도》조에 기록되어 있다.

238) 찬송(攢誦)은 '모여서 서로 묻고 의논을 개진(開陳)한다' 는 뜻이니 이덕무는 《인용서목》에 기재된 145권의 여러 서적에서 역사적 사실 등의 문헌을 고증하며 원고를 정리하고 박제가는 그 원고를 모아 내용의 순서를 다듬으며 저본(底本)을 쓰고 백동수는 무예의 실기고증과 표연(表演)을 담당하여 서로 긴밀하게 상의하지 않을 수 없다. 여기에서 이 세 사람은 자주 모여서 서로의 생각을 개진(開陳)하며 회의한 모습을 볼 수 있겠다.

239) 반고(班固: 32~92)는 후한(後漢: 東漢)초의 역사가이자 문학가로 부풍(扶風) 안릉(安陵: 섬서성 咸陽) 출신이었다. 자(字)는 맹견(孟堅)으로 사학자인 부친 반표(班彪)의 영향을 받아 학문에 심취했으며 전한(前漢)의 역사서인 『한서(漢書)』를 저술하다가 사사로이 국사(國史)를 개작한다는 죄로 투옥되었다가 동생 반초(班超)가 변호하여 그 진의가 밝혀지고 오히려 명을 받아 20여 년의 세월 동안 필생의 노력을 기울여 기전체 단대 역사서인 『한서』를 완성하였다. 120권에 달하는 『한서』는 사마천의 『사기』에 계속되는 정사(正史)로 그 기술 체재는 역대 정사의 기준이 되어 왔다. 그는 사마천과 비견되고 있으며 당시의 중요한 문학 형식인 부(賦)의 작가로서 「답빈희(答賓戲)」「양도부(兩都賦)」등의 부(賦)를 지었고 정치제도를 논하여 「백호통의(白虎通義)」를 편찬했다.

240) 전한(前漢)의 역사서인 『한서(漢書)』에 도서목록집이라 할 수 있는 《예문지(藝文志)》에 병가서(兵家書)를 권변(權變)과 모략(謀略)을 강구하는 '병권모가(兵權謀家),' 기동(機動)과 작전(作戰)을 세우는 '병형세가(兵形勢家),' 천시(天時)의 기상(氣像)에 따라 용병(用兵)하는 '병음양가(兵陰陽家),' 군사의 격자기술과 전술(戰術)의 운용을 강구하는 '병기교가(兵技巧家)' 의 네 부류로 나누고 있다. 여기에서 병기교(兵技巧)로서 군사의 격자기술에 속하는 '검도(劍道) 38편(篇)' 과 '수박(手搏) 6편(篇)' 의 책이 있었으나 전하지 않는다고 하고 있다. 『이위공병법』에서는 이러한 네 종류의 분류 방식이 모두 『사마병법(司馬兵法)』에서 나왔다고 하고 있다.

241) 『삼국사기(三國史記)』와 『증보문헌비고(增補文獻備考)』에는 신라시대 군사서적으로서 대사(大舍) 무오(武烏)가 원성왕 2년(786)에 『무오병법(武烏兵法)』 15권과 『화령도(花鈴圖)』 2권을 저술하여 왕에게 바치고 굴압현령(屈押縣令)이 되었다는 기록과 8세기 후반 신라 혜공왕 때 김암(金巖)이 당나라에서 돌아와 '육진병법(六陣兵法)' 을 가르쳤다는 사실도 전하고 있다. 이러한 서적은 우리나라 군사가가 저술한 우리의 고대 군사학의 책자들이 틀림없지만 유실되어 내용을 알 수 없다. 서적

은 선조들의 정신문화의 소산으로 새로운 시대 환경을 창출하고 시대에 맞는 새로운 문화를 도출하는 자료의 바탕이 된다. 서적을 소중히 여기고 지킬 줄 알아야 문화 국가의 전통을 유지하고 세계를 리드하는 문화 민족이 될 수 있으니 지금부터라도 서적을 소중히 여기는 마음을 후손들에게 유산으로 남겨야 할 것이다.

242) 단재 신채호 선생은 김해(金海)란 고구려 연개소문의 자(字)이며 그가 저술한 병서가 『김해병서』라고 하였다. 그러나 양태진 선생은 이 병서에 관한 기록은 『고려사』의 고려 정종 2년(1036)에 최초로 나타나고 있으며 고려 때의 군사학 서적으로 보고 있다. 고려의 정종(靖宗) 때 서북면행영도통사(西北面行營都統使)였던 강감찬(姜邯贊: 948~1031) 장군이 고구려 을지문덕 장군의 전술을 계승하여 구성전투(龜城戰鬪: 1018)에서 거란을 물리치고 국방을 튼튼히 할 목적으로 『김해병서』를 지었다고 한다. 이 병서가 처음 나왔을 때 서북로 병마사(兵馬使)의 요청에 따라 연변주진(沿邊州鎭)에 각각 한 부씩 나누어 주었으며 처음 편찬하였을 때의 서명(書名)이 『무략지요결(武略之要訣)』이라고 한 것으로 보아 우리나라 역대의 탁월한 군사가들의 무략(武略)을 개괄한 것으로 여겨지나 유실되어 내용은 알 수 없다. 다만 『무예도보통지』가 편찬되기 전에 명나라 모원의(茅元儀)가 『무비지(武備志)』를 집성(輯成)하면서 검법(劍法)을 《조선세법(朝鮮勢法)》으로 명기(明記)한 것으로 보아서 아마도 고려 때 몽고침략으로 유실된 우리나라의 병서를 인용한 것으로 추정한다.

243) 『고공기(考工記)』는 '공정(工程)을 살피는 기록'으로 춘추시대 말기 제(齊)나라 무명씨의 저작이다. 궁실영조(宮室營造)의 건축과 북·종의 악기와 수레·활·창의 청동기병기의 제작과 제도 그리고 방직·직물염색·피혁 가공의 수공업 등 30개 항목의 생산기술과 금속화합 및 부피계산법·역학(力學) 등의 과학기술이 실려 있는 최고(最古)의 기술서(技術書)이므로 고대의 물질문명을 연구하는 데 중요한 자료가 되고 있다. 지금의 산동성(山東省)에 위치한 제(齊)나라 땅은 상고의 치우천황(蚩尤天皇)이 청구(靑丘)를 다시 개척한 이래 고대까지는 전통적으로 우리 겨레의 영지였으며 동이문화의 유서가 깊은 곳으로 사료할 때 『고공기』의 내용은 우리 선조들의 삶의 지혜와 무관하지 않다. 역대왕조를 이어가며 수탈한 서적을 윤색하여 철저하게 국고정리(國故整理)를 하는 동이에 대한 지나인(支那人)들의 열등 의식을 감안할 때 중화서적으로 된 고전(古典) 가운데 무명씨의 저작은 다 그러하다. 후세 사람들이 『주례(周禮)』에 편입시켜 「동관고공기(冬官考工記)」라 하여 『주례』의 편명(篇名)으로 삼았다.

244) 『육도(六韜)』는 주(周)나라 문왕(文王)과 무왕(武王)을 도와 은나라 주(紂)를 몰아내고 주실(周室)을 세운 태공망(太公望) 여상(呂尙)이 찬(撰)한 병법서로서 문도(文韜)·무도(武韜)·용도(龍韜)·호도(虎韜)·표도(豹韜)·견도(犬韜)의 6권 60편

주석 및 해설 583

으로 되어 있다. 병용편(兵用篇)은 맹호의 무위(武威)를 떨치는 호도(虎韜)에서 제31
편 《군용편(軍用篇)》을 말하는데 군의 기용(器用)인 전차와 무기, 공수(攻守)의 도구
등에 관한 군수품을 설하고 있는 부분이다. 강태공(姜太公)은 산동성(山東省)에 청구
(靑邱)를 개척한 군신(軍神) 치우천왕의 직계후손이며 병법의 고장인 산동성에 도읍
을 정하고 제(齊)나라의 시조가 된 사람이다. 동양고전 연구가인 강무학(姜舞鶴) 선
생에 따르면 『육도삼략』 등의 서적은 고대 동이의 문서라고 한다. 그 증거로는 내용
에 있어서 홍범의 원리에 따라 씌어졌고 용어의 사용이 우리 겨레의 생활 양식과 밀
접하며 그리고 송나라 석실(石室)의 서적이란 것이다. 또한 동이서적은 전통적으로
서본말(緖本末)의 구성이 완벽한 설계 아래에서 만들어지고 지나인들의 책은 설계되
지 않은 대화식으로 이루어지는 완연한 차이가 있으며 『육도삼략』 등은 완벽한 설계
아래에서 조서(造書)되었기 때문에 약탈된 동이서적이 윤색되어 중화문화로 편입된
것이라고 주장하고 있다. 실제로 동양의 고전은 『주역』 『내경』 『음부경(陰符經)』 같
은 설계 아래 만들어진 경전이 있는가 하면 『논어』 『맹자』와 같은 대화식의 경전이
있다. 『육도삼략』과 『이위공문대』의 두 병서를 비교하거나 『황정경』과 『도덕경』의
차이를 비교해 보아도 이 설(說)은 설득력이 있다고 보며 깊이 있는 연구가 요하는
분야라고 본다. 고전연구와 전통문화의 계승, 21세기 중원을 중심으로 펼쳐지는 세
계 경영에 대비해서라도 차세대의 한문(韓文: 임균택(林均澤) 교수 외 다수의 재야학
자들은 한문은 상고시대부터 내려오는 우리의 문자이므로 '漢文'보다는 '韓文' 또는 '桓
文'으로 써야 마땅하다고 주장함) 교육은 중시된다.

245) 『무경총요』는 송(宋)의 증공량(曾公亮: 999~1078)·정도(丁度: 990~1053)
등이 송조(宋朝)의 군사(群師)들이 고금(古今)의 학(學)에 어두운 것을 염려한 인종(仁
宗)의 명을 받들어 고병법(古兵法)과 당대의 계모방략(計謀方略)을 채집(採集)하여
편찬(編纂)한 전·후집(前·后集) 각 20권, 모두 40권으로 이루어진 관수병서(官修
兵書)이다. 송 인종이 친히 서문(序文)을 쓰고 전집(前集)에는 내제도(內制度)와 변방
(邊防)을, 후집(后集)에는 고사(故事)와 점후(占候)를 기재하여 전서(全書)를 4부(部)
로 나누고 송 이전의 군사조직(軍事組織)과 군사제도(軍事制度)·선장(選將)과 보기
병교련(步騎兵敎練)·행군영진(行軍營陣)·전략전술(戰略戰術)·무기(武器)의 제
조(製造)와 사용(使用)·군사지리(軍事地理)·역대용병고사(歷代用兵故事)·군사음
양(軍事陰陽) 등을 논술하였다. 이 중에서 병기도식(兵器圖式)은 전집(前集) 13권의
《기도(器圖)》에 집중되어 있고 《공성(攻城)》과 《수성(守城)》에도 도식(圖式)이 있다.

246) 『삼재도회』는 명(明)의 왕기(王圻)가 고금의 제가서(諸家書)에서 천문(天文)·
지리(地理)·인사(人事)로 나누어 온갖 사물을 1백6권으로 모아 명(明) 만력(萬曆) 35
년(1607)에 간행한 예문(藝文)의 백과사전[類書]이다. 천문(天文) 4권·지리(地理) 16

권・인물(人物) 14권・시령(時令) 4권・궁실(宮室) 4권・기용(器用) 12권・신체(身體) 7권・의복(衣服) 3권・인사(人事) 10권・의제(儀制) 8권・진보(珍寶) 2권・문사(文史) 4권・조수(鳥獸) 6권・초목(草木) 12권의 모두 14문(門)인데 천지제물(天地諸物)의 도형(圖形)과 인물(人物)의 화상(畵像)을 그려 편집(編輯)하였으므로 책 이름이 '三才圖會'가 되었고 일명 '三才圖書'라고도 한다. 이 가운데에서 《인사(人事)・제7권》에 무술 관계가 수록되어 있는데 「사법도 4(射法圖 四)」「마전세도 3(馬箭勢圖 三)」「권법도 32(拳法圖 三十二)」「창법도 24(槍法圖 二十四)」「곤법도 14(棍法圖 十四)」「방패세도 8(旁牌勢圖 八)」「낭선세도 6(狼筅勢圖 六)」가 들어 있지만 「마전세도(馬箭勢圖)」를 제외하고는 『기효신서』의 내용을 그대로 옮겼다. 또한 《기용(器用)》의 제6권・7권・8권에서 각종 병기류(兵器類)를 도해하고 있지만 『무경총요』에서 옮겨 실은 것이다. 『삼재도회』는 왕기(王圻)의 아들 왕사의(王思義)에 의해 속집(續集)이 편집되었다.

247) 『도서집성』은 청(淸) 강희제(康熙帝: 聖祖, 재위 1661~1772) 중엽에 성친왕(誠親王) 윤지(胤祉)가 진사 진몽뢰(陳夢雷: 1651~1741) 등에게 명(命)하여 편집했던 것을 옹정제(擁正帝: 世祖, 재위 1722~1735)초에 다시 경연관(經筵官)인 장정석(蔣廷錫: 1669~1723)을 총재관(總裁官)으로 삼아 교감(校勘)하여 중편(重編)한 대백과전서[類書]로서 원명(原名)은 '고금도서휘편(古今圖書彙編)'이다. 총 1만 권에 총목(總目)이 40권으로 명(明)의 '영락대전(永樂大典)'에 준거하여 1. 역상(曆象) 2. 방여(方輿) 3. 명륜(明倫) 4. 박물(博物) 5. 이학(理學) 6. 경제(經濟)의 여섯 휘편(彙編)으로 나누고 다시 32전(典), 6천1백9부(部)로 세분하였는데 매 부(部)는 휘고(彙考)・총론(總論)・도표(圖表)・열전(列傳)・예문(藝文)・선구(選句)・기사(紀事)・잡록(雜錄)・외편(外編)의 아홉 가지 일로 구분하였다. 이 가운데 융정전(戎政典)은 여섯번째 경제휘편(經濟彙編)의 팔전(八典) 가운데 여섯 번에 해당하는 전(典)으로 30부(部) 3백 권(卷)에 이른다. 조선 정조 즉위 이듬해(1777년, 丁酉年) 어명으로 구매(購買)하여 들여와 규장각에 보관하고 이덕무(李德懋) 선생이 교감(校勘)하였다.

248) 『병학지남연의』에 '유악(帷幄)과 역막(帟幕)의 등속을 총명(總名)하여 장(帳)이라고 한다'고 하고 그 주(註)에 『설문』에서 장(帳)은 펼치는 것[張]이다'라 하고 『삼례도(三禮圖)』에 위를 덮는[在上] 것을 역(帟)이라 하고 사방과 위를 덮는 것을 유(帷)라 하며 상하와 사방을 모두 두루 싸는 것을 악(幄)이라 한다. 『자휘(字彙)』에는 옆에 있는[在旁] 것을 유(帷)라 하고 위에 있는[在上] 것을 막(幕)이라고 한다'고 하였다.

249) 운주(運籌)는 전쟁을 지휘관 두뇌 싸움으로 보는 것으로 주판(籌板)을 놓듯이 지모(智謀)로서 승산(勝算)의 계획을 세우고 전술(戰術)의 모략(謀略)을 궁리하는 것이다. 『징비록』에 이르기를 임진왜란 당시 '이순신이 한산(閑山)에 있을 때 운주당

(運籌堂)이란 당을 짓고 일야(日夜)로 제장(諸將)들과 병사(兵事)를 논하고 비록 하졸(下卒)이라도 군사(軍事)를 말하고 싶은 사람은 와서 말하게 하여 군정(軍情)을 통(通)하게 하였다. 매번 전쟁을 할 때에는 모든 장수들을 모아 계략을 묻고 지모를 세운 다음에 싸웠기 때문에 패한 일이 없었다'고 하였다.

250) 사마천의『史記』《본기·제8. 高祖本紀》에서 고조가 장자방(張子房: 張良)의 재능을 평하여 한 말이다.

251) 분육(賁育)은 전국시대(戰國時代) 전설 속의 용사(勇士)인 맹분(孟賁)과 하육(夏育)을 말한다. 맹분은 제(齊)나라 사람이라고도 하고 위(衛)나라 사람이라고도 하는데 살아 있는 소의 뿔을 뽑을 수 있었다고 하며 하육은 위(衛)나라 사람으로 힘이 소꼬리를 뽑을 수 있고 천균(千鈞)의 무게를 들 수 있었다고 한다. 진(秦)의 무왕(武王)이 힘이 세고 용감한 장사(壯士)를 좋아하여 모두 그에게 가서 귀속되었다고 한다.

252) 현녀(玄女)는 상고시대 여신(女神)의 이름으로 구천현녀(九天玄女)라고도 한다.「황제내전(黃帝內傳)」에 황제 헌원(黃帝 軒轅)이 치우천황(蚩尤天皇)과 싸울 때에 황제를 위하여 육임(六壬)과 둔갑(遁甲)의 병법을 가르쳐 주고 기우고(夔牛鼓) 80면(面)을 만들었다고 하였다. 악기(握機)는 북두칠성의 세번째 별의 이름인데 여기에서는 군사를 운용하고 지휘할 수 있는 권병(權柄)을 말한다.

253) 풍후(風后)는 황제(黃帝) 때 발해(渤海) 사람으로 황제에게 발탁되어 삼공(三公)의 하나로 나라를 다스렸다. 병법에 대한 조예가 깊어「풍후병법」13편과 도(圖) 3권, 그리고「고허(孤虛)」20권을 남겼다고 한다. 악기(握奇)는 그가 발명한 군진(軍陳)의 하나로 천(天), 지(地), 풍(風), 운(雲)의 넷을 정(正)이라 하고 용(龍), 호(虎), 조(鳥), 사(蛇)의 넷을 기(奇)라고 하며 나머지 1진(陳)을 악기(握奇)라고 한다. 사명(司命)도 역시 별이름인데 조선시대에 각 영(營)의 대장이나 유수(留守), 순찰사(巡察使), 통제사(統制使) 등이 휘하의 군대를 지휘할 때 쓰였던 기(旗)의 이름이었으며 여기에서는 군사의 지휘권을 말하고 있다.

254) 당저(當宁)의 저(宁)는 '군주가 조회를 받는 곳'이니 곧 지금 당시의 임금이며 여기에서는 정조(正祖)를 가리킨다.

255) 조선에는 일찍이 세조(世祖)가『병장설(兵將說)』을 편찬하였으나 계속 시행되지 않았고 영조(英祖)가 대부분『병장설』의 내용으로『속병장설(續兵將說)』을 만들었으나 임진왜란 이후에는 척계광(戚繼光)의『기효신서(紀效新書)』의 조련법을 요약하여 정조 11년(1787)에 간행한『병학지남(兵學指南)』에 의하여 군대를 조련하였다. 그러나 그 이전에 중앙의 각 군영(軍營)과 지방의 각 영진(營陣)에서 행하는 조련방식의 실제가 서로 맞지 않는 바가 있어 정조(正祖) 즉위년(1776)에 훈련대장 장지항(張志恒: 1721~1778)에게 명하여 훈련도감을 중심으로 한 중앙 4군영의 장조정

식(場操程式)을 하나의 통일된 통규(通規)로 이 병서를 만들었다. 그러나 정조 1년(1777)에 시파(時派)가 이 병서를 지은 장지항이 역모를 하였다고 무고하여 국문(鞠問)을 받다가 장살(杖殺)되는 사건이 일어나 반포되지 못하고 있다가 10년이 지난 정조 9년(1785)에 정조가 친히 서문을 지어 『병학통』이란 이름으로 간행하여 전 군영에 배포하였다. 『병학통』은 『병장도설』과 『속병장도설』을 집성하여 보병·포병·기병의 조련에 관하여 체계적으로 분류·해설한 통일된 군사교범서이다. 기병의 새로운 진도(陣圖)를 수록하여 『무예도보통지』와 진법과 격자로서 군사 조련의 실제에 적용되었다. 『병학지남』 『속병장도설』과 더불어 조선 후기 병법의 기본과 실제를 이해하는 데 중요한 병서가 된다.

256) 『예진총방(隸陳總方)』은 정조의 명으로 편찬된 군사 조련의 방법과 형식을 기록한 책인데 원본(原本)은 유실되고 없다. 지금은 단권 1책의 필사본이 전하고 있는데 그 내용으로 보아 주로 임금을 모시고 행하는 군진(軍陣)의 훈련과 의장대(儀仗隊) 훈련의 모든 절차를 담고 있다. 현존하는 필사본 권두(卷頭)에 '청(廳)에 있던 것은 잃어버렸으므로 군직청(軍職廳)에서 빌려와서 의식의 차례를 기록한 것[笏記]만 등사(謄寫)하여 내었고[謄出] 진(陣)의 도식(圖式)은 지금은 일단 빼버렸다'는 기록이 있어 광무 5년(1901)에 진도(陣圖)는 빼고 절차의 간단한 형식만 기록한 것으로 보인다. 군직청에 있었다는 원본은 일제에 의해 유출된 것으로 생각된다.

257) 『병학지남연의』에 '영(營)은 수비하려는[欲守] 것이며 진(陣)은 공격하려는[欲攻] 것이다' 라 하고 주(註)에 '방영(方營)은 수법(守法)이며 층진(層陣)은 공법(攻法)이다. 만약 넓게 말한다면 영(營)·진(陣)의 두 글자는 서로 통용(通用)된다. 병법에 이르기를 '공격은 수비의 기틀[攻是守之機]이며 수비는 공격을 위한 책략[守是攻之策]이다' 라 하였다. 예로부터 적을 방비[防寇]하면서 오로지 공격[戰]만을 말하고 수비[守]를 말하지 않은 경우가 없으며 또한 오직 수비[守]만을 언급하고 공격[戰]을 언급하지 않은 경우가 없으니 공격과 수비 두 가지[二事]는 한쪽만을 들기 어렵다. 그러므로 영(營)·진(陣) 두 글자는 공격과 수비를 서로 반반씩 하려는 법이다' 라 하였다. 영(營)은 본뜻은 둘레를 에워싸고 머무르는[環繞而居] 것이니 군영(軍營)·영채(營寨)이다. 진(陣)의 글자는 위진(魏晉) 시대의 전에는 진(陳)으로 썼으며 본뜻은 진열(陳列)·배열(排列)이며 일정한 전투 행렬(戰鬪行列)·전투 대형(戰鬪隊形)을 말한다. 영(營)은 정태(靜態)이고 진(陣)은 동태(動態)이다. 『연병실기(練兵實記)』에 '행하면 진을 이루고 머무르면 영을 이룬다[行則成陣 止則成營]'고 하였다. 영(營)과 진(陣)은 동일한 제도이다.

258) 체용(體用)의 체(體)는 사물의 형질(形質)이나 원리(原理)인 본체(本體)를 말하고 용(用)은 체를 기능(機能)으로 하여 응용·활용하는 공용(功用)을 말하는데 모

든 학문에서 상대적으로 통용된다. 즉 체(體)는 근본(根本)이나 기초(基礎)이며 용(用)은 목적(目的)이나 작용(作用)이라고도 할 수 있다. 무예에서 체(體)는 위국보민(衛國保民) 또는 수신양성(修身養性)이며 용(用)은 시대에 따라 군사무예 또는 양생무예로 변전되어 왔다. 『무예도보통지』의 〈부진설〉에서의 '후생(厚生)에 이용하는 무예'는 오늘날에는 '양생(養生)의 무예(武藝)'로 표현할 수 있다. 양생무예에서의 체(體)는 숭덕(崇德)으로 사람됨을 추구하고 이통(理通)하는 데 있으며 용(用)은 실용(實用)의 기격(技擊)으로 상무(尙武)를 실천하여 건신(健身)하는 데 있다. 만약 연기건신(鍊技健身)을 체(體)로 한다면 운기박투(運技搏鬪)는 용(用)이 된다. 체용겸비(體用兼備)·체용일치(體用一致)·연의(鍊意)는 양생무예의 종지(宗旨)가 된다.

259) 운기(運氣)는 시기에 따른 기상 변화의 법칙을 설명하는 이론인 운기설(運氣說)의 기본 내용이 되는 오운육기(五運六氣)를 말한다. 동의(東醫)에서 오운(五運)은 오행(五行)이 기화유전(氣化流轉)하는 세운(歲運)을 말하는데 십천간(十天干)에서의 갑기(甲己)의 해는 토운(土運), 을경(乙庚)의 해는 금운(金運), 병신(丙辛)의 해는 수운(水運), 정임(丁壬)의 해는 목운(木運), 무계(戊癸)의 해는 화운(火運)이 된다. 갑을병정무(甲乙丙丁戊)는 양간(陽干)이라 하고 기경신임계(己庚辛壬癸)는 음간(陰干)이라 하여 연간(年干)이 갑(甲)이면 양토운년(陽土運年)이라 하고 연간이 기(己)이면 음토운년(陰土運年)이라 하였다. 오운(五運)의 기(氣)는 태과(太過), 불급(不及), 평기(平氣)의 삼기(三氣 또는 三紀)가 있는데 양간년(陽干年)은 태과하고 음간년(陰干年)은 불급한다고 하였다. 육기(六氣)는 풍한서습조화(風寒暑濕燥火)와 십이지지(十二地支)가 결합되는 것이다. 즉 십이지지의 사(巳)와 해(亥)의 배합은 궐음풍목(厥陰風木), 진술(辰戌)은 태양한수(太陽寒水), 축미(丑未)는 태음습토(太陰濕土), 묘유(卯酉)는 양명조금(陽明燥金), 자오(子午)는 소음군화(少陰君火), 인신(寅申)은 소양상화(少陽相火)가 되는 여섯 가지의 기운을 말한다. 육기는 또한 인체에 있는 기(氣)·혈(血)·진(津)·액(液)·정(精)·맥(脈)의 여섯 가지를 말하기도 한다.

260) 경맥(經脈)은 기혈(氣血)이 순환하는 기본 통로인데 12정경맥(正經脈)·12경근(經筋)·12경별(經別)·15별락(別絡)·기경팔맥(奇經八脈) 등이 있다. 경맥은 곧게 가는 원줄기이며 경맥에서 갈라져 나와 전신(全身)을 그물처럼 얽는 가지줄기인 낙맥(絡脈)이 있는데 합쳐서 경락(經絡)이라 한다. 경락은 자체의 순행통로와 부위가 있고 일정한 장부·기관들과 연계되어 전신(全身)에 기혈을 공급하여 몸을 영양하며 하나의 통일체로 연결시켜 주는 기능을 한다. 경락이 지나는 체표(體表)에 특정한 점상(點狀)의 부위로 365개가 분포되어 있는 것을 경혈(經穴)이라 하는데 무예 공부의 금나착골(擒拿錯骨)이나 점혈(點穴)에서 숙지해야 하는 지식이 된다. 일반적으로 경맥이라 하면 12정경맥과 기경 8맥(奇經八脈) 가운데 임맥(任脈)과 독맥

(督脈)을 합하여 14경맥을 말한다. 12경맥은 수족(手足)의 삼음삼양(三陰三陽)의 맥을 말한다. 수삼음(手三陰)은 태음폐(太陰肺), 소음심(少陰心), 궐음심포(厥陰心包)이며 수삼양(手三陽)은 태양소장(太陽小腸), 소양삼초(少陽三焦門), 양명대장(陽明大腸)이다. 족삼음(足三陰)은 태음비(太陰脾), 소음신(少陰腎), 궐음간(厥陰肝)이며 족삼양(足三陽)은 태양방광(太陽膀胱), 소양담(少陽膽), 양명위(陽明胃)이다. 장부(臟腑)는 곧 음양(陰陽)으로 구분되고 수족삼음의 육음경(六陰經)은 심포(心包)를 합한 육장(六臟)에, 수족삼양의 육양경(六陽經)은 육부(六腑)에 연계되어 있다. 이 육음과 육양의 경은 좌우(左右) 손의 맥관(脈關)인 촌(寸), 관(關), 척(尺)의 삼관(三關)에 귀속되므로 이곳에서 진맥(診脈)하게 된다. 『내경』의 《영추(靈樞)에 '경맥(經脈)은 생사(生死)를 결(決)하고 백병(百病)에 처(處)하여 허실(虛實)를 조(調)하는 것이므로 가히 통달하지 않을 수 없다'고 하였다.

261) 팽포제연(烹劑劑硏)은 한약재(韓藥材)의 독성이나 자극성을 제거하여 안전한 약이 되게 하거나 약효(藥效)를 변화시켜 약성(藥性)의 질을 높이거나 합리적인 보관과 조제를 위하여 경험으로 제정된 방법대로 가공하는 법제(法製)를 말한다. 법제의 방법은 크게 나누어 팽포제연인데 각각의 방법은 또 여러 가지로 세분된다. 대략(大略)하여 팽(烹)은 삶아서 익히는 것[何首烏·人蔘 등]이며 포(炮)는 굽거나 볶는 것[附子·乾薑·天雄 등]이며 제(劑)는 잘게 썰거나 약재를 서로 배합하여 약성을 변화시키는 것[杜冲·酒·丸·膏 등]이며 연(硏)은 분말로 만드는 것[山藥 등]이다.

262) 한약 처방(韓藥處方)의 조성은 일정한 배합의 기본 원칙이 있으니 약재의 작용에 따라 네 가지로 나누었는데 곧 군신좌사(君臣佐使)라 하여 군약(君藥), 신약(臣藥), 좌약(佐藥), 사약(使藥)으로 구성된다. 처방에서 군약[主藥]은 주증(主症)·주병(主病)을 다스리는 기본 약재이며 신약(臣藥)은 주약을 도와서 주증을 치료한다. 좌약(佐藥)은 겸증(兼症)을 치료하는 약이며 주약(主藥)이 해결할 수 없는 합병증이나 부차적인 증상을 치료하고 주약의 독작용을 억제하거나 없애는 작용을 하며 사약(使藥)은 보조약으로 주약의 독작용을 덜어 주고 약맛을 좋게 하며 제약의 작용을 조화시켜 부작용을 없애거나 인경(引經)하는 작용을 하는 약재를 말한다.

263) 용사(庸師)는 어리석은 의사 곧 용의(庸醫)라는 뜻이며 의약(醫藥)·침술학(鍼術學) 등 의학(醫學)을 정교하게 전공하지 아니하고 의원으로 행세하는 자를 말한다.

264) 규장각(奎章閣)은 정조 즉위년(1776)에 왕권 강화와 문예(文藝)를 일으켜 풍습을 순화하기 위한 문화 정치의 일환으로 창덕궁 후원에 설치한 개혁의 핵심 기관이었다. 규장각은 열성조의 시문(詩文)·서화(書畵)·고명(顧命)·유교(遺敎)·선보(璿譜)·보감(寶鑑) 등을 보관하였는데 이러한 열성조의 유품 관리는 세조 때에 이미 양성지(梁誠之)가 '어제존각지소(御製尊閣之所)'의 설치를 주장한 바 있고 숙종 20

년(1694)에 종정시(宗正寺)에 따로 소각을 세워 '奎章閣'이란 숙종의 친필 편액을 걸고 어제(御製) · 어서(御書)를 봉안하였다. 그러나 정조는 규장각을 단순히 열성조의 작품을 보관하는 곳이 아니라 '계지술사(繼志述事)'라는 명분을 내세워 국왕의 친위 세력을 규합하고 문화 정치를 추진하는 인재 양성의 기관으로 제도를 재정비하였다. 규장각의 기능과 성격은 정치의 정세에 따라 몇 번에 걸쳐 정비되었는데 경연(經筵: 학문 토론의 장) · 문한(文翰: 임금의 글인 敎書 · 諭書를 代撰함) · 시관(試官) · 사관(史官)과 시관(侍官) · 도서의 수집과 소장 및 간행 · 초계문신(抄啓文臣)의 교육 등이 있는데 결국 승정원 · 홍문관 · 예문관 · 사간원 · 종부시 등의 기능을 병합하여 문화 정책을 효율적으로 수행하려고 권력을 일원화한 것이다. 특히 규장각의 실무를 담당한 검서관(檢書官)들로 이덕무 · 박제가 · 유득공 등 북학파 실학자들을 등용하여 당시 북벌론(北伐論: 청나라를 정벌하자)이 국시(國是)로 되어 있던 정치 사회적 여건 속에서 간접적으로 북학(北學: 청나라를 배우자)을 수용하였다. 정조 서거 후에 모든 개혁 정책이 무위로 돌아감에 따라 규장각의 정치 기능은 상실되어 버렸다. 1894년 갑오경장(甲午更張)으로 폐지되었고 1910년 국권이 침탈당한 후에 규장각의 장서(藏書)는 조선총독부에 접수되어 어떠한 서적이 유출되었는지도 알 수 없으며 광복 후 현재 서울대학교 중앙도서관에 보관되어 있다.

265) 장용영(壯勇營)은 규장각과 함께 정조시대의 개혁 정치에 핵심적 위치를 점하고 있는데 친위 세력을 규합하여 왕권을 강화하고 붕당과 긴밀히 연계되어 정치 군대로 변질된 오군영을 전면적으로 개혁 · 재편하고 양란 후 2세기에 걸쳐 평화 시기가 계속되면서 다시 문약에 빠진 조선 후기 사회에 경각심을 일깨우기 위하여 창설되었다. 장용영은 정조 6년(1782) 봄에 훈련도감과 무예청에서 무예(武藝)에 숙련된 30명을 선발하여 명정전(明政殿)에 번(番)을 세우던 것을 정조 9년(1785)에 장용위(壯勇衛)라 칭하면서 시작되었다. 경호부대인 장용위를 다시 정조 11년(1787)에 장용청(壯勇廳)이라 하고 병력을 증강하였고 이듬해(1788) 대폭 확대하여 친위 군사력을 집결시키고 독립된 중앙 군영으로 위상을 갖추어 나갔다. 장용영은 내영(內營)과 외영(外營)으로 구성하여 내영은 창경궁 명정전 남쪽 별채인 남랑에 위치하여 국왕 경호와 궁궐의 숙위를 담당하였고 외영은 종묘 오른편의 동부 연화방 이현에 자리잡아 군사 훈련을 담당하였다. 정조 19년(1793) 수원 화성에 장용외영을 설치하면서 이현의 외영은 내영에 귀속시켰다. 특기할 사항은 장용외영은 조선 후기 오군영에서 도입한 척계광의 군제인 대(隊)-기(旗)-초(哨)-사(司)-영(營)의 편제를 따르지 않고 조선 초기의 국왕 중심의 중앙집권 체제인 오위 체제을 부활하여 오(伍)-대(隊)-통(統)-부(部)-위(衛)로 하였다는 것이다. 정조의 의지는 장용영을 만백성이 진심으로 믿고 따르는 새로운 군영을 만들려는 것이었다. 또한 장용영에는 '십팔기군(十八技

軍)'과 십팔기에 능숙한 '능기군(能技軍)'이란 군사들이 있어 특별한 대우를 하였는데 이는 정조가 무예십팔기를 정립한 아버지 사도세자와 폐기된 『무예신보』를 생각하는 각별한 마음으로 이름을 지어 내리고 십팔기를 전문으로 익히게 하였던 것이었다. 당시 훈련도감을 비롯하여 제군영에서 정조 즉위년의 명으로 십팔기를 조련하였고 이들을 살수(殺手)·창검병(槍劍兵)이라 하였으나 정조는 생부(生父)를 기리며 특별히 '십팔기군'이란 명칭을 하명(下命)하였던 것이다. 나아가 장용영을 통하여 사도세자의 유업을 이어가고자 장용영 이현의 내영에 임시 서국을 설치하고 십팔기의 능수(能手) 백동수를 초관에 임명하여 무예실기의 표연(表演)을 맡겨 『무예도보통지』를 편찬하게 된다. 국왕의 군대 장용영은 정조 서거 후에 세도가들에 의하여 축소-혁파의 수순을 밟아 순조 2년(1802)에 총리영(總理營)으로 개칭되었고 정조가 실현하려던 신민의 나라는 다시 무위로 돌아가고 무예는 세도가들의 담장을 지키는 것으로 잠몰하게 된다. 정조의 시대는 영국은 산업 혁명이 일어나고 미국은 독립선언을 하고 프랑스는 대혁명이 일어나는 등 서양에서도 근대화가 시작되는 세계의 흐름에서 중요한 시기였다. 개혁군주 정조의 서거는 결국 조선이 근대 국가로 가는 개혁에 좌절을 가져왔고 서양과 근대화의 균형을 맞추지 못함으로 인하여 근 100년이 지난 후 서구의 열강들에게 그렇게 시달리고 먼저 서양의 문물을 받아들여 근대 국가로 변모한 일본에게 나라와 백성이 유린당하는 결과를 낳았다고 보는 것이다.

266) 유가(儒家)의 정치 이상은 왕도(王道)에 의한 덕치(德治)를 실현하여 모든 사람이 한마음이 되어 모두가 서로 돕고 잘사는 대동(大同) 사회에 도달하는 것이다. 대동 사회를 이루는 왕도 정치는 예악형정(禮樂刑政)이 완전히 구비될 때 이루어진다고 보았다. 예(禮)는 백성들의 의식을 잘 인도하여 절제·절도 있는 생활과 삼가고 구별하는[禮者爲異 異則相敬] 마음을 가지도록 하는 것이며 악(樂)은 성음(聲音)을 통하여 마음을 부드럽고 화평(和平)하게 하여 서로 동화하고 교제의 조화(調和)[樂者爲同 同則相親]를 꾀하는 것이니 예악은 치도(治道)의 근본이라 하였다. 형(刑)은 법을 제정하여 고르지 못한 잘못을 방지하는 차선책으로 경계하는 것이며 정(政)은 예악(禮樂)의 제도와 법규를 인정에 알맞게 시행하는 것으로 형정은 예악의 보조가 된다. 『병학지남연의』의 《서》에 '성인이 병(兵)을 제정[制兵]하여 덕례(德禮)로서 교화할 수 없는 것을 구제하고 정형(政刑)이 미치지 못하는 것을 보완하였다'고 하여 치도(治道)와 병(兵)과의 관계를 설하였다.

267) 융통성이 없이 옹색하고 굳어진 습속[膠固之習]의 타파란 『청장관전서』에서 이덕무 선생과 정조의 서얼(庶孼)에 관한 대화에서 '습속교고(習俗膠固)'란 표현을 쓰고 있으니 정조의 서얼허통정책(庶孼許通政策)으로 보인다. 조선왕조는 고려나 당(唐)·명(明)에서도 없었던 제도를 실시하여 국가 발전을 저해하였다고 볼 수 있는

데 태종 때 정도전(鄭道傳)이 서얼이므로 서선(徐選)이 서얼의 자손에게는 현직(顯職)을 허락하지 말자고 건의[建白]하여 『경국대전』의 법전에 실려 버린 한품서용(限品敍用)의 규정이다. 연산군 4년(1498)에 유자광(柳子光)이 무오사화(戊午士禍)의 구실로 삼기도 했던 이 제도를 영·정조는 탕평책의 원칙에 따라 폐지하고자 하였으나 워낙 강고한 사회적 관습이어서 크게는 실현되지 못하였다. 그러나 이 시대에 사대부와 동일하게 청직(淸職: 文翰官)의 벼슬길을 열어 달라는 통청(通淸) 운동이 일어났으며 영조는 자신도 왕실의 서얼로 양첩(良妾)도 아닌 천첩(賤妾)의 서얼 출신이었기에 각별한 동정심을 가지고 허통의 정책을 추진하였고 정조는 하늘이 신분에 따라 인재를 내는 것이 아니라 하고 '서얼허통절목(庶孼許通節目)'을 공표하였다. 그러나 그 시행은 여전히 한계가 있었지만 군주의 이러한 생각은 얼마든지 가능한 개혁이라 보여지는데 갑작스런 정조의 서거는 모든 개혁 정책을 무위로 돌리는 불행을 가져와서 이 규정은 갑오개혁 이후에야 폐지되었다.

268) 종핵(綜核)은 사건의 핵심을 자세히 밝혀낸다는 뜻으로 형정(刑政)에서 사용하는 용어였다.

269) 성인(聖人)은 유교에서 이상으로 하는 인물이지만 반드시 유교에만 국한하지 않고 어떠한 학문과 종교이든지 깊은 수양의 공부를 하여 사리(事理)에 통달하고 지혜와 덕행이 뛰어나게 높아 길이길이 우러러 받들어지고 만인의 스승이 되는 사람을 말한다. 여기에서는 사람과 만물에게 이롭고 복되게 하는 '성인의 지혜'를 말한다.

270) 제갈량(諸葛亮: 181~234)은 후한(後漢: 東漢) 말기 삼국시대의 군사전략가로 자(字)는 공명(孔明)이며 치우천황이 청구에 도읍한 이래 전통적으로 병법의 고장이었던 산동성(山東省) 출신이다. 호북(湖北)의 융중산(隆中山)에 은거하며 스스로 관중(管中)과 악의(樂毅)에 비유하여 와룡(臥龍)이라 칭하여졌는데 건안 12년(207)에 유비(劉備)가 삼고초려(三顧草廬)하자 유비와 수어지교(水魚之交)를 맺고 그의 막하에서 중원을 도모하였다. 오(吳)의 손권(孫權)과 연합하여 적벽(赤壁)에서 위(魏)의 조조(曹操)를 대파하고 성도(成都)를 평정하였다. 장무(章武) 원년(221) 유비가 촉한(蜀漢)을 세워 제위에 오르자 승상(丞相)이 되었고 223년 유비가 죽자 후주(後主) 유선(劉禪)을 보필하며 부국강병책으로 삼국의 통일을 주창하였다. 위(魏)를 정벌하여 한실(漢室)의 부흥을 꾀하려 했지만 건흥(建興) 10년(243)에 위(魏)의 장수 사마의(司馬懿)와 대진하던 중에 오장원(五丈原)의 진중에서 병사(病死)하고 말았다. 공명의 전략은 상대의 마음을 공략하는 전술을 상책[攻心爲上]으로 삼았는데 맹획(孟獲)을 일곱 번 사로잡고도 놓아 준[七縱七擒] 고사는 유명하다. 인품이 맑고 사려가 깊어 통찰력이 뛰어났으며 성실·근엄하고 풍류를 좋아했으며 천문지리와 병법에 달통하여 나무로 소와 말을 만들어[木牛流馬] 군량을 나르고 팔진도(八陣圖)를 만들었다.

문학에도 조예가 깊어 '문집 25권'이 있었으나 대부분 산실되고 전·후 출사표(出師表)와 『제갈량집(諸葛亮集)』이 현존하고 있다. 그의 글은 숙성(熟誠)이 폐부로부터 솟아나 이루어진 명문으로 읽는 사람을 감동시킨다. 충무(忠武)라는 시호가 내려졌다.

271) 통수개(筒袖鎧)는 대통[竹筒]으로 만들어 갑옷처럼 소매에 차서 무장하는 것이다.

272) 도목(都穆: 1459~1525)은 명(明)나라 회화가(繪畵家)로 자(字)는 현경(玄敬)이다.

273) 『경국대전주해』에 '무릇 물건[凡物]의 순지(純至)를 정(精)이라 하고 치(緻)는 촘촘한 것[密]이다'고 하였다.

274) 가서(哥舒)의 단어는 지명(地名)·복성(複姓)·목명(木名)의 여러 뜻이 있으나 여기에서는 나무 이름이다. 가서목(哥舒木)으로 만든 노부(鹵簿) 의장(儀仗)의 일종을 가서봉(哥舒棒)이라고도 한다.

275) 북사(北使)는 북쪽나라에서 온 사신(使臣)인데 남쪽나라는 왜(倭)라고 하였으나 북쪽나라는 문장에서 정확하지는 않지만 당명(唐明)이라고 본다. 병기의 소재(素材)면에서 남북의 어느 나라에서의 것보다 우리나라에서 생산되는 것이 가장 우수한 것임을 나타내고 있다.

276) 일반적으로 병법(兵法)·병학(兵學)이라면 적과 싸워서 이기는 방법 또는 전쟁하는 방법으로서 여러 가지 전술 전략을 연구하는 궤도(詭道)의 학(學)이라고 이해한다. 그러나 병법은 인류가 공생(共生)하는 지혜와 신성(神性)을 잃어버리고 발달된 권도(權道: 임시변통)일 뿐이며 병법의 이면에도 역시 정도(政道)인 인의(仁義)에 근본(根本)하고 있다. 그래서 아군(我軍)의 희생을 최소화하는 것은 물론 적국 백성의 생명까지도 소중히 여기는 배려를 담고 등단장수의 5덕(五德: 仁信智勇嚴) 가운데에서도 인(仁)을 앞세우고 있다. 여기의 한 구절 '싸우지 아니하는 곳에서 완전한 승리를 꾀한다'는 것은 가장 최상의 병법이며 가장 이상적인 병학이 되어 병법의 최고 목표가 된다고 할 수 있겠다. 고대의 병서 『사마법』이나 『손자병법』에서 모두 이를 강조하고 있다. 『손자병법』《모공편(謀攻篇)》에서는 '무릇 용병(用兵)의 법은 적국을 온전히 하고 이기는 것이 최상이 된다[凡用兵之法 全國爲上]'하고 '백전백승(百戰百勝)이 최선인 것은 아니다. 싸우지 않고 적의 군사를 굴복시키는 것이 최선인 것이다[百戰百勝 非善之善者也 不戰而屈人之兵 善之善者也]'라고 하였다. 우리 민족은 동방에서 발원한 이래 누천년 동안 인간 중심의 문화를 창조하여 주변의 민족들에게 고도의 정신 문명을 전수하여 준 문화 민족이었다. 국력은 군사력만을 의미하는 것은 아니다. 싸우지 아니하고 전승(全勝)을 도모하는 대국(大國)이 되려면 문화 민족의 후예답게 모든 방면에서 국민 각자의 문화 인자를 깨워서 일류의 문화 국가를

창조하는 길밖에 없다고 본다.

277) 담을 쌓을 때 양쪽 끝에 세우는 나무를 정간(楨幹)이라 하고 집을 지을 때 세우는 기둥을 동량(棟樑)이라 하니 모두 사물의 근본을 가리키며 나라를 지탱하는 큰 인재를 말한다.

278) 간성(干城)의 간(干)은 방패(防牌: 盾)이며 성(城)은 성곽(城郭)·산성(山城)이란 뜻으로 나라를 지키는 믿음직한 인물과 군대 그리고 철통 같은 요새(要塞)를 가리킨다.

279) 금폭지란(禁暴止亂)은 상고로부터 내려오는 우리 선조들의 용병사상(用兵思想)의 핵심이라 할 수 있다. 하화인(夏華人)들이 군신(軍神)으로 추앙했던 치우천황(蚩尤天皇)의 후예 강태공(姜太公)이 지은 『육도(六韜)』의 《문도·상현》에 문왕(文王)이 태공(太公)에게 왕이 된 자의 도리를 물으니 태공이 말하기를 "만백성의 왕이 된 자는 현자(賢者)를 위로 하고 불초자(不肖子)를 아래에 두며[上賢下不肖] 성의(誠意)와 신뢰(信賴)가 있는 자를 중용(重用)하고 사위(詐僞)한 자를 물리치고[取誠信去詐僞] 폭력과 난동을 금지하고 사치한 행위를 막아야 한다[禁暴亂止奢侈]"라고 조언하고 있다.

280) 유가 정치의 3대 원칙은 정덕(正德)·이용(利用)·후생(厚生)이며 조선 후기 실학(實學)의 정치도덕의 이념도 『대학(大學)』 경문(經文)의 '덕본재말(德本財末)'을 근본으로 삼아 '정덕(正德)의 실현'으로 보고 있다. 정덕(正德)은 오상(五常: 仁·義·禮·智·信)의 올바른 덕이며 이용(利用)은 모든 자원(資源)을 활용하는 것이며 후생(厚生)은 의식주(衣食住)의 생활을 풍요롭게 하는 것이다. 정덕(正德)·이용(利用)·후생(厚生)은 나라를 다스리는 근본이 되는 세 가지 일[三事]이니 삼사를 유화 윤치(惟和允治)함으로서 만세영뢰(萬世永賴)가 가능하다고 보고 있는 것이다.『書經』《大禹謨》

281) 봄 사냥을 수(蒐)라 하고 가을 사냥을 선(獮)이라[여름 사냥은 묘(苗)·겨울 사냥은 수(狩)라고 함] 한다. 사냥은 역시 움직이는 목표물을 쏘아 맞히는 사격술과 실전에 응한 말의 훈련과 검열(檢閱) 등을 겸한 간접적인 군사 훈련의 한 방법이다.

282) 향음주례(鄕飮酒禮)는 온 고을의 선비들이 모여 읍양(揖讓)의 예를 지키며 술을 마시는 연회와 활쏘기대회를 겸한 고을 행사로 향사례(鄕射禮) 또는 향사(饗射)라고도 하였다. 지방의 장관(長官)이 봄과 가을에 고을의 어른들을 초청하여 연회를 베풀고 유생(儒生)들은 향약(鄕約)을 낭독하여 양풍미속(良風美俗)을 유지·진작하고 고을의 친목과 단결을 도모하며 청소년의 예절교육와 체위 향상 그리고 유사시에 대비한 군사 훈련 등 여러 가지 목적을 지닌 미풍양속이었다. 이러한 예속의 전통은 오늘날에도 시대에 맞는 적절한 방법으로의 계승이 요구된다.

283) 투호(投壺)는 사례(射禮)의 하나로 두 사람이 마주 서서 화살처럼 만든 청·홍색의 막대를 12개씩 가지고 약 2m의 거리를 두고 교대로 병속에 던져 넣어 수량과 점수로 승부를 가리는 오락이다. 당나라 이연수의 『북사』〈백제전〉과 『신당서』〈고구려전〉에 우리 선조들이 투호놀이를 즐겼음을 기록하고 있고 『예기』에도 《투호편》이 편명으로 들어 있으니만큼 그 의례가 자못 엄중하였음을 알 수 있다. 조선조 때는 궁중에서 성행하였고 조정에서 정월 첫 사일(巳日)과 중양절(重陽節)에 영수인(齡壽人)들을 예우하는 기로연(耆老宴)을 베풀고 여흥놀이로 투호를 하였다고 『용재총화(慵齋叢話)』에 기록되어 있다. 투호는 입투(入投)의 요령이 양쪽 어깨의 균형을 취하여 적절한 힘의 안배가 되어야 하고 여흥놀이를 통하여 몸가짐과 언행의 예절을 익히며 정확성과 집중력을 기르는 효과가 있었다. 퇴계 이황 선생은 투호를 마음을 바르게 하는 것이라 하여 '정심투호(正心投壺)'라 하고 학문 탐구의 여가에 심신수양과 정신 집중을 위하여 이용하였다고 전한다.

284) 축국(蹴鞠)은 가죽주머니로 만든 공에 등겨나 공기를 넣어 발로 차던 유희로 현대식 축구가 서양축구라면 축국은 동양의 고대 축구였다. 『당서』에 고구려 풍속에 축국이 있는데 사람들이 축국을 잘한다는 기록이 있고 『삼국사기』『삼국유사』에 신라 화랑이었던 김춘추와 김유신이 축국을 한 사실이 기록되어 있다. 왕운정(汪雲程)의 『축국도보(蹴鞠圖譜)』에는 다양한 축국 경기가 있고 일정한 구장(球場)없이 행하는 축국으로는 1~9인장까지 있고 인원 제한은 없으며 양편이 같은 수이면 되었다. 우리나라 『재물보(才物譜)』에서는 축국을 '제기차기'로 인식하고 있으나 『동국세시기(東國歲時記)』에서는 요즘 직장의 휴식 시간에 오락으로 행하는 족구(足球)로 기록되어 있다. 고려시대에 축국 경기를 무용음악으로 만든 '포구악(抛毬樂)'이 조선조말까지 전승되었다고 전한다.

285) 주관(周官)은 전국시대에 무명씨에 의해 정리된 『주례(周禮)』를 말한다. [또는 주(周)나라 초기 무왕(武王)의 아우인 주공단(周公旦: 일명 周公) 또는 성왕(成王)이 저술했다고도 함] 『주례』는 『의례(儀禮)』『예기(禮記)』와 함께 삼례(三禮)의 하나로 1. 천관총재(天官冢宰) 2. 지관사도(地官司徒) 3. 춘관종백(春官宗伯) 4. 하관사마(夏官司馬) 5. 추관사구(秋官司寇) 6. 동관사공(冬官司空 또는 冬官考工記)의 6편으로 구성되어 주나라의 설관(設官)·분직(分職)·용인(用人) 등의 관제(官制)를 상술하고 있다. 송(宋)나라 때 13경(經)의 하나로 편입되었다.

286) 임진왜란(1592)과 병자호란(1636)을 겪은 조선 후기의 사회는 피폐한 국가를 재건하기 위하여 도출된 국가지도 이념의 논리가 존주론(尊周論: 문화 중심국인 주나라를 존중하자는 논리인데 이 시대의 주나라는 명나라임)과 북벌론(北伐論: 청나라를 토벌하자는 논리)이었다. 그러나 1644년 주나라의 상징성을 갖고 있던 명나라가 멸

망하자 조선이 명나라를 대신하여 중화문화를 부흥하고 수호하자는 조선중화주의
(朝鮮中華主義)가 대두되었는데 이는 지역적 또는 종족적인 의미가 아니라 문화적
측면에서만이 동아시아의 문화 중심국이라는 의미이다. 즉 조선이 곧 주실(周室)이
며 중화문화질서의 중심 국가라는 자부심으로 조선의 고유문화를 창달하자는 것이
었다. 정조 17년(1793) 12월부터 3년 동안 국력을 기울려 추진한 수원(水原)의 화성
(華城: 中華의 都城이란 의미이며 1997년 유네스코에 의해 세계문화유산으로 지정됨)
신도시 건설도 이러한 지도 이념과 일맥상통하고 있는 정책이었다. 또한 북벌론도
시간이 지남에 따라 내치(內治)를 닦아 자강(自强)을 모색하는 방향으로 전환되었
고 정조대에는 오히려 청나라의 선진문명을 적극 도입하자는 북학 운동(北學運動)
이 일어나 조선중화사상의 시대적 한계를 보완하였고 정조는 규장각을 통하여 체
제 내에 수용하였다.

287) 이 내용들은 정조(正祖)의 국정 전반에 걸친 개혁 정치와 상공업에 의한 부국
강병과 실사구시(實事求是)・이용후생(利用厚生)을 주장하는 북학파(北學派)의 주
장과 관계된다. 정조는 규장각에 청나라는 정벌의 대상이 아니라 오히려 배워야 할
대상이라는 실학(實學)의 일맥(一脈)인 북학(北學)을 수용하여 박제가・이덕무 등
을 등용하였고 이 논고는 그들에 의하여 정리되었기 때문이다.

288) 우문(右文)은 문(文)을 숭상하는 학문 정치를 말하는데 사림들이 지향하는 공
론 정치의 이념을 실현하려 한 정조의 치세(治世)를 말한다. 정조는 즉위하면서 척
족(戚族) 등의 특권 세력을 비판하면서 등장한 청론사류(淸論士類)들을 등용하고 우
문지치(右文之治)를 새로운 정치 개혁의 명분으로 내걸어 규장각을 설치하였다. 우
존좌비(右尊左卑)의 사고에서 평시에는 숭문(崇文)하고 전시에는 우무(右武)한다는
것은 유가 전통의 사조였다. 경희궁(慶熙宮) 숭정전(崇政殿) 서쪽에 우문각(右文閣)
이 있다.

289) 조선 22대 임금으로 1776년부터 1800년까지 24년 동안 치세(治世)한 정조
(正祖: 1752(영조 28년)~1800(정조 24년))는 시련을 극복한 영명(英明)한 임금이며
조선조 3대 성군[世宗・成宗・正祖]으로 평가되고 있다. 정조의 이름은 산(祘)이며
자(字)는 형운(亨運), 호(號)는 홍재(弘齋)・만천명월주인옹(萬川明月主人翁)이다.
영조(英祖)의 둘째아들인 장헌세자(莊獻世子: 사도세자, 후에 장조(莊祖)로 추존됨)의
아들로 혜빈(惠嬪: 혜경궁) 홍씨(洪氏)를 어머니로 하여 1752년 9월 22일 창경궁 경
춘전(景春殿)에서 태어났다. 8세 때인 1759년(영조 35년)에 왕세손에 책봉되었고 11
세 때인 1762년 2월에 좌참찬 김시묵(金時默)의 딸과 가례를 올렸는데 그해 5월에
아버지 사도세자가 뒤주 속에 갇혀 세상을 떠났다.[壬午禍變] 임오화변이 있은 두 해
뒤인 1764년에 영조는 왕세손(정조)을 10세에 요절한 영조의 맏아들 효장세자(孝章

世子: 후에 진종(眞宗)으로 추존됨)의 후사로 정하였고 이로서 종통을 이어 즉위할 수 있었다. 1775년(영조 51년) 12월 7일 대리청정을 맡았으며 이듬해 3월 5일 영조가 승하하자 3월 10일, 25세의 나이로 경희궁 숭정문(崇政門)에서 즉위하였다. 즉위 당일 윤음(綸音)을 내리기를 '과인은 사도세자의 아들이다. 선왕이 종통을 중히 여겨 나로 하여금 효장세자의 뒤를 잇도록 명하였던 것인데 내가 전일 선왕께 올린 글월을 보면 불이본(不貳本: 뿌리가 둘일 수 없음)에 대한 내 뜻을 충분히 짐작할 것이다. 예(禮)를 비록 엄밀히 지키지 않으면 안 되지만 정(情) 역시 풀지 않고는 안 되는 것이니…' 하면서 자신이 사도세자의 아들임을 천명하였다. 생부 사도세자를 죽게 한 노론 세력이 정계를 주름잡고 있는 가운데 많은 정치적 위협을 극복하고 즉위한 정조는 규장각을 정비하여 문화 정치를 표방하고 노론 벽파 일당의 숙청을 단행하였다. 자신의 즉위를 방해한 작은 외조부 홍인한(洪麟漢)과 홍상간(洪相簡)·정후겸(鄭厚謙)·윤양로(尹養老) 등을 제거하고 사도세자를 비명에 죽게 하는 데 적극 참여하고 이미 죽은 김상로(金尙魯)를 삭탈관직하고 영조의 계비 정순왕후의 동생 김귀주(金龜柱)와 홍계희(洪啓禧)의 아들 홍지해(洪趾海)를 귀양·주살하고 사도세자를 무고한 영조의 후궁 숙의 문씨를 사사하고 그 오라비 문성국을 사형시켰다. 즉위 이듬해 정조를 시해하고 은전군(恩全君)을 추대하려다 발각된 홍상범(洪相範) 일당을 주살하였는데 끈질긴 벽파의 음모는 왕위까지도 위협하여 세손 시절부터 그를 경호한 홍국영(洪國榮)을 중용하고 훈련도감에서 무예에 숙련된 무사를 선발하여 숙위소를 세워 자신을 호위하게 하였다. 정조의 총애를 빙자하여 홍국영이 세도 정치를 자행하고 효의왕후의 독살을 시도하자 가산을 몰수하여 축출하고 친정 체제를 구축하였다. 규장각(奎章閣)과 장용영(壯勇營)을 신설하여 문무중용(文武重用)의 정책으로 권력을 국왕 중심의 친위 체제로 재편하여 민본의 일대 혁신 정치를 펴려고 주력하였다. 영조의 탕평책(蕩平策)을 계승하여 당쟁의 폐습을 조정하고 규장각에 검서관을 신설하여 능력과 학식 중심으로 인재를 등용하고 장용영을 창설하여 붕당과 연계되어 정치 군대가 되어 버린 오군영을 개혁하는 등 조선 사회 전반에 새로운 기풍을 일으키려 하였다. 정조는 천성(天性)이 총명하고 학문을 좋아하여 15년간 동궁(東宮)에 있을 때 매일 서연관(書筵官)과 더불어 경사(經史)를 토론하고 아침 일찍부터 밤늦게까지 학문에 열중하였으며 즉위한 후에도 창덕궁 후원에 규장각을 설치하여 학자를 뽑아[抄啓文臣] 각신(閣臣)에 임명하여 이들과 함께 학문을 토론하고 정치교화에 유익한 많은 서적을 편찬·간행하였다. 세손 시절부터 활자(活字)에 관심이 깊었던 정조는 임진자(壬辰字)·정유자(丁酉字)·한구자(韓構字)·생생자(生生字: 목활자)·정리자(整理字: 동활자)·춘추관자(春秋館字) 등을 개량·개발하여 인쇄술의 발달을 기하고 문물제도의 정비 작업으로『무예도보통지』『대전통편(大典

通編)』을 비롯하여 『속오례의(續五禮儀)』 『병학통(兵學通)』 『병학지남(兵學指南)』 『예진총방(隸陳總方)』 『이충무공전서(李忠武公全書)』 『증보동국문헌비고(增補東國文獻備考)』 『국조보감(國朝寶鑑)』 『문원보불(文苑黼黻)』 『규장전운(奎章全韻)』 『전운옥편(全韻玉篇)』 『동문휘고(同文彙考)』 『오륜행실(五倫行實)』 『추관지(秋官志)』 『존주휘편(尊周彙編)』 등을 출간하였고 몸소 찬수한 서적으로는 『팔자백선(八子百選)』 『주서백선(朱書百選)』 『오경백선(五經百選)』 등이 있으며 이밖에도 형구제도를 규정한 『흠휼전칙(欽恤典則)』과 수상록인 『일득록(日得錄)』 『일성록(日省錄)』이 있으며 자신의 저작물을 정리하여 그의 개인 문집인 『홍재전서(弘齋全書)』(184권 100책)를 남겼다. 정조의 업적은 규장각을 통한 문화 사업이 대종을 이루고 있는데 실사구시(實事求是)와 이용후생(利用厚生)을 목표로 하는 북학(北學)의 실학파를 규장각 검서관으로 등용하여 조선 후기 문화적 황금기를 이룩하고 장용영을 설치하여 오군영을 개혁하고 형정(刑政)을 개혁하여 악형을 금지시켰고 백성의 부담을 덜어 주기 위해 궁차징세법(宮差徵稅法)를 폐지하고 빈민을 구제하기 위하여 자휼전칙(字恤典則)을 반포하였으며 서얼들의 벼슬길을 열어 주기 위하여 서류소통절목(庶類疏通節目)을 공포하였다. 당시 정치 문제로 대두된 서학(西學)에 대하여 정학(正學: 성리학)의 진흥만이 서학의 만연을 막을 수 있다는 원칙으로 유연하게 대처한 것은 높이 평가된다. 또한 효성이 지극하여 외조부 홍봉한(洪鳳漢)이 생부의 죽음과 직접적으로 관련되지만 홀어머니를 생각하여 사면하고 당쟁에 희생된 생부의 원릉(園陵)을 수원의 화산(花山)으로 천장하고 왕릉의 규모로 조성하고 인근의 용주사(龍珠寺)를 개수하여 원찰(願刹)로 삼고 수원에 화성(華城)을 축조하고 화성행궁을 건설하고 유수경(留守京)으로 승격시키고 장용외영을 주둔시켰다. 정조는 성리학과 청(淸)의 건륭문화(乾隆文化)에 마음을 기울인 학자군주로서 다양한 학문을 포용하고 제학파의 장점을 수용하여 독자의 조선문화를 발전시켜 조선 후기 문예부흥을 일으켰다. 1800년 6월 28일 보령 49세의 일기로 창경궁 영춘헌(迎春軒)에 승하하였는데 그의 죽음의 원인은 발병한 종기의 악화인데 독살되었다는 설도 있다. 시호는 문성무열성인장효왕(文成武烈聖仁莊孝王)이라 하였고 능호는 건릉(健陵)이며 처음에 묘호(廟號)를 정종(正宗)이라 하였는데 1897년 조선의 국호를 대한제국으로 바꾸고 1899년(광무 3년) 12월 19일에 정조(正祖)로 고치고 황제로 추존하여 선황제(宣皇帝)로 하였다. 위에서 '만세승평(萬世昇平)'을 위하여 지과지화(止戈之化)에 영뢰(永賴)한다' 는 문장은 '武'의 글자에 나타난 전통의 용무사상과 철학으로 무(武)의 용도를 밝히고 『무예도보통지』의 찬술 정신과 정조의 교화 사상을 담고 있다고 할 수 있다. 문무(文武)의 진작(振作)을 통하여 백성을 교화한다는 정조의 교화 정치는 결국 상고시대로부터 내려오는 홍익인간(弘益人間)·이화 세계(理化世界)라는 교화 사상과 그 맥을 같이하고 있다. 비록 폭력(暴力)을 다스리는 것이 무력(武力)이라는 명분은 있지만 병법에서 사용되는 군사무예는 살상(殺傷)의 의얼(意孼)은 면할 수 없다. 따라서 '무(武)' 그 자체는 온전한 것이 아니며 예(藝)와 덕(德)으로 승화되어야만 하는 미완태(未完態)라고 할 수 있다. 정조가 군사무예의 표준 전범을 찬술하여 『무예도보통지』라고 명명한 것은 교화 정치의 한 방법으로 무예를 인식한 증거이며 유독 우리나라에서 '무예(武藝)'라는 명칭을 고집하는 이유가 무(武)에는 반드시 윤리 가치의 덕목이 첨가되어 공공 사회의 덕(德), 정의와 희생·인내·용서·화해 등의 아름다움으로 승화되어야 온전할 수 있다는 것으로 이해된다.

290) 후한(後漢)의 허신(許愼)이 찬(撰)한 『설문해자(說文解字)』에서 '武'의 글자를 해의(解義)하여 '지과위무(止戈爲武)'로 한 것은 동양권의 변할 수 없는 무(武)의 근본 의미이다. 여기에서 '화(化)'란 한 글자는 교화(敎化)·덕화(德化)·화육(化育)으로 새길 수 있는데 화육이란 천지자연의 이치로 만물을 길러 자라게 하는 것이다. 조선왕조는 성리학(性理學)을 국학(國學)으로 삼아 500년 이상 지속된 세계에 그 유래가 없을 만큼 장수한 국가인데 성리학의 통치철학은 명분(名分)과 의리(義理)를 밝혀 국민을 설득하는 것을 주요 골자로 한다. 통치 방식은 왕도(王道)와 덕치(德治)로써 인간의 자율성을 일깨우는 교화(敎化)의 방식이다. 교화란 사람을 가르쳐 감화를 통하여 선량(善良)하게 변화시키는 것을 말하는데 학업을 통하여 사람을 가르치는 것을 교(敎)라고 하고 행동으로 실천하여 모범을 보임으로써 사람다움을 권장하는 것을 화(化)라고 한다. 따라서 교화란 지식과 실천이 병행되어야 하고 교육보다 차원이 높은 인격 향상의 방식이기 때문에 지행일치(知行一致)의 경지에서만 가능하며 통치의 주체들은 먼저 수기(修己)하여 인격과 학문을 닦아 전인적 인간이 되어야 남을 다스리는 치인(治人)이 가능하게 되는 것이다.

291) 정3품의 문관(文官)을 상계와 하계로 나누어 상계를 통정대부(通政大夫)라 하고 하계를 통훈대부(通訓大夫)라 하였는데 조회(朝會) 때에도 전상(殿上)에 오를 수 없는 문관의 당하관(堂下官)이다.

292) 검서관(檢書官)은 규장각의 종7품의 벼슬이다. 서자 출신(庶子出身)의 학자(學者)를 대우(待遇)하기 위하여 신설한 관직으로 서적의 교정(校正)과 서사(書寫)를 담당하였다.

293) 정3품의 무관(武官)을 상계와 하계로 나누어 상계를 절충장군(折衝將軍)이라 하고 하계를 어모장군(禦侮將軍)이라 하였는데 무관의 당하관(堂下官)이다.

294) 시호(諡號)는 호(號)의 일종으로 왕을 비롯하여 국가에 큰 공훈을 세운 고관(高官)·유현(儒賢)·명장(名將)들의 사후(死後)에 평생(平生)의 업적(業績)을 참작하여 국가에서 지어 주는 칭호이다. 『설문해자』에 '시(諡)는 행한 일의 자취이다[行之

迹也]'라고 하였는데 한 사람이 일생 동안 행한 선악(善惡)의 행적(行蹟)을 단지 몇 글자로 압축하여 평가하는 것이다. 시호의 법은 선악을 엄정히 평가하여 후세 사람들에게 권면(勸勉)과 경계(警戒)를 나타내려는 것이었지만 후대로 내려올수록 선행(善行)과 공덕(功德)을 기리는 미시(美諡)만을 짓게 되었다. 시호를 지을 때 사용하는 글자와 그 글자를 시호에 넣을 수 있는 행적을 규정해 놓은 법칙을 시법(諡法)이라고 한다. 예를 들면 배우기를 부지런히 하고 묻기를 좋아하면 문(文)이라 하고[勤學好問曰文] 굳세고 사리에 바르면 무(武)라 하고[剛彊理直曰武] 일을 정성껏 처리하고 윗사람을 존중하면 공(恭)이라 하는[敬事尊上曰恭] 등 120개의 글자가 사용되었다.

295)「지지당집」은 평소 독서(讀書)로서 장령(將領)들의 품덕수양(品德修養)을 강조한 척계광(戚繼光) 장군의 시문집(詩文集)이다. 박학(博學)한 지식(知識)은 수신(修身)과 양성(養性)의 소양을 갖추게 되어 부하장병들로부터 신뢰(信賴)를 얻을 수 있으며 병학(兵學)을 숙지하여 영활한 병법(兵法)을 구사할 수 있기 때문이다.「지지당집」은 척계광이 계진(薊鎭)에 있을 동안 쓴 시문(詩文)으로《횡삭고(橫槊稿)》3권과《우우고(愚愚稿)》2권을 포함하고 있으며 그 내용은 시(詩)와 서계(誓戒)·제고(祭告)·주개(奏凱)·기행(紀行)·증답(贈答) 등의 문장으로 주로 정전 활동(征戰活動)과 이상(理想)을 담고 있으며 격률(格律)이 호장(豪壯)하고 강건(强健)하다. 계주(薊州)의 총리관서에 있었던 세 칸짜리 서재(書齋)의 당명(堂名)을 시문집의 명칭으로 하였는데 지지(止止)는 주역(周易)의 대축괘(大畜卦)의 의미를 취한 것이다. 대축괘(大畜卦)는 상괘(上卦)는 간(艮)이며 하괘(下卦)는 건(乾)인데 간(艮)은 산(山)이며 지(止)가 되고 건(乾)은 천(天)이며 건(健)이 되어 괘의 의미가 '건이지(健而止)'인데 본인의 처세를 강건(剛健)하나 망행(妄行)하지 않고 지(止)할 땐 지(止)하고 진퇴(進退)에 절도(節度) 있게 한다는 의미이다. 명(明) 만력(萬曆) 2년(1574)에 간본(刊本)이 이루어졌고 청(淸) 광서(光緖) 14년(1888)에 산동서국에서 중간되었다.

296)「우우고(愚愚稿)」상·하(上·下)는「지지당집」의 편명(篇名)으로 편입된 문장인데 그 내용은「대학(大學)」의 경문(經文)을 장재(將材) 교육에 맞추어 해설하고「무경칠서」의 병법에 대하여 심득체회(心得體會)한 것을 논술한 것이다. 우우(愚愚)란 당시 무장(武將)을 상지(上智)·하우(下愚)·우이우우(愚而又愚)의 세 종류로 나누었는데 스스로 자경자성(自警自省)하는 마음으로 겸칭(謙稱)하여 우우자(愚愚子)라고 한 데서 비롯된다.

297)「연병실기」는 척계광(戚繼光) 장군이 융경(隆慶) 3년 정월에 계진총병관(薊鎭總兵官)에 부임하여 계진에서 연병한 실천경험을 총결하여 9권(九卷)으로 연병(練兵)의 조령(條令)을 정리한 병서이다. 군대의 교육(敎育)과 관리(管理)·훈련(訓練) 등의 이론과 방법을 체계적으로 기술하여 1. 연오법(練伍法) 2. 연담기(練膽氣) 3. 연

이목(練耳目) 4. 연수족(練手足) 5.~8. 연영진(練營陣) 9. 연장(練將)의 9권과 《잡집(雜集)》 6권으로 구성되었는데 융경 5년(1571, 확실하지는 않지만 학계의 다수설임)에 책이 이룩되었다. 다만 《잡집》 6권이 『연병실기』 내에 포함되어 최후로 책이 완성된 것은 만력(萬曆: 1573~1620) 연간이다. 『연병실기』는 척계광의 오랜 경험과 심혈(心血)이 응취(凝聚)되어 있어 군사 교육의 정곡(正鵠)을 가리키는 침대성(針對性)과 실용성(實用性)이 매우 강하게 드러나는 병서이다. 『기효신서』와 비교하면 『신서』 18권이 남방의 보병 중심인 왜구를 상대로 절강(浙江)에서 사병(士兵)에 기준을 맞추어 연병한 항왜작전(抗倭作戰) 경험의 총결이라면 『실기』 9권은 북방의 기병 중심인 몽고 달단(蒙古 韃靼)을 상대로 계진(薊鎭)에서 장병(將兵)에 기준을 맞추어 연병한 항격몽고작전(抗擊蒙古作戰)의 경험의 총결이다. 『신서』를 계승하여 더 발전·제고되어 내용이 더 온전하고 새로우며 이론적 색체가 짙다. 《연병실기잡집》 6권 역시 계진연병(薊鎭練兵) 경험의 총결인데 군관(軍官)의 배양(培養)과 관리(管理), 무기(武器)의 형제(形制)와 제조(製造), 거·보·기영(車·步·騎營)의 편제(編制)와 장비(裝備) 등의 내용이 기재되어 있다. 『실기』 9권 《연장(練將)》에서 장령(將領)의 기본 소질(基本素質)로서 반드시 정대(正大)한 도덕(道德)·관리(管理)의 재능(才能)·명리(明理)한 학식(學識)·정습(精習)한 무예(武藝)를 구비하여야 된다고 강조하고 있다. 《잡집》 1권 〈연심기(練心氣)〉에서 '연심기(練心氣)는 연병지요(練兵之要)이다. 마음은 내기(內氣)이며 기(氣)는 외심(外心)이다.[心者內氣也 氣者外心也] 몸으로 솔선하는 방법[身率之道]로서 충의(忠義)의 이치[忠義之理]를 주창하며 정성으로서 진실에 감복[以誠感誠]하게 하여 전군(全軍)의 의지(意志)를 통일한다'라고 하였다. 곧 연병(練兵)의 요결은 연심(練心)에 있으며 전군(全軍)을 상하(上下)가 일치(一致)로 보조(步調)하여 만인일심(萬人一心)이 되게 하는 것이다.

298) 형개(邢玠)의 호(號)는 곤전(昆田)으로 산동(山東) 청주부(靑州府) 익도현(益都縣) 사람이며 융경(隆慶: 명나라 穆宗의 연호) 신미년(辛未年)에 진사가 되었다. 정유년(丁酉年)에 병부상서겸 도찰원우부도어사(兵部尙書兼 都察院右副都御史)로 손광(孫鑛)을 대신하여 10월에 압록강을 건너왔다가 무술년(戊戌年) 3월에 돌아갔으며 7월에 다시 와 경성에 머물다 기해년(己亥年) 5월에 돌아갔다. 성품이 관대하고 온화하였으며 군무(軍務)에 대해서는 일체 경리 양호(楊鎬)의 말을 들었다고 한다.

299) 명대(明代)의 한림원(翰林院)은 저작(著作)·수사(修史)·도서(圖書) 등의 사무를 맡았던 외조관서(外朝官署)였으며 대조(待詔)는 장소문사(章疏文史)의 교정(校正)을 맡은 하급 관리였다.

300) 손승종(孫承宗: 1563~1638)의 자(字)는 치승(稚繩) 또는 개양(愷陽)이며 호(號)는 유성(維城)으로 명(明)나라 고양(高陽) 사람이다. 만력(萬曆) 32년에 진사(進

士)되어 천계(天啓)초에 병부상서(兵部尙書)가 되었다. 청병(淸兵)이 요양(遼陽)· 광녕(廣寧)을 공파(攻破)했을 때 원관(原官)의 독리군무(督理軍務)를 자청하여 둔전(屯田)으로 연병(練兵)하고 성보(城堡)를 수축(修築)하고 금주(錦州)· 송산(松山)과 대소능하(大小凌河)에 장수를 파견하여 지키도록 하였다. 청병에 의하여 고양이 공취당하고 자손 10여 인이 모두 전사하였다. 『명사(明史)』에 전(傳)이 있다. 모원의(茅元儀)는 천계 원년(1621)에 『무비지』를 완성하여 병법에 밝다고 명성이 높아지게 되었고 조정의 부름을 받아 관직에 나아가게 되었고 손승종을 따라 요동에서 군사를 통솔하여 후금(後金)의 남침을 막게 되었다.

301) 『경국대전주해』에 '강개(慷慨)는 순수한 마음을 다하는 것[竭誠]이다. 또는 호방한 기개로 얽매이지 않은 소탈한[偶儻] 모습인데 척당(倜儻)을 논의(論議)하여 말하는 것이다' 라고 하였다.

302) 『무비지』는 명나라의 내우외환을 극복하고 부강강병을 실현하기 위하기 모원의(茅元儀: 1594~1640)가 조부(祖父) 때부터 수집한 2천여 권의 병서에서 발취·집성(輯成)하여 천계(天啓) 원년(元年: 1621년)에 간행한 방대한 군사 유서(類書: 일종의 백과사전)이다. 그 내용은 1. 병결평(兵訣評) 2. 전략고(戰略考) 3. 진련제(陣練制) 4. 군자승(軍資乘) 5. 점도재(占度載)의 5부 240권으로 구성되어 있다. 병결평(兵訣評: 1권~18권)에서는 『무경칠서』와 태백음경(太白陰經)· 호검경(虎鈐經)의 9종의 병법서에서 정(正)과 화(花)를 기재하였고 전략고(戰略考: 19권~51권)에서는 춘추시대에서 원대에 이르는 전례(戰例)를 기재하고 진련제(陣練制: 52권~92권)에서는 진(陣)과 연(練)으로 나누어 진(陣)에서는 각종 진법(陣法)과 진도(陣圖)를 그렸고 연(練)에서는 군사의 선발과 훈련 방법· 무예의 실기를 기재하였다. 군자승(軍資乘: 93권~147권)에서는 영(營)· 전(戰)· 공(攻)· 수(守)· 수(水)· 화(火)· 향(餉)· 마(馬)의 8종을 기재하고 점도재(占度載: 148권~240권)에서는 점(占)과 도(度)로 나누어 점(占)에서는 일(日)· 월(月)· 성(星)· 운기(雲氣)· 풍우(風雨)· 뇌전(雷電) 등과 오행(五行)· 태을(太乙)· 기문(奇門)· 둔갑(遁甲)· 대육임(大六壬) 등의 음양 점복을 기재하였고 도(度)에서는 방여(方輿)· 진수(鎭戍)· 해방(海防)· 강방(江防)· 사이(四夷)· 항해(航海)의 6종을 기록하였다. 이 병서는 군사사(軍事史)와 무술사(武術史) 연구에 매우 가치 있는 서적임에도 불구하고 후금(後金) 정권에 대한 적대감과 스러져 가는 명의 부흥을 꾀하는 목적에서 이루어진 병서였기 때문에 청대에는 금서총목(禁書總目)에 들어 청의 건륭제 때 천하의 책을 모았다는 『사고전서(四庫全書)』에도 들지 못하였다. 그러나 이 병서 가운데에는 우리의 고대무예와 직접적인 관련이 있는 부분이 있으니 무예실기의 부분이 기재된 3. 진련제(陣練制)편의 9권(84권~92권)에 이르는 부분이다. 이 9권은 궁(弓)· 노(弩)· 검(劍)· 도(刀)· 창(槍)· 당파

(鋭鈀)·패(牌)·낭선(狼筅)·곤(棍)·권(拳)·비교(比較)를 싣고 있는데 이 중에서 대부분은 『기효신서』의 내용을 그대로 옮겨 싣고 있으나 특별히 86권의 교예삼(敎藝三)에 기재되어 있는 《조선세법》은 자체로 온전한 체계를 갖추고 있는 고검보(古劍譜)로서 다른 서적에는 없는 매우 희귀하고 귀중한 자료이며 지금도 한·중·일 무예계에서 중시하고 있는 유일한 한국 고유의 무예 자료이다. 그런데 요즘 중공에서 들어오는 자료[중국무술대사전, 무학탐진(武學探眞) 등]들을 보면 근 400년 전에 '조선 검세의 법'이므로 《조선세법》이라 명명(命名)한 것을 아무런 근거 자료의 제시도 없이 중국에서 조선으로 건너간[傳到] 중국의 고로검보(古老劍譜) 가운데 하나라고 주장하고 있다. 그 이유가 세법(勢法)이란 용어가 중국검법의 전통용어이며 세명(勢名) 가운데 군란(裙襴)·체보(掣步)·직부송서(直符送書)·조천세(朝天勢)·수두세(獸頭勢) 등이 명대각가(明代各家)의 창곤권보(槍棍拳譜)의 용어[詞語]이고 보(譜) 가운데에 수상(繡像: 섬세하게 그린 화상(畫像))한 인물이 명대의 복식(服飾)이라는 것인데 그러한 근거는 설득력이 없다. 먼저 모원의 삼대가 수집한 병서는 고병서(古兵書)이지 명대의 병서가 아님을 알아야 한다. 세법(勢法)이란 용어는 동양권 무예의 용어이지 중원검법에 국한된 용어가 아니다. 세명(勢名)에서도 군란(裙襴)이란 통치마는 고대의 문물을 원형에 가깝게 보존하고 있는 일본 무사들의 옷차림에서 더 잘 보이고 있고 고대무사들의 옷차림으로 사료된다. 직부송서(直符送書)는 고대병가의 용어로 명대의 무술만 아니라 병장무술에서 쓰는 용어이며 조천세(朝天勢)는 천자(天子)에 조례(朝禮)한다는 뜻인데 천자사상(天子思想)은 오히려 중원의 학자들이 말하듯이[후한, 채옹(蔡邕:133~192)의 『독단(獨斷)』 '天子之號稱 始於東夷 父天母地 故曰 天子'] 천제(天祭)를 받드는 동이(東夷)의 군왕(君王)을 칭하여 천자라고 하며 하느님을 본신(本神)으로 삼고 천지인(天地人)의 삼재(三才)를 일체(一體)로 삼았던 우리 겨레의 철리(哲理)에 합당한 용어이다. 수두세(獸頭勢)는 짐승의 머리를 말하니 고대 자연 속에서 무예를 단련하면서 생겨났으며 중간의 높이를 기준으로 직자(直刺) 또는 횡격(橫擊)하는 세(勢)의 용어이지 명대에 무술가들만이 쓰던 용어는 아니었다. 모든 세명(勢名)과 〈검결가(劍訣歌)〉의 용어도 동이문화(東夷文化)에 더 합절(合節)한 내용인 것이다. 오히려 중원을 무대로 활동한 고대 동이무예의 자취가 명대각가의 무술 형태에 스며들어간 흔적들인 것이다. 『무비지』에 나타난 그림들은 『기효신서』가 다르고 『왜한삼재도회』가 다르고 『무예도보통지』가 다르니 도회(圖繪)는 그 나라와 시대 정황에 맞게 그리는 것이다. 『무비지』의 《조선세법》은 명명(命名)한 그대로 '조선검법(朝鮮劍法)의 초세(招勢)'이며 고대 또는 상고시대 우리 민족무예의 정형(定型)을 짐작할 수 있는 검보(劍譜)이다. 지금 중공의 학자들이 주장하고 있는 명조(明朝)에 전수되어 갔다[傳去]는 내용의 실상은, 왔다면 조선조에 우리 병서나

무예서에 기록되었다가 다시 중원에 흘러 들어가 『무비지』를 편성할 때 기록되었다는 말인데 모원의가 발췌를 밝혀야 하는 과정에서 어쩔 수 없이 《조선세법》이라고 명명(命名)한 의의와 병서편찬과 무예 전수라는 시기적 상정으로도 도무지 맞질 않는다. 지금은 다만 고구려의 무예를 고려가 계승하여 재정립된 『김해병서(金海兵書)』〔처음 편찬시는 『武略之要訣』임〕 등이 원(元)이 고려를 공략할 때 유실되어 모원의 수집병서 목록에 들어가지 않았을까라고 추측할 뿐이다. 그러나 문서의 구성의 꽉 짜여진 체계로 설계되어 있고 용자(用字: 글자의 사용)에 완벽성이 보이는 것은 《조선세법》과 《권법》의 〈32세 장권〉과 동일하다. 정충두의 『소림곤법천종』 등과 비교하면 그 차이는 매우 확연하다. 〈32세 장권〉은 지금 중국무술연구가들[金一明・萬籟聲]도 그 유래가 너무나 오래되어 기원을 알 수 없다고 하고 있다. 학술에서 확신만으로 성립되는 것은 아니지만 이 두 문서는 최소한 단군조선의 시기에 이미 패권(覇權)의 시대가 시작되어 우리 조상들이 겨레를 보존하려고 만들어진 문서가 확실하다고 본다. 무예는 국민의 정신과 신체를 배양하며 나라의 역사와 문화를 수호하는 근원의 힘이 도출되는 원천이니 문화 국가를 지향하는 우리나라 헌법 규정에 따라 정부는 무예의 전문 인재를 양성할 의무가 있음을 잊어서는 안 되겠다.

303) 을람(乙覽)은 임금이 글을 보는 것인데 당(唐) 문종(文宗)이 "갑야(甲夜)에 일을 처리하지 않고 을야(乙夜)에 책을 보지 않는다면 어떻게 임금이라 하겠는가?"라고 한 데서 온 말이다. 갑야는 하룻밤을 다섯으로 나누었을 때 밤 7시부터 9시 사이이며 을야는 밤 9시부터 11시까지이다.

304) 한국무예원 해범(海帆) 선생은 『권법요결(拳法要訣)』에서 '담(膽)이란 험난한 난관도 두려워하지 않고 용감하게 나아가는 의지(意志)이며 기예를 확실히 발휘하는 것을 보증한다' 고 하였고 『무당권정요(武當拳精要)』에서는 '담대(膽大)한 것은 능히 패(敗)를 승(勝)으로 바꾸며 약(弱)이 도리어 강(强)이 될 수 있다. 기예는 낮지만 담이 활발한 사람이 기예는 높지만 담이 작은 사람을 이길 수 있다' 고 하였다. 역대(力大)는 기교(技巧)를 이길 수 있다. 정(精)은 기예의 정교・정밀함이며 쾌(快)는 초식 변화의 빠름인데 정(精)과 쾌(快)는 기교(技巧)이다. 『무예도보통지』 「권법보」에 '만약 상대와 겨룰 때 먼저 담이 없으면 스스로의 눈이 날카롭고 손이 민첩하여도 쓸모없는 것이다' 라고 하였다. 척계광(戚繼光: 1528~1588)은 '담기(膽氣)의 연마(練摩)는 연병(練兵)의 근본이다.[練膽氣乃練之本] 기(氣)는 밖으로 발하지만 마음에 뿌리하니[氣發于外 根之于心] 연심(練心)하면 기는 저절로 장대해진다[練心則氣自壯]' 고 인식하였다. 『병학지남연의』에 '왕명학(王鳴鶴)이 이르기를 무예가 정밀[藝精]하면 담이 장대[膽壯]해지고 담장(膽壯)하면 군사가 강성[兵强]해진다고 하였는데 참으로 확실한 말이다' 라 하였다.

305) 한교 선생이 조선의 무예를 개창(開刱)하였다는 것은 『무예제보』에 보이는 바 세(勢)와 세(勢)를 공수(攻守)에 맞추어 연결하여 이습(肄習)하는 보(譜)[連習譜]를 창안한 데에 있다. 『기효신서』에 기재된 무기(武技)는 세(勢)의 나열에 그치고 있는데 각 세의 형용(形容)에 담긴 신기(神機)와 용법(用法)을 완전히 숙지하지 못하면 새로운 보(譜)를 창안할 수 없다. 이러한 세(勢)를 목적에 따라 재구성하는 것은 무예를 이해하는 사람마다 다를 수 있다. 여기에서의 연습(連習)은 장창전보(長槍前譜)와 장창후보(長槍後譜)의 연결, 즉 24세의 연결이며 앞의 연습(連習)은 한교 선생이 밝혀 낸 후보(後譜)에 기록된 12세의 연결이다.

306) 소문(小門)과 대문(大門)은 전통적 병가(兵家)와 무가(武家)에서 교예 단련(較藝鍛鍊)의 편리를 위하여 인체(人體)를 구분하여 대비(對比)하여 표현하는 용어이다. 소문(小門)은 좌우측면(左右側面)이나 고저(高低)로 보면 대체로 낮은 두 넓적다리[兩腿] 사이를 가리키고 대문(大門)은 정중면(正中面)이나 대체로 높은 두 팔[兩臂]이나 흉복(胸腹) 사이를 가리킨다. 소문(小門)을 변문(邊門)·편문(偏門)·측문(側門)이라고도 하며 대문(大門)은 홍문(洪門)·정문(正門)·이문(裏門)이라고도 하는 바 그 의미가 명료하다. 본문에서 '앞[前]이 곧 왼쪽[左]이고 뒤[後]가 곧 오른쪽[右]입니다' 라고 한 것은 우기좌혈(右氣左血)한 보통 사람이 병기를 들고 좌궁전보(左弓箭步)로 대적하여 섰을 때 마주한 사람의 기준으로 말한 것이다. 명나라 하량신(何良臣)이 지은 『진기(陣紀)』《기용(技用)》에 '대문·소문에 정기(正奇: 정공법과 기습법)를 숨긴다[藏]'고 하였다.

307) 도야(都爺)는 명대 도찰원(都察院)의 장관(長官)을 속칭(俗稱)하는 말인 '도로야(都老爺)'를 줄인 말이며 여기에서는 정유재란(丁酉再亂)[선조 30년, 1597] 때 경략조선군무사(經略朝鮮軍務使)로 파견되어 온 양호(楊鎬: ?~1629)를 지칭한 듯하다. 서선(西旋)은 고향으로 회군(回軍)하여 돌아가는 것이다.

308) 기격(技擊)은 병가사류(兵家四類: 권모·형세·음양·기교) 가운데에서 기교(技巧)에 속하는 것으로서 훈련된 군사의 박투·격자(搏鬪·擊刺)의 기술이며 무예(武藝)·무술(武術)·재력(材力)이라고도 한 것이다.

309) 연병(練兵)의 목적은 만인일심(萬人一心)할 수 있는 정예군사(精銳軍士)의 양성에 있으며 그 방법은 연심(練心)과 절제(節制)로 한다. 훈련의 동기를 부여하는 연심(練心)은 심기(心氣)를 장대(壯大)·용감(勇敢)하게 하고 행동을 하나로 정연하게 통일시키는 절제(節制: 節度와 制式)는 전군(全軍)의 전투력을 하나로 모으는 것이 된다.

310) 초(楚)나라 군사는 공격하는 전투기술이 뛰어났으며 제(齊)나라 군사는 통제가 잘된 절제된 군사였지만 흥망(興亡)은 결국 운용하는 지휘관에 달려 있다는 것이다. 『순자(荀子)』《의병(議兵)》에 '제(齊)의 환공(桓公)·진(晉)의 문공(文公)·초(楚)

의 장왕(莊王)·오(吳)의 합려(闔閭)·월(越)의 구천(句踐)의 오패(五覇)는 모두 조화 통일된 군사[和齊之兵]로 왕병(王兵)에 들었다고 할 수 있겠지만 인의(仁義)의 본통(本統)은 얻지 못하였으므로 패자(覇者)는 되어도 왕자(王者)는 될 수 없습니다. 이것이 강약(彊弱)의 효용입니다' 라 하였고 '제(齊)는 기격(技擊)을 숭상하여 개개의 무술은 뛰어났어도 위(魏)의 무졸[武卒: 일정한 기준으로 선발[度取]하여 무장한 군사]를 당하지 못하며 위(魏)의 무졸(武卒)은 진(秦)의 예사[銳士: 은상(恩賞)과 형벌(刑罰)로서 단련시킨 군사]를 당하지 못하며 진(秦)의 예사(銳士)는 환문[桓文: 제(齊)의 환공(桓公)과 진(晉)의 문공(文公)]의 절제[節制: 절도로 통제가 되어 있는 군사]를 당하지 못하며 환문(桓文)의 절제(節制)는 탕무[湯武: 은(殷)의 탕왕(湯王)과 주(周)의 무왕(武王)]의 인의[仁義: 예교(禮敎)와 충절(忠節)로서 단결된 군사]에는 당할 수 없습니다' 라고 순자(荀子)는 말하고 있다. 본문에서 인재[人]란 『병학지남연의』에서 이르는 '권병(權柄)을 장악하는 방법은 오직 사랑[愛]과 위엄[威]일 뿐이다. 덕(德)으로서 인도하고 예(禮)로서 통일시킨다' 라고 하였으니 이러한 이치를 체득하여 실천할 수 있는 지휘관이다.

311) 여기에서의 학(學)이란 병학(兵學)을 말하는데 『병학지남연의』에 '대오(隊伍)를 편성(編成)[編伍]하여 연습(練習)하는 것을 병(兵)이라 하고 전수[授]받아서 아는 [知] 것을 학(學)이라 하며 주(註)에 '학(學)은 본받아서[效] 알고[知] 능(能)하려는 것이며 높은 경지를 구하는[求至] 것이다' 라고 하였다. 일부지적(一夫之敵)은 한 사람과 대적하는 혈기(血氣)의 용맹이나 병법에서 장막 안에서 지모(智謀)를 내는 한 사람의 장수를 상대하는 병학(兵學)을 말한다. 『사기(史記)』 《항우본기(項羽本紀)》에 항우는 어려서 글을 배우는 데[學書]도 성취 못하고 검술을 배우는[學劍] 것도 성취 못하여 숙부 항량(項梁)이 꾸짖으니 항우가 대답하길 '글이란 성명만 쓸 줄 알면 됩니다. 검(劍)은 한 사람을 대적하는 데 지나지 않으니 배우기에 부족합니다. 저는 만인(萬人)을 상대[萬人敵]하는 것을 배우고 싶습니다. 하니 항량은 항우에게 병법(兵法)을 가르쳤다'고 하였다. 그러나 병학도 지모(智謀)의 싸움으로만 본다면 결국 한 사람을 대적하는 데 지나지 않는다. 그러나 『무예도보통지』 《병기총서》〈안설〉에서 말한 바 '지과지화(止戈之化)하여 만세승평(萬世昇平)의 세월을 영뢰(永賴)' 하는 데 쓰여진다면 병학(兵學)은 온 백성을 위한 학문이 되는 것이다. 여기 본문과 역시 〈안설〉에서 표현한 『무예도보통지』 찬술 정신의 하나인 '위국(衛國)과 보민(保民)' 의 정신을 계승하기 위해서도 오늘날 전통무예는 양생무학(養生武學)으로 발전되어야 하며 심신수양(心身修養)이야말로 시대를 막론하고 변할 수 없는 무예의 본질[體]이며 가치이기 때문이다.

312) 호관(號官)은 명대 호군(號軍)의 무관직이다. 명대의 과거(科擧)에서 시사(試

士)하는 장소를 공원(貢院)이라 하고 과거 보는 사람들이 드나드는 방사(房舍)를 호방(號房)이라 하였다. 대리 응시[槍替]와 시험장에 종이쪽지 등을 건네는[傳遞] 부정행위를 방지하기 위하여 군역(軍役)을 파견하여 호방(號房)을 간수(看守)하게 한 군사(軍士)가 호군(號軍)이다. 천총(千摠)도 역시 무관직의 관명(官名)이다. 명나라 초기에 경군(京軍)인 삼대영(三大營)에 총관(摠管)인 파총(把摠)을 두어 각지의 모든 군사를 예속시켰고 가정(嘉靖: 1522~1566)년간에 천총(千摠)의 직(職)을 더 설치하여 모두 공신(功臣)들이 담임(擔任)하였다. 그러나 날이 갈수록 그 직권(職權)이 가벼워져서 청나라에서는 하급무직(下級武職)이 되어 버렸다. 조선에서도 천총의 제도를 설치하였는데 각 군영에 소속된 정3품의 무관직이었다.

313) 한국무예원 해범 선생은 『권법요결』에서 '신법(身法)이란 권법(拳法)을 수련하는 관건으로 몸통[軀幹]의 움직임을 말한다'고 하였는데 『무예도보통지』《권법》에서 '수족을 활동[活動手足]하여 지체를 부지런히 하는 습관[慣勤肢體]인 권법은 처음 배우는 사람이 무예에 입문하는 문이 되기[爲初學入藝之門]' 때문에 권법으로 표현하였다. 신법은 몸통을 영전(擰轉: 비틀고 회전함) · 신축(伸縮: 펴고 웅크림)하여 경력(勁力: 무예로 단련된 힘)을 축발(蓄發: 모으거나 튕겨냄)을 서로 바뀌게 하는 것이다. 즉 요퇴(腰腿: 허리와 넓적다리)를 축심(軸心)으로 삼아 상체(上體)와 상하사지(上下 四肢)가 수레바퀴가 움직이는 것처럼 서로 긴밀하게 배합 · 연결되어 좌선우전(左旋右轉)하는 변화가 영활(靈活)하고 편신(遍身: 몸 전체)에 착력(着力: 힘이 실림)하여 공방(攻防)을 펼쳐내는 무예의 요령(要領)이다.

314) 요법(腰法)은 무예의 신법(身法)에서 세분화된 신체 율동(律動)의 규범이라 할 수 있다. 『권법요결』에서 신법에서의 주의점으로 함흉발배(含胸拔背: 가슴은 자연스럽게 오므리고 등은 뽑듯이 펴서 통배(通背)가 되게 함) · 척추중정(脊椎中正: 무예의 彈勁은 脊椎에서 發[脊發]하므로 중정되어야 함) · 활요(活腰: 허리의 영활은 공격과 변화에 能하게 함) · 기침단전(氣沈丹田: 하체가 安定되고 堅實하여 靈活하려면 氣는 下沈되어야 함)의 요건을 제시하고 있는데 모두 요법(腰法)이 된다. 허리는 상하지체(上下肢體: 四肢)의 추뉴(樞紐)이므로 유연하고 견실한 허리의 율동은 신체의 협조성(協調性)과 통일성(統一性)을 제고한다. 무예에서 '뿌리[根]는 각근(脚跟)에 있고 허리[腰]에서 주재(主宰)하여 요퇴(腰腿)에서 발경(發勁)하며 수지(手脂)에서 행사(行使)된다'는 말은 권종(拳種)과 문파(門派)를 막론하고 통용된다.

315) 『권법요결』에서 '수법(手法)은 상지(上肢) 전부분의 운용을 가리키는 것이며 어깨[肩]: 靠] · 팔꿈치[肘]: 短打] · 손목[腕: 帶 · 切] · 손[手: 拳掌鉤 衝推摟] · 손가락[指]: 點] 모두의 움직임이 그 안에 속한다' 하였다. 수법(手法)도 요법(腰法)처럼 신법(身法)의 활편(活便: 활발하여 便捷함) 요령인 삼절법(三節法)의 숙련과 함께 능숙해

주석 및 해설 607

질 수 있는데 다만 편리(便利: 빠르고 날카로움)로서 상대의 요해를 치는 타법(打法)을 주(主)로 삼는다. 또한『권법요결』의《신법(身法)》에서 '뛰어난 공격력을 연마해 내려면 반드시 빠름[快]의 공부(功夫)에 역점을 두어야 한다. 빠르다[快] 함은 곧 피부가 불길에 접촉했을 때의 화급함에 비유할 수 있고 번개의 신속함에 비유할 수 있으니 우선 신법(身法)이 영활하고 빨라져야만 손과 발이 바람과 같이 빨라질 수 있게 된다' 하였다. 무언(武諺)에도 유사한 말이 있으니 '출수(出手)는 방전(放箭: 쏜 화살)과 같고 회수(回手)는 화소(火燒: 불에 댐)와 같다' 는 것은 수법의 특성을 나타내고 있는 것이다.

316) 족법(足法)은 보법(步法)과 퇴법(腿法)을 포괄하고 있다. 발을 들어 옮기면 보법(步法)이 되고 차면 퇴법(腿法)이 되기 때문이다.『권법요결』의《보법》에서 '보법(步法)은 걸음을 옮기는 일정한 규칙과 방향에 따라 변환하는 방법을 말한다. 인체를 이동시키고 출수(出手)와 타권(打拳)의 바탕이 되며 보법의 영활함은 민첩성의 기초가 된다. 퇴법(腿法)의 수련도 보법(步法)을 강하게 하는 수단이 된다'고 하였다. 또한《퇴법》에서는 '퇴법(腿法)은 다리[脚]와 발[足] 전부를 가리키는 것이며 허벅지[腿]·무릎[膝]·발등[脚面]·발가락[脚尖]·발바닥[脚掌]·발뒤꿈치[脚跟]를 모두 포함한다' 고 하였다.

317) 공이(公移)는 '공문(公文)의 이송(移送)'을 뜻하며 서로 통속(統屬) 관계에 있지 아니한 관서(官署)의 문서(文書)를 통칭한 말로 간인(刊印)을 위하여 문서를 작성하여 넘기는 일이다.

318) 주해(籌海)는 명(明)나라 동남(東南)의 연해(沿海)에서 왜구(倭寇)를 평정하고 해강(海疆: 연해 강역)을 방어하기 위한 운주(運籌: 兵略)라는 뜻이다. 명(明)나라 가정(嘉靖) 40년(1562)에 호종헌(胡宗憲: ?~1565)과 그의 막료 정약증(鄭若曾)이 지도책(地圖册)으로『주해도편(籌海圖編)』을 간행하였는데 이 책의 중간본(重刊本)인 듯하나『주해중편』이란 서적은 유실된 듯하다. 여기에서부터 '신절복유념(臣竊伏惟念)'으로 시작되는 한교 선생의 진설(進說) 전까지는『무예제보』에서는「무예교전법(武藝交戰法)」이라 하여「기예질의」와 편(篇)을 나누고 있다.

319) 교사(教師)는 오늘날 교관(教官)에 해당하는 군사무예를 전수하는 사람에 대한 존칭이다.

320)『기효신서』에서 대당(大當)·소당(小當)의 '당(當)'의 글자는 음률(音律) 중의 박자의 자리[曲中之拍位]와 같다'고 하였는데 돈좌(頓挫: 음률을 갑자기 바꿈)하여 위에서 아래로 직파(直破)하는 공격법이다. 압(壓)은 상대의 무기가 닿으면 아래로 눌러 화해(化解)시키는 방어법이다. 상대가 대압(大壓)하면 나는 상하(上下)·내외(內外)로 음양(陰陽)을 선전(旋轉)하여 소당(小當)하고 상대가 소압(小壓)하면 나는

대당(大當)으로 맞서게 되니 '이 네 가지가 서로 연결[四者相連]되어 고리처럼 끝이 없다[如環無端]'고 한 것이다. 낭선(狼筅)은 길고 무거워 창(槍)처럼 정교한 세(勢)를 운용할 수는 없지만 단순하면서도 온전한 당파(鎲鈀)의 용법을 취하여 창을 이길 수 있다는 내용이다.

321) 『검경(劍經)』은 명(明)나라의 복건총병(福建總兵)으로 동남 연해에서 왜구를 막았던 유대유(兪大猷: 1503~1580) 도독(都督)의 저작이다. 군사 훈련의 실전에 가치가 있어 『기효신서』 『무비지』에 수록되었고 명장(明將) 하량신(何良臣)의 『진기(陣記)』에서도 '곤법(棍法)의 묘(妙)는 유대유의 『검경(劍經)』에서 다 보이고[盡] 있다'고 하는 등 병서(兵書)에 원용되었을 뿐만 아니라 남소림무술(南少林武術) 등의 민간무술의 발전에도 큰 영향을 주었다. 책 이름은 '검경(劍經)'이라 하였지만 남방(南方)의 곤기(棍技)를 위주로 천술(闡述)하였는데 이것은 그가 학습한 기예는 형초장검(荊楚長劍)인데 당시의 천주(泉州) 사람들은 곤(棍)을 장검(長劍)으로 칭하였기 때문이라는 설이 있다. 여기에서 유래한 유가곤법(兪家棍法)이 『기효신서』에 편입(編入)되었고 『무예제보』에서 발췌하여 곤보(棍譜)로 정리되었다.

322) 『병학지남연의』에 '귀가 있다고[有耳] 말하는 것은 사람마다 모두 듣는다는 [共聞]는 뜻이다'라 하고 '처음 나오는 것을 성(聲)이라 하고[始發曰聲] 귀에 받아 울리는 것을 향(響)이라 한다[應耳曰響]'고 하였다. 여기에서 일성(一聲)이 울린다는 것은 상대와 곤(棍)을 부딪치며 교전(交戰)할 때 나는 발성음(發聲音)이며 천금(千金)의 가치가 있다는 것은 이때야말로 구력(舊力)이 약과(略過)하고 신력(新力)이 미발(未發)한 때이므로 상대의 곤을 전개(剪開)하면 상대는 방어의 세를 잃어버리고 나는 상대의 점곤타수(粘棍打手)를 방지하면서 노출된 공당(空檔: 동력이 없는 중립의 세)을 타고 들어가 친다는 것이다. 이 문장에서의 직(直)의 글자는 가치(價値)·대가(代價)라는 의미이며 제(踶)의 글자는 하천의 제방(堤防)이란 뜻으로 제(堤)와 같은 글자이며 방비(防備)라는 의미이다.

323) 『병학지남연의』에 『자휘(字彙)』에 게발[蟹足]처럼 하는 것을 궤(跪)라 한다고 하였으니 두 무릎을 땅에 붙이고[兩膝着地] 몸을 세우는[立身] 것이다'라 하였고 '말에서 내려 무릎 꿇고 앉는 것을 궤(跪)라고 한다[下馬危坐曰跪]'고 하였다. 군례(軍禮)의 엄숙함을 나타내는 것이다.

324) 처주(處州)는 절강(浙江)의 지명(地名)인 처주부(處州府)였으며 지금의 절강 여수시(麗水市)이다. 지역상의 군정(軍情)으로 인하여 군적(軍籍)에 예속된 향병(鄉兵)을 모집한 곳이다.

325) 세험절단(勢險節短)은 등패(籐牌)의 개인기(個人技)뿐만 아니라 병가의 전투하는 방법으로서 유명한 말이다. 손무(孫武)의 『손자병법』 《병세편(兵勢篇)》에 '세

차게 흐르는 격류가 돌도 뜨게 하는 것이 세(勢)이며[激水之疾 至於漂石者 勢也] 새매가 빠르게 날아 새의 목뼈를 부수고 날개를 꺾어 놓는 것이 절(節)이다.[鷙鳥之疾 至於毀折者 節也] 그러므로 잘 싸우는 장수는 그 기세가 험악하고 그 절도가 짧다.[是故 善戰者 其勢險 其節短] 세(勢)는 쇠뇌를 당긴 것 같고 절(節)은 발사기를 쏘는 것 같다[勢如彍弩 節如發機]'고 하였다. 『병학지남연의』 2권·《營陣正彀》제34. 戰毅에 자세한 기록이 있다.

326) 한국무예원 해범 선생은 『본국검』에서 '무예에서는 동정(動靜)·허실(虛實)·강유(剛柔)·쾌만(快慢)·신축(伸縮)·경중(輕重)·기복(起伏)·내외(內外)·상하(上下)·좌우(左右) 등의 각종 대립되는 요소를 전통적으로 음양(陰陽)이라 부른다. 대립되는 요소는 한쪽만 존재할 수 없으므로 동(動)이 없으면 정(靜)도 없고, 허(虛)가 없으면 실(實)도 없고, 강(剛)이 없으면 유(柔)도 없는 것이다. 무예에서는 동(動)하려면 먼저 정(靜)해야 하고, 실(實)하려면 먼저 허(虛)해야 하며, 강(剛)하려면 먼저 유(柔)해야 한다'고 하였다. 또한 '음양이 대립하는 양면에서 어떤 한 면만을 중시하면 움직임도 변화도 잃어버리게 되며 음양의 대립 요소는 반드시 하나의 움직임 중에서 서로 바뀌어야지 두 개의 움직임으로 나눠지면 하나로 대립되는 것을 잃어버리게 된다'고 하였다. 음양이란 서로 모순되는 두 요소는 반극(反克)의 성질을 띠고 있으나 상대적으로 존재하기 때문에 그 본질적 성질은 오히려 합성(合成)과 생성(生成)이다. 무예의 단련에서 권법(拳法)이나 각종 병기기술(兵器技術)의 수련도 결국 이 두 가지의 요소를 벗어나지 못한다. 그래서 『본국검』에서는 '검을 연습할 때 파법(把法)의 향배, 검세(劍勢)의 기복(起伏), 동작의 경중(輕重), 율동의 완급(緩急) 등 모두 반드시 대립되는 요소를 잘 파악하고 운용하여 음양이 있게 해야 한다'고 결론하고 있다.

327) 오병(五兵)은 다섯 가지 병기(兵器)의 종류를 말하는데 기록된 서적과 시대에 따라 종류를 달리하고 있다. 척계광은 '오병(五兵)의 제도는 본래부터 있었지만 고금의 용법이 같지 않고 적의 변화에 따라 바꾸는 것이다'라고 하였다. 『주례』《夏官·司右》의 정현(鄭玄)의 주(注)에는 궁시(弓矢)·수(殳)·모(矛)·과(戈)·극(戟)이라고 하였지만 여기에서는 『무예제보』에 정리된 6기(六技) 중에서 낭선(狼筅)·등패(籐牌)·곤봉(棍棒)·장창(長槍)·당파(鎲鈀)를 가리키고 있다.

328) 회음후(淮陰侯)는 지금의 강소성 청강현 회음(淮陰)의 출신이었던 한신(韓信: ?~B.C. 196년)의 최후 봉호(封號)이다. 한신은 진말한초(秦末漢初)의 군사 전략가로 진이세(秦二世) 2년(B.C. 208)에 항우(項羽)에게서 반진무장(反秦武裝)에 참가하였으나 중용(重用)되지 못하여 유방(劉邦)에게로 옮겨 대장(大將)이 되어 한나라가 천하를 통일하는 데 큰 공을 세웠다. 한신이 배운 병법은 전양저(田穰苴: 司馬穰苴라고도 함)의 『사마법』과 손무(孫武)의 『손자병법』이다. 『손자병법』《구지편(九地篇)》의

'멸망의 지형에 던져진 연후에 생존할 수 있고[投之亡地然後存] 사지에 빠진 연후에 살아날 수 있다[陷之死地然後生]'는 절체절명의 심리 전술을 그대로 실천하여 정경구(井經口)에서 조(趙)나라 대군을 배수진(背水陣)으로 격멸하였다. 한나라에 세운 공로로 한왕(漢王) 4년(B.C. 203)에 제왕(齊王)에 봉해지고 초왕(楚王)이 되었으나 반역을 꾀한다는 모함을 받아 회음후로 강등되었다가 여후(呂后)의 유인에 입궁(入宮)하여 살해되었다.

329) 조총(鳥銃)은 나는 새를 떨어뜨린다고 하여 조선에서 붙여 준 이름이다. 일본군은 뎃포(鐵砲)라 불렀으며 다네가시마에서 처음 전수되어 '다네가시마 뎃포' 또는 '사무라이 쓰쓰'라고 하였다. 조총은 포르투갈인들이 1543년(중종 38년)에 전해진 이후 2년 반 뒤에는 자체 생산되었으며 화승총(火繩銃)으로 총열이 길어 명중률이 높고 가늠쇠와 방아쇠, 개머리판이 달린 구조로 현대적 소총의 기본 요건을 모두 갖추고 있었다. 임진왜란 초기에 왜군은 조총으로 무장하여 조선군에 결정적인 타격을 주었으나 이에 맞선 조선군의 주력 무기는 화약(火藥)과 화포(火砲)였다. 화약 무기는 고려말 최무선(崔茂宣: ?~1395)이 왜구를 무찌르기 위하여 화약을 발명하고 화통도감(火㷁都監)을 설치한 전력이 있으며 아들 최해산(崔海山)에게 '화약수련지법(火藥修煉之法)'이란 비결서(秘訣書)를 남기고 화약 제조의 비법을 전수하여 조선 초에 이미 새로운 무기 체계가 계승되었다. 근세조선은 건국 후에 상무(尙武)를 폐기하고 오랜 평화 시기로 전란에 대비한 군사 훈련이 없었을 뿐, 14세기에 이미 세계에서 가장 우수한 철로 주조된 화포를 비롯하여 다양한 화약 무기의 제조법을 보유하고 있었다. 임진왜란 때는 조선군이 왜군에 비하여 압도적인 화력을 가지고 있었고 이순신 장군의 함대에서 그 화포의 위력을 증명하였다. 따라서 화포 공격이 우세했던 조선군은 원거리 공격에 강하였고 왜군은 조총의 유효 사거리인 근접 전투에 강하였다. 조선에서는 전쟁을 치르는 와중에 조총을 모방·제조하여 대처하였으며 그후 조선에서도 조총술(鳥銃術)이 상당히 발달하였고 무과(武科)의 시취과목이 되기도 하였다.

330) 「사마법」은 송(宋)나라 원풍(元豊: 1078~1085)에 장령(將領)의 무학(武學) 필독서로 지정하여 반포한 '무경칠서(武經七書)'의 하나이면서 현존하는 병가(兵家)의 원전(原典)이라고 할 수 있다. 전국시대 제(齊: 지금의 山東省)나라의 한 대부가 춘추시대 대사마(大司馬)에 임명된 적이 있는 전양저(田穰苴)의 병법을 정리하였다고 『사마양저병법』이라고도 하는데 그 기원은 더 오래된다. 『한서·예문지』에 군례사마법(軍禮司馬法) 155편(篇)이 있었다고 하지만 지금 전하는 사마법(司馬法)은 단지 3권 5편으로 상권에 1. 인본(仁本) 2. 천자지의(天子之義), 중권에 3. 정작(定爵), 하권에 4. 엄위(嚴位) 5. 용중(用衆)편만이 전하고 있다. 위의 기사는 2편에 나오는 내

용이다. 이 병서는 병가에서 군사(軍事)와 문헌적 가치로 가장 중시하는 서적이다. 철저히 중화문화를 형성하려 애쓴 지나인들도 고본(古本)의 출처가 불분명하다고 하고 군신(軍神) 치우천황(蚩尤天皇: 상고 배달나라 14대 한웅 임금)이 도읍하였으며 전통적으로 병가의 고향인 청구(靑邱: 지금의 山東省) 지역에서 발전·정리된 문서이며 치우천황의 직계 후손인 강태공 여상(呂尙)이 학습하였다는 병서 등등을 상기할 때 고대 동이(東夷)의 문서일 가능성이 높다. 이에 대한 심도 있는 연구가 요하며 그 연구에 있어서 강무학(姜舞鶴) 선생은 역대로 우리 선조들의 생활 풍습, 제도 등에서 생겨난 용어는 하족(夏族)과는 차이가 있으니 서적의 내용 가운데에서 사용한 용어에서 찾으라고 조언하고 있다. 본래 사학(史學)은 한문(桓文), 한자(韓字)에 통달하여야 제대로 사학을 전공하였다고 할 수 있다. 나의 문화를 지키고 주체적인 학설(學說)을 수립하기 위하여 고전(古典)을 전문으로 연구하는 인재 양성이 요구된다.

331) 무(武)의 글자는 본래 싸우고 있는 두 개[二]의 과[戈]를 그치게[止] 하여 평화롭게 한다는 의미를 가진 회의문자(會意文字)이다. 즉 폭력을 무력으로 제압하는 명분이 평화였다. 그래서 지금도 무술(武術)에는 평화의 원리가 내재하고 있다고 말한다. 과(戈)라는 무기는 창(槍)과 검(劍)이 혼용되어 있었던 초기의 청동기 병기의 형태였다. 따라서 창검(槍劍)을 사용하는 법과 술이 곧 무법(武法)·무술(武術)이며 맨손의 도수기술은 호신과 체육은 되어도 무(武)라고는 할 수 없는 것이다. 음악을 연주하는 악기(樂器)든 무예를 연무하는 병기든 기계(器械)가 있으면 마땅히 그것을 유효하게 사용하는 방법이 있기 마련이다. 여기에서 보이는 내용이 바로 무(武)의 정신으로 건국하여 온 무용(武勇)이라는 본래의 민족 정신을 망각하고 오랜 시기 동안 문치주의(文治主義)로 다스려온 일부 문인(文人)·문관(文官)들이 가졌던 무예(武藝)에 대한 안목의 한계를 볼 수 있다.

332) 『경국대전주해』에 '제(提)는 드는 것[擧]이며 조(調)는 합치는 것[和]이다. 일사(一司)의 일을 들어서 조화(調和)시키는 것이다' 라고 하였다. 각 사(司)나 청(廳)의 관제상의 우두머리는 아니지만 그 관청의 일을 다스리게 하던 벼슬로서 종1품이나 2품관의 품계를 가진 사람에게 맡겼다.

333) 파법하문(鈀法下文)은 『무예제보』의 당파(鎲鈀) 부분의 상문(上文)은 파제(鈀製)이며 하문(下文)은 파보(鈀譜)이다.

334) 당파(鎲鈀)의 세(勢)는 중평세(中平勢)까지 합쳐서 모두 7세에 불과하지만 다른 창(槍)의 제세(諸勢)를 가미하여 응용하면 다양한 기법으로 운용할 수 있다는 의미이다.

335) 허투(虛套)는 본래 형식만 갖춘 외면치레의 엉터리 공문(空文)이란 뜻인데 여기에서는 화가허투(花假虛套)란 의미로 겉보기만 화려하고 실용성이 없는 무예기법

을 말한다. 『무예제보』뿐만 아니라 『무예도보통지』의 '무예 십팔기(武藝 十八技)'는 지엽으로 변화된 기술을 배제하고 근본적이며 실전의 군사무예로 편성하였기 때문에 다른 어느 무예보다 실전성과 실용성이 강하다고 할 수 있다.

336) 사정(司正)은 오위(五衛)의 정7품 군직(軍職)의 하나로 현직이 아닌 문(文)·무(武)·음관(蔭官)으로 충용하였다.

337) 『예기』《곡례(曲禮)·상(上)》에 '남자가 20세가 되면 관례(冠禮)를 행하고 자(字)를 짓는다. 여자가 혼인을 약속[許婚]하면 계례(笄禮)를 행하고 자(字)를 지어 부른다' 하고 그 주(註)에 '자(字)를 짓는 것은 그 이름을 공경해서이다[敬其名也]'라고 하였다. 옛사람들은 자녀를 낳고 훌륭한 뜻이 담긴 이름을 지어 주었고 자신은 그 이름을 소중히 여기고 이름이 품고 있는 의미를 돌아보며 그에 합당한 언행(言行)을 실천하려고[顧名思義] 노력하였다. 이름을 자랑스럽게 보존하려는 마음이 곧 명예(名譽: 이름을 기림)이며 이는 수신(修身)의 한 방법이기도 하였다. 이러한 경명사상(敬名思想)은 이름의 의미를 확충하여 자(字)를 짓게 되었고 개인의 인격을 존중하는 사고로 더 발전하여 타인의 자(字)도 소중히 하여 호(號)를 지어 부르게 되었다. 호(號)는 누구나 편하게 부를 수 있는 칭호인데 자신이 지향하는 목표(目標)와 의지(意志)를 담아 도달할 경지를 나타내는 경우가 가장 많다. 오늘날에도 선인들의 경명 의식(敬名意識)을 돌아보는 것은 국민 개개인의 품격과 자존을 높이고 예절바른 문명 사회를 조성하게 될 것이다.

338) 한명회(韓明澮: 1415(태종 15년)~1487(성종 18년))는 세조 때의 공신(功臣)으로 자(字)는 자준(子濬)이며 호(號)는 압구정(狎鷗亭)이다. 수양대군(首陽大君: 후에 세조)의 왕위 찬탈을 도와 김종서(金宗瑞) 등을 참살하게 하고 정난공신(靖難功臣)이 되고 세조 즉위 후에는 동덕좌익공신(同德佐翼功臣)이 되었다. 세조 2년 단종의 복위를 도모하던 사육신(死六臣)이 사형된 후 이판(吏判), 병판(兵判), 우의정, 영의정에 이르렀다. 1467년(세조 13년)에 이시애(李施愛)가 난을 일으키고 명회를 무고하여 잠시 투옥되었다가 거짓임이 밝혀져 석방되었다. 예종이 즉위하자 승정원(承政院)에서 서정(庶政)을 맡아 보며 남이(南怡: 1441(세종 23년)~1468(예종 즉위년)) 장군의 옥사(獄事)를 처리하고 또 정난익대공신(定難翊戴功臣)의 호를 받고 1469년(예종 1년)에 다시 영의정이 되었고 성종이 즉위하자 좌리공신(佐理功臣)의 호를 받았다. 성종의 만류로 치사(致仕)를 못하다가 73세의 일기로 졸(卒)하였는데 딸 둘이 장순왕후(章順王后), 공혜왕후(恭惠王后)가 되었다.

339) 이이(李珥: 1536(중종 31년)~1584(선조 17년))는 조선 중기의 대학자이자 경세가로 자(字)는 숙헌(叔獻), 호(號)는 율곡(栗谷)·우재(愚齋)·석담(石潭)이다. 출생하던 날 밤 어머니 신사임당(申師任堂)이 바다의 흑룡이 집으로 들어오는 꿈을 꾸어서

아명(兒名)을 현룡(見龍)이라 하였다. 어려서부터 어머니의 지도로 학습하였고 1548년(명종 3년)에 13세로 진사초시(進士初試)에 합격하였다. 16세에 어머니를 잃고 세상의 허무를 느끼며 3년의 시묘(侍墓)를 마치고 금강산에 들어가 불교를 공부하고 다시 집으로 돌아와 성리학(性理學)에 몰두하였다. 23세가 되던 1558년(명종 13년) 겨울 별시(別試)에서 천도책(天道策)을 지어 장원(壯元)하고 아홉 차례의 과거에 모두 장원하여 구도장원공(九度壯元公)이란 칭송을 받았다. 29세 때 호조좌랑(戶曹左郞)을 시작으로 허다한 관직을 역임하였고 33세 때(선조 1년, 1568)에는 천추사(千秋使)의 서장관(書狀官)으로 명(明)나라에 다녀왔으며「명종실록」편찬에도 참여하였다. 그의 학문적 성향은 분석적 해석보다 근본 원리를 자유롭게 종합적으로 통찰하려 하였는데 그의 저서에서『동호문답(東湖問答)』『성학집요(聖學輯要)』『인심도심설(人心道心說)』『시무육조소(時務六條疏)』등은 임금의 도리와 시무(時務)를 논하였고 정치적 부패의 쇄신을 위한 시정책으로『만언봉사(萬言封事)』를 지었는데 그 중에서는 임진왜란을 예언하고 '십만양병설(十萬養兵說)'을 주청하여 국방을 튼튼히 할 것을 역설하였지만 묵살되었다고 전한다. 이순신(李舜臣: 1545(인종 1년)~1598(선조 31년))과는 덕수(德水) 이씨 집안의 조카인데 무골(武骨)로 타고난 어린 이순신의 사람됨을 알아보고 그와 함께 정자의 작은 호수에서 여러 가지 배의 모형을 만들어 띄우며 노는 놀이를 하였는데 이 놀이는 사실 거북선의 설계도를 만드는 실험이었다고 한다. 왜란을 대비하여 거북선의 설계도를 완성하여 차일을 대비하였는데 순신이 장성하고 막상 왜란을 당하자 순신은 문득 그때의 일을 깨닫고 그 설계도를 꺼내어 바로 거북선의 제작 작업에 들어갈 수 있었다는 설이 전해오고 있다. 율곡 선생은 또한 일반 민중을 계몽하기 위하여 향약(鄕約)의 규례(規例)를 정리하고『격몽요결(擊蒙要訣)』『김시습전(金時習傳)』『학교모범(學校模範)』등을 저술하였고 일반 백성들을 구제하기 위하여 대동법(大同法)의 실시와 사창(社倉)을 설치하였다. 49세의 일기로 서울 대사동(大寺洞)에서 졸(卒)하자 파주 자운산 선영에 안장되었으며 제자들에 의하여 '東方의 聖人'이란 칭호를 받고 기호학파(畿湖學派)를 형성하게 되어 후세에 강력한 영향을 끼치게 되었다. 1682년(숙종 8년)에 문묘(文廟)에 종향되었으며 황해도 배천(白川)에 문회서원(文會書院)이 건립되어 그를 제사하였다. 문성(文成)이란 시호가 내려졌다.

340) 성혼(成渾: 1535(중종 30년)~1598(선조 31년))은 조선 중기의 학자였는데 자(字)는 호원(浩原)이며 호(號)는 파평(坡平)의 우계(牛溪) 옆에 살아서 우계 선생(牛溪先生)이라 하였는데 벼슬하기 전에 이미 우계에서 많은 제자를 양성하였다. 휴암(休庵) 백인걸(白仁傑: 1497(연산군 3년)~1579(선조 12년))의 제자로 젊어서 덕망과 학문이 뛰어나 선조초에 경기감사 윤현학(尹炫學)과 율곡 선생의 추천으로 여러 번 여러

관직의 벼슬을 받았으나 모두 사퇴·사임하거나 병으로 등청하지 못하였다. 임금이 약을 보내 주고 편전(便殿)에서 인견하고 쌀을 하사하니 부득이 받았으나 친척과 동네 사람들에게 나누어 주었다. 1583년(선조 16년)에 경연(經筵)을 맡았다가 이조참의와 이조참판이 되었다. 일찍이 율곡과는 사단칠정(四端七情)과 이기설(理氣說)을 토론하였으며 1584년에 율곡이 죽자 나라에 인재를 잃었다고 통탄하였고, 임진왜란이 일어나자 광해세자를 모시고 다녔으며 용병·군량 등의 3책을 논하는 상소를 올렸다. 일찍이 율곡과는 도의(道義)의 교분을 맺었으며 율곡과 같이 성리학의 대가로 후세에도 이름이 높으며 이퇴계(李退溪)의 학설을 이어받아 율곡과 함께 『사칠속편(四七續篇)』을 완성하였다. 사후에 좌의정에 추증되었고 문간(文簡)이란 시호가 내려졌다.

341) 유성룡은 『징비록』에서 임진왜란 당시 우리나라는 '군정(軍政)의 근본[軍政之本]이라든지 장수를 뽑아 쓰는 요령[擇將之要]이나 군사를 조련하는 방법[組練之方] 어느 한 가지도 연구하지 않았기[百不一擧] 때문에 패배할 수밖에 없었다. 전쟁 발발 10여일 만[浹旬之間]에 서울·개성·평양의 세 도읍이 함락되고[三都失守] 온 나라가 무너졌고[八方瓦解] 임금은 파천(播遷)하였다[乘輿播越]'고 회고하고 있다. 선조는 피난길 정주에서 명나라에 이덕형을 사신으로 파견하여 구원을 요청하였는데 명조(明朝)에서는 파병(派兵)에 대하여 의론이 분분하였으나 병부상서(兵部尙書) 석성(石星)이 주장하여 7월에 요동부총병(遼東副總兵) 조승훈(祖承訓)이 군사 5천을 거느리고 와서 19일에 평양성을 공격하다가 형세가 불리하여 퇴각하였다. 이때 유격장군 사유(史儒)는 전사하였다. 조승훈은 요좌(遼左)의 용장으로 북로전(北虜戰)에서는 공을 세웠으나 전법(戰法)의 차이를 망각하여 패각하고 요동으로 돌아가 버렸다. 12월에 다시 제독 이여송(李如松)이 대장이 되어서 4만 여의 군사를 거느리고 와서 계사년(癸巳年, 1593) 정월 8일에 평양성을 공략하여 탈환하여 수복하였는데 조승훈과 이여송의 전술 전략의 차이를 선조는 묻고 있는 것이다.

342) 유성룡(柳成龍: 1542(중중 37년)~1607(선조 40년))은 조선 중기 선조대의 문신(文臣)으로 임진왜란을 슬기롭게 극복한 명재상(名宰相)으로 평가하고 있다. 자(字)는 이현(而見), 호(號)는 서애(西厓)이며 일찍이 퇴계 이황(李滉) 선생의 문하에서 수학(修學)하여 문명(文明)에 밝았으며 1567년(명종 22년)에 문과에 급제하여 한원(翰苑)에 들어갔다. 허다한 관직을 역임하였는데 1582년(선조 15년)에 대사헌에 재직할 때 「황화집서(皇華集序)」를 찬진(撰進)하고 도승지의 직으로 있을 때는 병조판서 율곡 이이가 주장한 '십만양병설(十萬養兵設)'을 '평화시의 양병은 호랑이를 길러 우환을 남기는 것'[養虎遺患]이라 하여 반대하기도 하였다. 1583년(선조 16년)에 부제학이 되어 「비변오책(備邊五策)」을 지어 올리고 이듬해 예조판서가 되어 「정충록발(靜忠錄跋)」을 지었다. 1590년(선조 23년)에 우의정에 승진하고 광국공신(光國功臣)

3등에 녹훈되고 풍원부원군(豊原府院君)에 봉하여졌다. 이듬해 좌의정에 재직중에 일본이 군사를 명나라로 들여보내겠다고 기록한 국서를 보냈는데 영의정 이산해(李山海)는 이를 묵살하자고 했으나 성룡은 이 사실을 명나라에 알려야 한다고 주장하여 그대로 실시하여 뒷날에 명이 조선에 대한 의심을 풀게 하였다. 훗날에는 왜란이 있을 것을 대비하여 형조정랑 권율(權慄)과 정읍현감 이순신(李舜臣)을 각각 의주목사와 전라좌수사에 천거하여 후일의 국난을 극복하는 간성이 되게 하였다. 임진왜란을 당하여 영의정과 4도 도체찰사(四道 都體察使)의 중임을 맡아 군사를 총지휘하고 전란중의 중요 정책은 모두 그를 통하여 시행되었다. 1593년 1월 8일 평양성을 수복한 후 이여송이 벽제관(碧蹄館)에서 대패하여 서로(西路)로 퇴각하는 것을 극구 만류하고 그해 4월 이여송이 일본과 화해하려 하자 화해는 옳은 계획이 아님을 역설하는 글을 보냈다. 한편 군대 양성과 절강의 기계(器械)를 받아들여 화포 등 각종 무기를 제조하고 성곽을 수축하는 등 군비 확충에 노력하고 소금을 만들어 백성들의 진휼을 요청하였다. 10월에 선조를 호위하여 서울에 돌아와 훈련도감(訓鍊都監)의 설치를 요청하여 1594년 2월에 훈련도감이 설치되자 제조(提調)가 되어 『기효신서』를 강해하였다. 명나라와 일본이 화의가 진행되는 동안에도 군비 보완을 계속하였고 1598년 명의 경략(經略) 정응태(丁應泰)가 조선과 일본이 연합하여 명을 공격한다고 명조(明朝)에 무고하자 이 사건의 진상을 변명하러 가지 않는다고 정인홍(鄭仁弘) 등 북인(北人)들이 탄핵하여 고향에 돌아가 은거하였다. 1604년(선조 37년) 호성공신(扈聖功臣) 2등에 책록되었는데 예악교화(禮樂敎化)・치병이재(治兵理財)에 이르기까지 다방면을 연구하였으며 도학・문장・덕행・글씨에 뛰어나 특히 영남 유생들의 추앙을 받았다. 안동의 병산서원(屛山書院) 등에 제향되었으며 묘지는 안동군 풍산읍 수이리 뒷산에 있다. 저서로는 임진왜란의 수기(手記)인 『징비록』과 시문집(詩文集)인 『서애집』 외에도 다수가 있지만 대부분 유실되어 버렸다.

343) 이시발(李時發: 1569(선조 2년)~1626(인조 4년))은 조선 중기의 문신(文臣)으로 자(字)는 양구(養久)이며 어려서 고아가 되었고 이덕윤(李德胤)에게서 배웠다. 임진왜란 때 의병장 박춘무(朴春茂)를 따라 공을 세웠으며 1596년(선조 29년) 10월 이몽학(李蒙鶴)의 난을 평정하고 장악원정(掌樂院正)을 비롯하여 형조판서(刑曹判書)를 지내고 북변(北邊)을 방비하기 위해 함경감사(咸鏡監司)로서 포대와 성곽을 보수 일신하였다. 이괄(李适)의 반란 때에 체찰부사(體察府使)로서 난을 평정하여 무관으로도 공이 컸다. 종사관(從事官)은 각 군영(軍營)과 포도청(捕盜廳)에 속하였던 종6품의 벼슬이다. 해동명신록(海東名臣錄)에 올라 있으며 유고(遺稿)로는 『주변록(籌邊錄)』 1책이 있다.

344) 행재소(行在所)는 임금이 멀리 거둥하여 임시로 연(輦: 수레)이 머무는 곳이

다. 『경국대전주해』에서 '승여(乘輿)가 이르는 곳[至處]을 행재(行在)라고 한다. 인군(人君)은 일국(一國)으로서 집안[家]을 삼기 때문에 돌아다니는 것[行]을 승여(乘輿)라 하고 이르는 곳[至]을 행재(行在)라 한다'고 하였다.

345) 계(啓)는 신하가 정무(政務)에 관하여 임금에게 상주(上奏)하는 문서(文書)[上奏文]이다. 『경국대전주해』에 '상람(上覽)에 제공(提供)하는 문서로 계본(啓本)에 첨부(添付)되는 목록(目錄)이 계목(啓目)이 된다'고 하였다.

346) 1598년(선조 31년) 명나라 병부주사 정응태(丁應泰)가 경리 양호(楊鎬)를 무고하니 조선 정부에서는 좌의정 이원익(二元翼)을 파견하여 양호를 변무(辨誣)하였다. 정응태는 이에 더욱 격노하여 이번에는 조선이 왜국과 통모(通謀)하여 명을 공격한다고 명조(明朝)에 무고하니 마침내 선조는 선위(禪位)의 소동을 벌이게 되었고 다시 조선 정부에서는 우의정 이덕형(李德馨)을 보내어 사태를 수습하였다. 그런데 이때 사헌부 지평 이이첨(李爾瞻)이 주동이 되어 유성룡은 영의정으로서 난국에 처하여 직접 진주사(陳奏使)로 명조에 가서 변명하지 않는다고 하여 국사를 책임지는 체통이 없다고 헐뜯기 시작하더니 뒤이어 정인홍(鄭仁弘)·문홍도(文弘度)[유성룡이 학연·지연 등으로 보아 동인(東人)에 속하였고 동인이 분열되고 난 뒤에는 남인(南人)의 영수적 위치에 있었음에 반해 모두 북인(北人)임] 등이 가세하여 처음에는 연행(燕行)을 규피(規避)한다는 죄목으로 몰다가 나중에는 군국의 책임자로서 원수인 왜적과 강화를 주도함으로써 국사를 그르쳤다는 이른바 '주화오국(主和誤國)'이란 죄목을 만들어 일부 태학생을 선동하여 유소(儒疏)를 올리게 하는 등 끝없이 매도하였다. 주화오국은 전혀 실상에 맞지 않은 억지 탄핵이었으며 같은 동인(東人)의 한 갈래로서 정권에서 소외되어 있던 북인(北人)이 남인(南人)을 타도하려는 비겁한 정치적 공척(攻斥)에 불과하였다. 마침내 동년 11월에 종행(從行)하는 자제를 걸어서 따라오게 하는 초라한 행색으로 약 보름 만에 고향 안동에 낙향하였고 12월에는 삭탈관직(削奪官職)이란 비운의 소식을 접하게 된다. 2년 후 직첩(職牒)이 환급(還給)되었고 이후 여러 번 소명(召命)이 내려왔으나 평생을 마치도록 끝내 응하지 않고 조정에 발을 들여놓지 않았다.

347) 윤두수(尹斗壽: 1533(중종 28년)~1601(선조 34년))는 조선 선조 때의 문신(文臣)으로 자(字)는 자앙(子仰)이며 호(號)는 오음(梧陰)이다. 1555년(명종 10년)에 정시(庭試)에 장원급제하고 1558년 대과(大科)에 급제하여 전랑(銓郞)이 되어 권신 이양(李樑)이 아들을 천거하는 것을 끝내 거절하다가 무고로 파면되었다가 이양이 별안간 실각하자 수찬(修撰)으로 복직하였다. 1578년(선조 11년)에 대사헌에 이르러 이수(李銖)의 옥사에 연좌되어 아우 근수(根壽)와 함께 파직되었으나 대사간 김계휘(金繼輝)의 주청으로 복직되었다. 연안부사로 나아가 1580년 흉년에 백성을 구휼하

는 데 힘써 어사(御使)로부터 표리(表裏)를 받고 표창되었다. 1590년(선조 23년) 평
안도 관찰사 때 종계변무(宗系辨誣)의 공으로 광국공신(光國功臣) 2등에 책록되고
해원군(海原君)에 봉해졌다. 대사헌 때 당론에 연좌되어 회령에 유배되었다가 해주
로 옮겨졌는데 임진왜란이 발발하여 선조에게 특별 사면을 받고 관작이 복구되고
피난중에 우의정, 좌의정에 올라 난중의 정무를 처리하였다. 왜란이 종결되고 1599
년(선조 32년)에 영의정에 올랐으나 논란(論難)을 당하여 사임하고 남파(南坡)에서
여생을 마쳤다. 문정(文靖)이란 시호가 내려졌다.

348) 도제조(都提調)는 총재(總裁)와 같은 의미인데 승문원(承文院)·내의원(內醫
院)·군기시(軍器寺)를 비롯한 여러 관청과 훈련도감(訓鍊都監)·금위영(禁衛營)·
어영청(御營廳)·비변사(備邊司)·경리청(經理廳) 등의 군영(軍營)에 둔 수직(首職)
이었다. 의정(議政)이나 의정을 지낸 사람을 임명하였으나 실무(實務)에는 종사하
지 않았다.

349) 조경(趙儆: 1541(중종 36년)~1609(광해조 1년))은 조선 중기의 무관(武官)으로
자(字)는 사척(士惕)이며 무과(武科)에 급제하여 선전관(宣傳官)을 거쳐 1591년(선조
24년)에 강계부사(江界府使)로 있을 때 유배되어 온 정철(鄭澈)을 우대했다가 파직
되었다. 이듬해 임진왜란이 일어나자 경상우도방어사(慶尙右道防禦使)가 되어 황간
(黃澗)·추풍(秋風)에서 싸웠으나 패배하고 그후 금산(金山)에서 왜군을 격퇴시키고
상처를 입었다. 그해 겨울 수원부사로서 적에게 포위된 독산성(禿山城)의 권율(權慄)
을 응원하고 이듬해 권율과 함께 행주(幸州) 싸움에서 대승(大勝)하여 가선대부(嘉
善大夫)에 올랐다. 서울이 수복되자 도성서도포도대장(都城西都捕盜大將)이 되고 이
해 훈련도감이 설치되어 우영장(右營將)을 겸임하고 1596년(선조 29년)에 훈련대장
이 되었다. 1599년(선조 32년)에 회녕부사(會寧府使)로 부임하고 1604년(선조 37년)
에 선무공신(宣武功臣) 3등이 되어 풍양군(豊壤君)에 봉해졌다. 장의(莊毅)라는 시호
가 내려졌다. 대장은 훈련도감, 포도청 및 각 군영에 둔 종2품의 무관직이었다.

350) 이덕형(李德馨: 1561(명종 16년)~1613(광해조 5년))은 조선 중기의 명신(名臣)
으로 자(字)는 명보(明甫)이며 호(號)는 한음(漢陰)이다. 어려서부터 재지(才智)가 있
고 침착했으며 문학(文學)에 통(通)하여 20세 때 문과에 급제하여 승문원에 보직되었
다. 여러 관직을 역임하고 임진왜란 때 명나라에 구원병을 청하러 가서 안찰(按察) 학
걸(郝杰)을 설복시켜 명장 조승훈(祖承訓)이 5천의 군사를 거느리고 의주에 이르렀고
덕형은 대사헌으로 대군을 맞아들였다. 1593년 정월에 평양성 탈환에 이어 서울을 수
복하니 그 공으로 형조판서가 되었다가 병조판서가 되었다. 1597년 정유재란 때는
명나라 어사(御史) 양호(楊鎬)를 설득하여 우선 서울의 위기를 모면하고 군사를 따라
울산에 내려갔으며 우의정에 이어 좌의정에 올라 명의 제독 유정(劉綎)과 같이 순천

에 이르러 통제사 이순신(李舜臣)과 합동 작전으로 적장 고니시(小西行長)의 군사를 대파하였다. 1601년(선조 34년)에 영의정이 되었고 호성(扈聖)・선무공신(宣武功臣)의 호를 받았다. 1613년에 흉당 이이첨(李爾瞻) 등의 모략으로 삼사(三司)에서 영창대군(永昌大君)을 처형할 것을 상소하였으나 덕형은 이를 적극 반대하였고, 또 대북파가 폐모론(廢母論)을 일으키고 이이첨이 사주로 덕형을 모함하여 삼사에서 그를 처형하자고 주장하였으나 광해조는 면직으로 수습하였다. 덕형은 용진(龍津)으로 돌아가서 그해 병으로 졸(卒)하니 광해조는 몹시 애도하며 복관(復官)을 명하였다. 문익(文翼)이란 시호가 내려졌다. 유사당상(有司堂上)은 조직의 사무를 책임전담한 당상관이다.

351) 신경진(辛慶晉: 1554(명종 9년)~1619(광해군 11년))은 조선 중기의 문관(文官)으로 자(字)는 용석(用錫)이며 호(號)는 아호(丫湖)로 율곡 이이(李珥)의 문인(門人)이었다. 1584년(선조 17년)에 문과에 급제하여 승문원(承文院)・사국(史局)의 벼슬을 지내고 1591년(선조 24년)에 병조좌랑으로 진주사(陳奏使) 한응인(韓應寅)의 서장관(書狀官)으로 명나라에 갔다가 이듬해 돌아왔다. 이해 임진왜란이 일어나자 지평(持平)에 올라 임금을 평양에 호종(扈從)하여 갔는데 그곳에서 체찰사 유성룡(柳成龍)의 휘하에서 종사관의 일을 하였고 왜란이 평정되고 강릉부사(江陵府使)・사간(司諫)을 거쳐 이조참의(吏曹參議)와 성주(星州)・충주(忠州)의 목사(牧使)를 지냈다. 1609년(광해군 1년)에 경상도관찰사와 예조참판, 대사헌에 이르렀으나 1612년(광해군 4년)에 황혁(黃赫)이 화를 입어 처형당할 때 사돈인 관계로 파직되었고 그후 다시 등용되었으나 사퇴하였으며 청백리(淸白吏)에 녹선되었다.

352) 이홍주(李弘胄: 1562(명종 17년)~1638(인조 16년))는 조선 중기의 대신(大臣)으로 자(字)는 백윤(伯胤)이며 호(號)는 이천(梨川)이었다. 1594년(선조 27년)에 문과에 급제하였고 광해조 때 동부승지(同副承旨)와 호남관찰사를 지냈고 인조반정후에 예조참판을 거쳐 우참찬으로 이괄(李适)의 난 때 팔도도원수(八道都元帥)로 활약하였다. 병자호란 때에는 여러 차례 적진에 왕래하며 교섭하였으나 남한산성에서의 출성(出城)은 끝내 불응하였다. 1638년(인조 16년)에 영의정에 올랐으나 그해에 졸(卒)하였는데 충정(忠貞)이란 시호가 내려졌다.

353) 파총(把摠)은 각 군영의 종4품의 벼슬로 사(司)의 지휘관이며 초관(哨官)은 약 100명의 초(哨)를 거느리는 위관(尉官)의 지휘관이다. 초관 이상의 지휘관을 장관(將官)이라 하고 초관 이하의 지휘관을 장교(將校)라 하였다.

354) 호대수(胡大受)는 교련유격(教鍊遊擊)이라 칭하였으며 을미년(乙未年, 1595) 7월에 나왔다가 12월에 돌아갔다.

355) 임진왜란이 거의 끝나갈 무렵인 무술년(戊戌年, 1598년, 선조 31년) 9월에 명

나라의 병부주사(兵部主事) 정응태(丁應泰)가 우리나라에 주둔해 있던 경리(經理) 양호(楊鎬)를 거짓으로 20여 조나 되는 죄목을 꾸며 무훼(誣毁)한 사건을 말한다. 이에 조선 정부에서는 좌의정 이원익(李元翼)을 보내어 양호의 억울함을 변무(辨誣)하니 정응태는 더욱 노하여 조선이 명나라를 기만하고 왜국과 통모(通謀)·작란(作亂)한다고 극언하였고 이번에는 선조가 크게 분개하여 선위 소동을 벌이게 된다. 이 사건은 결국 영의정 유성룡(柳成龍)이 영상(領相)으로서 난국을 책임 있게 수습하지 못한다고 헐뜯는 빌미가 되어 어리석고 완고한 군왕과 자신의 영리만을 생각하는 신하들 사이에서 온갖 지혜를 짜내어 백성들의 생명을 구한 명신(明臣)을 탄핵하여 불명예로 퇴진하게 되는 계기가 되었다. 진정으로 나라를 위한 충신(忠臣)을 가벼이 처리하는 조정의 풍토에서는 신민의 국가로 발전할 수가 없다. 국가는 사안(事案)의 포폄(襃貶)을 분명히 세워야 정의라는 기강이 서며 국가 기강의 관리 책임은 가장 먼저 군주(君主)에게 있는 것이다.

356) 장악원(掌樂院)은 음악에 관한 일을 맡아 보던 관청으로 세조 4년(1458)에 종래의 전악서(典樂署)를 개칭한 것이다. 첨정(僉正)은 장악원의 종4품 벼슬이다.

357) 정사(靖社)는 '사직(社稷)을 안정시켰다'는 뜻으로 1623년(인조 1년)에 광해조를 몰아내고 인조를 왕으로 옹립하는 인조반정에서 공을 세운 사람들에게 준 공신(功臣)의 훈호(勳號)이다. 1등공신에 김류(金瑬)·이귀(李貴) 등 10명이며 2등공신은 이괄(李适)·김경징(金慶徵) 등 15명이며 3등공신은 박유명(朴惟明)·한교(韓嶠) 등 28명으로 모두 53명이었다. 인조 2년(1624)에 일어난 이괄의 난은 이 논공행상(論功行賞)에서 2등의 녹공(錄功)을 받은 불만으로 일어난 것이었다.

358) 정묘호란(丁卯胡亂)을 지칭하고 있다. 선조의 뒤를 이은 광해조(光海朝)는 내정(內政)과 외교(外交)에 비범한 정치적 역량을 발휘하여 사고(史庫)를 정비하고 서적을 간행하며 호패(號牌)를 실시하며 국경의 군비(軍備)를 튼튼히 하였다. 만주에서 여진(女眞)의 후금(後金: 1636년 4월에 국호를 청(淸)이라 바꿈)이 급성장하는 새로운 동북아 정세에 처하여 후금(後金)과 명(明) 사이에서 실리적 외교 정책으로 국제적인 전란에 빠지는 것을 피하였다. 명(明)이 후금을 치기 위하여 만주로 출병하였을 때 요청에 못 이겨 강홍립(姜弘立)에게 1만의 군사를 주어 원조하게 하였지만 광해조는 강홍립에게 형세(形勢)를 보아 향배(向背)를 정하라는 밀지(密旨)를 주었다. 이에 명군(明軍)이 불리하게 되자 강홍립은 후금에 항복하였고 이 때문에 후금의 조선에 대한 보복적 군사 행동이 없었다. 이러한 광해조의 실리 외교는 임진왜란 때 군사를 내어 조선을 구해 준 명(明)의 재조지은(再造之恩)을 저버린 배신 행위라고 하고 1618년(광해조 10년)에 인목대비(仁穆大妃)를 서궁(西宮)에 유폐(幽閉)한 사건을 구실로 삼아 대북파(大北派)[李爾瞻·鄭仁弘·李偉卿]에게 눌려 지내던 남인(南人) 일파들

[崔明吉·李貴·金自點·李适]이 무력정변(武力政變: 쿠데타)를 일으켜 광해조를 몰아낸 사건이 1623년에 일어난 인조반정(仁祖反正)이다. 결국 인조반정은 신하가 임금을 선택하는 택군(擇君)이었으며 당쟁(黨爭)으로 광해조는 폭군이란 오명을 쓰고 귀양을 가게 되고 인조를 옹립한 반정 세력은 광해조의 관망(觀望)하는 실리 외교를 버리고 향명배금(向明排金)의 정책을 표방하였다. 전의(戰意)가 없던 광해조 때와는 달리 후금의 남진 정책(南進政策)를 위태롭게 하는 결과를 가져왔으며 한편 반정 세력들은 정사공신(靖社功臣)의 훈호를 3등으로 나누어 가지게 되었는데 2등의 녹공(錄功)을 받은 이괄(李适)이 논공행상에 불만을 품고 반란을 일으키니 1624년(인조 2년) 갑자년(甲子年)에 일어난 이괄의 난이다. 이 반란에 실패한 이괄의 잔당들이 후금에 도망하여 광해조의 폐위(廢位)와 인조 즉위의 부당성을 호소하고 조선의 병력은 허약하여 오합지졸에 불과하니 조선을 칠 것을 종용하는 역적질을 자행하였다. 이괄 잔당들의 이러한 종용은 명(明)과의 경제 단교로 심각한 물자 부족에 처하여 있던 후금의 실정이었지만 '광해조를 위하여 보복한다'는 명분으로 조선 침입을 결의하여 1627년(인조 5년)에 군사 3만을 내어 압록강을 건너 침범하니 정묘호란(丁卯胡亂)이다. 인조와 조신(朝臣)들은 강화도로 피난하고 신하들은 주전(主戰)과 주화(主和)로 갈리었지만 군사력의 열세라는 현실 앞에 주화론이 채택되어 후금을 형님의 나라로 모시는 수모를 받았다. 1636년(인조 14년) 국호를 청(淸)으로 바꾸고 다시 형제 관계에서 군신 관계를 요구하며 12만의 군사를 내어 쳐들어오니 병자호란(丙子胡亂)이다.

359) 홍범(洪範)은 홍범(鴻範)이라고도 쓰며 '대법(大法)'이란 뜻이다. 지금은 『서경(書經)』 《주서(周書)》의 한 편(篇)으로 편입(編入)되어 있지만 이 문서는 단군조선의 정치사상과 철학, 제도를 담은 대표적인 우리 겨레의 고대문서이며 한(漢)나라 때부터 중원의 학자들에 의하여 유학(儒學)의 기초적인 틀이 되었을 뿐만 아니라 중화문화 전반의 형성에 근원이 된 간략하지만 완벽한 인간사 정치철학이다. 『사기(史記)』에는 주(周)나라 무왕이 기자(箕子)로부터 물려받았다고 하지만 수없이 왜곡된 중화 서적의 서술보다 지금은 그 가치가 너무나 중요하여 소멸시키지 못하고 어떠한 서적에서라도 편입되어 전해지고 있다는 사실이 오히려 다행이며 중요하다고 본다. 홍범에서는 인간사 정치는 하늘의 상도(常道)에 따르는 것이며 그 상도는 9개의 범주(範疇)로 나누어 실현하니 이를 '구주(九疇)'라고 한다. 구주(九疇)의 조목을 약술(略述)하면 1. 오행(五行)…수(水)·화(火)·목(木)·금(金)·토(土)는 의식주 생활에 이바지하는 자연적 물질로 태극과 음양에서 나왔으며 천지만물(天地萬物)의 중심과 방위를 정하고 생성·소멸하는 변화를 설명할 수 있다. 2. 경용오사(敬用五事)…모(貌: 얼굴·의관·신발 등의 공손하여 엄숙한 용모)·언(言: 이치에 따른 조리 있는 말로 의사 표현과 소통)·시(視: 분명하고 지혜롭게 사물을 관찰)·청(聽: 총명하게 알아차려 계획

함)·사(思: 슬기로우며 어진 생각)를 공경으로 사용하는 것이니 개인의 내면적 수양과 인간의 행복을 영위하는 행동 규범이다. 3. 농용팔정(農用八政)…식(食: 먹는 일)·화(貨: 재화의 유통)·사(祀: 조상을 받드는 제사)·사공(司空: 영토를 주관)·사도(司徒: 교육을 주관)·사구(司寇: 형사와 사법을 주관하여 범죄를 다스림)·빈(賓: 빈객을 대접함)·사(師: 군사를 주관하는 일)인데 농경 사회의 정전제(井田制)에 따른 통치 방법으로 지금의 국무의 행정을 각부로 나누어 집행하는 일과 같다. 4. 협용오기(協用五紀)…세(歲)·월(月)·일(日)·성신(星辰)·역수(曆數)로 화합하는 경륜은 천체(天體)의 운행을 척도하기 위한 적합한 기율(紀律)을 사용하는 것이다. 5. 건용황극(建用皇極)…황극의 자리에 있는 임금은 만인의 덕을 대신하여 세우는 것이며 임금은 백성의 부모(父母)가 되어[作民父母] 백성이 이롭게 되도록 다스려 주어야 한다. 6. 예용삼덕(乂用三德)…정직(正直: 평화롭고 안락[平康]할 때에는 정직으로 다스림)·강극(剛克: 굳세고 숨어서 따르지 않을 때는 강(剛)으로 꺾어 다스림)·유극(柔克: 화목하여 따르거나 높고 밝음에는 유(柔)로서 인도함)의 통치 방법은 강건한 국가, 정의로운 사회질서를 세우기 위한 임금의 왕도와 덕치이며 백성들의 심성을 바르게 하여 덕을 쌓을 수 있도록 권장하는 인간사 정치의 근본이 된다. 7. 명용계의(明用稽疑)…잘 알지 못하는 의심과 미세하고 부족한 것은 밝게 연구하여 익혀서 시원히 안 다음에 시행을 하는 것이 밝게 사용하는 것이다. 연구하는 것으로는 거북점과 시초점[卜筮] 등이 있으니 거북점에 다섯 가지[우(雨): 비가 옴)·제(霽: 쾌청함)·몽(蒙: 안개가 낌)·역(驛: 바뀌어 짐)·극(克: 흐리고 맑음이 오락가락함)]를 사용하고 시초점에 두 가지[정(貞): 곧다는 정괘)·회(悔: 후회가 있다는 회괘)]를 쓴다. 8. 염용서징(念用庶徵)…우(雨)·양(暘: 晴, 햇빛이 남)·욱(燠: 暑, 따뜻함)·한(寒)·풍(風)·시(時: 시의적절함)의 여러 징험의 천기를 생각하고 살펴 기능과 기술을 진흥시키고 경험을 통하여 세련된 예능과 통달된 기술을 존중하여 강건한 국가와 문명의 사회를 건설한다. 9. 향용오복(嚮用五福)과 위용육극(威用六極)…오복(五福)은 수(壽)·부(富)·강녕(康寧: 안락함)·유호덕(攸好德: 도덕을 실천하는 습성을 기름)·고종명(考終命: 타고난 생명을 끝까지 누리다 죽음)인데 나라를 다스리는 통치자는 국민이 오복의 행복을 누릴 수 있도록 책임져야 하는 것이다. 육극(六極)은 흉단절(凶短折: 흉은 7세 전에, 단은 20세 전에, 절은 30세 전에 죽는 횡사나 요절하는 일)·질(疾)·우(憂)·빈(貧)·악(惡: 건강한 사회를 좀먹는 악랄한 무리들)·약(弱: 심신이 허약한 것)의 여섯 가지 궁색한 것인데 위정자는 백성들을 보호하여 육극의 불행들을 제거하여 주어야 하는 책임이 있다. 이러한 홍범구주는 정치제도와 정치철학의 내용이라 현실 정치를 탐구하는 조선조 성리학자들의 연구 대상이 되었고 '홍범의 의의(義意)를 부연(敷衍)'한다는 뜻을 가진 한교 선생의 『홍범연의』도 그러한 내용을 담았으리라 생각된다.

360) 사칠(四七)은 『맹자』의 《공손축(公孫丑)·상(上)》에 나오는 사단(四端)과 『예기』의 《예운(禮運)》에 나오는 칠정(七情)을 합하여 흔히 사단칠정(四端七情)이라 하며 이를 줄여서 한 말이다. 사단(四端)은 네 가지 증거·단서(端緖)란 뜻인데 사람이 금수(禽獸)와 다른 본성(本性)에 내재(內在)하는 도심(道心)으로 곧 인의예지(仁義禮智)이다. 인(仁)은 측은지심(惻隱之心)으로 남의 불행을 불쌍히 여겨 도와주는 사랑이며 의(義)는 수오지심(羞惡之心)으로 자신의 잘못을 부끄럽게 생각하는 바른 마음이며 예(禮)는 사양지심(辭讓之心)으로 겸손하고 양보하는 마음이며 지(智)는 시비(是非之心)로 옳고 그름을 판단할 수 있는 인간 본연의 지혜로운 마음이라고 풀이하였다. 칠정(七情)은 사람의 감정 곧 인심(人心)으로 희로애구애오욕(喜怒哀懼愛惡欲)[정이천(程伊川)은 喜怒哀樂愛惡欲이라 하였고 의학서적인 『내경』에서는 칠정을 喜怒哀樂悲驚恐이라 한다]를 말하며 도심(道心)인 사단(四端)과 서로 태극(太極)을 형성하고 있다. 『사칠도설』은 사단칠정에 대하여 그림을 그리고 설명을 붙인 서적으로 생각된다.

361) 예(禮)의 글자는 '제기(祭器: 豆)에 곡식을 담아 신(神)에게 보인다'는 의미를 가지고 있다. 고대 사회에서는 예치(禮治)를 근본으로 하고 법치(法治)를 보조로 삼아 가정에는 가례(家禮)가 있고 국가에는 국례(國禮)가 있으니 오례[五禮: 길(吉)·흉(凶)·군(軍)·빈(賓)·가(嘉)]는 모두 가례(家禮)와 국례(國禮)의 내용이다. 한 가정의 제사[祭]와 빈객, 관례, 혼례, 상장례(喪葬禮)의 가법(家法)이 곧 가례(家禮)라고 할 수 있으며 조선조의 가례(家禮)는 고려 말엽에 주자학(朱子學)이 들어온 시기에 유입되었다. 송(宋)나라 때 성립된 가례가 조선조 주자학(朱子學)의 성행과 함께 조선에서 크게 발달하였다. 유교를 국교로 삼은 조선 사회에서 가례는 처음에 사대부(士大夫)들 사이에서 강요되어 실행되다가 점차 유교적인 윤리 관념이 일반화됨에 따라 사회 전반에 보편화되어 갔다. 송(宋)나라의 토양에서 자란 송의 가례가 조선에서 뿌리내리면서 정치적으로는 예론(禮論)의 시비(是非)가 일어나고 예학(禮學)이란 학문이 생겨났으며 사회적으로는 가족제도의 변천을 가져왔다. 예(禮)는 구별하는 것이며 구별이 있기에 서로 존중한다[禮者爲異 異則相敬]는 본질을 벗어나 형식적 절차와 규정을 지나치게 따짐으로써 활달한 사회 기풍을 저해하여 조선 사회의 발전을 방해하였다는 비판이 있는 반면에 여성들의 교양을 높이고 나라의 터전을 다졌다는 긍정적인 평가가 교차하고 있다. 한교 선생의 『가례보해』는 '가례에 대한 보충 해설'이란 뜻으로 송(宋)의 가례가 조선의 가례로 거듭나는 과정에서 나올 수 있는 논설이라고 사료된다.

362) 심의(深衣)는 선비의 웃옷으로 대개 흰 베나 백공단으로 만들었는데 두루마기 모양으로 소매를 넓게 하고 검은 비단으로 가장자리를 둘렀으며 심의를 입을 때

는 머리에 복건을 썼다. 유교로서 정치의 질서로 삼은 조선조에서 심의제도를 두고 한때 논쟁이 벌어진 일이 있기도 하였다. 한교 선생의 『심의고증』은 글자 그대로 보면 '심의제도를 옛 유물에 근거한 옛날 증거를 세워 내용이나 가치 등에 관하여 이론적으로 해명'한 내용이라 할 수 있겠다.

363) 고려대학교 민족문화연구소에서 1971년에 초판을 발행하고 1990년에 재판을 발행한 『한국도서해제』 355쪽에 1612년(광해군 4년)에 한교 선생이 편(編)한 목판본·활자본[印] 1책으로 『연병지남(鍊兵指南)』을 해제하고 있는데 혹 이 서적이 『신서절요』나 또는 『조련도식』이 아닐까 한다.

364) 안방준(安邦俊: 1573(선조 6년)~1654(효종 5년))의 자(字)는 사언(士彦)이고 호(號)는 은봉(隱峰)·우산(牛山)이며 본관은 죽산(竹山)이다. 우계 선생(牛溪先生) 성혼(成渾)에게서 수학(修學)하였고 임진왜란 때 박광전(朴光前)과 함께 의병(義兵)을 모집하기도 하였다. 후에 권신(權臣) 이이첨(李爾瞻)이 사람을 보내어 수차 만나자고 하였으나 거절하고 고향에 내려갔다. 인조반정 때는 공신(功臣) 김유(金瑬)에게 글을 보내어 당쟁을 버리고 인재를 등용하며 공(公)과 사(私)를 분별할 것을 건의하였다. 1624년(인조 2년) 동몽교관(童蒙教官) 사포사별제(司蒲司別提)로 불렀으나 나아가지 않고 정묘호란 때 의병을 거느리고 추풍령에 이르렀다가 남한산성에서 임금이 항복했다는 소식을 듣고 해산하였다. 효종 초기에 공조좌랑(工曹佐郎)으로 불렀으나 나아가지 않고 다시 사헌지평(司憲持平)으로 불렀으나 노병(老病)을 이유로 사퇴하였다. 벼슬에 뜻을 두지 않았으나 뒤에 장령(掌令)과 공조참의(工曹參議)를 맡았다. 나라를 걱정하는 지성(至誠)이 있어 항상 세상일을 개탄하고 임금에게 건의하곤 하였다. 졸(卒) 후에 대계서원(大溪書院)과 도산서원(陶山書院)에 모셨다. 『청장관전서』 57권, 《盎葉記·四》의〈천병기동국(天兵譏東國: 명나라 군사가 우리나라를 기롱한 일)〉에 안방준의 글인 「백사잡저(白沙雜著)」에서 논변(論辨)한 글이 실려 있고 『청장관전서』 59권, 《盎葉記·六》에서는 송성명(宋成明)의 『국조명신언행록』의 속집(續集)의 목록에 들어 있다고 하였다.

365) 『무예도보통지』는 왜란과 호란의 양란을 겪고 무비(武備)의 중요성을 통감(痛感)한 조선이 국가의 병장무예를 발굴·정리하기 시작하여 영조 때 대청(代聽)한 소조(小朝: 장헌세자, 훗날 사도세자)에 의하여 '십팔기(十八技)'란 이름으로 완성되었고 정조가 생부의 유업인 '십팔기(十八技)'를 더 온전히 보존하고 발양하기 위하여 편찬한 서적이다. 즉 '십팔기(十八技)'라는 무예가 정립되어 있어서 더욱더 확실하고 풍부한 근거 자료들을 마련하고 각 군영의 조련에서 통일된 표준 무예를 교습시키기 위하여 나온 서적이다. 『무예도보통지』의 내용은 크게 설법(說法)과 기법(技法) 부분으로 대별된다. 설법 부분은 상고시대로부터 조선 정조대에 이르기까지 각

기예에서 사용하는 병기(兵器)의 제도(製度)와 유래(由來) 및 사실(史實)들을 상고한 내용이며 여기에 인용된 서적의 목록이 무예도보통지 인용서목이다. 인용에 동원된 서적은 서명(書名)의 수(數)로는 145권이지만 권수(卷數)로 따진다면 그 몇 배나 된다. 실제 군사를 조련한 기법 부분은 『무예제보』와 『무예신보』 그리고 훈영을 비롯한 각 군영에서 전수되어 내려오는 기법들을 표준화시키며 더 세련되게 다듬고 명칭도 합리적으로 재조정하여 실은 것이다. 그러나 기법 부분에서도 인용서목에서 인용된 것이 있으니 『무비지』에서의 '검결가(劍訣歌)와 조선세법(朝鮮勢法)' 『무편』에서의 '쌍도(雙刀)의 세(勢)' 『내가권법』에서의 '육로(六路)와 십단금(十段錦)' 『소림곤법천종』에서의 '파곤육로보(破棍六路譜)'이다.

366) 화식(華式)은 '화족(華族)의 방식'이란 뜻이다. 화족은 옛날에는 지나족(支那族)이라 불렸으며 요즘 중공을 차이나(China)라고 부르는 것은 '지나'라는 발음에서 나왔다. 요즘 쉽게 지나족을 중화(中華)나 중국(中國)이라고 혼용하여 사용하고 있는데 중국은 민족 이름이 아니라 지역을 상징하여 가리키는 용어이다. 엄격히 말하면 중국은 중조(中朝)·중경(中京)이란 뜻으로 옛날 고조선이 도읍하여 동방의 천자인 단군이란 임금들이 치세하던 서울을 가리킨다. 우리 민족의 국력이 쇠퇴하고 그 땅에 화족이 점령하여 중화(中華)라 하였다. 여기에서도 중국식(中國式)이라 하지 않고 화식(華式)이라 한 것도 역사의 진실 위에서 사용된 것이며, 오늘날 우리는 이러한 용어의 의미를 명확하게 알고 사용하여야 한다.

367) 혈조(血漕)는 창을 찔렀을 때 피가 흘러나오도록 안배한 혈운(血運)이 통하는 홈이다. 이 홈이 없으면 창을 찔러서 다시 뽑으려면 압축이 되어 뽑혀지지 않아 마음대로 운용할 수 없다고 한다. 창날에 혈조(血漕)를 만들고 단검(短劍)의 모양으로 하여 창대가 부러졌을 때에도 여전히 단검으로 사용할 수 있으니 조선의 방식이 훨씬 더 과학적이며 실용적이라 할 수 있다.

368) 석반(錫盤)은 창날과 창대를 경계지어 주어서 창의 기법을 유효하게 사용할 수 있고 둥근 칼날로 되어 있어 날이 종횡(縱橫)으로 구비되어 직자(直刺)와 횡격(橫擊)에서도 위력을 발휘하고 상대의 병기를 제치는 데도 유효하다.

369) 준(鐏)은 창의 말미에 예리한 동(銅)을 단 것이다. 준(鐏)으로 적을 찌르기도 하고 창(槍)을 땅에 꽂아두기도 하는데 결국 창대의 양쪽 모두에 끝날을 시설하여 병기로서의 효과를 최대한 발휘할 수 있게 한 것이다. 그림만 비교해 보아도 명나라 방식과 조선 방식 가운데 어느것이 더 과학적이며 우수한 것인지 알 수 있다.

370) 여기에서 용창(用槍)의 대의(大意)란 창이란 병기의 쓰임새를 말하고 기법의 수련을 뜻하는 것은 아니다. 창 수련의 기본 원리에 대하여 한국무예원 해범 선생은 『조선창봉교정』에서 '손이 숙련되고[수숙(手熟)] 마음이 고요하도록[심정(心靜)]하여,

마음과 손·창법이 하나로 움직인다면 변화가 무궁한 것이다. 숙련되면 마음은 손을 잊을 수 있고, 손은 창을 잊게 되어 신(神)이 원만하여 막힘이 없다. 또 고요함이 귀하니 고요한즉 마음이 망령되이 움직이지 않아서 자유자재로 대처하니, 변화가 막측하고 신화(神化)가 무궁하다' 하고 '고요한 마음으로 연습을 반복하여 기법을 숙련시키면, 점차적으로 창이 움직이면 마음이 움직이고 마음이 움직이면 창이 움직이게 되므로 마음과 손과 창법이 하나로 되는 것이다' 라고 하였다.

371) 사람을 가르침에 바른 방법으로 가르치고 배움도 바르게 배워야 함을 비유하여 『맹자』제 6편 《고자장구(告子章句) 상(上)》에 "맹자께서 말하기를 옛날 명궁수였던 예(羿)가 남에게 활쏘기를 가르칠 때에 반드시 활시위를 당기는 데 뜻을 두도록 하였으니[孟子曰 羿之敎人射 必之於彀] 배우는 사람도 반드시 구(彀)에 뜻을 두어야 한다.[學者 亦必志於彀] 대장(大匠)이 남을 가르칠 때에 반드시 규구(規矩: 목수가 목공일을 하는 데 쓰는 컴퍼스와 직각자)로써 하였으며 배우는 사람도 반드시 규구로써 해야 한다"[大匠 誨人 必以規矩 學者 亦必以規矩]고 하였다. 맹자는 활쏘기와 목공일에 비유하여 교학(敎學)을 말하였는데 오늘날 무예 십팔기의 교육과 학습에서도 이를 벗어날 수 없으며 이것은 동서고금의 모든 교학의 법칙이며 변할 수 없는 원칙이라 할 수 있다.

372) 이 문장은 『장자』의 《내편》〈양생주〉에 나오는 포정해우(庖丁解牛)의 우화에 나오는 내용이다. 이 우화에서는 사물에는 가장 중요한 요긴처(要緊處)로서 맥락(脈絡)이 있는데 이를 긍경(肯綮)이라 한다고 하고 비록 소를 잡는 기술에 불과하지만 오직 마음을 집중하여 소가 본래 생긴 자연적 구조에 따라 기술을 운용하여 소를 해부하면 그 기교는 완성에 이르러 기교를 초월한 도(道)의 세계이며 신기(神技)가 된다는 교훈을 담고 있다. 이러한 이치는 무예수련의 도리와 일치하여 그대로 통용된다. 태극권 최초의 이론서적인 진흠(陳鑫) 선생의 『진씨태극권도설』에서도 '무술은 비록 소술(小術)이지만 대도(大道)가 존재하고 있다' 고 하였는데 서로 통하고 있는 말이다. 무예의 본질도 본래 수승(修乘)에 있으며, 정신일도(精神一到)로 스스로 숙련(熟鍊)하고 수양의 마음으로 정성을 기울이면 합도(合道)의 경지에 이를 수 있는 것이다. 한국무예원 해범 선생은 평소에 늘 무예의 공부에서는 인간됨의 수양을 근본으로 삼아 스승이 가르쳐 준 도덕을 실천하고 10년을 하루같이 기예를 부단하게 숙련시켜야 한다고 강조하였다. 무예 공부는 반드시 밝은 스승을 만나야 하고 항심(恒心)으로 단련하며 무예서적을 통하여 무예의 이론적 지식을 습득하며 사색을 통하여 마음으로 이해하는 과정에서 수련자의 독창적인 기질과 기풍이 가미되어 전신(傳神)이 나오며 스승의 기술 위에서 더 발전시킨 새로운 무예를 창출하니 곧 무예의 발전이 된다. 무예뿐만 아니라 모든 예술과 학문이 다 그러하다.

373) 나무끝 초(杪)의 글자는 지금은 '묘'로 발음하지 않지만 고음(古音)이 '묘'였다.

374) 태녕필창(太寧筆槍)은 그 창두(槍頭)가 붓 모양과 같아서 지어진 이름이다.

375) 구창(鉤槍)은 구염창(鉤鐮槍)의 종류에 속하는 것으로 창날 주위에 거꾸로 단 갈고리 날[倒鉤]이 있어 찌를 수도 있고[刺] 걸어 당길[鉤] 수도 있는 창이다. 기병과 보병이 모두 사용할 수 있었다.

376) 창대 위에 철고리를 단 것으로 환자창(鐶子槍)이라고 한다.

377) 아경창(鴉頸槍)도 역시 장창인데 창날 부분과 창대 끝부분이 접하는 목 부위에 대는 석반(錫盤) 장식의 쇠부리(鐵嘴)가 까마귀의 목처럼 생겨서 아경창이라 하며 추창(錐槍)·사창(梭槍)·추창(槌槍)의 종류가 있다.

378) 반절(反切)은 한자의 음운법(音韻法)으로 어떤 글자의 소리를 알려면 다른 알고 있는 두 글자의 음운(音韻), 즉 윗 글자의 소리[音]와 아랫 글자의 운(韻)을 합치어 다른 한 소리를 구성하는 것이다. 위(魏)나라의 손염(孫炎)이 처음 지었다고 하나 실은 후한(後漢) 때 불경 번역을 착수하면서 생성된 것이다. 두 글자에서 위의 글자를 절자(切字)·음자(音字)·부자(父字)라 하고 아래 글자를 운자(韻字)·모자(母字)라 고 하며 두 글자가 서로 갈리어[相摩] 나는 소리를 귀납음(歸納音)이라고 한다. 위의 예에서 구(求)는 음자(音字)이며 해(蟹)는 운자(韻字), 괴(拐)는 귀납음(歸納音)이 된다.

379) 『무예도보통지』에서는 창(槍)과 검(劍)의 시원을 안사(按查)하면서 『이의실록』과 『관자』의 기록에 따라 치우천왕(蚩尤天王)을 들고 있지만 이러한 예는 중원의 여러 무술(武術)의 책에서도 마찬가지이다. 치우천왕(蚩尤天王)의 치우(蚩尤)란 우레와 비가 크게 일어나 산하(山河)를 바꾸어 버린다는 속어(俗語)로서 세속에서 천왕을 칭하는 말이고 본명은 우리 민족의 역사에서 단군조선이 있기 전에 신시(神市)에 도읍한 배달나라의 14세 자오지한웅(慈烏支桓雄)이다. 오랫동안 국조(國祖)들이 세워온 교화치세의 정신에 따라 주변의 족속들과도 부드러운 평화 관계로 일관하다보니 치우천왕이 등극한 당시에는 지나족(支那族)을 비롯한 제후국들이 태곳적부터 우리 겨레의 고유 영지를 좀먹고 있어 국력이 쇠하고 있었다. 이에 천왕은 전 배달민족에 총동원령을 내리고 갈로산(葛盧山)에서 광석을 캐어 철을 주조하여 활과 창, 도극(刀戟), 갑옷과 투구의 신무기를 제조하여 무장시켜 탁록(涿鹿)으로 진격하여 일시에 제압하였고 이후 10년간 끊임없는 지나인의 도전에 맞서 70여 회의 전쟁을 치르면서 아무리 적의 병사이지만 지나인들의 인명 피해가 너무 극심하여 결국 헌원(軒轅)을 제후국으로 삼고 전쟁을 마무리지었다. 어느 서적에도 헌원을 임금황[皇]의 글자가 아닌 흙의 색을 뜻하는 누를황[黃]의 글자를 써서 황제(黃帝)라 하는 것은 배달

나라 제후국 벼슬인 오제(五帝) 가운데 중토(中土)에 해당하는 벼슬인 중군대원수(中軍大元帥)라는 의미이다. 또한 요즘 쓰는 쇠철[鐵]의 옛 글자가 '銕'인데 야금술(冶金術)을 나타내는 쇠금[金]의 글자와 대궁인(大弓人)이란 우리겨레를 상징하는 '夷'의 글자로 합성되어 있다. 이는 당시 우리 민족이 매우 선진적인 야금(冶金)의 기술을 보유하고 있었고 천왕이 구야(九冶)를 열어 병장기를 제조한 사실과 함께 우리 민족이 철기문화의 시대를 열었다는 의미이기도 하다. 치우천왕은 그후 수도를 지금의 산동반도(山東半島)인 청구(靑邱)로 옮겼으며 이후 천왕의 후손들이 대를 이어 청구를 통치하였다. 전통적으로 『사마법』을 비롯하여 강태공의 『육도』, 손무의 『손자병법』 등이 모두 이 산동을 중심으로 병학이 발전하여 왔으며 산동 지방이 병법의 고향이 된 것은 이에 유래한다. 천왕의 신(神)과 같은 용맹, 천재적으로 구사한 전술·전략의 용병술은 곧 우리겨레의 강력함의 상징이 되었고 국가와 백성의 생존을 가늠하는 전쟁에서도 인명을 소중히 하는 마음은 역대 우리나라의 명장들[고구려 광개토대왕·을지문덕·이순신 등]에게 그대로 계승되었으며 중원을 포함한 동방의 군신(軍神: 전쟁의 신)으로 추앙하게 되었다. 그래서 집을 지을 때도 악귀(惡鬼)가 침범하지 못하도록 와당(瓦當)에 동두철액(銅頭鐵額)의 도깨비 모습으로 찍거나 중대한 군사(軍事)에는 치우의 사당에 제사(祭祀)를 지내기도 하였다. 『사기』《봉선서》에는 중원을 통일한 진시왕(秦始王)과 한(漢)나라 고조가 된 유방(劉邦)이 치우의 사당에 제사 지낸 사실이 나오고 있다. 그러나 한편 사마천은 『사기』에서 헌원이 치우를 정벌하는 데 끝내 실패하였다고도 하고 한편으론 사로잡아 죽였다고 하여 사실의 기록을 묘연(渺然)하게 하고 있다. 어쩌면 모원의가 『무비지』에서 '조선세법'의 기록을 호사자가 조선에서 얻었다고 하고 해외에서 얻었다고 하여 분명해야 할 사실을 흐리고 있는 것과 어찌 그리 닮았는가? 명백한 사실도 부끄럽거나 명예를 훼손하는 사실이면 자국·자민족의 장래를 위하여 일부러 흐리거나 감추는 것은 지나인들의 역사 기록의 습성이며, 뿐만 아니라 일본의 기록 습성도 그러하다. 정작 이 나라의 후손들은 하늘을 섬기며 하늘 부끄러운 짓은 하지 못하였기에 수천 년을 이어오면서 선조들의 발명한 위대한 지식과 업적은 강탈되거나 왜곡되어 버렸고 따라서 겨레의 혼은 점차로 퇴락하여 왔다. 뿐만 아니라 편협한 정권을 세우고 위험한 사조라 하여 스스로 불살라 버리는 등의 죄를 저질렀으니 훗날의 이 후손들은 저들의 기록만으로 어정쩡하게 주인 의식이 없는 역사를 가르치는 현실을 어떻게 설명하여야 할까? 우리나라는 근대에 조선사편수회에서만이 고대역사가 왜곡되어진 것은 아니다. 『사기』에서 우리 상고사는 배달나라와 치우천왕의 계보와 업적을 모두 헌원씨로 대체하더니 단군조선을 모두 요순으로 대체되어 마침내 고구려 이전의 역사가 모두 왜곡되고 날조되어 버렸다. 곧 본국의 뿌리와 정신유산을 잃어버리게 된 것이었다. 『조선왕조실록』

『승정원일기』 등이 말하듯이 우리나라는 본래 철저히 기록을 중시하는 나라인데 어찌하여 상고·고대의 역사·철학·군사·사상·문화·수련에 관한 서적이 없는가? 중원은 그리도 풍부한데 말이다. 이것은 무엇을 뜻하는가? 우리의 문서들은 대부분 강제로 없어지거나 소중하여 차마 없앨 수 없는 것은 모두 지나인들의 집요한 국고정리(國故整理) 사업에 의하여 지나인들의 서적으로 윤색되어 버린 것이다. 저들은 이젠 중공의 국고정리의 사업으로 옛 조선·고구려·발해의 역사까지 넘보고 있다. 나라의 역사는 사람에겐 혼(魂)과 같은 것이며 비록 국력이 쇠하여 국토가 축소되어 졌지만 사람에게 혼이 있어 총명(聰明)하듯이 이 혼이 생각하는 역사의 강역이라는 것이 있다. 아이러니하게도 우린 역사가 왜곡되어 역사 강역이 축소될 때마다 실지(實地)의 국토가 축소되어 왔다는 사실이다. 오늘날 나라의 역사가 외세에 의하여 왜곡되었고 그 왜곡된 사실(史實)에 이설(異說)들이 분분하여 포폄(褒貶: 잘하고 못함)이 명료하여야 할 역사의 계통이 어지럽게 되어 버렸다. 이때에는 국가에서 나서서 국사를 새로이 정리하여 표본의 사서(史書)를 만들어 교육하는 등 바로잡아 주는 수밖에 도리가 없다. 제 정신 자신이 스스로 가다듬듯이 나라의 역사는 국가의 혼이므로 국가에서 수많은 예산을 들이더라도 바로잡아야 한다. 저들은 없었던 사실도 왜곡하여 거짓으로 가르치고 있는데 우리는 그나마 전해오는 명백한 사실도 주체적으로 정리하여 가르치지 못하는가? 민주주주의 시대에 학문의 국가 관리라니 할지 모르겠으나 국사란 일반 학문과는 그 본질적 성격이 다르며 정신 나간 어느 국사학자는 국사를 해체하고 세계사 속에 편입시켜야 한다는 국사해체론까지 들고 나오고 있는 실정이다. 이 정신없는 낭설(浪說)은 논할 가치조차 없기에 따지고 싶진 않다. 국가의 혼이 어지럽게 되어 나라가 외세에 무너질 지경에 무슨 민주주의인가? 민주주의라는 제도는 '자유'라는 최고의 가치를 가지고 있지만 나라가 있어야 시행할 수 있는 제도일 뿐이며 겨레의 생존 터전인 나라보다 우선하진 않는다. 조선 말기 지도자의 정견(政見)에 심각한 갈래가 생겨나고 나왔던 친일파들의 간교한 언동과 조금도 다를 바 없으며 이 나라를 탐하여 약탈하려는 함정이다. 민주주의는 본래 민본주의로 우리나라에서 시행한 역사가 더 깊다. 시민이 권력자와 투쟁하면서 피를 먹고 자란 민주가 아니라 옛 성인들이 백성들을 자식처럼 돌보며 가르치고 바르게 교화하며 오직 자식 위해 자신의 희생을 아끼지 않는 부모처럼 민(民)을 자녀처럼 주인처럼 받들어 섬겨 태어난 인간의 가치를 일깨워 주기 위하여 정치하여 배려하여 주는 것이 바로 우리의 민본이며 민주였다. 시대를 막론하고 이 가치는 변할 수 없다. 지금 우리나라는 하루 빨리 본래의 모습으로 회복하는 대국민운동이 일어나지 않으면 어떠한 큰 난고를 또 겪을 수 있는 위험 지경이라 할 수 있다. 역경을 타개하고 겨레의 영광을 재현하는 길을 가르쳐 주는 교훈이 멀리 있는 것이 아니라 바로 역사의 기록,

조상들이 물려준 서적에 담겨 있다. 한문을 지나인들의 글이라고 할 때에는 이미 대부분의 우리 정신을 내다 버린 것이나 다름이 없다. 사람들은 한문을 구성된 원리로 배우지 못하고 무조건 외우라는 엉터리 지식인에게서 배우다 보니 어렵다고 한다. 천지 삼라만상은 어떠한 원리가 존재하여 움직이며 문자란 그 만상의 원리를 기호로서 표현하는 것이므로 당연히 원리가 내재하고 있다. 어릴 때부터 파자(破字)의 원리에 따라 본래 그림문자이니 그림을 그리며 획(劃)의 의미를 가르쳐 보라. 한문보다 쉽고 재미있고 분명한 글이 또 없으며 학습자의 철학적 인지를 깨워 주는 옛 과학과 역사가 담긴 글자이다. 그래서 한문은 쓰면 그림이 되고 읽으면 노래가 되고 새기면 철학이 된다고 한다. 옛날의 문자나 기예 등등은 모두 옛날의 정신과학이었다. 과학이란 합리적이며 증명할 수 있고 이치에 따른다는 의미이다. 오늘날 우리 민족은 조상들이 물려준 서적 속에서 단 몇 줄이라도 그 글의 가치를 발견하고 옛 제도와 정신을 효율적으로 계승하는 정치가 절실하다. 사람의 삶에서 주변 환경은 무수히 변화를 거듭하지만 삶의 근본적 양식은 크게 변할 수 없다. 즉 사람은 행복하고 즐겁게 살아야 하며 열심히 공부하여 노력의 공업(功業)을 닦아 더욱더 밝고 큰 존재로 성장한다는 근본적인 삶의 태도는 변할 수 없다는 것이다. 이러한 인간의 활동을 할 수 있게 안배하여 주는 것이 곧 정치이다. 예를 들면 『삼국사기』에 기재되어 있는 화랑(花郞)의 기록은 현재의 청소년의 교육 방향과 지표를 제시하고 있으며 심신을 동시에 육성하여야 온전한 사람이 되며 이 사람들이 나라를 경영하여야 나라의 문화와 경제가 융성해지고 정의로운 사회가 된다는 가르침을 담고 있는 것이다. 단 몇 줄이라도 국가적인 힘을 불어넣으면 수만 권의 교육도서와 제도를 능가할 것이며 『무예도보통지』 일서를 어떻게 이용하는가에 따라 수만 권의 무술서적을 압도할 수 있다. 이러한 효율적 계승에서 바로 우리 민족의 저력이 나오며 민족의 저력을 표출할 수 있도록 정책을 펴야 한다. 세계화란 무한경쟁시대에 수천 년 함축된 문화 민족의 저력을 표출시킬 수 있는 지도자의 유무가 민족의 장래를 좌우하게 될 것이다.

380) 왕명학(王鳴鶴)의 자(字)는 우경(羽卿)이며 강소성 산양(山陽) 사람이다. 명(明)나라 만력 14년에 무과(武科)에 급제한 이후 군사실무(軍事實務)와 실전(實戰)의 경험을 하였고 병서(兵書)를 널리 읽고 군사적 가치가 있는 자료를 수필 형식으로 정리하여 만력 27년에 『등단필구(登壇必究)』 40권(卷)을 편성(編成)하였다. 병장(兵將)들의 중요한 교육 자료가 되는 이 서적의 제29권과 30권 가운데 고대무술의 자료를 수록하였는데 대부분 『무경총요(武經總要)』 『기효신서』 『검경(劍經)』에서 옮겨온 것이다.

381) 양씨의 이름은 양묘진(楊妙眞: 약 1194~?)으로 사낭자(四娘子) 또는 고고(姑姑)라고 불렸고 기사(騎射)를 잘하고 장창(長槍)에 정통하였다고 한다. 그 창법에는

허실(虛實)과 기정(奇正)이 있고 진예(進銳)와 퇴속(退速)이 있으며 세험절단(勢險節短)이 있어 움직이지 않으면 산(山)과 같고 움직이면 뇌정(雷霆)과 같아 척계광이 그 창법을 약간 개정하여서 군사들의 조련용으로 사용하였다. 근세에 나온 육합창(六合槍), 대이화창(大梨花槍)에 양씨의 기술이 남아 있다고 한다.

382) 이시진(李時珍: 1518~1593)은 명(明)나라 기주(蘄州) 사람으로 의학자이며 자(字)는 동벽(東壁)이며 호(號)는 빈호(瀕湖)이다. 평소 독서(讀書)를 좋아했으며 의서(醫書)를 더욱 즐겨 읽었다. 초왕부 봉사정(楚王府 奉祠正)의 벼슬에 봉직하면서 8백여가(家)의 책을 열람하고 27년간 원고를 정리하고 세 번이나 교정(校定)하는 노력 끝에 이전의 본초학을 총결하여 지금도 본초학의 성전으로 인정받고 있는 『본초강목』 52권을 완성하였다. 기타 「빈호맥학(瀕湖脈學)」 「기경팔맥고(奇經八脈考)」 「맥결고증(脈訣考證)」 등의 저서를 남겼다.

383) 육재(六材)는 활을 만드는 여섯 가지 재료인데 간(幹)·각(角)·근(筋)·교(膠)·사(絲)·칠(漆)이다. 간(幹)은 활의 몸채를 만드는 재료로서 자연산 산뽕나무[柘]를 많이 사용하였는데 이를 궁간상(弓幹桑)·궁간목(弓幹木)이라고 하였다. 산뽕나무를 쓰는 이유는 목성(木性)이 부드러우면서도 강하여 탄력이 좋고 잘 부러지지도 않고 가벼우며 잘 썩지 않기 때문이다. 흔히 '구지뽕'이라는 말은 활의 고자[활채]를 만드는 뽕나무라는 뜻이다. 각(角)은 활의 두께와 세기를 결정하는데 열대지방의 무소 뿔[黑角]이나 우리나라의 황소 뿔[鄕角 또는 生角]을 사용한다. 근(筋)은 활의 심고를 만드는 데 사용되는 소의 심줄이며 교(膠)는 여러 가지 재료를 연결시키는 풀인데 민어의 부레를 기름기를 제거하고 끓여서 짜낸 민어부레풀을 많이 사용한다. 사(絲)는 시위를 매기는 명주실이며 한 올이 세 가닥으로 된 삼겹실[三甲絲 또는 三合絲]를 쓴다. 칠(漆)은 색칠을 한 가죽이나 종이로 활고자에 꾸미는 장식인데 칠지피단장(漆紙皮丹粧)이라고 한다.

384) 『산해경』은 어느 시대 누구의 저작인지 알 수 없는 태고시대의 신화와 지리서의 성격을 띠고 있는 책인데 황당무계하고 신비스러운 내용이 많아 기서(奇書)라고 한다. 일정한 방위 개념에 입각하여 각 지역에 대한 조사를 기록하고 그 지역의 구전(口傳)·민속·종교·신화의 원시적 세계관을 담은 상상력과 환상의 보고이다. 흔히 『산해경』을 상고시대 최초의 사서(史書) 또는 중국 최고(最古)의 신화집이라 하지만 책 내용에는 조선(朝鮮), 개국(蓋國), 숙신국(肅愼國), 맥국(貊國) 등 고대 한국의 국명(國名)과 순(舜)과 예(羿) 등의 동이신화(東夷神話)가 등장하고 있다. 한국 고대의 국경(國境) 및 강역(疆域)과 문화의 형태가 기록되어 있어 손작운(孫作雲)과 같은 학자는 이 책을 동이계의 고서(古書)로 간주하고 있다. 시공을 초월하여 자유롭고 무한한 상상력과 영감을 자극하는 원천으로서 『산해경』은 문학과 예술의 세계에

주석 및 해설 631

미친 영향이 커서『서유기(西遊記)』나『봉신연의(封神演義)』등의 소설에서도 그 이 미지와 상징 구조를 차용하였다. 특히 이 서적에서 주목을 요하는 것은 상고시대 우리 겨레의 강역(疆域)이다. 배달나라 한웅(桓雄) 임금이 도읍하였다는 장안성(長安城: 지금의 西安)과 단군조선이 사천성에서 입국하여 산서성으로, 다시 태백산[白岳山]으로 이동하였다는 우리의 부도(符都)의 역사와 관련하여 연구가 요구된다.

385) 가서한(哥舒翰: ?~757)은 당대(唐代)의 명장(名將)으로 돌궐족(突厥族) 가서부(哥舒部)의 후예로 서안(安西)에서 세거(世居)하였다. 처음에 왕충사(王忠嗣)의 아장(衙將)으로 있다가 청해(青海)에서 토번(吐蕃)을 공패(攻敗)시키는 등 전공(戰功)이 있어 서평군왕(西平郡王)에 봉해졌다. 안록산(安祿山)이 대진국(大震國: 발해)의 파당분쇄작전(破唐粉碎作戰)에 따라 기병(起兵)하였을 때[서기 755년 11월] 원사(元師)로 기용되어 동관(潼關)을 지켰으나 양국충(楊國忠)의 시기를 받아 불리한 전투에 출전하여 낙양(洛陽)에서 안록산에게 붙잡히게 되었고 얼마 후 안록산의 장자인 안경서(安慶緒)에게 피살되었다. 신(新)·구(舊)『당서(唐書)』에 모두 전(傳)이 있다.

386) 태장형의 곤장(棍杖)은 수청목(水青木)으로 죄인의 볼기를 치던 형구(刑具)인데 중국 대명률(大明律)에 의하여 제정되어 비교적 가벼운 죄를 범한 사람에게 10~60대까지의 형벌을 태형(笞刑)이라 하고 70~100대까지를 장형(杖刑)이라 하였다. 우리나라에서는 일제시대의 1920년까지 계속되었는데 한국인에 한해서만 적용되었다.

387) 도홍경(451~536)은 남북조시대에 유명한 양생가(養生家)로 자(字)는 통명(通明)이다. 기록에 의하면 나이 10세 때에 갈홍(葛洪)의『신선전(神仙傳)』을 밤낮으로 독서하여 양생의 대지(大志)를 알고 있었으며 성인이 되어 벼슬을 버리고 지금의 강소성에 있는 구곡산(句曲山)에 은거하면서 스스로 '화양은군(華陽隱君)'이라 불렀다고 한다. 도홍경은 박학다재(博學多才)한 학자이면서 그 성격이 기이(奇異)한 것을 숭상하여 음양오행(陰陽五行), 풍각성산(風角星算: 풍각(風角)은 사방 네 모퉁이의 바람 소리를 궁·상·각·치·우의 5음으로 구별하여 길흉을 점치는 방술이며 성산(星算)은 천문 역수임), 산천지리(山川地理), 의술본초(醫術本草)에 대하여 깊은 연구를 하여 많은 저술을 남겼다. 그리고 벽곡도인(辟穀導引)의 법에 정통(精通)하여 평생토록 수련을 쉬지 않아 나이 80이 넘어서도 용모와 체질이 청년과 같았다고 하였으며 후세의 의학과 도인양생학(導引養生學)의 발전에 지대한 영향을 끼쳤다. 또한 그가 저술한『고금도검록(古今刀劍錄)』은 선진(先秦) 이래 도검에 관한 일화(逸話)를 매우 많이 기재한 병기학(兵器學)의 전문 저술로 후대 무술계에 영향을 주었다.

388) 위소(衛所)는 명나라 초기의 군대의 편제[兵制]이다. 명 태조 주원장(朱元璋)은 백성을 크게 민(民)과 군(軍)으로 나누어 민(民)은 부주현(府州縣)에 속하게 하고

군(軍)은 서울과 지방 요지에 위소(衛所)를 설치하여 군역(軍役)에 종사하도록 하였다. 군(郡) 단위에 소(所)를 두어 112명을 백호소(百戶所)라 하고 1120명을 천호소(千戶所)라 하였는데 10개의 군을 연결하여 위(衛)라 하고 1위(衛)에는 5600명의 군사로 구성되었다. 각 성(省)에는 도지휘사사(都指揮使司)가 여러 개의 위(衛)를 관할하고 중앙에는 오군도독부(五軍都督府)를 두어 전국적으로 통제하였다. 위소에는 둔전(屯田)을 두어 자급자족을 원칙으로 하였으나 중기 이후 관료와 호족들에게 둔전을 빼앗기어 이 원칙이 무너지고 명나라 말기에 이르러서는 유명무실하게 되었다.

389) 주칠(朱漆)은 부식(腐蝕)을 방지하는 효과도 있었지만 본래 붉은색과 검은색은 임금이 사용하는 모든 기구에는 상징적으로 사용되었다. 그래서『경국대전주해』에서도 홍첩(紅貼)은 임금이 타는 말안장이라 하고 주칠기(朱漆器)는 임금이 사용하는 식기라고 하였다. 예나 지금이나 군(軍)은 특수 집단으로 오직 최고통치자의 명으로만 움직이는 조직이다. 나아가서 십팔기(十八技)의 병기(兵器)에 붉은칠과 검은칠을 하는 것은 그 기예가 어명으로 정립된 나라의 국방무예임을 알 수 있겠다.

390) 성조(成祖: 1360~1424)는 명나라 제3대 임금으로 태조 주원장의 넷째아들이다. 그의 치세의 연호를 따서 영락제라고도 한다. 태조의 뒤를 이은 혜제(惠帝)가 여러 왕들의 세력을 약화시키려 하자 정난(靖難)의 변을 일으켜 혜제를 폐하고 1402년에 제위에 올랐다. 대외적으로는 서양과의 경제·문화의 교류를 꾀하고 주변국과는 강경책과 유화책을 고루 펴 세력을 확장하고 북방에 대한 전략적 필요에 따라 도읍을 남경에서 북경으로 옮기며 양경제(兩京制)를 실시하였으며 해진(解縉) 등에게 명하여『영락대전(永樂大典)』을 편찬하였다.

391) 오문루(午門樓)의 오문(午門)은 북경에 있는 자금성(紫禁城)의 정문이고 여기에 있었던 누각이 오문루이다.

392) 군대에서 사용하는 깃발은 여러 가지 종류들이 있으나 일반적으로 아래에 영(令)을 내릴 때 사용하는 깃발을 휘(麾)라 하고 위의 영(令)에 응(應)하여 사용하는 깃발을 기(旗)라 하며 천자가 군사들의 사기를 고무하기 위하여 사용하는 깃털로 장식한 깃발을 정(旌)이라고 한다.

393) 법가(法駕)는 임금이 거둥할 때 쓰는 수레의 한 가지이며 임금이 거둥할 때는 의식이 따르기 마련인데 의식에 쓰는 병기 등의 물건을 의장(儀仗)이라 한다. 군대에서 행하는 의식을 군례(軍禮)라고 한다.

394) 마삭(馬槊)은 마상(馬上)에서 당파창(鐺鈀槍)과 유사한 삭창(槊槍)을 쓰는 것인데 결국 기창(騎槍)의 일종이 된다. 남조(南朝)의 양(梁)나라 간문제(簡文帝: 재위 549~551)가「마삭보」를 지었다고『수서경적지(隋書經籍志)』에 저록되어 있으나 지금은 그 보(譜)는 산실되어 전하지 않고 다만 서언(序言)만이 남아 있다고 한다.

395) 기창(旗槍)은 본래 군사들이 출정(出征)을 지휘(指揮)하는 데 사용되었고 평시에는 군사 훈련과 군례(軍禮)의 의장(儀仗)으로 사용되었다. 그러나 '십팔기(十八技)'를 정립하면서 단순히 형식적 의례(儀禮)의 절차에 쓰이는 기구가 아니라 창날이 달린 병기(兵器)라는 취지를 그대로 살려 격자(擊刺)의 기법(技法)을 전하려 한다는 것이다. 기창(旗槍)이 병기로서 운용의 기법(技法)을 전하고 있는 것은 동양의 여러 서적에서 보이지 않으며 군사의 지휘, 의례의 절차, 그리고 창(槍)이 짧아 근접전에서 장검(長劍)처럼 사용하고 실질적인 격자에 겸용하는 발상은 실용(實用)에 바탕을 둔 『무예도보통지』 편찬의 찬술 정신과 통하고 있다.

396) 『무예도보통지』의 언해는 기법 부분만 언해되어 있으나 『무예제보』는 설법 부분도 언해되어 있으므로 6기는 『무예제보』의 언해를 중시하면서 오늘날의 표현으로 나타내었다. 여기에서 '패'는 한줌을 나타내는 파(把)이며 한주먹 손아귀로 쥘 수 있는 분량을 말한다.

397) 당파(钂鈀)는 본래 농기구(農器具)에서 적을 살상하는 데 유효한 병기(兵器)로 변천되어 간 것이다. 중봉(中鋒)과 횡고(橫股)의 높이 차이가 없으면 깊이 찌를 수 없어서 중봉을 반드시 2치 높이지만 중봉이 너무 길고 횡고가 너무 짧으면 적의 병기를 가나(架拿)하는 당파의 주(主)기법을 쓸 수 없게 되기도 한다.

398) 화전(火箭)은 화살촉 가까이에 화약(火藥)을 장치하여 불을 붙여 적의 장비인 함선(艦船), 운제(雲梯), 충거(衝車)에 쏘아서 불을 일으키는 화구(火具)인데 임진왜란 때 이순신 장군이 즐겨 사용한 무기이다. 이 불화살을 쏘는 기기인 전가(箭架)는 별도로 쓰지 않고 당파를 쥐고 있는 병사에게 화전 30매(枚)를 쥔 병사 2명이 붙어 적병이 멀리 있으면 화전을 발사하고 가까이 있으면 화전을 버리고 당파를 사용하였다.

399) 정현(鄭玄: 127~200)은 동한(東漢) 말기의 학자이다. 경학(經學)을 연구하여 고문경(古文經)과 금문경(今文經)에 통달하여 경서주석가(經書註釋家)로 이름이 높고 한대(漢代) 경학의 집대성자로 불리며 그의 학문을 정학(鄭學)이라고 한다. 『모시전(毛詩箋)』, 『삼례주(三禮注)』, 『주역주(周易注)』, 『시보(詩譜)』, 『박오경이의(駁五經異義)』, 『육례론(六禮論)』 등을 펴냈다. 송대 주자(朱子)의 학문 방법과 더불어 정주지학(鄭朱之學)이라고 한다. 고밀(高密)은 지금의 산동성(山東省)이다.

400) 과(戈)는 보통 적을 구만(鉤挽: 걸어 당김)하거나 탁자(啄刺: 쪼아 찍음)하는 긴 자루가 있는 병기이며 극(戟)은 과(戈)와 모(矛)의 합체(合體)로 모창(矛槍)의 직인(直刃)으로 찌르고 과창(戈槍)의 횡인(橫刃)으로 구탁(鉤啄: 걸고 쪼아 찍음)하는 병기이다. 내(內)는 자루를 기준으로 원(援)의 반대편에 있는 짧은 날이며 한 개의 홈이 있다. 호(胡)는 내(內)와 원(援)과 'T'자로 꺾이는 형상으로 볼 때 아래로 내려온 부분으로 자루와 접해지는 곳이다. 원(援)은 내(內)의 반대편에 긴 날로 과의 주(主)

날이며 호(胡) 부분과 함께 2~3개의 홈이 있어 자루에 고정시킨다.

401) 오례(五禮)는 길례(吉禮: 제사(祭祀)에 관한 의례)·흉례(凶禮: 상례(喪禮)에 관한 의례)·빈례(賓禮: 빈객(賓客)을 대하는 의례)·군례(軍禮: 군대(軍隊)에 행하는 의례)·가례(嘉禮: 관혼(冠婚)에 관한 의례)의 다섯 가지 의식(儀式)이다.

402) 모철(冒鐵)은 창날을 싸고 가려 주는 철반(鐵盤)으로 둘레를 날카롭게 한 것은 창을 찔렀을 때 상대가 손으로 창을 잡을 수 없게 하고 횡격(橫擊)에서도 살상을 발휘하기 위해서이다.

403) 지금의 예보(藝譜)란 『무예제보』에는 기창(騎槍)이 없으므로 곧 『무예신보』이다. 여기에서도 알 수 있는 바와 같이 『무예신보』에 '십팔기(十八技)'를 근본기예로 하여 이름을 정하고 응용기예로서 마상기예 사기(四技)도 실려 모두 이십이기(二十二技)가 실렸음을 알 수 있다. 응용의 기예는 사기(四技), 육기(六技)가 아니라 십팔반의 무예를 모두 응용하더라도 근본기예 '십팔기(十八技)'를 벗어나지 못하므로 조선무예의 정명(正名)은 '십팔기(十八技)'이다.

404) 『마삭보(馬槊譜)』는 인용서목 가운데 한 가지로 『무예도보통지』 편찬 당시에는 조선이 이 서적을 보유하고 있었지만 지금은 중원에서도 이 서적이 산실되었다고 한다. 다만 그 서명(書名)과 서언(序言)만이 전하고 있는데 위의 내용은 현재 남아 있는 서언(序言)에 나오는 내용이다.

405) 오늘날 우리나라 교육에서 '한문'을 무조건 화족(華族)의 글자라고 가르치고 있지만 참으로 무식하고 무책임한 교육이라 할 수 있다. 본래 '한문'의 근원이 되는 모든 표의문자(表意文字)의 뿌리는 상고시대 우리 선조들이 만든 '녹도문자(鹿圖文字: 신지(神誌) 벼슬을 지낸 혁덕(赫德)이 붉은 사슴의 발자국을 보고 고안하였는데 이 설을 창힐이 모방하여 새발자국을 보고 만들었다고 함)' 또는 '신전문자(神篆文字)'에 있다. 녹도(鹿圖)의 그림문자는 상형문자라고도 하며 약 5000년 전에 화족(華族)들[헌원·공공·창힐 등]에게 전수되어 공용(共用)하게 되었고 각 시대의 변천 과정에서 발전하여 지금은 동양권의 문자가 된 것이다. 상고시대 우리 선조들은 뜻글자[表意文字]와 소리글자[表音文字]라는 음양(陰陽)의 두 종류의 문자를 창조하여 인류 문명의 시원을 열었으니 엄격히 한문은 오늘날 '한문(桓文)' 또는 '한문(韓文)'이라고 표기하여야 정확하다. 요즘 중공에서는 한문을 옛날 고어(古語)라 하여 쓰지도 않고 일반 국민들은 매우 어려워하거나 모르고 있으며 간단한 글자체인 간자(簡字)를 만들어 사용하고 있다. 사실 간자는 본래 글자의 원형을 지나치게 축소 내지 변경하여 뜻글자로서의 해의(解義)를 거의 잃어버렸다. 우리 이름이 한문으로 되어 있듯이 한문(桓文)은 곧 우리의 글이며 우리의 문화유산이라는 주인 의식의 각성과 더불어 주체적 문자 사용의 정신이 요구된다. 여기에서 논을 수전(水田: 물이 있는 밭)으

로 표기하였는데 이는 중원 땅은 예부터 밭농사 위주였고 논에 벼를 심는 농사는 중원에서도 극히 남방 일부에 제한적으로 있었음을 말하고 있다. 우리 선조들은 한자 가운데에서 논 답[畓], 된장 시[豉], 쌀(米) 등을 비롯하여 중원에서도 없는 우리만의 글자를 수 없이 만들어 주체적으로 정확한 문자를 사용하였다.

406) 철질려(鐵蒺藜)는 적의 보병이나 기병의 접근을 막기 위하여 쇳조각을 이어 붙인 방어용 장애물이다. 모양이 삼각형으로 마치 질려(蒺藜)가시처럼 생겨서 붙여진 이름이다. 철마름쇠, 철릉각(鐵菱角), 냉첨(冷尖), 거태(渠苔)라고도 한다.『육도』《호도(虎韜)》편의 〈군용(軍用)〉에서는 '좁은 길과 가느다란 지름길에는 철질려를 뿌리는데 가시높이가 4치(寸)이며 넓이가 8치(寸)며 길이가 6자(尺) 이상[狹路微徑 張鐵蒺藜 芒高四寸 廣八寸 長六尺以上]'이라고 하였다.

407) 거마목(拒馬木)은 진영(陳營)을 세우고 요새(要塞)를 설치하여 진격해 오는 기병(騎兵)의 말을 막도록 만들어졌으므로 거마목(拒馬木)이라고 하였다. 횡목(橫木)에 창(槍)을 꿰면 거마창이 된다. 나무나 대나무로 삼지육수(三枝六首)의 형태로 장대를 교차로 꿰어 장대머리에는 날(刃)이 있게 하고 관처(貫處: 꿴 곳)에는 철삭(鐵索)으로 서로 얽어 연결시킨다. 오늘날 바리케이드(barricade)와 용도가 비슷하였다. 거수용(拒守用)이면서 보병으로서 적의 기병(騎兵)을 격파하는 목당랑(木螳螂) 형태의 넓이 2장(丈)에 검인(劍刃)과 방패(盾)가 달린 큰 수레전차인 행마(行馬)와는 다르다.

408) 호마(胡馬)는 만주나 중원의 북방 지역에서 생산되는 말(馬)을 뜻하기도 하고 북방 호족(胡族)들의 기병(騎兵)이나 병마(兵馬)를 뜻하기도 한다.

409) 무예 수련에서의 보(步)는 크게 보형(步型)과 보법(步法)이 있다. 보형(步型)은 일반적으로 기본 자세(基本姿勢)라고 칭하는 것인데 일정한 규격에 따라 두 다리가 형성하는 정지(靜止)된 틀을 말한다. 이 규격화된 틀에 따라 정지된 상태로 보형을 수련하여 퇴력(腿力)을 증강시켜 하성(下盛)하는 법을 무예 용어로 참공(站功) · 참장공(站樁功)이라고 하며 수련의 첫 단계가 된다. 보형의 규격은 문중(門中)이나 권문(拳門)에서 스승이 세운 입법(立法)에 따라 조금씩 다를 수 있으나 대개 오법(五法) 또는 오형(五型)을 크게 벗어나지 않는다. 오법(五法)이란 다섯 가지의 변함없는 진리란 뜻으로 궁전보형(弓箭步型)에서 신능(神能)을 기르고, 기마보형(騎馬步型)에서 골강(骨强)을, 허실보형(虛實步型)에서 역견(力堅)을, 독립보형(獨立步型)에서 정고(靜固)를, 복호보형(伏虎步型)에서 기령(氣靈)의 신체 소질을 계발하는 법이다. 이러한 무예의 기본 형태는 근대의 도수무술이나 공방 의식이 없는 아사나 요가나 체조기공의 자세에서도 응용되어 쓰이고 있다. 보법(步法)은 보형(步型)의 일정한 규격을 유지하면서 발로서 걸음을 옮겨 몸을 싣고 움직이는 행보(行步)하는 방법이라고 할 수 있다. 보형(步型)이 정적(靜的)인 수련이라면 보법(步法)은 동적(動的)인 수련이다. 위의 요

보(拗步)는 보법(步法)에 있어서 수(手)와 족(足)의 움직임이 서로 어긋나 좌족(左足)과 우수(右手)가 앞에 있거나 우족(右足)과 좌수(左手)가 앞에 위치하는 세(勢)로서 요세(拗勢)라고 하기도 한다. 좌족(左足)과 좌수(左手)가 동시에 앞에 있거나 우족(右足)과 우수(右手)가 앞에 있는 순보(順步) 또는 순세(順勢)와 상대되는 용어가 된다.

410) 용검(用劍)은 용력(用力)으로 운용하는 검(劍)이란 뜻이다. 쌍수도(雙手刀)는 장도(長刀)여서 무겁기 때문에 두 손으로 사용하여 그 이름을 얻었으니 곧 용력지검(用力之劍)이 된다. 평검(平劍)은 도(刀)의 고유기법에서 나온 이름으로 평참(平斬), 평절(平截)하는 검(劍)이란 뜻이다. 즉 검(劍)은 본래 직자(直刺)와 횡세(橫洗)를 고유기법으로 하지만 평검(平劍)은 벽감(劈瞰), 감절(砍切)하는 도(刀)의 기법으로 운용하는 검(劍)이란 뜻이다. 쌍수도의 기법에서 찌르는 기법은 단지 한곳에서만 나올 뿐이다. 그래서 쌍수도를 순수도법이라고 한다.

411) 칼날을 보호하는 동호인(銅護刃)이 칼날의 길이에 포함되어 있으며 동호인을 뺀 칼날의 길이는 4척(尺)이 된다.

412) 명(明)나라 가정(嘉靖) 40년(1562, 신유년)에 척계광(戚繼光)이 지금의 절강성 임해(臨海) 지역에서 왜구와 싸우는 진상(陣上)에서 왜도(倭刀)와 일본 초서체(草書體)로 된 습법(習法)과 원숭이로 그린 몇 개의 그림을 얻어서 장도(長刀)라고 하여 『기효신서』에 실었다. 그러나 여기에서 무겁고 긴 칼로서 장도(長刀)의 유래를 설명한 것이지 십팔기(十八技) 가운데 쌍수도를 설명하고 있는 것은 아니다. 한교 선생은 『무예제보』에서 조선의 것으로 승화시켜 장도제(長刀製)를 쓰고 그 보(譜)를 창조하여 '검보(劍譜)' '검세총도(劍勢總圖)'라고 하였다. 장도(長刀)를 설명하는 문장 가운데 쌍수(雙手)를 사용한다는 글이 있어 이로써 『무예도보통지』를 편찬하면서 '쌍수도(雙手刀)'라는 이름으로 정리된 것이다. 곧 장도(長刀)란 오랜 옛날부터 있어 온 것이며 왜구가 이를 장기(長技)로 사용하여 그 위력을 떨쳤고 조선에서는 한교 선생이 그 운용법인 보(譜)의 창조하고 '쌍수도(雙手刀)'란 명칭도 십팔기(十八技)의 일기(一技)로서 조선에서 새로이 정한 것이다. 근래에 중공에서 나온 서적에서 『무비지』에 실려 있는 '조선세법'이 양손을 사용하는 것으로 그려져 있어 '조선쌍수검보(朝鮮雙手劍譜)'라고 이름하고 중국에서 조선에 전래된 검보(劍譜)라고 하고 있으나 학식이 부족한 데서 연유한 이치에 맞지 않는 논리이다. 무예(武藝)의 진작(振作)은 어느 시대에서나 국가의 기강을 바로 세우고 도덕 사회를 만들어 가는 절대 조건이다. 몸이 건장(健壯)하고 투철한 정신을 가진 한국인이 바로 나라와 주권을 지키고 나아가 백성의 생명을 보호하는 인재가 된다. 오늘날 기술보국(技術保國)이란 말이 표현하듯이 과학 지식의 습득과 기술·기능의 도야로 기업을 성장시키고 다양한 학문을 탐구하는 교육이 국력을 대변한다고 할 수 있겠으나 조국을 사랑하는 근본 바

탕이 없으면 어디에 쓰겠는가? 문화전쟁이란 글자 그대로 그 나라의 축적된 문화로서 싸우는 정신의 전쟁이다. 국가는 21세기 벽두부터 시작된 문화전쟁에 대비하여 하루빨리 인문과 과학에 무예를 겸비한 인재를 양성할 의무가 있다. 물론 세계화시대에 다양한 수련문화의 양식이 자기 나라의 이름을 달고 수입되고 있는 마당에 오직 우리 무예만이 계승·학습하자는 취지는 아니다. 무예도 시대의 요청에 따라 군사무예에서 후생(厚生)하는 양생무예로 새로운 옷을 입혀 계승하여야 하고 학습도 겸이습지(兼而習之)하여야 더욱더 풍부한 이론과 우수한 기술로 발전할 수 있다. 다만 자신의 뿌리부터 확실히 알고 그 근본 위에서 꽃피워야 한다는 취지이다. 하나의 식물도 뿌리가 있거늘 근본이 없이 지엽을 추구하게 되면 큰 고목[大成]으로 성장할 수 없을 뿐만 아니라 주변의 문화에 동화되어 버린다. 무예의 주체적인 승화(昇華)냐 종속되는 동화(同化)냐의 문제는 문화전쟁의 승패를 가름한다.

413) 『사기』〈고조본기(高祖本紀)〉에 유방(劉邦)이 정장(亭長)의 신분으로 죄수들을 여산(酈山)으로 압송할 때 풍읍(豊邑)의 땅에 이르러 죄수들을 풀어 주고 길을 가로막고 있는 커다란 뱀을 단칼에 동강내어 죽여 버리고 술에 취하여 땅바닥에 누워 잠을 잤다. 자고 일어나니 함께 있던 죄수들이 보고하길 고조가 뱀을 죽인 장소로 가보니 한 노파가 슬피 울고 있어 왜 우느냐고 물으니 노파가 대답하길 내 아들은 백제(白帝)의 아들인데 뱀으로 변신하여 길을 막고 있었는데 방금 적제(赤帝)의 아들이 나타나 제 아들을 죽여서 이렇게 울고 있다고 하였다. 죄수들은 터무니없는 허튼 소리로 사람을 미혹시킨다고 혼을 내주려고 생각하는 순간에 노파는 홀연히 사라져 버렸다고 하였다. 이 말을 들은 고조는 자신이 범상한 인물이 아님을 느끼고 은근히 기뻐하였다고 한다. 이 내용들은 적제(赤帝)는 남방(南方)의 화덕(火德)에 속하며 백제(白帝)는 서방(西方)의 금덕(金德)에 속함을 상정하여 화극금(火克金)의 원리에 따라 진왕조(秦王朝: 金)가 한왕조(漢王朝: 火)에 의해 멸망됨을 암시한 것이라고 한다.

414) 중원 역사상의 오대 명산(名山)으로 동태산(東泰山), 서화산(西華山), 남형산(南衡山), 북항산(北恒山), 중숭산(中崇山)인데 태산(泰山)과 항산(恒山)이 조종산(祖宗山)이며 각 산에는 중원의 도가(道家) 또는 불가(佛家)의 수련처가 있다.

415) 오호(五胡)는 중원의 동한(東漢) 때부터 남북조시대에 이르는 시기까지 중원에서 새로이 세력을 키운 흉노(匈奴), 갈(羯), 선비(鮮卑), 저(氐), 강(羌)의 다섯 종족을 말하는데 이들 종족은 남북조가 일어날 무렵까지 13국으로 세력을 형성하였고 지나족(支那族)이 3국을 세워 이를 모두 5호 16국(五胡十六國)의 시대라고 한다. 흉노(匈奴)는 전조(前趙·漢), 북량(北涼), 대하(大夏)를 세우고 갈(羯)은 후조(後趙)를, 선비(鮮卑)는 전연(前燕), 후연(後燕), 남연(南燕), 서진(西秦), 남량(南涼)을, 저(氐)는 성한(成漢), 전진(前秦), 후량(後涼)을, 강(羌)은 후진(後秦)을 세웠으며 지나(支那)는

전량(前涼), 서량(西涼), 북연(北燕)의 세 나라를 세웠다.

416) 쌍수도에서 찌르는 곳은 여기의 한 번뿐이며 이는 쌍수도가 순수도법이라는 의미이다. 우리나라의 환도(環刀) 또는 단도(短刀)는 거의 검(劍)에 가까운 직도(直刀)의 형태이기 때문에 검(劍)과 도(刀)의 기법을 자재로 활용할 수 있도록 한 특징이 있다. 쌍수도가 순수도법이라는 것은 도(刀)의 고유기법만으로 운용한다는 의미이다. 방적(防賊)의 방(防)은 격법(格法)이란 의미로 어거(御車)나 거정(擧鼎)의 세(勢)로 많이 사용되고 하나의 세(勢)에는 공방(攻防)이 하나로 존재하게 된다. 살적(殺賊)과 격적(擊賊)의 살(殺)과 격(擊)은 격법(擊法)이란 의미로 표두(豹頭)나 좌익(左翼)·우익(右翼)의 세(勢)로 많이 사용되는데 격(格)과 격(擊)은 모두 도(刀)에서 더 유효하게 쓰이는 기법이다.

417) 무예에서 회신(回身)과 전신(轉身)이란 용어는 보통 몸통을 돌리는 각도의 차이에서 구별된다. 회신(回身)은 몸통의 방향을 완전히 바꾸는 각도에서 전신(轉身)은 회신보다는 작은 각도로 틀어 몸통의 방향은 바꾸지 않고 허실(虛實), 강유(剛柔)로 힘을 안배하는 신법(身法)의 묘(妙)를 발휘할 때 사용되는 용어이다.

418) 당태종(唐太宗)은 당(唐)의 2대 군주(君主)이며 이름은 이세민(李世民: 599~649)으로 고조(高祖) 이연(李淵)의 둘째아들이다. 수(隋)나라말에 수(隋)의 운명이 다하고 있음을 알고 부친에게 기병하도록 하고 자신도 은근히 세력을 규합하였다. 때마침 이밀(李密)이 반란을 일으켜 낙양(洛陽)을 점령하였고 이밀과 사돈 관계에 있던 진양령(晉陽令) 유문정(劉文靜)과 모의하는 한편 돌궐과는 제휴를 맺고 수도 장안(長安)으로 치고 들어가니 수(隋)의 공제(恭帝)는 마침내 이연에게 나라를 물려주었고 큰 아들 건성(建成)이 태자가 되고 세민은 진왕(秦王)이 되었다. 그뒤 수(隋)의 잔당 세력을 토벌한 세민의 신망이 두터워지자 태자 이건성(李建成)과 동생인 제왕(齊王) 이원길(李元吉)이 시기하여 제거할 모의를 하자 무덕(武德: 고조의 연호, 618~626) 9년(626)에 현무문(玄武門)의 변을 일으켜 형과 동생을 죽이고 고조를 강제 폐위시키고 제위에 올랐다. 그의 제위[626~649] 23년 동안 제도를 정비하여 정치적 안정과 문화적 발전을 이룩하였다고 세인들은 그의 연호를 따서 정관의 치세[貞觀之治]라고 한다. 그러나 642년에 고구려 내부에서 일어난 정변[연개소문(淵蓋蘇文)은 수(隋)와 치른 전쟁의 복구가 시급하고 중원에서는 새로운 세력으로 당(唐)이 들어서서 국내외로 정복 사업에 박차를 가하고 있고 머지않아 전왕조인 수(隋)의 수모를 갚기 위해 대군이 휘몰아칠 분위기가 고조되고 있는 마당에 친당파(親唐派)와 대중원국 온건노선을 펴는 영류왕이 무인(武人)의 기개가 두려운 그를 살해하려는 계획을 세우니 사열식(査閱式)과 주연(酒宴)의 자리를 마련하여 왕과 친당파의 대신들을 초빙하여 일망타진하고 영류왕의 조카 보장(寶藏)을 왕으로 세우고 스스로 대막리지(大莫離支)가 되어 실권을 쥠]을 틈타 수

대(隋代)의 원한을 갚는다는 명분으로 644년 고구려 원정을 선언하고 손수 10만이 넘는 대군을 지휘하여 원정길에 나섰으나 고구려의 본토로 진입하는 관문으로 양만춘(梁萬春) 장군이 지휘하는 안시성(安市城)의 전투에서 고구려군에게 대패하고 자신은 화살에 눈을 맞아 애꾸가 되어 돌아갔으며 그가 죽을 때까지 7년 동안 세 차례에 걸쳐 고구려를 침략하였으나 번번이 실패하였다. 고구려를 공략하려고 태종이 위국공(衛國公) 이정(李靖: 571~649)과 고대의 병법(兵法)에 관하여 논한 내용이 『이위공문대(李衛公問對)』라는 병법서로 전해오고 있다. 태종은 고구려의 일개 작은 성(城)도 함락시키지 못하고 퇴각하는 길에 '아, 위징(魏徵)이 있었더라면 나를 말렸을 것을……' 이라고 탄식하며 후회하였다고 전한다. 만년에 전쟁 준비로 인하여 국고를 탕진하였고 마음이 교만 방탕하여져서 많은 사회 모순을 초래하였다. 조선 후기의 실학자 박지원(朴趾源)의 『열하일기(熱河日記)』와 이덕무(李德懋) 선생의 아들 광규(光揆)가 부친의 유고를 정리한 『청장관전서(靑莊館全書)』에 삼연(三淵) 김창흡(金昌翕)과 목은(牧隱) 이색(李穡)이 지었다는 두 편의 시(詩)를 전하고 있다. '千秋大膽楊萬春(천추에 대담한 양만춘이) 箭射虯髥落眸子(화살로 용의 수염을 쏘아 눈동자를 떨어뜨렸네!)' 이색의 정관음(貞觀吟)에는 '謂是囊中一物耳(고구려쯤이야 주머니에 든 물건처럼 여기더니) 那知玄花落白羽(어찌 알았으랴! 검은꽃(눈알)이 흰깃 화살에 맞아 떨어질 줄을)' 『청장관전서(靑莊館全書)』에는 '세상에 전하기를 당태종이 고구려를 치기 위하여 안시성까지 왔다가 눈에 화살을 맞고 돌아갔다고 하는데 『당서(唐書)』 『통감(通鑑)』을 상고하여 보아도 모두 실려 있지 않았다. 이는 당시의 사관(史官)이 반드시 중국을 위하여 숨긴 것이리니 기록하지 않은 것을 괴이하게 여길 것이 없다' 고 하였다.

419) 단간잔편(斷簡殘編)은 떨어져 나가거나 헤어져서 완전하지 못한 책이나 문장이다.

420) 중원의 무술학자 마명달(馬明達: 1943~) 교수는 모원의가 이 호사자(好事者)가 누구인지 밝히지 않아 하나의 수수께끼가 되었다고 하고 정묘재란(丁卯再亂: 1597, 선조 30년) 때 동래(東來)한 절강병(浙江兵) 가운데 어떤 사람으로 추정하고 나아가 《조선세법》은 허국위(許國威)가 조선에 전한 형초장검(荊楚長劍)이 아닐까? 하니 비약이 너무 지나치다고 하겠다. 동래한 절강병[호사자]이 조선에 있는 것을 가지고 갔다고 추정하더니 다시 같은 시기에 동래한 유격 장군이 전수해 준 것으로 비약하니 심하다는 생각이 든다. 바꾸어 생각하면 모원의가 호사자가 조선에서 얻어 왔다고 얼버무린 것은 오히려 지나인들의 자존심을 훼손하는 사안이 있기 때문이라고도 볼 수 있겠다.

421) 세법(勢法)은 무예기법에 관한 동작과 형세의 규범(規範)과 변화 규율(變化規

律)이다.

422) 서역(西域)은 중원에서 한(漢)나라 이후 동유럽으로 통하는 길 및 그 부근의 여러 나라를 가리킨다. 신강성(新疆省) 남반을 말하나 중앙아시아·인도·페르시아·이집트를 포함하기도 한다.

423) 구양수(歐陽脩: 1007~1072)는 북송(北宋)의 문학가이며 사상가이다. 자(字)는 영숙(永叔)이며 호(號)는 취옹(醉翁) 또는 육일거사(六一居士)이며 강서성 길주(吉州) 사람이다. 4세 때 부친을 잃고 모친에게서 글을 배웠는데 가난하여 나뭇가지로 땅에 글씨를 써가며 학습하였다. 천성(天聖: 송 인종(宋仁宗)의 연호, 1023~1031) 8년에 진사갑과(進士甲科)에 합격하여 벼슬길에 나아가게 되었다. 한림학사(翰林學士)로 재직할 때에 『신당서(新唐書)』 등의 역사 편찬에 참여하였고 지공거(知貢擧)로 재직할 때에 고문(古文)의 명사인 소순(蘇洵)·소식(蘇軾)·소철(蘇轍)·증공(曾鞏)·왕안석(王安石) 등을 문하에 들게 하였다. 북송의 시문 혁신 운동에 참여하여 초기의 화려한 문풍을 사라지게 하였고 《여고사간서(與高司諫書)》《붕당론(朋黨論)》《원폐(原弊)》 등의 정론문은 통치자에 대한 풍간으로 보수파를 배척하고 백성들의 고통을 동정했다. 당(唐)의 한유(韓愈)에게서 강한 영향을 받아 기세(氣勢)와 격식(格式)을 위주로 하였지만 그의 시는 하유보다 한결 부드러웠다. 일찍이 스스로 말하길 '시는 이백(李白)을 배웠다'고 하였다. 시(詩)·산문(散文)·사서(史書)·경학(經學)·금석학(金石學) 등 여러 방면에서 저서를 남겼으며 『육일시화(六一詩話)』를 펴내어 새로운 체계의 시가평론서인 '시화(詩話)'를 탄생시켰다. 『육일거사집(六一居士集)』은 『무예도보통지』의 인용서목 가운데 하나이다.

424) 서복(徐福)은 진(秦)나라 방사(方士)로 서불(徐芾·徐市)이라고도 한다. 진시황(秦始皇)이 불로불사(不老不死)의 선약(仙藥)을 구하자[B.C. 220] 황제에게 나아가 바다 가운데에 봉래(蓬萊), 방장(方丈), 영주(瀛州)의 삼신산(三神山)에 신선이 살고 있는데 여기에 가면 선약(仙藥)을 구할 수 있다고 말하여 황제로부터 동남동녀(童男童女) 각 500쌍을 데리고 누선(樓船)을 타고 동해(東海)로 떠났으나 다시는 돌아오지 않고 일본의 구마노우라[熊野浦]에 상륙하여 왜족의 조상이 되었다는 전설이 있다.

425) 일서(逸書)란 용어는 몇 가지 뜻이 있는데 1. 책 이름만 전하고 내용은 없어져서 세상에 전하지 않은 산일(散逸)되어 버린 경서나 서적인 일서(佚書)의 뜻이고 2. 한(漢)나라 초기에 복생(伏生)이 전한 금문상서(今文尙書) 29편 이외에 공자(孔子)의 구택(舊宅)에서 나온 고문상서(古文尙書) 16편을 가리키고 3. 탁월하게 뛰어난 저서를 가리킨다. 여기에서는 1의 의미이다.

426) 고문(古文)은 상고시대 상형문자의 일종인 과두문자(蝌蚪文字)로 기록된 옛날의 문서인데 여기에서는 고문으로 된 상서(尙書)를 가리킨다. 『청장관전서』에 '고

문의 명목이 성행한 것은 수당(隋唐) 이래일 것이다. 대저 세상에 이름난 준걸은 각기 지기(志氣)와 정신(精神)이 있으니 언어(言語)와 사공(事功)이 붓끝으로 발로(發露)되어 서로 응하여 끊이지 않은 것이 문(文)이다. 비록 잘하고 못하는[工拙] 분별은 있으나 어찌 고금(古今)의 분별이 있으리오. 과거(科擧)의 학문이 나온 뒤에 오로지 헛된 것[浮虛]을 숭상하고 공령(功令: 법령)에 구애되어 주사(主司)의 눈에 들지 않을까 두려워하여서 비로소 시문(時文: 과거시험의 답안으로 쓰던 문체)이 있게 되었고 기타 서(序)·기(記)·논(論)·설(說) 등의 문자에 조금 전칙(典則: 법칙)을 가한 것을 고문(古文)이라 하여 지극히 어려운 저물(底物: 속뜻이 있는 물건)로 여기게 되었다. 이에서 두 길로 나뉘어져 문장(文章)의 참된 것이 십중팔구(대부분) 없어져 버렸다'고 하였다.

427) 탁언(托言)은 정통한 논설에 근거한 말이 아니라 전언(傳言)의 착오일 수도 있는 다른 사람의 말을 구실로 삼아 한 말이란 뜻이다.

428) 한국무예원 해범 선생은 『본국검』에서 '무예(武藝)에서 합리적이고 유효하게 각종 동작을 완성하는 방법을 기법(技法)이라고 한다'고 하였는데 검(劍)에 관한 기법이 곧 검법(劍法)이며 이를 운용하여 펼쳐내는 것이 검세(劍勢)라고 할 수 있다. 검(劍)의 운용 규율인 검법(劍法)에 따라 검(劍)을 운용하는 검세(劍勢)의 비결을 노래 형식의 활구(活句)로 만들어 전수하는 것을 검결가(劍訣歌)라고 한다. 여기에서의 검결가는 앞서 문장의 단간잔편(斷簡殘篇) 중에 있는 결가(訣歌)이며 이것은 모원의가 당순지(唐順之)의 『무편(武編)』에서 옮겨온 것이다. 이 검결가를 자세히 분석하면 곧 조선세법의 가결임을 알 수 있는데, 검을 운용하는 비결의 노래와 검법의 정문(正文)이 다른 경로를 통하여 중원의 병서에 스며들어간 것을 알 수 있다.

429) 곤오(昆吾: 琨珸 또는 錕鋙)는 곤오산에서 생산되는 철로 만든 검(劍)의 이름이기도 하고 검술투로(劍術套路)의 이름이기도 하다. 여기에서 '황태양(晃太陽)'이란 글은 곧 우리 민족의 검(劍)이며 검법(劍法)이라는 확실한 증거가 된다. 우리 겨레는 예로부터 태양의 밝은 빛을 닮아 가려는 태양을 중심으로 하는 민족이다. 그래서 역대의 우리나라의 국호(國號)와 최고 지도자의 이름에는 반드시 태양을 상징하는 글자가 들어가 있다. 이 검결가(劍訣歌)를 자세히 분석하면 다음에 전개되는 '조선검법 24세'의 검결(劍訣)임을 알 수 있다.

430) 『열자(列子)』는 전국시대(戰國時代: 기원전 400년경)의 사상가인 열어구(列禦寇)의 저서라는 설과 동시대에 노자(老子)에게서 학문을 배운 양주(楊朱: 기원전 440~360)에 관한 자료라는 두 가지 설이 있다. 『열자』는 『노자[道德經]』『장자(莊子)』와 함께 중원의 도가삼서(道家三書)라고 하여 도가(道家)의 대표적 서적으로 여겨왔다. 현존하는 『열자』 8권의 내용은 노장(老莊)의 청허(淸虛)와 무위자연(無爲自

然)을 바탕으로 숙명론(宿命論)의 입장에서 생사귀천을 바라보고 천부(天賦)의 심성(心性)에 따라 유연자적(悠然自適)하게 전원(田園)의 생활을 즐기며 생명 충실의 방법으로 개인의 향락(享樂)과 관능(官能)을 중시하고 심성의 정화(淨化)를 통하여 우주 본체와 합일하여 신인(神人)·지인(至人)에 도달하라고 가르치고 있다.

431) 조선세법(朝鮮勢法)의 골자(骨子)는 격자격세(擊刺格洗)의 16세법과 16세법을 부연한 한 초식(招式)을 한 세(勢)로 구성한 24세(勢)로 이루어져 있다.『무예도보통지』를 찬술하면서 이 24세를 '예도보(銳刀譜)'라 하고 당시 군영에서 연보(連譜)의 형태로 조련하던 예도(銳刀)[예도속보(銳刀俗譜)라고 함]는 '예도총보(銳刀總譜)'와 '예도총도(銳刀總圖)'하였다. 오늘날 한국무예원의 해범 선생이『무예도보통지』를 각 기예별로 분해하여 실기를 해제한『본국검』에서는 '우리 무예 중 중요한 위치를 점하고 있는 검법에 대한 인식을 바르게 하고 우리 고유의 검보(劍譜)를 계승한다는 뜻에서, 24세(二十四勢)는 검법으로 해제하여 조선검법24세(朝鮮劍法二十四勢)라 명칭하였고, '예도총도(銳刀總圖)'는 도법(刀法)으로 해제하여 '예도(銳刀)'라 이름하였다'고 하여 명칭을 지금의 실정에 맞게 교정하였다. 조선검법24세(朝鮮劍法二十四勢)는 쌍수도·예도·제독검·본국검 등 모든 본국(本國)의 검법(劍法)에서 모체(母體)가 될 뿐만 아니라 동양의 모든 검법의 근원(根源)이 되어 여기에서 벗어나지 못하고 있다.

432) 명나라 모원의(茅元儀: 1594~1640)가『무비지(武備志)』를 집성(輯成)하면서 완전한 형태의 법식(法式)을 갖춘 검보(劍譜)를 조선에서 구하여서『무비지』86권 연교예삼(練敎藝三) 검편(劍篇)에《조선세법(朝鮮勢法)》이라고 명명(命名)하여 놓고 여기에서는 해외(海外)에 탐문하여 그 식(式)을 얻었다고 하여 그 경위를 흐리고 있다.

433) 여기에서의 석(石)은 옥(玉)이나 수정(水晶) 같은 광물(礦物)이다.

434) 여기에서도 '구보(舊譜)에 실려 있는 (…) 마상쌍검(馬上雙劍)'이라 하였고 마상의 기예이니 구보(舊譜)는『무예신보』가 되고『무예신보』에는 십팔기(十八技)만이 실린 것이 아니라 마상기예도 수록하였음을 분명히 알 수 있겠다.

435) 한국무예원 해범(海帆) 선생은『본국검』에서 '도검(刀劍)의 크기와 무게는 사람마다 일치하지 않는다. 사람은 선천적으로 타고난 몸이 다르고 후천적으로 성장하는 과정도 다르므로, 사용하는 병기의 길이와 무게는 사람에 따라 달리하여 영활하게 운용하고 뜻대로 휘두를 수 있어야 한다'고 하였다. 또한 '칼의 무게 중심은 반드시 손잡이에 가까워야 한다'고 하고 '너무 길거나 무거우면 사용하기 불편한 것이다. 수련시에 검이 너무 가벼우면 손목의 힘을 기를 수 없고, 너무 무거우면 팔과 손목이 둔해져서 영활한 묘용(妙用)을 얻을 수 없게 된다'고 하였다. 여기에서 '도(刀)는 손과 같이 가벼워야 한다'는 기록은 조선무예의 실용성을 나타내고 있다. 도검(刀劍)의

묘(妙)는 날카로움에 있으며 날카로움은 병기를 자유자재로 운용할 수 있는 데에서 나오므로 가벼워야 한다는 것이다. 가벼운 것도 무조건 가벼운 것이 아니라 자신의 힘과 신체적 조건에 비례하여 가벼운 것이며 키가 크고 여력(餘力)이 충분하면 길게 하면 더 유리할 것이다.

436) 숙철(熟鐵)은 무쇠를 불린 쇠붙이로 생철(生鐵) 또는 연철(軟鐵)이라고 하는데 연철(鍊鐵), 단철(鍛鐵)이란 의미로도 쓰인다.

437) 키는 곡식을 까불어 쭉정이, 티끌 등을 골라내는 기구로 대나무를 납작하게 쪼개어 서로 얽어서 앞은 넓고 평평하게 뒤는 좁고 우긋하게 만들어 요즘의 큰 쓰레받기처럼 생겼다. 칡이나 새끼로 엮어 흙이나 거름을 담아 나르는 기구인 삼태기와는 다르다.

438) 도(度)의 글자는 수량의 치수·차수(次數)·정도·한도·헤아리다 등 여러 가지 뜻이 있는데 여기에서는 바로 뒤에 나오는 한 번 녹이고 한 번 두들기는 '소박(銷拍)'을 1도(度)로 보고 있다.

439) 『무비지』에 실린 우리 겨레의 전통적 검법인 《조선세법》을 옮겨오면서 《예도보》라고 명명한 것은 『무예도보통지』《범례》를 잘 살펴보면 알 수 있다. 《조선세법》이 당시 군사들이 조련하던 예도(銳刀: 銳刀俗譜라고 함)의 원천이 되는 보(譜)였기 때문이었다. 검(劍)과 도(刀)를 혼용하여 사용하던 조선의 군대에서 창검병(槍劍兵)들에게 지급된 군도(軍刀)를 예도(銳刀)라고 하였고 그 예도를 운용하는 기술도 예도라고 하였다. 십팔기(十八技)는 무예의 변화된 기술은 배제하고 각 기예의 골자가 되는 정법무예를 기준으로 하면서도 단순한 문자나 문장을 모으는 것이 아니라 실용하는 군사기술을 정리한 것이므로 예도기법의 원천인 《조선세법》의 문장을 다시 본국에 가져오면서도 당시에 부르던 명칭을 그대로 실용적으로 사용하여 《예도보》라고 한 것이다. 그런데 기존의 예도기법과 《조선세법》을 비교하여 보니 원천이 되는 《조선세법》에는 없는 네 가지 세(勢)가 속보(俗譜)에는 추가되어 있고 단련하는 방식이 초식(招式)과 연보투로(連譜套路)로 달랐던 것이다. 그래서 예도의 원천이 되는 보(譜)는 예도보(銳刀譜)라 이름하고 기존하던 예도기법은 별도로 총보(總譜)와 총도(總圖)를 만들어 보전하고 속보에서 증가된 4세는 증보 4세(增譜四勢)로 정리되었던 것이다. 중원의 무술가 마명달(馬明達) 교수는 검(劍)을 도(刀)로 바꾼 것과 네 가지 세(勢)가 더 많은 28세(勢)라는 것과 전체적인 연습 투로가 있다는 것은 '사람을 난해하게 하는 문제'라고 한다. 한국무예원 해범 선생은 『권법요결』의 서문에 해당하는 글에서 '무예 진리의 글은 천독만독(千讀萬讀)해야만 비로소 참뜻을 알까 말까 한 것이다. 끊임없이 읽고, 분석하고, 재현하는 데서 우리는 『무예도보통지』의 진수를 조금씩 체득하게 되리라'고 하였다. 섣부른 결론이나 판단은 금물이다.

440) 예도보(銳刀譜)는 『무예신보』에 실렸던 것이라 한문으로 된 본보(本譜)에서는 '원(原)'의 글자로 음각되어 있고 언해본(諺解本)은 『무예도보통지』의 편찬 당시에 만든 것이라 '증(增)'의 글자로 음각되어 있다. 여기에서는 기법(技法)은 모두 언해본을 따라 옮기지만 표식은 본보에 따라 '원(原)'의 글자로 한다.

441) 칼날[刃]에서 망(鋩)은 칼끝의 날이며 강(鋼)은 칼신의 날이며 척(脊)은 칼등이며 경금하(脛金下)는 칼정강이 아랫부분이며 심본(鐔本)은 칼코등이의 뿌리이며 목정혈(目釘穴)은 못을 박는 구멍이며 부(削)는 자루 속에 들어가는 손으로 쥐는 부분으로 슴베라고도 한다.

442) 도신(刀身)에서 경금(脛金)은 칼정강이 부분이며 심연(鐔緣)은 칼코등이의 테두리이며 목관(目貫)은 금과 은으로 색을 넣고 모양을 장식한 것이며 뢰(鐳)는 칼머리의 장식이다.

443) 칼집[鞘]에서 이구(鯉口)는 잉어입처럼 생긴 칼집 입구이며 율형(栗形)은 모양이 밤알처럼 생긴 끈을 꿰는 부분이며 반각(反角)은 칼등 쪽으로 휘어진 각도인데 다 치인 칼을 마지막 강도(鋼度)를 높이기 위해 물에 담글 때 쇠가 무른 등 쪽으로 수축하여 저절로 생긴다. 표(鏢)는 칼집 끝의 구리 장식이다.

444) 자호(字號)는 상호(商號) 또는 옥호(屋號)를 표기한 문자 부호로 가게의 명망(名望), 명성(名聲), 평판(評判)을 나타낸다.

445) 상고도(上庫刀)는 창고(倉庫)에 감금된 상태에서 만들어 상납(上納)한 도(刀)라고 해석된다.

446) 여기에서 산성군(山城君)은 풍신수길(豊臣秀吉: 도요토미 히데요시: 1536~1598)을 말하고 관백(關白)은 정치상의 주요한 관건을 아뢴다는 뜻으로 해석되며 일본 역사에서 일왕(日王)을 보좌하여 정무(政務)에 관한 정치 의견을 직접 아뢰어 나라를 다스리던 직책이다. 일본말로 '칸바쿠'라고 한다.

447) 요순시대를 지나 하(夏) · 은(殷) · 주(周)시대를 말하는데 우리나라는 단군조선의 시대이다. 제2세 부루(夫婁) 단군께서 하(夏)나라를 창업한 하우(夏禹)에게 도산(塗山)에서 오행치수법(五行治水法)을 전수하였고 제13세 흘달(吃達) 단군 시절에는 하(夏)나라 말기의 폭군 걸(桀)을 몰아내고 동이정부(東夷政府)인 은(殷)나라를 세웠으며 제24세 연나(延那) 단군 시절에는 주(周)나라가 건국되었다. 상고시대의 동이(東夷)의 정신 문명이 동양의 학문 · 철학 · 종교 · 무예 등 모든 사상과 문화의 모태(母胎)가 되었으나 우주는 오행(五行)의 기운으로 유전하고 지상은 음양(陰陽)이란 빛과 어두움, 밤낮으로 유전하며 운동하니 어둠이 깊었던 조선조말에 우리의 국세(國勢)는 완전히 소진하여 국권을 강탈당한 때도 있었다. 그러나 무예수련에서 '형(形)은 끊겨도 기(氣)는 끊기지 말아야 하며 기(氣)는 끊겨도 심의(心意)는 끊기지 말아야

한다'고 하였듯이 조상들의 심성과 영광, 그리고 역사 강역은 잊지 말아야 하는 것이 중요하다. 역대로 가운데 땅, 즉 중원을 중심으로 동방의 판도를 정하게 되었고 근세조선은 송나라에서 정립된 성리학을 국학으로 삼았으므로 본서에서의 설법 부분은 중원의 서적이 많이 인용되었음을 부인할 수 없다. 그러나 『육도삼략』을 비롯하여 『서경』『주역』『내경(內經)』『음부경(陰符經)』등 우리 민족 고유의 서적이나 내용들이 화족들의 집요한 국고정리(國故整理) 사업으로 화족의 것으로 편입되어 화족의 사상이나 문화로 각색·윤색·조작된 것이 이루 헤아릴 수 없다. 국고정리(國故整理)란 고대로부터 왕조의 대를 이어오며 역사적인 문헌을 국가에서 주도하여 체계적으로 정리하는 작업을 말한다. 하나의 예로 『무예도보통지』《예도》〈안설〉에서 『관자』의 내용을 인용하여 치우(蚩尤) 임금이 검(劍)을 만들었는데 이것이 검의 시원이다라고 하였는데 치우천왕은 화족들도 전쟁의 신으로 추앙하는 동방의 군신(軍神)이며 우리 상고시대 배달국(倍達國) 제14세 자오지한웅(慈烏支桓雄)이다. 오늘날 2천 년도 채 안 되는 역사를 가르치다 보니 우리의 상고 역사가 교단에서 없어져 버렸다. 역사는 조상들과 영(靈)으로 교감하여 겨레의 혼을 각성시켜서 나라를 부흥하게 하는 근원적인 힘이 나오는 교육임을 잊어서는 안 되겠다.

448) 관지(款識)는 옛날에 일용하는 그릇이나 솥, 의식에 쓰는 제기(祭器)나 종(鐘), 무예를 수련하는 창검의 무기(武器)에 제작자와 사용자의 이름, 제작 연유, 제작 연대를 새긴 글자표기이다. 흔히 낙관(落款)이라고 한다.

449) 『사기(史記)』는 서한(西漢)의 사마천(司馬遷: B.C. 145~B.C. 80)이 지은 기전체(紀傳體)의 역사서이다. 황제(黃帝)로부터 서한(西漢=前漢)의 무제(武帝)까지 약 3천간의 역대 왕조의 사적을 기술하였는데 지나인들의 지나 중심의 사관(史觀)으로 역사를 기록한 25정사 중에서 첫번째 사서이다. 130편으로 원명(原名)은 '태사공서(太史公書)'이다. 본서 중에는 우리나라의 상고 역사를 지나인들의 역사의 뿌리로 모조하였거나 조선열전과 흉노전에서는 왜곡된 형태로 동이역사를 기록하고 있다.

450) 『사기(史記)』의 본기(本紀) 12편명(篇名) 중에 열두번째인 효무본기(孝武本紀)인데 태사공자서(太史公自序)에 금상본기(今上本紀)로 되어 있다. 효무는 명부(冥府)의 신을 숭배하여 제사를 중시하였다고 한다.

451) 결국 관지(款識)는 위의 증설(增說)에 나온 자호(字號)를 새겨 표기하는 각기(刻記)와 뜻이 같다.

452) 양신(楊愼: 1488~1559)은 명(明)나라 문인(文人)으로 학자이자 서화가이다. 자는 용수(用修)이며 호는 승암(升菴) 또는 박남산인(博南山人)으로 사천성(四川省) 신도(新都) 사람이다. 정덕(正德) 6년(1511)에 진사에 급제하여 수찬(修撰)이 되었으나 세종 재위 때 대례(大禮)에 대한 의론이 생겨 이를 간(諫)하다가 미움을 사서 운남(雲

南)에 유배되어 생을 마감하였다. 책을 많이 읽고 많이 외었으며 시(詩)는 스승 이동양(李東陽)의 풍격을 계승하였고 호방한 활동을 하였다. 풍부한 저술은 명대 제일이며 그 가운데『단연총록(丹鉛總錄)』은『무예도보통지』의 편찬의 인용서이기도 하다.

453)『예기』는 유가오경(儒家五經)의 하나로 공자와 그의 제자들이 예(禮)에 관하여 논한 내용을 전한(前漢=西漢)의 선제(宣帝) 때 유향(劉向), 대덕(戴德)이 수집·정리하였고 다시 대성(戴聖)이 다시 선별 정리하고 동한(東漢)의 마융(馬融)이 보집(補輯)하였다. 진한(秦漢)이전의 교육·예절·음악·정치·학문·농사·관혼상제 등의 예의(禮儀)와 생활 규범을 기록한 것으로 고대문화 전반에 관하여 서술되어 있으며『주례(周禮)』『의례(儀禮)』와 함께 삼례(三禮)라고 한다. 특히 남송(南宋)의 주희(朱熹)가 대학(大學), 중용(中庸)의 편(篇)을 따로 분리하여『논어』『맹자』와 함께 사서(四書)로 편입하였고 악기(樂記)도 악경(樂經)이라 할 만큼 분리된 체제를 갖추고 있다. 책 내용을 보면 화족의 독자적인 문화라기보다는 상고와 고대시대에 중원에서 꽃을 피워 동양문명의 근본이 되었던 동방문화라고 해야 할 것이다. 다만 우리나라의 입장에서는 역사가 왜곡되었고 국고(國故)를 정리하지 않는 풍습으로 문화 주권이 침탈·손실되었다고 본다. 고려 때 안향(安珦)이 본서를 들여온 이후 조선조 때 성균관(成均館)에 구제(九齋)의 하나로 예기재(禮記齋)를 두어 공부하였고 조선 태종 때 권근(權近)이 개인의 견해를 피력한『예기천견록(禮記淺見錄)』과 세종 때 어명(御命)으로 성삼문(成三問)과 신숙주(申叔舟)가 본문에 한글로 토를 단『예기대문언독(禮記大文諺讀)』이 있다.

454) 월령(月令)은 국가의 정사(政事)와 의식(儀式)에 관한 정례(定例)의 연간 행사나 농가의 행사를 월별로 기록한 표였는데 시후(時候)란 뜻으로 바뀌었다.

455) 인용된 본 문장에는 '만든 물건에다 만든 사람의 이름을 기록하게 함으로써 그것을 만드는 데 얼마나 정성을 기울였는가를 살핀다' [物勒工名 以考其誠]고 하였다.

456) 토공(土工)은 방죽을 쌓거나 길을 내는 공사, 금공(金工)은 농기구나 병기나 종(鐘) 등을 만드는 대장간일 또는 금은(金銀)을 세공(細工)하는 일체 금속에 관한 작업, 석공(石工)은 돌을 다루는 석수(石手)의 일, 목공(木工)은 나무를 다루는 목수(木手)의 일, 수공(獸工)은 가축이나 짐승의 동물을 기르는 목축(牧畜) 사업, 초공(艸工)은 목초(牧草) 사업이다.

457) 후조우원(後鳥羽院)의 시기는 왜의 역사에서 상황(上皇)이 천황(天皇)을 후견하는 원청(院廳: 상황의 가정(家政)기관)을 설치하여 원정(院政)을 실시한 원정 기간 150년 가운데 1198~1221년간의 24년간을 말한다. 원정의 원(院)은 담 안에 있는 건물로 상황의 거처이며 상황 그 자체였으며 정치의 실권이 외척의 섭관가(攝關家)에서 원(院)의 상황(上皇)으로 옮겨졌다. 섭정이나 원정은 천황이 실권이 없으므로 가

짜라 하는 것이다.

458) 평안조(平安朝) 시대, 겸창(鎌倉) 시대, 길야조(吉野朝) 시대, 실정(室町) 시대에 제국(諸國)의 도공(刀工)의 명장(名匠)이름이다.

459) 토어문(土御門)은 원정하(院政下)에서의 천황의 이름으로 실권이 없었다.

460) 원정의 시작으로 상황(上皇)과 천황(天皇)의 대립에서 생긴 1156년(保元1년)의 보원(保元: 호겐)의 난(亂)은 천황측의 승리로 끝났지만 은상(恩賞)에 불만을 가진 원의조(源義朝: 미나모토노 요시토모)가 1159년(平治 1년)에 병(兵)을 일으켰으나 평청성(平淸盛: 다이라노 키요모리)에 의해 살해되고 난(亂)이 평정되었다. 이를 평치(平治)의 난이라고 한다. 이 전란은 무사 상호간의 대립이어서 무사가 처음으로 공경(公卿)의 대열에 들어 평시(平氏: 다이라씨)가 정권을 장악할 수 있는 계기가 되었다. 보원(保元), 평치(平治)의 난 이후 중앙귀족의 권력 투쟁은 무사들의 무력에 의해서만 해결할 수 있었고 다시 평시(平氏)를 토벌한 원뢰조(源賴朝: 미라모토노 요리토모)는 1190년 쇼군(將軍)이 되어 무가정권(武家政權)으로서 가마쿠라막부(鎌倉幕府)시대를 열었다.

461) 제호권현(鵜戶權現)은 일향(日向: 지금의 宮崎縣)에 있는 제호신궁(鵜戶神宮)의 제신(祭神)인데 고대의 일본의 종교와 사상, 문화는 대륙에 걸친 동이문화의 영향을 받아 형성되었으므로 다음과 같이 해석할 수 있다. 제호(鵜戶)는 사닥새를 모신 고대의 가람(伽藍: 사찰)이다. 사닥새의 사는 새(新)이며 태양이 새롭게 떠오르는 방향, 곧 동(東)자의 순수한 우리말 고어이다. 닥은 대갈이며 인체에서는 머리이고 국가에서는 제(帝), 즉 임금이며 천체에선 역시 태양에 해당한다. 또한 사닥은 사다리로 높은 곳, 곧 태양이나 하늘에 오르는 기구이니 조상신을 편안히 하는 타묘(妥廟)가 된다. 따라서 제호권현은 '사닥새를 모신 집인 가람에서 권능(權能)이 나타난다' 고 해석될 수 있다. 사닥새는 우리나라의 고대에 태양을 중심으로 하는 광명 정신(光明精神)의 표현이며 옛 화랑들이 머리에 쓴 오우관(烏羽冠)이나 만주 집안(集安)의 각저총(角抵塚) 벽화의 삼족오(三足烏) 등에서 나타나고 있다. 결론하여 제호권현은 고대 우리나라에서 경전을 읽고 무예를 수련하여 항상 심신을 새롭게 하던 신앙의 장소였던 새터, 즉 소도(蘇塗)의 문화가 일본에 전하여져 일본 형식으로 정착된 것으로 여겨진다.

462) 음류(陰流)는 일본에서 영류(影流: 가케류)라고 하며 애주이향(愛州移香)이 원숭이 모습의 신에게 감법을 전수받은 것은 16세 때의 일이었으며 영류(影流)의 시조가 되었다고 한다.

463) 손목막이[護手]를 중심으로 아래에 쥐는 부분을 뿌리 또는 머리로 보고 위로 칼날이 되는 검신(劍身)을 줄기로 보고 있다.

464) 전사(纏絲)의 용어를 여기에서는 칼자루(머리)에 실을 둘둘 감는 뜻으로 사용하였지만 이 용어는 모든 무예에 공통되는 단련의 원리를 함축하고 있는 용어이다. 주먹을 한 번 지르고 몸을 한 번 움직이는데도 모두 이 원리가 적용된다. 같은 의미로 새끼나 노끈을 꼰다는 영승(擰繩)이란 용어가 있다. 요즘도 많이 사용하지만 고대로부터 오랜 세월 동안 우리 민족의 일상 생활 속에서 삼베옷을 입고 실패에 실을 감아 쓰고 새끼를 꼬아 노끈으로 사용하여 왔으니 매우 친밀한 용어라 하겠다.

465) 용(龍)은 새끼를 낳는 날이 정해져 있고 아홉 마리를 낳게 되어 있다고 하며 새끼 때에는 용이 아니라 각기 다른 이름과 자질이 있어 그 자질을 뛰어나게 수행했을 때 비로소 용이 된다고 한다. 음력 5월 13일이 용이 새끼를 낳는 날로 우리 조상들은 이 날을 죽취일(竹醉日)이라 하여 대나무를 심었다고 한다. 죽순(竹筍)의 미명(美名)이 용손(龍孫)이라서 생긴 풍습이라고 한다. 용의 아홉 마리 새끼 중에 맏이는 비희(贔屓)인데 거북을 닮아 무거운 짐 지기를 좋아하여 비석의 받침대가 되었고 둘째는 이문(螭吻)으로 멀리 바라보는 것을 좋아하여 지붕의 막새가 되었고 셋째는 포로(蒲牢)로 큰 소리 치기를 좋아하여 종(鐘)을 달아매는 마디에 조각되어 있다. 넷째는 폐안(狴犴)으로 호랑이를 닮아 옥문(獄門)에 그려 붙였고 다섯째는 도철(饕餮)로 먹는 것을 좋아하여 솥뚜껑잡이익 장식이 되었고 여섯째는 송부(蚣蝮)는 지네를 닮았고 일곱째 새끼가 애자이다. 여덟째 산예(狻猊)는 후광이 넓고 밝아서 향로 뚜껑에 조각되고 마지막 아홉째 초도(椒圖)는 고동처럼 생겨 폐쇄를 좋아하여 문짝에 그려 붙였다고 전해져 온다.

466) 『본초강목』은 약용, 약재에 관한 서적이므로 본서에서 인용하고 있는 나무는 모두 사람의 질병을 치료하거나 보기(補氣), 보혈(補血)의 보약으로 쓰이는 약성을 가지고 있다. 후박(厚朴)은 껍질을 약으로 쓰는 데 누적된 삿된 냉기(冷氣)로 인한 배가 창만(脹滿)한 것을 다스리고 묵은 음식을 소화시켜 장위(腸胃)를 두터이 하는 약성을 가지고 있다. 그러나 독성이 있어 생강즙에 하룻밤 재워서 초(炒)하여 제독법제(除毒法製)하여 사용한다. 물론 치료 처방전에 따라야 하며 중원에서 나는 것이 더 우수하며 우리나라는 제주도에서 생산되는 약재이다. 무예 공부는 의학 또는 약에 대한 지식을 겸해야 한다.

467) 군교(軍校)는 선조(宣祖) 때부터 실시된 제도로 각 군영(軍營)에 속한 권무군관(勸武軍官), 별무관(別武官), 지구관(知彀官), 기패관(旗牌官), 별무사(別武士), 패교련관(牌敎鍊官), 별기위(別騎衛)와 지방관청의 군무에 종사하던 낮은 군직(軍職)의 총칭으로 장교(將校) 또는 병교(兵校)라고도 하였다.

468) 김체건(金體乾)의 생몰 연대는 확실하지 않고 다만 효종 때 북벌 정책으로 군비를 확충할 때 훈련도감의 군병(軍兵)으로 들어가 급료를 받는 살수병(殺手兵)이 되

어 탁월한 기량을 발휘하였고 일본과 중원에 사신을 수행하여 들어가 왜검과 중원의 검을 익히는 등 도검(刀劍)의 기예에 조예가 깊었다. 숙종 때에는 훈련도감에서 정식 교련의 과목이었던 왜검과 교전을 살수병(殺手兵)들에게 조련하는 교련관(敎鍊官)을 지냈으며 왜검에다 독창적인 새로운 의미를 내어 교전보(交戰譜)를 창안하였는데 십팔기의 일기(一技)가 된다. 그의 무예는 아들 김광택(金光澤)에게 전수되었고 김광택은 다시 정조 때 백동수(白東脩)에게 조선의 무예 실기를 전수하여 『무예도보통지』의 편찬 과정에서 실기를 담당하여 민족무예를 완성된 전범을 남기게 된다.

469) 전통적으로 일본에서 토착되어진 검술로 검(劍)기법인 찌르기보다는 도(刀)기법인 감격(砍擊) 위주의 살상력(殺傷力)을 중시하는 검기(劍技)이다. 대륙의 영향을 받았다는 설이 있으나 확인할 수 없으며 주로 산 속에서 수련하는 야무사(野武士: 노부시)들과 낭인무사들이 구사하여 체계가 없는 구전(口傳) 형태의 검술이지만 어떤 형(型)보다 실용성이 강하고 위력적인 고검술(古劍術)의 유파로만 알려져 있다.

470) 십팔기(十八技) 가운데 일기(一技)인 왜검교전은 왜검의 고검술(古劍術)인 4류(四流)의 왜보(倭譜)에서 나왔지만 김체건(金體乾)이 새로운 의미를 도출하여 부연·발전시켰으므로 조선의 검법으로 승화된 우리 검법이 되는 것이다.

471) 여기에서 구보(舊譜)는 앞서 기술한 토유류·운광류·천류류·유피류의 네 종류의 왜검의 보를 말한다.

472) 신종(神宗: 1563~1620)은 명(明)의 14대 임금으로 그의 재위 기간[1572~1620]의 연호를 따서 만력제(萬曆帝)라고도 한다. 10세에 즉위하여 대학사(大學士) 장거정(張居正)에게 10년간 정치를 맡겨 장거정의 치적으로 관직이 정리되고 토지조사가 잘 이루어져 비교적 안정을 가져왔다. 만력 10년(1582)에 장거정이 죽고 친정을 하면서 삼대정(三大征) 등 방만한 정치를 행하여 백성들의 원성을 받았다.

473) 『징비록』은 임진왜란을 슬기롭게 극복한 유성룡(柳成龍)이 왜란 7년간의 일들을 벼슬에서 물러나 고향에서 한거(閑居)하면서 임진란의 쓰라린 경험을 기록하여 다시는 그러한 수난을 겪지 않도록 후세들에게 남긴 메시지이다. 『징비록』의 〈자서(自序)〉에서 징비(懲毖)란 『시경(詩經)』《주송(周頌)》에 나오는 '소비(小毖)'라는 시(詩)에 '내 지나간 일을 징계[懲]하고, 뒷근심이 있을까 삼가[毖]하노라[予其懲 而毖後患]'는 구절을 따서 『징비록』을 쓰는 연유라고 밝혔다. 『징비록』은 상하 2권에 차(箚: 간단한 書式의 상소문)와 계사(啓辭: 論罪에 관한 상주문)를 모은 《근포록(芹曝錄)》 2권, 임진년(1592)부터 계사년(1593)까지 종군(從軍)하는 동안의 장계(狀啓: 民情과 戰況의 보고서)를 모은 《진사록(辰巳錄)》 9권, 1595년(선조 28년)부터 1598년(선조 31년)까지 도체찰사(都體察使)로 재임중에 문이(文移)의 유(類)를 모은 《군문등록(軍門謄錄)》 2권 그리고 《잡기(雜記)》까지를 포함하고 있다. 상기의 문장은 《잡기(雜記)》에서

인용된 것이다. 『징비록』은 국보 제 132호로 지정되어 있는 만큼 이 서적의 역사적・시대적 가치와 더불어 무비(武備)와 정신무장을 전하려는 선조들의 심정은 지금도 후손들에게 경계를 알려 주고 있다.

474) 조선시대 용호영(龍虎營)을 금군청(禁軍廳)이라고도 하였는데 여기에 예속된 내금위(內禁衛), 겸사복(兼司僕), 우림위(羽林衛)의 무관(武官)을 말한다.

475) 여기에서 중군(中軍)은 청(淸)나라 때 한인(漢人)으로 편성한 녹영(綠營)을 독(督), 무(撫), 제(提)의 표병제(標兵制)로 나누었는데 각 표(標)의 총령관(總領官)이다. 독표(督標)의 중군(中軍)은 부장(副將)을 맡았고 무표중군(撫標中軍)과 제표중군(提標中軍)은 참장(參將)을 맡았다.

476) 통제사(統制使)는 조선시대에 경상・전라・충청의 삼도(三道)의 수군(水軍)을 통솔하던 수군의 총사령관에 해당하는 무관직으로 일명 '삼도통제사'라고 하였다. 임진왜란 전의 삼남(三南) 지방의 수군은 절도사(節度使) 제도를 두어 충청도 보령(保寧)에 충청도수군절도사, 경상도 동래(東萊)에 경상좌도수군절도사, 경상도 거제(巨濟)에 경상우도수군절도사, 전라도 순천(順天)에 전라좌도수군절도사, 전라도 해남(海南)에 전라우도수군절도사로 권한을 분할하였으나 왜란중인 1593년(선조 26년) 이순신(李舜臣)이 전라우도수군절도사로서 삼도의 수군을 통솔함으로서 통제사의 제도가 시작되었다. 처음에 통제영(統制營)을 거제의 오아포(烏兒浦)에 두다가 1604년(선조 37년) 체찰사(體察使) 이덕형(李德馨)의 장계(狀啓)로 경상도 고성(固城)의 두룡포(頭龍浦)로 옮겼다.

477) 현손(玄孫)은 손자(孫子)의 손자로, 고손(高孫) 또는 고손자(高孫子)라고도 한다.

478) 이(釐)는 도량형(度量衡)의 단위로 1척(尺)의 1000분의 1이다.

479) 해서(楷書)는 자형(字形)이 가장 방정(方正)한 글자로 진서(眞書) 또는 정서(正書)・정자(正字)라고도 한다. 『무예도보통지』의 전문(全文)은 박제가(朴齊家)의 해서체(楷書體)이다. 초서(草書)가 시대에 따라 불규칙한 글자 모양으로 나타나 사용상 불편하여 예서(隸書)에서 급속히 발전하여 모든 관용문서와 과거시험에 정식 글자로 대체된 글자이다. 양문(陽文)은 양각(陽刻)한 문자(文字) 또는 무늬이며 《왜검》의 〈안설〉에서 '문(文)이 철(凸)한 것을 관(款)이라 하는데 양(陽)을 본뜬 것이다'라고 하였다. '돋을새김글자' 또는 부조(浮彫)라고도 한다.

480) 본국검(本國劍)은 《병기총서》〈영조 35년(1759)조〉에 서술한 바와 같이 장헌세자 소조(小朝)가 여러 국무를 대청(代聽)할 때, 『무예신보』를 편찬을 명하여 한교선생의 육기(六技)에다 십이기(十二技)를 더하여 역사상 처음으로 '십팔기(十八技)'라는 이름으로 민족무예의 공식 명칭을 정(定)할 때 십이기(十二技)에서 편입된 명칭

주석 및 해설 651

이며 기예이다. 이 본국검이 문헌상 처음 등장하는 것은 현종 14년(1673)에 실시한 관무재(觀武才)의 종목으로 행하여졌다는 승정원일기(承政院日記)에서이지만 그 전승의 경로에 대하여는 자세하지 않다. 다만 본국검의 세명(勢名)이 '조선검법 24세보'의 세명과 동일 또는 유사하고 그 연기를 신라의 화랑에 맞추어져 있으니 화랑의 제도와 정신을 전한 단군조선을 기리는 의미로 신편(新編)되었다고 본다. 본국(本國)은 옛 조선, 곧 단군들이 치세하였던 조선이다. 본국(本國)이라는 이 한 명칭은 임진왜란이란 쓰라린 참상을 겪은 우리 선조들이 후손들에게 전하는 중요한 메시지가 담겨져 있다. 성리학(性理學)에 의한 문치일변(文治一邊)의 국가 경영은 국세(國勢)를 허약하게 하여 외세에 모멸을 당하게 되니 문무(文武)가 균형을 이루며 치세하여 국력이 융성하였던 본국(本國)의 제도와 정신을 찾고 우리 겨레의 '뿌리되는 나라'인 본국(本國)을 잊지 말라는 메시지를 전하고 있는 것이다. 한 그루의 식물도 뿌리가 있어야 생명체를 유지·발전시키는데 하물며 국가라는 울타리를 세워 겨레가 삶을 영위하고 그 전통을 이어가는 민족에 있어서 뿌리 의식의 중요성은 말해 무엇 하겠는가! 미국의 흑인작가 알렉스 헤일리(Alex Haley)가 12년 동안 자신의 7대 조상까지 추적·조사하여 1976년에 발표한 소설 《뿌리 *Roots*》가 그 이듬해 텔레비전 드라마극으로 영화화되어 인간의 뿌리 의식은 곧 자신의 정체성을 반추하는 거울이 된다는 메시지를 전하여 세계인들에게 큰 감동을 주었다. 인간의 뿌리는 조상이며 우리 민족의 뿌리는 옛 서적에 기록되어 있는 우리 선조들이다. 뿌리와 관련된 교육은 조상의 정서와 교감하면서 국민 각자의 마음속에 있는 자부심을 가지게 하며 나아가 민족의 정기가 배양된다. 뿌리 의식을 통한 민족정기의 고양은 국가 발전의 원동력이 될 뿐만 아니라 시대의 변화에 따라 새로운 한국인의 상을 형성하는 데 원형적인 틀을 제공하여 준다. 『무예도보통지』를 통한 무예의 교육이 중요한 또 하나의 이유이다.

481) 신검(新劍)을 신라(新羅)의 검법(劍法)이라고 이해하는 사람과 책자가 있으나 《본국검》본문과 《쌍검》에서 기물(器物)이 있으면 반드시 그것을 쓰는 기술이 있기 마련이지만 신라의 검술은 상고할 수 없다고 하였다. 다만 상고시대 단군조선이 본국(本國)의 검보(劍譜)를 창안하였고 한 시대 민족의 통일국가를 이루었던 신라의 화랑인 황창랑(黃倡郎)을 연기(緣起)로 삼아 본국검의 논법을 편다고 하였다. 본국(本國)이란 '근본의 나라' '뿌리가 되는 나라'라는 뜻으로 본국검이 중원에 전해져서 지대한 영향을 끼쳤다는 것은 신라검법이 아니라 『무예도보통지』에 《예도보》로 실려 있는 단군조선의 검법이며 모원의(茅元儀)의 『무비지』에 실려 있는 《조선세법》이다. 따라서 신검(新劍)은 신라가 단군조선의 전통을 이어 화랑(花郎)·선랑(仙郎)의 제도를 실시하였고 이 인재 양성의 제도는 우리 민족의 무예사와 유구한 겨레의 정신적·제도적 맥락(脈絡)을 관통하는 핵심에 해당하고 있어서 잊어서는 안 될 제도와

정신이므로 '조선검법 24세보'에서 새로운 의미를 부여하여 신창(新創)한 검법으로 이해된다. 그래서 정식 이름이 아닌 통속적인 명칭으로 신검(新劍)이라 하였으며 만약 신라 검법이 그대로 전승된 것이라면 신라검(新羅劍)이나 나검(羅劍)이란 용어가 사용되었을 것이다. 또한 신검(新劍)의 세명(勢名)이 임진란 이후에 창안된 쌍수도보, 제독검보와 용어의 쓰임이 유사하고 5자세보(五字勢譜) 위주로 구성되어 있다. 그러나 검보(劍譜)의 용어가 다른 보(譜)보다는 '조선검법 24세보'에 더 근접하다.

482) 화랑의 제도와 정신 그리고 그 인재 선발의 방식은 동이민족사의 한가운데를 꿰뚫고 있는 철학·종교·수련·경국(經國)의 대요(大要)가 망라되어 있는 민족 정신의 정수(精髓)이다. 화랑에 관한 기록은 『삼국사기』『삼국유사』를 비롯하여 『삼국사절요』『동국통감』『고려사』『화랑세기』 등과 중원의 서적에 이르기까지 많은 서적에 편재되어 있다. 『삼국사기』《신라본기·제4》진흥왕 37년(576)의 기록에 '화랑을 받들게 하니 도중(徒衆)들이 운집(雲集)하여 서로 도의(道義)를 연마(鍊磨)하고[相磨以道義] 서로 가락으로 즐기며[相悅以歌樂] 산천(山川)을 유람하며 멀리 이르지 않는 곳이 없었다.[遊娛山川 無遠不至] 이로 인하여 그 사람됨의 사정(邪正)을 알고 그 선(善)한 자를 가리어 조정에 추천하였다. 그러므로 김대문(金大問)이 『화랑세기』에서 이르기를 현좌(賢佐: 어진 재상)와 충신(忠臣)이 이로부터 솟아났고 양장(良將)과 용졸(勇卒)도 이로 말미암아 나왔다고 하였다. 최치원(崔致遠)의 난랑비(鸞郞碑)의 서(序)에서 이르기를 우리나라에 현묘(玄妙)한 도(道)가 있으니 풍류(風流)라고 한다. 교(敎)를 설치한 원천은 『선사(仙史)』에 자세히 실려 있는데 그 핵심[實]은 바로 삼교(三敎: 儒仙佛)를 함축하며 군생(群生)과 접(接)하여 교화하는 것이다. 대개 가정에 들어와서는 효도하고 나라에 나아가서는 충성하는 것은 노사구(魯司寇: 공자)의 취지요, 무위(無爲)의 사(事)에 처하여 말없이 가르침을 행하는 것은 주주사(周柱史: 노자)의 종지요, 모든 악은 짓지 말며 모든 선은 받들어 행하는 것은 축건태자(竺乾太子: 석가모니)의 교화이다' 라고 하였다. 『삼국유사』 三卷《塔像第四》에는 '제24대 진흥왕은 나라를 흥성하게 하려면 반드시 먼저 풍월도(風月道)를 해야 한다고 생각하여 다시 영(令)을 내려 양가(良家)의 남자로서 덕행이 있는 사람을 선발하여 화랑이라 고치고 맨 먼저 설원랑(薛原郞)을 받들어 국선(國仙)으로 삼았다. 이것이 화랑 국선의 시초이다. 그래서 명주(溟州)에 비를 세웠는데 이로부터 사람들로 하여금 준악갱선(悛惡更善: 악행을 고쳐 다시 선행을 하게함), 상경하순(上敬下順), 오상육예(五常六藝), 삼사육정(三師六正)이 이 시대에 널리 행하여졌다' 고 하였다. 여기에서 오상(五常)이란 다섯 가지는 늘 있어야 하는 것으로 화랑의 실천 덕목인데 『삼국사기』와 『삼국유사』에 공히 기록되어 있는 충(忠 :事君以忠)·효(孝: 事親以孝)·신(信: 交友以信)·용(勇: 臨戰無退)·인(仁: 殺生有擇)의 세속오계(世俗五戒)이며 화랑의 무덕 5

조목(五條目)이라고 할 수 있다. 육예(六藝)는 책을 읽고[讀書], 활을 쏘며[習射], 말을 타고[馳馬], 예절을 익히고[禮節], 노래와 음악을 배우며[歌樂], 권법과 검술을 익히는[拳博 並劍術] 것이다. 삼사(三師)는 삼로(三老)라고도 하였는데 현덕(賢德: 어진 덕), 재시(財施: 재물을 베품), 식사(識事: 사물에 대한 지식과 지혜)를 갖추어 스승이 되는 인물을 말하고 육정(六正)이란 현좌(賢佐), 충신(忠臣), 양장(良將), 용졸(勇卒), 명사(名師), 덕우(德友)를 말한다. 오늘날 화랑의 정신과 그 제도의 기록이 중요한 이유는 화랑이란 제도를 통하여 문무를 겸전한 온전한 인재를 양성하여 융성한 문명 국가와 도의 사회를 창달하였다는 사실이다. 더구나 사람이 스스로의 가치를 상실하여 전쟁과 범죄를 일삼고 물질을 숭배하여 기계문화의 편리함에 빠져서 방탕으로 나약해 빠진 이 시대에 주는 시사점이다. 사람은 도의(道義)로서 덕(德)을 닦아 영성(靈性)이 더 차원 높은 존재로 진화(進化)하여야 하는 것이 인도(人道)이며 강건하고 정의로운 문화국가를 이루어 모든 국민이 자아를 실현할 수 있는 사회를 만드는 것이 민주·공산 어느 국가를 막론하고 국가 도달의 목표이다. 이 목표는 이념·종교를 초월하여 국가가 세워지는 이유이며 여기에는 이설(異說)이 있을 수 없다. 옛 서적 즉 과거의 기록은 왜 남겨지는가? 그 속에서 선조들의 지혜를 발견하고 현재와 미래의 더 진보된 사회를 창조하기 위하여 그 지혜를 응용하기 위해서이다. 삼국의 사실(史實)로서 화랑의 정신과 수련 방식을 살펴보았는데 화랑의 연원은 더 오래되어 본국(本國)에까지 거슬러 올라간다. 그래서 본국검(本國劍)의 기원을 화랑에 맞추어 놓은 것이다. 화랑은 상고시대부터 있어온 우리 겨레 고유의 제도로 단군조선이 명운을 다했을 때 우리 겨레는 열국(列國)의 시대로 접어들었고 그 유속의 잔재가 민간에 남겨져 있거나 각 나라는 그와 유사한 제도를 실시하여 나라를 운영하였다. 민간에 남겨진 화랑의 유속을 신라는 명칭 그대로 다시 국가의 제도로 세우게 되었고 명부(冥府)의 선조들과 정신이 일치된 신라가 결국 삼국을 통일하게 되었으며 천 년의 문명 국가를 유지하였던 것이다. 국가는 결국 사람이 경영하며 그 경영자의 능력에 따라 국가의 성쇠(盛衰)가 달렸음을 본국과 신라의 지도자들은 간파하고 있었던 것이다. 화랑의 제도는 지상의 어느 국가에서도 실시한 기록이 없는 가장 탁월한 인재 등용의 방식이며 우리 겨레만의 국가 경영의 방법이었다. 화랑의 수련 장소이자 회의·모임의 장소를 소도(蘇塗)라고 하였는데 심심을 새롭게 하는 '새 터' 라는 뜻이며 또는 한자 그대로 '심신을 소생시키는 장소' 라 하여도 같은 의미이다. 소도는 국가에서 관리하였으며 오늘날 유서 깊은 전국의 고사찰(古寺刹)이 모두 과거에 화랑의 집들이었다. 유서 깊은 절터가 화랑들의 수련 장소였다는 하나의 증거는 바로 대웅전(大雄殿)이다. 대웅(大雄)이란 '큰 스승님' 이란 뜻으로 석가모니 부처님의 여래 십호(十號) 가운데에는 '대웅(大雄)' 이란 명호가 없다. 대웅이란 화랑의 제도를 처음 세운 배달나라 한웅성제(桓雄聖帝)의 다른 이름이다. 산수(山水)가 유려한 장소에 문무를 겸수하는 도량을 지어서 국가를 운영할 차세대 인재를 배양하였으니 참으로 현명한 제도라고 생각된다. 오늘날 국가에서도 화랑의 학습 방식을 참작하고 전국의 산악을 이용하여 현실에 맞게 교육할 방법을 고안해 내어야 한다. 나라의 동량(棟樑)은 책상 앞에서 숨 막히는 암기식 수업이나 출세지향적인 사교육에서 절대 양성할 수 없으며 대자연과 호흡하며 문무(文武)가 균형을 이루는 새로운 공교육의 제도를 확립하는 것이 절대적이다. 이『무예도보통지』의 저본(底本)을 쓴 박제가 선생은 당시 인재를 선발한 과거에 대하여 한탄하길 '과거시험의 문장은 조정 운영에 쓸 수 없고, 임금의 자문에도 응용할 수 없다. 어린아이 때부터 과거 문장을 공부하여 머리가 허옇게 된 때 과거에 급제하면 그날로 그 문장을 팽개쳐 버린다' 고 하였다. 오늘날 획일적인 대학입시와 정형화된 고시제도에 대한 비판과 너무도 비슷하다. 한마디로 우리나라는 지금 교육의 혁명이 필요하다. 바탕이 건실하고 총명하며 정의로우며 아는 것을 실천하며 자신의 명리보다 공동체의 대의를 중시하는 인재가 있어야 세계에 모범이 되는 나라를 만들어 갈 수 있는 것이다. 무예(武藝)는 신체 단련은 물론이며 정의와 덕성, 신의와 절제, 용기와 지혜, 단결과 희생 정신을 배양하는 모든 사람들에게 절대 필요한 그릇이며 일류의 문화 국가를 창조하는 데 반드시 필요한 교육 과목이다. 위의 두 사서의 기록은 사실 모든 것을 말해 주고 있다. 단재 신채호 선생은『조선상고사』에서 '조선이 조선되게 하여온 자는 화랑이다. 그러므로 화랑의 역사를 모르고 조선사(朝鮮史)를 말하려 하면 골을 빼고 그 사람의 정신을 찾음과 한 가지인 우책(愚策)이다' 라고 하였다. 오늘날 우리 사회는 이러한 민족사적 정통을 되살려야 하는 사명을 지니고 있으며 여기에 국가의 명운(命運)이 달려 있다고 하여도 절대 지나친 말이 아니다. 국가의 백년대계라는 지금 우리의 학교 교육은 주지(周知)하는 바와 같이 많은 모순과 갈등을 안고 나라는 나라대로 가정은 가정대로 교사는 교사대로 학생은 학생대로 경제적·시간적 에너지를 소모하고 있다. 제자리를 찾지 못한 이러한 교육과 수범이 되어 주어야 할 지도자들의 범죄는 사회 생활에서의 인간성의 상실과 인간 소외로 이어져 국가 존립의 위기로 나타나고 있다. 한 나라의 교육 실정은 그 나라의 미래를 보여주며 학교는 미래의 국가라 하여도 과언이 아니다. 대외적으로 중공이 미래를 겨냥하여 준비하는 동북공정과 일본의 재무장, 세계화를 말하면서도 패권주의(覇權主義)로 치닫고 있는 현실과 대조하여 보면 우리의 교육 정책은 미래가 없는 교육이라 할 수 있다. 상식적으로 학교는 지식과 정보의 습득으로 창의(創意)하여 개인과 사회 구성원들의 삶의 질을 높이며 건전한 국민 의식과 가치관을 심고 제반문화를 정화하는 다양한 기능을 가지고 있는 장소이다. 이렇게 국가 유지의 초석이 되는 학교 교육이 제자리를 찾지 못한 이

유는 간단하다. 잘못된 교육 정책과 제도에 따른 부적격한 교육자의 양성과 교육 내용이 잘못 구성되었기 때문이다. 사람은 정신과 신체의 결합체로 이 양자의 균형과 조화를 이루면서 발달시키는 것이 곧 교육인데 우리의 교육과정에서는 이를 상실하고 있다. 예로부터 문무(文武)는 새의 양 날개요, 수레의 두 바퀴와 같은 것이라고 하였다. 풍부한 지식의 탐구, 바른 의식, 신체단련이 바로 교육의 3요소인 지덕체(智德體), 진선미(眞善美)이며 무예의 관점에서는 문무겸수(文武兼修)이다. 균형 잡힌 온전한 교육 내용이라면 문무(文武)는 어느것 하나 빠질 수도 없고 치우칠 수도 없다. 지금의 현실은 어떠한가? 가장 중요한 무예의 교육은 공교육에서 빠져 버렸고 사교육에서 행하여지고 있는 것은 대부분 수준이 저열한 식민 정책으로 이식된 기술이나 상업성의 목적으로 짜깁기하여 근원이 없이 창안된 것들이다. 역사의 교육은 일관성이 없고 제설이 난무하며 선택 과목으로 등한시하고 있다. 아무리 정보화 사회, 글로벌시대 운운하지만 근본이 빠지면 안 되기 때문이다. 내가 고등학교에 다니던 1970년도말에서 1980년도 초기에는 교련(敎鍊)이란 군사 교육 과목이 있어서 어느 정도 무(武)의 역할을 하여 절제와 단결, 신체단련의 교육은 되었다. 『무예도보통지』의 십팔기(十八技) 무예는 조선조 때 국가에서 2백여 년에 걸쳐 전승무예를 정립하여 정조 때 완결된 국가의 무예이지 어느 한 개인이나 한 가문, 한 단체의 무예가 아니다. 국민 개개인과 국가 공동체를 성장시키는 소재가 되는 국가의 무형 자산이다. 국가의 자산을 국가에서 관리하여 국민들의 보건과 체육, 정신 교육, 관광 자원의 개발 등에 활용하여야 하는데 지금은 지도자의 무지로 인해 가장 중요한 시기에 국가의 교육 자산을 방치하고 있는 것이다. 신라 천 년의 고도 경주는 화랑의 도시로 시 전체가 박물관이나 다름없는 관광 자원의 보고이다. 여기에 화랑의 무예를 십팔기로 부활시켜 그 관광의 부가 가치를 높이며 무예대학을 설립하여 외국 학생들의 유학을 유치할 수도 있다. 무예의 학문적 체계와 역사적 전통성을 모두 갖추고 있는 무예 십팔기의 국가적 활용은 기실 문화 국가로서의 위상을 높일 뿐 아니라 무예의 기능이 다양한 만큼 교육과 의료, 관광과 국부(國富) 등 다양한 효과를 창출해 낼 수 있다. 또한 개인의 행복과 국가와 사회에 활기를 주며 사랑의 심성을 기르게 하며 현재 빠르게 진행되고 있는 고령화, 저출산, 인간 소외, 지역과 계층·세대간의 갈등, 생명 경시의 풍조와 범죄, 빈부 격차 등등 우리 사회가 안고 있는 여러 가지 사회적 문제를 전 방위적으로 치유할 수 있다. 무예를 단순히 창검을 휘두르는 것으로 여기면 그만큼 무지한 사람도 없다. 중공을 보라. 중공은 공산주의 국가인데도 1990년대부터 그들의 전통적 무술(武術)을 '우슈'(武術의 중공발음임)라고 고유명사화하고 전체 인민들의 보건과 체육을 위하여 법률로 전통무술의 발양을 규정하고 국가적인 차원에서 지원·보급하고 있다. 새벽에 공원이나 넓은 공터에서 남녀노소가 태극권이나 검술 등을 수련하고 있는 모습을 흔히 볼 수 있는데 국가적 차원으로 보급하였기 때문이다. 뿐만 아니라 무술의 투로(套路)를 제정하고 중앙 정부와 지방 정부에서 수없이 많은 대회를 개최하도록 지원하여 외화를 벌어들이는 동시에 21세기 문화전쟁의 첨병으로 내세워 세계인을 정서적 중화인으로 만들어 가고 있다. 지금 중공이 역동적으로 경제와 군사대국으로 빠르게 성장하는 것은 '우슈'의 보급 정책과 무관하지 않다고 본다. 우리나라는 어떠한가? 무예에 대한 문외한인 지도자들은 전통의 무예란 무엇이며 그 가치는 또한 어떠하며 지금 무예를 어떠한 방향으로 이용하여야 하는지조차도 모르고 있다. 그러나 무예의 진작과 활용이 정작 중요한 시기는 바로 지금이다. 또한 다른 나라의 정책에 뇌화하거나 동화될 필요는 없으며 다만 타산지석은 될 것이며 우리는 우리의 슬기로서 무예를 활용하여 지혜와 덕을 갖춘 인재를 육성하고 나라의 풍기를 새롭게 하여 남북의 통일 문제를 해결하여야 하고 세계화의 파고를 슬기롭게 넘겨야 한다. 그러한 교육 정책을 도출하기 위해서는 신라인들이 인재를 선발하기 위하여 고민하였듯이 지도자들은 밤을 지새우며 고민하여야 하며 옛 선조들의 제도를 이용하는 슬기를 가져야 한다. 남북의 통일 문제를 논하기 전에 통일 한국을 이끌어 갈 문무가 균형잡히고 겨레의 장래와 세계의 변화를 읽을 수 있는 인재의 육성이 더욱 절실하다고 말할 수 있다. 가정을 다스리는 것도 국가를 경영하는 것도 세계를 리드하는 것도 그 주체는 모두 사람이기 때문에 사람을 육성하는 교육의 개혁이 우선하여야 된다. 지도자(指導者)는 글자 그대로 국민들에게 평안(平安)의 길을 가리켜 인도(引導)하여 주는 사람이다. 그럴 능력과 지혜가 없으면 지도자로 나서지 말아야 한다. 다수의 국민들이 불행해지기 때문이다. 지도자는 최소한 몇십 년은 내다보는 정책을 펴야 한다. 결론하여 말하면 사람에게 영혼이 있어 총명하듯이 국사(國史)는 나라의 영혼이다. 나라의 역사는 무예라는 힘이 유지시켜 왔다. 외세에 의하여 왜곡되고 제설이 분분한 국사를 국고정리의 차원에서 정비하고 무예를『무예도보통지』에 근본을 두고 새로운 무예 내지 체육 교과서를 만들어 학교 교육에서 실시하여야 한다. 예나 지금이나 선조들이 살아온 자취를 지금의 이정표로 학습하는 국사 교육과 정의(正義)의 가치와 신체를 단련하는 무예 교육은 개인은 정체성을 확립하게 되고 국가는 기강이 서게 되고 사회에는 건전한 풍습이 성행하여 건강한 시민이 된다. 국민 개개인의 심신 건강은 결국 국가·사회의 건강이 되는 단순한 사실이다. 이러한 기본 바탕이 있는 교육제도와 정책은 학생 개개인은 물론 학교와 사회에 신선한 기운을 불어넣게 되고 국민들에게 움직이는 철학이 성행하게 하여 국가 발전의 동력으로 작용하게 된다.

483) 신라의 술랑(述郎), 남랑(南郎)[또는 남석행(南石行)], 영랑(永郎), 안상(安詳)[또는 안랑(安郎)]의 이 네 분은『고려사』에서 '사성(四聖)'으로 높여 부른 분이며 '사선

랑(四仙郞)'이라고도 한다. 신라 화랑의 수업으로 성인(聖人)의 경지에 도달하여 많은 문도(門徒)를 거느렸던 민족의 성인이었다. 강원도와 경상도 일대의 명산과 심산유곡의 산수(山水)를 찾아 유람하면서 검술(劍術)과 가무(歌舞), 무의식(巫儀式)의 수행을 통하여 몸과 마음을 합일(合一)하여 자연(自然)으로 승화시킨 위대한 영혼들로 고려 시기까지는 우리 겨레의 가슴속에 정신적 지주로 존재하였다. 사선(四仙)의 사적을 새긴 비석과 화랑의 연원을 기록한 「선사(仙史)」가 있었으나 비석은 김부식(金富軾)과 그의 하수인이며 귀화한 지나인 호종단(胡宗旦)에 의하여 깨뜨려 없어지고 「선사」는 유실되었다고 한다. 『무예도보통지』에서 《본국검》을 신라의 화랑제도와 화랑으로 연기(緣起)로 삼은 것은 바로 화랑이야말로 '본국(本國)' 즉 우리 겨레의 뿌리의 나라인 단군조선을 상징한다고 볼 수 있기 때문이다. 조선시대에는 금강산에 선무대(仙舞臺)가 있었으니 이와 결부되어 사선무(四仙舞)[일명 사인취무(四人醉舞)]라는 궁중무용이 행하여졌다. 신라에서는 사선악부(四仙樂部)가 있어 팔관회(八關會)에서 연주되었고 고려에서도 양가(良家)의 자제에서 선발된 선랑(仙郞)의 악대(樂隊)를 구성하여 팔관회에서 백희가무(百戲歌舞)로 연주하여 전승되었다고 전한다. 조선 순조 29년(1829)에 그 창사(唱詞)를 개작하여 풍경곡(豊慶曲)에 맞추어 북쪽을 향해 춤을 추며 노래를 불렀다고 한다. 신라의 선랑(仙郞)·화랑(花郞)은 단군조선의 제도와 정신을 그대로 계승하였고 어떠한 국호(國號)로 나라를 세워 운영하였던간에 모두 우리 겨레의 뿌리는 단군조선에 있으며 그 경국의 대요는 어릴 때부터 문무(文武)를 쌍수(雙修)한 인물이 민족의 지도자가 되어 국가의 기틀을 튼튼히 하였는데 화랑(花郞)은 그 명칭과 제도까지 그대로 단군조선에서 있었던 제도를 시행하였다. 『화랑세기(花郞世紀)』에 따르면 화랑은 선도(仙道)와 무도(武道)의 두 길이 있었다고 한다. 이러한 민족 정신의 근간(根幹)이 후세에 와서 남자 광대와 같은 유랑연예인(流浪演藝人)을 뜻하게 된 것은 선조들과의 정신과 얼이 그만큼 멀어지고 본질이 망실(亡失)되었음을 나타내고 있는 것이다.

484) 연기(緣起)는 사물이 시작된 원인(原因), 동기(動機), 유래(由來)를 뜻하는데 어째서 신라의 황창랑(黃倡郞)을 본국검의 유래로 삼은 것일까? 우리 역사에서 고조선이란 대국이 그 명운(命運)을 다하고 난 뒤부터 민족의 대대적인 이산(離散)이 시작되었다고 볼 수 있다. 고조선의 주체 세력은 북부여에서 다시 고구려로 그 대통이 이어졌지만 유민들의 일부는 북으로 가서 선비족이 되고 남으로 분리된 일부는 동호족으로 불렀다. 이 동호족이 고조선의 철기의 선진문화를 가지고 한반도 남쪽으로 흘러들어 신라를 건국하였고 백제는 고구려의 주체 세력이 분파되어 세운 나라이므로 고구려·백제·신라는 모두 고조선의 후예로 단군조선의 전통을 보유하고 있었다. 그런데 어째서 하필이면 신라이고 황창랑인가? 그것은 앞서 문장에서 나타내었

듯이 황창(黃倡)이 사선랑(四仙郎)의 유(流)와 같은 화랑이었기 때문에 황창랑(黃倡郎)이라 하였고 《본국검》 설법 전문은 거의 화랑과 화랑제도 그리고 단군조선이 본국의 검보(劍譜)를 창안한 이후 화족에게 전해져서 그들의 서적에 기재되었지만 우리는 스스로 소홀히 한 것에 관하여 설하고 있다. 결국 본국검의 연기는 단군조선의 정신 문명의 제도를 그대로 계승한 화랑제도와 도의(道義)와 충신(忠信)을 연마한 화랑정신에 두고 있는 것이다. 이 제도와 정신은 본국인 단군조선의 제도와 정신과 조금도 흐트러짐이 없이 부합하고 있기 때문이다. 체용(體用)의 입장에서 설명하면 용(用)이 되는 화랑들의 신라무예의 기술은 잃어버렸다 하여도 체(體)가 되는 근본 정신이 본국의 정신과 일치하고 있기 때문에 본국검의 연기로 삼은 것으로 사료된다.

485) 여기에서 조선은 물론 단군조선으로 『삼국유사』의 서두에 간략히 기록되어 있는 단군조선이 고구려·백제·신라는 물론 우리 겨레 전체의 뿌리되는 나라, 곧 본국(本國)이다. 본국의 보(譜)는 모원의(茅元儀)가 『무비지』에 편입시킨 《조선세법》을 말한다.

486) 『무예도보통지』 《예도》 원(原)의 설법에 모원의 말을 그대로 인용하면 '진실로 중국에서 잃어버린 것을 [그들의 입장에서] 사예(四裔)에서 구한 것이 서방(西方)의 등운(等韻)과 일본의 상서(尙書)뿐만이 아니라 검세(劍勢)의 보(譜)와 검결(劍訣)도 조선에서 얻었으니 다시는 잊어서는 안 되겠다'고 하였으며 그 주(注)에 '서방의 등운은 서역(西域)의 중[僧] 신공(神珙)이 음운(音韻)에 통달하여 등절보(等切譜)를 찬술하였다' 하였으니 《조선세법》은 곧 조선이 독창적으로 창안한 검보(劍譜)임을 말하고 있는 것이다.

487) 『무예도보통지』 《예도》 원(原)의 설법의 주(注)에 구양수(歐陽脩)의 일본도가(日本刀歌)의 글을 인용하여 '일본의 상서는 서복(徐福)이 [진시황의 명으로 삼신산(三神山)에 불사의 선약(仙藥)을 구하러] 갈 때에는 아직 책을 분서(焚書)하기 전이라서 서복이 가지고 간 고문언(古文言)으로 된 서경(書經)의 고본(古本)인 일서백편(逸書百篇)이 지금도 일본에 존재하고 있다'고 하였는데 이 내용은 서경의 원전(原典)이 일본에 전하여졌듯이 조선의 검보(劍譜)가 화족들에게 전하여졌음을 말한 것이다.

488) 화족들에게도 완벽한 것으로 인정되어 그들의 병서에 실린 우수한 우리의 검세(劍勢)를 창안하여 두고서도 면면히 이어지며 계승하지 못한 풍습에 대한 반성이다. 요즘에 글로벌시대의 추세를 타고 '한국적인 것이 가장 세계적인 것이다'라는 말이 있다. 선조들의 지혜와 슬기가 담긴 전통문화의 소중함을 각성한 말이다. 우리 역사를 보면 언제나 선조들의 얼과 정신 그리고 제도를 계승하여 명부(冥府)에 존재하는 선조와 하나가 되었을 때에는 국가가 흥성하여 일류의 문명 사회, 최고의 인본문화를 이룩하여 다른 나라에 모범이 되고 선진의 문화를 전수하여 주었고

선조의 정신유산을 등한시하고 외세(外勢)를 따를 때에는 반드시 국세(國勢)는 허약하였고 온 국민들은 굴욕과 죽임을 면치 못하였다. 고조선의 전통을 이는 고구려는 중원의 패자로서 수·당이 넘보지 못하였고 신라는 삼국통일의 전성을 이루었으며 고구려를 그대로 계승한 대진국[발해]은 주변국으로부터 '해동성국(海東盛國: 바다 동쪽의 융성한 나라)' 이라고 불렸으나 화족들의 제도와 학문을 받아들이기 시작한 고려나 나라 경영의 주안으로 사용한 근세조선을 보라? 그 비교는 너무나 확연하다. 일제 침략기 이후 우리 민족은 전통문화와의 단절이 더욱 심각하다. 21세기는 문화의 세기라 한다. 수천 년 동안 민족의 몸과 마음속에 축척된 문화 인자를 계발하고 항상 본국의 정신과 선조들의 얼을 정성(精誠)과 공경(恭敬)으로 계승한다면 앞으로의 세기에 우리나라는 다시 동방의 문화대국으로 성장할 수 있을 것이다.

489) 그것[其]이란 『무비지』에 기재한 《조선세법》을 말하고 가탁(假托)이란 남의 명의를 빌려서 알리는 것이니 모원의가 『무비지』에서 '조선에서 완전히 구비된 세법을 얻었다' 하고 《조선세법》이란 이름으로 명시하여 기록하고 있으니 이는 단군조선이 본국(本國)의 검보(劍譜)인 《조선세법》을 창안(刱案)하여 화족에게 그 보(譜)가 전해진 사실을 상기시키는 것이다. 또한 단군조선이 우리 겨레의 뿌리가 되는 국가[本國]임을 알리기 위해 단군조선의 정통인 화랑을 들었고 나아가 옛 조선이 곧 본국임을 강조하려고 화랑을 연기로 삼아 '본국검(本國劍)'이란 새로운 검술이 신창되었고 화랑이 곧 본국의 정통이라는 논증을 하였다는 의미이다.

490) '좌우로 감아 좌수좌각으로 한 번 찌르고'를 한국무예원 해범 선생은 『무예도보통지 실기해제』본에서 '전일자세(前一刺勢)'로 명명하였다.

491) 『예기도식』은 청(淸)나라 건륭(乾隆) 24년(1759)에 어명(御命)으로 수찬(修撰)을 시작하여 윤록(允祿) 등 65명의 여러 신하들의 노력으로 건륭 32년(1767)에 인쇄된 서적이다. 본래 28권(卷)이었으나 정진탁(鄭振鐸) 선생이 18권으로 설명을 간추렸다. 28권 본이나 18권 본이나 모두 여섯 부류로 나뉘는데 18권 본은 1~2권이 제기(祭器), 3권이 의기(儀器), 4~7권이 관복(冠服), 8~9권이 악기(樂器), 10~12권이 노부(鹵簿), 13~18권이 무비(武備)로 이루어져 있다. 예기(禮器)는 고대로부터 관혼(冠婚)·상장(喪葬)·제례(祭禮)·조빙(朝聘)·정벌(征伐)·향연(享宴) 등의 의례(儀禮)를 행할 때 사용하는 기명(器皿)이며 이기(彝器)라고도 한다. 즉 경천숭조(敬天崇祖)의 정신에 따라 인간의 마땅하고 떳떳한 도리와 규범을 실천하는데 필요한 그릇·도구인 것이다. 본문은 15권의 무비 3(武備三)에서 '녹영곤피쌍도(綠營滾被雙刀)'의 내용을 인용한 것이다.

492) 녹영(綠營)은 청(淸)나라 때의 병제(兵制)로서 한인(漢人)으로 편성된 녹기(綠旗)의 군영(軍營)이다. 청군(淸軍)의 근간이던 팔기군(八旗軍)은 청(淸)의 태조 누르

하치가 통일전쟁중에 기존의 제도를 변형하여 만들었는데 그 수가 적었다. 녹영은 팔기군을 보충하기 위하여 세워졌고 그 수는 50만이 넘었으며 각 성(省)에 주둔하여 군무와 치안을 맡아 보았다.

493) 직예(直隸)는 직할예속(直轄隸屬)이란 뜻이며 경부(京府)에 직속(直屬)되어 있던 지구(地區)를 말한다. 명(明)나라 때에는 북경(北京)에 직속된 지구를 '북직예' 남경(南京)에 직속된 지구를 '남직예'라고 하였다. 또한 직예는 하북성(河北省)의 옛 이름이기도 하다.

494) 한인(漢人)으로 편성된 청나라의 상비병(常備兵)인 녹영(綠營)의 군영(軍營)에서 사용한 군기(軍旗)가 녹색의 기치(旗幟)였으므로 녹기(綠旗)라 하고 녹영(綠營)과 같은 뜻으로 쓰였다.

495) 칼자루 목은 칼날과 자루 부분의 경계에서 날밑이 자루에 꼽혀서 칼코등이(鏢)가 되는 곧 호수(護手)막이 둘레 부분을 말한다.

496) 무학(武學)에서는 『무예도보통지』《예도》〈안설(案說)〉에 기록된 바와 같이 '양날을 검(劍)이라 하고 외날을 도(刀)라고 한다[兩刃曰劍 單刃曰刀]'고 하여 형신(形身)에 나타난 칼날의 차이로서 검과 도를 구분하지만 고고학(考古學)에서는 칼자루의 끝, 즉 병두(柄頭) 형상의 치이로서 구분하는 것이 일반적이다. 그래서 양날의 검형(劍形)이지만 병두(柄頭)에 둥근고리[環]가 있으면 전부 환두대도(環頭大刀) 또는 환두태도(鐶頭太刀)라고 한다. 환두대도는 낙랑고분(樂浪古墳)을 비롯하여 무녕왕릉(武寧王陵), 경주 천마총(天馬冢) 등 삼국의 고분에서 공통적으로 나타나며 고리 안의 모양에 따라 여러 가지 이름으로 불린다. 고리만 있고 아무것도 없는 소환두(素環頭), 고리 안에 잎사귀 모양을 만든 삼엽환두(三葉環頭)와 삼엽삼환두(三葉三環頭), 고리 안에 단용(單龍)이나 쌍용(雙龍)의 용두(龍頭)의 형상을 만든 용환두(龍環頭), 봉황의 형상을 만든 봉황환두(鳳凰環頭) 등이 있다. 병두(柄頭)에 둥근 고리를 하고 문양을 만든 것은 그 칼을 쓴 사람의 신분과 시대의 변천에 따른 것이라 하지만 실용적인 면에서 볼 때 고대 북방의 기마민족이 짧은 칼의 병두(柄頭)의 고리에다 긴 끈을 매어 손목이나 팔에 감아 던지기도 하고 다시 회수시키는 단병장용(短兵長用)의 겸용으로 사용하였기 때문에 생겨난 것이라고 본다. 즉 비도(飛刀), 비검(飛劍)으로 사용하던 것이 활[弓]과 쇠뇌[弩] 등의 장병기가 발달함으로써 병두(柄頭)의 환(環)은 수수(穗繡)를 장식하는 뇌(鐳)로 변하고 단병기로 정착됨에 따라 환(環)은 손과 손목을 보호하는 호수(護手)막이 곧 칼코등이[鏢]로 변하고 요도(腰刀)와 패도(佩刀)의 용어가 생겨난 것이라고 본다. 따라서 도(刀)의 신형(身形)이 휘어서 환도(環刀)라고 보는 설은 잘못되었다고 보며 오히려 우리나라의 도(刀)는 검(劍)과 겸용하는 까닭에 거의 직도(直刀)이며 도가 휜 정도는 중원의 도와 일본도가

더 휘어져 있다. 우리나라에서 전통적으로 도검(刀劍)에다 환(環)자를 붙여 환도(環刀) · 환검(環劍)이라고 하는 것은 환두대도(環頭大刀)에 그 근원이 있다고 본다.

497) 편전(便殿)은 임금이 평상시에 거처하는 궁전으로 휴식을 겸하는 곳으로 별전(別殿)이라 하였다. 반면에 정전(正殿)은 신하의 조참(朝參)을 받고 정령(政令)을 반포하며 외국 사신을 맞는 곳이었다.

498) 유정(劉綎)은 《제독검》〈안설〉에서 임진왜란 당시 우리나라에 제독으로 온 사람 가운데 한 사람이며 대도(大刀)로써 천하에 이름을 떨쳤다고 하였고 《병기총서》〈안설〉에서는 일찍이 여러 살수의 연보(連譜)를 창안하여 『무예제보』를 지은 한교(韓嶠) 선생은 유대도(劉大刀) · 낙천근(駱千斤)과 서로 교유하였다고 하였다.

499) 한단(邯鄲)은 하북성(河北省)에 있었던 조(趙)나라의 국도(國都: 서울)였다.

500) 형경(荊卿)의 경(卿)은 남자에 대한 미칭(美稱)으로 공자(公子)와 같은 말이므로 형가(荊軻)에 대한 존칭이다. 형가(荊軻)는 기원전 227년의 사람으로 사마천(司馬遷)의 『사기(史記)』《열전》 가운데 〈자객열전(刺客列傳)〉에 나오는 인물이다. 형가의 선조는 본래 전국시대 제(齊)나라 사람이었는데 위(衛)나라로 이주하였고 위나라 사람들은 그를 경경(慶卿)이라 불렀고 후에 연(燕)나라에 가서 연의 태자 단(丹)의 문객(門客)으로 있을 때 연나라 사람들은 그를 형경(荊卿)이라고 불렀다. 형(荊)의 본음은 '경'이며 경씨(慶氏)는 제(齊)나라의 유력한 씨족이므로 형가의 본래 성(姓)을 경씨(慶氏)로 보는 설이 있다. 형경(荊卿)은 독서(讀書)와 격검(擊劍)을 좋아하고 성격이 침착하고 사려가 깊었으나 연의 태자 단(丹)의 청(請)으로 연나라에 몸을 의탁하였던 진(秦)나라의 장군 번어기(樊於期)의 수급(首級)과 연나라의 비옥한 땅인 독항(督亢: 河北省)의 지도를 가지고 진왕(秦王: 후에 秦始皇帝) 정(政)에게 접근하여 비수(匕首)로서 진왕을 찔렀으나 실패하고 피살되었다.

501) 『사기(史記)』에 형경(荊卿)이 한단(邯鄲)에 있을 때 노구천(魯勾踐)과 장기를 두며 놀다 놀이 방법에 대하여 논쟁을 하다 노구천이 노하여 큰 소리로 꾸짖으니 형가는 잠자코 나와 두 번 다시 그를 만나지 않았다. 후에 노구천은 형경이 진왕을 비수로 찌르려다 실패했던 이야기를 듣고 혼잣말하길 '아아, 아깝구나! 그가 칼 쓰는 법을 익히지 않은 것이……. 내가 사람은 알아보지 못함이 지나쳤구나! 언젠가 내가 그를 꾸짖었던 일이 있었다. 그때 그는 틀림없이 나를 사람으로 생각하지 않았을 것이다' 라고 탄식하였다고 기록되어 있다. 여기의 기록처럼 형경이 검술에 미숙하여 실패했는지 아니면 영화 '영웅'의 설정처럼 천하의 혼란을 막아 만민의 안전을 도모하려고 일부러 실패했는지는 아무도 알 수 없다. 다만 형경이 평소 독서를 좋아하였고 사려가 깊었다는 기록이 후자를 유추할 수 있었다고 본다.

502) 『공자가어』는 공자가 당시의 공경사대부(公卿士大夫)나 제자들과 서로 문답

한 내용을 여러 제자들이 보고 들은 그대로를 기록한 글이라고 하며 한(漢)나라 무제 때 공안국(孔安國)이 편찬하였고 뒤에 유향(劉向)이 교정하였다. 내용이 박잡하다는 이유로 널리 읽히지 않음은 물론 '사서(四書)'니 '육경(六經)'이니 '십삼경(十三經)'이니 하는 한계를 정한 뒤부터는 유학자들의 근시안적이고 소극적인 안목으로 심지어 이단시까지하였던 책이다. 현재 10권 44편으로 되어 있는 이 서적은 『논어』와 『예기』의 미흡한 점을 보충할 수 있을 뿐 아니라 오히려 공자의 진면목이 솔직하게 표현되어 있어 인간적인 성인의 모습을 보여주고 있다.

503) 검(劍)과 도(刀)는 단병기로서 그것을 사용하는 기법이 서로 유사하지만 검(劍)에는 예로부터 군자검(君子劍)이란 칭호가 붙었다. 왜냐하면 검(劍)은 양신(養神)·양성(養性)하는 용도가 뚜렷하기 때문이다. 또한 무예수련에서 숙련의 난이도를 백일도(百日刀), 천일창(千日槍), 만일검(萬日劍)이라고 표현하듯이 검술이 무예에서 가장 정묘(精妙)한 기술에 해당되며 이를 전수하는 데에는 사람의 내면적인 도덕 심성의 기준인 충효(忠孝)와 신의(信義), 절개(節槪)와 항심(恒心), 예덕(禮德)과 수양(修養)을 요구하였는데 이러한 조건에 부합한 사람을 군자(君子)라고 하였기 때문이다. 우리나라는 예로부터 삼교(三敎: 仙彿儒)의 가르침을 일체(一體)로 보며 일상 생활 가운데에서 스스로 내면적 계율을 엄격히 지키며 무예로 수양하는 무용(武勇)의 기풍이 강하여 '군자국(君子國)'으로 불려왔다. 위의 내용에서 '옛날의 군자는 검으로서 스스로를 호위하였다'는 것은 과거 동이민족의 풍습이었다. 중원의 무술가 김일명(金一明) 씨는 1930년에 『무비지』에 실려 있는 《조선세법》을 『군자검(君子劍)』이라 명명하여 책으로 펴낸 적이 있다.

504) 항우(項羽: 기원전 232~202)는 진(秦)나라 말기 하상현(下相縣: 강소성 宿遷) 사람이며 이름은 적(籍)이며 자(字)가 우(羽)이다. 진(秦)왕조에 반기를 들고 처음 숙부 항량(項梁: ?~기원전 208)과 함께 오(吳)에서 기병(起兵)하였을 때 그의 나이 24세였다. 항적(項籍)은 키가 8척이나 되고 스스로 역발산기개세(力拔山氣蓋世)라 하였듯이 강한 힘을 가졌으며 재주와 기개가 출중하였고 막내 숙부 항량(項梁)에게서 병법을 배웠다. 항량이 전사한 후 초(楚)의 회왕(懷王) 아래에서 상장군이 되었고 거록(鉅鹿: 하북성 平鄕)의 전투에서 진군을 대파하고 서초패왕(西楚覇王)에 올랐다. 진의 수도 함양(咸陽)에 입성하여 진왕 자영(子嬰)의 항복을 받고 유방(劉邦)을 한왕(漢王)에 봉하기도 하였다. 유방과 결별한 후 다시 그와 천하를 놓고 초·한(楚·漢)전쟁을 벌였는데 해하(垓下: 안휘성 靈壁)에서 포위되었다가 오강(烏江)에서 자결하였다. 이 해하 전투 때 유명한 해하가(垓下歌)를 지어 애첩 우미인(虞美人)과 함께 불렀으며 고립무원(孤立無援)의 처지를 나타내는 사면초가(四面楚歌)라는 말이 생겨났다.

505) 패공(沛公)은 유방(劉邦)을 가리킨다. 유방이 지금의 강소성(江蘇省)에 있는 패현(沛縣)에서 봉기하여 스스로 패현의 현령(縣令)이 되었고 공(公)은 현령에 대한 존칭이므로 패공(沛公)이라고 하였다.

506) 항장(項莊)은 항우(項羽)의 사촌동생이며 항백(項伯: ?~기원전 192년)은 항우의 숙부(叔父)로 이름은 전(纏)이며 자(字)가 백(伯)이다. 항백은 평소에 유방(劉邦: 沛公, 후에 漢高祖가 됨)의 책사(策士)였던 장량(張良)과는 절친하게 지냈다. 진(秦)나라 말기 항우와 유방은 처음에는 반진(反秦)의 기치로 싸웠지만 나중에는 세력이 커지자 초(楚), 한(漢)으로 나뉘어 천하를 놓고 서로 패권(覇權)을 다투는 관계가 된다. 유방이 관중(關中)을 먼저 점령하자 항우의 책사인 범증(范增)은 유방을 격살하라고 하였고 항백이 이 사실을 장량에게 말하고 유방과 논의하여 홍문(鴻門)에 도착하여 사죄하게 된다. 이때 항우는 연회를 베풀고 유방을 제거하려 했지만 마음이 모질지 못하여 실행을 못하자 범증은 항장(項莊)을 밖으로 불러 '칼춤을 추면서 기회를 보아 유방을 단칼에 격살하라. 그렇게 하지 않으면 너희 항씨(項氏)들은 모두 그들의 포로가 될 것이다'라고 하였다. 항장이 연회의 흥취거리로 칼춤을 추면서 기회를 보고 있는데 유방에 우호적인 항백도 칼을 뽑아 대무(對舞)를 추면서 계속 몸으로 유방을 가리며 방어해 주어서 유방을 격살할 기회를 놓치고 말았다. 후에 초나라가 망하고 유방이 한나라 고조로 즉위하자 항백은 사양후(射陽候)에 봉해지고 유씨(劉氏) 성을 하사받았다.

507) 부(斧)와 월(鉞)은 모두 큰 도끼이며 부(斧)는 날(刃)이 아래를 향하여져 있고 월(鉞)은 위로 향하여져 있는데 모두 지휘권을 상징한다. 옛날 천자(天子)가 제후의 부도덕(不道德)을 응징하기 위하여 군사를 출동시킬 때 3일 동안 재계(齋戒)하고 장수(將帥)를 임명하여 월(鉞)을 주면서 '이 도끼날로부터 하늘에 이르기까지 모든 것을 장군이 통제하라'고 하였고 부(斧)를 주면서 '이 도끼날로부터 땅에 이르기까지 모든 것을 장군이 통제하라'고 하였다. 또 장군의 수레바퀴를 밀어 주면서 '군사의 진퇴를 장군의 판단에 따라 행하며 군중(軍中)에서는 오직 장군의 명령만 들을 것이며 군주의 명이라도 듣지 마라'고 하여 지휘권을 부여하였다. 여기에서 병가(兵家)의 장수가 전투에 임하여 사무(四無), 삼불제(三不制)란 사상이 나오게 되었다.

508) 면(冕)은 관(冠)이며 곤(袞)은 복(服)이다. 보통 곤면(袞冕)이라 하면 천자(天子)가 예(禮)를 갖출 때의 관복(冠服)이다. 『중한사전』에 '면관(冕冠)은 대부(大夫) 이상의 관료들이 쓰던 의식용 모자였으나 송대(宋代) 이후에는 곤룡포(袞龍袍)를 입는 제왕만이 쓰게 되었다'고 하였다.

509) 주(周)나라 주공(周公)이 어린 조카 성왕(成王)을 대신하여 제후들의 조회를 받던 전당인 명당(明堂)에서 제후의 존비(尊卑)에 따라 조회하는 서열의 위치를 기록

한 『예기』《명당위(明堂位)》에 나오는 글이다. 대무(大武)는 악장(樂章)의 한 가지인 무악(武樂)의 이름으로 천자(天子)가 추는 춤이다. 《악기(樂記)》에서 공자(孔子)가 말하기를 '대저 대무의 악(樂)이라는 것은 무왕(武王)의 성공을 상징하는 것이다. 방패를 가지고 산처럼 서 있는 것은 무왕의 일이며 제후의 집합을 기다리는 형상을 상징하며……'[夫樂者 象成者也 總干而山立 武王之事也 待諸侯之至也]라고 하였다.

510) 『예기』《교특생(郊特牲)》에 '대무의 춤은 장엄하지만 사람을 즐겁게 하기 위한 것이 아니다[武壯而不可樂也]'라고 하여 제례의 의식에서 사용하였음을 나타내고 있다. 따라서 홍문연(鴻門宴)에서 흥취를 돋우기 위하여 항장(項莊)과 항백(項伯)이 춘 춤은 기격의 무술을 함유한 쌍칼춤이다.

511) 『춘추번로』는 한(漢)나라 경제(景帝)와 무제(武帝) 때 광천(廣川) 사람인 동중서(董仲舒)가 공자의 『춘추』를 해설한 저서로 총 17권 82편으로 이루어져 있다. 『한서(漢書)』의 《예문지(藝文志)》에 따르면 공자가 만년에 책으로 묶은 춘추시대 노(魯)나라 은공(隱公) 원년에서부터 애공(哀公) 13년까지 12공(十二公) 242년간의 노나라 역사를 기록한 『춘추』에 대한 전(傳)으로는 모두 23가(家)에 이른다고 하지만 현재는 춘추좌씨전(春秋左氏傳), 춘추공양전(春秋公羊傳), 춘추곡량전(春秋穀梁傳)과 함께 『춘추번로』만이 전해지고 있다. 『춘추번로』에서 번(繁)은 번(蕃)과 통하여 '많다' '무성하다'는 뜻이며 로(露)는 '드러내다' '윤택하게 하다'는 뜻이다. 따라서 『춘추번로』는 공양적(公羊赤)이 전(傳)을 낸 춘추공양전(春秋公羊傳)에 바탕을 두고 해설이 미진한 부분에 자신의 확연한 정의를 내어 공자의 춘추필법의 의미를 많이 드러내 보여주고 있다. 위의 인용문은 제6권 제14편 《복제상(服制像)》에 나온다.

512) 동방청룡(東方靑龍), 서방백호(西方白虎), 남방주작(南方朱雀), 북방현무(北方玄武)로 사신(四神)을 배열하는 것은 각각 그 방위를 수호하고 진무(鎭撫)하는 방위신이기 때문이다. 사신(四神)이 그려진 그림을 사신도(四神圖) 또는 사수도(四獸圖)라고 하며 우리나라 고구려와 백제의 고분에서 많이 나타나고 있다. 용(龍)·호(虎)·학(鶴)·계(鷄)·구(龜)·사(蛇)·녹(鹿)·원(猿)·웅(熊) 등의 짐승의 몸짓과 특성을 관찰하여 운동의 장점을 취하여 무예의 율동에 응용하는 것을 상형권법(象形拳法)이라고 한다.

513) 검(劍)과 도(刀)를 청용과 백호로 상정(想定)하는 상징적 비교는 그 무기(武器)의 특성과 용도(用途) 및 수련상의 용법(用法)을 포괄하여 전체적 의미를 함축하고 있다. 예로부터 검(劍)은 봉황(鳳凰)과 청룡(靑龍)으로 비유하여 봉황검, 청룡검이라 하였고 도(刀)는 맹호(猛虎)로 비유하여 맹호도라고 하였다. 봉황과 청룡은 하늘을 날고 그 뜻이 하늘에 있어 검(劍)은 하늘의 정의(正義)를 수호하는 상징성이 있다. 그래서 '정의(正義)가 먼저 세워져야 검광(劍光)이 발한다[義立劍光]'고 하며 천도(天

道)에 따른 지극한 마음 수양(修養)의 의미가 있다. 따라서 심성(心性)을 도야(陶冶) 한다는 의미로 '양성지검(養性之劍)'이라 하며 검의 날에서 뻗치는 경(勁)을 유연하 고 부드러운 운용 속에 감추어 두고 연성(練性)하는 것이다. 《예도》〈안설〉에서 '검 (劍)은 검(撿)이다. 방검(防撿)한다'라고 하였는데 스스로 자신의 마음을 자세히 살 피고 검찰하며 방달(放達)하지 않도록 단속·교정하는 것이니 곧 마음수양이며 인 성도야이다. 맹호는 지상에서 사나운 짐승 가운데 군(君)이라 하였으니 맹호는 사납 고 용맹한 데 그 의미가 있고 백호는 용맹을 절제와 규범으로 승화한 의미가 있다. 그래서 신체를 단련하고 규율을 세운다는 뜻으로 수신지도(修身之刀)라고 하였다. 수련에서의 표연(表演)도 유연하기보다는 힘차고 맹렬하게 율동(律動)한다.

514) 간장(干將)은 춘추시대 오(吳)나라 사람으로 그의 처(妻)인 막야(莫邪)와 함 께 양검(良劍)을 주조하는 명장(明匠)이었다고 한다. 여기에 인용한 『일사전』에서는 진(晉)의 군주를 위하여 검을 만들었다고 설정하고 있지만 『오월춘추(吳越春秋)』에 서는 오왕합려(吳王闔閭)와 『수신기(搜神記)』에서는 간장과 막야는 초(楚)나라 사람 이라 하고 초왕(楚王)을 위하여 작검(作劍)하는 설정을 하고 삼왕묘(三王墓)의 애절 한 전설을 전하고 있다. 다만 그 부부(夫婦)의 이름을 따서 간장(干將)과 막야(莫邪) 라는 음양(陰陽)의 두 가지 명검을 만들었다는 것은 동일하다. 그 이후 간장과 막야 는 이검(利劍), 명검(名劍)의 대명사로 쓰였다.

515) 쌍칼의 운용은 칼을 쥔 좌우 양손의 협조(協調)가 자여(自如)하고 가볍고 영 활하며 민첩한 보법의 움직임으로 신계(身械)가 합일된 무화(舞花) 동작을 위주로 하기 때문에 '단도(單刀)는 손을 지켜보지만 쌍도(雙刀)는 발의 움직임을 지켜본다 [單刀看手 雙刀看走]'고 하였다. 무예수련에서 주(走)는 단순히 뒤로 물러서 도망가 는 것이 아니라 보법을 응용하여 좌우 옆으로 비껴 피하는 것이다. 쌍칼의 무화동 작에는 분종분사(分鬃分絲), 전두과뇌(纏頭裹腦), 배화(背花), 면화(面花) 등이 있다.

516) 번신(翻身)의 신(身)은 몸통(軀幹)을 움직이는 신법(身法)을 뜻한다. 신법은 허리(腰)를 축심(軸心)으로 삼아 좌선우전(左旋右轉)하고 변화진퇴(變化進退)하여 수종반측(收縱反側)의 몸통의 기법을 표현하여 수법(手法)과 보법(步法)을 운용하 는 중심이 되는 것으로 무예수련에서 안보수신퇴(眼步手身腿)의 오법(五法) 가운데 에서 가장 근본이 되는 율동법이다. 번(翻)은 몸을 뒤집는 반(反)에 해당하는 것으 로 횡(橫)으로 공간에서 전신(轉身)하는 기법이다.

517) 『중국병서집성』 가운데 13책(冊)으로 수록되어 있는 『무편(武編)』에서는 인 체 기관인 방광(膀胱)과 겨드랑이(膀)를 뜻하는 방(膀)의 글자로 되어 있다. 『무예도 보통지』에서는 방(脥)의 글자로 쓰고 주(注)로 협야(脅也)라고 해놓은 것은 내용과 글자의 의미를 정확하게 나타내기 위하여 주체적으로 글자를 사용한 예라고 생각

한다. 방(膀)의 글자는 『한어대사전(漢語大詞典)』에도 없다.

518) 『무예도보통지』의 편찬 체계를 《범례》에서 '『대전통편(大典通編)』의 예(例)를 본받아 그 옛것과 새것의 표기(標記)를 원(原)·증(增)의 글자로 하였다'고 하여 『무예제보』와 『무예신보』의 내용은 옛것으로서 원(原)의 글자를 음각(陰刻)하고 새로 편찬하면서 증보된 내용은 증(增)의 글자를 음각한다고 밝혔다. 따라서 이 원(原)·증(增)의 표기(標記)에 따라 기법(技法)을 살펴보면 구보(舊譜)인 『무예제보』와 『무예신보』에서 이미 무예 십팔기(十八技)가 완성되었고, 다만 『무예신보』에서 십팔기의 응용기예로서 기예(騎藝)의 4기(四技)가 더 수록되었음을 여기 마상쌍검보(馬上雙劍譜)의 원(原)의 글자에서도 알 수 있다. 곧 낭선을 제외한 여러 창을 마상에서 응용하는 기창(騎槍), 단병기로서는 쌍검을 마상에서 응용하는 마상쌍검(馬上雙劍), 장도(長刀)로서는 월도를 마상에서 응용하는 마상월도(馬上月刀), 휘두르며 찍는 병기로서 편곤을 마상에서 응용하는 마상편곤(馬上鞭棍)의 네 가지 기예를 더하여 모두 22기(二十二技)가 수록되어졌음을 알 수 있다. 다만 언해(諺解)는 《언해본》의 표기를 살펴보면 『무예신보』에서는 기창보(騎槍譜)의 언해만이 이루어졌고 마상쌍검, 마상월도, 마상편곤은 『무예도보통지』를 신찬(新撰)할 때 이루어졌음을 알 수 있다. 『논어(論語)』《자로(子路)》에 정명론(正名論)이란 관점이 있는데 '이름이 바르지 않으면 그 말이 불순(不順)하고 말이 불순하면 곧 일을 이루지 못한다[名不正則言不順 言不順則 事不成]'고 하였다. 소위 정명사상(正名思想)이라 불리는 이 논지(論旨)는 명칭(名稱)에 따른 명분(名分)을 분석하고 판별하여 인간의 질서 있는 바른 생활, 체계적인 학문 탐구, 건전한 사회의 발전을 도모하려는 것이다. 하나의 사물(事物)에는 하나의 통일된 명칭이 있어야 하고 새로운 명칭의 제정은 사리(事理)와 도리(道理)에 따라 모두가 공감(共感)하는 사회적 합의와 인식이 있어야 하고 이에 위배될 때에는 사회 구성원들에게 일반 통념(通念)상의 혼돈을 야기하여 오히려 건전한 사회 윤리를 훼손하게 된다. 그래서 정명론이 나온 것이다. 전통무예의 성공적인 계승과 발전·활용·활성을 위해서는 우리 무예의 바른 이름의 사용이 매우 중요하다고 할 것이며 무예뿐만 아니라 거의 모든 영역에서 특히 정보를 빠르게 공유(共有)하는 오늘의 정보 지식의 사회에서는 바른 용어(用語), 정확한 술어(術語)의 사용은 특히 중요하다. 분별없는 명칭 사용은 개성을 중시하는 민주 사회의 다양성과는 다른 성격이며 정직이란 큰 바탕 위에서만이 현대 민주주의 사회에서 새로운 한국무예가 성장할 수 있을 것이다. 결론하여 조선 선조(宣祖)로부터 정조(正祖)대에 이르기까지 근 200년에 걸쳐 민족무예를 발굴·정리하여 체계화시켜 선조들이 정한 우리 무예의 정명(定名)은 '십팔기(十八技)'이다. 오늘날 전통무예계에서 24반무예 또는 24기라고 하는 것은 근본기예 십팔기에다 응용기예인 기예육기(騎藝六技)를 더

하여 운용할 수 있는 가짓수가 24가지란 의미이며 무예의 정명은 아니다.

519) 진(秦)의 2세 원년(기원전 209)에 항우(項羽)는 숙부 항량(項梁)과 함께 강동(江東)의 회계군(會稽郡)을 제압하여 거병(擧兵)하여 정병(精兵) 8천 명을 거느리고 장강(長江)을 건너 진(秦)을 타도하기 위하여 서진을 개시하였다.『사기』의《항우본기》에 나오는 역사적 사실로서 세명(勢名)을 만들었다.

520)『삼국지』에 따르면 손책(孫策: 175~200)은 동한(東漢) 말기 삼국 오군(吳郡)의 부춘(富春) 사람으로 손견(孫堅)의 아들이자 오주(吳主) 손권(孫權)의 형이다. 부친 손견이 호북(湖北)의 유표(劉表)를 공격하다가 전사하자 손책은 남은 병사를 이끌고 원술(袁術)을 찾아가 의탁하였다. 199년 원술이 조조(曹操)와의 싸움에서 패하고 죽자 손책은 병력을 인수받아 강동(江東)에 정권(政權)을 세우고 영주가 되었다. 그후 세력을 키워 오(吳)와 회계(會稽) 등 5군(郡)을 차지하였으나 평소 원한을 품었던 오군 태수의 측근에게 습격을 받고 죽었다. 그후 아우 손권(孫權)이 칭제(稱帝)하였다.『삼국지』의 역사적 사실로서 세명(勢名)을 만들었다.

521) 한실(漢室)을 세운 고조(高祖) 유방(劉邦)이 항우(項羽)와 홍문(鴻門)에서 회합(會合)이 이루어졌을 때 유방은 패상(霸上)에 군대를 주둔시켜 놓고 항우에게 사죄하러 갔었는데 홍문연(鴻門宴)에서 간신히 탈출하여 다시 패상으로 돌아갔다. 패상(霸上)은 지금의 섬서성(陝西省) 서안(西安)의 동쪽으로 항우의 군대가 주둔한 홍문과는 40리가 떨어져 있었다.『사기』의《항우본기》에 나오는 역사적 사실로서 세명(勢名)을 만들었다.

522) 운장(雲長)은 충성과 의협, 용맹의 화신이라고 하는 관우(關羽: 162년~219년)의 자(字)이며 패수(灞水)는 섬서성(陝西省)에서 중부에 있는 황하(黃河)의 최대 줄기인 위하(渭河)의 지류(支流)이다. 삭막한 전쟁을 기록한『삼국지』에도 성인이나 신앙의 대상이 될 정도로 사람을 감동시키는 내용이 있는데 바로 무사(武士)의 절개와 의리를 실천하는 관우의 모습이다. 서주를 차지한 유비(劉備)가 조조(曹操)에 패하여 원소에게 몸을 의탁하게 되었고 관우는 조조에게 사로잡혀 편장군(偏將軍)에 기용되어 조조의 두터운 환대를 받았다. 그러나 유비가 원소에게 있다는 소식을 듣고 지체없이 유비를 찾아 길을 떠나 다섯 관문을 지나며[過五關] 길을 막는 여섯 장수를 참살하고[斬六將] 황하의 나루터인 패수를 건너가는 내용이다. 관우가 적지를 단기(單騎)로 돌파하며 끝까지 의리를 지키는『삼국지』의 역사적 사실로서 세명(勢名)을 만들었다.

523) 유비는 어렸을 때부터 어머니와 함께 짚신을 삼아 생계를 유지한 경력이 있기 때문에 심심한 것을 못 참고 늘 손으로 무엇인가를 짜고 만드는 습관이 있었다고 전한다. 제갈량이 유비를 처음 만났을 때에도 소털로 매듭 같은 것을 만들고 있

었는데 제갈량은 이를 화제로 삼아 대화를 나누었다고 한다.

524) 상모(象毛)는 기(旗)나 창(槍) 또는 장도(長刀) 끝이나 벙거지의 꼭대기에다 여러 가닥의 술이나 이삭 모양으로 만든 붉은 빛깔의 가는 털을 장식하는 것이다.

525) 『예기도식』이 청(淸)나라 건륭(乾隆) 32년(1767년)에 인쇄되었으니 여기에서의 본조는 청조(淸朝)이다.

526) 관왕(關王)은 동한(東漢) 말기 삼국시대의 촉한(蜀漢)의 장수 관우(關羽: 162~219)의 다른 존칭이다. 관우가 손권(孫權)의 동오군의 계략에 말려들어 세상을 떠난 뒤에 유비를 향한 그의 우직한 충성과 의리, 신의(信義)를 저버리지 않는 그의 한결같은 마음은 한줄기 시원한 샘물이 되어 사람들로 하여금 깊은 신뢰감을 불러 일으켰다. 권모와 술수, 배신이 판치는 어지러운 세상에 변치않는 그의 충정과 의리, 용맹은 하나의 이상적인 표본이 되어 백성들 사이에서 재난과 위험을 물리쳐 주는 신령이자 수호신 또는 임금으로 추앙하였다. 관우를 추앙하는 존칭은 관왕(關王)뿐만 아니라 관제(關帝), 관공(關公), 관성(關聖), 관성대제(關聖大帝), 관로부(關老斧), 관부자(關夫子) 등이 있다.

527) 관공(關公)은 관우에 대한 존칭이며 선주(先主)는 선왕(先王)이며 곧 유비(劉備: 161~223)를 가리킨다. 관우는 해량 땅의 무부(武夫)로서 젊어서 사람을 죽이고 탁현으로 피해와서 살다가 향리에서 기병한 유비(劉備)와 장비(張飛)를 만나 뜻을 같이하게 된다. 유비는 자(字)가 현덕(玄德)으로 군대를 조직하여 태평도의 수령 장각(張角)이 일으킨 황건군(黃巾軍)을 진압한 후 공손찬(公孫瓚), 도겸(陶謙), 조조(曹操), 원소(袁紹), 유표(劉表) 등에게 차례로 의탁하였으나 기회를 얻지 못하다가 건안(建安) 12년(207) 삼고초려(三顧草廬)로 제갈량(諸葛亮)을 군사(軍師)로 발탁하고 그의 지혜를 빌려 손권(孫權)과 연합하여 적벽(赤壁)의 대전에서 조조의 군대를 대파하고 촉한(蜀漢)을 세워 위(魏), 오(吳)와 함께 3대 세력국을 형성하게 된다.

528) 칼에 글자를 새기는 것을 검명(劍銘)이라 하는데 칼을 사용하는 사람의 기개와 포부를 짧게 새겨넣었다. 여기서 만인(萬人)은' 만인(萬人)이 대적하지 못한다[萬人莫敵]'라는 뜻을 취하였는데 제일 강하다는 의미이다.

529) 앞서《월도》〈증설〉에서 『논형』에서 언월도는 도(刀)에 해당하고 검(劍)과는 반달로 굽어진 것으로 비교된다'고 하여 언월도는 도류(刀類)임을 나타내었고《쌍검》의 〈안설〉에서 『춘추번로』를 인용하여 '검(劍)은 좌청룡(左靑龍)을 상징하고 도(刀)는 우백호(右白虎)를 상징한다'고 하였으니 '청룡언월도(靑龍偃月刀)'의 용어는 검(劍)과 도(刀)의 상징성을 함께 지니고 있다. 청룡(靑龍)은 동방(東方)을 주관하는 신(神)으로 우리나라의 국가 수호신으로 군기(軍旗) 또는 의장기(儀仗旗)에 그려 청룡기(靑龍旗)라 하였다. 청룡기(靑龍旗)에 그려진 그림을 그대로 칼날 가운데 새겼

으니 후자의 의미라고 여겨진다.

530) 진인(陳寅)의 호(號)는 빈양(賓陽)으로 절강(浙江) 온주부(溫州府) 금향위(金鄕衛) 사람이다. 유격 장군(遊擊將軍) 서도지휘첨사(署都指揮僉事)로 보군(步軍) 3850명을 이끌고 정유년(丁酉年) 11월에 나왔는데 도산(島山)의 전투에서 탄환을 맞고 들 것에 실려 경성으로 돌아왔다. 재물을 내어 남대문(南大門) 밖에 관우묘(關羽廟)를 세웠으며 기해년(己亥年) 4월에 돌아갔다.

531) 만세덕(萬世德)의 호(號)는 진택(震澤)으로 산서(山西) 태원부(太原府) 편두소(偏頭所) 사람이며 융경(隆慶) 신미년(辛未年)에 진사(進士)가 되었다. 무술년(戊戌年: 선조 31년, 1598)에 흠차조선군무(欽差朝鮮軍務) 도찰원우첨도어사(都察院右僉都御史)로 경리(經理) 양호(楊鎬)를 대신하여 11월에 압록강을 건너왔다가 경자년(庚子年) 6월에 돌아갔다.

532) 이때 세워진 관우공(關羽公)의 사당이 지금 보물 제142호로 지정되어 있는 서울 동대문구 숭인동에 있는 동묘(東廟)이다. 동관왕묘(東關王廟)라고 불리는 이 사당은 선조 32년(1599)에 짓기 시작하여 선조 35년(1602)에 완공되었다고 한다. 나무로 만든 관우의 상이 안치되어 있고 좌우에 관평, 주창의 상이 안치되어 있다. 관우의 묘(廟)는 공자의 사당을 문묘(文廟)라고 하는 데 반하여 무묘(武廟)라고도 하며 서울에 동묘, 남묘의 2묘가 있고 경상도 성주(星州)와 안동(安東)에도 있다.

533) 『무예제보』에는 협도가 없으므로 여기에서의 구보는 『무예신보』이다. 광해군 2년(1610) 훈련도감의 최기남(崔起南)이 『무예제보』의 원집에서 누락된 무예를 보충하여 펴낸 『무예제보번역속집(武藝諸譜飜譯續集)』에는 협도(挾刀)를 협도곤(夾刀棍)이라 하고 언월이라기보다는 오히려 창(槍)처럼 되어 있고 세명(勢名)도 크게 다르다.

534) 평수길(平秀吉)의 평(平)은 일본천왕이 호족에게 내린 성(姓)으로 원명은 풍신수길(豊臣秀吉)이다. 평(平)을 성으로 쓰는 것은 수길(秀吉)을 호족으로 보고 있는 것이다.

535) 회갑(盔甲)은 투구와 갑옷인데 회(盔)는 철편(鐵片)으로 만들고 머리를 보호하는 것이며[首鎧] 갑(甲)은 철엽(鐵葉)으로 만들고 몸을 보호하는 것이다.

536) 간과(干戈)는 방패(防牌)와 창(槍)이며 간(干)은 순패(盾牌)의 총칭이며 과(戈)는 가장 초기에 나타난 창의 형태이다.

537) 포희(庖犧)는 태호 복희씨(伏犧氏)를 다르게 칭하는 이름이며 복희(伏犧)는 상고시대 우리 겨레의 배달나라시대 때 5대 한웅(桓雄)이었던 태우의(太虞儀) 임금의 열두 아들 가운데 막내이다. 어느 날 삼신(三神)의 영(靈)이 내려 만 가지 일을 두루 알게 되었고 삼신산(三神山)에 가서 천제(天祭)를 지내고 천하(天河)에서 괘도(卦圖)를 얻어 팔괘(八卦)를 그어 한역(桓易)을 만들었다. 지금은 복희씨는 중국 사람으

로 역경은 주역(周易)이 되어 화하문화로 왜곡되어 있다. 복희씨 시대에는 중국도 없었고 중국 사람도 없었다.

538) 《우서(虞書)》는 흔히 '상서(尙書)'라고 하였던 『서경(書經)』의 한 편명(編名)이다. 『서경』은 우서(虞書)·하서(夏書)·상서(商書)·주서(周書)로 구성되어 있고 우서는 다시 요전(堯典)·순전(舜典)·대우모(大禹謨)·고요모(皐陶謨)·익직(益稷)의 5편(篇)으로 되어 있다. 군왕의 덕치(德治)와 왕도(王道)에 관한 내용으로 요순의 치적(治積)과 당시 현신(賢臣)들의 언행들이 기록되어 있는데 우(虞)는 순(舜)의 씨족명(氏族名)인 유우(有虞)에서 서(書)는 그들의 사적(史蹟)을 기록한 전적(典籍)이라는 뜻이다. 『서경』은 중원의 서북 땅에서 시작한 하화(夏華)의 고대 왕법(王法)의 계통으로 역사를 서술한 것으로 삼강오륜(三綱五倫)의 예교(禮敎)와 백성의 마음을 얻고 백성을 받들라는 왕도정치(王道政治)의 대경(大經)이 담겨져 있다. 상고시대의 중원 대륙은 곧 우리 겨레의 영지(領地)로 선조들의 활동 무대였으며 우리 민족의 옛 고향이라 할 수 있다. 『서경』에 담긴 사상과 철학 그리고 왕업(王業) 전수의 맥은 우리 겨레의 상고사와 무관하지 않으며 《주서(周書)》에 실린 홍범(洪範)은 중원을 비롯한 동양의 사상, 철학, 제도의 모태가 되는 내용으로 우리 겨레의 본국(本國)인 고조선의 문서이다. 서경의 판독(判讀)은 반드시 우리의 고대문서로 전해오는 『부도지(符都誌)』와 『한단고기(桓檀古記)』를 서로 연계하여 읽어야 역대왕조를 이어가며 국고정리(國故整理) 사업을 하여 지나인의 독자문화를 세우고 근본이 미약한 하화(夏華)의 근저를 마련하고자 한 저들의 함정에 빠지지 않는다. 현재 중공이 국책사업으로 펼치고 있는 '동북공정'이 바로 지금의 국고정리 사업이며 고대로부터 이렇게 해왔으며 이 함정으로 우리 겨레는 '고조선'이란 본국을 잃어버렸고 겨레의 끝없는 불행의 역사가 전개되었다.

539) 이 내용은 〈대우모(大禹謨)〉에 나오는 말이다. 간우(干羽)는 춤출 때 손에 드는 물건인데 무무(武舞)에는 방패와 같은 무기를 들고 문무(文舞)에는 새의 깃과 같은 것을 들고 춤을 추었다. 양계(兩階)는 궁정에 있는 두 섬돌이란 뜻이며 주인이 오르는 동쪽 섬돌과 손님이 오르는 서쪽 섬돌을 가리킨다. 문무의 춤은 덕치교화를 상징한다.

540) 〈소융(小戎)〉은 고대 가요선집인 『시경』의 《국풍(國風)》 가운데 섬서성(陝西省)과 감숙성(甘肅省)의 남단 지방의 노래인 〈진풍(秦風)〉에 나오는 시(詩)의 제목이다. 내용은 멀리 전쟁터에 나간 낭군을 그리워하며 부른 노래이다. 군신(軍臣)의 병거(兵車)이기 때문에 '소융'이라 하였고 공영달의 소(疏)에는 '대융(大戎)'이 있어 군(軍)의 앞장에 서고 소융(小戎)이 그뒤를 따랐다'고 한다.

541) 『시경』은 본래 '시(詩)' 또는 '삼백편(三百篇)'으로 불렸는데 공자(孔子)가 시

를 중시하고 육경(六經) 속에 묶으면서 경서(經書)로 격상되었다. 공자가 시를 매우 중시한 이유는 여러 계층의 다양한 직업과 신분을 가진 남녀가 모든 인간사의 희로애락(喜怒哀樂)을 자연스런 감정으로 노래하였기 때문에 시를 읽음으로써 자기 나름의 뜻과 감정을 느껴서 인격수양에 큰 영향을 주기 때문이었다. 그러나 근세조선이 유교(儒敎)를 [엄격히 말해 유교가 송나라에서 '성리학'으로 연구되었고 그 가운데 주자(朱子)에 의해 정리된 '주자학(朱子學)' 이다] 국교(國敎)로 삼아 나라를 경영하였으나 주자학의 학풍이 지나치게 경직성을 띠어 자유분방한 시경의 내용과 상충되어 연구가 부진하였다. 시경 주석의 지침서로는 한(漢)의 정현으로부터 당(唐)의 공영달, 송(宋)의 구양수, 소철, 정초, 주자 그리고 명(明)·청(淸)에 이르기까지 많은 서적이 있으나 정현과 주자의 주석이 가장 많은 영향을 주었다.『시집전』은 주자가 시경을 해설하여 주석을 붙인 서적이다.

542)『육도』《호도편(虎韜篇)》〈군용(軍用)〉에 '武翼大櫓 矛戟扶胥 七十二具' 라는 구절이 있는데 무익(武翼)은 무장한 위병이 호위[翼]한다는 뜻이고 대로(大櫓)는 큰 방패이다. 부서(扶胥)는 진중(陣中)에서 왕의 막사에 울타리로 설치하기도 하는 부소(扶蘇)라는 전거(戰車)이고 모극(矛戟)은 모창과 극창을 말하니 큰 방패와 창을 갖추고 옹위하는 72대의 수레라는 뜻이다.

543) 여기에서의 주(注)는 동한(東漢)말기 고금문(古今文)의 경학을 집대성한 정현(鄭玄)의 주석이다.

544) 부소(扶蘇)의 소(蘇)는 고문(古文)으로 서(胥)의 글자와 통용하였으므로『육도』에 나오는 부서(扶胥)이다. 즉 방패와 창을 갖추고 왕의 임시 막사에 울타리 방패[藩盾]로 사용하거나 전투에 쓰는 수레이다.

545) 부(賦)는 사실을 서술하거나 느낀 그대로 감상을 적는 시(詩)나 운문(韻文)의 한 형태로 굴원의 '초사(楚辭)'에서 비롯되어 한(漢)나라 때 형식이 확립되었다고 한다. 과거시험의 문체(文體)에서는 한 글귀를 6글자로 만들어 지었다. 여기에서의 부는『문선(文選)』에 나오는「오도부(吳都賦)」이다.

546) 학슬(鶴膝)은 모창(矛槍)의 일종으로 경골(脛骨)에 해당하는 부분이 기러기 종아리[雁脛]처럼 생겨서 붙여진 이름이다.

547) 서거(犀渠)는 무소가죽(犀皮)으로 만든 순패(盾牌)이다.

548)『삼국지』에는 유비 사후에 촉한(蜀漢)에 반기를 들고 기병한 남만왕(南蠻王) 맹획(孟獲)을 제갈공명이 건흥 3년(225)에 남만을 정벌하러 가서 계략으로 일곱 번 사로잡았다가 일곱 번 놓아 주어 스스로 복종하게 하여 귀순시킨 칠종칠금(七縱七擒)의 고사를 전하고 있다. 이 남만과의 전투 과정에서 남만의 병갑병(籐甲兵)이 등장하는데 등나무를 몇 년 동안 기름에 절이고 말리기를 되풀이한 등나무 갑옷과 등

패로 무장하여 활과 쇠뇌가 활설(滑泄)하고 창칼이 튕겨져 나오게 된다. 이에 공명은 지형지세(地形地勢)와 화공(火攻)을 사용하여 3만의 등갑병을 잿더미로 만들고 결국 맹획을 굴복시킨다. 기름을 칠한 등갑은 화살과 칼날을 막을 수 있지만 불길은 그들의 최악의 약점이 되었던 것이다. 그러나 『삼국지』의 내용과는 달리 남방의 소수민족들 사이에서는 맹획이 오히려 공명을 사로잡았다는 전설과 한인들에게도 두터운 신임을 받고 한족에 맞서 싸운 민족의 영웅으로 묘사되어 전해지고 있다.

549) 동이(東夷), 서융(西戎), 남만(南蠻), 북적(北狄)이라 하여 동서남북 사방의 민족을 모두 적으로 상정하고 미개인으로 낮추어 보는 것은 뿌리 없는 하화인(夏華人)들의 열등감에서 비롯된 세계관이다. 사방 모두를 적으로 보는 지나인들의 세계관에서 진정 대국(大國)으로서의 어진 민족이 아님을 알 수 있겠다. 상고시대로부터 우리 선조들에게 선진의 정신문명을 배우고 모방한 지나인들은 오랜 역사 시기 동안 그들의 근저(根底)를 마련하고자 우리의 역사는 물론 학문·철학·종교를 그들의 것으로 위장하여 왔으니 그 가운데 가장 큰 해독을 입은 것은 우리 민족이다. 지금도 '동북공정'이란 역사 침탈로 그들의 새로운 구심점을 마련하여 각 민족의 분열을 막고 북한이 세계화의 흐름에 보조를 맞추지 못할 경우 그들의 영토로 편입하려는 명분을 만들고 있다. 지나인들의 역사 왜곡이 있을 때마다 우리의 영토와 국력은 쇠약을 거듭하였고 지금은 기록에 엄존하고 있는 고조선·고구려·발해의 역사까지 왜곡하고 문화유적을 그들의 양식으로 복원하여 그들의 역사라고 세계에 선전하고 중공의 세계문화유산으로 등재하고 있다. 한 나라의 역사는 민족과 개인의 정체성을 비추는 거울이며 혼이며 정신문화의 보고인데도 불구하고 우리의 교육 정책은 점차로 국사 교육을 소홀히 하고 있다. 위의 문장에서 우리나라는 전통적으로 조선(造船)과 선박(船舶) 기술에 능하였으므로 해양 국가로 발전해 가야 함을 시사하고 있다. 근세조선이 미약하였던 것은 삼면이 바다로 둘러싸인 우리나라의 가장 큰 장점을 살리지 못한 데에 있다고 한다. 이종학(李鍾學) 선생의 『신라화랑군사사연구』에서 '바다는 국가방위선(國家防衛線), 민족 활동 무대(民族活動舞臺) 또 국제 무역(國際貿易) 및 국제 교통로(國際交通路)로서 가장 중요함은 이를 것 없거니와 어로 양식(漁撈養殖)과 해초 채취(海草採取) 등 광대 풍부(廣大豊富)한 생산 자원(生産資源)으로서 일국(一國)의 경제상(經濟上)에 가지는 가치(價値)도 실로 절대한 것이 있다' 고 하였다.

550) 권법(拳法)에서 권(拳)의 글자는 옛날에는 쇠뇌(弩弓)의 활을 쏜다는 '弮'의 글자와 통하여 사용되었다. 글자에서 나타내듯이 도수무술(徒手武術)의 모든 권(拳)은 활을 쏘듯이 주먹을 질러야 한다. 발가락으로 조지(抓地: 땅을 움켜쥠)하고 족근(足跟)을 든든하게 바닥에 붙이고 안정된 둔부(臀部)를 바탕으로 삼아 어깨를 죽 뽑아내어 내경(內勁)을 튕겨내는 것이다. 권(拳)의 운용은 내경(內勁)을 튕기어 질러내

는 발경(發勁)과 그 경(勁)이 상대의 방어에 부딪치면 바로 금나·착골(擒拿·錯骨)로 이어지니 발경(發勁)과 금나(擒拿)는 용권(用拳)의 2대 요소가 된다. 장(掌)도 일장이경(一掌二勁)이라 하여 권(拳)과 마찬가지로 운용된다. 권(拳)과 장(掌)의 요소를 반반씩 취한 것이 구수(鉤手)와 지(指)가 된다. 그 외의 다양한 수법은 각 문중과 권가에서 요구하는 단련의 독특한 풍격의 묘(妙)에 따라 전개된다.

551) 국가의 명운과 백성들의 생사가 달린 전쟁은 칼·창·조총을 들고 수행하였고 맨손으로 전쟁터에서 싸우는 것은 아니기 때문이다. 전쟁에 대비한 병장의 기술을 격자술(擊刺術)이라고 하는 것은 곧 병기(兵器)를 다루는 기술을 말한다. 고대의 무예·무술은 본래 병기를 다루는 군사기술이었으며 맨손의 형태로만 발전한 현대의 도수기술은 엄격히 말하여 무예의 일부분인 한 종목은 될지라도 무예라고는 할 수 없다. 다만 근대에 화학병기의 발달로 병장기 무술의 효용이 사라짐에 따라 현대의 무술은 도수기술의 위주로 전투가 아닌 건신(健身)과 호신(護身)의 목적으로 발전하게 되었다. 그러나 무예는 다양한 가치를 함유하고 있는데 군사들의 전투 기능 외에도 심신을 단련하는 체육이나 보건(保健), 권선(拳禪)·동선(動禪)이라고 하는 수행의 기능이 있어 고금을 막론하고 반드시 필요한 평생의 교육 자료가 된다고 할 수 있다. 본서의 《범례》에서 밝힌 바와 같이 권법은 전쟁에 예비하는 기술도 아니고 당시 군사들의 조련에 사용되지도 않았지만 제보(諸譜)를 널리 고증하여 잃어버린 10세까지 정비하여 갖추어 놓은 것은 후손을 위한 것이 아니면 무엇이겠는가? 오늘날 한국무예의 중흥은 반드시 『무예도보통지』를 바탕으로 하여야 뿌리가 있게 된다. 왜냐하면 『무예도보통지』 이외에는 전승무예의 자료가 전무하기 때문이다. 중원은 가전(家傳)의 무술서가 많지만 근 천 년에 가까운 문(文)의 나라를 지나면서 우리나라는 무(武)의 씨가 말랐고 오직 『무예도보통지』만이 무예 민족의 유일한 씨앗으로 전해오기 때문이다. 그것도 고대무예가 점점 사라져 가는 18세기에 무(武)의 모든 것에서 거의 완벽한 형태로 전해오는 것은 무예 민족의 저력이라 여겨지며 이러한 서적을 정리하여 전해 준 선조들이 참으로 자랑스럽고 고마운 것이다. 한교 선생으로부터 사도세자·임수웅·정조·이덕무·박제가·백동수 등의 여러 선조들에게 은혜를 갚는 길은 오직 『무예도보통지』를 잘 갈고 닦아 더 뛰어나고 우수한 현대의 무예를 창안하고 무예를 우리의 실생활에 유용하게 사용하며 다음의 후손들에게 그분들의 나라와 형제를 사랑한 마음을 전달하여 주는 것일 것이다.

552) 일소(逸少)는 동진(東晉)의 서예가이며 문학가인 왕희지(王羲之: 303~361 혹은 321~379)의 자(字)이다. 왕희지는 위부인(衛夫人: 衛鑠)에게서 서예를 배우고 전국을 다니면서 서예에 몰두하여 각 체에 두루 정통하였다고 한다. 서예의 한 경지를 이루어 '왕희지체'라는 독특한 글씨체를 형성하였고 후세에 서성(書聖)으로까지 불

렀다.

553) 팔법지세(八法之勢)는 소위 영자팔법(永字八法)이라는 것으로 한자의 기본이 되는 점획을 모두 갖추고 있어 서예의 기본이 되는 운필법(運筆法)이라고 한다. 예로부터 문무(文武)는 각각 문(文) 가운데 문무(文武)가 있고 무(武) 가운데 문무(文武)가 있어 하나로 통하고 있다고 흔히 말한다. 이는 필세(筆勢)는 곧 권세(拳勢)·검세(劍勢)와 통하고 있다는 말이기도 하다. 영자팔법은 모든 점(点)의 기본이 되는 측(側), 가로긋기인 늑(勒), 내려긋기인 노(努), 갈고리지우는 적(趯), 위로 올려긋는 책(策), 좌로 삐치는 약(掠), 짧게 쪼듯이 삐치는 탁(啄), 우로 파임하는 책(磔)의 필세(筆勢)가 있다.

554) 서예(書藝)를 배우기 전에 먼저 점획(點劃)을 분별하고 영자팔법(永字八法)을 익혀야 하고 치취(馳驟: 말 타고 달리기)를 배우기 전에 먼저 말안장에 의거하는 것부터 익혀야 하듯이 무예의 창검술(槍劍術)을 배우기 전에 먼저 권법(拳法)을 익혀야 한다는 것이다. 즉 권법이 무예의 기초가 된다는 의미이다.

555) 무예에서 세(勢)는 공방의 형세(形勢)와 상황(狀況), 타권(打拳)하는 기도(氣度)와 자태(姿態)라는 뜻으로 규범성을 가진 초식(招式)·가세(架勢)를 말하고 권세(拳勢), 파세(把勢), 작세(作勢), 합세(合勢) 등의 용어로 쓰인다. 고대의 병학(兵學)은 곧 지금의 군사학이며 무예는 전통시대 군사기술로 응용되어 왔다. 또한 병법과 무예는 공격과 방어의 전투를 통하여 승리를 도모한다는 면에서 그 속성이 동일하여 양자간의 전술·전략은 서로 차용되고 응용되어 왔다. 『손자병법』 《병세편》에 공격력은 마치 '숫돌을 새알에 던지는 것처럼[如以碬投卵]'하고 '세차게 흐르는 격류가 돌을 뜨게 하는 것이 세(勢)이다[激水之疾 至於漂石者 勢也]'라고 하였고 그 공격의 속도는 '병사들이 잘 싸우게 하는 세는 둥근 돌을 천 길이나 되는 산 위에서 굴리는 것과 같은 것이니 세(勢)이다[善戰人之勢 如轉圓石於千仞之山者 勢也]'라고 하였다. 따라서 세(勢)는 위력을 발휘하는 힘의 움직임이며 세(勢)의 운용에 따라 승패를 결정짓는다고 볼 수 있다.

556) 장호(牆戶)는 울타리를 치는 담장과 출입하는 홑문이다. 상대의 변화에 따라 움직이는 세(勢)는 담장과 같은 방수(防守)의 자세와 의식이 있고 그 가운데에서도 공격(攻擊)해 들어갈 수 있는 출입문은 있다는 것이다.

557) 무예의 기술 내용은 도수기술(徒手技術)과 병기기술(兵器技術)로 나눌 수 있으며 도수기술이 곧 권법(拳法)이며 병기기술은 다시 창(槍)과 곤(棍)을 위주로 하는 장병기(長兵器)와 검(劍)과 도(刀)를 위주로 하는 단병기(短兵器)로 나눌 수 있다. 이러한 권법과 병기기술 가운데 규정된 자세나 변화의 규율을 정세(定勢)라고 한다. 즉 고정(固定)되어 있는 기법(技法)의 순서와 절차 또는 고정되어 있는 노수(路數)나

착수(着數)의 방법과 방도를 말한다.

558) 규정된 정세(定勢)를 벗어나지 않고 변화한다는 것은 파세(把勢), 작세(作勢)를 할 때에 허실(虛實)이 있다는 것이다. 허(虛)를 경법(驚法)이라 하고 실(實)을 취법(取法)이라고 한다. 경(驚)한 듯하고 실제는 취(取)하고 취(取)한 듯하고 실제는 경(驚)하는 것이 허실(虛實)의 묘용(妙用)이며 그 운용은 사용하는 사람에게 달려 있는 것이다.

559) 시경(詩經)의 내용은 크게 서민의 연가(戀歌)인 풍(風)과 사대부들의 조정 정치(朝廷政治)에 관하여 노래한 아(雅)와 천자(天子)가 종묘(宗廟)의 신명에게 아뢰는 송(頌)으로 나눌 수 있다. 아(雅)는 정(正)의 뜻이니 정악(正樂)의 노래로 향연과 조회에 쓰인 음악으로 공경 사대부의 작품이다. 국풍(國風)이 각 지방에 흩어져 있던 민요로 서민의 소박한 애정을 노래한 것임에 반해 소아·대아는 사대부들의 생각이 반영되었고 궁중악사들에 의해 다듬어졌기 때문에 전아(典雅)한 음악으로 도의(道義)와 정치 질서를 노래하고 있다.

560) 이 노래의 제목은 '교언(巧言)'으로 소인배들의 참언(讒言)을 믿고 국가를 혼란에 빠뜨리는 것은 군주(君主)가 감언이설을 분간하지 못하는 혜안(慧眼)이 없는 데서 비롯된다고 풍자한 것이다. 간신의 참언은 실제로는 나라를 구제할 힘도 용기도 없는 독버섯과 같은 것으로 교묘한 말재주로 국정을 농간할 뿐이며 이에 대한 책임은 국왕이 져야 한다고 노래한 것이다.

561) 포(暴)는 '맨손으로 칠포'이며 포호(暴虎)는 맨손으로 호랑이를 잡는 것이다.[空手執也][空手以搏之] 빙(馮)은 '맨발로 건널 빙'이며 배와 돛대가 없이[無舟楫] 물을 건너는 것이다. 馮의 글자가 성(姓)으로 쓰일 때는 '풍'으로 발음한다.

562) 무관(武官)의 관복(官服)에 흰사슴 가죽으로 만든 관(冠)인 피변(皮弁: 가죽고깔)이 있었으므로 무관을 변(弁)이라 하고 병변(兵弁), 장변(將弁), 변목(弁目), 마변(馬弁) 등의 용어가 있게 되었다.

563) 기문(期門)은 한(漢)나라 무제(武帝) 건원(建元) 3년에 설치한 관명(官名)인데 병장기를 잡고 호종(扈從)하며 호위(護衛)하는 일을 맡았다. 박투(搏鬪)의 무술 기량(技量)을 교예(較藝)하여 기문이 되었다. 평제(平帝) 원시(元始) 원년에 이름을 호분랑(虎賁郞)으로 바꾸었다. 기문(期門)이란 용어는 요측륵하(腰側肋下)에 있는 혈위(穴位)의 이름이기도 하다.

564) 외가(外家)와 내가(內家)의 구분에 관한 기준에 대하여는 여러 가지 설(說)이 있다. 무술의 단련은 강유(剛柔)를 상제(相齊)하여 신체를 철석같이 단련하는 공부인데 단련하는 기법의 형태와 특징에서 외공(外功)과 경공(硬功), 동공(動功)을 위주로 단련하느냐 아니면 내공(內功)과 연공(軟功), 정공(靜功)을 위주로 단련하느냐

에 따라 외가(外家)·내가(內家)로 구분하기도 하고 출가(出家)를 기준으로 출가(出家)한 사문방외(沙門方外)와 재가(在家)의 화광동속(和光同俗)을 외가와 내가로 나누기도 하고 또는 종지(宗旨)를 기준으로 토생종교(土生宗敎)인 도가와 외래 종교(外來宗敎)인 불교를 외가와 내가로 구분하거나 무술기법이 공격 위주냐 방어 위주냐 또는 남북의 지역으로 외가·내가로 구분하는 제설(諸說)이 있다. 그러나 이러한 구분은 의미가 없다고 본다. 한국무예원 해범 선생은 『권법요결』에서 '무예에서 기(氣)에 대한 공부(功夫)를 내공(內功)이라 하며 내공은 양기(養氣)와 연기(練氣)로 나뉜다. 양기(養氣)는 도가공부(道家功夫)이며 연기(練氣)는 무예단련이다' 라고 하였는데 내양(內養), 내단(內丹), 양생(養生)은 무예수련의 본체(本體)에 속하고 공방의 기격이나 율동은 무예의 본체를 성취하려는 말(末)이나 용(用)에 속하는 것이다. 어느 문중의 무예에서나 명문가라면 외공·내공·경공·연공·동공·정공 등은 골고루 안배되어 완전히 갖추어져 있기 마련이므로 소림을 외가(外家)로 무당(武當)을 내가(內家)로 단정하여 구분할 수는 없다고 본다. 모두 호사가들의 말일 뿐이다. 다만 굳이 구분한다면 출가를 기준으로 보는 설이 가장 타당할 것이다. 소림사는 불법(佛法)을 받드는 수행의 장소로 박인(搏人)의 공격무술이 될 수 없으며 소림선공(少林禪功)에 속하는 세수공(洗髓功)과 선공의 보조인 역근법(易筋法)도 역시 내양(內養)의 도가 공부가 된다. 무예의 기법도 많은 세월을 거치면서 우수한 기법으로 진보하거나 지금처럼 화약병기가 발달하고 기계 문명이 발전한 시대의 사조(思潮)에 따라 퇴보하기도 한다. 소림의 무술은 그 종지가 심신을 승화시키는 불법(佛法)의 수양을 근본으로 삼기 때문에 무단(武壇)의 중심이 되었고 각종의 무술 발전에 절대적 영향을 주었다. 위의 문장은 권가(拳家)의 명문(名門)에 대하여 무예 사료(武藝史料)를 인용하여 변증하는 글이므로 나온 것이다.

565) 장송계(張松溪)는 명(明)나라 가정년간(嘉靖年間) 때에 절강성(浙江省) 영파(寧波) 사람으로 생몰 연대는 한결같지 않다. 「영파부지·장송계전(寧波府志·張松溪傳)」에 '장송계는 몸이 작고 약해 보이나 사람됨이 순순(恂恂)하여 유자(儒者)와 같고 사람을 만나면 겸손하고 공경하여 예(禮)가 있었다. 손 십삼로(孫 十三老)에 배사(拜師)하여 무당도사(武當道士) 장삼봉(張三峰)의 내가권법(內家拳法)의 진전(眞傳)을 터득하여 무당파 제3대 전인(傳人)이 되었다' 고 하였다. 후에 더욱더 학예(學藝)에 유력정진(遊歷精進)하여 아미파(峨嵋派) 팔문권술(八門拳術)의 정수(精髓)를 터득하여 무당송계내가권파(武當松溪內家拳派)를 창도(創導)하였다.

566) 장삼봉(張三峯)은 흔히 장삼풍(張三豊)이라고 하며 사류(史類)의 기록에 근거하면 역사상 적어도 세 명의 동명인(同名人)이 등장한다. 일찍이 내가의 권법을 창시하여 유전시켰다는 북송 말기의 장삼봉(張三峯)이 있고 문예가(文藝家)로서 서화

(書畵)와 시사(詩詞)를 잘 지었으며 호(號)를 삼봉자(三峯子)라 하였던 원대 말기의 장삼봉이 있고 또한 명대 초기의 장삼봉이 있다. 권가(拳家)로서의 장삼봉은 청(淸)나라 초기 명조(明朝)의 유민이었던 황종희(黃宗羲)가 지은 『왕정남묘지명(王征南墓志銘)』에 의하여 그 위명(威名)이 드러났다. 그 명(銘)에 이르기를 '밤에 꿈속에서 현무대제(玄武大帝)가 권법(拳法)을 전수하여 주었다' 고 하였는데 이 설(說)에 대하여는 아직도 쟁론(爭論)의 대상이 되고 있다. 이 '야몽수권(夜夢授拳)'의 설은 『무예도보통지』《왜검》〈안설 1〉에서의 '일향(日向)의 애주이향(愛州移香)이 제호권현(鵜戸權現)에 참예하여 업정(業精)을 빌었더니 꿈에 원형(猿形)의 신(神)이 나타나서 오비(奧秘)를 가르쳐 주어서 세상에 저명하게 되었는데 음류(陰流)라고 한다' 는 내용과 비슷한 설이다. 나의 소견(小見)으로 보면 무예는 정신수계(精神修界)의 경계이므로 충분히 가능한 사실이다. 다만 보이는 것만이 믿고 보이지 않는 세계는 믿지 못하는 현대과학의 풍조에서 살아가는 일반인의 관념에서는 허황한 설이 된다고 말할 수 있다. 그러나 오늘날 무당권, 태극권을 비롯하여 많은 권종(拳種)이 장삼봉을 창조(創祖)로 하고 있다.

567) 선가(仙家)에서 금단(金丹)을 수련(修煉)하는 공부(功夫)를 연단(煉丹)이라 하는데 내단(內丹)과 외단(外丹)의 수련이 있다. 성명(性命) 또는 신기(神氣)를 수련(修鍊)하는 공부를 내단(內丹)이라 하고 약물(藥物)을 채취(採取) · 소련(燒煉)하여 복식(服食)하는 것을 외단(外丹)이라 한다.

568) 『영파부지(寧波府志)』는 청(淸)나라에서 영파지부(寧波知府)의 벼슬을 지낸 조병인(曹秉仁)이 명대(明代)에 수찬(修撰)되었지만 청대(淸代)에 들어와 망일(亡佚)되어 버린 『영파지(寧波志)』를 원고(原稿)에 근거하여 정보(訂補)하여 완비한 전 37권의 서적이다. 수권(首卷)의 천장(天章)을 시작으로 여도(輿圖), 건치(建置), 강역(疆域), 풍속(風俗), 학교(學校), 공서(公署), 호부(戶賦), 병제(兵制), 은현인물(鄞縣人物), 충절(忠節), 효의(孝義), 유림(儒林), 문원(文苑), 열녀(烈女), 예술(藝術), 선석(仙釋), 사관(史觀), 고적(古迹), 예문(藝文), 일사(逸事) 등의 내용을 담고 있다. 건륭 6년(1741)의 각본(刻本)이 있어 1975년 대북(臺北)의 성문출판사(成文出版社)에서 『중국방지총서(中國方志叢書)』로 영인되었다.

569) 소림사(少林寺)에서 참선(參禪)하는 승려들이 건신(健身)과 불도수행(佛道修行)의 방편으로 상습(常習)한 무술기법을 말한다. 소림사는 중원의 하남성(河南省) 등봉현(登封縣) 소실산(少室山)에 있는 사찰로서 북위(北魏) 효문제(孝文帝) 태화(太和) 19년에 창건하여 서역의 승려 발타법사(跋陁法師)가 안거(安居)하였다. 소림사는 본래 불법(佛法)을 닦는 선종(禪宗)의 본산으로 수인수세(壽人壽世)와 권선일여(拳禪一如)의 사상을 종지로 하여 무술이 발달하였다. 소림의 무술은 1400여 년의 역사

동안 중원의 여러 권가(拳家)의 유파(流派)에 지대한 영향을 주었으며 지고(至高)한 불도수양(佛道修養)을 근본으로 하였기 때문에 무림(武林)의 정신적 지주가 되었다.

570) 내가(內家)는 외가(外家)에 상대되는 말로 송(宋)나라 장삼봉(張三峯)에서 기원하는 남종(南宗) 무당권(武當拳)이다. 근대 이래의 태극권(太極拳), 형의권(形意拳), 팔괘장(八卦掌), 무극권(無極拳) 등의 권종(拳種)이 모두 무당(武當)에 근원(根源)을 두고 내가권법이라고 하나 황백가(黃百家)가 기술한 '내가권법'과 비교하면 연법(鍊法)과 타법(打法), 용어(用語)에서 많은 차이가 있다. 오히려 육로(六路)의 가결(歌訣)에서 그 용어가 보이는 통비권법(通臂拳法)과 연관 관계가 깊다고 할 수 있다. 내가기술의 내용은 ① 연수(練手)와 연보(練步)의 연법(鍊法) ② 육로(六路)와 십단금(十段錦)의 권법(拳法) ③ 권가팔반(拳家八反)으로 통하는 14종의 금법병법(禁犯病法) ④ 점타(點打)와 쇄나(鎖拿)의 응적타법(應敵打法) ⑤ 오자결(五字訣)의 심법(心法) ⑥ 연지(鍊指)와 인혈(認穴), 시각응점혈도(時刻應點穴道) 등의 혈법(穴法)이 있다.

571) 혈(穴)은 인체 내의 경락(經絡: 經脈과 絡脈의 총칭)의 기혈(氣血)이 신체(身體)의 표면(表面)에서 집합(集合), 수주(輸注), 통과(通過)하는 점상(點狀)의 부위이다. 경락의 선상에 있으므로 경혈(經穴)이라 하고 기혈(氣血)이 모이고 통과하므로 기혈(氣穴)이라 하고 징해진 위치와 노선이 있으므로 혈위(穴位), 혈도(穴道)라 하고 공혈(孔穴), 유혈(俞穴), 수혈(腧穴)이라고도 하는데 그 기능의 정의에 따라 여러 가지 용어로 쓰인다. 혈(穴)은 경락(經絡)의 연계를 통하여 신체의 오장육부(五臟六腑)와 연결되어 있어 다양한 자극에 반응을 나타내므로 의술(醫術)에서는 침(鍼), 구(灸), 지압(指壓), 안마(按摩)로 질병을 다스리는 치료점(治療點)이 되고 무술(武術)에서는 상대를 제압(制壓)하는 금나점(擒拿點)이나 타격점(打擊點)이 되는데 이를 점혈(點穴)이라 한다. 경혈(經穴)에는 정혈(正穴)과 기혈(奇穴)이 있고 전신(全身)에 정혈(正穴)만도 365혈이 있는데 대혈(大穴)이 108혈, 소혈(小穴)이 257혈이 있다. 무술의 점혈법(點穴法)은 그 이치가 매우 정교하여 그 진기(眞技)를 얻기도 어렵지만 무덕(武德)과 항심(恒心)이 있어야 전수되었던 한 문중의 비기(秘技)에 속하였다.

572) 5자결(五字訣)은 '5자심법(五字心法)' 또는 '5자요결(五字要訣)'이라고도 한다. 오늘날 절강(浙江)의 영파(寧波) 사람이며 태극권의 전가(專家)인 심수(沈壽: 1930~) 선생은 『심수태극권문집(沈壽太極拳文集)』에서 5자결을 해석하기를 '경(敬)은 심정(心靜: 마음이 고요함)이다. 나의 정(靜)을 지켜서 상대의 동(動)을 부리는 것이다. 긴(緊)은 긴주(緊湊: 긴밀하게 모여듦)이다. 용감하게 내문(內門)으로 진입하여 몸 가까이에서 행권(行拳)하는 것이다. 경(徑)은 선로(線路: 路線)이다. 기(機)와 세(勢)를 얻어서 측면으로 진입하고 수직으로 치는 것이다. 경(勁)은 경로(勁路: 숙련된 힘이 흐르는 길)이다. 유(柔)를 위주로 하여 강유(剛柔)가 서로 구제하는 것이

다. 절(切)은 진절(眞切: 확실하게 자름)이다. 낙점(落點)에 진절(眞切)하고 망령되게 발격(發擊)하지 않는 것이다'라고 하였다. 근대의 저명한 태극권가(太極拳家)인 이역여(李亦畲: 1832~1892) 선생은 태극권 행공(行功)의 5대 요소로서 '정(靜: 心靜), 영(靈: 身靈), 염(斂: 氣斂), 정(整: 勁整), 취(聚: 神聚)의 요결을 제시하였는데 모두 내가권법 오자결과 같은 연장선상에 있는 설법이다.『무예도보통지』에서 경(勁)의 글자를 근(勤)이란 글자로 사용하였는데 무예에서 경(勁)을 숙련된 기술로 이해할 때 두 글자는 통용될 수 있다고 본다.

573)『손자병법』《시계편(始計篇)》에서는 다섯 가지 전력의 요소를 가지고 전쟁을 계획[經五事]한다고 하고 그 오사(五事)는 도(道), 천(天), 지(地), 장(將), 법(法)이라고 하였다. 도(道)는 통치자의 법도가 정치(正治)와 정덕(正德)을 갖추어 대의명분에 맞아 전체 국민들의 지지를 얻어 일치 단결할 수 있는가를 먼저 살피는 것이며 천(天)은 천문(天文)과 율역(律歷)에 따른 음양 변화의 과정과 기후(氣候), 시후(時候) 등의 시간적 조건에 들어맞는가를 헤아려 보는 것이다. 지(地)는 지리(地理)의 환경적 조건이며 장(將)은 군사를 직접 지휘하는 훌륭한 장수(將帥)가 있는가를 보아야 하며 법(法)은 곡제(曲制: 군대의 편성), 관도(官道: 군대의 규율), 주용(主用: 병참) 등의 섬세한 조직체의 상태를 살펴보는 다섯 가지 요소이다. 이 가운데 장수(將帥)는 다섯 가지 요소로 그 능력을 가름하는데 바로 인(仁), 신(信), 지(智), 용(勇), 엄(嚴)이다. 인(仁)은 인애(仁愛)로서 인자한 마음으로 병사를 자신의 몸처럼 아껴주는 장수이며 신(信)은 신의(信義)가 두터운 장수로 부하들에게 강한 신뢰를 주어 전군을 일치 단결시킨다. 지(智)는 지모(智謀)·지략(智略)이며 전략의 지혜를 갖춘 장수로서 지장(智將)이라고 하며 용(勇)은 용맹과 기개가 뛰어나고 탁월한 무예를 갖춘 장수로 용장(勇將)이라고 하며 엄(嚴)은 장령(將令)을 시행하는데 준엄하고 상벌을 엄정하게 처리하여 위엄을 갖춘 장수이다. 이 다섯 가지 요소는 등단(登壇)한 장수가 갖추어야 할 조건들이며 병가(兵家)의 5덕(五德)이라고도 하며 특히 인(仁)과 신(信)을 갖춘 장수를 덕장(德將)이라 하여 가장 우선 순위에 두었다.

574)『내가권법』1권은 청(淸)나라 초기 황백가(黃百家: 1643~?)의 저술로『청사(淸史)·예문지(藝文志)』에 실려 있다. 황백가는 청(淸)나라 초기의 절강성(浙江省) 여요(餘姚) 사람으로 황종희(黃宗羲)의 막내아들로 원래 이름은 백학(百學)이며 자(字)는 규일(圭一), 호(號)는 불실(不失)이다. 어려서부터 그의 부친과 명(明)과 청(淸)의 교체 시기에 당시의 유민지사(遺民志士)들의 영향을 많이 받았으며 가학(家學)을 이어받아 사학(史學), 이학(理學), 시문(詩文) 등에 조예가 깊었다. 왕정남(王征南)을 스승으로 모시고 내가권법을 익혔으며 스승의 사후 7년에『내가권법』과『왕정남전(王征南傳)』『정남사법(征南射法)』을 지었다. 여기에 기술된 내가권법의 내용

은 당시에는 '광릉산(廣陵散)'이라 칭한 권법으로 단사남(單思南) 선생의 제자 왕정남(王征南) 선생이 황백가에게 전한 것이다. 오늘날 신내가권(新內家拳)이라 불리는 태극권(太極拳), 형의권(形意拳), 팔괘장(八卦掌), 무극권(無極拳)과는 연법(練法), 타법(打法), 용어(用語)의 사용에서 현저한 차이점이 있고 오히려 담퇴(潭腿)나 통비권(通臂拳)과 연결되는 점이 다분하다.

575) 왕정남(王征南: 1616~1669) 선생의 본명은 내함(來咸)이며 자(字)가 정남(征南)이다. 명말청초(明末淸初)에 사명(四明) 지방, 지금의 절강성(浙江省) 영파시(寧波市)에 세거(世居)한 무당권의 명가였다. 왕정남은 어려서부터 장송계(張松溪) 선생의 제자 단사남(單思南) 선생에게서 내가권법을 배웠다. 공부(功夫)의 정심(精深)함을 얻은 후에는 규각(圭角)을 드러내지 않았고 심곤(甚困)을 만나 용권(用拳)할 때에는 반드시 혈도(穴道)에 점혈(點穴)하여 물리쳤다. 그의 무술 훈련 원칙(武術訓鍊原則)은 '권불재다유재숙(拳不在多唯在熟: 권예拳藝는 숫자상의 많은 데에 있지 않고 오직 숙련됨에 있음) · 권역유박이귀약(拳亦由博而歸約: 권예는 또한 박학(博學)에서 간략함으로 귀결되어야 함) 등인데 이러한 제언(提言)은 언제나 변함없는 학무(學武)의 원칙이다. 왕정남(王征南)의 술(術)은 황종희(黃宗羲)의 아들 황백가(黃百家)가 저술한 『내가권법』에 전하며 약력(略歷)은 황종희(黃宗羲)가 지은 『남뢰문정(南雷文定)』 가운데의 《왕정남묘지명(王征南墓志銘)》에 전한다. 이 황씨(黃氏) 부자(父子)의 서(書)와 명(銘)은 후세에 내가권법의 연구와 왕정남의 일대기를 연구하는데 중요한 자료가 된다.

576) 이 문장과 바로 뒤의 문장은 해석을 매끄럽게 하기 위하여 원문(原文)의 내용을 첨가하였다. 과량(裹糧)은 양식(糧食)을 싸서 보내 준다는 의미로 옛날에 스승의 허락을 받아 자녀를 무예나 글을 배우도록 학습소로 보내고 부모는 지금의 학습비에 해당하는 대가를 보내 주는 것이다. 보당(寶幢)은 무예를 연마하는 사찰 또는 서원과 같은 학습소이다. 당(幢)의 글자는 『삼국사기』에서 삼무당(三武幢), 개지극당(皆知戟幢), 장창당(長槍幢) 등에서 보이는 바와 같이 무관(武官)의 관등(官等)이나 군대 편성의 단위로 사용된 글자였다. 지금도 우리나라 근세조선 이전에 건립된 고사찰에 가면 깃대를 세운 당주(幢柱)의 흔적이 남아 있는데 이는 고사찰의 한 마당이 바로 옛날 무예를 수련하였다는 한 증거가 된다.

577) 연(鍊)은 곧 단련(鍛鍊)이며 숙련(熟練)이다. 물론 무예의 기본 기법의 규율과 원리에 입각한 무학(武學)이 정연(整然)하고 지도자의 인격이 보증되고 투로(套路), 권타(拳打), 공법(功法)의 세 가지 요소로서 내 · 외공(內 · 外功), 경 · 연공(硬 · 軟功)으로 이 골고루 안배되어 있는 명문가의 무예여야 한다. 한국무예원 해범(海帆)선생은 『권법요결』의 《무언(武諺)》에서 '권법을 백 번 익히면 신법(身法)이 저절로 드러나

고 권법을 천 번 익히면 그 이치가 스스로 나타난다[拳練百遍 身法自現, 拳練千遍 其理自見]'고 하였는데 곧 연(鍊)을 설명한 내용이다. 또한 결어(結語)에서 '실천에서 진정한 깨우침이 나오게 된다'고 하였으니 연(鍊)에 대한 확고한 설명이 되겠다. 여기에서 나의 경험을 더하고자 한다. 지도자의 인격이 외람되거나 사리(私利)에 치우쳐 있고 권리(拳理)에 맞지 않는 마구잡이식의 기술은 연마를 하면 할수록 자신의 신체는 물론 순전한 성격에 변형이 오게 된다. 무예는 자연에 합일되어 있는 그 특유의 신체 기호를 전달하는 과정에서 지도자의 인격도 쉽게 전달된다. 인체의 구성은 자연의 이치와 합일되어 있어 예로부터 사람의 몸은 작은 우주[小宇宙]라 하였는데 자연의 원리에 어긋나는 신체 율동은 몸을 상하게 할 뿐만 아니라 그 사람의 품성에 각인되어 인격 형성에 영향을 끼치게 된다. 게다가 지도자의 편벽된 부체(附體)가 붙게 되면 자신의 인격이 잘못 형성되고 몸이 상하게 되는 줄도 모른다. 수승(修乘)하는 상승무예를 선택하는 것과 밝은 스승을 만나는 것은 한 개인의 삶의 향방(向方)을 정하는 일이 되어 무엇보다 중요한 것이며 결국, 정사(正邪)는 자신의 지혜로서 판단할 수밖에 없으며 경계하고 삼가 신중히 살펴서 입문하고 단련하여야 한다. 무예학에서는 연의(鍊意), 연심(鍊心)이란 용어와 개념이 있다. 무예는 시퍼런 칼날과 날카로운 창날을 운용하는 수련을 통하여 본성에 내재하고 있는 정의심(正義心)을 배양하는 활동이다. 작게는 수신(修身)에 있고 크게는 국가와 사회에 정의를 세우는 일이다. 무예인에게서 정의는 무덕(武德)이라 하며 모든 현상의 판단에 기준이 되며 이 정의는 객관적·보편적으로 통용되어 누구나 쉽게 알 수 있고 상식이 통하는 가치일 뿐 고원(高遠)한 데 있는 것은 아니다. 무예 자체에 영양소가 있다는 것은 파사현정(破邪顯正)으로 표현되는 무예의 본의(本義)는 만고에 불변하다는 의미이다.

578) 《장창(長槍)》의 〈원설(原說)〉에서 긍경을 '힘줄과 살의 매듭이 얽힌 곳[肋肉結處]'이라고 하였다. 인체로 말하면 맥락(脈絡)의 요긴처인 급소(急所)인데 인체 급소를 혈(穴)이라고 한다.

579) 연수법(鍊手法)과 연보법(鍊步法)은 내가권법의 수련과목 가운데 연법(鍊法)에 속하는 것으로 권예(拳藝)의 수련에서 수법(手法) 위주로 연습하는 것을 연수(鍊手)라고 하고 보법(步法) 위주로 연습하는 것을 연보(鍊步)라고 한다. 연수 35자(字)는 작(斫), 삭(削), 두(抖), 개(磕), 고(靠), 로(攎), 핍(逼), 말(抹), 삽(芟), 고(敲), 요(搖), 파(擺), 살(撒), 염(鎌), 확(攫), 두(兜), 탑(搭), 전(剪), 분(分), 도(挑), 관(綰), 충(衝), 구(鉤), 늑(勒), 요(耀), 태(兌), 환(換), 괄(括), 기(起), 도(倒), 압(壓), 발(發), 삽(插), 차(搓), 조(釣)의 글자인데 후에 번거로운 것을 간단하게 18자(字)로 고쳐서 자결(字訣)의 해설과 가결이 전하고 있다. 그 18자는 잔(殘), 추(推), 원(援), 탈(奪), 견(牽), 날(捺), 핍(逼), 흡(吸), 첩(貼), 찬(擟), 권(圈), 삽(揷), 포(抛), 탁(托), 요(撩), 살

(撒), 탄(吞), 토(吐)의 글자이다. 이러한 자결은 무당의 권법을 익히는 데에만 필요한 것이 아니라 모든 무학(武學)에서 통용되는 것이므로 무예를 공부하는 사람은 반드시 숙지(熟知)해야 한다. 연보 18종(種)은 좌마보(坐馬步), 조마보(釣馬步), 연지보(連枝步), 선인보(仙人步), 점보(䟃步), 후점보(後䟃步), 연보(碾步), 충보(沖步), 살보(撒步), 곡보(曲步), 답보(蹋步), 염보(斂步), 분신보(分身步), 번신보(翻身步), 추보(追步), 핍보(逼步), 사보(斜步), 교화보(絞花步)의 보법이다.

580) 육로(六路)와 십단금(十段錦)은 내가권법의 수련과목 가운데 권법(拳法)의 기본 투로(基本套路)인데 청(淸)나라 초기에 왕정남(王征南) 선생이 황백가에게 전하여 『내가권법』에 수록된 것이다. 육로는 통비(通臂), 두문(斗門), 선인조천세(仙人朝天勢), 포월(抱月), 양편(揚鞭), 살추(煞鎚)인데 심수(沈壽: 1930~) 선생은 『심수태극권문집(沈壽太極拳文集)』에서 '현재 민간에서 유전하고 있는 12로담퇴(十二路潭腿)의 반(半)에 상당(相當)한다'고 하였다. 십단금은 육로와 중복되면서 곤작(滾斫), 분신십자(分身十字) 등이 있다.

581) 여기에서의 수(數)는 권모(權謀), 책략(策略), 속셈의 뜻으로 무예의 기술, 즉 하나하나의 기예·기법을 가리킨다.

582) 연지보(連枝步)는 '나뭇가지가 이어진 모습의 보법'이란 뜻으로 권법의 투로에서 한 발이 다른 한 발의 옆을 향하여 뒤로 들어가고 다른 한 발이 다시 옆을 향하여 내딛는 보법이다. 곧 지금 무술에서 투보(偸步) 혹은 삽보(插步)로 들어가 교차식(交叉式)이 되어 뉴보(紐步)가 되는 보법이다. 이 보법을 연습할 때에는 요정(腰挺)하여 요경(腰勁)이 활발하도록 하고 족지(足趾)에 주력(注力)하도록 조지(爪地)하여야 한다.

583) 난추마(亂抽麻)는 '삼실을 어지러이 뽑아내는 동작'이란 뜻으로 구수(鉤手) 또는 지조(指爪)의 기법에 속한다.

584) 통비(通臂)의 통(通)은 통달(通達)의 뜻이며 비(臂)는 수비(手臂)로서 '사람의 팔'이란 뜻이다. '비(臂)'의 글자 대신에 척배(脊背)의 '배(背)'의 글자나 전비(戰備)의 '비(備)' 자(字)를 쓰기도 하지만 그 의미는 모두 같다. 통비(通臂)의 용어 속에는 무예단련의 법칙이 들어 있는데 요배(腰背)에서 힘[勁力]을 발(發)하고 그 힘이 척배(脊背)를 통(通)하여 침송(沈鬆)한 견(肩)을 지나 비(臂)를 따라 권지(拳指)에 도달한다는 것이다. 장권(長拳)은 방장(放長)하여 격원(擊遠)하는 장타(長打)라는 뜻이다. 음권(陰拳)은 손바닥 부분이 아래를 향하고 손등 부분이 위를 향하는 권형(拳形)이다. 순역(順逆)으로 전사(纏絲)·회전(回轉)하면서 주먹을 지르고 회수한다. 상기문장의 통비장권(通臂長拳)은 무예 십팔기의 기본권법인 단권(單拳)의 제1로 삼충권(三衝拳)의 동작과 거의 같다.

585) 무예기격에서 보법(步法)을 이용하여 신형(身形)을 변화시키는 동작으로 섬전등나(閃轉騰挪)의 규율이 있다. 섬(閃)은 눈앞에 나타났다 사라진다는 뜻으로 빠르다는 것이며 전(轉)은 큰 각도 또는 작은 각도로 몸통이 돌아가는 것이며 등(騰)은 상하로 오르고 내리며 크게 또는 작게 뛰는 것이며 나(挪)는 유연한 몸동작으로 좌우로 옮겨다니는 것이다.

586) 대직(對直)은 곧바로 뻗어 나간다는 뜻이며 내전(內轉)의 순전사(順纏絲)로 발경(發勁)하기 때문에 손등이 약간 안으로 향하게 된다.

587) 무예수련에서 권가(拳架)의 자세나 파세(把勢)의 동작 가운데에서 생겨나는 착오(錯誤)를 '병(病)'이라고 한다. 내가권법의 학권(學拳)에서는 '금범병법(禁犯病法)' 14종(種)을 배우게 되는데 그것은 나산(懶散), 지완(遲緩), 왜사(歪斜), 한견(寒肩), 노보(老步), 전흉(腆胸), 직립(直立), 연퇴(軟腿), 탈주(脫肘), 착권(戳拳), 뉴둔(扭臀), 곡요(曲腰), 개문착영(開門捉影), 쌍수제출(雙手齊出)이다.

588) 선인보(仙人步)는 권법의 투로에서 한 발은 다른 한 발의 옆으로 놓아 정자(丁字)에서 일횡형(一橫形)이 되고 다른 한 발은 정자(丁字)에서 일수형(一豎形)이 되도록 하여 두 발이 정자(丁字)의 모양을 형성하는 보법이다. 곧 지금의 무술에서 형의권(形意拳)의 기본이 되는 삼체식(三體式) 수련에서의 보법인 협전보(夾剪步)와 유사하다. 이 보법은 진퇴(進退)와 봉핍(封逼)을 능하게 하고 세(勢)를 도우는 제경(提勁)의 효과가 있으며 전후(前後)로 살피고 돌아보며 좌우(左右)로 번신(翻身)하여 능히 득세(得勢)하게 한다.

589) 살보(撒步)는 '두 발이 흩어지는 보법'이란 뜻으로 전개(展開)하는 자세이다. 몸을 낮추어 아래로 걸터앉아[低身蹲下] 한 발의 끝은 앞을 향하고 내딛는 발의 끝은 왼쪽 또는 오른쪽으로 벌려 놓으며 체중은 발끝이 앞을 향하여 답실(踏實)하고 있는 발에 실었다가 변화하는 보법이다. 곧 지금의 무술에서 팔괘장(八卦掌)의 기초 보법이 되는 파구보(擺扣步)에서 파보(擺步)에 해당하는 보법이 된다. 이 보법을 연습할 때에는 자세를 낮추고 발끝의 방향에 유의하고 낙족(落足)할 때 족첨(足尖)이 점지(點地)하여야 하고 두 발의 족근(足跟)이 모두 답실(踏實)하면 안 된다. 이 보법은 기락(起落)을 고르게 하고 전진과 후퇴, 용약(踴躍)이 마음을 따라 자여(自如)하게 하니 보행(步行)이 말쑥하고 대범하며 시원스럽게 한다.

590) 좌마보(坐馬步)는 양 발을 좌우로 벌리고 무릎을 굽혀 기마보(騎馬步)로 앉는 자세이다. 몸을 바르게 하고[體正] 허리를 곧게 뽑아 세우고[腰挺] 양 발의 끝은 약간 안으로 하여 팔자(八字) 혹은 11자(11字)가 되게 하고 양 무릎을 대문짝처럼 세워야 한다. 마보(馬步)의 자세에서 대퇴 안쪽 당(襠)의 부분이 둥글게[圓襠] 되어야 하므로 마당(馬襠)이라고도 하고 낙지생근(落地生根)의 효과가 있어 지분(地盆) 또는

점장(踮桩)이라고도 하는데 연보법(鍊步法)에서 제일(第一)의 기초이며 요경(要徑)으로 삼는다. 무예수련은 기본적으로 하성법(下盛法)이며 좌마(坐馬)를 보형(步型)으로 참공(站功)을 수련하거나 조지(抓地)하면서 움직이는 보법(步法)으로 수련할 때 자세가 온건(穩健)하여 중심(重心)이 하침(下沈)되어 퇴력(腿力)을 증장(增長)할 뿐만 아니라 혈기(血氣)가 위로 뜨거나 호흡이 짧고 급한[短促] 폐단을 막을 수 있다.

591) 권형(拳形)을 눕이는 것을 평권(平拳)이라 하고 세우는 것을 입권(立拳)이라 하며 평권에서 권심(拳心)이 아래로 향하는 것을 음권(陰拳)이라 하고 위로 향하는 것을 양권(陽拳)이라 한다. 충권(衝拳: 주먹 지르기)은 보통 양권(陽拳)에서 음권(陰拳)으로 변화하면서 전개된다.

592) 쟁(睜)의 글자는 오늘날 재인쇄되어 나오는 서적에는 주(肘)의 글자로 되어 있으며 뒤에 겨드랑이 협(脇)의 글자가 나오니 팔꿈치 주(肘)로 새겨야 할 것이다. 한자에서 발음은 독(讀)이라하고 뜻은 훈(訓)이라 하는데 독(讀)이 여러 개 있으면 한자의 구성과 운용인 육서(六書) 가운데 보통 전주문자(轉注文字)가 되고 훈(訓)은 거의가 여러 개를 가지고 있다.

593) 추보(追步)는 약보(躍步)이며 전보(剪步)라고도 한다. 이 보법의 연습은 족첨(足尖)을 사용히어 점진(點進)하며 전진 3보, 후퇴 3보하기도 하는데 전진은 경편(輕便)하게, 후퇴는 영활(靈活)하게 하여야 한다. 무예수련은 마보좌공(馬步坐功)을 기본으로 하지만 마보(馬步)는 쌍중(雙重)의 세(勢)라서 매체(呆滯)되어 발수(發收)가 자여(自如)하지 못하는 폐단(弊端)이 있다. 추보(追步)는 이러한 단점을 보완하여 공수(攻守)의 율동을 경령(輕靈)하게 한다.

594) 조마보(釣馬步)는 좌마보(坐馬步: 騎馬步)에서 변화되어 나온 것으로 좌마보는 단지 근생체고(根生蒂固)하는데 있고 조마보는 좌우, 전후로 추행(推行)하고 회전하여 수기변세(隨機變勢)하는 활보(活步)이며 환보(換步)이다. 곧 지금의 무술에서 매우 넓게 사용되고 있는 허보(虛步)이다. 이 보법의 연습은 한 발을 들어 발끝으로 점지(點地)하여 현력(懸力)을 쓰고 다른 한 발은 기마보처럼 앉아 확실하게 지면을 밟고 체중을 실어 허실을 청초(淸楚)하게 해야 한다. 뒤에 있는 발이 앞의 발을 추송(推送)하여 전진하고 보행이 경쾌(輕快)하여 틈을 만나면 문(門)으로 들어 상대를 치게 된다.

595) 핍보(逼步)의 '핍박하는 보법' 이란 뜻으로 핍(逼)의 글자는 폐(閉)라는 의미이다. 정자(丁字)의 보법으로 바로 서서 산퇴(鏟腿)로 낮게 깎거나 연보(碾步)로 삐쳐서 상대의 강맹(强猛)한 진입을 차단하여 핍박하는 보법이다. 보(步)로서 보(步)를 극(克)하고 퇴(腿)에는 퇴(腿)를 발(發)하고 족(足)에는 족(足)으로 대응하는 것은 모두 핍자(逼字)의 유(類)이다.

596) 염보(斂步)는 '수렴하는 보법'이란 뜻으로 한 발을 앞으로 향하여 살보(撒步: 擺步)로 놓았다가 상대가 충보(衝步)를 사용한 산퇴(鏟腿)나 핍보(逼步)를 사용한 채퇴(踩腿)로 공격해 들어오면 앞에 일점(一點)하고 있는 한 발로 즉시 좌우(左右)로 상대의 공격을 오히려 거두어들이는 보법이 된다. 또는 앞에 있는 한 발로 반대로 반호(半弧)를 그리며 산퇴(鏟腿)로 바꾸어 거두어들이기도 한다. 방구측발(旁勾側撥)하여 능쇄능봉(能鎖能封)하는 것은 모두 염보(斂步)의 법이다.

597) 연보(碾步)는 '맷돌처럼 돌아가는 보법'이란 뜻으로 전후(前後), 좌우(左右)의 구분이 있다. 좌족(左足)이 좌로 돌 때에는 좌족면외방(左足面外方)의 경(勁)을 사용하고 우족(右足)이 우로 돌 때에는 우족면외방(右足面外方)의 경(勁)을 사용한다. 또는 좌족근(左足跟)의 안쪽으로 비비고[裏磨] 우족은 좌후방(左後方)을 향하여 연출(碾出)하거나 우족근(右足跟)의 안쪽으로 비비고[裏磨] 좌족은 우후방(右後方)을 향하여 연출(碾出)하기도 한다. 곧 지금의 무술에서 팔괘장(八卦掌)의 기초 보법이 되는 파구보(擺扣步)에 해당하는 보법이 된다. 이 보법을 연습할 때에는 자세를 낮추어 삐치며[低撤] 행하고 숙련되면 보행이 경쾌(輕快)하여 바람처럼 빠르게 된다.

598) 『무예도보통지』에서 뿐만 아니라 『맹자』를 비롯한 여러 고전(古典)에서 나타나고 있는 중국(中國)이란 용어는 신채호 선생의 『조선상고사』의 기록에서처럼 '중경(中京)' 또는 '중조(中朝)의 국(國)'으로 새겨야 한다. 본래 중국이란 용어는 '나라의 한가운데' 라는 의미이며 역대로 천자(天子)의 나라인 단군조선의 수도(首都)가 있었던 땅이란 뜻이었다. 신채호 선생은 고구려는 고어(古語)로 '가우리' 라는 의미이며 가우리는 '가운데'의 뜻이며 한자 중(中)의 한글 표현이므로 중국(中國)은 결국 단군조선의 대통을 이어받은 '고구려국' 이란 뜻이라고 강조하였다. 『맹자』에 전국칠웅(戰國七雄)[진(秦)·초(楚)·제(齊)·연(燕)·한(韓)·위(魏)·조(趙)]과 여러 소국이 등장하고 중국이란 용어가 여러 번 나오지만 국명이 아니라 옛 중조의 수도가 있었던 의미로 나오고 있다. 중국이 국명(國名)으로 된 것은 중원에서의 공산당 혁명 이후 '중화 인민 공화국' 이 성립되고 난 후 줄여서 '중국' 으로 부르는 것이다. 역대로 지나인들의 국명은 당(唐)·송(宋)·명(明) 등이었다. 『무예도보통지』편찬 당시 중원에 자리한 나라 이름은 만주족이 한족을 몰아내고 세운 청(淸)이었지 중국이 아니었고 여기에서 사용한 중국의 의미도 중원 대륙의 뜻이며 국명(國名)으로 사용된 것은 아니다.

599) 역(易)의 중건(重乾)의 건위천괘(乾爲天卦)에서 이상감하(離上坎下)의 화수미제괘(火水未濟卦)까지의 64괘는 소성괘(小成卦)의 변화에 따라 연결되어 있지만 하나하나의 대성괘(大成卦)는 모두 독립적이다.

600) 공격(攻擊)과 방어(防禦)로 구성된 권법의 세(勢)가 투로화(套路化)되어 기격

(技擊)의 본래 의미를 잃어버렸다는 것이다. 독련(獨鍊)하는 투로화는 실제로 두 사람이 마주 대(對)하여 공격하고 방어하는 가운데 터득되는 청경(聽勁)이 없고 경공(硬功)의 단련이 미약하여 실전성(實戰性)은 감소되었다고는 할 수 있다. 그러나 투로의 권세도 여전히 각 세(勢)마다 공방의 동작과 의식은 함유하고 있다. 군사기술로서의 무예는 오로지 적을 격살(擊殺)하는 데 주안점을 두지만 양생의 무예는 신체를 계발(啓發)하는 측면에 주안점을 두어 사실 투로(套路) 속에 경락(經絡)을 타통(打通)하는 등 선현의 고도의 지혜가 담겨 있어 '투로가 보배다' 라는 말이 있다. 동양권법의 골자(骨子)인 32세보[『무예도보통지』에서는 '오화전신세(五花纏身勢)'의 한 세가 더 있으니 엄격히 33세이다]는 앞으로 한국무예의 무진한 발전, 즉 기격권술(技擊拳術)과 보건(保健)과 양생(養生)의 무예 등으로 다양하게 응용되어 발전될 수 있는 모권보(母拳譜)가 될 것으로 생각한다.

601) 한국무예원 해범(海帆) 선생은 『권법요결』에서 '권법(拳法)은 고금(古今)의 무예(武藝) 중 도수(맨손)기술(徒手技術)을 가리킨다. 권법(拳法)의 별칭은 매우 많아 상박(相搏)·수박(手搏)·백타(白打)·권술(拳術) 등으로 불렀다' 고 하였다. 따라서 상박(相搏)은 권법(拳法)의 별칭이 된다.

602) 여기의 상박(相撲)은 놀이나 유희에 속하는 씨름을 말하며 위의 상박(相搏)과는 한자가 다르다. 일본의 민속 스포츠인 씨름 경기인 '스모'는 이 상박(相撲)을 일본말로 발음한 것이다. 일본의 '스모' 경기는 운동 경기이기 전에 하나의 제전 의식(祭典儀式)의 경향이 짙다. 여류작가 이영희(李寧熙) 선생은 일본의 고전 만엽집(萬葉集)을 해독한 그의 저서 『노래하는 역사』에서 일본의 스모 경기는 고구려 씨름이 화석(化石)처럼 남아 있는 것이라 추정하고 있다. 그 증거로 고구려 벽화 고분인 장천(長川) 1호분에는 스모의 최상급 선수인 요코즈나(壯士)가 두 다리를 벌리고 무릎을 굽혀 앉아 두 팔을 좌우로 벌려 '도효이리' 의식을 행하는 모습이 그대로 그려져 있고 스모 선수들이 상투를 하고 있는 모습은 각저총(角抵塚)과 무용총(舞踊塚)의 역사(力士)가 상투를 틀고 있는 모습과 같은 것 등을 제시하고 있다. 또한 심판관인 교지[行司]가 소리치는 '다가! 다가 다가라 다가라' 는 우리나라 평안도나 함경도의 북도 사투리로 '다가서라' 이며 '노콧다 노콧다' 는 '넘구다' 이며 '핫키요이' 는 경기를 시작하라는 '하기요' 로 추정하고 있다. 고구려 씨름은 2세기에 일본으로 처음 건너가 5세기에 정착, 7세기 후반에 성행했을 가능성이 높다고 하였다.

603) 권법보(拳法譜) 끝에 붙은 증보(增補)된 10세는 『무예도보통지』를 편찬할 당시에 『무예신보』에서 32권세(拳勢) 가운데에서 누락된 것을 첨가한 것이다. 이 10세에서 나찰의(懶扎衣)와 금계독립(金鷄獨立)을 제외하고 나머지 8세는 광해조 2년(1610)에 훈련도감의 도청(都廳)인 최기남(崔起南: 1559~1619)이 편찬한 『무예제

보번역속집』에서는 보이고 있다. 이것은 임진왜란 직후에는 무비(武備)의 중요성을 각성하여 군사들의 격자기술에 관하여 단련과 연구가 진행되다가 적어도 영·정조시대 전까지는 다시 무비(武備)를 소홀히 하였다는 의미가 된다. 또한 『무예제보번역속집』에 관하여 『무예도보통지』에 전혀 언급이 없고 용어의 사용에도 영향이 없어 보인다. 『무예제보번역속집』은 영조 때 소조의 명으로 훈련도감의 임수웅(林秀雄) 등이 편찬한 『무예신보』에는 청룡언월도(靑龍偃月刀) 등의 세(勢)로 보아 참고·인용되었을 가능성이 있으나 『무예도보통지』와는 직접적인 영향은 없다고 생각된다. 여기에서 금본(今本)은 『무예신보』이며 결(訣)이 붙어 기록된 것은 중원의 서적에서 인용되었다는 것을 나타내고 있다.

604) 무예에서 결(訣)이란 비결(秘訣), 요점(要點), 규문(竅門), 묘법(妙法)이란 뜻으로 무예를 후세에 전수하거나 보전하기 위하여 세(勢)의 의미나 이치 또는 동작의 단련 요령을 농축(濃縮)하여 명쾌(明快)하게 나타낸 간략한 문자(文字)나 자구(字句)를 말한다. 결(訣)에는 자결(字訣), 가결(歌訣), 구결(口訣), 요결(要訣), 심결(心訣), 권결(拳訣), 검결(劍訣) 등이 있으며 여기에서의 결(訣)은 권결(拳訣)을 가결(歌訣)로 표현한 요결(要訣)이 된다.

605) 이 증보(增譜) 10세의 결(訣)을 자세히 살펴보면 그 구성의 엄격함과 글자의 수 등이 조선검법 24세와 거의 유사하다. 권(拳)과 검(劍)의 차이에도 불구하고 수두세(獸頭勢)라는 동일한 세명(勢名)도 나온다. 동양의 모든 권법(拳法)의 모체(母體)가 되는 이 32세(勢)는 사람의 팔과 다리를 합친 4에 수련의 숫자이자 나눔의 숫자인 8을 승(乘)하여[4×8=32] 나온 숫자이다. 32세는 끝없이 순환하고 변화되므로 장권(長拳)이라고도 하는데 중원의 무술 연구가들은 기원이 너무나 오래되어 그 원천을 알 수 없다고 한다. 중원의 서적에 '송태조(宋太祖)의 32세 장권'이라는 말이 있는데 실로 송나라 태조 조광윤(趙匡胤: 927~976, 재위 960-976)이 기격을 좋아하여 격기대회를 자주 개최하였다고 전하고 있으나 조광윤이 32세를 창조한 것은 아니며 송나라 이전에 이미 이를 단련한 사람들이 있었다고 중원의 학자들은 말하고 있다. 나는 단군조선의 후예인 고구려·백제·신라를 두루 경유한 당(唐)나라가 약취한 서적을 석실(石室)을 지어 보관하여 둔 것을 송(宋)나라 때 발견되어 송(宋)나라 석실문화(石室文化)라고 하는 바 아마 동이(東夷)의 고대문서가 송의 석실을 통하여 지나인들에게 전하여진 것으로 추정하고 있다. 우리 선조들이 창조하여 오랜 세월 국방의 기밀이었던 동이의 군사기술이 공유(共有)의 단계로 접어들어 갔다고 보는 것이다.

606) 가자(架子)는 기본 공가(基本功架) 즉 개개의 세(勢)인 권식(拳式)의 동작(動作)으로 구성(構成)되어 있는 권법(拳法)의 투로(套路)를 가리킨다. 가자의 수련에

는 상규(常規)의 속도로 정확한 동작의 숙련과 동력(動力)의 정형(定型)을 형성하는 연가자(練架子), 주선(周旋)하고 진퇴(進退)하는 절주(節奏)로 아름다운 기교(技巧)의 연련(演練)을 추구하는 반가자(盤架子), 조금 느린 완만(緩慢)한 속도로 동작의 규격(規格)을 단련(鍛鍊)하는 납가자(拉架子)가 있다. 출문(出門)은 실전의 세(勢)로서 출세(出勢)나 개시자세(開始姿勢)를 말하며 일반적으로 기세(起勢), 개문식(開門式)이라고도 한다. 따라서 출문가자(出門架子)는 '처음 시작하는 권식' 이란 뜻으로 내가심법(內家心法) 가운데 '경(敬)'을 함유하고 있다.

607) 『무예도보통지』《기예질의》에서 '무예의 대략(大略)은 담(膽)·역(力)·정(精)·쾌(快)에 불과할 뿐이다'라고 하였는데 담(膽)은 곧 담기(膽氣), 담량(膽量)의 뜻이다. 진정한 담기(膽氣)는 화평(和平)한 심기(心氣)의 상태에서 생사(生死)에 구애받지 않고 초월한 결단(決斷)에서 나온다. 무언(武諺)에 '적과 대적하여도 적이 없는 것처럼 하고 사람 보기를 잡초 보듯이 한다'는 것은 모두 심리 훈련인 담량(膽量)을 말한 것이다.

608) 외강내유(外剛內柔)의 소림(少林), 당랑(螳螂)의 권법 등에서 강경(强硬)한 기법에 속하는 등답(蹬踏), 탄탑(呑塌) 또는 곤룡주(滾龍肘)의 기법이 있는데 금계독립은 이러한 강공(强攻)으로 이어질 수 있는 세(勢)라는 의미이다. 당랑권법에서 곤룡주는 고난도의 기술에 속하고 이 초식에 걸리면 신선도 피하기 어렵다는 쾌속(快速)한 강공(强攻)이다.

609) 곤(滾)은 물레방아처럼 둥글게 돈다는 의미이며 천(穿)은 높든 낮든 뚫는다는 의미이며 벽(劈)은 내려쳐 쪼갠다는 뜻을 가지고 있고 고(靠)는 기댄다, 의지한다는 뜻이니 보통 어깨로 기대게 되니 어깨로 접촉하여 기법을 펼치는 것이며 말(抹)은 문지른다는 의미이다.

610) 홍권(紅拳)의 홍(紅)은 염미(艶美), 길상(吉祥), 절호(絶好)의 뜻이 있으며 하로(下路)의 퇴각(腿脚)과 배합된 단정한 가세(架勢)로 허(虛)를 메우는 출수를 말한다. 1800년도 초기에는 이 홍권(紅拳)의 명칭으로 여러 권가(拳家)의 장점을 취하여 권리(拳理), 권법(拳法), 권세(拳勢)의 풍격을 갖춘 홍권 체계(紅拳體係)가 생겨나고 화권(花拳), 매화권(梅花拳) 계통이 형성되는 데 영향을 주기도 하였다. 홍권(紅拳)은 타법(打法)에서 '이보제인(以步制人)' '첩신첩고(鈷身貼靠)' '채퇴심진(踩腿審進)'을 강구하고 신법(身法)에서 '영요열고(擰腰挒拷)' '신견탐방(伸肩探膀)' '편신작세(扁身雀勢)'를 강구하며 수법(手法)에서는 '탱참구괘(撐斬勾掛)' '전란첨고(纏攔沾拷)'를 요긴함으로 삼고 출보(出步)에 '교법(跤法)'을 중시하고 용경(用勁)에 궤쾌(跪快)를 위주(爲主)로 하는 것은 귀축세(鬼蹴勢)와 지당세(指當勢), 작지룡세(雀地龍勢)의 신보수법(身步手法)이 그대로 내재되어 있다.

611) 배궁(背弓)은 배공(背工) 또는 배공(背公)이라 하며 물건을 사고 파는 매매(賣買)의 중간 상인이 독촉하여 받아내는 부당한 수입이나 수탁(受托)받은 재물을 슬그머니 점유하여 횡령하는 행위를 말한다. 귀축각세는 아래로는 산퇴(鏟腿)나 구탄퇴(勾彈腿), 채퇴(採腿)의 기법을 쓰고 위로는 직권(直拳), 조장(抓掌)이 주고(肘靠)로 이어지는 상하연격(上下連擊)으로 차고 치는 동작이다. 무예의 타법에서 중시하는 성동격서(聲東擊西), 지남타북(指南打北)의 허실의 경취(驚取)가 긴밀하게 짜여진 공략으로 명중률이 높고 실용성이 강하다. 상로의 수법은 권장(拳掌)이 모두 가(可)하나 『무예도보통지』의 그림은 염미홍권(艶美紅拳)의 미인수(美人手)인 장(掌)으로 그려져 있다.

612) 천심주(穿心肘)는 상대의 심장(心臟) 부위로 찔러넣는 주법(肘法)으로 지금의 진식태극권의 2로인 포추(炮捶) 등에서 이름 그대로 사용되고 있다.

613) 수두세(獸頭勢)는 앞으로 팔을 굽혀 순패(盾牌)처럼 하여 호체(護體)하고 반금(反擒)의 기법으로 호주(護肘)하여 반격(反擊)하는 세(勢)이다. 상대의 퇴각(腿脚)을 추주(墜肘)로 잡(砸)으며 반격(反擊)하니 차력(借力)으로 승세(乘勢)하는 법(法)이다. 무언(武諺)의 '사기종인(捨己從人) 순기자연(順其自然)'이 표현된다.

614) 신권세(神拳勢)는 요보(腰步)가 상연(相連)하여 지상타하(指上打下)로 연타(連打)하고 바로 금나조맥(擒拿抓脈)으로 착골(錯骨)하여 도질(倒跌)시키는 초세(招勢)이다. 즉 타질(打跌)을 상겸(相兼)하는 초법(招法)으로 유(誘)·타(打)·금(擒)·질(跌)이 일체(一體)가 되어 긴밀히 연결된 것이 신출귀몰(神出鬼沒)하여 붙여진 권세(拳勢)이다.

615) 일조편(一條鞭)은 '한 가닥의 채찍'이란 뜻으로 '통괄(統括)'이란 의미가 있다. 좌(左) 또는 우(右)로 전신(轉身)하며 단편(單鞭)으로 횡소(橫掃)하여 채찍 후리듯하는 동작이다. 나찰의세(懶扎衣勢)에서 삽보(霎步)로 단편(單鞭)하는 동작과 상통(相通)하고 있지만 보법(步法)의 묘(妙)에서 약간 다르다. 나찰의(懶扎衣)는 극히 빠른[極快] 삽보(霎步)로 물러서서 몸을 낮추거나 전진하는 보법을 청초(淸楚)하게 사용하지만 일조편(一條鞭)은 외양으로 보이는 상진(上進)의 전보(箭步) 속에 실질의 살보(撒步)를 함축하고 있다. 이 보법은 십팔기의 기본 권법인 단권6로(單拳六路)에서 나타나고 있다. 앞으로 나아가는 듯이 하지만 실질은 물러서는 동작으로 공방이 일동(一動) 속에 있어 공격타법(攻擊打法)에 방어(防禦)가 내재되어 방어하는 가운데 벽타(劈打) 또는 횡격(橫擊)으로 피감(披砍)하고 공격하는 가운데 살보(撒步)하는 방어세를 함축하고 있는 것이다. 이를 봉퇴법(封腿法)이라고 한다. 일조편(一條鞭)은 진식태극권에서 단편(單鞭)이란 세(勢)로 응용되어 표연(表演)되고 있다.

616) 무예에서는 인체(人體)를 상·중·하의 삼반(三盤)으로 구분하여 상반(上盤)

은 가슴 이상의 부위를 가리키고 중반(中盤)은 요복(腰腹)에서 과둔(胯臀)까지를 가리키고 하반(下盤)은 양퇴(兩腿)에서 양족(兩足)까지를 가리킨다. 이 삼반은 수련을 통하여 관통(貫通)되어야 하며 통비권(通臂拳)에서도 삼반육합(三盤六合)의 권리(拳理)가 있다.

617) 조양수(朝陽手)의 조양(朝陽)은 아침에 떠오르는 신선하면서도 강렬한 태양이란 뜻이다. 손을 위로 드는 것은 병가(兵家)에서 일성(一聲)을 울리는 형명(形名)의 신호이기도 하여 완벽한 함정에 든 격멸의 신호에 적진의 교사가 처세(處勢)를 상각(喪却)한다는 의미로도 새길 수 있다. 신체를 사섬(斜閃)하여 좌비(左臂)로 격조(格抓)하며 무언(武諺)에서 말하는 '구력약과(舊力略過)·신력미발(新力未發)'의 시간차를 이용하여 승세(乘勢)하는 것이며 '아굉타방(我肱他傍)'의 묘가 표현된다.

618) 편신(偏身)은 신세(身勢)가 한쪽으로 치우치는 측신(側身)으로 축세(縮勢)가 되어 축력(畜力)으로 발격(發擊)을 대기하는 신법(身法)이 된다.

619) 전(傳)은 남송(南宋)의 유학자였던 주자(朱子: 1130~1200)가 『시경(詩經)』을 해설하여 주석을 붙인 것이다.

620) 뒤에 나오는 수(殳)의 글자는 수(杸)의 뜻이며 죽간(竹竿)이나 합목(合木)으로 적죽(積竹)하여 만들며 끝이 팔모[八稜]져 있지만 날은 없는 대창[戈]이며 장(杖)에 속하는 팔모대창을 뜻한다. 머리 부분의 끝[頂端]에 원통형(圓筒形)의 금속자구(金屬刺球)와 창[矛]을 장치한 고대병기이다. 우리나라 고구려 이후 곤(棍)과 봉(棒)은 모두 수(殳)에 그 연원(淵源)이 있고 수(殳)에서 발전된 것으로 보며 결국 곤(棍)과 수(殳)는 같은 것으로 본다.

621) 올출(兀朮: ?~1148년)은 여진족(女眞族)으로 성(姓)은 완안(完顏)이며 이름은 종필(宗弼), 금(金)의 태조 완안민(完顏旻)의 넷째아들이다. 『금사(金史)』에 전(傳)이 있고 금올출(金兀朮)로 많이 소설화되었고 청(淸)나라 관서(官書)에서는 오주(烏珠)라고 쓰기도 하였다.

622) 백정(白梃)의 백(白)은 무봉인(無鋒刃)을 말한 것이므로 백정(白梃)은 곤봉(棍棒)의 별칭이 된다.

623) 집금오(執金吾)는 오늘날 치안본부장에 해당하는 관명(官名)이며 금(金)의 글자는 몽둥이 양쪽 끝에 황금(黃金)을 도색(塗色)하였으므로 지금의 경찰봉에 해당하고 오(吾)의 글자는 막는다는 '저어(抵禦)'의 뜻이 있다. 금오(金吾)는 '오봉(吾棒)' 또는 '오장(吾杖)'이라고도 불렸다. 벽(辟)의 글자는 물리친다[屛]는 뜻인데 여기에서는 형벌(刑罰)이나 법률(法律)의 의미로 새겨야 할 것이다.

624) 군수(郡守)와 도위(都尉)는 모두 관명으로 군수는 일군(一郡)의 치민정사(治民政事)를 맡은 장관(長官)인데 고대의 행정 용어가 지금까지 쓰이고 있다. 진(秦)나

라는 봉건(封建)을 폐(廢)하고 군현(郡縣)을 설치하였는데 군(郡)에 수(守), 승(丞), 위(尉)의 각 1인을 두었다. 한(漢)나라 경제(景帝) 때 군위(郡尉)를 도위(都尉)로 고쳤으며 군수(郡守)를 보좌하여 군사(軍事)를 담당한 무관직(武官職)이었다. 송(宋)나라 이후에는 군(郡)을 부(府)로 고치었다.

625) 권 밖[圈外]과 권 안[圈裏]은 곧 소문(小門)과 대문(大門)이다. 소문(小門)은 몸 뒤쪽[身後]이며 대문(大門)은 얼굴 앞[面前]이 되어 내가 우궁전보(右弓箭步)로 대적하여 섰을 때 마주하여 보는 사람이 나의 오른쪽을 소문(小門)과 권 밖[圈外]이라 하고 왼쪽을 대문(大門)과 권 안[圈裏]이라 한다.

626) 탑(搭)의 글자는 손수변[扌]이고 격(擊)과 괘(挂)의 의미 그대로 '걸어 치는' 뜻으로, 답(劄)의 글자는 칼도변[刂]이고 곤봉법(棍棒法)이므로 낫 구(鉤)의 의미 그대로 '찍어 치는' 뜻으로 벽(劈)의 글자와 같은 뜻으로 새긴다. 그러나 창법(槍法)의 주기법인 찰(扎)의 의미로 새기는 서적도 있다.

627) 봉폐(封閉)는 봉문폐호(封門閉戶)의 의미를 가지고 있는 무예(武藝)의 용어(用語)이다. 격란(格攔)의 기법으로 상대의 진공(進攻)을 격개(格開)하여 변화(變化)를 통제하게 한다. 상대의 진공(進攻)의 노선(路線)을 격난(格攔)으로 차단하여 적의 문(門)을 닫아 버리는 것을 봉(封)이라 하고 다음 변화수의 길을 미리 닫아 그 기능을 무용(無用)하게 하는 것을 폐(閉)라고 하니 '봉폐(封閉)'가 되는 것이다.

628) 쇄구창(鎖口槍)은 상대가 나의 머리 부분을 향하여 찔러 오면 나는 창을 위로 들어 저치고 몸을 돌려[轉身] 창을 아래로 비벼 틀며[撐槍] 상대의 창을 납창(拉槍)하고 인후를 찌르는 기법이다.

629) 대량(大梁)은 집을 받치고 있는 들보기둥이므로 곤을 머리를 지나도록[過頭] 들어 올리는 고제세(高提勢)이다. 무릎 아래로 쳐 오는 저창법(低槍法)을 파(破)하고 쉬지 않고 오운조정세(烏雲罩頂勢)로 변하여 치는 기법이다.

630) 구괘경고(勾掛硬靠)는 요보음수(拗步陰手)로 곤을 잡고 상대의 권 밖으로 진보하여 삭수곤(削手棍)을 구괘(勾掛)하고 밀어붙여 들어가 상대의 심협(心脅)을 치는 기법이다.

631) 일제금(一提金)은 대량창(大梁槍)의 고제세(高提勢)처럼 저창(低槍)의 기법을 파(破)하는 것이나 수법(手法)이 다르다. 일제금은 음수(陰手)로써 수축세(收縮勢)의 긴밀(緊密)함을 사용하여 구괘경고(勾掛硬靠)를 와해시키고 쇄구창(鎖口槍)으로 심협(心脅)을 찍어 치는 기법이다.

632) 진왕(秦王)은 고구려와의 전쟁으로 피폐해진 수(隋)를 밀어내고 당조(唐朝)를 세운 고조 이연(李淵)의 둘째아들 이세민(李世民)으로 부친이 제위에 오르자 진왕(秦王)으로 봉해졌다. 626년 현무문(玄武門)의 변을 일으켜 태자인 형 건성(建成)

과 동생 원길(元吉)을 죽이고 고조를 강제 폐위시키고 제위에 올라 당의 2대 군주 태종(太宗)이 되었다. 전조(前朝) 수(隋)의 복수를 한다고 644년에 고구려를 침략하였으나 안시성(安市城)에서 양만춘(梁萬春) 장군이 지휘하는 고구려 군사에 대패하고 돌아갔으며 나라를 보전하려면 고구려만큼은 대적하지 말라는 유언을 남기고 죽었다고 한다. 620년(무덕 3년)에 수(隋)나라에서 벼슬한 왕세충(王世充 : ?~621)이 정(鄭)나라를 세우고 칭제하여 당군 이세민과 대적하였다. 그러나 정군(鄭軍)은 규율이 없고 백성의 재산을 약탈하여 천하의 공분(公憤)을 받고 있던 중에 일련의 정군이 숭산(崇山)에 진입하니 이에 지조(志操), 담종(曇宗), 보혜(普惠) 등 소림의 13승(僧)이 정군을 습격하여 패퇴시키었다. 결국 당군을 도와주는 격이 되어 진왕(秦王) 이세민이 건당(建唐)의 공훈을 인정하여 벼슬과 사전(寺田)을 내렸다. 이러한 소림과 관계된 역사적 사실이 소림무술의 초식(招式)으로 편성된 예는 수없이 많은데 곧 소림무학에는 소림의 역사가 담겨 있는 것이다. 『무예도보통지』에 《제독검》《왜검》 등이 실려 있는 것은 임진왜란이라는 쓰라린 겨레의 역사가 담겨 있는 것과 같은 이치이다. 『무예도보통지』를 근간으로 한 새로운 한국무학의 창편(刱編)에는 겨레의 역사를 담아야 한다고 생각한다. 민족사관의 입장에서 국사(國史)에 밝아야 할 것이다.

633) 신왕과검(秦王跨劍)은 일제금(一提金)으로 제봉(提封)하고 좌족(左足)이 진보하면서 요보(拗步)가 되면서 곤초(棍梢)를 사용하여 앞으로 일소원(一小圓)을 그리며 번곤(翻棍)하여 밀고 들어가 우수곤(右手棍)으로 심협(心脇)이나 두이(頭耳)를 치는데 수비(守備)가 공격(攻擊)으로 전환되는 세(勢)이다.

634) 난당세(攔搪勢)는 전란당(前攔搪)과 후란당(後攔搪)이 있으며 공격(攻擊)과 수비(守備)를 병용하는 법이다. 양손으로 곤을 쥐고 우족(右足)을 뒤로 물리며 고창(高槍)으로 옆으로 젖히며 막고 벌리는 것이라서 상제(上提)라고 할 수 있다. 상대의 곤이 허리를 기준으로 위에서 오는 곤(棍)은 난당(攔搪)으로 봉(封)하고 아래에서 오는 곤은 제금(提金)으로 봉한다. 난당(攔搪)과 제금(提金)은 모두 아래를 목표로 하는 저창법(低槍法)을 파(破)하는 것이며 고저(高低)의 높이에서 기법이 달라진다. 위에서부터 찍어 오는 곤을 고강(高强)으로 봉하는 것을 쇄구(鎖口)라 하는데 나의 쇄구를 보고 상대가 나의 곤을 붕기(掤起)하면 즉시 곤을 뽑아[抽棍] 상대의 인후나 심장을 찌르거나 태양혈을 치는데 이 모두는 봉이 평요(平腰)한 중평세(中平勢)에서 가능하므로 중평세를 쇄왕(鎖王)이라고 하는 것이다.

635) 오운조정세(烏雲罩頂勢)는 오운개정세(烏雲蓋頂勢)라고도 하며 곤을 몸의 후방에서 높이 들어 돌려 마기세(摩旗勢)가 되어 아래로 내려쳐서 벽격(劈擊)하는 기법이다. 벽곤(劈棍)의 방법은 매우 다양하나 보통 직벽(直劈)과 횡벽(橫劈) 또는 반원벽(半圓劈), 윤원벽(掄圓劈), 사벽(斜劈)으로 나누며 신속(迅速)하고 힘이 실려

[着力] 맹렬하여 힘이 곤초(棍梢)에 전달되어야 한다.

636) 군란(羣攔)과 변란(邊攔)은 모두 난창세(攔槍勢)로 저창(低槍)의 타법(打法)을 파(破)하는 것이다. 군란(羣攔)은 오른쪽으로 낮게 권 안으로 찍어 오는 것을 파(破)하고 변란(邊攔)은 왼쪽으로 낮게 권 밖으로 찍어 치는 것을 파(破)한다. 이 이란(二攔)의 세(勢)는 모두 고제세(高提勢)로 파(破)할 수 있다. 전보(剪步)는 곧 근보(跟步)로서 전족(前足)이 먼저 나아가고 후족(後足)이 이를 따르는 보법으로 진퇴(進退), 좌우(左右)의 구별이 있다. 그 힘이 허리[腰], 사타구니[胯], 정강이[脛]에서 영활하다.

637) 과검세(跨劍勢)는 군란창법(羣攔槍法)으로 제1로의 구괘진왕과검세(勾掛秦王跨劍勢)과 제5로의 도출초세(刀出鞘勢)와 대동소이하다. 진왕과검세(秦王跨劍勢)는 좌족(左足)이 나아가 요보(拗步)가 되면서 소타(掃打)하지만 과검세(跨劍勢)는 문호(門戶)를 열어 허(虛)로서 유인(誘引)하여 구타(勾打)하는데 우족(右足)이 나아가 순보(順步)가 되면서 소지선풍(掃地旋風)한다. 도출초세(刀出鞘勢)는 과검세(跨劍勢)와 대략 같으나 칼을 칼집에서 뽑는 형세로 곤이 몸 뒤에 치우쳐 있어 단기장용(短器長用)하는 기법이 된다.

638) 단살수(單殺手)는 곤보(棍譜)에서 단도수세(單倒手勢)라고도 하는데 이 기법은 손[手]이 곧 곤(棍)이며 곤(棍)이 곧 손[手]이 되어 손과 곤이 완전일체를 이룬 숙수(熟手)가 행할 수 있는 타법이다. 방수(放手)가 타수(打手)가 되며 타수(打手)는 접수(接手)에 따르는 것이므로 득심(得心)으로 응수(應手)하는 것이니 고수(高手)가 된다.

639) 태공조어(太公釣魚)는 병법(兵法)의 정(正), 기(奇), 실(實), 허(虛) 중에서 실(實)로써 허(虛)를 보여 스스로 함정에 걸려들게 하는 형세의 전략이다. 마기창법(磨旗槍法)으로 진퇴(進退)가 바람[風]처럼 가볍고 강유(剛柔)가 바탕[體]을 얻어 모든 세(勢)를 대적할 수 있다.

640) 고안출군(孤雁出羣)은 오른쪽으로 오는 권 밖의 패창(敗槍)을 좌(左)로 치우치며 주타(走打)하여 파(破)하는 것이다.

641) 요자박요순세(鷂子撲鵪鶉勢)는 우변(右邊)의 권 밖으로 오는 사패창(詐敗槍)을 구호(救護)하는 기법으로 발초심사(拔草尋蛇) 또는 발창(拔槍)이라고도 한다. 전보(剪步)로 도출(跳出)하여 섬개(閃開)하며 전나(纏拿)와 피찰(披擦)로 붕퇴(掤退)하고 낙각(落脚)에 따라 회신(回身)하여 환답(還劄)하면 패(敗)가 도리어 승(勝)이 된다. 세력(勢力)에 순응(順應)하는 수족(手足)의 선전(旋轉)이 매우 빠르다.

642) 조천(朝天)은 곤초(棍梢)가 하늘을 향하여 똑바로 세워진[直竪] 일주향(一炷香)의 모양과 같아 조천일주향(朝天一炷香)이라고도 한다. 고저창(高低槍)을 파(破)하는 기법으로 위로부터 높게 찍어오면 봉개창(封開槍)으로 가구(架救)하고 아래로부터 낮게 슬각(膝脚)을 찍어오면 발을 들어 피타(避躱)하고 뇌후일와봉(腦後一窩蜂)

으로 돌려 친다. 조천창(朝天槍)에는 삼불정(三不靜)이란 결(訣)이 있는데 일세(一勢) 가운데 삼세(三勢)의 변화세가 나온다는 뜻이다. 즉 권 밖의 높은 곳에서 찍어 오면 구개우진(勾開右進)하여 뇌후(腦後)를 치는 천수세(穿袖勢)를 사용하고 천수(穿袖)를 상대가 걸면[勾] 나는 즉시 곤을 돌려[回棍] 두이(頭耳)를 치는 참사세(斬蛇勢)를 사용하고 상대가 섬나(閃拏)하고 아래로 찍어오면 나는 퇴보(退步)하면서 군란세(羣攔勢)로 거두어 선다는 것이다.

643) 와봉(窩蜂)은 벌집을 말하는데 인체에서 뇌후(腦後)에 해당한다. 상대가 위의 높은 곳에서 찍어오면 나는 봉가(封架)하고 다시 아래의 낮은 곳으로 슬각(膝脚)을 치면 나는 발을 들어 피하고 선곤(旋棍)하여 뇌후(腦後)를 치니 천수세(穿袖勢)가 뒤고 상대가 다시 나의 곤을 걸면[勾] 회곤(回棍)하여 상대의 머리를 치니 곧 참사세(斬蛇勢)가 된다.

644) 도출초세(刀出鞘勢)와 단수답창(單手劄槍), 풍권잔운세(風捲殘雲勢)는 모두 단기장용(短器長用)하는 기법이다. 단수곤(單手棍)으로 치고 들며 납편(拉鞭)하고 풍권잔운(風捲殘雲)으로 이어지고 다시 도출초(刀出鞘)가 된다. 납편(拉鞭)으로 전신(轉身)하고 사벽(斜劈)이나 횡타(橫打)를 하니 요곤(撩棍)으로 파(破)할 수 있다.

645) 신왕대사검(秦王大卸劍)은 과검세(跨劍勢), 도출초세(刀出鞘勢)와 비슷하나 보(步)가 좌우(左右)로 다르며 일제금(一提金)에서 번곤(翻棍)하여 좌족(左足)으로 밀고 들어가서 좌족우수(左足右手)가 앞에 있는 좌요보(左拗步)가 된다.

646) 사평(四平)은 고중저(高中低)의 높이로 나누는데 고사평(高四平)은 문호(門戶)를 대개(大開)하는 기수세(起手勢)로 사용되어 두검(頭臉)으로 높이 오면 나란(拏攔)의 고창(高槍)으로 파(破)하고 아래로 오면 답수(搭袖)로 낮추어 파(破)하고 허리 옆으로 강하게 밀고 들면 중사평(中四平)으로 변환(變換)한다. 중사평(中四平)은 합벽(闔闢)과 종횡(縱橫)이 뜻[意]에 따라 수시(隨時)로 변환하여 고저(高低), 좌우(左右), 원근(遠近)의 공격을 모두 방파(防破)할 수 있고 변화가 무궁하여 창중왕(槍中王)이요 제세지수(諸勢之首)라고 불린다. 두 사람이 모두 중평(中平)을 취하였을 때는 타세(他勢)로써 허(虛)를 놓는 경법(驚法)을 사용하여 상대가 중평(中平)을 버리도록 유인하여 상대가 중평을 버리면 나는 다시 중평을 취하는 환용(還用)으로 중평창(中平槍)을 파해(破解)하니 '기(奇)'라고 한다. 저사평(低四平)의 용법은 백사롱풍(白蛇弄風)으로 나착(拿捉)하는 것이며 높이 오면 저세(低勢)에서 나란(拏攔)하여 개해(開解)하고 낮게 오면 탑수(搭袖)로 깎고[削] 좌우(左右)로 오면 변군(邊羣)의 이란(二攔)으로 격개(格開)한다.

647) 도타형극불류문(倒拖荊棘不留門)은 역국(逆局)의 사투(詐鬪)라는 것인데 횡타(橫打)로 뒤로 빗겨드는 것이 납편(拉鞭)과 차이가 없고 곤을 팔꿈치 뒤에 두어 흉

주석 및 해설 695

복(胸腹)의 문호(門戶)를 대개(大開)하여 적을 유인(誘引)하는 허중유실(虛中有實)의 세(勢)이다. 상대의 벽곤(劈棍)을 단수(單手)로 상료(上撩)하여 타개(打開)고 다리를 하타(下打)하며 두상(頭上)에서 반선(盤旋)하여 타거(打去)하니 공중운마향(空中雲磨響)과 차천불루우(遮天不漏雨)의 세(勢)가 되며 횡전(橫轉)하여 요간(腰間)을 타거(打去)하니 풍권잔운(風捲殘雲)의 세(勢)가 된다.

648) 공중운마향(空中雲磨響), 차천불루우(遮天不漏雨), 풍권잔운(風捲殘雲)의 세(勢)는 율전(矞轉)으로 비무(飛舞)하듯이 곤이 두상(頭上)에서 반선(盤旋)하여 치는 정세(定勢)가 없는 활법(活法)이 된다.

649) 경덕(敬德)은 당(唐)나라 장수였던 위지공(尉遲恭: 585~658)의 자(字)이다. 본서의 《기창(騎槍)》〈안설(案說)〉에는 위지경덕(尉遲敬德)과 태종의 아우 제왕원길(齊王元吉)이가 마삭(馬矟)을 서로 겨룬 일화를 소개하고 있다.

650) 도랍편(倒拉鞭)은 권 안의 패창(敗槍)을 구호(救護)하는 기법으로 전신(轉身)하여 단수(單手)로 풍권잔운(風捲殘雲)으로 들어가 횡요(橫腰)를 타거(打去)하고 도출초(刀出鞘)로 돌아본다. 도타형극(倒拖荊棘)과 대략 비슷하나 진퇴(進退)의 보법(步法)이 다르며 사중(死中)에서 반활(反活)하는 기법이 된다.

651) 차천불루우(遮天不漏雨)는 공중운마향(空中雲磨響)과 대략 같으나 단수(單手) 또는 쌍수(雙手)로 모두 운용할 수 있은 기법이며 상하연타(上下連打)로 선풍소지(旋風掃地)하는 것이다.

652) 도출초(刀出鞘)는 칼을 칼집에서 뽑는 것처럼 곤봉(棍棒)이 왼쪽 뒤에 위치하는데 단수곤(單手棍)으로 뒤를 향하여 전신(轉身)하여 납편(拉鞭)으로 치고 들어가 풍권잔운(風捲殘雲)으로 이어지고 다시 접곤(接棍)하는 단기장용(短器長用)의 기법이다. 사벽(斜劈)이나 횡소(橫掃)가 용이하여 위의 두면(頭面)과 아래의 슬각(膝脚), 가운데의 요부(腰部)로 공격하는 것을 모두 파해(破解)할 수 있다.

653) 풍권잔운(風捲殘雲)은 횡(橫)으로 선전(旋轉)하며 요간(腰間)을 타거(打去)하는 기법이다.

654) 투보(偸步)는 상대가 모르게 뒤로 들어가는 보법이라는 뜻으로 도삽보(倒插步) 또는 삽보(插步)라고도 하는데 양퇴(兩腿)가 교착(交錯)되어 뉴전(扭轉)되어 있는 상태의 보법이 된다.

655) 복호세(伏虎勢)는 곤초(棍梢)를 들어 고저창(高低槍)을 파해(破解)하고 타수(打手)하거나 벽타(劈打)로 이어질 수 있다. 또는 벽곤(劈棍)의 고답수(高搭袖)를 제개(提開)하고 고창(高槍)을 파(破)하는 천수세(穿袖勢)와 상하좌우(上下左右)의 저창(低槍)을 파(破)하는 통수세(通袖勢)를 파해(破解)할 수 있다.

656) 변란세(邊攔勢)은 좌(左)로 오는 권 밖의 저창법(低槍法)을, 군란세(羣攔勢)는

우(右)로 오는 권 안의 저창법(低槍法)을 난나(攔拿)의 기법으로 파개(破開)하고 환창(還槍)으로 찰(扎)한다.

657) 오룡번강세(五龍翻江勢)는 권 안팎의 고저창(高低槍)을 파(破)하는 기법으로 전곤(纏棍)하면서 긴근(緊跟)으로 진보(進步)하여 낮게 나착(拏捉)하는데 나난제전(拏攔提纏)의 기법으로 좌우(左右)로 파해(破解)하여 흘창(吃槍)하고 추찰(推扎)하여 환창(還槍)하는 기법이다.

658) 정종유(程宗猷: 1561~)의 자(字)는 충두(沖斗)인데 소년 시절부터 무술에 뜻을 두고 명사(明師)가 있다는 소문을 듣게 되면 어려움을 무릅쓰고 찾아가 가르침을 청하였다. 소림사를 찾아가 10여 년을 홍전(洪轉), 종상(宗相), 종대(宗岱), 광안(廣按) 스승에게서 수업하였다. 충두(沖斗)는 인생의 태반을 무술 수업으로 보냈는데 도법(刀法)은 절강성의 유운봉(劉雲峯), 창법(槍法)은 하남성의 이극복(李克復)에게서 배우고 노법(弩法)도 연구하였다. 천계(天啓) 2년(1622)에 천진(天津)의 이벽(李辟)의 초청을 받고 군(軍)에 투신하여 도사첨서(都司僉書)란 직위를 맡아 도(刀), 창(槍), 노(弩)의 무기를 만들고 군사를 훈련시켰다. 이벽이 전출하게 되자 직책을 사임하였다. 천계 원년(1621)에 유운봉에게서 배운 일본도법(日本刀法)에 명칭을 붙여『단도법선(單刀法選)』을 저술하고 천계(天啓) 2년에 이극복에게서 배운 이화육합창(梨花六合槍)을 정리하여『장창법선(長槍法選)』을 저술하였고 이 두 가지의 도창(刀槍)의 법선(法選)에 만력(萬曆) 44년(1616)에 저술한『소림곤법천종』과 그리고『궐장심법(蹶張心法)』을 모두 묶어『경여잉기(耕餘剩技)』란 서적이 출판되었고 숭정(崇禎) 2년(1629)에는『사사(射史)』를 저술하기도 하였다.

659)『소림곤법천종』은 명(明)나라 만력 연간(1573~1620)에 정충두(程沖斗)가 소림사에 입문하여 홍전(洪轉) 스승으로부터 배운 소림곤법을 전하고 있는 도해서(圖解書)이다. 무술의 전수는 구전(口傳)과 심전(心傳)이 많기 때문에 그릇된 이해를 없애기 위해 지난날의 사형(師兄)과 사제(師弟)를 찾아다니며 결함과 오점을 바로잡고 기법을 도해(圖解)하여 만력 44년(1616)에 저술을 완성하였는데 천계 원년(1621)에『경여잉기』란 이름으로 간행되었다. 이 책의 앞에는《기략(紀略)》과《총론(總論)》그리고 전설상 소림곤법을 전했다고 하는 대성긴나라왕(大聖緊那羅王)의 신상(神像) 그림과 상찬(像讚),《명곤원류(名棍原流)》등이 있고 책 끝에는《문답편(問答篇)》이 있다. 기법에는 소야차(小夜叉), 대야차(大夜叉), 음수(陰手), 파곤(破棍) 등의 곤보(棍譜)와 노선도(路線圖) 그리고 세명(勢名) 55도(圖)와 가결(歌訣) 52구(句)가 기재되어 있다. 여기의 파곤(破棍)은 곤법(棍法)의 핵심이 되고 군사 조련에 실용성이 있어서『무예도보통지』를 편찬할 때 설법을 겸한 기법 부분으로 발췌·인용되었다. 중화민국 이후 '소림곤법도설'이나 '소림백미곤법'으로 책이름만 바꾸어 복제판이

출판되기도 하였다.

660) 모원의(茅元儀)가 『무비지(武備志)』에서 이와 같이 『소림곤법천종』을 절찬한 반면에 명(明)의 유민(遺民)으로 청(淸)나라 초기 창법(槍法)의 명인(名人)으로 알려진 오수(吳殳: 1611~1695)가 청(淸)의 강희(康熙) 원년(1662)에 저술하여 창법(槍法)의 진수(眞髓)를 전하고 있다는 『수비록(手臂錄)』에서는 '소림은 창법(槍法)을 모른다. 그러므로 곤법(棍法)을 창법(槍法)이라고 한다. 소림의 기술은 본래 강유(剛柔)가 고루 갖추어진 것이었으나 정종유가 전한 것은 유(柔)가 없고 오직 강(剛)뿐이다'라고 하여 '천종의 기법'을 격하시키고 있다.

661) 이 문장은 『소림곤법천종(少林棍法闡宗)』의 《문답편(問答篇)》에 나오는 내용이다.

662) 원주(原注)는 곤보(棍譜)의 원보(原譜)인 『무예제보(武藝諸譜)』《곤보(棍譜)》의 주(注)이다.

663) { } 표시 부분은 본문(本文)에는 있으나 언해(諺解)의 문장에서는 생략되어 없는 부분이다.

664) { } 표시 부분의 작은 글씨는 《무예도보통지범례》 마지막 문장에 기재하였듯이 서로 같은 유(類)의 갑을지세(甲乙之勢)라서 본문(本文)에서는 삭제되었으나 언해(諺解)에서는 장령(將領)에서 졸오(卒伍)에 이르기까지 모든 사람들이 쉽게 통효(通曉)하고자 중복하여 적은 부분이다.

665) 보병편곤(步兵鞭棍)은 《병기총서》〈부진설(附進說)〉에 기록되어 있듯이 정조가 군사조련으로 사용하도록 명(命)한 십팔기(十八技) 중의 일기(一技)로서 편곤(鞭棍)과 곤(棍)이 맞서 이습(肄習)하였으므로 두 가지 병기이고 마상편곤(馬上鞭棍)은 편곤의 응용기예로써 당시 무과시취(武科試取)에서만 사용하도록 명(命)하였다.

666) 주장(朱杖)은 붉은 칠을 하여 '홍(紅)몽둥이'라 하였는데 신장(神杖)이나 무기 또는 죄인을 다스리는 형장(刑杖)으로 사용되었다. 죄인을 심문하는 형구(形具)로서는 법의 규정에도 없고 참혹하여 영조(英祖) 때에는 '주장(朱杖)으로 당문(撞問)하는 것을 금한다'고 하여 『대전통편』《刑典·推斷條》에 기록하고 있다.

667) 2004년 1월 중공의 광릉서사(廣陵書社)에서 목동(牧東)의 점교(點校)로 출판한 『황조예기도식(皇朝禮器圖式)』에는 '연정(連梃)'으로 되어 있다.

668) 은당(銀鐺)은 옛날에 죄인을 묶어 결박하는 쇠사슬이었다.

669) 생업(生業)을 농사(農事)를 위주로 하였던 한(漢)나라의 병사들이 유목(遊牧)을 위주로 하였던 서융(西戎)의 군사들보다 사용하기에 더 유리하다는 뜻이다.

670) 농지고(儂智高: 1012~?)는 송(宋)나라 때 광원주(廣源州) 장족(壯族)의 수령(首領)으로 장권(壯拳) 계통의 무술을 창시한 사람이다. 민간에서 전하기를 그는 기

사(騎射)와 검술(劍術)에 정통하여 세상을 압도하는 무공(武功)을 지니고 있었다고 한다. 일찍이 광원주(廣源州) 절도사(節度使)에 부임하였고 송(宋)의 인종(仁宗) 4년 (1052)에 반송(反宋)의 기치로 기병(起兵)하여 옹주(邕州)를 함락하고 스스로 인혜 황제(仁惠皇帝)라 칭하고 강동(江東)의 여러 고을을 바람처럼 휩쓸었다. 지금도 장족 (壯族)들 사이에서는 그의 무용담을 자랑으로 삼는다고 한다.

671) 편추(鞭芻)는 말을 타고 철편(鐵鞭)으로 추인(芻人: 허수아비)을 내려치는 마 상무예로 무과시취(武科試取)의 과목이었다.

672) 『예기도식』에서는 좌우(左右)에 쌍(雙)으로 쥐는 한 쌍의 한군련가봉(漢軍連 枷棒)으로, 『무비지』에서는 철련협봉(鐵鏈夾棒)이란 명칭으로 되어 있다.

673) 공을 치는 구장(毬杖)이라는 공채는 시부(匙部)와 병부(柄部)의 두 부분으로 나뉜다. 장시(杖匙)는 월장(月杖)이라고도 하였는데 구장(毬杖)의 말단에 손바닥처 럼 타원형으로 가로붙은 곳인데 이 부분으로 공을 끌어당겨서 쳤다.

674) 출마표(出馬標)는 기격구(騎擊毬)에 있어서 기마(騎馬)하여 출발하는 지점의 표식이며 치구표(置毬標)는 구(毬)를 놓은 지점이다. 구문(毬門)은 구(毬)를 쳐서 넣 는 문(門)이다. 『청장관전서』 제20권·〈아정유고〉 12·성시전도(城市全圖) 칠언고 시 백운(七言古詩 百韻)에 '이영의 젊은 장수 홍옥처럼 고운데, 한가하게 구정(毬庭) 에서 십팔기를 관람하네[梨營小將如紅玉 閑看毬庭十八技]'라는 구절이 있는 것으 로 보아 무예 십팔기를 연무하는 장소와 격구장(擊毬場)은 서로 겸하여 사용되었음 을 알 수 있다.

675) 등자(鐙子)는 말을 타거나 탔을 때 두 발을 디뎌 밟는 발적대[足下跗]이다.

676) 보통 여기에서 말하는 십팔반무예(十八般武藝)라는 용어와 조선의 십팔기 (十八技)를 혼동하는 사례가 많았고 심지어 십팔기(十八技)를 중원에서 생겨난 무 술로 오인하는 경향도 있어 왔다. 이 용어의 주(注)에서 열거하는 바와 같이 십팔반 무예는 18가지 무기(武器)의 종류를 말하고 있다. 십팔기(十八技)는 조선에서 200 여 년에 걸쳐서 정립된 무기(武器)를 운용하는 군사들의 격자기술이다. 다시 말하여 조선무예의 근간을 담은 『무예도보통지』에는 보병(步兵)과 기병(騎兵)의 군사기술을 22가지로 정리하고 군사오락 2가지, 모두 24가지를 실었는데 이 가운데 보병기예 십팔기는 근본기예이고 기병기예는 십팔기를 응용하는 기예로 구성되어 있어 십팔 기는 우리 민족무예의 근본이 된다. 또한 십팔기(十八技)는 『무예도보통지』를 편찬 하기 전에 『무예신보』에서 조선의 국방무예로 규정한 18가지 무예 체계였다. 현재 에도 '십팔기(十八技)'의 한 명칭은 『무예도보통지』 이외에는 어느 무서에나 병서에 도 찾아볼 수 없다. 이와 같이 중원의 십팔반무예는 단순한 무기(武器)라는 도구와 유희의 명칭이지만 조선의 십팔기는 그 각각의 일기(一技)가 병기(兵器)를 운용하는

군사기술과 권술로 이루어져 있다. 중원의 병서에 기록된 십팔반무예는 여러 가지 종류의 무예를 통칭하여 사용한 용어였으며 시대에 따라 그 무기(武器)의 명목(名目)을 달리하고 있다. 여기에서 반(般)이란 글자는 숫자를 나눌 때 '가지'란 의미이며 조선의 국방무예로서 정명(定名)한 십팔기(十八技)에서 기(技)의 글자는 기법(技法)으로 운용하는 '기예(技藝)'란 뜻이다. 십팔반무예와 무예십팔반·무예십팔기는 첫째 용어 자체의 유사함에서 혼동을 일으키게 한다. 위의 문장은 백타(白打)라는 축국의 놀이를 조사하면서 인용되었지만 만약 두 가지를 비교하여 보면 창(槍), 도(刀), 검(劍)과 수(殳)를 곤봉(棍棒)으로 간주하고 차(叉)를 당파(鐺鈀)로 보아 준대도 동일한 병장기의 종류도 다섯 가지 내외에 불과하다. 기실 용어는 비슷하지만 그 내용면에 있어서 무기(武器)와 무기(武技)로 다르고 그 종류와 역사성도 완전히 다른 것이다. 다만 동시대와 동일한 문화권인 동양권에서 유사한 병기(兵器)의 명칭과 음양의 최소공배수[6×3=18, 9×2=18]로서 길상수(吉祥數)가 되는 십팔(十八)이란 숫자가 함께 사용되어 혼동을 야기한 것이다. 『무예도보통지』《병기총서》에서 '본조 무예십팔반(本朝 武藝十八般)'이란 용어를 사용하였는데 역시 무예십팔반(武藝十八般)은 '18가지 기예로 규정한 무예'란 의미이며 본조(本朝)라고 하여 우리 조선의 조정임을 명시하고 있다. 『무예도보통지』의 책 전체에서 어디에도 '이십사반(二十四般)'이란 용어는 없으며 다만 《서(序)》와 《범례》에서 응용기예를 합쳐서 '이십사기(二十四技)'란 용어가 두 번 사용되고 있다. 하지만 『무예도보통지』는 어디까지나 정조가 생부(生父)였던 소조(小朝)가 이룩해 놓은 십팔기를 계승하여 발양하려는 목적으로 편찬되었고 이 서적보다 앞서 편찬된 『무예신보』에서 모두 22기를 실었지만 소조(小朝: 사도세자)는 기예(騎藝)를 십팔기에 편입시키지 않았다. 왜냐하면 응용되기 때문이다. 1950년도에 소책자로 출판된 『무예도보신지』에서 '이십사반(二十四般)'이란 용어가 사용되고 있긴 하나 잘못 전달된 것이며 모두 조선무예의 공식 정명은 아니다.

677) 백타(白打)는 여기에서 고대에 양인대척(兩人對踢)하는 축국희(蹴鞠戲)의 다른 이름이기도 하지만 도수상박(徒手相搏)하는 수박(手搏), 즉 백(白)은 맨손(徒手), 타(打)는 권타(拳打)로 해석하여 오늘날 권검도봉창(拳劍刀棒槍)이라는 오종무예(五種武藝)에서의 권법(拳法) 또는 권술(拳術)을 뜻하기도 한다.

678) 『청장관전서』 20권·아정유고 12·〈壯勇營 春帖〉에 '승부에 이긴 사람을 뽑아 백타전(白打錢)을 주네[選勝爭酬白打錢]'라고 하여 축국(蹴鞠)이나 권법 대결을 하여 이긴 사람에게 상금으로 주는 돈을 말하고 있는데 이 시(詩)에서는 대신들이 승패에 돈을 걸고 내기하는 모습으로 보인다.

679) 『몽계필담』은 북송의 심괄(沈括: 1031~1095)이 천문·역법·지질·수학·

의학 등 다방면에 관하여 언급한 수필(隨筆)식의 종합적 자연과학 학술의 저작인데 작자가 만년에 지금의 강소성 진강(鎭江)의 몽계(夢溪)에 은거하면서 저술하였기에 붙여진 이름이다. '보필담(補筆談) 3권' '속필담(續筆談) 1권'을 포함하여 총 30권에 고사(故事), 변증(辨證), 악률(樂律), 상수(象數), 인사(人事), 관정(官政), 권지(權智), 예문(藝文), 서화(書畵), 기예(技藝), 기용(器用), 신기(神奇), 이사(異事), 유오(謬誤), 기학(譏謔), 잡지(雜誌), 약의(藥議)의 17문(門)으로 나누어 609조(條)를 서술하였다. 이 서적은 당시의 자연과학기술과 지식에 대한 탁월한 창조적 식견을 담고 있는데도 불구하고 문사철(文史哲)만이 중시하였던 동양적인 정서로 잡서(雜書)의 수준으로 홀대하여 왔으나 현대에 와서 오히려 그 가치가 중시되는 서적이다.

680) 탄기(彈棋)는 고대에서부터 지금까지 변형되면서 내려온 바둑 내지 장기의 박희(博戱)인데 여기에서의 탄기지희(彈棋之戱)는 한(漢)나라 성제(成帝) 때 시작된 놀이이다. 두 사람이 대국(對局)하여 각각 흑백 6개의 바둑돌로써 먼저 상대방의 6개의 돌을 튕겨 맞추는 자가 승리하였다. 위대(魏代)에는 16개의 돌을 사용하였고 당대(唐代)에는 24개의 돌을 사용하였다. 그 자세한 방식은 송대(宋代)에 와서 실전되었다고 한다.

681) 심(沈)은 『몽계필담』을 지은 심괄(沈括)을 말하므로 『몽계필담』에서 한(漢)의 원제(元帝)가 노체(勞體)로 삼은 축국(蹴鞠)이다.

682) 존중(存中)은 『몽계필담』을 지은 심괄(沈括)의 자(字)이다. 심괄은 북송의 과학자·정치가·문학가로 절강성 항주(杭州)의 전당현(錢塘縣) 출신이다. 가우(嘉祐) 8년(1063)에 진사에 합격하여 양주사리참군(揚州司理參軍)과 소문각교감(昭文閣校勘)을 지내고 신종(神宗)초에 사천감(司天監)에 임명되어 혼의(渾儀), 경표(景表), 오호부루(五壺浮漏) 등의 의기(儀器)를 개발했으며 '봉원력(奉元曆)'을 편찬했다. 희녕(熙寧) 연간에는 왕안석(王安石)의 개혁에 참여하였고 벼슬이 한림학사(翰林學士) 용도각대제(龍圖閣待制)와 좌의성영락사(坐議城永樂事)에 이르렀고 만년에는 윤주(潤州)의 몽계원(夢溪園: 강소성 鎭江市 부근)에 은거하면서 몽계장인(夢溪丈人)이란 호(號)를 가지고 많은 저술을 하였는데 지금은 『장흥집(長興集)』 41권과 『몽계필담』 30권이 전하고 있다.

683) 나무공을 치는 놀이이다. 정확하게 맞는지는 알 수 없으나 이 용어와 거의 유사한 놀이를 내가 어릴 때 해본 경험이 있다. 놀이 이름이 '맞대롱'이란 것이었는데 굵기가 지름 5cm 정도에 길이가 볼펜 정도 되는 작은 나무막대를 양쪽의 끝을 서로 반대로 엇비스듬하게 잘라내고 땅에 놓으면 끝의 자른 부분과 지면에 틈이 생기게 된다. 이 틈이 생긴 한쪽에 팔길이 정도 되는 다른 긴 막대를 이용하여 치면 그 작은 막대가 공중에 솟게 되는데 그때 야구공을 치듯이 하는 놀이였다. 사람은 심신

일여(心身一如)의 존재이기 때문에 체육 활동을 겸한 몸과 재치 그리고 기지(機智)를 함께 쓰는 놀이가 앉아서 머리로 하는 놀이보다 더 유익하지 않을까!

684) 홍문(紅門)은 홍살문[紅箭門] 또는 정문(旌門)이라고도 하는데 충신(忠臣), 효자(孝子), 열녀(烈女)가 난 집안을 표창하기 위하여 나라의 특전으로 그 집 앞이나 마을 입구에 세우거나 능(陵), 원(園), 묘(墓), 묘(廟), 사찰(寺刹) 등의 입구에 세우던 붉은 칠을 한 목문(木門)으로 상부에 화살 모양의 나무살이 나란히 세워져 있다. 여기에서는 구문(毬門)의 받침대이며 골대의 문(門)으로 사용되었다.

685) 횡목(橫木)은 가로질러 놓은 나무이며 유소(流蘇)는 기(旗)나 승교(乘轎: 가마), 장막, 초롱 등의 가장자리에 장식으로 늘어뜨리는 오채(五彩)로 된 실가닥인 술[느림]이다.

686) 고대에 종(鍾)이나 경쇠[磬] 등의 악기(樂器)를 가상(架上)에 달아맬 때 악기를 사용하는 사람의 신분의 지위에 따라 그 형제(形制)를 달리하였는데 제왕은 순거(筍簴: 악기를 매어 달기 위한 틀의 가름대와 기둥)를 사면(四面)에 설치하고 제후들은 삼면(三面)에, 경(卿)이나 대부(大夫)는 이면(二面)에, 사(士)는 일면(一面)에만 설치하였다. 궁현(宮縣)의 궁(宮)은 궁실(宮室)의 사면장벽(四面墻壁)을 상징하고 현(縣)은 달아맨다는 현(懸)의 고자(古字)이다. 따라서 궁현(宮縣)은 '제왕이 사용하는 악기'를 뜻한다.『주례(周禮)』《춘관종백(春官宗伯)》의 〈소서(小胥)〉에 '소서(小胥)의 직책은 악기를 다는 위치를 바로잡는데 제왕은 궁현(宮縣)하고 제후는 헌현(軒縣), 경대부는 판현(判縣), 사(士)는 특현(特縣)한다'고 하였다.

687) 포구문(抛毬門)은 포구락(抛毬樂)을 할 때 공을 넘기는 문(門)으로 위의 한가운데에는 용알을 던져 넘기는 구멍인 풍류안(風流眼)이 있다. 여러 가지 색을 칠하고 비단으로 꾸몄는데 문의 양쪽 기둥에 용알을 걸어두었다. 포구락(抛毬樂)은 고려 때에 초영(楚英)이 지었다고 하며 정재(呈才)때 추는 춤의 하나로 주악(奏樂)에 맞추어 포구사(抛毬詞)를 부르며 춤을 추다가 용알을 풍류안으로 던져 넣는다.

688) 벽적(襞積)은 옷의 가닥을 접어 포개어 주름지게 한 것이며 천익(天翼: 또는 天益)은 '철릭'의 음(音)을 취한 것이다. 철릭의 이두문(吏讀文)이 첩리(貼裏) 또는 첩리(帖裡), 첩리(帖裡)이며 무관(武官)의 상의공복(上衣公服) 가운데 한 가지이다. 옷깃이 똑바로 곧게 되어 있는 직령(直領)으로서 허리에 주름이 잡히고 큰 소매를 달아 당상관은 남색(藍色), 당하관은 홍색(紅色)을 입었다.

689) 추기(杻器)는 죄인의 손발을 봉쇄(封鎖)하여 채우던 고대의 형구(刑具)이다. 杻의 글자는 박달나무의 뜻으로 쓰일 때에는 '유'로 발음하지만 형구(刑具)인 수갑[手械]으로 사용될 때에는 '추'로 발음한다.

690) 사류(射柳)는 요금(遼金)시대에 구장(毬場) 위에 버드나무를 꽂아두고 말을

타고 달리며 화살을 쏘아 맞히던 경기(競技)의 일종이었다. 그 근원은 『한서(漢書)』〈흉노전(匈奴傳)〉에 옛날 선비족(鮮卑族)이 가을 천제(天祭)를 지낼 때 삼면이 버드나무가 둘러싸인 곳에서 치마(馳馬)하던 의식(儀式)에 있으며 나무숲이 없는 곳에서는 삽류(挿柳)하고서 천제를 행하였는데 요금(遼金)에 그 유법(遺法)이 상전(相傳)되었다고 하였다. 역사적으로 선비족은 동호족(東胡族)의 한 지류였으며 흉노(匈奴) 역시 호족(胡族)으로 불린 몽골 일대에서 활약한 유목 기마 민족으로 모두 단군조선의 유민(遺民)이었으며 천제(天祭)는 단군조선 이전부터 지금까지 행하고 있는 천자국(天子國)이자 천손(天孫)의 민족인 우리 겨레의 제천 의식이었다. 경건(敬虔)한 제천 의식이 끝나면 그 장소에서 각종 무예 경기(武藝競技)와 유희(遊戱), 가무(歌舞)를 행하여 모든 사람이 화락(和樂)하여 대동단결을 도모하고 거룩한 신성(神性)을 융회(融會)시켰다. 설날과 추석 명절에 각 가정에서 제사를 지내는 의식은 곧 조상을 하늘로 생각하는 작은 천제라고 할 수 있다. 비록 사적(史籍)이 유실(遺失)되고 겨레의 계통이 뒤섞여 버렸다고 할지라도 선비와 흉노의 유법(遺法)이라든가 배천례(拜天禮), 추천지제(秋天之祭)라는 낱말이 사류(射柳)는 곧 우리 선조(先祖)들이 행한 유습이었음을 알 수 있겠다.

691) 중오일(重五日)은 월일(月日)에서 5가 겹치는 날, 즉 음력으로 5월 5일 단오절(端午節)이다.

692) 帕의 글자는 머리에 동이는 비단일 때 지금은 '파'로 발음하지만 옛날에는 둘러맨다는 뜻을 가진 말(抹)의 발음을 그대로 취하여 '말'이라고 발음하였고 휘장일 때는 '첩'으로 발음하는 전주문자(轉注文字)이다. 그래서 여기에서 '맥(陌)'이라고 발음하는 글자가 쓰였다. 그러나 지금은 지금의 발음대로 '파식'이라 하였다.

693) 화살을 쏘는 사람은 존비(尊卑)의 서열(序列)에 따라 파식(帕識)하였고 두 행렬(行列)을 지었다.

694) 주살[弋箭]은 오늬에 줄을 매어 쏘는 화살이다.

695) 승목(升木)의 승(升)은 옛날 새나 피륙의 날을 세는 단위였고 명대(明代)에 사류(射柳)는 곧 전류(翦柳)라 하여 호로(葫蘆)에 비둘기를 가두어 버드나무 위에 걸어 놓고 전(翦)을 쏘아 비둘기가 놀라 날아가는데 그 높고 낮음으로 승부를 가린 유희가 있었다는 기록 등으로 보아 승목(升木)의 승(升)은 사류(射柳)에서 횡촉전(橫鏃箭)을 쏘아 버드나무에 껍질을 벗겨 희게 한 부분을 단류(斷柳)하거나 흰 부분이 아닌 푸른 부분에 맞히는 등으로 점수를 세는 것이며 목(木)은 비둘기나 여타의 새 대신 사용된 버드나무라고 볼 수 있다. 줄을 매어서 목표물인 나무를 승강시키는 것이 아니라는 의미이다.

696) 가의(賈誼: B.C. 200~168)는 서한(西漢)시대의 문학가이자 정치가였으며 하

남성 낙양(洛陽) 출신으로 18세 때 문재(文才)로 이름이 났고 20세 때 문제(文帝)의 신임을 받고 박사(博士)가 되었다. 다음해 태중대부(太中大夫)가 되어 개혁 정치를 주장하다가 권신(權臣)인 주발(周勃)의 미움을 사 정치권에서 밀려났고 33세의 젊은 나이로 졸하였다. 정치평론서인 『신서(新書)』, 진(秦)의 정치를 비난한 『과진론(過秦論)』을 비롯하여 『치안책(治安策)』『논적저소(論積貯疏)』 등의 정론(政論)은 한대(漢代)의 희유의 명문으로 이름났다. 굴원의 불행한 일생을 자신의 처지에 빗대어 읊은 서정시가인 「조굴원부(弔屈原賦)」는 유명하다.

697) 격구세(擊毬勢)에서 고저(高低)에 따른 기복(起伏: 일어나고 엎드림)의 부침(浮沈: 뜨고 가라앉음)과 휴지(休止: 쉬고 멈춤)와 곡절(曲折: 굽히고 꺾임)이 조화되어 움직이는 모양이다.

698) 장니(障泥)는 말을 탄 사람의 옷에 진흙이 튀지 않도록 하기 위하여 말안장 양쪽에 늘어뜨리어 놓은 기구로 '말다래' 또는 '다래'라고 한다.

699) 《쌍수도》〈안설(案說)〉 주(注)에 오호십육국(五胡十六國) 시대의 후조(後趙)의 시조 석륵(石勒: 274~333)이 곧 석호(石虎)이며 자(字)가 계룡(季龍)이라고 하였다. 석호는 갈족(羯族: 흉노와 동족) 출신으로 북한(北漢: 前趙) 유연(劉淵)의 장수로 활약하다가 세력을 형성하여 319년에 자립 정권을 세워 조왕(趙王)이라 하다가 329년 전조(前趙) 유요(劉曜)를 멸하고 칭제하였다. 도읍을 양국(襄國: 하북성 邢臺)에 정하였다가 후에 업(鄴: 하북성 臨漳)지방으로 옮겼다. 351년 염위(冉魏)에 의해 멸망할 때까지 역사에서 이를 후조(後趙)라고 한다.

700) 여기서 금(禁)은 궁금(宮禁)으로 천자(天子)가 머무르는 궁궐 또는 대궐을 뜻한다. 따라서 금중(禁中)은 일반 사람의 출입이 금지되어 있는 궁궐의 내부 지대를 말한다. 본서 《서》의 금원(禁苑)이라든가 중공의 자금성(紫禁城)이라 할 때 금(禁)은 모두 일반인의 출입금지 구역이라는 의미이다.

701) 고대의 여러 유희(遊戲) 가운데 하나로 한 사람이 긴 장대[長竿]를 손으로 잡거나 머리 위에 올리고 다른 여러 사람이 장대에 매달리어[緣竿] 올라가 연기(演伎)하는 놀이로 오늘날 서커스에서도 그 흔적이 남아 있다.

702) 기행(跂行)과 별식(鱉食)은 고대의 잡기(雜技)의 종류들이다.

703) 시랑(侍郎)은 명청(明淸)시대에 정부 각 부(部)의 부장관(副長官)으로서 지위는 상서(尙書) 다음이었다.

704) 말안장의 모양이 마치 시렁이나 교량처럼 생겼으므로 안교(鞍橋)라고 한다.

705) 호수(虎鬚)는 범의 수염이며 무장(武裝)을 할 때 주립(朱笠: 붉은 대갓)의 모자 네 귀에 장식하는 꾸밈새였는데 호수 대신에 흰 빛깔의 새털을 꽂기도 하였다.

706) 종립(鬃笠)은 종모(鬃帽)와 함께 모두 전립(戰笠)으로 쓰여 동의어처럼 사용

되고 있지만 『典錄通考』〈刑典禁制條〉에 종모(鬃帽)는 특제모자로 1품관(一品官) 외에는 일체 금하는 구분이 있었다.

707) 전립(戰笠)은 군사훈련이나 의식 때 쓰는 갓으로 모(毛)나 세죽(細竹)으로 만들었다. 모(毛)로 만든 것을 모전립(毛戰笠)이라 하고 세죽(細竹)으로 만든 것을 죽전립(竹戰笠)이라고 하였다.

708) 호의(號衣)는 군인이나 관례(官隸) 등의 소속을 표시하는 제복인데『속대전』〈兵典軍器條〉에 임금의 동가(動駕)할 때 어련(御輦) 앞에서 전배(前排)하는 궁속(宮屬)들은 붉은 호의[紅號衣]를 착용한다고 하였다.

참고 문헌

[국내 서적]

正祖命撰,『武藝圖譜通志』全 영인본, 學文閣, 1972.

金謂顯 譯,『국역무예도보통지』, 민족문화사(서울), 1984.

正祖命撰, 金光錫 實演, 沈雨晟 解題,『武藝圖譜通志 實技解題』, 東文選(서울), 1987.

金光錫 지음,『拳法要訣』, 東文選(서울), 1992.

김광석 著,『本國劍』, 동문선(서울), 1995.

김광석 著,『朝鮮槍棒敎程』, 동문선(서울), 2002.

林東圭 註解,『實演·完譯 무예도보통지』, 학민사(서울), 1996.

無想 郭東喆 著,『武藝圖譜新志』, 高麗書籍株式會社(서울), 檀紀 4282年.

高東永 지음,『韓國上古武藝史』, 한뿌리(서울), 1993.

나영일,『조선시대의 무예』, 서울대학교출판부(서울), 2003.

韓嶠 撰,『武藝諸譜』, 프린트 제본.

『武藝諸譜飜譯續集』영인본, 啓明大學校出版部(대구), 1999.

『四書正文』영인본, 驪江出版社(서울), 1992.

『三經正文』영인본, 驪江出版社(서울), 1986.

『續大典·大典通編』영인본, 圖書出版 民族文化(부산), 1995.

韓㳓劤 외 5인,『譯註 經國大典』-飜譯篇-, 韓國精神文化研究院(경기도 성남시), 1992·3版.

韓國學文獻硏究所 編,『經國大典註解』, 亞細亞文化社(서울), 1983.

栖碧外史海外蒐佚本叢書, 영인본,『兵政』外五種, 亞細亞文化社(서울), 1986.

임승국 번역·주해,『桓檀古記』, 정신세계사(서울), 1987년·重版.

이일봉 지음,『實證 한단고기』, 정신세계사(서울), 2005.

金富軾, 李丙燾 譯註,『三國史記』上·下, 乙酉文化社(서울), 1992·12쇄.

金富軾 撰, 崔虎 譯解, 『新譯 三國史記』 ①·②, 弘新文化社(서울), 1994.

一然 지음, 김원중 옮김, 『삼국유사』, 을유문화사(서울), 2004·15쇄.

일연, 고전연구실 옮김, 『新編 三國遺事』, 圖書出版 新書苑(서울), 2004·3쇄.

金在得 編著, 『古文獻用語解例』-朝鮮王朝篇-, 培英社(서울), 1983.

軍事文獻集 17～19, 『兵學指南演義』, 國防軍史研究所(서울), 1995.

震檀學會 李相佰 著, 『韓國史』-近世後期篇-, 乙酉文化社(서울), 1974·12판.

申采浩 著, 丁海廉 編譯, 『申采浩 歷史論說集』, 現代實學社(서울), 1995.

申采浩 지음, 『조선상고사』, 일신서적출판사(서울), 1990.

申采浩 著, 李萬烈 註釋, 『註釋 朝鮮上古史』, 螢雪出版社(서울), 2003·8쇄.

한국민속사전 편찬위원회, 『한국민속대사전』 1·2, 민족문화사(서울), 1991.

국립민속박물관(서울) 학술총서 43, 『한국무예의 역사·문화적 조명』, 2004.

한국사회체육학회 연구세미나, 국회도서관, 『전통무예의 활성화 방안』, 2004년 11월 30일.

禹玄民 譯註, 『六韜三略』, 博英社(서울), 1985·重版.

하재철 옮김, 『육도·삼략』, 범우사(서울), 1993.

姜舞鶴 譯解, 『六韜三略』, 정음사(서울), 1986.

이정 지음, 이현수·이병호 옮김, 『이위공병법·사마병법』, 홍익출판사(서울), 1996.

孫武 著, 姜舞鶴 譯, 『孫子兵法』, 집문당(서울), 1993.

박창수 엮음, 『청소년이 꼭 읽어야 할 손자병법』, 도서출판 인화(경기도 광명시), 2003.

車文燮 著, 『朝鮮時代軍制研究』, 檀大出版部(서울), 1989·4版.

崔孝軾 著, 『朝鮮後期軍制史研究』, 도서출판 신서원(서울), 1995.

姜舞鶴 著, 『廣開土大王의 戰術』, 圖書出版 世進社(서울), 1990.

李鍾學 著, 『新羅花郎·軍事史研究』, 서라벌군사연구소출판부(경주), 1995.

朴一峰 譯著, 『大學·中庸』, 育文社(서울), 1987·重版.

朴一峰 編著, 『周易』, 育文社(서울), 1987·重版.

정진명 著, 『우리 활 이야기』, 학민사(서울), 1996.
정진명 지음, 『한국의 활쏘기』, 학민사(서울), 1999.
민경길·최진희 지음, 『國弓의 科學的 射法』, 도서출판 봉명(서울), 2002.
金海星 解譯, 동양학 총서 44, 『射經』, 자유문고(서울), 1999.
池載熙 解譯, 동양학 총서 45, 『예기』 상·중·하, 자유문고(서울), 2000.
崔亨柱·李俊寧 편저, 동양학 총서 46, 『爾雅注疏』, 자유문고(서울), 2001.
池載熙·李俊寧 解譯, 동양학 총서 47, 『주례』, 자유문고(서울), 2002.
南基顯 解譯, 동양학 총서 48, 『春秋左傳』, 자유문고(서울), 2003.
南基顯 解譯, 동양학 총서 59, 『春秋繁露』, 자유문고(서울), 2005.
李世烈 解譯, 동양학 시리즈 26, 『漢書藝文志』, 자유문고(서울), 1995.
文璇奎 譯著, 『春秋左氏傳』 上·中·下, 明文堂(서울), 1993.
松亭 金赫濟 校閱, 『原本集註 詩傳』(全), 明文堂(서울), 1991·重版.
魯長時 譯註, 『新譯 歐陽修散文選』, 明文堂(서울), 2004.
金鍾權 譯註, 『新完譯 東國兵鑑』, 明文堂(서울), 1987.
金鍾權 譯註, 『新完譯 懲毖錄』, 明文堂(서울), 1987.
유성룡, 이민수 옮김, 『懲毖錄』, 을유문화사(서울), 1994.
鄭在書 譯註, 『山海經』, 民音社(서울), 1993·2版.
李重宰 譯, 『完譯 山海經』 上·下, 아세아문화사(서울), 2000.
權德周 譯解, 『書經』, 惠園出版社(서울), 1990.
曺斗鉉 譯解, 『詩經』, 惠園出版社(서울), 1992.
李民樹 譯解, 『莊子』(內篇), 惠園出版社(서울), 1994.
鄭長澈 譯解, 『荀子』, 惠園出版社(서울), 1999.
范善均 譯解, 『孟子』, 惠園出版社(서울), 1991.
李基東 譯解, 『孟子講說』, 成均館大學校出版部(서울), 1994·再版.
宣柱善 著, 『書藝通論』, 圓光大學校 出版局(전북익산), 1996.
정옥자 외 지음, 『정조 시대의 사상과 문화』, 도서풀판돌베개(서울), 1999·2쇄.
정옥자 지음, 『정조의 수상록 일득록 연구』, 일지사(서울), 2001·2쇄.
정옥자 저, 『정조의 문예사상과 규장각』, 효형출판(서울), 2001.
임미선 외4인, 『정조대의 예술과 과학』, 문헌과 해석사(서울), 2000.

서울大學校 奎章閣,『奎章閣 韓國本 圖書解題』1-4, 保景文化社(서울), 1993.

高麗大學校 民族文化硏究所 編,『韓國圖書解題』, 高大民族文化硏究所出版部, 1990·再版.

이덕무 저, 이식 외 공역,『국역 청장관전서』①~⑬, 민족문화추진회 편, 1997·중판.

유성룡 저, 장재한 외 공역,『국역 서애집』①~②, 민족문화추진회 편, 1997·중판.

李圭景 저,『국역분류 五洲衍文長箋散稿』16-20집, 민족문화추진회, 1977-1981.

한국문원편집실,『문화유산 왕릉』, 한국문원(서울), 1996·11쇄.

이호길 지음,『조선의 왕릉』, 가람기획(서울), 2003.

신영훈 글, 김대벽 사진,『조선의 정궁 경복궁』, 조선일보사(서울), 2003.

李德秀 글·사진,『新 궁궐기행』, 대원사(서울), 2005·2쇄.

朴宗慶 저, 강신엽 역주,『조선의 무기Ⅱ(융원필비)』, 도서출판 봉명(서울), 2004.

이종욱 지음,『화랑花郞』, 휴머니스트(서울), 2003.

金珊瑚 繪畵劇本,『대쥬신제국사』①~⑤, 동아출판사(서울), 1995.

황영시,『겨레의역사』, 육군본부 발행, 1983.

李寧熙,『노래하는 역사』, 朝鮮日報社(서울), 1994.

연민수 편저,『일본역사』, 도서출판 보고사(서울), 1993·3쇄.

정연종,『한글은 단군이 만들었다』, 죠이정인터내셔날(서울), 1996.

이덕일 지음,『사도세자의 고백』, 도서출판 푸른역사(서울), 2003.

김영호 지음,『조선의 협객 백동수』, 푸른역사(서울), 2002.

鄭智勝 著,『피야 피야 三神 피야』, 도서출판 전예원(서울), 1985.

황우연,『天符의脈』, 우리출판사(서울), 1988.

김용옥,『태권도철학의 구성원리』, 통나무(서울 종로구), 1990.

최정호,『한국의 문화유산』, 나남출판(서울), 2004.

양태진 엮음,『알기 쉬운 옛책풀이』, 法經出版社(서울), 1990.

申用浩·姜憲圭 著,『先賢들의 字와 號』, 전통문화연구회(서울), 1997.

柳肅 지음, 洪熹 옮김, 『禮의 정신』, 東文選(서울), 1994.
辛成大 지음, 『무덕』, 東文選(서울), 2006.
松田隆智 著, 권오석 역, 『圖說 中國武術史』, 書林文化社(서울), 1979.
李和炯 著, 『李德懋의 文學研究』, 集文堂(서울), 1994.
류재일, 『이덕무의 시문학 연구』, 태학사(서울), 1998.
羅絢成, 『世界體育史槪論』, 敎學研究社(서울), 1989·參版.
羅絢成·趙明烈·盧熙憲 共著, 『體育史』, 螢雪出版社(서울), 1993.
朴鍾鴻 外 執筆, 『韓國의 名著』2, 玄岩社(서울), 1992 6쇄.
黃淳九 譯注, 『海東韻記』, 太學社(서울), 1992·四版.
沈括 지음, 최병규 옮김, 『몽계필담』 상·하, 범우사(서울), 2002.
조남권·김종수 공역, 『譯註 樂記』, 민속원(서울), 2000.
柳勝元·許一雄 共著, 『氣經穴學』, 북피아(서울), 2001·재판.
朴一峰 編譯, 동양고전신서 23~26 『史記』, 도서출판 육문사(서울), 2000.
李成珪 編譯, 대학고전총서 4 『史記』, 서울大學敎出版部(서울), 1996.
兪小林·李柱訓 譯, 『司馬遷의 史記』 ①~③, 도서출판 사사연(서울), 2002.
弘字出版社編輯部 編, 『最新弘字玉篇』, 弘字出版社(서울), 1979.
康寔鎭 編, 『進明 中韓大辭典』, 進明出版社(서울), 1993.
諸洪圭 編著, 『韓國書誌學辭典』, 景仁文化社(서울), 1989.
南廣祐 編, 『補訂 古語辭典』, 一潮閣(서울), 1995.
우리말사전편찬회편, 책임감수문학박사 이숭녕·남광우·이응백, 『우리말 대사전』, 도서출판삼성문화사(서울), 1995.
李弘稙 編著, 『한국사대사전』, 교육도서(서울), 1991.
李炳甲 엮음, 『中國歷史事典』, 학민사(서울), 1995.
蔡仁植 외 2인 共譯, 『漢方醫學 用語大辭典』, 癸丑文化社(서울), 1993·4 版.

[중화 서적]
清·允祿 等 編撰, 牧東 點校, 『皇朝禮器圖式』, 廣陵書社(揚州), 2004.
漢·許愼 撰, 清·段玉裁 注, 『說文解字注』, 天工書局(台北市), 中華民國

81年.

明·王圻·王思義 編集,『三才圖會』(中), 上海古籍出版社(上海), 1988.

明·宋應星 著,『天工開物』, 中國社會出版社(北京), 2004.

清·王謨 輯,『增訂漢魏叢書』(四), 大化書局(台北), 中華民國 72年.

明·戚繼光 撰, 邱心田 校釋,『練兵實紀』, 中華書局(北京), 2001.

明·戚繼光 撰, 王熹 校釋,『止止堂集』, 中華書局(北京), 2001.

清·吳殳 著,『手臂錄』, 逸文出版有限公司(台北市), 1996.

高崇道 編著,『中國武學辭典』, 常春樹書坊(台北市), 中華民國 75年.

中國兵書集成編委會,『中國兵書集成』, 解放軍出版社(北京市)·遼沈書社(沈陽市), 1992.

中國武術大辭典編輯委員會 編著,『中國武術大辭典』, 人民體育出版社(北京), 1990.

羅竹風 主編,『漢語大詞典』, 上海辭書出版社(), 1986.

編撰委員會 編,『中國武術百科全書』, 中國大百科全書出版社(北京), 1998.

吳楓 主編,『簡明中國古籍辭典』, 吉林文史出版社(長春市), 1988.

康戈武 編著,『中國武術實用大全』, 今日中國出版社(北京), 1995年 4刷.

陳鑫 著,『陳氏太極拳圖說』, 上海書店出版社(上海福州), 2000·5刷.

譚大江 編著,『武當內家派述秘』, 人民體育出版社(北京市), 1998.

萬籟聲 編著,『武術滙宗』, 中華武術出版社(臺北市), 中華民國 64年.

程冲斗 著,『少林刀槍棍法闡宗』, 華聯出版社(臺北), 中華民國 75年.

沈壽 著,『沈壽太極拳文集』, 人民體育出版社(北京), 2005.

楊麗 主編,『太極拳辭典』, 北京體育大學出版社(北京), 2004.

春臺先生增註,『孔子家語』乾·坤, 江都 書肆嵩山房梓, 1995.

潘詠周 著,『陳氏太極拳大全』1~3卷, 樂典設計有限公司(台北市), 中華民國 83年.

陳正雷 著,『陳氏太極拳術』, 山西科學技術出版社(太原幷州), 1999.

李天驥 編著, 李德印·李德芳 助編,『武當劍術』, 人民體育出版社(北京), 1996·2刷.

馬明達 著,『武學探眞』上·下冊, 逸文出版有限公司(台北市), 2003.

金一明 著,『君子劍』, 逸文武術文化有限公司(台北市), 2005.

裵錫榮·韓明華·江松友 合編, 『中華古今兵械圖考』, 人民體育出版社(北京), 1999.
周緯 著, 『中國兵器史稿』, 百花文藝出版社(天津市), 2006.

역자 후기

선생님의 권유로 《무예도보통지》의 번역문을 다듬어 동문선에 제출하고 난 며칠 후, 신(辛) 선배님께서 역자 후기를 써보라고 하신다. 그러나 선배님의 말씀처럼 시야가 좁고 세련되지 못한 나로서는 모든 격식을 다 갖추는 것이 조금은 부담스럽다. 또한 본인의 수련 정도가 아직도 지고한 한국무예의 산 언저리를 헤매고 있으면서 전통무예의 총서(總書)인 《무예도보통지》를 번역·해설한다는 것 자체가 불감당인데, 글이란 그 사람의 인격이요 정신이니 세상에 나의 글을 처음 드러내어 매서운 독자들의 평가를 받아야 하는 지금으로선 그저 두렵기만 하다. 후기를 짧게 쓰겠다 하였더니 많이 써도 된다고 한다.

평소에 서적을 정독(精讀)하고 용어와 자구에 천착하는 버릇이 있어, 전통무예를 사랑하는 마음으로 《무예도보통지》에 관한 기존의 번역본에 그 공로는 인정하면서도 약간의 만족스럽지 못한 마음을 가진 것이 이 새로운 해석본을 내게 되었다. 내가 《무예도보통지》를 처음 접하게 된 것은 24세가 되던 1984년 가을 해범 선생님을 만나면서였고, 이후 20여 년 동안 스승님에게 가르침의 은혜를 입으면서 내용에 대한 이해가 조금씩 나아졌으며, 주해(註解)의 글에는 선생님의 말씀이 곳곳에 배어 있다.

번역은 먼저 나온 김위현(金渭顯) 교수님의 국역본이 있었기에 좀더 부드러운 번역이 가능하였고, 단지 그 책을 수정하는 작업이었을 따름이라 할 만하다. 기법(技法) 부분의 번역은 옛 사람들의 언해본을 그대로 따라 적었는데, 표현만 지금의 언어로 바꾸었다. 해설은 여러 서적의 내용을 간추려 나 개인의 주관적인 관점으로 한국무학의 정서적 체계를 한국무예를 연구하는 독자들에게 제시한 것이다. 그리고 세명(勢名)의 간략한 의미는 이미 국역본에 익은 분들이 많을 것이라 여겨 그대로 적으면서 수정하였고, 실기 동작에 대한 해설은 한국무예원의 해범(海帆) 김광석(金光錫) 선생님이 총론과 각론으로 나누어 네 권의 서적에 자세한 사진과 그림으로 동작을 해제하였기에

굳이 설명이 필요하지 않았다.

지금 체육학계에서 전통무예를 전통체육으로 인식하고, 《무예도보통지》를 중심으로 다방면의 연구가 진행되면서 전통무예의 학문화 · 철학화 · 체계화 · 대중화 · 조직화 · 생활화가 이루어져야 한다고 한결같이 말하고 있다.

아득한 상고시대로부터 본래 무(武)의 정신을 근본으로 하여 나라를 세우고, 무예 단련을 일상 생활의 한 부분으로 실천하여 왔던 무용(武勇)과 상무(尙武)의 나라에서 어찌하여 오늘날 이러한 기초적인 문제가 제시되어야 하는지에 대하여 새삼 자괴한 마음을 금할 길 없다. 그러나 선조들로부터 물려받은 무예 문화의 유산은 군사무예라는 한계를 가진 《무예도보통지》일서(一書)만이 전하고 있으며, 그것도 무예의 기초적이고 구체적인 수련 방법과 이론이 배제된 군사무예의 전문인만이 보고 알 수 있는 군사무예전서(軍事武藝專書)라는 한계가 있으니 어찌하랴! 그러나 우리의 《무예도보통지》는 전통의 기예뿐만이 아니라 겨레의 무예 역사와 무예 철학, 병(兵)과 무(武)의 사상적 근원을 전하고 있으며, 실용하였던 군사무예의 총서이기 때문에 기법의 실전성이 뛰어난 기술로만 편성되어 있고, 지엽을 배제하고 정법무예(正法武藝)로만 구성되어 있어, 지금의 보건과 양생의 무예로 펼쳐낼 수 있는 반석이 되어줄 자적(藉籍)임이 분명하니 이보다 더한 다행은 없겠다.

체육학계에서 말하고 있는 전통무예의 학문적 · 철학적 수립은 군사무예의 한계를 넘어 국민의 체위 향상에 이바지할 수 있는 다양한 형태의 무학 전개를 말하고 있다고 이해된다. 이 문제와 더불어 나는 무예 서적에서 전하고 있는 "무(武) 가운데 문무(文武)가 있고, 문(文) 가운데 문무(文武)가 있다"는 설법을 곰곰이 생각해 본 적이 있다. 여기에는 오늘날 한국무예의 연구 방향이 있기 때문이다. 우선 문무(文武)의 대의(大意)로서 문(文)이란 조화롭고 부드러우며 아름답고 착한 고운 심성(心性)을 지키고 배양하는 것이며, 무(武)란 정의(正義)를 수호하는 불굴의 정신과 강백(剛魄)한 기개(氣槪)를 기르는 것이다.

무(武) 가운데 문(文)이 곧 무예학술이며, 무학의 체계적인 지식이다. 무예학술의 문장수양(文章修養)으로 무예의 문덕(文德)을 수양하는 것과 무예내련(武藝內鍊)의 요소로서 정(精) · 기(氣) · 신(神)을 배양하는 정공(靜功)도 무(武) 가운데 있는 문(文)의 요소에 속한다. 무예학술의 문장수양은 다시 무예내학(武藝內學)과 무예외학(武藝外學)으로 구분되어야 조잡하거나 오류의 학술자료들이 나오지 않게 되고, 무학이 정교하게 되어 우수한 기술이 도출되어 건실하고 풍부한 한국무학으로 발전할 수 있다. 무(武) 가운데 무(武)는 항심(恒心)의 의지(意志)로 기예를 단련하여 숙련시키는 상무(尙武)의 실천 행위이다. 문(文) 가운데 있는 문(文)이란 인문학(人文學)으로서 다양한 문장의 수업으로 관용(寬容)이나 용서(容恕)와 같은 미덕(美德)과 아름답고 부드러운 심성을 길러 지인(至人)에 이르게 하는 것이다. 문(文) 가운데 무(武)란 지기(志氣)와 정신(精神)이 스며 있는 문장의 수업으로 용기와 용맹한 의협심·정의심을 가슴에 각인하여 삶의 좌표로 삼는 것이다. 문(文) 가운데 무(武)의 정신이 드러나는 예는 여러 곳에서 보이고 있는데, 인의(仁義)와 도덕(道德)으로써 정치를 하라고 군왕들에게 강하게 역설하였던 맹자(孟子)나 우리나라 역사에서 왕위를 찬탈한 수양대군의 불의(不義)에 대항하여 죽음으로써 의리(義理)와 절개(節槪)·지조(志操)를 지킨 사육신(死六臣)의 기개라든가, 한겨울에 얼음이 쩡하게 언 듯하고 도산(刀山)의 칼날 같은 추사(秋史) 김정희(金正喜)의 글씨체는 비록 무인(武人)은 아니라 할지라도 서체(書體)에 무(武)의 정신이 나타나고 있는 것이다.

　무예의 학술은 박대정심(博大精深)한 분야인데도 불구하고 지금 우리나라의 무예연구는 기예와 연구의 영역이 교차하는 주변학계의 학자들이 오류(誤謬)의 자료를 내어 학술의 방향을 외람되이 흐르게 하고, 후학들에게 잘못된 선입견을 심어주어 한국무예의 장도에 오히려 걸림돌로 작용하고 있다. 어떤 부분은 단순한 오류가 아니라 일제 식민 교육의 뿌리가 그대로 남아 선조들의 무예 문화를 비하하거나, 무의식적인 패배 의식으로 《무예도보통지》 무예의 정통성과 주체성·독창성을 부정하여 민족의 정기(正氣)를 좀먹는 내용들도 있다. 이러한 오류는 가볍게 보면 배움이 부족하여 아는 것이 없다고 치부할 수 있겠으나, 후학들에게 무예를 지도하는 위치를 감안하여 무겁게 보면 조종(祖宗)의 맥락을 배역하는 민족반역적인 저작행위들이라고 할 수 있다. 어지러운 무예에 관한 자료들을 대할 때마다 몇 년 전, 〈한국무예는 살아 있는가?〉라는 제(題)로 쓴 어느 후배의 글에 '십팔기(十八技)가 바로 세워져야 진정한 나라의 독립이 이루어진다'는 내용을 실감하게 된다.

광복 이후 지금까지 《무예도보통지》에 대한 선행평가를 간술(簡述)하면, 위당(爲堂) 정인보(鄭寅普) 선생은 조선조 실학(實學)의 명저로 중시하며 평가하기를 "조선 중심의 연구를 손 가는 대로 캐어낼 수 있는… 朝鮮學을 제창코자 하며 朝鮮心을 培植코자 하여 一技一藝에라도 本土의 自性을 表揭하랴 하는지라, 무예도보통지는 실로 朝鮮史法을 바로잡는 탕개로 볼 수도 있다"고 하였다.

육사(陸士) 교수를 지낸 허선도(許善道) 선생은 《韓國의 名著》에서 해제하여 표현하기를, "《武藝圖譜通志》는 當代 編書의 白眉로 堅實한 考證으로 이루어진 體制와 首尾一貫으로 꽉 짜인 解說은 博物志的인 兵書이며 自主와 實用의 武藝書"라고 평가하고 있다.

지금 서울대학교 체육교육학과 나영일 교수는 논고(論藁)에서 "《무예도보통지》는 동양 삼국의 무예를 총화하고 삼국의 무예를 창조적으로 흡수해서 발전시킨 우리 민족의 위대한 문화 유산"이라 평가하고 있다.

무예란 무엇인가? 다시 원천으로 돌아가 무예의 개념과 다양한 가치, 그리고 학문으로서의 무학(武學)을 짚어 본다.

조선시대에 인식한 무예의 개념에 깊은 이해를 가진 선비들은 후생(厚生) 또는 양생(養生)에 이용될 수 있는 학문과 기술임은 알았어도, 체제의 한계 때문에 무(武)는 무기(武技)로, 예(藝)는 기술의 정련(精鍊)으로 인식하여, 단순히 군사들을 정예화시키는 격자기술의 뜻으로 통용되었다. 이러한 개념은 군사기술로 응용된 군사무예의 한정된 개념일 뿐이며, 무예의 본래 의미와 용도는 매우 포괄적이다. 《무예도보통지》의 곳곳에서는 무예의 다양한 용도가 개화되길 간절히 바라고 있다. '통지(通志)'라는 단어를 모든 기록이니 삼통(三通)이니 하는 딱딱한 틀을 벗어나 글자 그대로 조금 단순하며 감상적으로 보면, 뜻 지(志)의 글자는 선비(士)들의 마음(心)이니, 선비들의 마음이 세월을 뛰어넘어 소통(疏通)되어 통(通)하고 있는 것이 통지(通志)라고 해석할 수도 있다. 유용한 서적을 편찬하여 후세로 전수하고, 후세는 이 서적을 탐구하여 그때에 필요한 새로운 문화와 정신을 창조하는 것이 바로 통지(通志)의 행위이다. 왜란의 와중에 나라를 구하려는 일념으로 군영을 오가며 살수보(殺手譜)를 정리하여 《무예제보》를 창안한 한교(韓嶠) 선생의 의지가 근

2백 년이 지나 소조(小朝) 장헌세자와 소통되어 《무예신보》가 편찬되었으며, 정조 임금 부자(父子)의 마음이 소통되어 《무예도보통지》라는 서적이 나올 수 있었고, 지금은 또 2백여 년을 뛰어넘어 정조의 개혁 정신과 소통되어야 한다고 본다. 곧 무예인의 이심전심이다. 무예의 본래 의미와 용도를 선조들과 통지(通志)하는 마음으로 살펴본다.

무예(武藝)의 무(武)는 일상에서 몸 단련을 중시하는 상무(尙武)의 실천이며, 예(藝)는 심신이 승화된 상태이다. 예(藝)의 글자는 본래 '종자(씨앗)를 심는다'는 뜻인데, 어릴 때부터 스승은 세상을 밝게 할 제자라는 텃밭에 무(武)의 덕목을 심고, 제자는 자신에게 심어진 기(技)와 덕(德)을 고련(苦鍊)과 항심(恒心)으로 꽃피우고 열매를 맺어 완결을 보는 교학(敎學)의 시종을 함축하여 담고 있는 것이다. 무예의 함축적 의미는 곧 무예의 용도가 된다.

항심(恒心)으로 고련(苦鍊)하는 과정이 바로 무예에서 가장 중시하는 심신을 도야하는 수양(修養)이라 표현하고, 기(技)를 숙련시키는 과정은 건강과 호신·체육의 효과를 낳고, 사회 생활에서 스승이 강조하는 무덕(武德)을 실천하므로 무예가 실천윤리학이 되어 도덕 사회를 창출하는 교육 자원이 될 수 있는 것이다. 이러한 무예 수업의 전 과정에서 호연(浩然)한 민족 정기가 고양되고, 호국(護國)의 기치를 높일 때 군사무예로 전용되는 것이다. 개인의 성령(性靈)을 연마하는 종교 수행에서 공력(功力)을 배양하는 방법으로도 응용된다. 그래서 오늘날에도 무예는 신체를 단련하는 체육이면서 내외(內外)를 겸수(兼修)하여 실천하는 윤리이며, 공방기격(攻防技擊)의 호신술(護身術)이며, 건강을 도모하는 양생법(養生法)이며, 유형·무형의 문화 유산이란 다양한 가치가 있는 것이다. 이러한 무예의 다양한 측면에 대하여 과학적 탐구 방법으로 계통적이며 논리적인 지식의 체계를 확립하여 먼저 자기를 완성하고 건전한 사회가 되도록 공헌하며, 인간의 문명(文明)을 진보시키기 위한 연구를 '무예학문(武藝學問)' '무예학(武藝學)' 또는 줄여서 '무학(武學)'이라고 하는 것이다.

봉건시대에는 주로 군사적 용도로만 무예를 사용하였기 때문에 무학(武學)을 병학(兵學)과 동일시하거나 무과(武科)의 응시자나 무반(武班)들이 기사격자(騎射擊刺)로 군사기술을 익히는 것으로만 인식하였으나, 지금은 오히려 무예의 본질로 다시 돌아가 본래의 다양한 가치를 활용할 수 있는 폭넓고 풍부한 무예학문의 전개가 요구되는 시대라고 할 수 있다. 고도의 기계문명과 균형을 취할 수 있는 정신문명의 발전이 요구되기 때문이다. 무학은 그 유래가 너무도 오래되어 그 기원을 알 수 없는 옛날의 정신과학이며 인문과학이었다.

지금 《무예도보통지》를 중심으로 하는 한국무학(韓國武學)의 연구는 먼저 무예내학(武藝內學)과 무예외학(武藝外學)의 두 가지 영역으로 구분할 필요가 있다. 무예내학은 무예 자체에 대한 학문으로 기예 수련을 실천하는 연마(鍊磨)에 관한 학문이며, 무예외학은 무예라는 사상(事象)과 접하는 주변학문의 영역에서 무예와 연계시켜 학술을 전개하는 것이다. 다시 말하여 무예 수련에서 필요한 이론과 실기, 즉 내공(內功)·외공(外功)·기공(氣功) 등 무예공법(武藝功法)에 관한 이론, 연기(練氣)·양기(養氣)·용기(用氣)·호흡(呼吸) 등의 무예기법(武藝氣法)에 관한 이론, 경론(勁論)과 경법(勁法), 공방(攻防)의 타법(打法)이 집약되어 있는 투로(套路)의 초식(招式) 및 세법(勢法), 대타(對打)와 산타(散打)로 표현되는 격투(格鬪), 금나(擒拿)와 착골법(錯骨法), 각종의 무기(武器)를 사용하는 원리와 규범, 무예교학의 방법론 등등은 모두 무예내학이 되고 무(武)의 무학(武學)이 된다. 그리고 무예외학이란, 무예는 다양한 가치를 지니고 있는 것인 만큼 체육학·군사학·역사학·의학·철학·윤리학·미학·민속학·종교학·국문학 기타 여러 분야에서 무예와 연결하여 전통체육학·무예사·무예문화사·무예기공학(武藝氣功學)·의료기공(醫療氣功)·무예철학·무예윤리학·무예수행론·비교무예학 등으로 학설이 세워질 수 있는데 무(武)의 문학(文學)이라고 할 수 있다.

무예는 그 특성상 체육학이며 철학이며 문학이며 이학이며 인문학의 모든 요소를 지니고 있는데, 지금의 학제(學制)에서 이 다섯 가지 중에 석·박사 학위가 있고 인맥을 통한 재단과의 이해타산이 맞으면 강단에 서서 무예나 기공의 과목으로 후학을 지도할 수 있으니, 고도의 전문지식과 실기, 그리고 무인의 도덕을 갖추어야 하는 무예교육과는 너무나 거리가 멀다. 그래서 학설이 조잡하고 오류투성이가 되고 있다. 올바른 한국무학의 계승과 발전에 가장 큰 장애물이다. 이러한 현상은 무예를 이해하지 못한 데서 비롯되었고, 비판(批判)과 반성(反省)으로 바로잡혀야 할 것이다. 무예는 항심고련(恒心苦

鍊)의 단련을 통하여 심회(心會)로 체득(體得)되고 몸으로 연구하는 가운데 무예지식이 축적되는 전문가들의 영역이다. 학술은 자율성이 보장되는 반면에, 발표된 자료에 대해서는 연구자의 책임성이 따른다. 나아가 학술은 학술의 세계만을 위해서는 아무런 가치가 없으며, 건강한 문화를 창조하여 겨레와 인류를 복되게 하는 데 일조할 수 있고 문명 사회로 진보시키는 동력으로 작용할 수 있어야 학술이라 할 수 있다.

광복 후 우리나라의 지사(志士)들은 조선민족 전통의 맥을 왜곡하고 말살하려 한 왜정의 잔재를 씻으려고 각 분야에서 많은 노력을 기울여 왔다. 그 가운데 무예 분야에서는 일제(日帝) 연간에 민족 사학의 대가였던 정인보(鄭寅普) 선생이 《담원국학산고(薝園國學散藁)》에 《무예도보통지》를 소개한 이래, 한국체육사연구회(韓國體育史研究會)・학문각(學文閣)・민속원(民俗苑)・도서출판 동문선(東文選)에서 《무예도보통지》의 영인본을 출간하였고, 1984년 김위현 교수님의 《국역무예도보통지》가 민족문화사에서 출판되어 우리 무예의 고전(古典)을 일반인들이 쉽게 접근할 수 있는 기회를 제공하였다. 1987년에는 '십팔기(十八技)'란 이름 석 자를 평생으로 지켜 오신 한국무예원의 해범(海帆) 김광석(金光錫) 선생님에 의하여 전통무예 십팔기의 실기가 빛을 드러내어 조선조 군대 해산 이후 세상에 다시 공포(公布)되었다. 이 십팔기의 실기는 도서출판 동문선에서 출판한 《무예도보통지실기해제(武藝圖譜通志實技解題)》에 담았는데, 해제는 당시 문화재위원이신 심우성(沈雨晟) 선생이 맡았다. 이 실기해제본(實技解題本)은 고전 《무예도보통지》를 오늘날 한국무예로 재편(再編)하는 작업의 시작이었고, 다음에 연이어 항목별로 나누어 정립한 《권법요결(拳法要訣)》《본국검(本國劍)》(原題는 《조선검법교정(朝鮮劍法教程)》이다)《조선창봉교정(朝鮮槍棒教程)》의 총론(總論)에 해당되었으며, 이 서적의 출간 이후 비로소 전통무예계가 활기를 띠기 시작하였다. 수많은 외세의 도전과 극복을 거듭한 겨레의 역사와 함께하며 선조들의 무예실기와 슬기・정신의 결정인 십팔기(十八技)의 실기가 공포되어지자, 전국의 대학가에서 전통무예 십팔기를 계승하자는 취지로 동아리가 생겨나고, '한국전통무예 전국대학생연합'이 결성되더니 해마다 '한국전통무예 전국대학생 연구발표회'란 행사가 열리게 되었다. 이에 해범 선생님은 막중한 책임을 느끼며 무예학습의 기초와 근본에 해당하여 무예학습에서는 빠뜨릴 수 없는 지식들을 후학들을 위해서 소중한 문서로 정리하여 주었으니, 1992년 도서출판 동문선에서 출판한 《권법요결》이다. 이 서적은 책 이름이 나타내듯이 무예를 배우거나 입문하는 사람들에게 반드시 필요한 요긴한 말씀을 담고 있는데, 21세기 새로운 한국무학의 길잡이가 되고 있다. 이후 해범 선생님은 정조 임금의 명으로 당대의 지사(志士)들이 《무예도보통지》를 찬수한 이래 민족무예의 튼튼한 기반을 다지는 정전(正典)의 재편(再編) 작업에 노고를 아끼지 않고, 1995년에 《본국검》을 저술하여 도서출판 동문선에서 출판되었다. 책 이름《본국검(本國劍)》의 본국(本國)은 우리나라를 지칭하며, 고전《무예도보통지》에 실려 있는 단병기로서 모든 도(刀)와 검(劍)에 관한 이론과 실기를 집성한 것이다. 특히 이 서적에서는 고대로부터 우리 민족의 검법으로 전해 온 조선세법(朝鮮勢法)을 예도보(銳刀譜)라 하고, 당시의 예도실기(銳刀實技)를 예도총보(銳刀總譜)와 예도총도(銳刀總圖)로 기재되어 있는 것을 '조선검법 24세(朝鮮劍法二十四勢)'와 그냥 '예도(銳刀)'로 현실에 맞게 그 명칭을 바루었다. 그로부터 다시 7년이 지난 2003년에는 고전《무예도보통지》에 실려 있는 장병기로서 창(槍)과 봉(棒)에 관한 이론과 실기를 집성한《조선창봉교정》을 저술하였는데, 역시 도서출판 동문선에서 출판되어 고전 속에 전설처럼 전해 오던 전통무예 십팔기가 지금의 한국무예 십팔기로 완벽하게 세상에 드러난 것이다. 1996년에는 임동규 선생이《무예도보통지》실연본(實演本)을 펴낸 바 있다.

　이러한 전통무예의 실기 전수와 학문적인 교정화 작업으로 이미 전통무예가 지금의 한국무예로 거듭났으며, 철학적 기반과 논리적 체계는 확고히 다져졌다. 다음으로 대중적으로 조직화하고, 다양하게 응용하여 국민의 보건으로 생활화하여 무예의 사회적 공헌을 다하는 것은 후학들의 책임으로 남겨진 것이다.

　해범 선생님께서는《본국검》에서 "우수한 문화 유산은 모두 계승과 발전의 관계 속에서 크게 발휘되는 것이다. 우리 무예(武藝)를 배우고 익히는 것도 이와 같다. 바람직한 계승이 없으면 발전을 논할 수 없으니 계승과 발전의 관계를 정확하게 처리하는 것은 무예인(武藝人)들의 주요 과제이다"라고 밝히고 있다. 글자 한 자 한 자에 심혈을 기울여 남겨진 이러한 우리 무예의 자산을 어떻게 계승하고 발전시켜 나가야 할 것인가? 계승에서 가장 중요한 마음가짐은 정성(精誠)과 공경(恭敬)이다. 무예는 10년을 하루같이 항심으로 단련하는 가운데 실전의 지식이 축적되고, 섞여서 비벼지는 가운데 보다 우수한 무예기술과 이론이 도출되는 것이다. 이러한 무예문화의 발전 과정과 무학의 기본적인 개념도 몰이해하는 삼류학자들이 함부로 전통무예를 말하는 것은 바람직한 계승의 자세가 아니다. 무예의 계승에서는 옛 사람들이 인지(人智)를 계발하고 국가를 보위하며 문명 사회를 이룩하기 위해서 무예를 발명한 대의(大義)에 대하여 먼저 심사숙고해 보아야 한다. 이와 함께 우리의 전통무예는 수천 년을 내려오며 민족의 혼(魂)이 응축되어 있는 고귀한 문화 유산이라는 인식과 학술이 곧 문화 전쟁의 일환임을 잊어서는 안 될 것이다. 발전시킨다는 것은 곧 더욱더 풍부하고 심도 있게 연구하고 다양한 용도로 활용하는 것이다.

한국무예원에서 고전《무예도보통지》의 무예를 분석·재현한《무예도보통지실기해제》《권법요결》《본국검》《조선창봉교정》의 네 권의 서적은, 본래 우리 선조들이 근 2백 년에 걸쳐서 정립한 십팔기(十八技)가 외적의 침략으로 단절되어 다시 지금의 한국무예 십팔기(十八技)로 되찾아온 정전(正典)의 재편 작업이었다. 한국무예원에 의해서 십팔기(十八技)가 부활하였지만《무예도보통지》의 십팔기는 어디까지나 골자(骨子)로만 형성되어 있어서,《권법요결》을 편찬하면서 다양한 부류의 사람들이 수련할 수 있도록 더 다양한 권법(拳法)을 추가하고 도가(道家)에서 비전되었던 용호비결(龍虎秘訣) 등의 귀중한 문서가 공개되었고, 도인법(導引法)과 양생기공의 수련 형태를 발취하여 전수되었다.《본국검》에서도 초학자들의 기본세법(基本勢法)으로 육로도법(六路刀法)을 추가하고, 검법(劍法)을 익히는 기본공(基本功) 훈련으로 내장(內壯)과 외용(外勇)의 수련법을 소개하였으며, 또《조선창봉교정》에서는 창안한 장봉투로(長棒套路) 3로와 중봉투로(中棒套路) 3로가 정리되었다. 벌써 골자(骨子)에 피근(皮筋)이 많이 붙은 것이다.

국기(國技)의 의미에 대하여 사전을 찾아보면, '그 나라에서 전통적으로 특별히 가지고 있는 기예(技藝) 또는 무술이거나 그 나라 국민의 취미를 발휘한 기예'라고 실려 있다. 역사에 가정은 없다지만 나라의 국권이 상실된 기간이 없었거나, 35년간의 왜정의 잔재를 모두 청산하여 바른 국가의 기강이 세워졌더라면, 우리나라의 국기는 분명 십팔기(十八技)로 남아 사회의 각 분야에서 다양하게 활용되어졌을 것이고, 취미를 발휘하는 기예로 궁시(弓矢: 활쏘기)가 보편화되어졌을 것으로 생각된다. 왜냐하면 십팔기(十八技)는 전통무예이기 이전에 국가에서 정립한 정통무예(正統武藝)로서 겨레의 역사와 정서가 담겨 있어 그 무예 속에는 조상의 숨결이 생생하게 살아 있었기 때문이다. 지금도 한국무예계에서 역사적인 전통성을 가지고 대다수의 국민들에게는 보건과 양생이란 평생 교육의 자원, 조종(祖宗)의 맥(脈)을 이은 청소년들의 바른 의식과 체육 교육, 의료와 건강 목적으로 대체의학으로 계발, 신세대의 병영 활동에 이용되는 군사 체육, 종교 수행에서의 동공(動功), 전통 문화로서 문화관광자원으로 계발 등 여러 가지 목적으로 이용될 수 있는 무예는 십팔기(十八技)나《무예도보통지》를 조종으로 하는 무예 이외에는 없다. 왜냐하면 민족무예를 전하고 있는 전범(典範)은《무예도보통지》이외에는 없으며, 이에 기록된 십팔기(十八技)는 전통성과 정통성을 모두 지닌 진정한 나라의 국기이기 때문이다. 뿐만 아니라《무예도보통지》에서 전하고 있는 무예는 기술적인 내용이 풍부하고 더 다양한 형태의 무예로 새로운 수련 양식을 창조하고 전환할 수 있는 바탕적인 소재가 탄탄하기 때문이다. 오늘날 해범 선생님에 의하여 새로이 부활한 한국무예 십팔기(十八技)는 진정한 의미에서 민족 정통의 유일무이한 국기이다.

대한제국 말기 나라를 받들고 있던 군대가 무장 해제되면서 십팔기는 그 전수의 맥에 일대 타격을 받았고, 유일하게 우리나라 도가(道家)에서 실낱같이 전수되어 오다가 지금의 한국무예 십팔기로 다시 개화된 것이다. 정신이 살아 있으면 노예로 부릴 수 없으므로 식민화 교육에서 가장 중요한 요체는 그 나라의 정신을 말살시키는 것이다. 핍박의 세월을 지나오며 어렵게 재기한 십팔기를 국가 차원에서 나라의 국기로 제자리에 바로 세우지 못하니, 아직도 왜정으로 인하여 혼(魂)이 나가 있다는 증거이다.

인류의 역사를 보아도 역사는 반드시 정도(正道)로만 전개되지 않았고, 우리의 역사도 수많은 굴곡과 왜곡을 지나왔다. 지난해 신성대 선배님이 그 특유의 성격으로 우리나라 무술계의 현실과 과거를 적나라하게 서술한《무덕

(武德)》이란 책에서 표현한 것처럼, 깨어진 꽃병의 조각도 잘만 붙여서 수리하여 보듬으면 훨씬 보기 좋다고 하였다. 또한 하늘이 아끼는 사람을 성장시키는 방법은 시련(試鍊)이라고 하였다. 우리는 조선조 말에서 지금까지 전통이 파괴되는 시련의 시간을 지나왔다. 지금은 현재라는 시간을 보면서 무예를 각각의 수준에 맞는 교과서로 편성하여, 공교육에서 실시하여 민족 정신을 배양하고, 국민들의 체위 향상을 위한 양생무예로 이용하며, 유·무형이 결합된 관광자원으로 계발하는 등 진정한 의미로서의 나라의 기예인 십팔기(十八技)를 국기로 다시 세워서 국가의 기강과 사회의 기풍을 쇄신하여 유사(有史)의 건국정신(建國精神)을 정립하여야 할 것이다.

수많은 사람들이 우리나라 전국에 남겨져 있는 선현들의 문화 유산을 보고, 그 속에 내재해 있는 아름다움과 지혜에 감탄을 한다. 그러나 그 특성에 대해서는 '바다'를 설명해야 하는 것처럼 한마디로 설명하기가 참으로 어렵다고 한다. 어려운 것은 무(武)의 문화를 모르기 때문이다. 한마디로 한국 문화를 읽을 수 있는 코드는 겨레의 기질 속에 흐르는 무용(武勇)이다. 유구한 역사에서 맥맥이 흐르는 무(武)의 문화를 모르면 이해하기도 어렵고 설명하기도 어려운 것이 한국 문화이다. 울산대학교 최정호 교수님은 《한국의 문화 유산》이란 저서에서 말하기를, "실로 한국 문화가 생동감 넘치는 인간주의(人間主義) 문화요, 수복사상(壽福思想)으로 일관되어 힘차고 생명이 넘쳐 살아 있는 것이 한국 문화의 특성이다"라고 하였다.

이 문장은 한국문화에 대한 명료한 설명이라 할 수 있다. 여기에서 표현한 용어를 자세히 보면 바로 무용(武勇)을 설명하고 있지 않은가? 한국 문화는 한마디로 상무(尙武)의 기질을 표현한 무용(武勇)의 문화라고 할 수 있다. 수복사상(壽福思想)으로 일관된 생명 문화의 저변에는 사실 습무(習武)를 생활화하였던 무예라는 생동(生動)의 문화, 행동(行動)의 철학이 있었기 때문이며, 이러한 자기 단련과 수승(修乘)이라는 정신 문화 속에서 인본(人本) 또는 민본(民本)의 정치철학이 생겨나고, 고도의 문명 사회가 건설되었던 것이다. 예나 지금이나 무예의 정신 수양이나 무예의 수련은 심신이 정체되지 않게 하고, 생기(生氣)가 넘쳐나게 하며, 인간의 존재 가치인 정의(正義)가 세워지고, 만물을 복되게 할 수 있는 것이다. 선조들의 정신이 담겨 있는 무예로 습무

(習武)를 권장하면, 국민들의 신체가 강건하게 되고 정신이 진작되어 나라에는 움직이는 철학이 성행하게 된다. 여기에서 생명 문화 창출의 근원적인 힘이 나오는 것이다. 사실 이러한 무예의 진작 운동은 국가 차원에서 할 일이다. 봉건시대에 국토를 보존하고 주권을 지키는 것도, 역사를 지키고 문화를 창조하는 것도 무예에서 나왔으며, 오늘날에도 국민 개개인의 지혜의 보고(寶庫)를 열어 문명의 국가와 사회로 진보시키는 근원적인 힘도 역시 정법무예의 수련에서 도출될 수 있을 것이다.

백대(百代)의 과객처럼 휘적휘적 지나간 시간들을 돌아보면, 어찌하여 나는 은혜만 가득히 받았고 베푼 것은 없는가? 세상의 모든 부모님들처럼 오랜 세월 동안 오직 자식들을 위해서 지극한 정성을 다하신 어머님과 가족들에게 희생을 마다하지 않고 Ace전자(주)라는 기업을 일으켜 동생들을 보살펴 준 계정(桂正) 형님, 어릴 때부터 동생들을 위해 모든 것을 양보해 왔던 누님에게 진 빚은 평생을 가슴에 담고 은공을 잊지 않고 살 것이다. 세상에는 은혜와 축복만이 가득하다는 어느 랍비의 말이 진리인가 한다. 지금은 다만 어머님과 형님·누님의 희생 위에서 내가 성장하였던 것처럼 건도(建度)와 선영(善營)이를 의식이 바르고 건강하고 은혜를 아는 참된 사람으로 인도하는 것과 나 자신이 밝은 사람이 되는 길뿐인가 한다. 마음을 돈독히 하여 가을 하늘처럼 겸허한 자세로 한국무예원의 십팔기 사범으로서의 명예와 책무를 늘 돌아보며 무예의 진리 탐구와 지도에 충실할 것을 다짐해 본다. 띄어쓰기와 맞춤법도 제대로 맞지 않은 글들을 책으로 엮어 주신 도서출판 동문선과 신성대 사장님께 감사드린다. 그리고 십팔기보존회의 시작에서부터 지금까지 묵묵히 지켜보아 주시고 방향을 일러주신 민속학자 심우성 선생님께 무한한 존경과 감사를 드린다. 《무예도보통지》를 조종으로 삼아 인간됨을 앞세운 오늘날의 무예인이 되어 달라는 해범 선생님의 말씀을 되새겨 보며 어머니의 만수무강과 위기를 맞고 있는 조국에 하느님의 은총이 내리기를 빈다. 한국무예의 재흥을 염원하는 독자 여러분! 강건하십시오.

2007年 正初에, 十八技 武德會에서 朴淸正 삼가 씀

박청정(朴淸正)
1961년(辛丑年) 경북 경산에서 출생
1981년 경북 월성 내남고등학교 졸업
1984년 대한 십팔기협회 발행 사범자격증 취득
1985년 동국대학교 경주대학 법학과 졸업
1986-1997년 현전서사 · 원정서당(대구) 동양경전 수업
1995년-현재 십팔기 무덕회(대구) 지도사범
2006년 명지대학교 사회교육대학원 기공과학과 졸업
현재 한국 양생기공의 이론과 실기에 관하여 연구중
역서: 《中國房內秘籍》(東文選, 2006)

문예신서
328

武藝圖譜通志註解

초판발행 : 2007년 1월 21일

東文選
제10-64호, 78. 12. 16 등록
110-300 서울 종로구 관훈동 74번지
전화 : 737-2795

편집설계 : 李姃旻

ISBN 978-89-8038-590-4 94690

東文選 文藝新書 85

禮의 精神

柳 肅 지음
洪 熹 옮김

　이 책에서 다루고 있는 〈예〉는, 현재 의미상의 문명적인 예의 뿐만 아니라 사회의 도덕가치·민족정신·예술심리·풍속습관 등 여러 방면에 이르는 극히 넓은 문화적 범주를 뜻한다.
　〈예〉는 인류 문명의 자랑할 만한 많은 것들을 창조하였지만, 동시에 후인들로 하여금 지금까지 내던져 버리기 어려운 보따리를 짊어지게 하였다고 전제하고, 어떻게 하면 이 둘 사이에서 적합한 문명 발전의 길을 찾느냐를 모색하고 있다.
　정신문화상으로는 동양의 오랜 문명과 예의를 가지며, 물질문화상으로는 서양의 선진국가를 초월하여 동서양 문화의 성공적인 결합을 이루고자 함에 있어 그 정신을 다시 한번 되짚는다.
　또한 이 책은 〈예〉라는 한 각도에서 그 문화적인 심층구조와 겉으로 드러난 형태 사이의 관계를 논술하면서 통치자인 군주의 도덕윤리적 수양을 비롯하여, 일반 평민의 가족관계를 유지하고 사회의 안정을 유지하는 기초적인 조건에 이르기까지 저마다 자각하고 준수해야 할 도덕규범을 민족정신과 문화현상을 통해 비교분석하고 있다.

　【주요 내용】禮의 기원과 작용 / 예의 제도와 禮樂의 교화 / 예와 중국의 민족정신 / 예악과 중국의 정치 / 국가와 가정 / 예의 권위 / 체제와 직능 / 윤리화된 철학 / 조상 숭배와 천명사상 / 儒學의 연원 / 예의 반란 / 종교감정과 현실이성 / 신화와 전통 / 士官의 문화와 巫祝의 문화 / 美와 善의 합일 / 詩敎와 樂敎 / 예의 형상 표현 / 정치윤리 / 집단주의 / 여성의 예교와 여성의 정치 / 예의의 나라 / 윤리강령의 통속화 / 가족과 정치 / 예악의 문화 분위기 / 민족정신의 확대 / 정치적 곤경

東文選 文藝新書 168

中國歷代書論

곽노봉 옮김

　우리가 글씨를 쓰면서 흔히 들어왔던 말은 자기 체가 나와야 한다는 것이다. 그러나 무작정 자기의 개성만 발휘하려고 한다면 이는 무척 위험스러운 일이다. 또한 무작정 평생 동안 옛사람의 것만 임서하고 모방만 한다고 좋은 것은 아닐 것이다.
　여기에 소개한 서론은 모두 33편으로, 이를 저술한 사람도 蔡邕에서 康有爲에 이르기까지 고대 서예사에서 이론으로 상당한 영향을 주었던 33명이다. 물론 이외에도 많은 서론과 이론가들이 있지만, 여기에 소개한 것들은 그 중에서도 가장 정수에 해당되는 것이고, 또한 현학적인 것을 배제한 서론들이다. 시대적으로는 한나라에서 청나라 때까지를 망라하였으니 이들의 서론을 통하여 서예의 발전도 개괄할 수 있을 것이다. 왜냐하면 그들은 각 시대에 처하면서 전사람의 경험을 축적하고, 한편으로는 자기의 경험을 바탕으로 하여 그 시대에 고민하고 있던 문제를 해결하려고 노력하였던 사람들이기 때문이다. 그렇기 때문에 그들의 사상은 그대로 서론에 반영되었고, 그 서론은 또한 그 시대에 상당한 영향을 주어 서단의 분위기를 조성하였던 것이다. 따라서 이 책에서는 먼저 저자에 대한 간단한 소개를 한 다음 원문을 싣고, 또한 그것에 대한 주와 해석을 함으로써 매편의 서론에 대한 대체적인 것을 알도록 하였다. 따라서 이 책에 소개한 원문과 함께 읽다 보면 자신도 모르게 서예에 대한 용어나 서예사·용필법·기법에 대한 이해는 물론 한문 실력도 배양할 수 있을 뿐만 아니라 자신이 나아가야 할 방향도 세울 수 있다. 그리고 서예에 관한 논문을 쓰거나 학생들에게 서예를 가르칠 때 이것과 병행하면 명실공히 이론과 실기를 겸한 공부가 될 것이라는 바를 믿어 의심치 않는다.

東文選 文藝新書 40

중국고대사회
― 文字와 人類學의 透視

許進雄 지음
洪　熹 옮김

　중국과 그밖의 고대 문명의 문자는 모두 그림에서 기원하고 있다. 상형문자는 고대인의 생활환경, 사용하였던 도구, 생활방식, 심지어는 사물을 처리하는 방법과 사상 관념까지도 반영하고 있다. 이들은 고대인들의 생활상을 이해하는 데 아주 크나큰 도움을 주고 있다. 만일 일상생활과 관련된 古文字의 창제시의 의미를 설명하고, 다시 문헌과 지하에서 발굴된 고고재료를 보충하여 될 수 있는 한 쉽고 간결한 설명과 흥미있는 내용으로 이와 관련된 시대배경을 토론한다면, 아마도 고고나 역사를 전공하지 않은 학생들에게 중국 문화를 배우고자 하는 흥미를 불러일으킬 수 있을 것이다. 더욱이 중국의 고대 문자는 表意를 위주로 창제되었으므로 이 방면의 재료가 훨씬 더 풍부하다.

　본서는 상형문자를 중심으로 고고학·인류학·민속학·역사학 등의 학문과 결부하여 고대인의 생활과 사상의 허다한 실상을 탐색하고 있으며, 인류 문명의 발전과정을 20장으로 나누어 음식·의복·주거·행위·교육·오락·생사·공예·기후·농업·의약·상업·종교·전쟁·법제 및 고대인의 생활과 밀접하게 관련된 갖가지 사항들을 토론하고 있다.

　이 책은 깊이 있는 내용들을 알기 쉽게 표현하기 위해 많은 도판들을 제공하고 있으며, 상고시대부터 한대 혹은 현대까지 문자의 연속된 발전과정을 계통적으로 소개하였다.

東文選 文藝新書 47

美의 歷程

李澤厚 지음/尹壽榮 옮김

　본서는 제목 그대로 미의 역정을 그 주내용으로 삼고 있다. 이 책을 통하여 독자들은 미의 여행을 떠나게 된다. 이 책을 읽어가는 동안 독자들은 서서히 중국이라는 전설의 나라, 신비의 나라가 간직하고 있는 미의 세계를 순례하게 된다. 그 순례의 과정은 아득한 원시시대로부터 시작하여, 수많은 길고 먼 길들을 거쳐 마침내 명·청시대라는 역사시기로서의 마지막 단계에까지 이르게 된다. 독자들은 이 여정을 통하여 부지불식간에 중국이 지니는 미의 세계에 대하여, 그 핵심과 깊이를 파악하게 된다. 이 여행의 안내는 현대 중국의 유명한 미학자 가운데 한 사람인 이택후가 담당한다. 그리하여 이 책을 다 읽고 나면 우리 모든 독자들은 안내자 이택후에게 감사함을 느끼게 될 것이다. 적어도 역자의 경험은 그러하다.
　이 책은 분명히 말하여 좋은 책이다. 이 책은 중국미학이란 무엇인가? 그 세계는 어떠한가?라고 질문하는 독자에게 명쾌하게 답변을 제시해 줄 것이다. 이 책은 중국미학의 어떤 전문 분야에 대하여 깊이 있게 천착하는 성격의 것이 아니다. 이 책은 차라리 중국미학에 있어서 역자와 같은 문외한을 위하여 만들어진 책이라 해야 할 것이다. 그러나 이 책을 다 읽고 나면 독자는 적어도 중국미학에 대한 상당 수준의 높은 식견을 지닐 수 있게 될 것이다.

東文選 文藝新書 11

中國古代書史

錢存訓 지음
金允子 옮김

  인쇄술의 발명과 중국의 도서사업에 관해 해외의 학자들이 적지 않은 연구를 하였으나, 인쇄술 발명 전의 중국 서적사에 대해서는 계통적인 논술이 대단히 결여되어 있다. 왜냐하면 인쇄술 발명 전의 중국 서적은 근 2천 년의 역사가 있으나 문자로 기록된 자료가 너무 광범위한데다 잡다하게 흩어져 있고, 중국적 특색을 갖춘 서적의 형식과 제도의 형성이 변천하는 과정이었기 때문이다. 그런 까닭에 잡다한 자료 가운데서 실마리를 찾아내고, 그 발전 규율을 밝히고자 생각하여도 해박한 지식과 정밀한 연구방법이 없으면 사실 손을 대기가 쉽지 않다. 전존훈은 이 문제에 대해 깊이 있는 연구로써 그 방면의 공백을 메웠다. 이 책은 중국 인쇄술 발명 이전의 문자기록과 서적제도를 연구한 전문저작이다.

  그는 먼저 중국 고대 전적의 가치와 그 변천하는 사회 배경 및 학술 요소를 개략적으로 서술하고, 그뒤에 분야별로 갑골·금문·도기·석각·죽각·목독·겸백 그리고 **紙卷**의 기원과 내용·성질·기재방법·제작형식과 배열·편집의 제도 등을 탐구·토론하였고, 사회생산력과 학술사상의 배경적인 측면에서 그들의 발전·변천 및 전후 계승관계를 분석하였다. 책 속에서 또한 중국 특유의 서사도구인 붓·먹·벼루·**書刀** 등을 전문적으로 소개하여 그들의 연원·응용·제조와 발전에 대해 논술하였다. 책의 자료가 풍부하고 내용이 충실하며 서술이 상세하고 견해가 정밀하여 중국 고대 서사의 발전 면모를 생동감 있고 깊이 있게 독자들의 눈앞에 펼쳐 보이고 있으며, 중국 문화 연구에 있어 매우 높은 참고 가치를 지닌다.

東文選 文藝新書 77

권법요결(拳法要訣)

海帆 金光錫 著

우리 무예의 체통을 찾는 이론적 지침서

본서는 조선 정조의 명으로 편찬된 《무예도보통지武藝圖譜通志》에 실린 18가지 무예, 즉 〈십팔기十八技〉기 중 〈권법拳法〉 항목을 해제하였다.

흔히 중국무술로 오인받고 있는 〈십팔기〉는 조선 무예의 정형으로서 영조 때 사도세자가 섭정할 때 〈본국검本國劍〉·〈월도月刀〉·〈장창長槍〉·〈기창旗槍〉·〈당파鏜鈀〉·〈협도挾刀〉·〈쌍검雙劍〉…… 등 18가지 무예에 붙인 이름으로 나라의 무예로서, 진정한 의미에서의 〈국기國技〉라 할 수 있다. 본서는 그중에서 모든 무예의 기본이 되는 〈권법〉에 대한 이론과 실기를 동작그림과 함께 상세히 설명하고 있다.

주요 내용으로는 〈삼절법三節法〉·〈심법心法〉·〈안법眼法〉·〈수법手法〉·〈신법身法〉·〈보법步法〉·〈오행五行〉·〈경론勁論〉·〈내공內功〉 등에 대한 이론과 수련법이 실려있다.

특히 〈경론勁論〉에서는 〈경勁과 역력의 차이점〉〈경勁의 분류〉〈점경粘勁〉〈화경化勁〉〈나경拿勁〉〈발경發勁〉〈차경借勁〉을 다루고 있는데, 역력과 경勁의 차이점을 들어 연마와 내적 수련의 힘이 어떤 것인가를 설명하고 있다. 무예인들에게는 더할나위 없이 귀중한 이론들이다.

또한 조선시대 기인인 북창北窓 정렴 鄭磏 선생이 남기신 비결서 〈용호비결龍虎秘訣〉의 수행법 전문을 최초로 공개하여 해설하고 있다.

東文選 文藝新書 74

본국검(本國劍)

海帆 金光錫 著

조선 검법의 이론과 실기의 교과서

본서는 무예의 기본 원리인 〈안법眼法〉·〈수법手法〉·〈신법身法〉·〈보법步法〉은 물론 검법의 기본원리인 〈파법把法〉·〈배수配手〉·〈연법 순서〉·〈격자격세법擊刺格洗法〉·〈육로도법六路刀法〉을 상세히 공개한 국내 최초의 무예서이다.

또한 〈본국검本國劍〉·〈예도銳刀〉·〈쌍수도雙手刀〉·〈제독검提督劍〉·〈쌍검雙劍〉·〈월도月刀〉·〈협도挾刀〉 등의 실기를 동작그림으로 도해하고 있는 바, 《무예도보통지》에 따른 검법劍法과 도법刀法의 이론을 겸한 실기도해實技圖解라는 점에서는 최초의 시도라 할 만하다.

부록에는 〈내장內壯 외용外勇〉·〈무언武諺〉과 참고자료로서 《무예제보武藝諸譜》의 〈검보劍譜〉, 《무비지武備志》의 〈조선세법朝鮮勢法〉 및 《무예도보통지》의 각 〈검법〉의 원보를 그대로 실었다.

〈내장 외용〉은, 검법 연습에 기초가 되는 기본공基本功의 훈련을 내장세內壯勢와 외용세外勇勢로 나누어 순서를 잡아 설명한 것이다.

〈무언〉은 역사적 슬기를 담은 일상생활 속의 속담과 마찬가지로 무예계에 전하고 있는 속어俗語인데, 짧은 어구語句이지만 무예의 기본 정신과 나아가서는 수련의 방법까지를 일러 주는 것이니, 무예인 누구나 가까이 좌우명座右銘으로 삼을 만한 것들이다.

무예의 연마는 바로 무한한 자기 수양이요, 나아가서 그러한 과정을 거쳐 터득된 무예는 바로 예술이라 할 수 있다.

기격미技擊美와 기예미技藝美가 조화된 율동미와 자연미는, 강인하면서도 유연한 강유상제剛柔相濟의 고매한 묘를 얻게 되어 끝내는 성품을 닦고 덕성을 기르게 되어 인격도야는 물론이요, 민족정신을 배양하는 첩경이다.

東文選 文藝新書 208

조선창봉교정
(朝鮮槍棒敎程)

海帆 金光錫

　우리나라 전통무예이자 조선의 국기(國技)인 '십팔기(十八技)'의 유일한 전승자로서, 1987년 문화재위원장인 민속학자 심우성(沈雨晟) 선생과 함께 우리무예의 족보라 할 수 있는《무예도보통지(武藝圖譜通志)》실기해제 작업에서 그 실기를 담당하였던 김광석 선생의 장병기에 관한 해설 및 심도깊은 무예이론서.
　《권법요결(拳法要訣)》《본국검(本國劍)》에 이어 나온 이 책은 '무예도보통지 부문별 실기해제작업'의 마무리이다. 고대 개인 병기 중 장병기에 해당하는 〈장창(長槍)〉〈죽장창(竹長槍)〉〈기창(旗槍)〉〈낭선(狼筅)〉〈당파(鐺鈀)〉〈곤봉(棍棒)〉〈편곤(鞭棍)〉 등에 관한 기본원리에서부터 실제운용하는 투로도해에 이르기까지 소상히 공개하고 있다.
　이로써 조선의 멸망과 함께 그 이름조차 빼앗겨버리고 일제시대에는 일본무술에게, 70년대 와서는 중국무술에게 그 자리를 내어주어야했던 우리의 무예 '십팔기'를 제자리에 정립시킴으로서 나라의 체통을 지킬 수 있는 기반을 마련하였다고 할 수 있겠다. 아울러 우후죽순처럼 생겨나서 자칭 전통무예임을 내세우는 출처불명의 온갖 오합지졸들이 정리되는 계기도 될 수 있을 것이며, 무예계는 물론 체육·무용·연극계의 발전에도 크게 기여할 것이다. 특히 진취적이며 역동적인 민족의 기상을 대내외에 자랑하는 데에 첨병역할을 할 것임도 기대된다.